붓다 평전

붓다
평전

사카무니의
길,
인간의
길

글
백금남

무한

저 어두운 곳에서 빛나는 별처럼
신성과 예지로 나를 이끄는 이에게
이 글을 바칩니다.

밝혀두기

- 본고는 고타마 붓다(Gautama Buddha, 釋迦牟尼)의 세계를 조명한 것이다. 다른 과거불과 오해 없으시기 바란다. 붓다(buddha)의 경지를 얻기 전까지는 고타마 싯다르타(Gautama Siddhartha)로, 성도 후는 붓다로 표기했다.

- 인명이나 지명, 기타의 문장 등에 부득이하게 범어와 힌디어, 빠알리어(巴利語: Pāli), 한어를 병행한 곳이 있다. 예를 들어 붓다의 원음에 가까운 경전과 한역본의 경우 그 차이점이 불교사의 자연스러운 변천 과정을 통해 온 것이므로 그대로 썼다.

- 문제의 본질에 쉽게 다가가기 위해 기법상 층간마다 소설적 묘사법을 사용했다. 사실(fact)과 허구(fiction)의 경계를 넘나드는 것 같으나, 모든 근거는 기록에 의한 재구성(reconstruction)임을 밝혀둔다.

- 본고에 사용된 '불전'의 의미를 확실히 해 둔다. 소·대승경전을 원시불전과 대승불전을 갈라 기술한 곳이 있으나 어느 한쪽을 지칭하는 말이 아니다. 본고의 특성상 소승경전과 대승경전을 나누어 표현한 것은 비교 분석상 필요 조건이었으며, 소승과 대승이라는 사상적 갈림 부분들이 회복되기를 바라는 신심에서이다. 따라서 본고에 사용된 소승과 대승의 표기는 통상적 범례에 따른 것이며 합치의 과정을 도출하기 위한 신심 방편이므로 오해 없으시기 바란다.

- 필자의 소설에서 삽화 몇 꼭지를 필요 상 인용한 곳이 있다. 기록상의 출처를 밝히는 계기가 되었고 석존의 사상을 기술함에 있어 본고를 더 풍성하게 한다는 의미에서 삽입한 것이다.

- 앞서간 이들이 성취해 놓은 수많은 기록들이 도움이 되었음을 분명히 밝혀 둔다. 참고문헌을 생략하는 것은 오랜 세월 헤아릴 수 없이 많은 문헌의 도움을 받았기 때문이다. 일일이 표기할 수 없을 정도로 수많은 기록들이 이 작품의 뼈가 되고 살이 되었다. 핵심적인 문헌들을 대부분 본문 안에 밝혀 놓았으므로 그것으로 대신하겠다.

○

자서

이 글을 쓰기 위해 준비하면서 내가 염려스러워 했던 것은 현 상황에서 고타마 붓다의 모습을 제대로 기술할 수 있겠느냐 하는 것이었다. 고타마 붓다를 알아보기 위해 시중에 나가보면 그의 성전들이 산을 이루고 있다. 그런데 이상하다. 들춰보면 거의 하나같이 일그러지고 변색된 붓다를 그리고 있다. 거기에다 반쪽이다. 영육(靈肉)을 하나로 그린 글을 찾기가 쉽지 않다.

붓다 평전을 쓴다고 하니까 어느 날 한 출판사 대표가 원고를 달라고 하였다. 며칠 후 그의 말.

"읽어보니 좀 이상하더군요."

성인의 반열에 든 분을 너무 인간적으로 그렸다는 말이었다.

나는 어이가 없었다. 그럴 줄 알고 있었지만 할 말이 없어 그만두자고 했다. 그랬더니 그의 다음 요구가 더 걸작이었다.

"그 부분만 빼고 책을 내면 안 되겠습니까?"

나는 웃고 말았다. 또 반쪽짜리 붓다를 만들어 보자는 말이었다. 반쪽짜리 붓다가 널렸는데 또 반쪽짜리 책을 만들자는 말이었다. 이 나라의 문화가 그러하니 하면서도 내내 씁쓸하였다.

고타마 붓다의 모습을 있는 그대로 보기 위해 현교와 밀교를 아우르는 작업을 하고 있다는 걸 알고 대덕이라고 자처하는 이가 찾아와 그런 나를 질타했다.

"어디서 타락한 종자의 법을 들이밀려는 게야."

'유불여불(唯佛與佛)'이라는 말이 있다. 붓다의 경지를 얻지 않고는 붓다의 경지를 알지 못한다는 말이다.

처음에는 그래서이지 했다. 붓다의 경지를 모르면서 어떻게 붓다 평전을 쓸 수 있느냐 그런 말이라고 생각했다.

나중에야 알았다. 그 역시 고착된 개념에 사로잡힌 독각승이라는 것을. 그도 여느 사람들처럼 온전한 붓다를 원하고 있지 않았던 것이다.

반면에 밀교 방면의 대덕이 찾아와 이렇게 말했다.

"그렇지. 저들이 대덕입네 하지만 자신의 육신 하나 다독이지 못한다면 그게 진정한 해탈이겠는가."

다분히 육체의 우위를 주장하는 그의 속내를 엿볼 수 있었는데 정신의 오도를 추구하는 쪽 사람들과 다를 바가 없었다.

어느 쪽이나 반쪽 불교를 끌어안고 오늘도 끙끙대고 있는 것이다.

꿈같은 세월이었다. 문청 시절부터 경전을 뒤지며 신심을 다져온 세월들. 무엇보다 변색되어 버린 붓다의 참모습을 그려내자는데 내

• 붓다 평전

모든 것이 모아져 있었다.

강가에서 독을 푸는 부모들 곁에서 웃고 있는 소년, 벼랑에서 형제를 밀어 죽인 사내, 그리하여 쇠산지옥에서 수천 년을 고통 받았던 사내, 자신의 업보로 멸망하는 조국을 눈 형형히 뜨고 지켜보았던 사내. 그렇게 모두를 죽이고 밤하늘의 별이 된 사내….

그 사내를 진실되게 그려내자. 고착된 관념에 물든 나를 버리고 반쪽 붓다가 아닌 온전한 인간 붓다를 그려내자. 편파를 놓아버리고 한 인간을 사실대로 그려내자.

그렇게 다짐하던 세월이 어제 같은데 벌써 이렇게 흘러 버렸다. 참으로 오랜 세월이었다. 그 세월 동안 고통에 찬 인간을 보았다. 우리와 다름없는 인간을 보았다. 여자를 사랑할 줄 아는 인간을 보았다. 애욕에 갈등하는 인간을 보았다. 바위에 발등이 깨어져 피 흘리는 인간을 보았다. 어미가 그리워 울고, 사랑하는 사람을 제대로 챙기지 못해 울던 인간을 보았다. 그리하여 완전한 인간으로 일어서는 사람을 보았다.

이제 그를 세상 밖으로 내보낸다. 어떻게 받아들여질지 모르겠으나 오늘도 합장한다. 그의 사상이, 그의 모든 법이 그대로 세워지는 세상이 되기를….

• 백금남

목차

○

• 붓다 평전

○

들어가며

1
—

붓다(Gautama Buddha) 생존 시 바이샬리에 한 떡장수 노파가 살았다. 그녀에게는 외아들이 하나 있었다. 어느 날 그 아들이 갑자기 죽었다. 관청에서 아들의 사인을 조사하기 시작했으나 죽음의 이유를 밝히지 못했다.

붓다의 소문을 들은 노파가 그를 찾았다.

"그대가 세상의 이치를 깨달아 중생을 제도하고 있다고 하니 내 아들의 죽음을 밝혀 주시오."

붓다가 아들의 죽음을 살펴보니 떡장수 노파가 준 떡을 먹고 아들이 죽은 것이 분명했다. 전날 밤 아들은 떡을 먹고 싶지 않다고 했고 노파는 아들이 배가 고픈데도 어머니를 생각하여 배고픔을 숨기고 있다고 생각하고 억지로 먹였다. 그 바람에 아들은 떡에 체해 죽고 만 것이다.

붓다는 '그대가 준 떡을 먹고 아들이 체해 죽었다'고 말하지 않았다.

떡장수 노파가 아들의 죽음 하나 밝히지 못하는 자가 무슨 현자냐며 욕을 하고 가 버리자 제자가 물었다.

"붓다시여. 어찌 침묵으로 일관하셨습니까?"

이 말은 곧 어미가 준 떡에 의해 아들이 죽었는데 왜 그걸 밝히지 않았느냐는 물음이었다.

붓다는 침묵했다.

이 침묵은 곧 비구들의 화두가 되었다.

왜 침묵인가? 이 침묵 속에 진실이 있음이 분명한데 왜 침묵인가?

어떻게 생각해 보면 불교는 이 침묵의 여정이다. 이 속에 해답이 있기 때문이다.

붓다의 세계는 물질이 아닌 정신세계다. 그러나 정신세계만으로는 떡장수의 진실조차 증명할 수 없다는 데 문제가 있다.

그럼 어떻게 진실을 규명할 것인가?

2

예를 하나 더 들자.

어느 날 붓다는 두 아이가 바랑 밑에서 죽어가고 있다는 보고를 시자 아난다로부터 받았다.

붓다는 이렇게 대답했다.

"그대로 두라."

붓다의 대답은 도저히 우리로서는 이해할 수 없는 것이다.

도대체 무슨 사연이 있기에 아이들이 죽어가고 있다는데 그대로 죽게 두라고 했던 것일까. 이 세상에 태어나 중생을 위해 자비를 실천함으로써 성인의 반열에 든 그가 자비는커녕 그대로 죽게 두라 하고 있으니 말이다.

그의 엉뚱함은 여기서 끝나는 게 아니다. 어느 날 붓다는 자신의 고국 카필라의 모든 생명이 죽게 된다는 사실을 알게 되었다. 바로 석가족(Shakya, 釋迦族)의 몰살이었다. 소식을 알린 이는 제자 목갈라나였다. 신통 제일의 아라한이었으므로 석가족 전체가 몰살하게 된다는 사실을 내다보고 알렸던 것이다.

붓다는 아이들을 죽일 때와 마찬가지로 그대로 두라고 했다.

"한 나라의 생명 전체가 죽습니다."

석가족 전체가 몰살한다는 데도 붓다는 그대로 두라고 했다. 몰살 시간이 시시각각 다가왔다. 제자들이 하나같이 혀를 내둘렀다. 신통력의 화신이라고 하더니 사이비라고 손가락질했다. 스승을 잘못 모셨다고 아우성쳤다. 그들은 대부분 석가족들이어서 내 부모 내 핏줄이 죽는다고 아우성쳤다.

그래도 붓다는 침묵했다.

'설마'라는 말이 있다. 자비의 화신인 붓다가 설마 그랬을라고.

그러나 《근본설일체유부비나야잡사(根本設一切有部毘奈耶雜事)》의 기록을 자세히 살펴보면 그 사실을 기록하고 있음을 알 수 있다.

우리가 남방불교라고 하는 남방상좌부불교는 주로 동남아시아 지역에 전래된 불교다. 스리랑카, 타이, 미얀마, 캄보디아, 라오스 등 동남아시아에 퍼져 있는 종교다.

남방불교는 남전이라고도 하는데 특징은 원시불교 그대로라는 데 있다. 붓다의 말씀이 아니면 대승비불설(비불언설불교)로 본다. 근본을 따르기에 북방불교를 가짜불교로 업신여긴다.

그들은 붓다의 역사적 친설로서 불설(Buddha-vacanam)만 인정한다.

반면에 북방불교는 북전이라고도 하는데 남방의 해로(海路)를 통해 중국으로 전해진 불교다. 경전의 원어가 대부분 범어(梵語)로 되어 있다. 그래서 범어계 불교라고도 한다. 북방불교는 대승을 표방하기에 소승불교를 살아 있는 불교로 보지 않는다. 불전으로 소승제부파(小乘諸部派)의 성전이 없는 것은 아니지만 주로 대승에 속하는 것이 많고 그것을 취하므로 남방불교나 부파불교를 소승불교라고 하여 배척한다. 사상적으로는 붓다의 설법을 더욱 심화시켰으므로 비불설이라 하여 그 진리성에 의문을 제기하지 않는다.

수행하면 붓다가 될 수 있다는 생각이므로 소소하지가 않다. 경전 편찬만 하더라도 근본 불교에 기초하고 있지만 사건 개요를 간략하게 기술하거나 아예 언급을 회피하기도 한다. 대승을 표방하면서 융통성을 발휘한다. 소승 계열의 승려들을 은근히 경계하거나 무시하는 것도 그래서다.

북방불교의 승려들이 주로 중국과 티베트, 한국, 일본 등지에 퍼져 있으면서 상좌부의 전통이 대승에 위배된다고 보는 데는 그만한 이유가 있다.

불멸 후 원시불교에서 보수적인 상좌부(上座部)와 진보적인 대중부(大衆部)로 교단이 분열된 것은 기원전 4세기경이었다. 부파불교의 서막이었다. 최초의 분열이 있었고, 두 번째 분열은 '설일체유부'가 '분별설부'로부터 갈라졌다.

'분별설부'는 스리랑카로 전파되었는데 거기에서 대사파, 무외산사파, 기다림사파라는 3개 파로 분리되었다. 상좌부는 그렇게 미얀마, 캄보디아, 라오스에서 중요한 종교로 자리 잡았다.

한편 인도의 부파불교는 시간이 지날수록 새로운 종교에 대한 대중적 갈망과 부딪쳤다. 당시 인도의 상황이 그랬다. 강력한 마우리야 왕조의 멸망, 그 후 작은 국가들이 등장하면서 전쟁이 끊이지 않게 되자 인도 사회는 극도로 불안해졌다. 대승적 갈망이 사나운 불길처럼 몰아쳤다. 그래서 일어난 것이 대승불교운동이었다. 그 운동은 자기완성과 중생구제를 목표로 발전했다.

그들은 원시불교를 고집하는 남방상좌부 무리들을 성전암송가 이상으로서 대접하지 않았다. 원시경전의 내용을 줄줄이 꿰고 있다고 해서 붓다의 진리를 제대로 깨닫고 있다고는 보지 않았다. 그저 말 잘하는 앵무새 찬불승 정도였다.

그들은 내용적으로 붓다의 근본 사상을 계승하며 다르마바나카 (dharmabhanaka, 설법사)로 하여금 새로운 대승경전을 편찬하였고 위로는 진리를 구하고 아래로는 중생을 구한다는 기치를 내걸고 당시의 대중들을 사로잡았다.

그러든 말든 남방 상좌부불교도들은 아예 상관치 않았다. 그것은 지금도 마찬가지다. 아니 아예 상대하지 않으려고 한다는 것이 맞는 표현이다.

그들은 붓다의 가르침 그 이상의 길은 없다고 확신한다. 그들은 붓다가 사용한 언어 빠알리어로 된 경전을 근간으로 수행하며 산스크리트어로 쓰인 경전은 변질되었다고 하여 쳐다보지도 않는다.

오늘도 남방상좌부의 장로들은 붓다의 가르침에서 한 치도 벗어나지 않는다. 붓다의 가르침에 어떠한 사견도 덧붙이지 않는다. 빠알리어 경전에 기록된 그대로 살아간다. 상좌부불교에 비구니가 없는 것도 그래서이다. 대승불교와는 달리 전승되던 중에 비구니계가 유실되어 버렸기 때문이다.

필요에 의해 융통성을 부여하는 대승불교와는 그래서 다르다. 전승되어 오던 비구니계가 유실되었으므로 더 이상 비구니를 낼 수 없다는 것이다.

때로는 그들의 불교를 모르는 이들이 "어이없다. '띨라신'이 있지 않느냐?" 하고 의문을 제기하지만 띨라신은 비구니 행세를 하는 평신도 여자 수행자다. 본래 불교의 계율은 붓다로부터 전해진다. 계를 전해 받은 자가 후대에 전하는 관계로 임의적으로 전해 줄 수가 없다. 상좌부 비구니 계맥이 끊어져 버렸기 때문에 현재 세계 불교에 상좌부 전통에 따른 비구니는 없으며 계가 전해지는 곳도 없다.

상좌부 스님들은 직접 농사도 짓지 않는다. 그들에게는 독자적으로 발달한 사찰 음식이 없다. 사욕화가 철저히 금지되어 있어 저장 개념이 없다. 그러므로 중생들의 서원을 오로지 바리때에 실어 걸식한다.

대승을 표방하면서 융통성을 발휘하는 북방 계열의 승려들을 은근히 경계하거나 무시하는 것도 그 때문이다.

3

여기 남방불교와 북방불교의 차이점을 한눈에 알 수 있는 대목이 있다. 소승경전과 대승경전의 사상적 차이라고나 할까. 분명히 둘 다 불교 경전인 이상 공통점이 없다면 그것은 말이 안 되는 소리다. 이 말은 곧 분명한 차이점도 있다는 말이 된다.

그러면 가장 큰 차이점은 무엇일까. 그것은 생신불(生身佛)과 삼신불(三身佛)의 차이다.

남방상좌부에서는 붓다를 어떻게 보는가? 생신불로 본다. 역사적 인간, 즉 부모로부터 태어난 인간으로 바라본다.

반면에 대승불교는 그 입장이 다르다. 붓다를 삼신불로 본다. 이를 '삼세제불(三世諸佛)'이라고 한다. 과거·현재·미래의 모든 붓다를 이른다.

《반야심경》에 보면 '…삼세제불의 반야바라밀다…'란 구절이 있다. '과거·현재·미래의 모든 붓다가 반야바라밀다에 의지하는 까닭에 아눅다라삼먁삼보리(가장 완벽한 깨침, 깨달음)를 얻는다'는 말이다.

남방불교는 이 대목에서 북방불교와는 다르게 붓다를 한 분으로 한정시켜 버린다. 오로지 석가모니 붓다만을 신앙한다. 그래서 남방불교는 북방불교를 가짜 불교라고 하는 것이다. 깨달음을 얻는 이는 누구나 붓다가 될 수 있다고 하니 그럴 수밖에 없다.

사실 대승불교를 표방하는 북방불교는 헤아릴 수 없이 많은 분의 붓다를 인정한다. 불도의 이상인 구경, 즉 아눅다라삼먁삼보리를 이루게 되면 누구라도 붓다가 될 수 있다고 본다. 시방삼세의 어떠한 중생이라도 붓다가 될 수 있는 불성(佛性)을 가지고 있으므로 붓다가 될 수 있다는 개념이다.

이로 인해 불교는 밀교로 발전하게 된다. 혹자는 '원시불교의 계율이 엄격해 그 여파로 생겨난 것이 '밀교'라고 하지만 원시불교→부파불교→대승불교→밀교로 발전되어 온 것은 역사가 증명한다.

도대체 밀교가 무엇인가? 밀교는 반야바라밀다에 의지하여 깨침과 깨달음을 증득할 수 있다는 개념이다.

그러면 현 불교와 무엇이 다른가?

깨침과 깨달음을 인간 최고의 존엄성으로 본다면 무엇 하나 다를 리 없다. 하지만 다르다. 정신과 육체가 그 몸이기 때문이다.

정신과 육체가 그 몸이다?

왜 밀교를 기술하면서 갑자기 몸을 이야기하느냐고 할지 모르겠지만 차차 알게 될 것이기에 미리 드러내는 것이다.

인간은 정신적 사고와 육체적 행위를 이분법적으로 바라보는 동물이다. 분명 정신과 몸은 하나인데도 다르다고 생각한다. 정신은 이리로 가자고 하는데 육체는 저리로 간다. 정신이 몸을 따라주지 않거나 몸이 정신을 따라주지 않는다. 그래서 정신이 몸의 주인이라고 생각하는 사람과 몸이 없는데 정신이 어디 있느냐고 하는 사람들로 나뉜다.

이것이 현교와 밀교의 차이다. 분명 한몸인데 참 진리를 얻지 못한 인간에게는 두 세계가 존재한다.

〈자서〉에서도 밝혔지만 우리는 '불교' 하면 먼저 현교를 떠올린다. 그것이 불교의 전체인양 한다. 선정(禪定) 외 일체의 행위가 선정(禪靜) 밖의 산물이라고 생각하기 때문이다. 인간은 정신의 승화만을 위해 가부좌만을 틀고 앉아 있을 수 없다. 하늘에 제사도 지내야 하고 존경하는 이에게 예도 올려야 한다. 그렇게 살아가는 것이 밀교이다. 그런데도 그것 자체를 정신 밖의 행위라고 인식한다.

어떻게 정신 없는 행위가 존재하는가. 행위 없는 정신이 존재하는가. 정신은 따로 존재하는 것이 아니다. 몸이 만들어낸다. 주종 관계가 아니라 하나이다. 하지만 범부에게는 분별작용에 의해 결코 심신

0
2
2

• 붓다 평전

일여(心身一如)의 관계가 아니다. 언제나 주종 관계에 놓여 있기에 그렇다. 그래서 분별이 생기고 삼독이 생기고 윤회가 따른다.

정신만의 오도, 천만의 말씀이다. 정신이 깨치면 몸이 함께 깨칠 것이라고 생각하는데 이게 잘못이다. 주종의 관계에서 나온 발상이다. 정신이 몸의 주인이고 몸이 정신의 주인이다. 그러므로 정신과 몸이 함께 깨치지 않는다면 진정한 오도는 없다. 천만 년 조용한 곳에서 가부좌를 틀고 앉아 있어도 몸이 함께 깨치지 않으면 반쪽짜리다. 몸이 무너지면 세계가 무너진다. 깨침은 나이를 막론하고 지극한 조화가 이루어내는 최고의 경지다. 몸[身]의 여실한 관견(觀見), 그 관견이 문제다. 심의 관견, 신의 관견이 함께 이루어져야 한다. 함께 이루어지지 않는 이상 지극한 조화는 없다. 오로지 심신의 관견이 함께 이루어질 때 깨침의 꽃이 핀다.

우리의 몸과 붓다의 몸을 한 번 생각해 보자. 몸의 중요성이 단번에 드러난다.

우리의 몸과 붓다의 몸은 다르다. 우리는 중생이고 붓다는 모든 구속에서 벗어나 있다. 그래서 궁극적으로 본래 정신과 몸은 하나에서 비롯되었다는 등식은 성립된다.

여기에서 법신(法身), 보신(報身), 화신(化身)이라는 삼신불(三身佛)의 개념이 생겨났다. 심신일여 사상이 그것이다.

법신(法身)은 정신과 육신의 지극한 조화 속에서 얻어진 영원불멸한 몸이다. 진실한 모습이다. 우리의 몸 그 자체가 진리다. 그 진리가 붓다다. 순수하여 차별성이 없다. 그러므로 공(空)이다. 붓다가 깨친 절대 진리다. 그 자체의 인격화다. 실상반야의 지혜가 바로 법신이다. 법신 자체의 모습을 깨쳐 그것과 하나 된 지혜다. 그렇기에 《화엄경》에서는 법신불을 비로자나불이라고 한다. 《대일경》의 주불은 대일여래(大日如來)라고 한다.

보신(報身)은 진리 그 자체인 법신이 인연 따라 나타나는 모습이다. 바로 불신(佛身)이다. 오랜 세월 무수한 수행을 통해 진리와 하나 된 몸이다. 대표적 붓다가 아미타불이다.

아미타불은 법장(法藏)이라는 비구로 윤회 수행하며, 48대원(大願)을 성취한 붓다다. 극락(極樂)이라는 정토를 만들어 중생을 교화하고 있는 분이 바로 이 분이다.

화신(化身)은 응신(應身)이라고도 한다. 아미타불과 같은 보신불(報身佛)을 친견하지 못한 중생을 제도하는 존재다. 바로 석가모니불이다. 수천 년 전 인간의 모습으로 태어나 중생에게 가르침을 편 붓다가 바로 석가모니 화신불이다.

그런데 남방불교는 이 사실을 부정한다. 오로지 석가모니 붓다뿐이다. 북방불교에서는 시간적 삼세, 공간적 시방, 그곳에 항상 상주하는 법신, 인연 따라 모습을 나타내는 공덕 보신, 세상에 직접 출현해 중생의 탐·진·치를 일깨우는 화신으로 나누지만 남방불교는 석가모니 붓다 한 분만을 붓다로 인정한다.

그러므로 소승불교와 대승불교의 경전들이 구별될 수 밖에 없다. 엄밀히 소승과 대승의 개념이 이로 인해서 갈라진 것이다.

경전은 크게 경(經)·율(律)·론(論)의 세 가지[三藏]로 분류할 수 있다. 경은 붓다가 설한 가르침이다. 율은 수행사문과 재가신도들이 지켜야 할 계율과 규약이다. 논은 붓다의 가르침을 연구하고 주석한 것이다.

우리에게도 일찍부터 여러 경전이 전해져 있었다. 문제는 전해지고는 있었지만 중국의 영향으로 인해 하나같이 붓다의 직언으로 인식하고 있었다는 사실이다.

그럼 경전에 기록된 붓다의 직언이 사실이 아닌가?

여기에 함정이 있다. 일찍부터 붓다가 남긴 가르침과 제자들의 해석 사이에는 이해라는 늪이 도사리고 있었다. 당시의 중기 인도어로 암송되어 구전되고 있어 더욱 그랬다. 나중 그 내용이 부파불교에 이르러 각 부파마다 형편에 맞게 편집되면서 내용과 언어가 달라지기 시작했다.

북방불교 경전의 모태가 되는 설일체유부의 근본적 교의는 '모든 법은 3세에 걸쳐 실유한다[三世實有 法體恒有]'는 것이었다. 실유의 법을 상호관계에 따라 '연기'로 설명했는데 이는 석가모니 붓다의 교법을 여러 가지로 분류하고 정리하며 조직체계화한 데서 생겨난 것이었다. 이를 법의 분석, 해석이라 하여 아비달마(阿毘達磨, Abhidharma)라고 불렀다. 그러므로 각 부파는 근본 성전인 법, 즉 '경'과 '율'을 가지고 있었다.

바로 이것이 문제였다. '율'은 지역적 시대적 요청에 의해 나름대로 변해갔기 때문이다. 아주 조금씩 조금씩 특색과 차이를 가지기 시작했다. '경' 또한 마찬가지다. 전승에 따라 조금씩 변화되면서 원시경전의 변색을 가져왔다. 법을 해석함에 있어 그들만의 독특함을 발휘했다. 이것이 '논(論)'이다. 각 부파의 해석이 '논'이라는 형태를 얻었다. 이 논이 전승되면서 그들만의 독특한 교의로 전개되었다. 그래서 부파불교를 아비달마불교라고 한다.

각 부파 가운데서 가장 두드러진 부파가 '설일체유부'였다. 줄여 유부라고 하는데 유부는 넘볼 수 없는 조직적인 교의 체계를 만들어

내었는데 그것이 《대비바사론(大毘婆沙論)》이었다. 2백 권이나 되는 엄청난 것이었다. 그들의 《구사론》은 유부의 강요서(綱要書) 중 가장 대표적인 논서였다.

그 외의 부파는 스리랑카 상좌부를 제외하면 법장부(法藏部), 경량부(輕量部), 정량부(正量部) 등이 이름을 남기고 있을 정도이다.

남방상좌부는 말한다. 그때부터 불법의 교의는 갈피가 복잡하게 번쇄되고 있었다고. 그렇다 하더라도 그럴 수 없는 것이 불법의 교의였다. 한편으로는 원시경전보다도 더 풍성해진 면도 없지 않았다. 철저하게 원음을 기초로 미처 문자화하지 못한 암송들이 문자화되었음은 물론이고 모든 경전들이 참고되었기 때문에 더 자세할 수 있었다. 물론 그로 인해 불교의 생명을 잃게 되었다는 이도 있고, 그것이 새로운 종교운동을 일으키게 된 원동력이 되었다는 이들도 있다.

우리 불교는 그때 모르고 있었다. 불교가 중국으로 전해지면서 상황이 뒤바뀌고 있다는 것을. 중국은 부파불교의 영향을 받은 경전들을 받아들여 새롭게 해석하고 있었고 붓다의 가르침을 순서대로 배열하고 있었다. 붓다의 설법을 차례대로 재배치해 버린 것이다.

아함부, 방등부, 반야부, 법화열반부, 화엄부, 밀교부, 계율부, 논장부…

그럴 만도 했다. 소·대승경전이 한꺼번에 번역되어 들어오니 읽는 사람들이 혼란을 일으키지 않을 수 없었다.

천태의 오시팔교(五時八敎)가 바로 그것이었다. 교상판석(敎相判釋). 설법의 형식, 방법, 내용 등에 따라 분류, 정리해 체계를 세우면서도 그들은 그렇다고 《아함경》을 기초적인 경전으로 정의하지 않은 것은 아니었다. 그런데도 《아함경》의 위치를 변화시켜 버린 것만은 사실이었다. 그러자 《아함경》은 기초 경전 정도로 치부되었다. 소승불교 이상의 경전으로 보지 않았다.

사람은 근기대로 살기 마련이다. 붓다가 오도 후 저자거리로 나와 중생을 교화하기 위해 처음 화엄을 설해 보니 중생들이 알아듣지를 못한다. 21일 동안이나 자신이 깨친 경지를 설해도 아무도 그 내용을 알아듣지 못한다.

붓다는 중생들이 알아듣기 쉽게 정도를 낮추었다. 법의 가장 기초적인 교리인 아함을 녹야원에서 12년 동안이나 설했다.

그런 다음 중생들의 근기가 조금 익자 불성과 여래장 사상 계통의 대승경전을 8년간 설했다.

공사상을 나타내는 반야부 경전을 설한 것은 22년 동안.

그 후에야 《법화경(法華經)》을 설하고 열반 직전 하루 밤낮에 걸쳐 《열반경(涅槃經)》을 설했다.

이는 중국 천태종의 개창자 지의(538–597)조사의 다섯 시기 나눔인데 '아함부'의 경전이 중국에 번역된 것은 397년에서 435년 사이다. 아함은 중국에서 전혀 주목을 받지 못했다. 물론 우리나라도 마찬가지였다. 그때 중국인들이나 우리의 선지자들은 모르고 있었다. 붓다가 초기에 가르친 아함경의 큰 뜻을. 진리란 본시 어려운 것 속에 있는 것이 아니었다. 근기에 있기 때문에 알아듣는 사람의 근기에 맞게 법은 해석된다. 소승의 법이 바로 대승의 법이라는 사실이 여기에 있다.

그러니 남방상좌부 빠알리어 경전이 그들에게나 우리에게 전해질 리 없었다. 그것은 일본도 마찬가지였다. 19세기 후반에 이르러서야 일본의 뜻있는 학자들이 빠알리어와 산스크리트어를 공부하면서 그들의 경전을 주목하기 시작했다.

　반면에 우리 불교는 아직도 헤매고 있다. 이제 부분적으로 완역이 이루어졌다지만 아직도 갈 길이 멀다.

　이 문제를 가장 날카롭게 지적한 글 한 편이 있다. 바로 해인사 방장 성철 큰스님의 글이다.

　이 시대의 스승이요, 이 나라 불교의 대주인 그가 쓴 《백일법문》의 글을 그대로 옮겨 보면 이렇다.

　…

　예전에는 원시경전이든 대승경전이든 모두 부처님께서 친히 말씀하신 것으로 믿고 경전 그 자체에 대해서 누구도 의심하지 않았습니다. 그러나 학문이 발달되고 불교 연구가 깊어짐에 따라 부처님께서 말씀하신 경전들의 성립 시기가 밝혀지게 되었습니다.

　예를 들면 《법화경》이나 《화엄경》의 범어본(梵語本)을 언어학적, 문법학적으로 연구한 결과 이 경전들이 부처님 당시에 성립된 것이 아니라 부처님 돌아가신 후 5~6세기 뒤에 만들어졌다는 것을 알게 되었습니다.

　그리고 육조 스님께서도 부처님 돌아가신 후 천여 년 뒤의 사람입니다.

　이렇게 되고 보면 내가 지금까지 부처님의 근본 사상은 중도(中道)라고 법문한 것이 부처님 뜻과는 관계없는 거짓말이 되어 버리고 말지도 모르는 것입니다.

　부처님께서 당시에 친히 하신 말씀의 기록이 아니라 돌아가신 지 5~6백 년 뒤에 성립된 경전을 인용하여 이것이 '부처님 말씀'이라고 하면 누가 믿겠습니까?

이러한 생각을 가진 사람들이 "대승경전은 부처님이 친히 설하신 경전이 아니다"라고 주장하여 불교계가 크게 당황하게 되었으니 이것을 대승비불설(大乘非佛說)이라 합니다.

　이 대승비불설의 주장에 대해서 많은 학자들이 경전 연구를 거듭한 결과 "대승경전은 부처님이 친히 설하신 경전은 아니다"라고 하는 확증이 서게 되었습니다.

　…

　이렇게 되어 버리니 불교를 어디 가서 찾아야 할지 모르게 되어 학자들의 입장이 곤란하게 되었습니다. 부처님이 살아 계신다면 물어나 보겠는데 그럴 수도 없는 일입니다.

　…

　이렇게 학문적으로 곤란한 상황에서 세계적으로 유명한 불교학자인 우정백수라는 분이 "어떻게 해야만 부처님의 근본 사상을 알 수 있겠느냐?" 하는 문제에 대해서 해답을 제시했습니다. "첫째, 부처님의 중요한 사적(史廣)을 기초로 삼고 둘째, 부처님 당시의 인도 일반 사상을 참고하고 세째, 원시경전 가운데서 제일 오래된 부분이라고 인정되는 것을 종합하면 이것만은 꼭 부처님이 설했으리라고 믿어지는 공통된 사상을 발견할 수 있다"고 하였습니다. 이런 원칙들을 기둥 삼고 부처님의 근본 불교를 알려고 우리가 노력해야지 "나는 이렇게 들었노라[如是我聞]"고 시작한다고 해서 모두 다 부처님이 친히 설한 경전이라고 알아서는 안 된다는 말입니다.

4

이 글이 발표되었을 때 불자들의 반응은 놀라웠다. 하나같이 '이게 무슨 글이야' 하는 반응이었다. 그럴 만도 했다. 필자도 처음에는 그랬으니까.

물론 언젠가는 누군가 그럴 줄은 알고 있었다. 하지만 그가 그러리라고는 생각지 않고 있었다. 이것은 학승과 선승의 문제가 아니었다. 붓다의 말이 불설이냐 비불설이냐의 문제였다.

그러니까 "산은 산이요 물은 물이라"고 외쳤던 가야산 호랑이 해인사 방장 대선사가 경천동지할 말을 세상을 향해 내뱉은 것이다. 대승의 대주로서 산부처라며 존경과 사랑을 한 몸에 받던 그가 양심선언을 하고 나선 셈이다.

'그동안 까막눈이 되어 소승경전, 대승경전이란 분류를 잘 모르고 있었는데 이제 알았습니다. 그동안 나도 모르고 중생들에게 모든 것이 부처님 말씀인 줄 알고 가르쳤으니 그 점 용서하소서.'

그런 말이었다. 누군가 언젠가는 해야 할 고백이기는 한데 '하필이면 이 분이 왜' 싶었다. 그는 경전이나 읽은 학승이 아니었다. 평소 바른말 잘하기로 소문나기는 한 양반이었고 대중의 인기를 한 몸에 받고 있어서 설마 했었다. 그러면서도 '비로소' 하는 생각이 들었다. 하지만 생각할수록 기가 막혔다. 이것은 그의 문제만이 아니었다. 이 나라 불교 전체의 문제였다.

그러니까 그는, '그 전의 우리네 스님들은 모르고 있었습니다. 우리의 고승대덕들이 경전이 꾸며진 것도 모르고 그것이 붓다의 직설인 양 속아 어리석은 중생들에게 그대로 가르쳤습니다. 우리 불교가 '비

• 붓다 평전

불설'을 '불설'로 알고 중생들에게 '이것이 붓다의 말씀이오' 하고 지금까지 가르쳐 왔는데 이 일을 어떻게 하면 좋겠습니까. 부처님이 계시다면 물어라도 보겠는데 답답합니다' 그렇게 토로하고 있는 것이었다. 도선 국사도 그랬고, 원효 대사도 그랬고, 서산 대사도 그랬고, 보조 국사도 그랬고, 조선불교의 중시조 경허 선사도 그랬고, 만공 스님도 그랬고. 하나같이 모든 대승들이 받들던 경전이 붓다의 직설로 알고 있었는데 그게 아니니 어떡하면 좋겠는가 그 말이었다.

하기야 아난다가 "나는 이렇게 들었나이다[如是我聞]" 하고 있으니 그가 거짓을 고할 리 없고 보면, 무엇보다 붓다의 직언이 경전마다 박혀 있으니. 그래서 대승의 불보살들이 그 당시 실재하는 것으로 믿고 중생을 속여 왔다는 그 말이었다. 그 누구도 의심하지 않던 문제를 이제라도 인정한다 그 말이었다. 《아함경》이나 대승경전 모두 붓다께서 친히 말씀하신 것으로 믿고 있었는데 그게 아니기에 이제 실토한다 그 말이었다.

필자가 이 사실을 안 것은 평전을 시작하기 한참 전이었다. 불교를 공부하면서 처음부터 이상하다는 생각은 하고 있었다. 더러 의식 있는 이들이 문제 제기를 하고 있긴 했는데 차츰차츰 자료를 찾다 보니 예사 문제가 아니었다. 그래서 늘 고승대덕들에게 비판적일 수밖에 없었는데 비로소 가야산 방장 큰스님이 양심선언을 하고 나선 것이다.

한편으로는 놀라면서 한편으로는 큰일 났다 싶었다. 사람들이 이 사실을 어떻게 받아들일까 싶어서였다. 우리의 고승대덕들이 미욱한 중생들을 천수백여 년 동안이나 속여 왔다면 어떻게 될까.

더욱이 우리나라는 중국선을 그대로 답습하고 있다. 붓다의 말보다는 뜻을 기리며 상좌부불교도들을 찬불승 이상으로 보지 않는다. 중국의 불교도들이 상좌부불교도들을 성전암송가로서 대접하듯이 우리도 그렇게 소승불교들이라며 폄하하고 있다.

경전의 내용을 줄줄이 꿰고 있으면 무엇 하는가. 그들이 붓다의 진리를 제대로 깨닫고 있다고는 보지 않았다.

붓다의 한 말씀도 구별할 수 없다는 사실이 무서웠다. 이것이 정말 오늘날 한국불교의 현주소라면 어떻게 되는 것인가? 정신이 아뜩하지 않았다면 거짓말이었다. 근본 경전이 대승경전이 되면서 졸지에 아난다와 부처님을 거짓말쟁이로 만들어 버린 것이 누구인가 싶었다. 바로 북방불교를 그대로 받아들인 우리의 고승대덕들이 아닌가.

그때 생각했었다.

그렇구나. 이제 제대로 붓다의 모습을 찾을 수 있겠구나.

이 느낌은 필자만의 것이 아니었던 모양이었다. 뒤늦게 글을 읽은 후학이 들이닥친 것은 본고를 시작하고도 한참이 지난 어느 날이었다.

"설마 했습니다. 이럴 수가 있다니요."

"섭하네. 내가 그렇게 말할 땐 귀 너머로 듣더니 이 나라의 대주가 말하니 귀가 번쩍 했던 모양이지?"

"그렇지 않습니까?"

"뭐가?"

"사실 붓다 평전을 쓰신다고 해도 '감히' 싶었거든요."

"감히? 하하하 이제 바른말 하네. 그래서 붓다를 바로 보자 그 말 아닌가."

"그래도 그때는… 붓다를 친구로 본다? 그게 말이 됩니까."

"그럼 평생 무릎 꿇고 절이나 해야지. 친구가 되지 않고서야 어떻게 그를 알 수가 있나."

"그래도 객관성과 형평성을 유지하기가 쉽지 않을 것 같아서요. 평전의 속성상 주관을 배제하기가 그리 쉬운 것 같지도 않고… 그때는 그랬다는 말입니다."

"그런데 지금은 아니다? 하긴 그게 문제이긴 해. 나의 형평성과 객관성이 어떻게 큰 줄기에 가 닿나 싶어서…"

"이제 생각해 보면 그건 평전의 속성상 읽는 이의 몫이 아닐까 싶거든요."

웃음이 나왔다. 뒤늦게 명쾌해져 버리는 그의 단순성이 묘하다는 생각이 들었다.

"불교적 사유를 전제로 한 글이 될 터이니 말입니다. 형평성이나 객관성을 바탕으로 한 자기의 주관하에 대의를 찾아내야 한다면… 그런 면에서 가야산 호랑이의 글은 예사롭지 않은 것 같습니다."

그리 틀린 말은 아닌 것 같아 '흐흠' 하자 눈치를 살피던 그가 본색을 드러냈다.

"정말 믿어지지 않습니다. 아난다와 부처님을 졸지에 거짓말쟁이로 만들어 버렸으니…. 석가는 큰 도적이요 아난다는 작은 도적이니 뭐니 그런 말은 이해할 수 있습니다. 진리가 말이 될 때 거짓이 된다는 차원에서…. 하지만 외도들에게는 그나마 그의 말이 흉이 되는 마당에 어떻게 그럴 수 있는지…. 이건 차원이 다른 문젭니다. 그는 이 나라 대승의 상징 아닙니까. 그 양반 죽기 전 말과 글을 왜 내가 이제야 보았는지 그것도 이상하구요."

"그건 나도 그래. 그분한테 관심이 없던 것도 아닌데 나도 얼마 전에 보았으니까."

"문자를 멀리 하라고 가르치던 양반의 책이 뭐 그리 많은지… 나만 바보 된 기분이에요. 하기야 종조를 독 있는 나무니 뭐니 하던 분이니. 그래도 그렇다고…."

"지난 일이야. 이제 와 열 올린다고 바로 잡힐 성질의 것도 아니고…"

"그래서 더욱 믿기지 않습니다. 그분의 좁은 소견이겠는가 생각하면 더욱 그렇고요. 그 글을 읽고 난 후 고개를 못 들겠더라고요. 그동안 하나같이 입을 비쭉였을 걸 생각하면…."

"뭐 그렇게까지…."

그가 고개를 내저었다.

"그렇지도 않습니다. 그렇잖아도 외도들이 눈을 붉히는 마당 아닙니까. 할 말이 없어요. 그들이 불교를 어떻게 비웃고 있는지…. 가야산의 대주가 대승경전이 창작일 뿐이라고 시인했는데 지금에 와서 뭔 소리냐는 겁니다. 너같은 파랑강충이가 뭘 안다고 웃기지도 않는다는 겁니다. 한순간에 선대 선지식만 아니라 스스로 불교의 핵심인 경전 자체를 소설로 만들어 버렸으니…."

"그러지 말아. 그들이 대승의 방편심을 어떻게 알겠는가."

"설마 했지요. 사실 그땐 관심도 없었고요. 하지만 가만히 생각해 보니 예사 문제가 아니란 말입니다. 그렇지 않습니까. 이건 말이 되지 않습니다. 문제는 그로 인한 여파입니다. 불교 자체의 존재 이유 말입니다. 불전 자체가 소설? 그러면 그것을 편 선대 조사들 모두가 거짓말쟁이란 말 아닙니까. 우리는 그 거짓말을 받드는 이들이고요."

"그러니까 정신 똑바로 차리고 살아야지. 언제는 귀 너머로 듣더니…"

짜증이 나 언성을 높이자 그는 물러설 기색이 아니었다.

"불법이 진리임을 왜 전들 모르겠습니까. 하지만 그렇지 않습니까. 이 나라 불교의 우두머리가 원시경전만 붓다의 말씀이고 아니면 가짜라니요? 그럼 뭡니까? 부처님이 49년 동안 아함만 설했습니까. 아니지 않습니까. 중생의 근기를 봐 소승교 아함을 먼저 설했고 중생의 근기가 익자 대승을 설하지 않았습니까. 소승 열반 공적(空寂)에 정착시키는 것은 붓다의 본의가 아니었기 때문에, 그래서 대승과 소승을 병행한 거 아닙니까. 그것은 불교의 역사가 증명합니다. 그런데 그것조차 아니랍니다. 대승화 되면서 입장에 맞게 경전이 고쳐졌다는 겁니다. 그럼 뭡니까? 선승으로서 선불교만이 최고라는…. 그렇다고 그렇게 무조건적으로 편가르기 하듯 해 버리면 무식한 중생은 어떡합니까."

그렇다는 생각이 들었다. 본시 이런 문제에 직면하면 본질적인 문제보다 모난 것이 먼저 보이는 법이다. 옛 대승들이 중생들에게 부처님의 말씀을 설해왔는데 알고 보니 아니더라, 그런데 빠져 나갈 구멍은 있다 그런 말이라면 더욱 그렇다. 그런 말을 그렇게 쉽게 한다면 중생은 당황하기 마련이다. 뒤에 중도니 무견이니 유견이니 하는 말들로 보아서 더욱 그렇다. 대승경전이 부처님직설은 아니다. 하지만 중도사상이 있으므로 불설이라고 볼수 있다? 그것이 확인됨으로써 대승경전은 불설이 아니라는 의심에서 벗어날 수 있다?

낭패함이 입가에 씹혔다. 그날 그가 돌아가는지도 몰랐다. 마지막 그의 말이 귓가에 쟁쟁거렸다.

"전 무식해서 중도란 것을 어렵게 생각하고 싶지 않습니다. 중도에 입각한 것이 아니니 가짜다? 도대체 중도가 뭡니까? '일체 중생에게 불성이 있다. 그렇다고 반드시 불성이 있다고 하면 그것은 집착이고 없다고 하면 그것도 허망하다. 그러므로 말할 수 없는 경계 자체는 있다.' 그렇게 일체중생의 성불 가능성을 제시하고 있는 게 중도 아닙니까. '그러면 소승은 아니고 대승만 옳다?' 이거 모순 아닙니까? 어떻게 대승으로서 그렇게 말할 수 있습니까. 대승의 기본이념이 뭡니까. 대승으로서 당당하면 어디가 덧납니까. 피가 끓습니다. 피가 끓어요."

한동안 쓸쓸했었다. 흡사 갈 곳 없는 사람처럼 돌아쳤다. 그러면서 생각하고 있었다.

지금에 와 대승이니 소승이니…. 하긴 그 자체가 잘못 되었다는 말이 아닌가.

후학의 말대로 대승의 기본이념이 무엇인가. 자신 속의 불성을 깨치면 모두가 붓다가 될 수 있다는 데 있다. 그러므로 대승에게는 대승의 길이 있다. 그걸 평생 대승에 몸을 바친 그가 몰랐을 리 없다.

알면서도 그랬다?

그런 생각이 들자 이건 분명 소승심으로서는 안 되는 일이라는 생각이 들었다. 대승의 세계는 결코 추론으로는 재단할 수 없는 세계다. 범부의 논리로서 재단할 수 없는 세계라면 우리에게는 그의 논리와 행동이 비현실적으로 비쳐질 수도 있다.

그렇다면 오히려 그렇게 생각하는 우리가 갇혀 있다? 형이상학적 사유와 논리, 비판적 사고의 뭉침, 그 뭉침으로 하여 의혹의 눈을 치뜰 수 있다?

그러면 자신의 사고와 논리에 맞지 않는다고 대승을 재단할 수 있는가.

그렇지 않고서야(대승심에 의하지 않고서야) 어떻게 그럴 수 있나?

헤매고 있구나. 우리 모두 헤매고 있어.

이 글을 시작할 때 그런 생각이 들었었는데 그 생각이 또 들었다.

어느 날 문득 일각이라는 말이 떠올랐다.

일각!

일각?

역시 그 일각 속에 내가 찾는 대답이 있다는 말인가?

5

붓다의 가르침을 크게 대별해 보면 법(法, dharma)과 율(律, vinaya)로 나눌 수 있다. 마하카사파에 의해 '법(法)'과 '율(律)'의 결집이 최초로 시행된 것은 불멸 후 얼마 지나지 않아서였다.

장(藏=pitaka)으로는 경장(經藏=sutrapitaka), 율장(律藏=vinayapitaka), 논장(論藏=abhidharmapitaka)의 3장(三藏)으로 구성되어 있다. 법을 체계적으로 모아 놓은 것이 경장이고 승가에서 지켜야 할 계율을 담고 있는 것이 율장이며 경전의 가르침을 체계화해 놓은 것이 논장이다. 이 가운데 경장은 남방상좌부의 니까야(nikaya)는 빠알리어이며 '부(部)'라는 뜻이다. 북방 산스크리트는 아가마(agama, 아함)라 하여 장아함·중아함·잡아함·증일아함 그렇게 4개의 아가마를 4아함이라고 한다.

빠알리 5부는 남방 상좌부라는 단일 부파에 전승되어 온전히 보존되었는데 그 외 다른 부파에서 전승되어 온 경장은 대부분 소실되었으므로 그 독자성을 인정받았다. 좀 더 자세히 살펴보면, 《장부경전(디가 니까야 34경)》, 《중부경전(맛지마 니까야 152경)》, 《상응부경전(상윳따 니까야 7,762경)》, 《증지부경전(앙굿따라니까야 9,557경)》, 《소부경전(굿다까 니까야 15분)》 그렇게 5부로 집대성되어 있다. 이 중에서 가장 주목해야 할 경전이 《상응부경전》이다. 주로 사성제, 팔정도, 12연기법 등 불교 기본 사상의 가르침이 담겨 있다.

우리에게 들어온 한역 경전의 모태는 '4아함'이다. 글의 흐름상 단 몇 줄로 정리하기에는 너무 복잡하다. 차차 기술해 나가겠지만 중국을 통해 우리에게 들어온 '아함'은 전(傳)·교(敎)·법귀(法歸)의 뜻을 가지고 있다. '4아함'이라고 해서 '한역 4아함'이라고 부른다. 《장아함경》, 《중아함경》, 《증일아함경》, 《잡아함경》이다.

《장아함경》은 긴 내용을 추려서 엮은 경이다. 《중아함경》은 중간 정도 길이의 경을 모아 엮은 경이다. 《증일아함경》은 법수에 따라 설한 경이다. 《잡아함경》은 짧은 내용을 모아 엮은 경이다. 《장아함경》(30경)은 빠알리어로 된 《장부경전》에 상응하는 한역 경전으로 총 22권 30경으로 이루어져 있다. 캐슈미르 출신 사문(沙門) 중에 불타야사가 양주 사문 축불념(竺佛念)과 함께 후진(後秦) 홍시(弘始) 15년(서기 413년)에 범어로 된 것을 한역한 경전이 바로 《장아함경》이다. 그에 비해 《장부경전》은 34경으로 이루어져 있고 이 두 경전은 각각 언어적 차이는 있지만 내용에서는 거의 일치한다고 할 수 있다.

《중아함경(224경)》은 승가제파가 번역한 경전이고, 《잡아함경(1,362경)》은 구나발타라가 번역한 경전이다. 하나같이 부파불교의 산물인데 《장아함경》은 '법장부' 소속의 경전이고 《중아함경》과 《잡아함경》

은 '설일체유부'에 속한 경전이다. 《증일아함경》은 '대중부'의 경전이다.

6

대충 통념상의 소승경전과 대승경전을 열거해 보았는데 세월을 거쳐 굽이굽이 돌다가 들어온 것이고 보니 불설이면서도 불설이 아닌 '대승비불설경진'이라는 너울을 쓰게 되었고 그러다 보니 원음에서 많이 멀어져 있는 것도 사실이다.

이는 붓다의 본 모습을 찾기 위해 대단히 중요한 문제다. 사실이 그렇다. 우리의 경전이 실제적으로 원음에서 얼마나 멀어져 있느냐 하는 문제는 보통 문제가 아니다.

우리 불교가 중국에서 들어온 것이 분명하고 보면 그때 중국의 구법승들이 빠알리어나 산스크리트어에 얼마나 능통했을까 싶다. 대부분이 구법승들이거나 유학생들이었을 터인데 불경 사업의 중요성을 깨닫고 건너갔다 하더라도 자국의 언어가 아니고 보면 오역이 이루어질 수도 있다. 그들에 의해 물을 담는 함지박이 물동이가 될 수도 있고 대야가 될 수도 있다. 함지박과 물동이, 대야는 분명히 다르다. 밥은 밥이되 보리밥과 조밥, 쌀밥이 같을 리 없다. 모르니 그저 밥으로 통할 수도 있다. 또 경전 문구를 빼먹을 수도 있고 집어넣을 수도 있다.

구마라집이 금강경을 번역할 때 한 줄을 빼먹고는 수모를 당했었다는 전설적인 이야기가 남의 것이 아니다.

若以色見我 以音聲求我 是人行邪道 不能見如來

만약에 색(色)으로서 나를 보거나 음성(音聲)으로서 나를 구하면 이는 사도(邪道)를 행하는 사람이라 능히 여래를 보지 못하리라.

이 대목이 남방불교 경전 상윳따니까야《박깔리 경 Vakkali sutta》
에도 있다. 거기에는 이렇게 기록되어 있다. 박깔리(Vakkali)가 붓다의
모습이 너무 아름다워 쳐다만 보고 있자 이런 말을 한다.

〈alaṃ vakkali kiṃ te iminā pūtikāyena diṭṭhena, yo kho
vakkali dhammaṃ passati so maṃ passati, yo maṃ passati
so dhammaṃ passati. dhammaṃ hi vakkali, passanto maṃ
passati. Maṃ passanto dhammaṃ passati〉

박깔리야. 그만두어라. 그대가 부서지고 썩어갈 이 몸을 그리 봐서
무엇 하겠느냐?

박깔리여, 진리를 보는 자는 나를 보고 나를 보는 자는 진리를 본
다. 박깔리여, 그렇다. 참으로 진리를 보면 나를 보고 나를 보면 진리
를 본다.

그런 뜻인데, 뒤에 올 문장 〈dhammaṃ hi vakkali, passanto
maṃ passati. Maṃ passanto dhammaṃ passati〉을 빼먹어 버린
것이다. 구마라집이 헷갈릴만하다. 그 말이 그 말 같으니.

그러나 그렇지 않다. '진리를 보는 자'와 '진리를 보면'은 완전히 틀
린 말이다. 그 사이에는 수행을 통한 체험의 강이 있고 실천의 과정
이 있다. 그것이 '참으로 진리를 보면'의 세계다. 비로소 붓다를 볼
수 있는 세계. 즉 붓다 그 자체다. 그것을 구마라집은 뭉뚱그려 버
린 것이다.

사람들은 이 사실을 몰랐다. 나중 양나라 무제의 아들 소명태자

• 붓다 평전

시대 보리 류지 본(509년)이 나왔다. 거기에 보니 다음 경구가 덧붙여져 있다.

彼如來妙體 卽法身諸佛 法體不可見 疲識不能知

해석은 빠알리 본문과 다를 것이 없지만 앞말의 의미가 확실해져 버렸다는 것을 알 수 있다.

그제야 사람들은 깨달았다. 구마라집이 그 경구를 빼먹었다는 것을.

그래서 대승경전이 근본 경전의 범주를 벗어나지 못한다고 하는 것이다. 우리가 알고 있는 경전들. 선사의 한탄이 남의 일 같지 않고 내 언설을 변형시키지 말라는 붓다의 명령이 하늘 같다.

문제는 그것이 지엽적이라 할지라도 그런 식이 계속되고 있다면 붓다의 본말이 얼마든지 뒤틀어질 수 있다.

더욱이 한역화 되기 이전의 경전들과 한역화 된 경전들을 비교해 보면 선사의 한탄이 지나치지 않다는 걸 알 수 있다. 그는 원시 경전만이 친설이라고 주장하고 있는데 그럴 만하다. 왜 그런가 하면 우리가 알고 있는 근본 경전들이 사실은 여러 부파의 왈가왈부하는 주장들이 모이고 모여 경전으로 편찬된 것이기 때문이다. 그러니 그 순수성을 의심하지 않을 수 없다. 사실 이에 정통한 이들은 예전부터 소승경전의 순수성을 의심하지 않았던 것은 아니었다. 그런데도 불교계는 사실상 침묵해 왔었는데 이유가 뻔했다.

필자도 언제쯤 양심 있는 스님이 나오나 했었는데 수년간 철조망을 둘러치고 다리가 휘도록 수행했던 선사가 양심선언을 하고 나서니 당황하지 않을 수 없었다.

남전의 《니까야》는 18부나 되는 부파에 의해 편찬 간행된 경전이다. 18부나 되는 부파가 한 장 한 장 모아 만든 경전이다. 그것은 한역본의 모태가 되는 산스크리트 경전도 마찬가지다. 남방상좌부보다 북방 부파가 오히려 더 많았다. 무려 20부파나 되었으니 말이다. 그 중심에 설일체유부가 있었다. 상좌부불교계에서 가장 중심적 무리들이었다. 그들이 편찬한 경전이 곧 '4아함'이었다. 《니까야》를 모태로 삼았다는 바로 그 경전. 시기적으로 남전의 빠알리 본의 출간이 빨랐으므로 말이 많은 경전이 바로 이 경전이었다.

그 형성 과정이 의심받을 만했다. 《장아함》은 간다라어로 편찬된 경전이다. 법장부(法藏部)에 속해 있었고 《중아함》은 캐시미르의 설일체유부교단에서 간다라어로 전해진 것이다. 《잡아함》은 중인도 마투라 지역의 설일체유부 계통에서 편찬된 경전이다. 《증일아함》은 아예 성립지도 모른다. 북인도 캐시미르라고 하나 확실하지 않다.

그렇다면 두 쪽 다 결집의 의미를 간과한 것이 분명하다. 몇 차례의 결집이 없지는 않았지만 결집이란 바로 붓다의 금옥소리만 모아놓은 장집(鏘輯)의 시작이고 결과의 검증이다. 검증은 개인의 소관이 아니다. 여러 경로를 거쳐 최종적으로 승인 받는 작업이다. 그래도 《니까야》에 하자가 있어 나중에 나온 산스크리트 본에 반영되었다면 할 말은 없다. 다행스러운 일이지만 그렇다고 한역본의 경우 몇 프로나 원전과 같을 수 있을까 하는 의문은 언제나 우리 곁에 있다.

이상한 것은 단일한 부파에 의해 전해진 것이 아닌데도 하나같이 남방상좌부의 《나까야》와 내용이 똑같다는 사실이다. 4아함 가운데서 어느 것이 먼저 편찬 출간되었는지는 알 수가 없다. 붓다의 가르침이 암송에 의한 구전이었던 걸 보면 4아함 가운데서 가장 짧은 게송의 형태로 되어 있는 《잡아함경》이 먼저 출간되지 않았을까 하는 정도다. 다음으로 체계적이고 정연한 형태의 《증일아함경》이 출간되었을 것이고 《중아함경》과 《장아함경》이 뒤를 이었을 것이다. 《소부》와 《잡장》은 이보다 뒤늦게 세상 빛을 보았을 것이라고 추측하지만 확실하지는 않다.

자연히 남방상좌부에서는 자신들의 경전을 그대로 옮겼다고 눈을 부라림직하여 몇몇 분에게 물어보았다. 그랬더니 대답이 한결같았다.

"경전이라는 것이 그런 거 아닌가요? 부처님의 말씀을 그대로 옮긴 것이라면 내용이 똑같을 수밖에 없겠지요. 더욱이 거친 빠알리어를 산스크리트어화 함으로써 경전의 완벽한 모습을 갖추었는데 왜 지금 그런 말씀을 하시는지?"

묻는 사람이 당황할 정도로 정색을 하고 되물었는데 뭔가 이상하다는 생각이 들었다. '악작죄'라는 단어가 떠올랐기 때문이었다.

악작죄! 붓다는 분명히 말했었다. 악작죄라고.

"빠알리어 경전이 산스크리트어화 됨으로써 제 모습을 잃고 있다는 비판이 있는 거 같아서요. 여기 보십시오. 그것을 받아들이는 측에서 이런 주장까지 하고 있지 않습니까."

〈불전 편찬은 두 길로 나뉜다. 불멸 후 제자들이 모여 산스크리트어로 편찬한 것이 《아가마(아함경)》이고, 인도 남서부에서 빠알리어로 편찬된 경전이 《니까야(nikāya)》이다. 이는 스리랑카로 넘어가 완전히 경전 형태를 잡는데 각 부파의 자료가 모여 집성된 것이므로 경이라 할 수 없다. 오히려 조금 늦게 편찬된 산스크리트 《아가마》가 그들의 단점을 알고 수정 보완하였으므로 더 정확하고 자세할 수 있다. 남전 《니까야》는 제자들이 모여 만든 것이 아니라 각 부파의 자료가 집성된 것이므로 경이라 할 수 없다.〉

글을 보던 사람이 하나같이 물었다.

"경이 아니라면 뭡니까? 이것 역시 기울어진 것 같은데요. 산스크리트 경전도 마찬가지 아닌가요?"

그래서일까? 산스크리트 《아가마》는 《아함경》으로 한역되어 중국에서 환영받지 못했다. 사람들은 《아함경》이 환영받지 못했던 것은 《니까야》를 베꼈다는 의혹 때문이라고 했다.

그럴까? 중국에서 《아함경》이 환영받지 못했던 것은 《니까야》를 베꼈다는 의혹 때문이었을까?

한마디로 아니었다. 《아함경》이 중국에서 환영받지 못했던 것은 자국에서 자생된 종교가 아니었기 때문이었다. 수입된 종교이기 때문이었다. 그러니 낯설지 않을 수 없었다.

그럼 오늘의 한국불교에서 아함의 위치는 어떠할까? 요즘 들어 빠알리어 경전이 소개 되면서 아함의 세계가 제대로 알려지고 있지만 여전히 중국의 사대주의적 종교관에서 벗어나지 못하고 있는 것이 사실이다. 한국의 불교 속에서 아함의 존재는 지극히 미미하다. 아니 소승 경전이라 하여 거의가 이단시 하는 정도라고 해야 맞는 표현일 것이다. 그 자리를 대승경전인 금강경 등이 대신하고 있으니 말이다. 어떤 스님은 요즘 들어 아함경의 존재를 알았다는 이들도 있다. 빠알리어 원전이 들어오면서 붓다의 원음이 그대로 녹아 있는 아함의 세계가 드러나자 이제야 정신이 번쩍 든다는 식이다. 왜 그럴까? 이유는 중국에 있다. 중국의 선불교는 달마조사로부터 시작되었다고 해도 과언이 아니다. 그는 소림사에서 면벽 수도를 9년 동안 했고 그 뒤를 혜가, 승찬, 도신, 홍인을 거쳤다. 그 동안 불교는 팽배했던 도교 사상과 결합되어 중국불교 즉 선종의 황금기를 이루었다. 그러니 붓다의 진음이 담긴 아함경이 버려지지 않을 수 없었다. 선불교(선종)만이 최고의 수행법이라 인식되었기 때문이다. 거기에다 우후죽순처럼 생겨난 종파들의 알력 싸움. 하나같이 자신들의 이론을 정당화하려는 근거를 찾다 보니 문제가 생기지 않을 수 없었다. 자연히 《아함경》의 인지도는 떨어져 그저 붓다가 전법 초기에 방편론상으로 설한 말씀 정도의 경전이 되고 말았다. 우리나라나 일본에서도 선불교를 배운 스님만이 정통으로 인정받는 분위기 속에서 아함은 소승경전이라 하여 거의 이단시 되고 있었다.

근현대 이전까지 인정받지 못했던 남전 《니까야》가 일본에 널리 알려지기 시작한 것은 몇몇 선지자들에 의해서였다. 대승비불설이 제기되면서 남방 빠알리 《니까야》를 주목하기 시작했고 그들은 대승불교 경전과 빠알리 《니까야》와 산스크리트 경전을 대조하여 보고는 놀라지 않을 수 없었다. 붓다의 직언이 바로 거기 있었기 때문이었다.

자연히 빠알리 《니까야》가 새롭게 주목받기 시작했다.

우리나라도 마찬가지였다. 몇몇 선각자들에 의해 오래전부터 관심을 받고 노력을 기울이고 있었다. 4아함 역시 마찬가지였다. 원전은 거의 사라져 버렸지만 동국 역경원에서 번역되고 있었다.

그런데 한국불교의 대주가 남전의 빠알리어 경전의 순수성까지 제기해 버렸다. 거기에다 대승경전의 비불설도 모자라 4아함의 비불설까지 제기해 버렸다. 그럼 어떻게 되는 것인가? '여시아문'을 밝힌 아난다는 무엇이 되며 경전 곳곳에 박힌 붓다의 직언은 어떻게 되나?

7

우리의 경전들이 안고 있는 문제점을 돌아보았는데 선종과 교종의 주의주장을 떠나 이는 참으로 중요한 문제다. 앞으로 계속해서 기술해 나가겠지만 그럼 어떻게 할 것인가?

사실 한역본을 뒤져 보면 평생을 한역본에 의지했을 선사의 한탄을 알만하다. 자신이 읽었던 경전을 새로운 눈으로 보니 뒤죽박죽이다. 시간도 없고 차례도 없다. 역사가 어디 있는가. 아난다가 여시아문이라 못 박고 있는데도 그렇다. 그렇게 붓다의 직언이 날조되고 있었으니….

불교는 엄밀히 극적인 가르침이 아니다. 중도적 자세를 취하고 있기 때문이다. 그렇기에 오랜 세월 수많은 대승들이 싸워왔다. 그때마다 시대와 역사적, 사회적 관점에 따라 재해석이 시도되었다. 어떻게 붓다 가르침의 진의에 도달할 것인가.

불교의 역사는 붓다의 깨침 그곳으로 다가가는 여정이다. 어떻게 붓다의 경지에 접근할 것인가. 절대는 저기 있다. 그 절대를 향해 화살을 당긴다. 화살이 나아가는 방향을 가르치는 것이 불교다. 그러므로 절대의 진리에 이르는 이도 있고 영원히 이 언덕에서 서성거리는 이도 있다. 그것이 불교의 역사다. 선사의 뒤늦은 한탄도 일리가 있고 대승불교를 선도했던 이의 발언을 궁색하다 표현한 이의 말도 일리가 있다. 붓다가 중생의 근기를 봐 아함을 설했고 근기가 익자 대승의 법을 설했다. 그것을 대선사가 모를 리 없고 보면 하나같이 붓다의 참모습을 모르니 바로 봐야 한다는 말일 터이다. 대승의 개념이란 비불설이냐 불설이냐에 있는 것이 아니다. 붓다 됨에 있다.

천여 년의 수행승들이 설령 붓다의 직설인지 아닌지를 모르고 불법을 펴왔다 하더라도 그들의 논서는 수행을 통해 이루어진 증험한 산물이다. 붓다의 경지에서 써낼 수 있는 것이다. 그것은 학문적 문자의 풀이로서 가능한 것이 아니다. 그러므로 추상적인 지식이 체험에 버금갈 수는 없다. 깨침이 체험의 산물이고 보면 비불이니 비불설이니 하고 떠드는 지식인들의 논리에 흔들릴 이유가 없다. 지식인들도 그런 선지식들을 나무랄 수는 없다. 그건 죄다. 그래서 추상적으로 배운 이들이 죄가 많다. 요즘 초기 불전의 기세가 만만치 않다는 건 알고 있다. 그렇다고 하더라도 그런 그들이 과거의 불경에 관한 전통을 재단해 버린다면 모든 조사와 성인들이 헛것이 된다는 말이다.

하지만 이런 논리도 대승적 차원의 입각점이다. 왜 대승으로서 자신의 처지에 당당하지 못한가? 대승의 이념이 그렇다 하더라도 붓다와 선사와의 경지 그 사이에는 일분(一分)이라는 일각(一覺)이 존재한다. 그 일각이 문제다. 붓다는 그것을 분명히 했다. 왜 비구가 있고 보살이 있고 붓다가 있는가.

그렇다면 무엇인가? 왜 우리는 여기에서 이렇게 헤매고 있는가?

무지 때문이다. 붓다의 참모습을 누구도 확실히 모르기에 이 언덕에서 이렇게 헤매고 있다.

이 판단이 맞다면 이미 대답은 나와 있다. 붓다의 본래 모습 속에 그 답이 있을 것이다. 그럼 그 모습을 찾아 나서면 될 것이 아닌가. 이것은 상식이다. 붓다가 어떻게 살았고 어떻게 수행했으며 어떤 법을 폈으며 어떻게 중생을 제도했는지 진지하게 그의 일생을 조명해 보면 될 것이다. 그때 드러날 터이다. 그의 참모습이. 그러면 그것이 대답이 된다. 붓다의 모습이 올바로 세워지면 법의 실체가 드러날 터이니.

그의 참모습을 세워볼 수 있다면 서성거리고 있을 수만은 없다. 이제라도 그의 참모습부터 찾아 나서야 한다. 이미 우리에게 붓다는 들어와 있다. 그것이 발판이 될 것이다. 그 수많은 경전과 흔적들. 더욱이 붓다의 원음이 집대성된 빠알리어 경전까지 들어와 있다.

오랜 세월에 걸쳐 활발히 소개되고 있는 니까야는 빠알리어 대장경 가운데 경장에 해당하는 경전이다. 더러 그 순수성을 의심하는 이들이 있다고 하더라도 그것이 붓다의 원음에 가장 가까운 경전임에는 분명하다.

그렇다면 한가지 분명히 하고 들어가야 할 것이 있다.

빠알리어는 표음문자고 한어는 표의문자다. 언어 구조가 확연히 다르다. 표음문자는 하나하나의 글자가 의미를 나타내지 않는다. 사람의 말소리를 기호로 나타낸 소리글자이기 때문이다. 반면 표의문자는 뜻글자다. 고대의 회화문자나 상형문자가 발전해 하나의 자형이 언어의 개념이나 의미단위에 대응하는 단계에서 나타난 글자다.

그러므로 표음문자는 분석적이다. 구체적이다. 반면 북방의 표의문자는 직관적이고 추상적 언어 구조를 가지고 있다.

하여 북방의 경전들은 분석적인 언어 구조를 상실했다고 봐야 한다. 그렇다고 대의가 무너진 것은 아닐 터이지만 북방으로 옮겨오면서 그 본의가 뒤틀릴 수는 있다. 그럼 그 대의를 추적해 들어가면 된다.

그럴 수만 있다면 대답은 나온 것이나 다름없다. 그곳에서 붓다의 올바른 모습을 찾으면 붓다의 본 모습과 불교의 실체가 드러날 터이다. 무엇보다 그 작업을 통해서 우리에게 불교를 전한 중국불교를 객관적으로 바라볼 수도 있다. 무조건 비판할 것이 아니라 그로 인하여 자주 불교의 기틀을 구현할 수 있을 터이다.

8

　그렇게 생각하면서도 한동안 글을 놓고 살았던 게 사실이다. 생각이 아무리 거룩하다 하더라도 그런 생각은 필자만의 것이다.

　아무리 생각해도 안타까웠다. 이제 와 불설이니 비불설이니 한다는 것이.

　악작죄라는 단어가 계속 뇌리에서 떠나지 않았다. 그러면서도 그게 먼저 간 스님네들의 탓만이 아니지 않은가 하는 생각이 들었다. 분명히 악작죄가 맞았다. 하지만 아니라고 생각했다. 우리의 스님네들이 그렇게 살아왔다고 하더라도 그들의 책임이 아니라고 생각했다. 중생을 제도하려는 대승심의 발로가 아니고 무엇인가. 그렇게 생각했다.

　누구나 그랬으리라 싶었다. 근본 경전을 읽고 대승경전의 바다에 빠져 허우적거리면서 조사 어록에 천착하고 그러다 붓다의 비불설에 다시 갇혀 버렸으리라 싶었다.

　그럴까? 오히려 그렇게 비판적인 사고에 퍼붓는 불벼락 같은 대승심의 여파는 아니었을까? 결코 소승심으로는 대승심을 재단할 수 없고 보면….

　생각에 생각은 거듭되는데 선사의 근본 불교를 달리 찾는다는 말이 내내 뇌리에서 떠나지 않았다. 근본 불교인 원시불교와 부파불교인 소승불교가 근본적으로 다르다는 말은 이해하겠지만 그 다음의 글이 잊혀지지 않았다. 부파불교시대에 있어서는 유견 아니면 무견, 무견 아니면 유견의 변견으로 각기 자기 교설을 주장한 소승불교로서 중도사상이 없는 데 반하여, 근본 불교는 중도사상에 입각하여 모든 교설이 설하여져 있다는 말이 내내 걸렸다. 그래서 소승불교는 부처님 사상을 오해한 변질된 불교이며 정통의 불교는 아니라는 말이 머릿속에서 떠나지 않았다.

　어느 날 문득 도(道)란 이해의 차원이 아니라는 결론에 도달했다. 새삼스러울 것도 없는 깨달음이었다. 그런데 왜 그렇게 새삼스러웠는지 몰랐다.

　헤매고 있을 수만은 없다는 생각에 그때부터 경전들을 뒤지기 시작했다. 다른 생각은 없었다. 붓다의 진리를 바로 보기 위해 그의 모습부터 찾아보자 그 생각뿐이었다. 그의 참모습을 보려면 벗겨낼 것은 벗겨내고 분명히 할 것은 분명히 하고 바로 잡을 것은 바로 잡아야 한다는 그 생각뿐이었다. 거기 우리가 헤매어 찾고 있는 해답이 있을 것이기 때문이다.

○

일야현자의 꿈

1

붓다의 게송 중에 〈일야현자(一夜賢者)〉라는 게송이 있다. 빠알리어 경장 맛지마 니까야(Majjhima Nikaya) 《지복한 하룻밤의 경 bhaddekaratta sutra(M131)》의 게송이다. 이 게송은 맛지마 니까야 《아난다와…(M132)》, 《마하캇자나와…(M133)》, 《로마사깡끼야와 지복한 하룻밤의 경 Lomasakangivabhaddekaratta sutta(M134)》에 이른다. 여기서는 (M131)의 게송이다.

지나간 것에 연연하지 말라.
연연함으로 너는 죽어 가리라.
언제 어느 때 죽음의 사자가 달려올지 모르니
오로지 현실에 철저하라.
그것만이 과거의 잘못을 거둬들일 수 있고

내일을 설계할 수 있으며

오늘을 참되게 살 수 있다.

붓다가 성도 후 늘 제자들에게 일러주었다는 게송이다. 하룻밤 사이에 현자가 된다는 게송.

물론 모든 일은 하룻밤 사이에 이루어지는 것은 아니다. 경전을 뒤지면서 늘 이 게송을 염송하고 또 염송했다. 찾는 답이 그 속에 있으리라는 믿음 때문이었다.

그렇구나. 답을 찾으려면 우리가 잊어버린 것부터 찾아 나서야 하겠구나.

그것이 무엇인가?

어느 날 문득, 비록 인간의 몸을 하고 있었으나 금강의 세계에 있던 사람의 모습이 떠올랐다. 그의 두통, 그의 웃음, 독을 풀고 있는 강가에서 웃고 있는 소년, 벼랑이었다. 형제가 형제를 죽이고 있다. 지옥이다. 쇠산지옥이다. 거기에서 한 사내가 고통받으며 울고 있다. 기나긴 수행의 시간이 지나고 한 사내가 미소 짓고 있다. 알 수 없는 웃음을 흘리고 있다.

어쩌면 오늘 우리가 여기 서성거리는 것은 그 때문이 아닐까?

그런 생각이 들자 근본 불교와 대승불교를 다섯 가지로 구분하는 이의 글이 떠올랐다. 이상한 일이었다. 아무 관련이 없을 듯한데 그의 글이 갑자기 떠오르는 것이었다. 그의 글을 보면,

첫째, 소승불교는 '상구보리 하화중생(上求菩提 下化衆生)'이라는 말을 둘로 나누어 보아야 한다. 둘째, 소승불교는 법(法)을 논함에 있어 분석적이고 대승불교는 직관적 방법을 중시한다. 셋째, 소승불교는

의식적이고 대승불교는 무의식적이다. 넷째, 소승불교는 아라한적이고 대승불교는 보살적이다. 다섯째, 소승불교는 이성(理性)적이고 대승불교는 감성(感性)적이다.

다시 상기해 봐도 그리 틀린 주장은 아니라는 생각이 든다. 상구보리는 위로 도(道)를 구한다는 말이다. 바로 독각(獨覺)이다. 독각은 개인의 도(道)다. 대승불교는 보살정신이다. 하화중생, 즉 중생을 위해 살므로 대중의 도(道)를 의미한다.

어느 날 그의 주장을 들어본 학승 한 분이 고개를 갸웃했다.

"근본 불교와 대승불교를 바라보는 시선이 꽤 신선하긴 하네. 그런데 이상하게 남전 불교를 은근히 비하하는 듯한 느낌이 드는 것은 무엇 때문인지 모르겠다. 지금이 대승 시대다 그건가. 하지만 남전 《니까야》가 각 부파의 소산이라고 하더라도 붓다의 원음이 살아 있는 경전임에는 분명하지 않나. 역사가 그것을 증명하고 있고 내용이 그것을 증명하고 있는데 말이야. 그래서 이제야 우리도 그 중요성을 깨닫고 붓다의 원음에 다가가고 있는데…"

그 말을 들으면서 오늘의 한국불교를 생각해 보았다. 한국불교는 분명히 두 길 위에 있다. 하나는 열반을 지향하는 수도 지향적인 성격, 하나는 기복화였다. 수도 지향적인 덕목은 불교의 기본이라고 하더라도 기복의 첫째 덕목은 보시와 공양이다. 그래야 현세와 내세의 공덕이 쌓인다.

가야산 선사는 남방상좌부의 경전을 의심하고 있지만 그들은 그래도 기복화되어 있지는 않다. 철저하게 탁발에 의지하여 붓다의 정신을 지켜나가고 있기 때문이다.

그렇다면 오늘날 한국불교가 소승불교화 할 수 있는가. 남방불교

스님네처럼 한국의 스님네들이 발우를 들고 탁발을 한다? 요즘 탁발하는 스님이 이 나라에 있던가. 한국의 스님들은 이제 탁발에 의해 생활하지 않는다. 그러므로 남방상좌부 수행이 이 나라의 수행이 될 수는 없다. 그렇게 우리 불교는 발전되어 왔고 앞으로도 그렇게 발전되어 나갈 것이다.

그렇다고 공존을 찾지 않는다면 어떻게 될까? 남방불교와 한국불교의 만남. 새로운 차원의 불교를 일으키자는 말인데 사실 그게 쉽지 않다. 종단만 수십 개가 넘고 하나같이 제 아집에 사로잡혀 있다. 그들을 보고 있으면 각 고장의 사투리를 보고 있는 것 같다. 붓다의 말은 한 말씀인데 선승의 말이 다르고 학승의 말이 다르다. 조계종의 말이 다르고 태고종의 말이 다르다. 한 뿌리의 나무이면서도 제각각 뻗어 나간 가지처럼 각 파의 말이 다르다. 돈 있는 신도의 대우가 다르고 없는 자의 대우가 다르다.

붓다가 살아 있던 시절에도 그랬던가. 오늘 그렇다고 붓다의 말씀이 변할 리 없다.

그러고 보면 붓다는 수천 년 전에 불교도들이 그렇게 사분오열할 것이라고 내다보고 있었는지 모른다. 말과 뜻이 다르다고 하지만 말은 그 사람의 뜻이다. 뜻이 말과 다르다고 하지만 뜻이 곧 말이다. 뜻과 말이 달라 선과 교가 갈렸다고 하지만 붓다는 구분하지 않았다. 본의를 오해하려고만 하기에 방편식 뜻과 행동을 분리해 준 것뿐이다.

뜻은 그 사람의 내면 풍경이지만 말은 그 사람의 자태이다. 자태는 뜻의 반영이다. 자태는 그가 처한 환경과 밀접한 관계를 갖는다. 표준어를 쓰는 고장에서 태어난 사람은 표준어로 모든 것을 받아들이고 사투리를 쓰는 곳에서 자랐다면 그곳 말로 모든 것을 인지한다. 그러므로 자신의 뜻을 말로 담아내기에 말만 들어도 우리는 그 사람의 신분을 알 수 있고 태생을 알 수 있다. 그의 근본도 알 수 있으며 처한 환경도 알 수 있다.

"붓다가 대접이라고 가르쳤는데 밥그릇이라고 알아듣지 말라."

가야산의 대선사는 작금의 한국불교를 그렇게 나무란 것은 아닐까?

"부처님이 사투리를 쓰시는 갑다. 우리 불교가 영 말을 못 알아듣는 걸 보믄."

도반의 푸념이 재미있다는 생각이었는데 얼마 가지 않아 국내에서 빠알리어에 능통한 한 스님이 붓다는 본시 귀족이었으므로 사투리를 쓰지 않고 표준어를 쓰고 있었다고 주장했다. 빠알리어는 하층 계급의 언어였으므로 귀족들이 쓰는 표준어인 산스크리트어를 썼다는 주장이었다. 정신이 번쩍 들었다. 마침 붓다의 언어 문제로 고민할 때였다. 묘했다. 도반의 푸념과 빠알리어에 능통한 스님의 주장이 톱니바퀴처럼 맞물려 머릿속에서 맴돌았다.

남방상좌부가 하층 계급인가.

붓다가 전도할 당시 그의 주 무대는 마가다였다. 그것은 역사가 증명하고 있다. 그곳은 빔비사라왕이 통치하고 있었고 왕위는 아들 아쟈타삿투로 이어진다. 지금의 비하르주와 웃따라쁘라데사주 지방이라고 하는데 마가다국은 그 당시 가장 강대한 나라였다. 어떤 이들은 마가다어와 빠알리어가 조금 다르다고도 하고 있지만, 석가족 주변을 싸고 있는 나라들이 아리야 언어인 베다나 산스크리트 언어를 사용했다면 남방상좌부의 주장이 그리 틀린 것은 아니다. 어느 나라나 표준말이 있고 사투리가 있기 마련이고 보면 석가족 언어도 크게 벗어나지 않았을 터이다.

붓다는 깨침 후 평생을 유행하며 불법을 폈다. 만약 각 나라의 말이 달랐다면 언어의 장애를 겪지 않았을 리 없다. 언어로 인해 소통하지 못했다는 기록은 아직 발견되지 않고 있다. 이는 곧 약간씩 어투가 달라도 소통에는 지장이 없었다는 말이 된다.

빠알리 율장 《쫄라박가(Cullavagga)—율장소품》에 보면 이런 대목이 있다.

두 비구(야멜루와 떼꿀라)가 어느 날 붓다를 찾아와 여쭈었다. 그들은 형제였다.

"붓다시여. 여기 세상의 인연을 끊고 출가한 비구들이 모여 있습니다. 그들은 붓다의 말씀을 자신의 언어(sakāya niruttiyā)로 오염시키고 있습니다. 그러므로 붓다의 말씀을 운율적 언어로 바꾸면 어떻겠습니까?"

그들이 운율적 언어라고 표현한 것은 빠알리어가 거칠고 난삽하므로 표준어로 바꾸면 어떻겠느냐 그 말이었다.

붓다는 이렇게 대답했다.

"어리석구나. 만약 그리한다면 내 법의 본의가 어그러지리라. 나의 언설을 운율적 언어로 바꾸지 말라. 바꾸면 악작죄(惡作罪, dukkata)가 되리라. 그 자신의 언어로 배우는 것을 허용한다."

바로 이 말이 문제였다.

"그 자신의 언어로 배우는 것을 허용한다."

이 때문에 붓다의 언어를 출신 지방의 언어로 쓸 수 있다는 무리들과 그 당시 붓다가 쓰던 언어로 쓰지 않으면 안 된다는 무리들이

• 붓다 평전

생겨났다.

어느 쪽이 옳은가? 전자인가? 후자인가? 그들은 자신의 언어로 배우는 것을 허용한다는 붓다의 말을 처지에 맞게 해석하고 있다.

자신의 언어로 배우는 것과 자신의 언어로 바꾼다는 것. 배우는 것과 바꾼다는 것은 다르다.

다시 물을 수밖에 없다. 어느 쪽이 옳은가? 남방상좌부를 의심한다면 이 역시 조작되었다고 볼 수도 있다.

아니면 북방 부파의 장난인가? 노골적으로 남방상좌부를 소승이라고 무시하던 무리들이 그들이다. 그러므로 충분히 그럴 수 있다.

그렇다고 남방상좌부 역시 그 혐의에서 자유롭지는 않다. 그들의 경전이 각 부파의 기록을 모은 것이고 보면 충분히 그럴 수 있다. 같은 부파이지만 상대 부파를 의식해 첨삭을 감행할 수도 있다.

그렇다고 하더라도 붓다는 구제의 대상을 먼저 서민에게 두었다. 이것은 주지의 사실이다. 그렇다면 빠알리어로 붓다의 말을 계승했다는 상좌부 무리들의 주장은 전혀 설득력이 없는 것이 아니다. 무엇보다 붓다 스스로가 자신의 가르침이 다른 형태로 존재할 수 없음을 천명했다고 이해했을 수도 있다.

하지만 붓다가 가능한 한 자신의 가르침을 내용이나 형식에 관해 정통적으로 전승시키려고 그렇게 말했다면 상대 부파 측에서 생각하면 심각한 일이 아닐 수 없다. 그들 모두가 붓다의 말을 어긴 악작죄를 지었기 때문이다.

그럴까? 붓다의 힐문이 칼날처럼 서슬한데도 아가마를 편찬했다? 그랬을까?

아무리 따져 봐도 남방상좌부의 주장이 틀린 것 같지 않다.

틀리지 않다면 종교화되기 이전의 붓다는 어떠했을까? 남방상좌부의 주장대로 그 모습 그대로였을까? 그럼 그때의 붓다를 만나봐야 한다. 그들이 말하는 붓다가 거기 있다. 그 붓다의 가르침이 거기 있다. 그를 만나봐야 대답이 나올 터이다. 도대체 종교화되기 이전의 붓다는 어떤 모습이었을까? 그는 어떤 언어로 우리를 가르쳤으며 종교화되게 하였을까?

2

남방상좌부 정설에 의하면 붓다의 설법이 제일 처음 문자화된 것은 밧타가마니왕 때 스리랑카의 알루 위하라라고 한다. 그전에는 노래로 전해지고 있었는데 그 노래가 문자로 기록되어 '패엽경'이 되었다는 것이다.

본시 빠알리어는 소리만 있고 문자는 없는 언어다. 근본 불교의 순수성을 의심하는 이유 중 하나가 바로 이것이다.

3차 결집 이후 그 내용은 고스란히 불교를 받아들였던 실론(지금의 스리랑카) 상할라족에게 전해진다. 이때 3차 결집에서 완성된 삼장이 마힌다 장로에 의해서 온전히 암송되어 상할라족에게 넘어갔다. 물론 온전히 넘어가지 않을 수도 있다. 마힌다는 왕자의 신분이었다. 그러므로 혼자 가지 않았을 것이라는 추측이 가능하다. 아니 암송 전문가들이 끼어 있었다는 기록이 있다.

그 후 스리랑카에서 전쟁이 일어난다. 기근이 시작되어 사람들이 죽어 나갔다. 그러자 삼장과 주석서가 사라질 것을 염려한 비구들이 알루 위하라 절에서 모임을 가졌다. 패라다 나뭇잎에 그들의 상할라

• 붓다 평전

문자를 사용하여 음사하기 시작했다.

소왕통사(小王統史, Culavamsa)에 의하면 5세기 마하나마(Mahanama 409-431)왕의 시대에 인도 바라문 출신 대주석가 붓다고사(Buddhaghosa)라는 이가 실론으로 건너왔다. 그는 마하비하라에 머물렀다. 그의 눈에 상당의 불교 경전 주석서들이 싱할라어(스리랑카의 토착어)로 기록되어 남아 있는 것이 보였다. 그는 빠알리 삼장을 주석했다.

그 후 상할리어 빠알리 본은 영국인에게 발견되어 로마 알파벳으로 음사, 비로소 빠알리어 경전이 되었다.

그렇지 않아도 빠알리 경전의 순수성을 의심하던 상황이었는데, 사람들의 의심은 더욱 깊어졌다. 그들에게 과정을 설명해도 스리랑카의 음사와 영국의 음사가 헷갈린다며 고개를 내저었다. 암송이 정확했다면 왜 첨삭수정이 이루어지고 있느냐고 했다.

남방상좌부의 스님에게 이렇게 물었다.

"암송으로 전해지던 붓다의 직설이 제대로 문자화되었다고 생각하십니까?"

그는 한 치의 망설임도 없이 그렇다고 대답했다.

"그럼요. 문자가 노래보다 더 정확하다는 것을 모르시는군요."

"과연 그럴까요?"

하기야 고대 인도는 청문(聽聞) 문화라는 말이 있다. 반면에 북방권은 시각(視覺)문화라는 말이 있다. 그러므로 인도 문화는 고대로 가면 갈수록 기억과 구술(口述)에 의해 전승이 되어왔기에 '듣는 문화'란 말이 생겨났고 북방권은 한문(漢文)이란 문화자산이 있어 '보는 문화'가 생겨났다.

설이나 주장이라고 하더라도 일리가 없지 않고 보면 그렇다고 노래
가 문자보다 더 정확하다는 것인가?

그의 대답이 예사롭지 않았다.

"그렇습니다. 한 번에 쉬지 않고 암송할 수 있는 분량이 얼마나 될
것 같습니까?"

"네?"

아무리 듣는 문화의 산물이라고 하더라도 설마 싶었다.

"비나와라(bhanavara)라고, 쉬지 않고 계속해서 외울 수 있는 만큼
의 분량을 뜻합니다. 대략 8,000음절을 암송할 수 있습니다. 8,000
음절이라고 한다면 8음절로 된 4구계 250송입니다. 아난다 존자
의 제자들에 의해 전승된 디가 니까야 64비나와라 16,000송, 사리
푸트라 존자의 제자들에 의해 전승된 맛지마 니까야는 80비나와라
20,000송, 마하가사빠 존자의 제자들에 의해 전승된 쌍웃다니가야
는 100비나와라 25,000송이나 됩니다. 아누룻다 존자의 제자들에
의해 전승된 앙굿따라 니까야는 120비나와라 30,000송이지요. 도
합 91,000송입니다. 삼장은 2,547개의 비나와라 636,750송이나 됩니
다.

"그걸 모두 암송할 수 있단 말입니까?"

눈으로 보고 읽던 경전의 게송 수를 헤아리지도 못하겠는데 노상
들고 암송을 하고 있어서인지 그가 오히려 어이없다는 듯이 웃었다.

"그뿐만이 아닙니다. 그 외에도 부처님의 경전은 모두 암송되고 있
습니다."

알아보니 사실이었다. 국내에도 앞서가는 스님네들이 빠알리를 가
르치고 있다고 하여 현장으로 가보았다. 가보니 합송을 하고 있었다.

합송 소리가 허공에 가득했다. 마침 그들은 대반열반경을 합송하고 있었는데 대반열반경은 붓다의 마지막 행적을 소상히 기록한 경전이다. 이러한 배경에서 탄생한 것이 본경인데 총 6개의 비나와라가 된다고 하였다.

엄청나게 많은 분량으로 이루어져 있었다. 본경의 원제목은 '마하 빠리닙바나 숫따(Mahāparinibbana Sutta)'. 원어에 충실하여 《대반열반경》으로 직역하였다고 알고 있었는데 《유행경(遊行經)》으로 한역되어서 《장아함》의 두 번째 경으로 중국에 소개된 것이었다.

"동진(東晉) 때 법현(法顯) 스님이 본경을 《대반니원경》으로 번역한 것으로 알고 있는데요. 그것과 담무참(曇無讖)이 번역한 대승의 《대반열반경(大般涅槃經)》과는 내용이 전혀 다르군요?"

듣고 있다가 문자 곁의 스님이 그렇다고 했다.

"붓다께서 반열반하시기 전 1~2년 동안의 육성이 가감 없이 고스란히 간직되어 있습니다."

그들 말로 한 비나와라가 끝나자 합송의 전환점이 오는 것 같았다. 잠시 쉬었다가 다시 비나와라가 시작되었다. 서언이 합송된다. 와삿까라 바라문, 나라가 쇠퇴하지 않는 법, 비구가 퇴보하지 않는 법, 사리풋트라의 사자후, 계행이 나쁜 자의 위험, 계를 가진 자의 이익, 빠딸리뿟따의 건설. 거기까지가 한 비나와라였다. 잠시 후 두 번째 비나와라가 시작되었다. 네 가지 성스러운 진리, 윤회를 벗어나 깨달음으로 향하는 자들, 법의 거울(法鏡)에 대한 법문, 마음 챙김과 알아차림, 암바빨리 기녀, 벨루와가마에서 안거를 하심, 자신과 법을 섬으로 삼고 귀의처로 삼아라. 그렇게 끝도 없이 이어졌다. 여섯 번째 비나와라가 끝나야 공부가 끝난다고 하였다.

지도 스님 말을 들어보았다. 그의 말은 이랬다.

지금도 스리랑카에서는 스승이 전해 주는 가르침을 그대로 암송해 전승하고 있다. 경전 암송은 출가자의 가장 중요한 수행 중 제일 큰 덕목이다. 경전을 암송하지 못하면 출가하기 어렵다. 인도에서도 마찬가지다. 자녀를 베다 사원에 보내 베다 독송을 배우게 한다. 노래로서 그들의 베다가 지금까지 전승되고 있다. 노래라는 것이 그렇다. 노래를 부르려면 목을 가다듬어야 하고 박자를 맞추어야 한다. 가장 중요한 것이 가사다. 가사가 틀리면 리듬을 탈 수 없다. 그러므로 노래의 전승은 문자보다 더 정확하다. 반면에 문자는 얼마든지 변형할 수가 있다. 바로 이것이 첨삭이다. 그래서 졸지에 여시아문의 아난다가 거짓말쟁이가 되어 버린 것이다.

"불경은 여시아문으로 시작하지 않으면 사실상 불경이라 할 수 없다는 말로 들립니다?"

말을 뒤집어 물어보았다.

"그래서 근본 불교로 돌아가자고 여기 있는 것이 아닙니까."

"근본 불교만이 부처님의 직언이다 그 말인가요?"

그는 더 말할 나위 있느냐는 듯이 대답하지 않고 자리를 떠버렸다.

돌아오면서 생각해 보니 참 어리석은 질문을 하고 있었다는 생각이 들었다. 경은 서분(序分), 정종분(正宗分), 유통분(流通分), 그렇게 세 가지로 나눈다. 붓다가 언설을 하기 위해 자리 잡거나 입정에 들거나 삼매에 들거나 거기까지가 서분이다. 드디어 설법이 시작되고 핵심 내용이 설해지면 그것이 정종분이다. 그리하여 대중들이 깨닫고 널리 그 법을 전하겠다는 발언이 유통분이다.

반야심경을 예로 들어보면 반야심경에는 정종분만 있다. 서분이 없어 어디에서 설했는지, 누가 질문한 것인지 그 법을 듣고 누가 깨달았고 누가 기뻐했는지 서분도 없고 유통분도 없다. 왜냐면 반야심경은 광본(廣本)이 아니라 약본(略本)이다. 광본이었다면 여시아문으로 시작되어야 한다. 그리하여 전통성을 인정받았을 것이다.

그럼 다른 광본들은 대승경전으로 넘어와 여시아문의 정신이 제대로 지켜지고 있는가?

가야산 선사의 고백은 지금까지 그렇게 알고 법을 전했는데 그렇지 않더라 그 말이었다. 상좌부 경전들이 부파불교의 산물이 되고 대승불교화 되면서 붓다의 법이 편집을 되풀이하게 된 이유가 그래서이고 북방불교니, 남방불교니, 대승이니, 소승이니 하는 구별이 그렇게 생겨났다 그 말이었다.

그러던 어느 날, 붓다가 재생할 당시의 언어에 능통한 학승에게 물어보았다.

"암송으로 전해지는 붓다의 설법이 빠알리어로 문자화되자 나중 부파불교의 모태가 되는 설일체유부는 거칠고 난삽한 빠알리어를 산스크리트어로 다듬기 시작했다고 하셨는데요."

필자의 물음에 그는 이렇게 대답했다.

"처음에는 붓다의 말씀이 암송으로 전해졌겠지요. 그러다 경전이 남방상좌부에서 먼저 편찬되었지요."

"듣기에는 유부에서도 경전 편찬이 그렇게 늦지 않았다는 설이 있습니다."

본시 유부의 본거지가 마투라였다는 말이 있습니다. 아난다의 뒤를 이은 우빠굽다의 출신지라고 해서 그때부터 북방불교의 싹이 트고 있었지 않느냐 그런 말씀 같은데 글쎄요? 분명히 우빠굽타는 아난다와 마찬가지로 붓다의 법을 충분히 이해하고 있던 사람이었어요. 결과적으로 본다면 그의 제자들이 부파의 주인공들이니까요. 이는 역사가 증명하고 있지 않습니까."

"오랜 세월 붓다는 방언인 프라크리트어로 전도했고 그것이 암송되었다고 하셨는데 왜 그렇게 보셨는지요? 사실 프라크리트어라는 말이 낯섭니다."

설마 방언으로 전도를 했겠느냐는 물음이었다.

"그 당시 붓다가 쓰던 언어가 프라크리트어라는 것은 분명합니다. 그 언어로 전도했던 것은 사실로 보입니다."

"그래요?"

"아쇼카 왕의 석주 등에 보이니까 말입니다. 하지만 그 언어가 바로 마가다어고 빠알리어라는 것을 저도 나중에야 알았습니다."

"그렇군요. 그런데 제자들이 붓다의 가르침을 운율적으로 바꾸겠다고 했을 때 그 운율적 문자가 산스크리트어를 말하는 것이 아닌가요?"

"맞습니다. 바로 산스크리트어를 지칭하는 말이지요."

"그렇다면 붓다의 말씀을 산스크리트어로 옮긴 부파의 무리들은 악작죄를 짓는 것이 됩니다. 붓다는 분명히 어리석은 사람들이라고 나무라고 있고 만약 그렇게 된다면 청정한 믿음이 없는 자를 불신으로 이끌고, 이미 청정한 믿음이 있는 자들을 타락시킨다고 했으니까요."

그가 고개를 내저었다.

"그게 대승이지요."

"네?"

"대승불교의 시발점이 거기서 시작되고 있었던 것이 아닐까 하는 것입니다."

"그럼 자신의 언어를 출신 지방의 언어로 쓸 수 있다는 말씀을 처지대로 이해했다 그 말인가요?"

"붓다의 가르침에 귀족이 어디 있고 천민이 어디 있겠습니까. 법에 있어 모두는 평등한 것이지요. 더욱이 산스크리트어와 빠알리어가 다른 언어가 아니고 보면 말입니다. 프라크리트어가 빠알리어이고 그 것이 마가다어의 속어인 것은 분명합니다. 민중들이 쓰는 거친 언어들을 세련되게 표준어로 다듬기만 한다면 모든 이에게 맞는 표준어 경전이 탄생할 것이라고 생각했을지도 모르지요."

거기서 더 이상 말을 잇지 못했는데 그래도 쉬 의심이 잠재워지지 않았다.

분명히 붓다는 말하고 있지 않은가. 자신의 언어를 어떤 형태로든 옮긴다면 악작죄를 짓는 것이라고.

보통 문제가 아니라는 생각이 들었다. 다른 이들은 그렇게 심각하지 않은 문제로 보고 있었지만 사실은 그렇지 않은 것 같았다.

붓다가 악작죄 운운했다면 분명 그 이유가 있을 터이다. 어느 날 맛지마 니까야《평화법 분석의 경 Aranavibhanga sutta(M139)》을 읽었다. 《무쟁 분별의 경》이라고도 하는데《중아함경 169 구루수무쟁경(狗樓瘦無諍經)》에 상응하는 경전이다.

그 내용이 이랬다.

붓다의 법이 퍼져 나가자 그 가르침을 받기 위해 지방에서 사람들이 모여들었다. 하나의 대상을 놓고도 말씨가 제각각이었으므로 붓다는 다음과 같이 일렀다.

"비구들이여, 보편어를 써야 한다. 보편어가 표준어이다. 표준어를 쓰지 않으면 안 된다. 지방어는 사투리이므로 지방어를 고집해선 안 된다. 여기 사기그릇이 하나 있다. 지방마다 그 부름이 다르다. 어떤 곳에서는 사발이라고 하고 어떤 곳에서는 국그릇이라 하고 어떤 곳에서는 밥그릇이라고 하고 어떤 곳에서는 주발이라고 한다. 무엇이라고 부르든지 본질적인 면에서 가치는 같으나 그렇지 않다. 모두가 그것에 집착하여 이것이 옳다 그르다는 분별심을 일으키기 때문이다."

자신의 가르침을 왜곡하지 말라는 이 대목이 붓다의 직언이 분명하다면 그때 붓다는 표준어로 가르침을 펴고 있었다는 말이 된다. 그때 붓다가 사용하던 말은 프라크리트어 즉 마가다어다. 바로 빠알리어인 것이다. 그럼 산스크리트어가 격조 높은 귀족의 언어라 하더라도 표준어가 아니었다는 말이 된다. 표준어였다면 제자들이 그런 청을 할 리도 없고 붓다가 그렇게 대답할 이유도 없다.

그럴까? 만약 빠알리어가 표준어가 아니었다면?

확률적으로 봐도 격조 높고 세련된 귀족들의 언어가 표준어일 가능성이 크다.

붓다가 재생할 당시의 언어에 능통한 한 학승을 다시 만나 이번에는 이렇게 물었다. 그의 대답이 걸작이었다.

"붓다의 대답에는 변함이 없습니다."

밑도 끝도 없이 그는 그렇게 말했다.

"무슨 말씀이신지?"

"각 파의 무리들이 어느 쪽으로든 자신의 언어를 변형시키지 말라는 뜻으로 붓다의 말을 받아들일 수 있기 때문입니다. 붓다는 알고 있었던 것이지요. 격조 높고 귀족적인 언어로 고쳐진다고 해도 자신의 법이 또 그렇게 왜곡되어 버리고 말리라는 것을."

불법이 세계화되면서 그 본의가 제각기 달리 나타나고 해석되어나갈 것임을 그때 붓다는 내다보고 있었다는 말이었다. 그리고 그것이 불법의 운명이라고 생각했을지도 모른다는 말이었다.

"붓다는 그때 이렇게 말을 덧붙였다고 합니다. 앞으로 수많은 이들에 의해 불법은 발전해 나가리라. 그들의 뜻이 내 뜻과 같다면 곧 나의 말과 다름이 없다."

오늘도 회자되고 있는 대승비불설, 결국 여기까지 오고 말았다는 생각이 그때 들었다.

그럼 문제가 무엇인가? 붓다가 살아 있었을 때 비불설의 개념은 없었다. 어디까지나 불설에 의지하고 있었을 테니까. 남전경전이 세월은 앞서 있으나 그렇다고 그것만이 붓다의 원음이라고 고집할 수는 없다. 분파되어 나간 상대 부파에 대한 반응일 수도 있다. 그에 대한 붓다의 설법이 실제로 있었다 하더라도 말의 변형은 얼마든지 나름의 견해를 만들어낼 수 있다. 만들어낸다면 그것을 정당화시키려 했을 터이고 그것이 그대로 경전화될 수도 있었으리라. 그 또한 악작죄임을 모르지 않겠지만, 중생을 위해서라면….

그리고 무엇보다 설일체유부의 산스크리트 경전이 조금 늦었다고 하여 붓다의 원음이 아니라고 단정할 수도 없다. 남전상좌부와 마찬가지로 각 부파의 경들을 모아 집대성한 것이고, 남전상좌부의 빠알리어를 그대로 가져갔다고 하더라도 빠알리어 '캄마', '담마', '닐바나' 같은 어휘가 산스크리트어 '카르마', '다르마', '니르바나'로 고쳐질 정도라고 하지 않는가.

하기야 두 경전을 비교 검토하려고 해도 이미 산스크리트 원전은 장아함을 제외하고는 소실되어 남아 있지 않다.

그러나 소승 시대를 지나 대승화 작업이 본격화되면서 산스크리트 경전은 우리 경전의 모태가 되었고 누구나 수행하여 붓다가 될 수 있다는 개념을 심어준 것은 사실이었다.

3

붓다가 진리를 어떻게 가르쳤는지 알아보았는데 어느 쪽이 친설인지 아닌지는 누구도 모른다. 남전상좌부의 입장에서 보면 그들의 주장이 맞고 유부의 입장에서 보면 붓다의 명령을 어겨가며 악작죄를 지을 이유가 없다. 그들의 입장에서 보면 남전상좌부 역시 악작죄의 대상이다.

이쯤 해서 남방상좌부 경전과 산스크리트화 된 경전 그리고 그에 영향을 받은 한역 경전들이 어떤 차이가 있는지 한번 살펴보고 넘어가는 것이 순서이겠다.

어떻게 생각해 보면 불설만을 고집하는 남방상좌부의 태도는 독선적이고 시야가 좁아터져 보이는 건 사실이다. 그들의 주장을 들어보면 일리가 없는 것이 아니다.

"북방의 상좌부에서 '설일체유부'가 분파되기 전에, 이미 마힌다 장로를 통해 빠알리어로 체계화된 상좌부의 모든 것이 실론으로 전해지고 있었고 '설일체유부'와 다른 '칠론'을 발전시키고 있었지요. 그것은 빠띠삼비다막가(무애해도)의 위빠사나 수행 전통으로 이어져 수행 중심의 아비담마 이론을 집대성시켰고 그것이 위수디막가(청정도론)였지요. 이 작업은 기원후 425년 전후에 완성되었습니다. 이후 스리랑카의 상좌부불교는 동남아시아로 확장되어 갑니다. 태국에서는 계행이, 미얀마에서는 아비담마와 위빠사나 수행이, 스리랑카에서는 경전 연구가 현재까지도 진행되고 있습니다."

남전불교에 정통한 또 다른 이는 그렇게 말했다. 상좌부불교는 그렇게 스리랑카와 동남아시아 지역에 널리 퍼져 나갔다는 것이다.

"그래서 남전불교는 산스크리트로 편찬된 경전을 쳐다보지도 않는 것입니다."

그는 하나마나한 말을 했다. 그들의 주장이 맞다면 빠알리 경전이 서력 기원후에 형체를 갖춘 대승권의 산스크리트 경전보다 앞섰다는 것은 증명된다. 실례로 초기불교 경전에는 그 경전에 대한 해석을 담고 있는 주석서가 있다. 주석서의 임자는 붓다의 제자 사리푸트라 등이다. 그러나 북방 아함에는 주석서가 없다.

불교는 과학이다. 현대과학의 방법론과 철저히 닮아 있다. 주먹구구식이 아니다. 5온, 12처, 18계, 22근, 4제, 12연기, 37보리분법으로 잘 조직되어 있는 것이 불교의 사상체계다. 합리적이고 체계적이며 분석적이다.

너희들(북방불교)이 우리들(남방불교)을 향해 소승불교라고 폄하하지만 마땅히 있어야 할 주석서가 있는가.

그들이 말하는 주석서, 그 주석서의 방법론이 아비담마(Abhidhamma)다. 아비담마가 무엇인가. 대법(對法)이다. 대법은 승의의 법[勝義法]이다. 열반을 대향(對向)한다. 법상의 법[法相法]인 4성제를 대관(對觀)한다. 그러므로 현대 과학과 아비담마 둘 다 분석적이라는 측면에서 같은 방법론이다.

이쯤 되면 할 말이 없다. 남방불교도들이 대승불교 자체를 인정하지 않는 이유를 알만하다. 소승과 대승은 너희들이 갖다 붙인 말이니 아예 상대도 안 하려고 하는 것이다. 결국 한문으로 번역되어 만들어진 경·율·론 삼장은 2차 자료가 될 수밖에 없다는 말밖에 되지 않는다.

사실 이 문제는 새삼스러울 것도 없는 깨달음이다. 앞서가는 이들이 불교를 정확하게 이해하기 위해서는 결국 원전으로 돌아갈 수밖에 없다는 이유가 여기에 있다.

사실 대승불교도들이 소승불교(Hinayana)라고 지칭하는 불교는 불멸 후 100~200년 사이의 불교를 말한다. 부파불교가 일어나기 전 불멸 후 200년 정도의 불교다.

인도 불교사를 크게 4단계로 나눌 수 있겠는데 붓다는 이렇게 말했다.

"내가 열반에 든 후 500년이 되면 나쁜 비구들이 나의 율장을 분열시켜 다섯 부파로 만들리라."

언젠가 전문가에게 이 문제를 물어보았더니 고개를 주억거렸다.

"그렇습니다. 대부분의 제자들은 붓다의 법을 완전히 이해하고 있었으므로 가르침을 분열시키지 않았겠지요. 문제는 아난다입니다."

"아난다?"

이게 무슨 말인가 싶어 그렇게 되뇌었다.

"아난다에게는 몇몇 제자가 있었지요. 왕사성 출신의 샤나까바시(Sānakavāsī 商那和修), 마투라 출신의 우빠굽따(優婆掘多)… 그에게는

• 붓다 평전

독자적인 견해를 가진 다섯 제자들이 있었지요. 남방상좌부에서는 그들이 단 하나의 대율장을 분열시켰고 다섯 개의 부파를 만들었다고 합니다. 즉 법장부, 살바다부(Sarvata 薩婆多部), 음광부, 화지부, 독자부, 대중부를 만들었다는 겁니다."

뭔가 이상해서 다시 물었다.

"샤나까바시 뒤를 이은 우빠굽따, 그 뒤를 이은 디디카(提多延)… 그렇게 사법(嗣法)이 이어지면서 불법이 제 모습을 제대로 잃기 시작했다는 말인 것 같은데요?"

"그것은 어디까지나 남전의 주장일 수 있습니다. 북방불교를 의식한…."

"북방불교? 중국, 일본과 우리나라 등지 말이군요. 특히 선종 계통에서 강조된 법의 전승이 바로 여기에서 유래되었다 그 말인가요?"

"제1결집 이후 제자들의 전법으로 서방과 서남방 두 방면으로 발전된 것만은 분명하지 않습니까."

그러므로 소승이라는 명칭은 대승불교도들이 편 가르기 식으로 갖다 붙인 혐의가 짙을 수밖에 없다는 것이다.

그때 참 이상하다는 생각이 들었다. 그래서 이렇게 물어보았다.

"그럼 처음부터 잘못된 것은 아닐까요?"

"무슨 말씀이신지?"

"말, 말입니다.

"말?"

"언어의 곡해 문제가 아닐까 해서요?"

그가 생각에 잠긴 채 고개를 내저었다.

"그럴 리가요. 말이 사상의 표현이라고 해도 대의를 망가뜨릴 정도
는 아니었을 겁니다. 단 하나의 대율장 분열이 그로 인한 것일 수도
있다? 흐흠"

"근본적으로 오해의 소지도 있지 않을까 해서요."

그가 고개를 강하게 내저었다.

"물론 말에 의한 사변이 달리 나타날 수도 있겠지요. 그러나 율장
분열은 엄밀히 그 문제와는 다릅니다."

"그럴까요? 같은 말이라도 달리 쓰일 수 있다면 그럴 수도 있는 것
이 아닐까요? 그렇지 않고서야 아무리 독자적인 견해를 가지고 있다
고 할지라도…"

그가 또 고개를 내저었다.

"대승불교의 시발점이 거기서 시작되고 있지 않았느냐 그 말씀 같
은데? 맞습니다."

"예?"

의외의 반응이었다.

"자신의 언어를 출신 지방의 언어로 쓸 수 있다는 말씀을 처지대
로 이해했다고 볼 수도 있을 테니까요. 하지만 말의 사변이 점차로
사상의 변천을 가져왔다 하더라도 전 그렇게 보지 않습니다. 그것은
추측이니까요. 그 당시만 봐야 한다고 생각합니다. 사투리가 표준어
가 된다고 해서 사상의 변천이 왔다? 그것이 독자적인 견해를 만들
었다? 글쎄 그럴까요?"

"결과적으로 붓다 단 하나의 율장이 분열된 것이 사실이고 보면
그 원인이 독자적인 견해의 원인을 만들었다고 보는 이들이 있어 하
는 말입니다. 그들은 오늘도 묻고 있거든요. 아니라면 본시부터 진보

적인 무리들에 의해 대승불교 운동이 일어났다는 말인데 그 역시 말의 와전에서 온 견해의 소산이 아니고 무엇이냐고."

"그러다 보니 견해가 사상이 되어갔다? 흐흠."

"말의 와전은 견해가 되지요. 견해는 중생의 것입니다. 사로잡히면 자신의 견해가 붓다의 말씀이 되거든요. 그래서 나쁜 비구가 자신의 율장을 분열하리라 하지 않았을까요? 저도 이런 견해에 대해 나가도 너무 나갔다는 느낌을 지울 수 없긴 한데 그렇다고 영 아니라고 하기에는…."

"글쎄요?"

그는 뇌까리며 고개를 갸웃했다. 그도 너무 비약적이라는 생각이 드는 모양이었다. 설마 북방불교의 모태가 그렇게 발생되었겠느냐 그런 표정이었다.

하기야 그때의 불교가 어떻게 전해졌든 남방불교니 북방불교니 소승불교니 대승불교니 하는 말들이 성행하고 있는 것은 요즘 들어서다. 우리의 불교를 돌아보면 더욱 그렇다. 신앙이라는 굴레를 만들어 기복화 하려는 무리들에 의해 붓다의 모습이 어떻게 변질되고 있는가. 그저 성인화 작업에만 급급하다 보니 붓다의 본모습이 어떻게 왜곡되고 있는가. 오늘도 대승화란 수레를 끌고 중생을 속이는 불교도들이 우리 주위에 얼마든지 있다. 그들이 어떻게 불교가 생성되어 이곳까지 들어왔는지 관심이나 있겠는가.

그들의 머릿속에는 단 하나, 붓다는 오로지 신성해야 한다는 것이었다. 죄 없는 인간이어야 한다. 그러므로 본시 붓다가 될 선업의 화신으로 그려야 한다. 그가 우리 인간과 똑같은 인간이어서는 안 된다. 그의 조상들도 마찬가지다. 하나같이 선업의 화신들이요, 자비의 화신들이어야 한다. 그의 조상들이 과거에 어떤 죄업을 지었으며 붓다가 과거에 어떤 죄를 지었는지에 대해서 입도 뻥긋해서는 안 된다. 그저 선업의 화신이요, 자비의 화신들로 그리면 된다.

나쁜 비구들에 의해 자신의 법이 왜곡되리라는, 그리하여 악작죄를 짓게 된다는 붓다의 명령이 추상같은데도 그렇게 사실을 변질시키고 있는 불교도인은 주위에 얼마든지 널려 있다. 그렇다면 결과를 떠나 그들의 덫에 걸린 우리는 터무니없는 편파, 신비주의에 젖어 있다는 말이 된다.

불교는 진실의 종교다. 진실 위에 진리가 존재한다. 진리의 바탕이 진실이다. 진실은 감추려고 해서 감추어지는 것이 아니다. 진실을 정면으로 마주할 때 그 본질에 접근할 수 있다. 붓다는 단 한 번이라도 자신을 감춘 적이 없다.

그러나 우리는 모른다. 경전을 뒤지지 않으면 붓다가 어떤 사람인지 알 수가 없다. 마찬가지로 그의 일족들, 석가족이나 붓다가 어떤 인물인지 알 수가 없다. 그들이 본래부터 선한 인간들이었는지 아닌지 어떻게 알 수가 있겠는가. 오로지 믿을만한 경전 속에 속이거나 숨기지 않는 그대로의 그들 모습이 있을 터이다. 더욱이 알려고 해도 한역본은 한문투성이고 누가 재빨리 번역해 보여주는 것도 아니다.

그런데도 불법의 본뜻을 밀어 둔 사람들은 대중에게 쉽게 읽힐 경줄이나 가르치고 있다. 그러면서 그저 붓다는 성인의 상을 타고난 사람이었고 그의 조상들은 본래 선한 인간들이었으므로 그런 과보를 받은 것이라고 알려주고 있다.

이 사실을 어떻게 받아들여야 할까. 이는 아마가 아니다. 이 문제 속에 불교의 핵심이 있고 그 핵심의 골자에 윤회 문제가 숨어 있다.

윤회를 모르고 불교를 안다고 할 수는 없다. 그럼 먼저 윤회 사상을 올바르게 돌아보게 해야 한다.

불교의 윤회 사상이 의식의 연속성에 있다는 것을 모르는 이는 없다. 의식의 되풀이 과정에 문제점을 두고 있다는 것을 누가 모르겠는가. 불교 경전의 주를 이루고 있는 육도(六道)라는 말은 바로 윤회계를 지칭하는 말이다. 천신들의 세계인 천신계, 거인들의 세계인 아수라계, 인간이 사는 세계인 인간계, 짐승이 사는 축생계, 불행한 귀신들의 세계인 아귀계, 그리고 지옥계…. 그러니까 윤회(輪廻)라는 말은 탄생과 죽음, 죽음과 탄생의 세계가 영원히 계속된다는 말이다.

의식의 연속성. 그렇게 불전마다 정의하고 있다. 다시 또다시 나타나는 세계. 이때의 탄생과 죽음은 어떤 것도 영원하지 않다는 뜻을 지닌다고 정의하고 있다.

붓다는 이 의식의 연속성이 엄밀히 말해 점차로 이루어진다고 역설하고 있다. 그의 역설이 방편적인 것이라 하더라도 그는 점차의 과정을 거치지 않고 윤회는 이루어지지 않는다고 역설하고 있다. 미물의 보를 받고, 짐승의 보를 받고, 그리하여 인간의 보를 받는다는 사실, 그것이 윤회라고 역설하고 있다. 그는 그 과정이 점차적으로 결정된다고 한다. 인과 연의 황홀한 조화, 바로 그것이 윤회 사상의 핵심이라고 한다. 점차성을 통해 인간의 의식은 더욱 성숙되어 간다고 한다. 궁극적 완성단계, 그것이 붓다의 경지라는 것이다.

의식의 연속성마저 인정하지 않는 이들은 이 개념에 대해 이렇게 질타한다.

"천박하다. 윤회설이 불교의 핵심인 것은 붓다가 중생을 교화하기 위한 발로였다. 바로 방편교설. 불교사상을 크게 보면 의식의 연속성은 상징성에 지나지 않는다."

그럴까?

여기 붓다가 오도 후 터트린 오도송이 있다. 초기불전 빠알리 삼장(Tipiṭaka) 굿다까 니까야에 속하는 《담마빠다 Dhammapada(153, 154)》의 기록이다. 《담마빠다》는 붓다의 경전 가운데서도 가장 오래된 경전 중의 하나다. 붓다 열반 후 3개월 후에 제1차 결집에서 성립된 것으로 같은 주제에 따라 26편 총 423개의 게송으로 묶어져 있다. 원전은 빠알리어 경전 5부 중 소부(小部)에 포함되어 있다. 담마는 진리, 빠다는 말씀을 뜻하는 말로써 두 단어가 합해져 《담마빠다》로 전해지고 있다.

한량없는 생을 윤회하였노라.
나는 달려왔고 진리를 보지 못하였다.
집 짓는 자가 누구인지 알려고 찾아 헤매는 괴로운 생은 거듭되었다.
아. 집 짓는 자여. 나는 이제 너를 보았노라.

디가 니까야 《대전기경 Mahāpadāna sutta(D14)》에 보면 과거불도 의식의 연속성을 시인하고 있다.

…의식은 정신, 물질에 의해 되돌아온다. 늙고 태어나고 죽고 죽어서 다시 태어난다. 정신과 물질을 조건으로 하여 의식이, 그 의식을 조건으로 하여 감각접촉이, 그 감각접촉으로 하여 느낌이, 그 느낌을 조건으로 하여 갈애가, 갈애를 조건으로 하여 생로병사 그 모든 고통과 절망이 일어난다. 이와 같은 괴로움의 전체 무더기 고온(苦蘊)

• 붓다 평전

이 일어난다…

맛지마 니까야 《몸에 대한 새김경 kāyagatā sutta(M119)》에서 붓다는 분명히 이렇게 말하고 있다.

한량없는 전생의 삶들을 기억해 낸다. 한 생 두 생… 그렇게 기억해 낸다. 한량없는 전생의 갖가지 모습을 기억해낸다.

이 전생의 모습이 더 자세히 기록된 곳은 맛지마 니까야 《싸울우단인 큰경 Mahāsakuludāyi sutta(M77)》이다. 디가 니까야 《브라흐마잘라 경 Brahmajāla sutta(D1, DN1)》에도 이와 같은 대목이 보이는데 내용은 이렇다.

…전생의 여러 가지 삶의 형태를 기억한다. '한 번 태어나고, 두 번, 세 번, 네 번, 다섯 번, 열 번, 스무 번, 서른 번, 마흔 번, 쉰 번, 백 번, 천 번, 십만 번 태어나고, 수없이 많은 세계가 파괴되고, 수없이 많은 세계가 생성된다. 수없이 많은 세계가 파괴되고 생성되는 시간을 지나면서, 나는 당시 이러한 이름과 이러한 성과 용모를 지니고 이러한 음식을 먹었고 이러한 괴로움, 즐거움을 맛보았고 이러한 목숨을 지녔었다. 나는 그렇게 살다 그곳에서 죽은 뒤에 나는 다른 곳에서 태어났는데, 거기서 나는 다른 이름과 다른 성을 지니고 다른 용모를 지니고 다른 음식을 먹고 다른 괴로움과 즐거움을 맛보았고 다른 목숨을 지녔었다. 그곳에서 죽은 뒤에는 여기에 태어났다'라고 기억한다. 이와 같이 전생에 있었던 여러 가지 삶의 형태를 구체적으

로 상세히 기억한다…

분명히 붓다는 이렇게 윤회를 인정하고 있다. 이 기록이 사실이라면 붓다에게도 점차의 세월이 있었다는 말이 된다. 선과 악을 통한 성숙의 과정이 있었음을 이 기록에서 엿볼 수 있다. 붓다는 자신의 과거사에 대해서 결코 주먹손을 쥐지 않은 사람이었다.

여기서부터 남방불교와 북방불교의 차이가 드러난다. 소승의 대승화가 어떻게 이루어졌는지 알 수가 있다. 북방 계열의 경전은 자질구레하지 않고 크다. 붓다의 윤회 사상이라도 천박하게 보아 버리는 경지. 하지만 하근기의 세계로 내려가면 양상이 달라진다. 대승적으로 중생제도에 목적을 두다 보니 자연히 기복화되기 마련이고 붓다의 선행만을 강조하는 방편이 필요하다.

경전 대부분이 선을 통한 성숙의 과정이 주를 이루게 된 것은 물론이다. 붓다는 전생에 짐승의 보를 받았지만 덕행과 선행을 일삼았고 그 과정을 통해 인간의 보를 받아 붓다가 되었다는 그런 식의 경전이 되어 버린 것이다.

윤회. 그 점차 성숙의 본질이 선과 악에 있다면 이것은 분명한 오류이다. 붓다의 가르침을 비교적 원음 그대로 담아내고 있는 기록에 이르면 그 해답이 보인다.

앞으로 그에 관한 기록은 그 출처들을 밝혀 나가며 기술하겠지만 붓다는 평생 업장으로 인한 과보의 예감과 싸우던 사람이었다.

평소 두통에 시달렸다는 붓다. 그의 조상들이 살기 위해 강가에서 독을 풀 때부터 그리고 그런 악행에 만족할 수밖에 없었던 자신, 형제를 벼랑에서 밀어 죽이고 쇠산지옥 속에서 수천 년을 고통스러위할 수밖에 없었던 자신. 그리하여 언젠가는 석가족의 몰살설이 대두될 것이라는 사실. 조국 카필라의 멸망을 알고 있으면서도 침묵으로 일관했다는 사실…

그가 절대정신의 불성을 틔우지 않았다면 어림없는 마음의 여정이다. 범부로서는 결코 보아낼 수 없는 마음의 풍경이다. 초자연적 절대정신인 불성이 완전히 개발되지 않고는 결코 보아낼 수 없는 마음의 그림자다. 불성의 완전한 개발 없이는 범부는 결코 전생의 그림자를 보아낼 수 없다. 중생은 연기(緣起)에 의해 매순간 변화하는 마음에 붙들려 무아를 보지 못하기 때문이다. 그러므로 윤회를 거치면서도 그 그림자를 보지 못한다. 그것이 중생의 경지다. 그래서 붓다는 초자연적 영원한 절대정신인 불성(佛性)을 개발하여 본래 생명 즉 본디 마음을 보라고 고함쳤다. 그림자 없는 본디 마음, 순수 백정식(白淨識)의 본디심을 보라고 고함쳤다. 붓다의 본의를 오해하지 않기 위해서는 항상 소승적 발상을 대승적으로 바꾸어 보아야 하는 이유가 여기에 있다.

그렇기에 이제 본디심의 풍경을 제대로 보기 위해서 변덕스런 마음이 만들어낸 업장의 문제부터 본격적으로 풀어가지 않으면 안 된다. 맛지마 니까야《싸울우단인 큰경》과 디가 니까야《브라흐마잘라경》의 대목을 함께 실은 이유가 그 때문이다. 두 경의 내용은 같으면서도 상이한 기록이다. 상황에 따라 가르침의 형태가 달리 나타나는 경우다. 붓다의 가르침은 대기설법이므로 그 뜻함이 정반대의 경우로 나타날 수 있다. 바로 방편교설. 그 사실을 증명하는 대목이 앞의 두 대목이다.《싸울우다인 큰경》은 우다인에게 붓다는 자신의 가르침에 의해 제자들이 어떻게 전생의 삶을 기억하고 있는지에 대해 설명하는 대목이고 《브라흐마잘라 경》은 붓다가 영속론자들의 행태를 예로 들어 설하고 있는 대목이다. 똑같지만 다르게 쓰인 예다. 이로써 근기에 따라 붓다의 가르침이 다르다는 것을 알 수 있다. 그 중요성을 감안하여 기술해 나가겠지만 그런 사실을 인지하지 않고서는 붓다의 진실한 가르침에 다가가기 힘들다. 그 사실을 인지해야만 윤회의 그 무서운 굴레가 드러날 것이다. 그때 순수 백정식의 무아 본디 마음이 모습을 드러낼 것이기 때문이다. 그럼 붓다의 원음이 비교적 잘 살아 있는 경전 쪽으로 다가가야 한다. 그래야 변색되지 않은 사실과 마주할 수 있다.

윤회의 고리인 업장에 의해 석가족의 몰살이 실제로 이루어졌는지는 점차로 밝혀 나가겠지만 문제는 아무리 부정해도 불교는 여기에서 출발하고 있다는 사실이다.

제1부

· · · · · · ·

붓다로
오기까지

○

신들의 나라

1
—

본고를 시작하면서 서두에서 두 가지 의혹을 제기했다. 떡장수의 예를 들었고 석가족 몰살의 예를 들었다. 참으로 알 수 없는 의혹들임에 분명하다.

그 의혹을 풀기 위해서는 안으로 들어가 봐야 한다. 안으로 들어가 봐야 붓다가 어떻게 우리에게 왔는지 알 수가 있다.

붓다가 출현하기 전에 먼저 온 붓다들이 있었다. 과거칠불(過去七佛)들이 바로 그들이다. 비바시불(毘婆尸佛), 시기불(尸棄佛), 비사부불(毘舍浮佛), 이들 3불은 과거장엄겁(過去莊嚴劫)의 3불이고 구류손불(拘留孫佛), 구나함모니불(拘那含牟尼佛), 가섭불(迦葉佛)은 현재 현겁에서의 3불이다. 그 뒤를 이어서 고타마 붓다(釋迦牟尼)가 붓다로 출현했다.

이들을 과거칠불이라고 하는데 이 기록은 빠알리 경전《디가 니까야》에도 보이고 한역《장아함》등의 여러 경전에 보인다. 한 분 한

분 자세하게 나오는데 그들 중에서 석가모니 붓다는 인도의 카필라 왕국의 왕자로 태어난 사람이었다. 카필라라는 나라의 원래 이름은 샤카국, 수도는 카필라바스였다. 나라 이름이 '카필라'가 된 것은 그곳이 위대한 합리주의 철학자 카필라의 탄생지이기 때문이었다.

북방 계열의 탄생설을 따라가 보면 이미 앞서 언급한 대로 붓다는 출생부터가 위없는 붓다의 덕을 타고났다고 여러 경전에 기록되고 있다. 그는 인도 카필라국의 왕자로 태어나 올곧게 성장하였으며 결혼 후 출가하여 성도하였다고 기록되어 있다. 그렇기에 대부분의 경전들은 과거 그의 업장에 대해 칭송과 찬탄을 아끼지 않는다. 본래 성인의 상을 타고 태어날 수밖에 없었다는 것이다.

2

붓다가 나기 전 당시의 인도에는 아리아인들이 갠지스강을 중심으로 농경과 목축에 종사하고 있었다. 그들의 생활은 지극히 고립적이었고 폐쇄적이었으며 그런 가운데 카스트라는 계급제도가 있었다. 사회적으로는 사성(四姓)이라 하여 사제자(波羅門), 왕족(刹帝利), 서민(毘舍), 예민(首陀羅)이 바로 그들이었다. 바라문이 제일 존경 받는 계급이었으며 예민이 가장 비천한 계급이었다.

힌두교 신화에 의하면 브라만은 신의 입에서, 크샤트리아는 겨드랑이에서, 바이샤는 무릎에서, 수드라는 발에서 태어났다고 한다. 달리트((Dalit, दलित) 혹은 하리잔(Harijan, हरिजन)이라 불리는 불가촉 천민은 신화에서조차 언급이 없을 정도로 하찮은 계급이었다. 인구의 약 60% 정도를 차지하고 있었는데 결코 닿아서는 안 되는 존재,

그들이 곧 불가촉천민이었다.

인도인의 의식 속에는 3억3천만의 신이 하늘과 땅에 존재하고 있었다. 최고신은 브라흐만이었다. 브라흐만은 만유(萬有)를 창조한 신이었고 인도인과 더불어 살아온 최고 원리적 존재였다.

그러므로 그때까지만 해도 붓다의 존재는 인도인의 의식 속에 그렇게 특별한 존재가 아니었다. 다른 여타 성인들 중 한 사람으로 여겨질 정도였다.

그러나 붓다가 출현할 때마다 설 곳을 잃게 되는 악의 무리에게는 보통 문제가 아니었다. 무지한 중생은 붓다의 존재를 그렇게 소중하게 생각하지 않았으나 악의 화신들은 선의 완성자 붓다의 출현을 원치 않았다. 붓다가 출현함으로써 그들이 당할 폐해의 심각성을 제대로 알고 있었기 때문이었다. 그렇기에 붓다가 출현할 때마다 악마들이 먼저 사태의 심각성을 깨닫고 일어섰다.

붓다는 그의 일생 중에서 두 번의 큰 위기를 맞는다. 그를 죽이려했던 데바닷다의 술수는 차라리 애교스러울 정도다. 아니 데바닷다나 붓다를 비방했던 전차녀 등 그들이 악마들의 술수에 걸려 그랬다는 설이 있다. 《대방등대집경 19권 보당분 제2 왕고품》에 보면 붓다와 대척점에 서서 그의 성도를 방해했던 악마 파피야스의 전생이 적나라하게 나온다. 붓다가 직접 설한 내용이다.

어느 날 제자가 붓다에게 물었다.

"붓다시여, 파피야스가 어떻게 악업을 지었기에 마계의 왕이 되었을까요?"

그때 붓다의 대답은 이러했다.

아득한 과거, 이 세상을 이끌던 붓다는 향공덕(香公德) 붓다였다.

그는 묘향광명(妙香光明)의 세상을 연 이였다. 묘향광명의 세상은 이 세계와는 달랐다. 그들은 6만8천 살을 살 수 있었고 그렇기에 죽음에 대한 걱정이 없었다.

화목(華目)이라는 전륜성왕이 있었다. 수미산 동서남북 네 세계가 모두 그의 국토였다.

그 국왕이 향공덕 붓다의 법문을 듣고는 자신의 지위도, 넓은 국토도, 명예도, 재물도 모두 헛것임을 깨달았다.

"정작 내가 깨달아야 할 것은 바로 붓다의 법이 아닌가."

그가 출가를 하려고 했을 때 세상을 거꾸로만 생각하는 청개구리 신하가 있었다. 이름이 선행(善行)이었다. 선행은 자신의 이름과는 달리 악행만 저지르고 다니다가 왕이 백성을 버리고 출가한다는 말을 듣고는 한달음에 달려왔다.

"대왕이시여. 말도 안 되는 소립니다."

"왜 말이 되지 않는가?"

"대왕이시여. 그러면 대왕만을 바라보고 살고 있는 백성들은 어떡합니까?"

"나는 돌아올 것이다. 그들을 모두 잘 살게 하는 힘을 붓다로부터 얻어 돌아올 것이다."

"그는 일개 수행승에 지나지 않습니다. 어떻게 모든 백성이 잘 사는 법을 가르칠 수 있다는 말입니까. 그는 말만 번지르르한 사기꾼입니다."

"아니다. 나는 그의 경지를 믿는다."

왕은 그의 만류를 뿌리치고 왕자들을 불러 국토를 나누어 준 뒤 몇몇 신하들을 데리고 출가를 하고 말았다. 갑자기 왕이 출가를 해 버리자 왕비가 밤을 새워 울었다. 그것을 알고 선행이 다가와 말했다.

"가서 모시고 옵시다."

선행은 왕비를 데리고 향공덕 붓다 앞으로 나아갔다.

"이 사기꾼아, 대왕님을 어떻게 홀렸기에. 네놈은 순 말솜씨만 좋은 사기꾼에 지나지 않아."

향공덕이 웃으며 그를 내려다보았다.

"내가 너의 곁에 서 있는 왕비를 남자로 만들면 어떡하겠느냐?"

향공덕이 붓다의 지위를 버리고 선행을 불쌍히 여겨 신통을 보이기로 했다.

선행이 향공덕을 비웃었다.

"아주 거짓말에 이골이 났구나. 어떻게 여자가 남자로 변한단 말이냐? 어디 그래 보아라."

향공덕이 제자들을 돌아보았다.

"여기 지혜의 다라니가 있다."

그렇게 말하고 향공덕은 제자들에게 〈보당다라니〉를 가르쳤다. 지혜를 얻게 되는 다라니였다. 괴로움을 깨뜨리고 기쁨을 얻게 되는 다라니였다.

"이 다라니로 인해 32상과 80종호의 잘난 모습을 갖출 수 있느니라. 왕비여. 이 다라니를 외우며 남자가 될 것을 소원해 보아라."

왕비가 그 말을 믿지 못하면서도 다라니를 외우며 남자가 될 것을 소원했다.

향공덕이 발가락으로 땅을 눌렀다. 땅이 울었다. 그 소리가 여섯 가지나 되었다.

그러자 왕비가 점차 남자의 몸으로 바뀌었다. 선행이 보고 있다가 소리쳤다.

"이건 눈속임이다. 사기다! 사기야! 향공덕, 너는 우리의 대왕이 만 백성을 버리게 했으므로 너의 묘향광명 세계는 그대로 지옥으로 변하리라."

왕비가 눈물을 흘리며 머리를 깎은 남편인 왕 옆으로 가 앉았다.

"선행아, 너도 이리로 오너라."

왕비마저 그러자 선행의 눈에서 피가 터졌다.

"아니, 왕비님까지 어떻게 이럴 수 있습니까? 모르겠어요? 저자의 눈속임을. 진실로 남자가 되었다고 생각하세요? 만약 이로 인해 대왕마마가 궁으로 돌아가지 않고 백성을 버리신다면 백성이 용서하지 않을 것입니다. 아니, 내가 용서 못 합니다. 백성들이 도탄에 빠져 허덕이는 꼴을 볼 수 없으니까요. 그래도 출가를 하시겠다면 나는 후생에 악마가 되어서라도 이 앙갚음은 꼭 하고 말 것입니다. 대왕마마가 태어나 성불하려는 그 땅으로 가서 말입니다. 그리고 우리를 버렸듯이 대왕마마의 백성을 하나도 남기지 않고 몰살해 버릴 것입니다."

여기까지 말하고 붓다는 다음과 같이 말했다.

"그때의 화목 비구는 나의 전신이며, 선행은 마왕 파피야스의 전신이니라."

그날의 약속대로 파피야스는 이 시대에 다시 왔다. 그의 악은 더 성성해져 있었다. 그와 붓다는 다시 수많은 윤회를 거치면서 서로 간에 업을 쌓았기 때문이었다.

붓다가 성도할 때 파피야스의 회유와 공격이 엄청난 것도 그래서였다. 악신 파피야스는 꿈꾸고 있었다.

"내 너를 죽이리라. 아니 그 옛날 우리의 백성을 버렸듯이 너의 백성들을 모두 죽이리라. 가장 비극적인 모습으로 바꾸어 너의 백성들을 모두 죽이리라."

그런 면에서 붓다가 어떻게 그를 이겨내고 붓다로서의 길을 걸었느냐 하는 문제는 대단히 중요하다. 그의 성도와 바로 직결되는 문제이기 때문이다. 그의 성도 문제가 그렇고 그의 성도 내용이 그렇다.

불교는 해탈의 종교다. 마(魔)가 먼지만큼이라도 끼어 있다면 해탈이 아니다. 아직도 내부에 마신이 존재하고 있다면 구속에서 벗어났다고 볼 수가 없다. 이 끝없는 싸움, 바로 이것이 수행이다. 구도다. 붓다의 경지에 드느냐 들지 못하느냐 하는 문제는 바로 이 마신과의 싸움이다. 마신은 그만큼 질기다. 파피야스를 한자로 '파순(波旬)' 혹은 '마라(魔羅)'라고 하는 이유도 그래서다. 줄여서 '마(魔)'라고 쓰는데 '더 이상 나쁜 자가 없다'는 뜻이다.

마신 파피야스는 붓다가 성도하고 난 후에도 여전히 그의 경지를 시험하려고 들었다. 오늘도 수많은 이들이 깨침을 성취하려고 노력하고 있다. 조금 깨달았다 하여 방만하다면 언제 어느 때 마신의 그물에 걸려들지 모른다. 그래서 깨치고도 그 깨침을 잘 지켜야 한다고 붓다는 강조하고 있다. 이것이 수신(修身)이다. 악을 물리치고 선을 북돋아서 마음과 행실을 바르게 닦아 수양함으로써 깨침의 경지를 잘 지켜나가야 한다는 말이다.

우리는 탐진치(貪瞋痴)의 삼독(三毒)을 지닌 윤회 중생이다. 붓다는 탐진치 자체가 '마(魔)'라고 못박고 있다. 그러므로 윤회 세계에 빠져 고통받는다고 한다. 그것은 죽어서도 끝나지 않는다. 죽어서도 싸워야 하며 그렇지 않고는 윤회에서 벗어날 수 없다고 한다. 적멸에 들 수 없으며 마의 고리를 벗어나는 것이 바로 적멸의 세계, 붓다의 세계라고 하고 있다.

　그렇다면 붓다는 어떻게 그 마와 마주 서 있었을까? 어떻게 싸워 자신의 성도를 지켜내었을까? 마신에게 자신의 피붙이와 고국 사람들을 몰살시키면서까지 지켜내려고 했던 그것은 무엇이었을까?

3

　빠알리 경전 디가 니까야 《박깔리 경 Vakkali sutta》에 보면 악마 파피야스가 죽음의 신으로 나와 박깔리를 죽음으로 이끌고 가는 대목을 만날 수 있다. 그리고 박깔리가 자결했을 때 그의 의식을 찾아다니는 모습도 만날 수 있다. 이는 무엇을 뜻하는 것일까? 그는 우리의 외부 같지만 바로 내부 속에 존재하는 마성이라는 사실을 말해주고 있다. 우리가 조금만 방심해도 눈을 치뜨고 일어서는 것이 바로 파피야스다. 그렇기에 불교의 여정은 이 마신들과 그들로부터 중생을 지키려는 보살들의 싸움이다. 붓다의 윤회, 그 긴긴 여정 속에 숨어 있는 파피야스의 모습을 보고 있노라면 소름이 끼친다.

　붓다의 과거세를 기록한 경전 《자타카(jātaka)》에 보면 그가 오랜 세월 환생하면서 살아온 세월이 자세히 기록되어 있는데 그 전 과정이 바로 악과의 싸움이다. 자타카에는 붓다가 되기 전 전생(前生) 기록들로 가득 차 있다. 원숭이, 새, 장사꾼, 도둑, 사제관, 왕 등을 거쳐 붓다로 태어나기까지의 과정이 그대로 그려진 기록들이 가득 차 있다.

　그중에서 그가 사슴의 보를 받거나 짐승의 보를 받고 살아온 세월은 참으로 신비롭기까지 하다. 본생설화에서 대표적으로 인용되는 그의 과거는 세일론(스리랑카)에 전해 있는 빠알리어(巴利語) 《본대장경》에 이렇게 기록되어 있다.

그는 원숭이 왕으로서 동족을 구하고 인간을 교화시키기도 하고, 향공덕 붓다가 다스리던 묘향광명(妙香光明) 세상에 인간으로 태어나 출가하기도 하고, 그래도 업장이 녹지 않아 강가에서 독을 풀어 살생을 주관하기도 하고, 살생을 업으로 삼는 도적들의 조상을 두기도 한다. 《금광명경》에 보면 굶주린 범의 먹이가 되기도 하는데 이때부터 그의 의식이 변하고 있음을 알 수 있다. 비로소 그의 의식이 욕망의 세계에서 벗어나 보살로서의 길을 걷기 시작하는 것이다. 그렇게 붓다는 필설로는 형용할 수 없는 엄청난 세월을 이겨내야 했고 그렇기에 오늘 우리와 함께 있다는 것을 알 수 있다. 그는 그렇게 셀 수 없이 많은 과거생을 유전하며 붓다의 업을 지었던 것이다.

《아함경》이나 붓다의 과거·현재·미래를 설한 《인과경; 불설과거현재미래인과경》에 묘사된 그의 기록을 보면 조금씩 다르기는 하지만 거의 비슷하게 전개된다. 한역본으로는 444년에서 453년 사이 구나발타라(求那跋陀羅)에 의해 번역되면서 전해졌는데 의식의 전환을 거치면서 진리를 얻으려 나서는 수행자로서의 모습을 만나볼 수 있다.

붓다가 직접 자신의 전기(傳記)를 밝히는 독특한 경전이다. 붓다는 여기에서 과거의 업인(業因)에 관하여 설한다. 제1권은 과거생에 관한 내용이다. 제2권은 싯다르타 태자의 성장 과정, 출가에 이르기까지의 내용을 다루고 있다. 제3권은 6년간의 수행과정, 성도, 초전법륜(初轉法輪)에 대해 다루고 있다. 제4권은 야사(耶舍)와 가섭 삼형제의 교화를 비롯해 사리푸트라와 목갈라나의 귀의, 교단의 유지에 대한 내용 등을 다루고 있다.

과거세에 보광여래(普光如來) 밑에서 선혜선인(善慧仙人)으로 태어나 출가 득도하는 과정이 자세하다. 선혜선인의 출가, 보광여래의 예언, 도솔천에 태어나 탄생 후 아사타 선인과의 만남, 삼시전(三時殿) 이야기, 데바닷다(提婆達多)와 무술을 겨루고 출가 후 두 스승을 찾아 도(道)를 물은 일과 6년 동안의 고행, 깨달음을 얻어 붓다가 되어 녹야원에서 행한 최초의 설법, 제자들을 교화한 일 등을 자세히 기록해 놓고 있다.

그 과정을 통해 붓다는 과거의 과보는 현세에서 받게 되어 있고 현세의 과보가 미래의 과보를 결정한다고 천명한다. 그래서 이 경을 《선악인과경(善惡因果經)》이라고도 한다.

그가 그런 세월을 거쳐 이 세상에 붓다로 오기 직전의 모습은 완전한 인간으로서의 모습에 근접해 있다. 붓다로 오기 전 그의 이름은 수메다(Sumedha)였다. 그때 이미 붓다로서의 덕을 충분히 쌓고 있었다.

그는 저세상에서도 언제나 저자거리에 있었다. 가난한 이웃들과 함께 부딪치고 일어나면서 이웃과 하나가 되어 있었다. 그는 붓다가 되기 위해 저자거리의 이곳저곳을 헤매며 민중들과 함께 있었다. 그들과 울고 웃으며 붓다가 되기 위한 덕목을 하나하나 완성했다. 그는 사람들 속에 파묻혀 과거의 보살들이 가장 먼저 닦았던 절대완전의 보시행을 완성하였다[布施波羅蜜]. 계율을 지키는 수행을 완성[持戒波羅蜜]하였다. 번뇌의 속박을 떠나는 수행을 완성[出離波羅蜜]하였다. 어리석음을 떠나 존재의 궁극에 있는 실상을 깨닫는 수행을 완성[智慧波羅蜜]하였다. 몸과 마음을 게을리하지 않고 도(道)로 나아갈 수 있는 수행을 완성[精進波羅蜜]하였다. 시달림과 괴로움을 견디어 내는 수행을 완성[忍辱波羅蜜]하였다. 진실하여 거짓 없음을 수행하는 일을 완성[眞實波羅蜜]하였다. 굳게 뜻을 다지는 수행을 완성하였다[決定波羅蜜]. 살아 있는 것들에 대한 사랑을 수행하는 일을 완성[慈悲波羅蜜]하였다. 그윽하고 기울지 않은 마음을 갖는 수행을 완성[舍波羅蜜]하였다.

그런 뒤 그는 돌아오고 있었다. 이 사바세계로 돌아오고 있었다. 돌아온 그는 굶주리고 헐벗은 사람들 속에 있었다. 도솔천 내원궁에 있다가 붓다를 필요로 하는 세상이 오자 마야부인의 태에 들어섰다.

O

룸비니동산의 이적

1

여타 불전에 드러나는 붓다의 탄생지를 살펴보면 기록이 하나같지 않음을 알 수 있다.

붓다의 탄생지에 대한 분분한 의견을 비교 분석해 보면 이렇게 정의할 수 있다.

'붓다가 태어난 곳은 네팔타라이 지방에 자리 잡은 조그만 나라 카필라라는 왕국이다.'

붓다가 태어날 당시 네팔은 인도령이었다. 그가 네팔인이라고 정확히 판명된 것은 1895년 독일 고고학자 포이러(Feuhrer)가 네팔 룸비니에서 석주 하나를 발견하였는데 그 석주가 아소카왕의 석주로 밝혀졌고 그리하여 경전들의 기록이 입증되었다. 그래서 인도인이라는 주장이 생겨났다.

카필라에 살던 석가족의 조상은 자아세나라는 사람이었다. 그의 아들은 사이하하누, 아들의 아내는 카카나였다. 그들 사이에는 아들 네 명과 딸 두 명이 있었다. 첫째 숫도다나, 둘째 도토다나, 셋째 숫코다나, 넷째 아미토다나, 그렇게 아들이 넷, 아미타, 파미타, 그렇게 딸이 둘이었다.

붓다의 아버지 되는 이는 첫째 숫도다나였다. 그는 콜리아의 여자 마하마야를 아내로 맞았다. 그래서 마야부인이라고 한다.

이는 마하마타의 변형된 부름이다. 네팔에서는 위대한 어머니를 마하마타라고 부른다. 그녀는 콜리아의 수도 데바다하에 사는 안자나와 슈라크사나의 딸이었다.

《중아함경(中阿含經, 제29권 유연경(柔軟經))》에 보면 붓다가 사위국 승림급고독원에 머물 때 연설한 자신의 족보, 그리고 어릴 때 처한 상황이 그대로 나온다.

여기에서 다시 기록의 오류가 보인다. 마야부인에 대해 대부분의 경전에서는 안자나(선각)왕의 딸로 기록하고 있다. 대승경전으로 이행되면서 생긴 오류가 분명해 보이지만 여기에서는 누이동생으로 기록되고 있음을 확인할 수 있다.

"…구리성 임금 안자나왕의 누이동생 마하마야를 왕비로 맞았으나 싯다르타를 낳고 죽었다. 그래서 그녀의 동생인 마하빠자빠띠고타미(Praiapati Gautami)를 왕비로 정하여 기르게 하였고, 그 뒤에 난다(難陀)를 낳았다."

숫도다나는 그녀와 결혼한 뒤 샤카국의 왕이 된다. 석가족에게는 매년 6~7월을 일컫는 아바사달이 되면 국가적으로 벌이는 여름 축제가 있었다. 술 없이 축제를 치르는 국가적 축제였다.

축제 중 마야부인은 이상한 꿈을 꾸었다. 꿈속에 네 명의 수호신이 나타나더니 그녀를 안고 히말라야 정상으로 가 사라나무 아래 내려놓았다.

뒤이어 수호신의 아내들이 나타났다. 그녀들은 마야부인을 만사로와트 호수로 데려갔다. 수호신의 아내들이 마야부인을 목욕시키고 향수와 꽃으로 치장을 한 다음 태중에 들 보리살타와 만날 준비를 시켰다.

잠시 후 보리살타가 나타났다. 보리살타는 공손히 마야부인에게 예배한 다음 이렇게 아뢰었다.

"부인이시여. 저는 진리를 구하는 사람입니다. 이제 때가 되었기에 지상에 마지막으로 태어날 결심을 하였습니다. 부인께서 저를 아들로 받아들이실 수 있겠습니까?"

마야부인이 기꺼이 대답했다.

"수행자이시여. 그렇게 하겠습니다."

보리살타가 환하게 웃었다. 다음 날 마야부인은 그 꿈을 숫도다나 왕에게 얘기했다. 왕은 예사롭지 않다며 점성술사들을 불러 물었다.

점성술사들은 하나같이 왕이 된다면 세계를 다스릴 전륜성왕이 될 것이고, 출가하여 편력수행자, 즉 상야시가 된다면 이 세상의 환상을 쫓아 버리고 깨달은 자가 될 것이라고 예언했다.

마야부인은 몸과 마음을 소중히 했다. 산달이 가까워지자 고국 데바다하로 출산의 길을 떠났다. 당시에는 출산을 시집에서 하는 관습이 있었다.

붓다를 출산하는 모습은 맛지마 니까야 《아주 놀라운 경 Acchariy aabbhutasuttaṃ(MN123)》에도 자세히 나오고 한역 경전 여러 곳에도 자세히 나온다.

숫도다나왕이 왕자의 출산 소식을 들은 것은 활짝 핀 무우수 꽃잎이 결 좋은 바람에 분분히 날리던 정원에서였다. 해산을 하기 위해 친정인 콜리성으로 아내를 보내놓고도 왕은 앞으로 대업을 이어갈 왕자를 보지 못하면 어쩌나 하고 근심하고 있던 참이었다.

왕이 달려갔을 때 태자를 분만한 왕비는 이름 모를 꽃들이 다투어 피어 있는 룸비니동산 나무 아래 휘장을 치고 그 속에 태자와 함께 누워 있었다.

여기저기서 태자의 탄생을 축하하듯 새들이 아름다운 목소리로 지저귀고 룸비니동산의 이름 모를 꽃들이 끝없이 향기를 내뿜었다.

왕이 휘장을 들치고 들어섰을 때 태자를 곁에 한 왕비는 산고로 인해 핏기없는 파리한 얼굴로 눈을 감고 있었다. 왕은 조심스럽게 다가가 태자를 내려다보았다. 갓 낳은 어린 태자의 모습은 너무도 거룩하고 아름다웠다. 왕은 위인의 상이 뚜렷한 태자를 내려다보며 살그머니 파리한 왕비의 손을 잡았다.

왕비는 그제야 가까스로 눈을 뜨고 기쁨에 차 상기된 왕의 얼굴을 올려다보았다.

"정말 수고가 많았소."

"태자의 모습을 보셨습니까?"

왕비는 힘없는 목소리로 왕을 향해 물었다.

왕이 고개를 끄떡였다.

"태자의 모습은 너무도 아름답고 거룩하오."

"그런데 이상한 일이 있습니다."

"이상한 일이라니?"

왕비는 왕의 되물음에 잠시 숨을 돌려 쉬고는 조용히 입가에 미소를 띠며 입을 열었다.

"막 태자를 낳았다고 생각하는 순간이었습니다. 저 흰 눈에 덮인 히말라야의 산봉우리들이 눈에 들어오는가 했는데 갑자기 눈앞에서 섬광이 일며 놀라운 일이 일어나지 않았겠습니까."

"무슨 말이오?"

왕의 눈이 빛났다.

"그러니까 그게…"

왕비는 무슨 말을 하려다가 차마 말하지 못하겠다는 듯 입을 다물었다.

"왜 그러오?"

"산고로 인하여 제가 헛것을 본 것인지는 모르겠습니다."

"헛것이라니?"

"막 섬광이 눈앞에서 일어나는 순간이었습니다. 글쎄 이 어린 핏덩이가 몸을 일으키더니 앞으로 일곱 발짝을 걸어 이렇게…."

왕비는 숨을 몰아쉬었다.

"이렇게 한 손을 들어 하늘을 가리키고 한 손을 내뻗어 땅을 가리키며 다음과 같은 말을 하지 않겠습니까?"

"이 세상에 나보다 더 높은 것이 없으니 세간에 가득한 괴로움을 몰아내리라."

왕비의 말을 듣고 있던 왕은 왕비가 지금 무슨 말을 하고 있는지 이해할 길이 없어 눈만 멀뚱거렸다. 왕비는 왕의 얼굴을 바라보며 당연하다는 듯 말을 이었다.

"역시 믿지 못하시는구먼요?"

"글쎄, 무슨 소린지…."

"저도 제 눈을 의심하고 있습니다. 아니 나만이 아니지요. 시종들 역시도 마찬가지입니다."

"시종들까지도?"

왕비가 고개를 끄덕였다.

"그거 정말 이상한 일이구려. 눈이 부시도록 흰 코끼리가 그대의 오른쪽 옆구리로 들어오더라는 태몽부터가 심상치 않다 했는데…."

그건 사실이었다. 흰 코끼리의 꿈을 꾼 후 곧바로 왕비에게는 태기가 있었고 태몽을 들은 사람들은 누구나 훌륭한 왕자님이 태어날 것이라 기대했었다.

왕은 어지러운 정신을 가다듬었다. 왕비를 다독거려 안심을 시킨 다음 왕은 휘장을 들치고 밖으로 나왔다. 밖엔 여전히 새들이 지저귀고 꽃들이 봄바람에 향기를 뿜어대고 있었다. 상서로운 구름이 층을 이루며 룸비니동산을 뒤덮었다.

'거참 이상한 일이구나. 갓 낳은 아기가 일어나 사방으로 일곱 발자국이나 걸으며 말을 하다니…. 필시 왕비나 시종들이 헛것을 본 것이 아니라면 상서로운 일임이 틀림없다. 돌아가는 대로 점성가를 불러 봐야 하겠구나.'

왕은 그 길로 왕비를 데리고 궁으로 돌아왔다. 왕자가 태어났다는 소식에 성안은 온통 축제 분위기였다.

"드디어 대를 이을 태자님이 태어나셨구나."

"그 모습이 어찌나 거룩하고 아름다운지 장차 보위에 오르면 온 세상을 다스리는 전륜성왕(轉輪聖王)이 될 거라는 소문이더군."

"그러게. 그 소문은 나도 들었네."

가는 곳마다 갓 태어난 태자에 대한 칭송으로 꽉 차 있었다.

태자의 이름은 '고타마 싯다르타'로 지어졌다. 아들에 대한 숫도다나왕의 바람이 그대로 들어 있는 이름이었다. 고타마(gotama)는 성이었고 '싯(Sid, 성취하다)'과 '알타(artha, 모든 것)' 그 두 단어가 모여 '싯다르타(Siddhārtha)'가 되었다. '모든 것을 이루어 주는 사람(義成)'이 그 본뜻이었다.

그렇게 이름을 정하기는 하였지만 숫도다나왕의 마음은 밝지 못하였다. 태자를 본 기쁨이야 한량없는 것이지만 그 대신 왕비의 건강이 자꾸만 나빠지고 있었기 때문이었다.

궁의(宮醫)들이 정성껏 약제를 지어 올렸으나 왕비는 이제 사색의 그림자가 역력하였다.

왕비가 눈을 감던 날 왕은 왕비의 침소로 나아갔다. 가만히 그녀의 손을 잡고 입술에 손을 댄 다음 허리를 굽혔다. 왕비의 입술은 열로 인해 말라 터져 마른 검불을 쓰다듬는 것 같았다.

"어째서 일어나지 못하시는 게요?"

안타까운 왕의 부르짖음을 들으며 가까스로 왕비는 눈을 떴다.

"마지막으로 태자를 한 번 안아 보게 해 주십시오."

궁녀가 안고 있던 왕자를 왕비의 품에 안겨 주었다. 파리한 손끝으로 아기의 볼을 더듬는 왕비의 눈에 눈물 한줄기가 흘러내렸다. 그녀는 잠시 후 태자의 볼 위에서 손을 떨어뜨렸다. 위대한 성자를 낳은 어머니는 그렇게 세상을 떠났다. 성자의 삶과 자신의 목숨을 맞바꾼 것이다. 태자는 그렇게 태어난 지 며칠이 안 되어 생사의 문제를 받았다.

왕비의 장례는 성대하게 치러졌다. 새로 태어난 생명과 생을 맞바꾸어 버린 왕비를 위해서라도 왕은 태자를 부족함이 없는 성군으로 키울 것을 맹세했다.

자연히 태자의 양육은 나라의 관습에 따라 왕비의 동생 마하빠자빠띠고타미가 맡게 되었다. 그녀 역시 언니처럼 어진 사람이었다. 그녀는 상심하는 왕을 위해, 생모로 인해 생사의 문제가 주어진 태자를 위해 온갖 정성을 다하였다.

왕은 그 속에서 앞날을 내다보는 선인들을 불러 태자의 장래를 알아보았다. 태자의 상을 보고 난 선인마다 놀라움을 금치 못하였다.

"정말 뛰어난 위인의 상을 갖추고 계십니다. 보위에 오르면 천하를 다스리는 전륜성왕이 될 것이고 출가하여 수행하시면 반드시 일체중생을 구제하는 붓다가 되실 것입니다."

보는 이마다 칭송을 아끼지 않자 왕비의 죽음으로 인해 어두웠던 왕의 마음도 한결 밝아졌다.

어느 날 카필라성에서 그리 멀지 않은 히말라야 산 속에 살고 있는 아사타라는 선인이 찾아왔다. 깊은 산 속에서 세상과 인연을 끊고 수도에만 전념해 온 선인이었다. 선인은 태자를 품에 안고 조심스럽게 이모저모를 살피다가 눈물을 흘렸다.

"아니 그대는 어이하여 눈물부터 흘리는가? 모두가 위인의 상을 타고났다고 기뻐하는 터에…."

기이하게 생각한 왕이 참다못해 선인을 향해 물었다. 눈물을 흘리고 있던 선인은 흰 수염을 날리며 눈물 젖은 눈매를 들어 왕을 쳐다보았다.

"사람의 왕이시여. 상심할 일이 아닙니다. 제가 슬퍼하는 것은 저의 복으로는 결코 붓다의 법을 듣지 못할 것 같기 때문입니다."

"아니 그게 무슨 소리요?"

"제 여생이 얼마 남지 않았다는 말입니다."

"그대의 여생이 얼마 남지 않았다니. 그대의 여생과 태자와 무슨 연관이라도 있다는 게요?"

"태자는 장차 인간의 왕으로 나아가면 분명히 무력을 쓰지 않고도 천하를 다스리는 전륜성왕(차크라 바르틴, Cakra-Varyi raja)이 될 것이나 출가하면 붓다가 될 것입니다."

"그렇소?"

다른 선인에게도 그런 말은 숱하게 들어오던 터라 왕은 별로 놀라는 기색도 없이 그렇게 반응했다.

"왕이시여. 붓다가 이 세상에 출현하는 것은 참으로 귀한 일입니다. 저는 여생이 얼마 남지 않았습니다. 태자가 도를 이루어 붓다가 되실 그날까지 살지 못할 걸 생각하니 어찌 슬프지 않겠습니까."

왕은 그제야 선인의 마음을 알고 고개를 끄덕였다. 선인은 자신을 데려온 나라타(那羅陀) 조카에게 나직이 말하였다.

"나중에 붓다가 출현했다는 소문이 있으면 지체하지 말고 찾아뵙고 그분의 제자가 되어야 한다. 알겠느냐?"

선인의 말을 들으며 왕은 지그시 눈을 감았다. 태자가 전륜성왕보다 훨씬 더 뛰어난 상을 가졌다는 말이 기쁘기 한량없었으나 왜 이렇게 마음 한쪽이 어두워지는지 모를 일이었다. 코살라를 위시한 주위의 강대국들의 기미가 심상치 않은 터에 어렵게 얻은 왕자마저 출가하여 붓다가 될 것이라니, 출가하여 붓다가 되기보다는 이상적인 인간의 왕이 되어 이 카필라만이 아니라 온 세상을 평화롭게 다스리는 전륜성왕이 제발 되어 주었으면 좋으련만….

　태자는 이모 마하빠자빠띠고타미 왕비의 손에서 무럭무럭 자랐다. 왕비는 왕자를 보살피는 일을 게을리하지 않았다. 그녀 역시 왕자와 공주를 낳았지만 싯다르타 태자에 대한 사랑에는 조금도 변함이 없었다.

○

상처 받은 생

1

지금까지 붓다의 전생과 탄생을 다루어 보았다. 붓다가 태어나 일국의 왕자가 되기까지의 과정은 경전 대부분이 대동소이하다.

붓다의 생애를 다룬 경전 여러 곳에 나오고 있으나 《불본행집경(佛本行集經, Abhiniskramana Sutra)》은 붓다의 생애를 다룬 여타 경전 중에서도 가장 자세한 편이다. 《불본행집경》은 주로 역사적인 사례를 충실히 기록한 사실적 경전이다. 붓다의 탄생과 출가(出家) 그리고 성도(成道), 제자들의 귀의(歸依)에 관한 인연까지 비교적 자세하게 기록하고 있다.

현재 전해지는 한역본(漢譯本)은 수(隋)나라의 사나굴다(闍那崛多)가 기원전 590~587년에 편찬한 번역본이다. 그 분량이 총 60권에 이르며, 이 60권은 발심공양품(發心供養品)까지 60품(品)으로 이루어져 있다. 크게 나누어 보면 전생기(前生期), 금생기(今生期), 전도기(傳道期)

의 세 부분으로 나누어져 있다.

붓다가 태어난 룸비니동산에 대한 기록 정도는 표현의 차이가 있을 뿐. 대부분 다르지 않다.

그 기록들에 대해서 아소카왕이 사실을 증명하고 있는데 의미심장하지 않을 수 없다. 룸비니동산에 세워진 아소카왕의 돌기둥에 다음과 같은 글이 보인다. 비록 돌기둥 상신은 부러져 나갔지만 그 아래 기록은 분명하다.

이곳이 붓다 석가모니의 탄생지이므로 천애애견왕은 즉위 20년에 몸소 와 예배하다. 돌을 깎아 말의 모양을 만들어 세우도록 하다. 붓다 석가모니의 탄생지임을 감안해 토지세를 8분의 1세만을 부과하다.

천애애견왕(天愛愛見王)은 아소카왕의 칭호이다.

그 후 인도 정부에서 지금의 네팔 남부 타라이 지방에 있는 룸민디 마을이 붓다 석가모니가 태어난 동산이라는 것을 확인했다. 아소카왕이 세운 돌기둥이 그것을 증명하고 있었지만 룸민디 마을이 티랄강 유역에 있다는 사실이 무엇보다 역사의 기록과 일치한다.

붓다가 태어난 달과 날에 대해서만은 아직도 의견이 분분하다. 남방불교권에서는 붓다가 어머니 태 안에 든 시기를 웃다라 아사달의 그믐날로 보고 있다. 중국력으로 치면 5월 보름이다.

그들은 붓다가 태어난 달과 날은 베샤카 달의 보름날이라고 한다. 그들은 붓다의 탄생과 성도, 열반 모두가 이 달과 날에 이루어졌다고 믿고 있다. 베샤카 달과 날은 중국력으로 3월 보름이다.

그런데 어떻게 해서 우리는 음력 4월 8일이 되었을까. 우리의 경(經)과 논(論)을 보면 붓다가 태어난 날을 2월 8일 또는 4월 8일로 기록하고 있다. 2월 8일은 지금의 음력 11월을 자월(子月)로 본 것이다. 자월을 정월로 치던 때의 4월 8일은 곧 지금의 정월인 인월(寅月)이다. 인월을 정월로 치면 2월 8일이므로 음력 2월 8일이 된다.

불교의 종주국 인도 등지에서는 예로부터 와이삭(waisak, 음력 4월 15일)을 붓다의 탄생일로 기념하여 왔다. 그러므로 음력 4월 8일이 맞다고 보는 것이다. 1956년 11월 네팔의 수도 카트만두에서 열린 제4차 세계불교대회에서 양력 5월 15일을 석가탄신일로 결정하였지만 우리의 석가탄신 기념일을 음력 4월 8일로 정한 것은 역사적 사실이라기보다 종교적 상징의 의미가 크다고 할 수 있다.

유감스럽게도 그곳에서 태어난 붓다에 대해 빠알리 문헌에는 하나로 정리된 기록이 없다. 《성구경(聖求經, Āriyapariyesana-sutta)》, 《살차가대경(薩遮迦大經, Mahāsaccaka-sutta)》 등에 붓다의 수행 시절이 기록되어 있고 장부(長部)의 《대본경(大本經, Mahāpadāna-sutta)》에 과거칠불의 전기가 모사되어 있지만 거의 단편적이다. 《대반열반경(大般涅槃經, Mahāparinibbāna-sutta)》에 이르러서야 붓다 만년이 비교적 자세히 기록되고 있을 정도다.

그런데 이상한 것이 하나 있다. 그것은 붓다의 탄생설이 누군가와 똑같다는 사실이다. 그가 누구냐 하면 바로 우주 전체에서 처음 붓다가 된 비바시(比婆尸(산스크리트어-비파쓰인(Vipasyin), 빠알리어-비파씬(Vipassin)) 붓다이다. 이상하게 그와 붓다의 탄생이 똑같다. 비바시 붓다 역시 세상에 태어날 때 어머니의 옆구리로 태어나 두루 사방을 둘러보고 손을 들어 일곱 걸음을 걸어 '오로지 하늘과 땅에서 내가 가장 존귀하다. 중생의 생로병사를 제도하고자 왔느니라'고 했는데 붓다도 그랬다. 그도 마야 왕비의 우협으로 태어나 그렇게 외쳤다고 대부분의 경전에 전하고 있다.

그럴까? 실제로 붓다는 어머니의 우협으로 태어났고 그렇게 외쳤을까?

그가 인간이라면 그럴 리 없다. 그런데도 대부분의 경전에서는 우협 탄생설을 인정하고 있다.

빠알리 《장부(Diighanikaaya) 14번 마하바다나 경(Mahaapadaana Sutta)》은 한역 《장아함경 제1경 대본경》에 상응하는 경전이다. 그 경을 보면 비바시 붓다에 대해서 붓다가 직접 언급하는 대목이 있다. 붓다의 원음을 그대로 옮긴 남전 장부 경전이고 보면 남방불교를 소승불교라며 폄하하던 사람들이 그래서 눈을 부릅뜬다.

"그것은 붓다의 탄생을 말하고 있는 것이 아니고 비바시 붓다의 탄생설을 말하고 있는 것이다."

그 말을 들은 사람들은 고개를 갸웃갸웃한다.

"그럼 붓다가 어머니의 옆구리로 태어나지 않았다는 말이야 뭐야? 천상천하 유아독존이라는 말이 붓다의 말이 아니고 비바시 붓다의 말이라고?"

이 부분에 대해서 자료를 찾아보면 좀 이상하긴 하다. 경전마다 문장이 확실하지가 않다. 다만 전등록에 조금 길게 기술되어 있을 정도다.

〈석가모니부처님은 태어나자마자 한 손은 하늘로, 한 손은 땅을 가리키며 일곱 발자국을 옮겨 사방을 둘러보며 하늘과 하늘 아래 오직 나 홀로 존엄하다고 외쳤다.〉

이 정도이다. 비교적 붓다의 탄생설에 대해서 자세하다는 《서응경
(瑞應經)》도 그 정도로 다루고 있고 《수행본기경(修行本起經)》도 마찬가
지다. 그 외 여타 경전에도 그와 같은 기록이 보이는데 각기 표현은
조금씩 달리 해석하고 있지만 비교적 대동소이하여 크게 다른 것은
없다.

그런데 《마하바다나》에 기록된 비바시 붓다의 경우를 보면 그를
향한 붓다의 미사가 현란하다. 먼저 7불의 겁, 계급과 가문 등을 연
설하고 비바시 붓다가 태어나 북쪽으로 일곱 걸음을 걸어 이렇게 외
쳤다고 기록하고 있다.

〈aggo 'hamasmi lokassa, je. t. tho 'hamasmi lokassa, se. t. tho.
'hamasmi lokassa, ayam antmā jāti, natthi dāni punabbhavo〉.

〈나는 세상의 제일 앞이다. 나는 세상의 제일 위이다. 나는 세상
의 최고다. 이것이 마지막 생이다. 더 이상의 태어남(再生)은 없다.〉

그럼 한역화된 《장아함경》의 《대본경》에 있는 비바시 붓다의 기록
은 어떠할까.

부처님께서 비구들에게 말씀하셨다.

"비바시보살께서 이 세상에 태어날 때 어머니의 오른쪽 옆구리로
나오셨느니라. 그 때 땅이 울고 광명이 사방에 비쳤다… 이것이 바로
상법이니라. 당시 보살의 어머니는 손으로 나뭇가지를 잡고 앉지도
눕지도 않은 자세였느니라. 그때 비바사 부처님께서 일곱 걸음 걸으
며 사방을 둘러보며 외쳤느니라."

나고 죽는 고통을 마땅히 끊으리라/ 처음으로 세상에 날 때/ 짝할 이 없는 부처로서/ 스스로 나고 죽는 근본을 보아/ 이 몸이 마지막 몸임을 아셨네.

이제 그 대목을 표절했다는 붓다의 우협 출생설을 보자. 《불본행 집경(6, 7, 8권)》에 보면 붓다의 탄생이 자세히 나와 있다.

날과 달이 가까워지자 마야부인은 출산을 위해 친정인 구리성으로 출발하였다. 그녀는 구리성이 가까운 룸비니공원의 이궁(離宮)에서 잠시 쉬었다. 때는 봄이었다. 화창한 날씨였다. 뭇 새들이 노래하고 꽃이 어우러져 룸비니공원은 천상의 낙원 같았다. 아침 햇살이 금빛처럼 쏟아져 내리는데 마야부인은 연못가를 거닐었다. 구슬처럼 밝은 물이 참으로 맑다. 물속에 꽃이 있다. 아름다운 새들은 삼삼오오 짝을 지어 끝없이 지저귀었다.

부인은 홀연히 산기(産氣) 있음을 느끼고 북으로 20보를 걸어 아름다운 꽃송이가 달린 무우수 나뭇가지를 잡았다. 태자는 아무런 고통도 없이 어머니의 오른쪽 옆구리를 트고 평안히 탄생하였다.

《수행본기경(修行本起經) 보살강신품(菩薩降身品) 제2》도 마찬가지다.

열 달이 차자 태자의 몸이 이루어졌다. 4월 7일에 이르러 부인은 친정으로 가기 위해 여행길에 올랐다. 유민수(流民樹) 아래를 지나다가 뭇 꽃이 피고 샛별이 돋아날 때쯤 산기를 느껴 나뭇가지를 잡았다. 태자는 오른 겨드랑이로부터 탄생하였고 땅에 닿기가 무섭게 일곱 걸음을 걸어가 손을 들고서 말하였다. '하늘 위와 하늘 아래 오직 나를 존귀하게 여긴다. 삼계가 모두 괴로우니, 내가 마땅히 편안하게 하리라.' 바로 그때 하늘과 땅이 크게 진동하고 삼천대천세계는 크게 밝지 않음이 없었다.

이 대목이 《보요경(普曜經)》이나 《방광대장엄경》에 이르면 이렇게 나타난다.

먼저 《보요경》이다.

"이때 보살은 오른쪽 옆구리로 태어났다. 몸은 보배의 연꽃에 머물고 있었다. 땅으로 내려선 그는 일곱 걸음을 걸으면서 법음성을 드러냈다. 무상(無常)의 가르침이었다. '나는 마땅히 하늘 위와 하늘 아래를 구제하고 제도하기 위해 생사의 괴로움을 끊어 하늘과 인간의 존귀한 자가 되리라. 삼계는 한량이 없다. 일체 중생에게 다함이 없는 영원한 안락을 주리라.'"

《방광대장엄경(方廣大莊嚴經) 제13, 탄생품(誕生品) 제7》에 묘사는 한 걸음 더 나아가 있다.

"그때 보살은 부축을 받지 아니하고 몸소 동쪽으로 일곱 걸음을 걸었다. 발의 자국마다 모두 연꽃이 피어났다. 보살은 두려워하지도 않고 더듬거리지도 않고 말하기를, '나는 온갖 선한 법을 얻어 중생들을 위하여 말하리라' 또 남쪽으로 일곱 걸음 가서 말하기를, '나는 천상과 인간에서 공양을 받을 만하다.' 또 서쪽으로 일곱 걸음 가서 말하기를, '나는 세간에서 가장 높고 가장 뛰어나니, 나는 최후의 몸이니 나고, 늙고, 병들고, 죽음을 다했느니라. 또 북쪽으로 일곱 걸음 걸어 말하기를, '나는 일체중생들 가운데서 위없는 우두머리가 되리라.' 또 아래쪽으로 일곱 걸음 가서 말하기를, '나는 일체 악마를 항복받고, 지옥의 모든 세찬 불과 여러 고통 주는 도구를 없애리라. 그리하여 큰 법 구름을 베풀어서 큰 법 비를 내려 중생들이 다 안락을 받게 하리라.' 또 위쪽으로 일곱 걸음을 가서 말하였다. '나는 일체 중생들의 존경과 숭배를 받으리라.' 보살이 이 말을 할 때 그 소리는 널리 일체 삼천대천세계에 들렸으니, '비구들이여! 알아야 한다. 보살은 많은 생 동안에 선한 뿌리를 쌓고 모으다가 맨 나중의 생에 아뇩다라삼먁삼보리를 얻는 것이므로 이같이 신통 변화를 하느니라.'"

이것이 사실이라면 비바시 붓다의 탄생설 그대로가 맞다. 비슷할 정도가 아니다. 그렇다면 정말 비바시 붓다의 탄생설을 그대로 옮겨 온 것일까?

그럴 리도 없겠지만 그랬다고 한다면 예사 문제가 아니다. '천상천하 유아독존'이라는 말은 붓다가 한 말이다. 그마저도 아닌 것이 되기 때문이다.

아직도 이 나라는 이 말이 붓다의 말인 양 하고 있는데 아니라고 한다면 정말 예사 문제가 아니다. 더욱이 한발 더 들어가 보면 비바사 붓다의 탄생 후의 과정도 붓다와 거의 똑같다.

뭐야? 어떻게 된 것이야?

이설이라 하여 믿지 않던 사람들도 고개를 갸웃했다. 어릴 때부터 그렇게 배웠다면 그럴 만도 하다. 이설이란 본시 이중적이다. 믿지 않으려고 하면 할수록 이상해지는 것이 이설의 속성이다.

"부처님의 원음을 그대로 옮긴 남전의 기록이 그렇다고? 뭐야? 그 설이 사실이라는 말이잖아. 그러고 보니 그러네. 뭐가 다르다는 거야? 동정녀의 몸에서 태어난 예수나 어머니의 옆구리에서 태어난 붓다들의 등장이 뭐가 달라? 더욱이 두 부처님의 말이 똑같잖아. 어떻게 이럴 수가 있어?"

이쯤 되면 종교적 상징성이니 뭐니 하는 말도 소용이 없다.

세상에는 마신이 침범하지 못하는 곳이 두 곳 있다. 한 곳은 붓다의 금강좌요, 한 곳은 불성을 가진 붓다가 탄생하는 여자의 자궁이다.

비바시 붓다는 어머니의 옆구리로 태어났다고 하고 붓다 역시 우협으로 태어났다고 한다면 엄밀히 말해 인간의 탄생이 아니다. 인간이 옆구리로 태어나는 일은 없다. 불교는 거짓말 종교가 아니다. 신의 종교도 아니며 그럴 이유도 없다. 더욱이 경전은 소설이 아니다. 경전은 솔직하고 진실해야 한다. 한 티끌이라도 허구가 담겼거나 사견이 담긴다면 그것은 경전이 아니다.

그런데 서기 2세기 중엽 카니쉬카(Kaniska)왕 시대의 카비야 승려 아쉬바고샤(Aśvaghosa, 馬鳴)가 지은 《붓다짜리타(Buddhacarita)》를 보면 우리들이 염려하는 이설이 그대로 노래로 나타난다. 그 글을 쓴 아쉬바고샤는 붓다의 12대 제자였다. 전문이 운문으로 되어 있는 이 문헌은 붓다가 도솔천에서 하강한 이래 입멸하기까지의 전 생애를 다루고 있다. 그곳에 실린 붓다의 탄생 부분을 그대로 옮겨 본다.

마야왕비는 길상의 동산/ 가리개로 가려진 침상으로 올랐다/ 비로소 푸슈야 성좌가 나타났을 때/ 그녀는 겨드랑이로/ 세계를 이롭게 할 태자를 낳았다/ 우루왕은 다리로부터 태어났고/ 무리투 왕은 팔로부터/ 만다트리 왕은 정수리로부터/ 카크시바트 왕은 겨드랑이로부터 태어났듯이/ 왕자는 겨드랑이로부터 태어났다.

이 글이 지어진 것은 불멸 후 600년경이다. 사람들은 이 글의 위대함에 목이 마를 정도이지만 사실은 인도의 사성제도에서 한 발자국도 벗어난 글이 아니다. 고대 인도인들을 사로잡고 있었던 사성제도. 사성제도의 골자는 바로 인간의 시조는 원초적인 원인(原人, Purusa)이 있다고 보는 사상이다. 그렇기에 그들은 사성제도에 사로잡혀 있었다. 브라만이 네 계급 중 최상이고 다음이 크샤트리아, 다음이 바이샤. 다음이 수드라였다.

그래서 그들은 브라만이 입에서 태어난다고 한다. 크샤트라아는 양팔에서, 바이샤는 양정갱이에서, 수드라는 최하층 노예계급이므로 발바닥에서 태어난다고 한다. 그러니까 그들은 원인찬가(아리아인의 최고 경전)인 리그베다의 크샤트리아족이 원인의 팔에서 태어났다고 한다.

《붓다짜리타》를 한역한 이는 북량(北涼)의 담무참(曇無懺)이라는 사람이다. 그는 《붓다짜리타》를 축으로 삼고, 《삼장》을 통틀어 《불소행찬》이라는 글을 한역화 해냈다.

문제는 《붓다짜리타》가 여타 경전들처럼 당시의 부파교단의 검증을 거쳤느냐 하는 데 있다. 한눈에도 붓다의 직언이 문자화한 것은 아니라는 걸 알 수 있다.

그런데도 이 글은 한역화 되어 우리나라에 들어와 경전이 되었다. 《붓다짜리타》는 분명히 경전이 아니다. 그런데 《불소행찬》으로 번역된 글은 이 나라에 들어와 버젓이 경전 행세를 하고 있다.

만약 이 경전이 사실이라고 믿는 불자가 있다면 기가 막힐 일이다. 성인을 상징화 시킨 문제를 두고 뭐 그렇게 민감하게 반응하느냐고 할지 모르지만, 하기야 경전들 자체가 그렇기는 하다. 경전 전체가 신비에 싸여 있으니. 그러나 그것은 믿음의 종교에서나 있을 수 있는 일이지 체험의 종교에서는 있을 수 없는 일이다. 아무리 문학 작품을 모태로 꾸며진 경전이라고 하더라도 이는 분명 붓다를 신앙화하기 위해 꾸며진 이야기가 분명하다. 《불소행찬》을 보면 《붓다짜리타》의 희미한 부분까지 완벽하게 창작해 경으로 만들어 놓아 더욱 그렇다.

○

신화의 실체

1
—

믿을 수 없는 신화적 실체 앞에서 그저 불교의 상징적 표현이라고 흠흠 거리던 그 시기에 그 모든 사실을 뒤엎고 새로운 사실 하나가 떠올랐다. 그것은 남전 빠알리어 경전들이 한글화되기 시작하면서 아침 해처럼 떠오른 것이었다.

붓다는 어머니의 옆구리에서 태어난 것이 아니라 자궁 속에서 태어났다는 몇 구절의 글은 혁명 그 자체였다.

〈다른 여인들은 아홉 달 혹은 열 달 동안 잉태하였다가 출산하지만 붓다의 어머니는 반드시 열 달을 채워 잉태하였다가 출산하시었음을 들어 알고 있나이다. 다른 여인들은 앉거나 누워서 출산하지만 어머니는 서서 출산했으며…〉

이것이 빠알리어 경전 맛지마 니까에 밝혀진 붓다의 탄생에 관한 것이다. 부파교단의 철저한 검증을 거친 근본 경전의 기록이 비로소 그렇게 세상에 밝혀진 것이다.

사실 이와 함께 밝혀진 《디가 니까야(DN14경)》는 비바시 붓다의 일생을 다루고 있었는데 그때부터 이상했다. 《디가 니까이(D14경)》의 내용은 《마하바다나》의 연장이었는데 뭔가 이상했다. 같은 남전 빠알리어 경전인데 그 내용이 완전히 반대이기 때문이다. 《마하바나》에서는 비바시 붓다가 어머니의 옆구리로 나왔다고 하고 있는데《디가 니까이 14경》에서는 어머니의 태에 들어 정확하게 열 달을 채워 자궁을 통해 정상적으로 출산했다고 하고 있다.

《디가 니까야(DN14경)》의 내용이다.

"비구들이여, 이것이 법다움(dhammata)이다. 바로 정해져 있는 법칙이다. 다른 여인들은 앉아서 출산하거나 혹은 누워서 출산을 한다. 보살의 어머니는 그렇지 않다. 보살의 어머니는 반드시 열 달 동안 임신하였다가 출산을 한다. 이것이 진정한 법칙이다. 비구들이여, 보살이 어머니의 자궁 속에서 나올 때 신들이 먼저 받고 인간들이 나중에 받는다. 이것이 정해진 법칙이다… 비구들이여, 보살이 어머니의 자궁 속에서 나와 아직 발이 닿지 않았을 때 사대천왕들이 보살을 받아 이렇게 말하였다. '왕비시여, 기뻐하십시오. 큰 힘을 가진 아들이 태어났습니다' 하면서 어머니 앞에 놓는다. 이것이 법다움의 정해진 법칙이다…"

이게 어떻게 된 것인가? 같은 남전상좌부 경전인데 왜 이렇게 다른가?

그런 와중에 맛지마 니까야《경이롭고 놀라운 경 Acchariyabbhu

tadhamma sutta(M123)》이 떠올랐다. 거기에 보니 붓다의 출산 과정이 적나라하게 나오는데 붓다의 출산 과정이 자세했다. 붓다는 마야 왕비의 몸을 통해 정상적으로 탄생했다고 기록하고 있다.

"어머니의 태에 들어 있었을 때 어머니는 어떤 고통도 없었고… 다른 여인들은 아홉 달 혹은 열 달 동안 잉태하였다가 출산하지만 어머니는 반드시 열 달 동안 잉태하였다가 출산했다… 다른 여인들은 앉거나 누워 출산하지만 어머니는 그러지 않았다. 어머니는 서서 보살을 출산했다…"

그렇게 태어난 태자는 북쪽으로 일곱 걸음을 걷고는 이렇게 소리쳤다.

"나는 세상에서 가장 으뜸이요 가장 위대하다. 나는 세상에서 가장 존귀하다. 이번이 마지막 태어남이다. 다시 태어남은 없다."

비바시 붓다의 외침과 하나도 다를 바 없는 외침이긴 한데 붓다는 마야 왕비의 겨드랑이에서 태어난 것도 아니고 비바시 붓다처럼 옆구리에서 태어난 것도 아니라는 사실에 비로소 붓다를 추앙하고 있던 불자들은 그러면 그렇지 했다.

그런데 문제가 해결되었다고 해서 모든 의혹이 모두 사라진 것은 아니었다. 세 경전이 왜 하나같이 틀리느냐 하는 것이다. 비바시 붓다나 붓다가 정상적으로 태어났다는 것은 밝혀졌으나 붓다와 비바시 붓다의 일곱 걸음과 그때 터트린 외침이 그대로 남아 있었다. 이제 의혹하는 이들의 눈길은 천상천하 유아독존으로 향했다. 역시 붓다는 비바시 붓다의 말을 표절했다는 것이다.

표절이라? 그럴까 하면서도 사람들은 고개를 갸웃거렸다. 그것은 필자도 마찬가지였다. 그때부터 집중적으로 그 부분을 파헤치기 시작했다.

깊이 들어가 보니 이상한 구석이 한두 곳이 아니었다. 어머니의 옆 구리에서 태어났다는 비바시 붓다의 기록을 다루고 있는 것은 빠알 리어 경전《장부 14번 경 마하바다나 경》이다. 반면에 비바시 붓다가 정상적으로 어머니의 자궁을 통해 태어났다고 하고 있는 것은《디가 니까야(DN14경)》이다. 그리고 붓다가 우협에서 태어난 것이 아니라 정 상적으로 태어났다고 하는 것은《경이롭고 놀라운 경(M123)》과 그 주 석서이다.

먼저《디가 니까야(DN14경)》의 주석서와《경이롭고 놀라운 경 (M123)》주석서를 비교해 보았다.《경이롭고 놀라운 경(M123)》주석 서에는 그렇게 태어난 붓다의 말이 기록되어 있었다. 〈ayam antmā jāti, natthi dāni punabbhavo 이것이 마지막 생이다. 더 이상의 태 어남(再生)은 없다.〉

세 경전을 펼쳐 놓고 그 부분만 비집고 들어가자 비로소 꼬투리가 잡혔다. 달랐다.《마하바다나》에서는 비바시 붓다가 자신의 일생을 설하고 있지 않았다. 그러니까 붓다가 직접 직언으로 비바시 붓다의 생애를 설하고 있었다.《디가 니까야 14경》도 붓다가 직접 비바시 붓 다에 대해서 설하고 있었다. 그런데 이상하게 그 부분을 반대로 말 하고 있었다. 더욱 이상한 것은《경이롭고 놀라운 경(M123)》에서는 붓다가 자신의 생애를 직접 말하고 있지 않았다. 제자 아난다가 들 었다는 식으로 기록하고 있었다. 세 경전의 관계 형성이 아무래도 이 상했다.

이게 뭔가? 왜 두 경전에서 비바시 붓다에 대해서는 붓다가 직접 말하고 있는데도 틀리고 또 한곳에서는 자신의 생애에 대해서는 직언을 삼갔던 것일까?

대답은 의외로 빨리 왔다. 《디가 니까야(DN14경)》의 주석서에 그 대답이 들어 있었다. 디가 니까야에 나오는 법다움이란 말이 바로 그것이었다.

법다움이란 것이 무엇인가? 이게 법이다 그 말이다. 법은 불변이다. 결코 변하지 않는다. 그것은 이미 정해져 있다. 어떠한 인간도 그 법에 의해 움직인다. 붓다라고 해서 다를 것은 없다. 과거불도 그렇고 붓다도 그렇고 우리 모두가 그렇다. 법의 정해져 있는 법칙에 의해 오고 간다.

그렇기에 오랜 세월 이 경을 가슴에 품었던 선지자는 그 법다움을 정해진 법칙이라고 일컫고 있다. 맞는 말이다. 세상은 그 법다움에 의하여 정해진 규칙대로 움직이고 있다. 그 증명이 《경이롭고 놀라운 경(M123)》 마지막 귀절에 나온다. 그것은 붓다의 동의다. 아난다의 말을 듣고 난 붓다는 이렇게 제자의 말에 동의한다.

"그렇다. 아난다여."

그 동의에 모든 대답이 들어 있다. 전체적으로 볼 때 이것은 붓다 자신의 문제이기도 하지만 모든 붓다에 대한 동의다. 붓다는 여여한 경지를 얻었으므로 정해져 있는 법칙에 의하여 탄생하고 출가하고 성도하며 가고 온다. 그러므로 과거 붓다들의 전생담은 곧 붓다 자신의 현재 구경(究竟)이다.

두 경을 비교해 보기 시작했다. 똑같다. 뭐 하나 틀린 것이 없다. 과거와 금생이 있을 뿐 그 붓다가 그 붓다다. 그 붓다도 녹야원에서 설법하고 있고 그 붓다도 붓다가 되기 전에 성 밖을 나가 왕자의 몸으로 병든 이와 늙은 구도자를 만나고 있다. 그렇지 않고는 붓다가 동의할 이유가 없다.

그렇구나. 비바시 붓다의 일생이 바로 붓다의 일생이구나. 그것을 경전 자체가 증명하고 있지 않은가. 바로 법다움, 정해져 있는 법칙, 그 속에서 과거 생으로 거슬러 올라가서 이해하지 않고 금생 안에서 이해하고 있구나. 이 모든 것, 이것이 그들 구경의 핵심이다.

〈…보살의 어머니는 반드시 열 달 동안 임신하였다가 출산을 한다. 이것이 진정한 법칙이다. 비구들이여, 보살이 어머니의 자궁 속에서 나올 때 신들이 먼저 받고 인간들이 나중에 받는다. 이것이 정해진 법칙이다…〉

붓다도 이 정해진 법칙에 의해 세상 빛을 보았다는 말이다. 이로써 붓다의 우상론자들이 어떤 짓을 저질렀는지 알 수가 있다. 경전마다 붓다의 출생이 다른 이유도 이래서다. 그렇다면 그들에 의해 붓다의 탄생이 조작되었다는 말이 된다.

과거 붓다들에게 붓다라는 개념을 준 것은 붓다 자신이다. 과거의 붓다는 붓다가 등장함으로써 조명된 것이다. 그럼 과거불의 사상과 인격을 세운 이는 붓다 자신이다. 그것은 곧 과거불과 붓다 자신이 하나라는 증명이다. 인격 동일성의 구축. 과거불의 사상과 이념. 그의 법이 곧 붓다의 법이라는 증명이다. 그들의 법을 붓다가 직조해낸 것이므로 붓다의 법이 아니고 무엇인가.

그렇다면 비바시 붓다가 한 말은 바로 붓다 자신의 말이다. 그러므로 붓다가 따로 있는 것이 아니다. 우리 모두 그렇게 부르짖고 태어났다는 사실, 태어났다면 자신이 세상의 주인임을 알아야 할 것이라고 그들은 말하고 있다. 다시 태어남 없는 생을 살아야 할 것이라고 말하고 있다. 그럴 때 정해진 법칙에 의해 붓다는 하나가 될 수 있을

• 붓다 평전

것이라고 말하고 있다.

자신의 법을 과거불을 통해 그렇게 상징화하고 있던 붓다는 이렇게 말한다.

"이것이 법다움의 정해진 법칙(niyama)이다."

디가 니까야《대전기경(D14)》에 보면 이런 뜻의 말이 있다.

〈과거의 존재로부터 되돌아오기 때문에 되돌아온다.〉

이는 앞서 기술한 윤회 문제와 상응하는 대목인데 그렇다고 모든 문제가 해결된 것은 아니다. 또 하나의 문제가 남아 있다. 그렇게 태어난 붓다들의 탄생게가 왜 똑같은가 하는 문제다.

붓다는 성도 후 다섯 사문을 제도할 때 우빠까라는 사문으로부터 이런 질문을 받는다.

"벗이여, 그대는 누구를 스승으로 삼고 출가하셨습니까? 그대는 누구의 교리를 신봉하고 있습니까?"

그때 붓다는 이렇게 대답한다.

"나는 모든 것을 이겼으며 모든 것을 알았으며 모든 것에 더럽혀지지 않았으며 모든 것을 버렸다. 그리하여 갈애가 다한 해탈을 얻었다. 스스로 깨달았으니 누구를 따르겠는가. 나에게는 스승이 없다. 천신은 물론 이 세상에 나와 같은 자는 없다. 어떤 자도 나와 동등하지 않으며 나는 완전한 자이므로 내가 최고의 스승이다. 나는 홀로 모든 것을 깨닫고 깨쳤으며 적정한 경지에 이르렀고 열반을 증득했다. 나는 어두운 세상에 북을 울리기 위해 이 세상에 왔다.

이 말을 한역으로 옮기면 '천상천하 유아독존'이다. 사람들은 이 말을 붓다의 탄생게라고 알고 있지만 탄생게가 아니고 성도 후의 자각송이다. 자각송이 분명하다면 후대의 번안자들이 존경심이 지나

쳐 납득할 수 없는 드라마를 연출해 낸 것이 분명하다. 갓 태어난 아이가 두 발로 가지런히 섰다? 이는 성취수단을 그대로 드러낸 상징적 표현이고 어떤 징조의 의미를 드러낸 표현이지 그렇다는 말이 아니다. 하지만 어리석은 중생에게는 사실로 받아들여진다는 데 문제가 있다. 이것은 초기불전 이하 모든 불전이 저지르고 있는 폐단이다. 붓다가 설령 그렇게 말했다고 해도 그것은 상징 자체일 뿐 그 이상의 것도 이하의 것도 아니다. 그것을 붓다의 자각송이 증명하고 있다. 북쪽을 향해… 일곱 발자국을 내딛었다… 그리고 외쳤다… 그러한 행동이나 말들이 신화적인 요소에서 일어난 것임을 그의 자각송이 말해주고 있다.

본시 샤카족은 천상숭배 사상을 가지고 있던 태양족이었다. 그들은 천상과 지상 간에 일곱 단계가 있다고 생각하고 있었고 무엇보다 7이라는 숫자를 신성시 하고 있었다. 그 7이라는 숫자와 사람들이 미칠 수 없는 일곱 가지 깨달음의 구성요소의 의미가 맞아 떨어졌다.

그러한 인식으로부터 벗어나지 못한다면 붓다는 신(神)이 되고 만다. 이런 말이 있다.

"중생은 어리석기에 버리고 보살은 지혜롭기에 잘 살핀다. 바로 이 점이 중생과 보살의 다른 점이다."

○

그림자 몸

1

너무 오래 이 문제에 집착했던 것 같다. 그러나 진리를 가르치러 오는 자의 모습은 아무리 깊어도 깊은 것이 아니다.

이제 다시 붓다를 찾아 그 후의 세계 속으로 들어가 보자.

마야 왕비에 의해 그렇게 태어난 붓다는 7일 만에 어머니를 잃게 된다.

마야부인이 생을 마친 것은
새 생명에게 그 명(命)을 바침으로써
붓다 되시게 하신 것이다.

자식을 위해 어미가 목숨을 버린다니 이상하다. 언뜻 이해가 되지 않는 문구다.

주석서를 찾아보니 비로소 그 깊은 의미를 알 수 있었다. 그 당시 천축 일대와 붓다의 탄생지인 네팔 타라이 등지에서는 우주론에 입 각하여 세기마다 붓다가 탄생한다는 믿음이 정설처럼 퍼져 있었던 모양이다. 모든 붓다는 태어나 1주일 만에 그 어미가 죽었다고 주석 서에도 기록되어 있다. 성인의 생을 위해 어미가 자신의 생을 바친다 고 그들은 믿고 있었다는 것이다.

그래서인지 주석서마다 기록들이 비슷비슷하다. 물론 조금씩 다 른 이유를 들어 설명하고 있긴 하지만 붓다의 등장과 함께 어미가 이레 만에 죽는 것은 새 생명에게 영향을 미쳐 붓다가 되게 한다는 데 그 이유가 있다는 것이다. 《방광대장엄경》에 보면 그 사실을 붓다 스스로 이렇게 증언하고 있다.

"과거 여래(붓다)들은 7일 만에 어머니가 하나같이 죽었다. 그 이유 는 아들이 출가하면 그의 수행이 눈에 선히 보여 심장이 천 갈래 만 갈래 찢어질 것을 알고 있기 때문이다. 나의 어머니는 여래(붓다)가 태 어난 지 이레 만에 돌아가셨다. 그분이 목숨을 다한 것은 여래의 탄 생 때문이 아니라 자신의 목숨을 다해서였다."

붓다가 성도 후 비구들에게 한 연설인데 왜 붓다는 성도 후 이런 연설을 비구들에게 했었던 것일까?

붓다의 과거생을 다루고 있는 경전들을 살펴보면 다음과 같은 사 실을 유추할 수 있다.

세상에 태어나기가 무섭게 어머니를 잃었으나 태자는 참으로 총명했다. 7세 때부터 어학과 산수, 논의(論議), 천문, 지리, 사술(射術) 등을 스승에게 배웠는데 그 뛰어난 총명함에 스승들이 혀를 내둘렀다. 그는 정말 지혜롭게 하나를 들으면 열을 알았다.

어느 날 싯다르타는 이상한 환영 하나를 보았다. 분명히 강가였다. 사람들이 강에다 독을 풀고 있었다. 그 강물을 마시는 사람들을 모두 죽이기 위해서일까. 독을 풀던 사람들이 도둑으로 변해 남의 물건을 훔치고 강탈하고 집집마다 불을 지르고 사람들을 불에 태워 죽였다.

환영은 그렇게 순식간에 나타나 지독한 두통을 몰고 왔는데 그날부터 이상했다. 그 이유 모를 환영이 스치면 머리가 아파오는 것이었다. 왜 그런 환영이 보이는지 모를 일이었다.

붓다의 탄생과 과거생을 대충 짐작할 수 있는 대목인데 우리에게 주어진 경전들을 자세히 살펴보지 않으면 알 수 없는 대목이다. 대부분의 경전은 그때 상황을 이렇게 꾸며 놓고 있기 때문이다.

본시 성인의 상을 타고난 어린 태자는 홀로 명상하기를 좋아하였다. 숫도다나왕은 가끔씩 태자의 얼굴에 스쳐 가는 어두운 그림자를 놓치지 않았다. 어딘가 쓸쓸해 보이는 기운, 저문 들녘에 사라지는 석양빛처럼 안타까운 그 무엇, 보통 사람으로서는 미치지 못할 것 같은 이상스러운 슬픔같은 것이 가끔씩 태자의 얼굴에 흘러가고 있었다.

다분히 문학적 표현이 느껴지는 기록인데 이미 태자는 10대 전에 인생을 꿰뚫어 보고 있었다는 유추가 가능한 기록임이 분명하다. 이 기록대로라면 싯다르타 태자는 이미 과거의 숙업에 의해 생의 무상함을 선험적으로 느끼고 있었다는 말이 된다. 가히 성인의 상을 타고 나지 않고서야 보는 이로 하여금 그런 느낌을 슬픔처럼 느끼게 할 이유가 없다.

그렇다 하더라도 우리는 여기에서 붓다의 정신세계를 짚어보고 넘어가지 않을 수 없다.

2

앞서도 붓다의 〈일야현자(一夜賢者)〉라는 게송에 대해 언급한 적이 있다. 이 게송을 접하던 날 이상했다. 처음에는 여느 때처럼 그냥 스치듯 읽었다. 그런데 게송 한 구절이 문득 나를 사로잡는 것이었다. 그날 내가 본 구절은 언제 사신(死神)이 침범할지 모르니 과거에 연연하지 말고 오로지 현실에 철저히 하라는 구절이었다.

그 게송을 접한 후 필자는 붓다가 자주 두통에 시달렸으며 오도 후 알 수 없는 웃음을 자주 흘리곤 했었다는 사실을 알게 되었다.

도대체 무엇이었을까? 그의 알 수 없는 웃음은.

그렇게 〈일야현자〉의 게송은 점차 구체화되어 가고 있었는데 《육도집경》과 《증일아함경》, 《근본설일체유부비나야잡사》에서 무시무시한 석가족 몰살 사건의 전모를 알고 난 후 병적으로 그 문제에 매달리게 되었다.

이 문제를 더 밝혀보기 위해 동분서주하였다. 어느 날 아침 스위스 취리히 연방공대 신경과학센터 이사벨 만수이 교수의 논문 한 편을 읽었다. 그것은 인간의 외상적 상처에 대한 연구 논문이었다.

만수이 교수의 연구 논문의 골자는 인간의 외상적 상처는 정신병이라고 하기보다 인간 누구나 거쳐 가야 하는 삶에 불과하다는 내용이었다. 그리고 그 영향력은 당대뿐만 아니라 다음 세대까지 유전될 수 있다는 뭐 그런 것이었다. 그러니까 오랜 세월 그 결과를 얻기 위해 노력했는데 정작 내 마이크로 RNA의 정체를 밝혀냄으로써 사실이 밝혀졌다는 것이다.

우연이었다. 우연히 그 게송과 만수이 교수의 연구 결과를 하루에 만난 것이다.

〈일야현자〉의 게송이 붓다의 뼈아픈 충고인 것만 같아 간과할 수 없다는 생각에 그 길로 돌아와 사전을 뒤져 보았다. 만수이 교수가 말한 정신적 외상을 찾아보기로 했는데 사전을 펼치니 정신적 외상에 대한 정의가 이러하였다.

현대 의학용어로 트라우마(trauma)라고 부른다. 살아 있는 생명체는 생을 살아가는 동안 누구나 상처받게 되어 있다. 그 상처로 인해 성장, 소멸하는 현상을 말한다. 정신 외상은 선명한 시각적 이미지를 동반하는 것이 특징이다. 이 이미지는 장기 기억되는데, 예를 들면 사고로 인한 외상이나 정신적인 충격 때문에 사고 당시와 비슷한 상황이 되었을 때 불안해지는 것을 들 수 있다.

그 정의를 보고 있자 붓다의 〈일야현자〉 게송과 만수이 교수의 연구 내용이 한동안 잊힐 것 같지 않았다.

그제야 정신이 번쩍 들었다. 그것은 분명 지금까지 내가 붓다에 대하여 뭔가 잘못 생각하고 있었던 것이 아닐까 하는 의구심 같은 것이었다. 붓다의 생애를 다루겠다고 했으면 성인으로 몰아가기 식의 표현으로 일관할 것이 아니라 좀 더 성의 있게 다가가야 하는데 그렇지 못한 것이 아닐까 하는 깨달음 같은 것이었다. 사실 늘 생각은 그렇게 하고 있었다.

솔직히 그동안 붓다의 생애를 다루면서 그의 성취와 업적이 어디로부터 온 것인지에 대해서는 그렇게 관심이 없었다. 그런 것 정도는 남들이 이루어 놓은 줄거리에 따르면 되었다. '아하, 그렇게 태어났구나, 그렇게 성장했구나, 그렇게 출가하여 성도하였구나' 그러면서 그가 이루어낸 업적에 환호하면 그만이었다. 한 인간의 행로를 다루려면 먼저 살펴봐야 할 것들이 그런 것들인데, 앵무새처럼 그는 성인의 상을 타고 난 사람이었고 그러므로 이런 법을 펼 수 있었다고 생각했다. 그렇게 그의 법을 잘 알지도 못하면서 씨부렁 흘려 놓을 생각만 하고 있었다.

지금까지 그랬다면 앞으로 계속해서 그렇게 작업할 수 없지 않은가.

그런 생각이 들자 〈일야현자〉의 내용과 만수이 교수의 연구 내용이 자연스럽게 결부되었다. 퍼즐을 맞추듯 맞추어 나가자 붓다의 그 후 정신세계가 보이기 시작했다.

칼 융의 집단무의식 이론을 가져올 필요도 없이 무의식 속에 숨어 있는 오래전부터 내려온 그의 업장들. 그 업장들이 계속해서 드러나자 무엇인가 알 것 같았다.

붓다는 태어나 이레 만에 친어머니 마야부인을 잃은 사람이다. 이레 만에 어머니를 잃었다면 그것은 그가 이 세상에 나와 겪었을 슬픔 중 가장 큰 슬픔이었을 것이다. 그는 그때 핏덩이였다. 친어머니의 손길과 양어머니의 손길을 구별할 수 있는 나이가 아니었다. 설령 이모가 비정하게 '나는 너의 친어머니가 아니야!' 하고 말해주었다고 해도 그 말을 알아듣고 상처받을 수 있는 나이가 아니었다.

그럼 〈일야현자〉의 게송과 만수이 교수의 이론은 어떻게 되는가?

3
—

생각을 거듭한 끝에 평소 알고 있는 정신과 전문의에게 조언을 구하기로 했다. 뭔가 모르는 것이 있는 것 같았다. 아무래도 예사롭지 않았다.

의사의 반응이 뜻밖이었다.

"그렇지 않습니다."

"네?"

"인간은 느낌의 동물이지요. 그래서 느낌이 본질이라는 말도 있지 않습니까. 젖먹이라도 느낌으로 알 수 있지요. 이 사람이 내 친어머니인가, 아닌가. 그래서 우리는 그런 아이들에게 낯을 가린다고 하지요. 사실은 느낌으로 아는 것입니다. 짐승도 본능적으로 자신을 살갑게 대하는지 아닌지를 알아냅니다. 낯선 사람을 대하는 태도가 그래서 다른 겁니다. 그러므로 나중 자신의 느낌이 맞았다는 걸 알았을 때의 정신적 충격은 대단했을 것입니다."

"그러니까 어린 싯다르타 태자가 자신을 보살피는 손길만으로도 친모인지 아닌지를 알고 있었다는 그 말인가요?"

"유교에서는 이를 천륜이라고 표현하지요. 핏줄간의 강력한 이끌림. 사실 양모가 아무리 살가워도 친모의 손길만 할까요? 더욱이 그날의 양모는 친모가 사망함으로써 들어온 사람 아닙니까? 그럼 출산한 경험이 없을 터이니 젖이 나올 리 없지요."

순간 '이 사람이 지금 무슨 말을 하고 있는 거야' 하는 생각이 들었다. 하지만 잠시 생각해 보니 그의 말이 일리가 있었다.

그 후 제대로 된 붓다의 생애를 저작하려면 그 방면으로 더 조사를 해 봐야겠다는 생각에 이곳저곳 다녔다. 그렇게 자료를 찾아다니던 중에 국내에도 소개된 바 있는 마크 엡스타인이 쓴 글을 만났다. 글의 요지는 붓다는 어린 시절 친어머니를 잃은 슬픔에 시달렸으며 그것이 성도의 동기가 되었을 것이라는 내용이다.

글을 읽으면서 붓다가 정말 어릴 때 어머니를 잃은 슬픔만으로 성도할 수 있었을까 하는 의문에 사로잡혔다. 너무 단편적이 아닐까 하는 느낌을 지울 수 없었다. 왜냐면 인간의 정신적 외상이 자연스러운 삶의 병이라면 그 사람의 전 생애 자체, 그 속에 켜켜이 숨은 상처들이 한데 뭉뚱그려져 그를 이루고 있었을 것이라는 생각이 들었기 때문이었다.

그런 생각이 들자 붓다의 생애를 다시 한번 되새겨 보아야겠다는 생각이 들었다.

예감이 맞았다. 붓다의 생애 속에는 수많은 상처들이 있었다. 친어머니의 죽음, 생사의 문제, 태자비들과의 관계, 아들 라훌라의 탄생…. 그러고 보니 그의 생애 자체가 상처투성이였다. 그 상처들이 곧 출가의 동기가 되었으며 출가하고 난 뒤에도 그는 치열하게 성도라고 하는 발전 외상(trauma)을 앓고 있었다. 성도 후 여여(如如)한 세계에 듦으로써 붓다의 경지를 성취했지만 엄밀히 말해 그러한 상처들이 없었다면 오늘의 붓다는 있을 수 없었을 것이었다.

비로소 그동안 상처투성이의 그를 버려두고 무슨 짓을 저질러 왔

• 붓다 평전

나 하는 생각에 가슴이 미어졌다.

그러고 보면 붓다는 오늘 우리의 생과 다를 바 없는 사람이었다. 그도 인간이고 보면 무엇이 달랐으랴. 우리들 곁에는 오늘도 많은 이들이 자신들만의 상처에 시달리고 있다. 집단 무의식 속을 관통하는 과거의 업장들의 결과물인 인간. 그로 인한 원죄적 공포, 드러나는 마음의 상처, 그것이 무엇에 의한 것이든 고통 받을 수밖에 없는, 그렇게 오늘도 우리는 자신이 감당할 수 없는 일들에 충격 받으며 마른 갈대처럼 사라져가고 있다.

마음의 상처 없이는 살아낼 수 없는 것이 우리네 인생살이임이 분명하다. 상처가 우리들의 생활 전부라고 해도 과언이 아니다. 이는 곧 우리들의 생활이 상처의 정도에 의해 결정지어진다는 증명이다. 그러므로 위대한 심리학자 칼 구스타프 융의 심리학도 이 범주를 벗어나지 못한다. 이 상처를 치료하기 위한 노력이다. 과학이나, 의학이나, 예술이나, 종교나 그 무엇이나 마찬가지다.

성전에는 7~8세 때부터 숫도다나왕이 어학과 산수, 논의, 천문, 지리, 사술 등을 스승에게 배우게 했다고 기록하고 있고 그렇게 무엇 하나 부족함이 없는, 부러울 것 없는 태자의 신분을 누리고 있었다고 기록하고 있다.

그럴까? 이미 성인의 상을 타고 났었기에 그 나이에 인생의 허망함을 선험적으로 느끼고 있었던 것은 아닐까? 설마 10세 미만의 싯다르타가 생의 무상함을 그렇게 느끼고 있었을 리가.

일리가 없는 의혹이 아니다. 우리 속담에 호강에 바쳐 용춤 춘다는 말이 있다. 그에게 부모가 없나, 가난에 쪼들리길 하나, 그보다 더한 역경이 있었다면 모르지만 부러울 것 없는 태자의 신분으로 생의 무상함을 느끼고 쓸쓸한 표정을 짓고 있었다니 말도 안 되는 소리다.

그러나 그때 그가 자신의 양어머니 마하빠자빠띠고따미(Maha Prajapati Gautami)가 친어머니가 아니라는 사실을 본능적으로 느끼고 있었다면? 자신을 길러주던 어머니가 친어머니가 아니라는 사실을 느끼고 있었다면?

그때의 어린 마음. 어리다고 해서 표정이 없을 수는 없다. 열 살 미만의 아이 표정에서 보통 사람으로서는 미치지 못할 것 같은 이상스런 슬픔이 나타나고 있었다면?

그래서 경전마다 그는 사색적이었다고 기록하고 있는 것은 아닐까?

그렇다면 그의 슬픔을 인과관계에서 오는 천륜에 대한 반응으로 봐야 한다는 정신과 의사의 말은 일리가 있다.

마야왕비가 산고로 죽자 양모가 후궁으로 들어온 것은 사실이다. 그게 사실이라면 정신과 의사의 말처럼 젖이 나올 리 없다는 건 상식이다.

그런데도 그녀가 어린 싯다르타에게 젖을 먹였다면 분명히 남의 젖을 먹였을 것이다. 보모들의 젖을 먹였을 터이니, 그렇다면 남이 먹어야 할 젖을 싯다르타가 대신 먹었다는 말이 된다.

생각이 거기까지 미치자 이런 생각이 들었다.

사색이 깊은 아이였으니 점차 자라면서 관계의 문제를 생각했을지도 모른다. 인연의 문제. 생사의 문제. 그는 어렸지만 왜 자신을 낳고 친어머니가 산고로 죽어야 했는지를 생각했을지도 모른다. 도대체 자식이 무엇이기에 그 자식에게 자신의 생명을 주어 버렸을까. 남이 먹을 우유를 왜 자신이 먹고 있는가를 생각했을지도 모른다.

○

천륜의 여정

1

소문은 바람같은 것이었다. 비밀은 없었다. 싯다르타는 바람처럼 그렇게 어머니의 비밀을 알았다. 여기저기서 들려오던 말들, 그 말 속에 소문의 진실이 있었다.

"아이고 태자님. 커나갈수록 아주 친어머니를 빼다 박았다니까."

"참으로 아름답기도 하시지. 어릴 때 마야 공주님의 모습 그대로라니까."

늙은 상궁의 말을 들으며 어린 싯다르타는 생각했다.

늙은 상궁의 말은 지금 있는 어머니가 친어머니가 아니라는 말이었다. 더 알아볼 것도 없었다. 친어머니는 오래전에 돌아가셨다는 정비 마야부인이었다. 지금의 어머니는 그 어머니의 뒤를 이어 들어온 이모였다. 친어머니는 새 생명을 낳은 지 일주일 만에 돌아가셨다고 했다. 산고를 이겨내지 못하고 돌아가셨다고 했다.

그렇다면 자신을 낳기 위해 어머니가 돌아가셨다는 말이 된다. 어머니의 뱃속에서 어머니의 살을 파먹으며 그녀를 죽이고 있었다는 말이 된다.

"에이고 불쌍하다. 아드님에게 모든 걸 주고 그렇게 돌아가시다니…."

"죽은 사람만 불쌍한 거지. 누가 알았을까. 태자님을 낳고 대왕님의 예쁨을 독차지할 거라고 생각했는데…. 요즘은 밤이 되기가 무섭게 정궁의 불이 꺼진다니까. 큰 왕후마마가 죽고 이제 맞아들인 새사람이 그렇게 좋을까. 밤마다 대왕님의 허허거리는 웃음소리가 끊어지지 않는다니까."

"진흙탕에 굴러도 이승이라고…. 저승 가신 우리 큰 왕후마마 얼마나 괴로우실까. 태자님과 생이별하고 홀로 저승길을 헤매실 터인데…. 아이고, 우리 마마님 불쌍해서 어떡하누. 이제 금방 잊힐 터인데."

"그래서 그런가? 어제 미달라가 이상한 말을 하더라고. 우피각 너머에서 여자 우는 소리가 들려 다가가 보니 거기에서 큰 마님이 울고 계시더라는 것이야."

"으이그. 그년이 또 설피(舌皮)를 놓았구먼."

"들어보니 헛소리도 아닌 것 같더라고. 분명히 큰 마님이었다는 것이야."

"에이 설마?"

"지금도 헛소리를 해대고 있잖아."

"그럼 귀신을 보았다는 말이에요?"

"이것아, 입 조심해. 경칠라."

"아이고 얼마나 한이 깊으셨으면…."

"그럴 만도 하시지. 그렇게 살뜰하던 대왕님도 이제 새 신부에게 미쳤으니…. 아직 어린 태자님이 죽은 큰 마마의 슬픔을 알 리도 없고 보면…."

어느 날 싯다르타는 우피각 너머에서 울고 있다는 친어머니를 만나기 위해 그리로 가보았다. 아버지나 스승들은 어머니가 죽어 천상으로 올라갔다고 하지만 아랫사람들은 수군거리고 있었다. 죽음이란 것이 한 많은 것이라고 하였다. 인간은 그런 존재라고 하였다. 이 세상에 미련 없는 인간이 어디 있느냐고 하였다. 그러므로 죽음은 바로 한(恨)과 원(怨)으로 뭉쳐진 것이라고 하였다. 육체를 벗어 버리고 한과 원으로 뭉쳐진 넋이라고 하였다. 초인간적이며 초자연적인 영이라고 하였다. 그러므로 어두운 곳에 존재한다고 하였다.

싯다르타는 그 죽음의 실체를 보고 싶었다. 도대체 죽음이 무엇이기에 나를 낳은 실체가 사라져 넋이 되었단 말인가? 세상을 버릴 수밖에 없는 원과 한을 눈에 가득히 담고 핏기 없는 얼굴로 이 세상으로 다시 올 수 있단 말인가?

죽음 없는 죽음의 실체. 그래서인지 형용할 수 없는 공포스러운 느낌이 전신을 감아 안고 놓아주지 않았다. 알 수 없는 환영과 두통이 시작될 때면 더욱 형용할 수 없는 공포가 기승을 부렸다.

그때까지도 싯다르타는 그러한 공포가 알 수 없는 죽음의 실체 때문이라고 생각했다. 그런 그를 위해 너의 어미는 천상에 태어났으므로 아주 고귀한 모습으로 존재한다고 말하는 이도 있었다. 하지만 이상하게 그런 모습이 그려지지 않았다. 나로 인해 어머니가 죽었다는 생각 때문인지 가슴 먹먹한 공포감이 먼저 앞서 살아나는 것이었다.

어머니가 있다는 불빛 없는 우피각이 을씨년스러웠다.

"어머니, 어디 계세요?"

어린 싯다르타는 친어머니를 부르며 이곳저곳을 살폈다. 궁인들이 그 모습을 바라보며 눈 밑을 찍었다.

"에이고 어미젖도 물어보지 못한 우리 태자님. 남의 젖을 먹으며 자라서는 아직도 큰 마마를 못 잊어 저리 찾아 헤매니…. 어쩌누 우리 태자님 불쌍해서…."

아무리 찾아도 친어머니는 없었다. 싯다르타는 돌아와 울었다. 가끔씩 어머니가 오신 듯 누군가 문을 두드렸다. 나가 보면 방문 앞 나뭇가지가 흔들리며 내는 소리였다. 바람 부는 밤이면 시커먼 나뭇가지들이 머리를 풀고 문을 두드렸다.

싯다르타는 구석에 처박혀 무릎에 이마를 묻고 울었다. 내 자신이 이렇게 무력하고 취약한 존재였는가 하는 생각에 싯다르타는 더욱 서러웠다. 알 수 없는 불길한 기운에 사로잡혀 무엇을 어찌해 볼 수가 없었다. 참으로 이상한 현상이었다. 어두운 기운에 사로잡혀 허덕이다가 어떻게 잠이 들면 꿈이 계속되었다. 꿈이 계속되는 동안에도 깊은 잠이 들지 않았다. 의식이 시퍼렇게 살아 괴로웠다. 어떻게 잠이 들면 꿈이 계속되었다. 강가에서 죽어가는 생명을 보며 웃고 있거나, 당신은 당신을 위해 죽은 사람이 있느냐? 하고 물으며 돌아다니거나, 악귀에게 쫓기거나, 말을 나누기 싫은 무뢰배들과 다투는 꿈이었다.

어린 싯다르타가 그렇게 시들어가자 걱정하던 양모가 어느 날 다가왔다. 그녀가 밤새도록 싯다르타의 이마에 물수건을 올려놓았다. 시녀들이 말렸으나 그녀는 아들의 곁을 떠나지 않았다. 다음 날 깨어난 싯다르타는 그 사실을 알고 눈을 감았다.

"태자. 이제 정신이 좀 드시오?"

싯다르타가 정신이 들었다는 걸 안 양어머니가 따뜻한 음성으로 물었다.

"미안합니다. 어머니."

"왜 그러시오? 태자. 이 어미가 뭐 잘못한 것이라도 있는 것이오?"

"어머니. 그런 말 마십시오. 그렇지 않습니다."

"언니를 대신해 내가 태자의 어미가 되었소만 내 마음이 편치 않다오. 하루 이틀도 아니고 이렇게 변해가고 있으니. 태자. 말해 주시오. 내 태자에게 잘못한 것이 있다면 고치리다. 내가 어떡하면 좋겠소. 내가 잘못한 것이 있다면 내 태자에게 무릎이라도 꿇으리다."

새어머니가 갑자기 일어나 무릎을 꿇는 바람에 싯다르타는 깜짝 놀라 자신도 모르게 양어머니를 안았다.

"어머니. 왜 이러십니까?"

"이 어미가 모자라더라도 백성을 생각해 주시오. 친어미, 아니 언니를 생각해서라도 이 어미의 여린 마음을 헤아려 주시오."

양어머니의 눈에서 눈물이 흘러내렸다.

"어머니. 왜 이러십니까? 울지 마세요. 제가 잘못했습니다."

"태자!"

양모가 태자를 마주 안았다. 두 사람은 안고 한동안 눈물을 흘리며 울었다. 그렇게 양모가 태자를 돌보아서인지 싯다르타는 점차 친어머니처럼 양모를 따랐다. 얼굴도 점차 밝아졌고 매사 모든 일에 적극적이었다.

2

그래도 붓다의 생애를 그나마 사실적으로 기록하고 있다는 《불본행집경》을 근거로 하여 꾸며본 대목이다.

기록에 의하면 태자의 나이 12살이 될 때까지 양모의 지극한 보살핌이 계속되었다는 것은 사실인 것 같다.

그러나 부모들의 헌신적인 보살핌에 의해 싯다르타는 천성적으로 안온할 수 없는 사람이었다. 무엇보다 그런 생활을 버리고 출가한다는 사실, 그것이 첫 번째 증거이다.

출가란 이 세상과의 단절을 뜻한다. 오욕칠정이 용납하지 않는 세계다. 그러므로 아무나 할 수 없는 것이며 그만한 인과가 있어야 한다. 그래서 마크 엡스타인은 붓다의 출가 동기를 붓다와 친어머니와의 관계에 맞추고 있다.

혹자는 여전히 어린 붓다가 뭐 천륜적 괴로움까지 느꼈겠느냐고 반문할 수도 있다. 그럼에도 그렇지 않다는 정신의 주장에 필자도 동의한다. 붓다는 성도 후. 어찌하면 우리들도 붓다처럼 깨치어 붓다가 될 수 있겠느냐는 제자의 물음에 이렇게 대답한다.

"누구에게나 깨침의 불성(佛性)이 있다. 그 불성을 개발함으로써 붓다가 될 수 있다."

누구나 부처가 될 씨앗을 가지고 있으며 그 씨앗을 잘 길렀을 때 붓다, 즉 자신의 경지에 오를 수 있다는 말이었다.

유교의 창시자 공자는 천륜을 이렇게 정의한다. 붓다가 불성을 내세웠다면 그는 인(仁)을 내세운다. 불교의 불성이 불교의 핵심이라면 공자의 인은 곧 유교의 핵심이다. '어질 인(仁)'이라고 우리는 알고 있다. 하지만 어질다는 것은 나중의 문제다. 그럼 무엇이 문제인가? 먼저 가져와야 할 것은 그 '인'을 붓다가 말했던 불성, 즉 씨앗으로 봐야 한다는 사실이다.

공자가 등장하기 전까지 그곳 사람들은 신(神)에게 모든 희망을 걸고 있었다. 공자는 등장하기가 무섭게 인의 사상을 내세웠다. 인간을 인간되게 하는 것은 신이 아니라 인간 그 자체라고 역설했다. 그는 그것이 인이라고 했다. 오로지 '인'만이 자신을 가장 이상적인 경지로 이끌 것이라고 천명했다. 인이 곧 인간의 씨앗이며 그것은 학습을 통해 이상적 기준에 이르면 예(禮)가 된다고 했다. 바로 사회가 인정하는 보편적 단계, 이 단계가 가장 극명하게 나타나는 곳이 천륜이라고 했다. 바로 그것이 부모와 자식 간에 이루어지는 효(孝)이며 인간이나 짐승이나 생명 있는 어떤 것도 이 경지에 이르면 천륜에 의해 객관적 보편성을 획득하게 된다고 했다. 그 느낌은 무엇으로도 지울 수 없으며 필적할 것이 없다고 했다. 자연적 이치에 의해 자연스럽게 알게 되어 있다는 것, 그 자연스러움, 그 자연스러움이 거역할 수 없는 천륜이라는 것이다.

그렇다면 그날의 싯다르타를 사로잡고 있었던 것은 바로 천륜이었음이 분명하다. 그로서는 어쩔 수 없는 핏줄의 강력한 이끌림이다.

불경에 수념처(受念處)라는 말이 있다. 느낌을 관찰한다는 말이다. 느낌은 세 가지가 있다. 즐거운 느낌이 있고, 괴로운 느낌이 있고, 즐겁지도 않고 괴롭지도 않은 무덤덤한 느낌이 있다.

우리는 오늘을 살아가면서 괴로운 느낌보다는 즐거운 느낌이 많다고 여기며 살고 있다. 왜냐면 탐·진·치(貪瞋癡) 삼독에 좌우 받아서이다. 탐·진·치는 탐욕(貪欲), 진에(瞋恚), 우치(愚癡)를 말한다. 욕심·노여움·어리석음, 이 세 가지 번뇌는 열반에 이르는 데 가장 큰 장애가 되므로 삼독(三毒)이라고 한다.

근대 조선의 중흥조 경허 선사의 제자 만공 선사는 인간들은 어리석음으로 인하여 제 죽을 줄 모르고 악업을 행한다고 꼬집었다. 지옥보다 무서운 것이 내 마음 가운데 일어나는 탐·진·치(貪·瞋·癡)라는 것이다.

인간은 몸 밖의 변에는 진저리를 치지만 몸 안의 변은 모른 체하고 아니 그러려니 하고 사는 동물이다. 그래서 인간을 걸어 다니는 변소라고 하는 것이다.

그렇다면 즐거운 느낌이라고 해도 결코 괴로운 느낌에서 벗어난 것은 아니다. 그런데도 인간은 즐거운 느낌 때문에 온갖 탐욕과 애착을 가진다. 탐·진·치 삼독에 빠져 허우적거리며 산다.

《반야심경》에 이런 구절이 있다. 〈원리전도몽상(遠離顚倒夢想)〉. 중생은 중생심에 의해 뒤집어진 헛된 생각에 빠져 있다는 말이다. 이말은 옷고름의 본모습은 옷고름인데 뱀으로 착각하고 겁에 질려 있는 것이 인간이라는 그 말이다. 그래서 '원리전도몽상' 앞에 '무유공포(無有恐怖)'가 붙는다. 마음에 걸림이 없으면 공포도 없고 뒤집어 보는 일도 없다.

이는 칼 융이 집단 무의식을 설명하기 위해 윗대들이 뱀을 무서워했기에 자손의 무의식도 그럴 수밖에 없다는 설에 대한 통렬한 대답이다. 이 한 마디로 칼 융의 집단무의식을 치료하고 있기 때문이다.

《반야심경》은 불교의 핵심 사상이다. 붓다의 핵심 사상이 그대로 압축되어 있다고 해도 과언이 아니다. 260자로 된 이 경의 본뜻은 지혜의 빛에 의해 열반의 완성된 경지에 이르는 마음의 여로라 정의할 수 있다. 이 경의 중심사상은 공(空)이다. 하지만 텅 빈 공이 아니다. 물질적인 존재는 서로의 관계 속에서 변화한다는 뜻을 가지고 있다. 현상은 있어도 실체, 그리고 주체, 자성(自性)으로는 파악할 수 없는 길을 제시하고 있다. 이 뜻을 제대로 모르고서는 우리를 형성하는 탐·진·치로부터 벗어날 수가 없다. 그러므로 우리는 전도의 길에서 벗어날 수 없고 끝없는 공포에 시달릴 수밖에 없다.

공포는 실제보다 상상력이 만들어낸 공포가 더 심각하다고 한다. 의과대학생이 인간을 해부할 때의 공포보다 상상력이 만들어낸 공포가 더 지독하다고 한다.

싯다르타에게 있어 친모의 죽음은 상상이다. 죽음 자체보다 죽음이라는 상상, 그 파급력은 어린 싯다르타에게 엄청난 공포였으리라.

도대체 죽음이란 것이 무엇일까? 무엇이기에 어머니를 데려가 버린 것일까?

죽음을 본 적 없는 그로서는 죽음이라는 것이 너무 막연하고 막막한 존재였을 것이다. 존재와 존재 사이를 가로막는 엄청난 벽처럼 느껴졌을지도 모른다. 형체도 없이 존재하는 무엇, 죽음의 마술에 걸리면 흔적도 없이 사라져 버리고 마는 무엇. 그리하여 남은 이에게 상실의 아픔을 주는 불가항력의 무엇.

죽음이 생의 장애물이라는 것을 그때 깨달았을지 모른다. 생의 걸림돌, 뛰어넘어야 할 그 무엇.

붓다는 나중에 《반야심경》을 설할 때 '무유공포' 앞에 '심무가애 무가애고'를 붙인다.

'…심무가애(心無罣碍) 무가애고(無罣碍故) 무유공포(無有恐怖)…'

마음에 걸림이 없고, 마음에 걸림이 없으므로 두려움이 없다.

'보리살타 의반야바라밀다고 심무가애 무가애고 무유공포 원리전도몽상 구경열반(菩提薩埵 依般若波羅蜜多故 心無罣碍 無罣碍故 無有恐怖 遠離顚倒夢想 究竟涅槃)…'

이 구절에서 우리는 그날의 싯다르타를 볼 수 있다. 물론 이 구절은 상처받은 중생을 위한 진언이다. 그러나 '비로소'라는 생각이 드는 것은 무엇 때문일까? 고통받던 그날의 싯다르타가 반야바라밀다에 의지해 모든 장애를 없애고 모든 공포심을 없애고 구경 열반에 들어가는 모습이 보이는 듯하니 말이다.

○

의혹의 그 그림자

1
—

궁전에서 멀지 않은 곳에 연못들이 있었다. 연못마다 연꽃이 자라고 있었는데 꽃들이 다 달랐다. 푸른 연꽃, 붉은 연꽃, 빨간 연꽃, 흰 연꽃 등 온갖 물꽃을 심었기 때문이다. 그렇기에 푸른 연꽃 못, 붉은 연꽃 못, 빨간 연꽃 못, 흰 연꽃 못 등으로 불렸으며 경비병들이 언제나 지키고 있었다. 그들이 사람들의 통행을 금지했던 것은 나를 잘 노닐게 하기 위해서였다.

비교적 붓다의 어릴 때 모습을 사실적으로 기록하고 있는《중일아함경 29권 유연경(柔軟經)》을 읽다가 문득 이상한 생각이 들었다. 아무래도 이상해 다시 정신과 의사를 찾아갔다. 그 의사가 고개를 끄덕였다.

"부왕 숫도다나와 양모 마하빠자빠띠고따미가 최선을 다해 그를 양육했다고 전하고 있군요."

"그래서 말입니다."

의사가 고개를 갸웃하더니 엉뚱하게 말을 비틀었다.

"그렇다면 양상이 달라지지요."

"네?"

의혹의 정수리가 짚이는 것 같으면서도 이건 또 무슨 말인가 싶었다.

"어린 붓다가 양모로 인해 상처받았다는 증거도 없지 않습니까?"

"네에?"

"그럼 친어머니의 죽음을 알았다고 해도 마음의 상처가 될 정도로 심각한 외상을 남기지 않았을 것이라는 생각이 드는데요."

"무슨 말씀이신지?"

그는 생각해 보라는 표정을 지었다.

"그는 한 나라의 태자였고 그와 같은 환경에서는 마음의 상처가 설령 생긴다 하더라도 정신적 외상으로 발전할 확률이 거의 없다고 생각되거든요. 설령 외상으로 발전한다 하더라도 그것은 오래가지 않았을 것입니다. 정신적 외상은 사방이 막힌 절망적 상태에서 조화가 결여되어 생기는 것이므로 적절하고 조화로운 환경이 주어지면 이내 모습을 감추어 버리는 속성을 지니고 있으니까요."

"그럴까요?"

그가 뭘 오해하고 있지 않으냐는 표정을 짓다가 고개를 내저었다.

내가 그의 말을 오해하고 있었다?

붓다와 친어머니와의 관계를 정신적 외상이라고 일관되게 주장하고 있는 마크 엡스타인과는 다르다는 생각이 들었다. 마크 엡스타인은 어릴 적 붓다의 트라우마를 친어머니와의 관계에 맞추고 있었다.

그런데 이제 왜 아니라고 한다?

그럼 동의한 것은 그가 아니라 나란 말인가?

사람이란 참 용렬한 동물이었다. 그런 생각이 들자 정말 그럴 것 같지 않다는 생각이 들기 시작하는 것이었다. 그때의 싯다르타가 다른 문제로 인해 계속해서 외상에 시달렸다면 몰라도 적절하고 편안한 생활 속에서 친어머니에 대한 기억만으로 출가라는 극단적인 탈출구를 모색하지는 않았을 것이라는 생각이 드는 것이었다. 붓다는 그때 어렸고 지극하게 보살피는 손길이 있어 그렇게까지 상처받지는 않았을 것이라는 생각이었다. 그래서 이렇게 물어보았다.

"정신과 전문의 마크 엡스타인은 붓다의 정신 외상은 어릴 때 친어머니에게 받은 상처에 한정하고 있는데요. 같은 정신과 전문의로서 왜 의견이 다른지 궁금하군요."

"정신적 외상은 그 연속성에 문제가 있기 때문입니다."

그는 주저하지 않고 자신의 의견을 딱 잘라 말했다.

"그럼 역시 집단 무의식의 소산? 그 본능적 원죄?"

그가 고개를 끄덕이다가 입을 열었다.

여기 술주정뱅이 아버지가 한 사람 있다고 하자. 그는 술만 취하면 어린 자식들에게 구타를 일삼았다. 그러면 그의 폭행은 자식의 정신적 외상으로 나타날 것이다. 그러나 아버지가 개과천선해 술을 끊고 예전의 아버지로 돌아갔다. 그러면 정신적 외상은 그대로 남아 있을지 모르나 현재의 아버지로 인해 고통스럽지는 않을 것이다. 평온한 일상 속에서 과거의 상처를 쓰다듬을 수 있기 때문이다. 문제는 그 후 자식의 정신적 외상은 환경의 지배를 받는다는 것이다. 좋은 환경으로 시집가 이상적인 남편의 배려를 받는다면 정신적 외상은 발현하지 않겠지만, 시집을 잘못 가 아버지와 같은 주정뱅이 남편을 만나 폭력을 당한다면 예전의 외상은 되살아나게 될 것이다.

"누구나 정신적 외상이 환경에 의해 지배당한다는 속성의 실례입니다."

그러니까 정신과 전문의의 말은 붓다가 출가라는 탈출구를 택한 것은 그 상처를 시발로 다른 외상적 문제에 연속적으로 부딪침으로 인해 생겨난 결과다.

뭔가 분명해졌다는 생각이 들었다. 붓다의 트라우마는 친어머니 문제에 한정된 것이 아니라 다른 외상적 상처로 계속되고 있었다는 말이었다.

정신과 의사의 대답이 굉장히 현실적이면서도 매우 단순한 지적이라는 생각이 들었다. 정신과 의사에게서 돌아와 그 길로 붓다의 그때 모습 속으로 들어가 보았다.

그동안 너무 한정된 결과에 매달리고 있었던 것은 아닐까? 그렇다면 그의 성장 과정 속에 그 해답이 있을 것이다. 그의 출가를 부정할 수 없고 보면 또 다른 큰 의혹과 마주치지 않고는 그럴 수 없다는 생각이었다.

다시 불전의 기록들을 살펴 나가기 시작했다. 경전마다 싯다르타의 고국 카필라는 농업국이고 경운식에 대하여, 염부수 나무 아래서의 초선에 대하여 기록하고 있었다. 이는 남전 빠알리어 경전이나 한역 경전이나 그리 틀리지 않았다. 봄이 되면 왕은 신하를 거느리고 친히 들에 나갔다고 기록하고 있었다.

…싯다르타가 12살이 되는 해에도 숫도다나왕은 군신을 거느리고 경운식(耕耘祭)에 참관했으며 싯다르타 역시 삽을 흙에 꽂음으로써 밭갈이가 시작되는 풍습을 보기 위해 부왕을 따라 들로 나갔다.

기록을 따라가며 그가 처한 상황을 새겨본다.

간밤에도 이유 모를 환영으로 인해 마음이 어지러웠는데 부왕을 따라 전원으로 나온 싯다르타는 마음이 한껏 밝아졌다. 화려하게 꾸며진 궁전의 모습과는 달리 있는 그대로 펼쳐진 전원은 그지없이 신선하고 아름다웠다.

드디어 경운식이 시작되었다. 왕이 군신들을 거느리고 흙에다 삽을 꽂았다. 여기저기서 환호성이 일고 일 년 내내 풍년을 비는 노랫소리가 어우러지는 가운데 밭갈이가 시작되었다.

어린 싯다르타는 휘장 밑에 앉아 그들을 조용히 지켜보았다. 쟁기 끝에 흙이 뒤집어졌다. 파헤쳐진 흙더미에서 꿈틀거리며 벌레들이 기어 나왔다.

그런 어느 한순간이었다. 기다리기나 한 것처럼 숲속에서 새 한 마리가 날아오르더니 싯다르타가 앉아 있는 머리 위를 한 바퀴 돌아 곧바로 벌레들이 꿈틀거리는 흙더미 위로 내려앉았다. 새는 내려앉기가 무섭게 날카로운 부리 끝으로 꿈틀거리고 있는 벌레를 쪼아 물고 공중으로 날아올랐다.

어린 싯다르타는 깜짝 놀라 자신도 모르게 벌떡 일어났다. 싯다르타는 숲 속으로 사라지는 새의 비행을 멍하니 바라보았다. 새는 가까운 나뭇가지 위로 날아가 앉았다. 여전히 새의 부리에는 좀전까지 흙덩이 사이에서 꿈틀거리던 벌레가 물려 있었다. 순간 강 언덕에서 무수히 떠오르는 생명체들의 죽음을 보며 웃는 소년의 모습이 떠올랐다. 산 위 벼랑에서 형제를 밀어 죽이는 사내. 그 악업으로 쇠산지옥에 떨어져 몇천 년 동안 고통 받고 있는 사내….

누군가? 누구인가?

싯다르타는 도저히 가슴이 떨려 그 자리에 더 머물러 있을 수가 없었다. 싯다르타는 천천히 인근의 숲속으로 걸어 들어갔다.

참으로 슬픈 일이다. 살아 있는 것이 살아 있는 것을 잡아먹을 수 있다니. 생명의 죽음을 바라보며 웃고 있는 소년. 행복해 보였다. 남의 죽음이 행복일 수 있다니. 먹고 먹힌다? 그것이 살아 있음의 본체란 말인가?

친어머니의 모습이 눈앞을 스쳤다.

무엇이 다른가. 나를 낳고 죽은 친어머니. 그녀의 살을 파먹고 살다가 세상 빛을 본 나. 나는 철없이 웃기도 하고 울기도 한다. 즐거워하기도 하고 슬퍼하기도 한다. 살아 있음이 설령 그런 것이라면 그러면 죽음은 무엇인가. 아니 왜 산 사람은 그러한 삶을 살아가야 하는 것인가. 그 중심에 내가 서 있지 않은가.

싯다르타는 너무도 가슴이 아파 괜히 경운식에 참석했다는 생각이 들었다. 그는 쉬고 싶다는 생각에 무성한 염부수(閻浮樹)나무 그늘 아래로 가 앉았다. 무엇도 보고 싶지 않았고 생각하고 싶지도 않았다. 조용히 눈을 감았다. 여전히 눈앞에는 좀 전에 본 벌레들의 모습과 그것을 쪼아 물고 날던 새의 모습이 어른거렸다.

싯다르타의 모습이 보이지 않자 왕은 신하들을 향해 물었다.

"왜 태자의 모습이 보이지 않는가?"

그제야 행사에 바빠 태자가 없어진 것을 몰랐던 신하들이 깜짝 놀라며 사방으로 찾아 나섰다. 숲 여기저기를 찾아다니던 시종 하나가 싯다르타를 발견한 것은 그로부터 한참이 지나서였다. 싯다르타는 그때까지도 염부수나무 밑에 앉아 있었다. 그 모습을 발견한 시종이 다가가다가 멈칫했다.

그의 모습이 참으로 거룩하고 평화스러워 보였다. 시종은 가까이 다가가지 못하고 그 자리에 무릎을 꿇었다.

"거룩하신 태자님이시여. 모두들 태자님을 찾고 있습니다."

그제야 싯다르타가 눈을 뜨고 무릎을 꿇은 시종을 바라보았다.

"왜 무릎을 꿇고 있느냐?"

시종은 넋이 나간 채로 친절한 태자의 얼굴을 올려다보았다.

"태자님은 저의 주인이기 때문입니다."

싯다르타의 얼굴에 희미한 미소가 흘렀다. 그는 멀리 바라보다가 시종에게 물었다.

"그러면 밭을 가는 저 농부들의 주인은 누구이냐?"

"그들의 주인 역시 태자님이십니다."

싯다르타는 조용히 머리를 내저었다.

"그럼 나의 주인은 누구이냐?"

싯다르타의 물음에 시종은 할 말을 잃고 고개를 숙였다.

"오늘에야 알겠다. 생명의 주인이 누구라는 걸. 생명을 주관하는 신이 있었다면 그 어린 생명을 새가 쪼아 먹게 버려두었겠는가.

시종이 무슨 말인지 알아듣지 못하고 눈을 크게 떴다. 싯다르타는 아랑곳하지 않았다. 그는 말을 계속했다.

"비로소 나는 나의 주인은 나라는 것을 알았다. 오직 나만이 나를 지킬 수 있고 나만이 나를 건질 수 있다는 것도 알았다. 그러나 어둡

기만 하구나. 왜 나와 네가 평등을 잃고 무릎 꿇고 무릎 꿇게 하는
지, 왜 서로 잡아먹히고 잡아먹는지, 그렇게 하여 살아가는 삶이 얼
마만 한 가치가 있는지. 그것이 인연에 의한 것이라면 그 인연의 법
은 어떻게 알 수 있는 것인지."

이제 열두 살밖에 안 된 어린 태자는 범부로서는 미칠 수 없는 경
지의 말을 하고 있었다. 어릴 때부터 뛰어난 지혜와 능력에 그를 가
르치던 스승들이 감탄을 금치 못했다고 하지만 시종으로서는 이미
세상 이치에 통달해 버린 것 같은 어린 태자의 말에 그냥 넋만 놓고
있었다.

싯다르타를 찾는 부왕의 말발굽 소리가 들려온 것은 그때였다.

염부수나무 아래 앉은 아들을 보던 왕은 이상하다는 생각을 했
다. 태자가 앉아 있는 나무 그림자는 분명 곁의 나무들 그림자와는
달랐다. 해가 중천에서 벗어나면서 나무 그림자도 옮겨져 있었는데
태자가 앉아 있는 나무 그림자는 태자의 몸을 지키듯이 태자의 몸에
드리워져 있었다. 나무 그늘 아래 앉은 어린 아들의 모습이 명상에
잠긴 성자의 모습 그대로였다.

참으로 이상하구나, 그렇게 생각하면서 왕이 물었다.

"싯다르타. 어떻게 된 일이냐? 숲속까지 홀로 들어와 앉아 있다
니?"

가까스로 입을 여는 부왕을 그제야 싯다르타는 바라보았다. 그는
조용한 몸가짐으로 일어났다.

태자를 데리고 숲속을 나와 궁으로 돌아오면서도 숫도다나왕은
여전히 마음이 밝지 못하였다. 선인의 예언처럼 언젠가는 자기 곁을
떠나 버릴 것만 같은 생각이 머릿속을 떠나지 않았다.

숫도다나왕은 태자가 앉았던 나무 그림자를 생각해 내고 말을 돌려 좀 전의 그 숲으로 되돌아갔다. 그가 갔을 때 나무 그림자는 곁의 나무 그림자처럼 싯다르타가 앉았던 자리로부터 벗어나 있었다.

참으로 이상하구나.

《방광대장엄경(7권)》을 보면 이때의 과정을 묘사하고 있는데, 경전마다 비슷비슷하다는 것을 알 수 있다. 경운제에 나아가는 장면이나 산 생명이 산 생명을 죽이는 광경. 싯다르타가 충격을 받아 염부수나무 아래로 나아가는 장면들이 그렇다. 염부수에 관한 기록이 조금씩 다를 뿐이다.

맛지마 니까야 《삿짜까 긴경(M36)》에는 이렇게 기록하고 있다.

"악기웻사나여, 부왕이 샤카족의 농경제 의식을 거행하실 때 나는 생명의 무상함을 느끼고 잠부나무 그늘에 앉아 감각적 욕망을 떨쳐 버리고 초선(初禪)을 구족하여 머물렀던 적이 있었다. 혹시 그것이 깨달음을 위한 길이 되지 않을지 모르겠구나. 악기웻사나여, 그런 내게 그 기억을 따라서 이런 생각이 즉시 일어났다. '이것이 깨달음을 위한 길이다.'

《방광대장엄경(7권)》에는 이렇게 기록되어 있다.

"내가 태자이던 시절 부왕의 동산 가운데 자라고 있는 잠부나무 아래에서 초선(初禪)을 닦았다. 그때 몸과 마음이 기뻐져 사선(四禪)을 증득했다. 옛날 일찍이 증득했던 것이었다. 그 사실을 생각해 보면 이는 보리(菩提)의 인(因)이므로 반드시 생로병사를 없앨 수 있으리라."

《불본행집경(12권)》은 이렇게 기록하고 있다.

"염부수나무 아래에서 태자가 생각하기를, 중생들에게 생로병사의 괴로움이 있으니 자비로운 마음을 일으키면 곧 마음의 안정을 얻게 되리라. 그때 문득 욕(慾)을 여의고 일체 착하지 않은 법을 버리게 되리라. 생각하는 경계, 분별하는 경계, 욕계의 누가 다하면 곧 초선(初禪)이 이루어지리니 내 몸에도 이 같은 법이 있거늘 이 법을 아직도 면하지 못했으며 아직 나고 죽고 사는 윤회를 제도하여 벗어나지 못하였구나."

숫도다나왕이 이상하다고 생각한 나무 그림자 기록은 《나다나가타(Nidānakathā 因緣譚)》에도 나온다.

"태자는 결가부좌하고 들숨과 날숨을 음미하며 선정에 들었다. 첫 번째 단계의 선정에 들었을 때 다른 나무 그림자는 해를 따라 변하는데, 태자에게 그늘을 드리웠던 잠부나무 그림자는 동그랗게 원을 그려 태자를 햇빛으로부터 보호했다. 유모들이 돌아와 보니 태자는 발을 포개고 앉아 있었다. 유모들은 왕에게 달려가 아뢰었다.

'태자께서 명상에 잠겨 계십니다. 다른 나무 그림자는 흔들리지만 태자 뒤에 있는 잠부나무의 그림자는 고요히 태자님을 보호하고 있습니다.'

왕이 급히 그곳으로 가보고는 불가사의한 모습에 놀라움을 금치
못하였다."

《니다나카타》의 기록과 다른 여타 경전의 기록이 다른 점은 여기
서는 유모들로 기록하고 있고 다른 곳에서는 시종으로 기록하고 있
다는 점이다.

○

바람의 꿈

1

  붓다가 출가할 당시에도 인도인들은 이 세상에서 제일의 기쁨은 출가해서 깨침을 얻는 것이라는 사실을 믿고 있었던 것 같다. 기록에 의하면 그 당시 그들에게는 시기(時期)라는 것이 있었다. 첫 번째 시기가 브라마 샤리아(Brahma-Carya) 기간. 이 기간은 부모 아래서 교육받고 학업과 성전을 공부하는 어린 시기이다. 두 번째 시기가 가르하스타(Garhasta). 성혼하여 자식을 낳아 가문의 대를 잇고 식솔들이 여생을 잘 마칠 수 있도록 가문을 일으키는 시기이다. 세 번째 시기가 바나프라스타(Vanaparasta). 식솔들이 여생을 잘 마칠 수 있도록 가문을 일으켰다면 이 기간은 자아, 즉 아트만(Atman)을 찾는 시기이다. 다음이 마지막 산야사(Sannayasa) 시기. 출가하여 궁극의 진리를 체득하는 시기이다.

  여기에서 싯다르타도 출가할 기미를 보이고 있었으리라는 추측이

• 붓다 평전

가능해진다. 그는 왕자로 태어났으므로 가르하스타 시기에 구애받을 이유가 없었겠지만 출가할 수 없는 입장이기에 그 갈등이 더 심했을지도 모른다.

그에 비하면 아예 출가를 꿈꾸지 않는 재가자들은 그 시기로부터 자유로웠을 것이다. 그들이라고 해서 출가의 의미를 모를 리는 없었겠지만 오욕칠정을 버리기가 그렇게 쉬운 일인가.

《수타니파타 출가경(出家經)》에 보면 출가의 의미를 알 수 있다. 정든 집을 떠나 머리를 깎아야 하고 분소의를 입어야 한다. 속세에 미련을 두고서는 수행이 제대로 될 리 없다. 수도를 하려면 속세의 인연을 끊고 산중으로 들어가 수양을 하는 것이 옳다. 비정해지지 않고는 결코 성도할 수 없다. 하지만 좀 더 넓은 의미에서 생각해 보면 그것만이 정답일까 하는 데는 의문의 여지가 없지 않다.

정말 성도하기 위해 출가를 해야 할까? 요즘 들어 생활선(生活禪)이라는 말이 나돈다. 생활선은 수행처가 따로 없다는 개념에서 나온 말이다. 수행처가 따로 없다? 수행처가 따로 없다면 산중이면 어떻고 저자거리면 어떤가. 굳이 출가자와 재가자를 나눌 이유가 없을 터이다. 나눈다는 것 자체가 모순이 된다.

그럼 붓다의 출가는 잘못되었다는 말인가?

그런 의문이 들 수 있다. 하지만 그렇다는 말이 아니다. 붓다는 출가 후 깨침을 얻은 뒤 재가자의 삶도 인정했고 출가자의 삶도 인정했다. 비로소 승속이 없어진 세계를 보았다. 맛지마 니까야《쌀라 마을 사람들에게 설한 경 Sāleyyaka sutta(M41)》을 보면 붓다가 속가 사람들에게 착하고 바른 길을 살아가면 출가인과 다를 바 없음을 설하고 있다. 그들을 속세에 있으면서 불법을 믿는 청신도(淸信徒, upāsaka)로 받아들이고 있다.

그렇다. 소승불교를 거쳐 부파불교, 대승불교에 이르러 출가의 개념은 점차로 변했다고 하지만 이미 붓다에 의해서 그렇게 인정되고 있었다.

그렇다면 산문의 도와 시장바닥의 도가 다를 리 없다. 산문의 도만이 고상하고 시장바닥의 도는 더럽다는 공식은 성립하지 않는다. 어떻게 보면 절집에서 눈만 감고 앉은 도(道)보다는 저자거리에서 울며 웃으며 쓰러지며 일어나며 그렇게 터득된 도가 더 값질 수 있다. 도라는 그릇 자체가 그렇다. 도, 즉 Marg가 가리키는 것이 무엇인가. 올바름이다. 물론 동서양의 도의 뜻이 각각 달리 나타나는 것은 사실이다. 하지만 그 공통되는 지향점은 하나다. 인간의 인간다움에 있기 때문이다. 도를 지향하는 이들은 도와 하나가 되려고 한다. 그리하여 피상적인 차별과 변화를 떠나 절대불변의 참다운 자유를 얻으려고 한다. 그러나 도를 얻으려면 그만한 수작이 필요하다. 작은 그릇에 큰 그릇의 음식을 다 쏟아부을 수는 없다. 돼지 목에 진주목걸이를 걸어 주면 뭣할 것인가. 말도 알아듣는 사람에게 해야 한다. 대승법을 깨닫지 못할 그릇인데 대승법을 아무리 가르쳐 봐도 소용이 없다. 그래서 붓다의 제자들을 성문(聲聞)이라고 하는 것이다.

성문은 성문연각이라고도 한다. 소승, 즉 독각(獨覺)을 의미하는 말이다. 남을 제도하기 위해서는 자신이 먼저 깨달음을 얻어야 한다는 사상을 가진 자들이 성문연각이다.

기록에 의하면 붓다는 자신의 가르침에만 매달리는 제자들을 보면서 어떻게 저들을 대승으로 이끌 것인가 하고 고민했던 흔적들이 있다. 제자의 근기를 보니 대승을 바로 가르칠 수준이 아니다. 그래

서 그들을 소승법으로 이끌었다. 점차로 대승법을 가르치기 위해서
였다. 그런데 그들에게 대승법을 가르치려고 하자 아직도 소승법에
묶여 있는 제자들이 헷갈려 한다.

재가자의 생활 자체가 수행이라는 것을 붓다는 이미 인정했지만
그것을 미처 깨닫지 못했던 소승들은 출가를 해야만 성도할 수 있다
고 믿었고 그 법은 대승불교로 오면서 붓다의 이상향을 반영하기 시
작했다. 이 세상 수양처 아닌 곳이 없다는 사상, 이 세상 자체가 수
행처요 수도처라는 사상이 비로소 대두된 것이다.

붓다의 가르침은 본시 대기설법(對機說法)이었다. 대기설법이란 중
생의 근기에 맞게 하는 가르침이다. 사람들은 타고난 제 그릇만큼 이
해하고 받아들인다. 대승을 설한들 근기가 약하다면 그것을 받아들
일 수 없다. 같은 말이라도 대승으로 알아듣는 이가 있고 소승으로
알아듣는 이가 있다. 그래서 그들의 근기에 맞추다 보니 방편 설교
가 필요했다. 진리란 본시 말로 표현할 수 없는 것이다. 말이 될 때
이미 진리는 그 본의를 잃어버린다. 그런데 말이 많아진 것이다. 그
것도 한두 마디가 아니다. 팔만사천법문이나 된다. 그렇다고(방편교설)
그 본뜻을 알아채는 것도 아니다. 그것이 진리인 줄 알고 하나같이
그대로 받아들인다. 그래서 붓다는 제자들에게 대승법을 가르치기
위해 자신을 대신할 존재가 필요하다는 것을 깨달았다. 붓다는 방편
을 내어 제자들을 가르칠 인물을 하나 만들었다.

《유마힐소설경》에 나오는 비마라키르티, 즉 유마힐이 바로 그이다.
《유마힐소설경》을 보면 바이샤알리에 사는 한 장사치가 붓다의 십대
제자들과 보살들을 제도하는 장면이 자세히 나온다. 붓다가 대승의
법을 어떻게 폈는지 알 수 있다.

어느 날 붓다는 제자들에게 상카(교단)를 돕던 유마힐이라는 거사가 병이 들었다는데 문병을 가야 하지 않겠느냐고 한다. 그러자 제자들은 하나같이 그에게 문병을 가지 않겠다고 한다. 붓다가 왜 그러냐고 물었더니 그 사람의 힐문이 예사롭지 않다고 한다. 그의 법이 높아 병문안을 가도 힐문이나 당할 것이 뻔하므로 싫다는 것이다.

결국 문수사리보살(文殊師利菩薩)이 병문안을 가게 된다. 문수사리보살이 병문안을 가 유마힐과 나누는 대화를 기록한 경전이 《유마힐소설경》이다.

출가의 문제를 짚어보다가 대승의 세계까지 잠시 더듬어 보았는데 출가라는 것이 그렇다. 그때나 지금이나 출가의 의미가 다를 리 없다.

그렇다. 세속과 인연을 끊는다는 것은 그리 쉬운 일이 아니다. 출가를 하게 되면 첫째로 대가 끊어지게 된다. 더욱이 붓다는 일국의 왕자였다. 아버지의 뒤를 이어 전륜성왕이 되어야 할 몸이었다. 그런 사람이 앉으나 서나 출가할 꿈을 꾸고 있었다면 부왕의 시름이 깊지 않을 수 없었다.

숫도다나왕의 염려대로 싯다르타는 그날 이후로 자주 홀로 명상에 잠기기를 좋아하였다.

어느 날 싯다르타는 군영을 지나가다 사병들이 사냥해온 사슴을 잡아먹는 모습을 보았다. 사슴의 배를 가르면서 하는 말이 싯다르타의 폐부를 찔렀다.

"야 이거 새끼까지 뱄네그려."

"새끼는 통째로 삶아 먹으세."

달려가 그들을 걷어차고 싶었으나 궁으로 돌아온 싯다르타는 방문을 걸어 잠그고 바깥출입을 하지 않았다. 그의 눈에서 눈물이 흐르고 있었다. 자신을 낳고 죽었다는 친어머니의 모습이 때를 만난 듯이 선명하게 떠올랐다. 자신도 그녀의 뱃속에 있었을 것이었다. 그 모습이 선명하게 보였다. 이 시각적 환영은 오랫동안 그를 괴롭혔다. 어머니의 뱃속에서 어머니의 자양분을 파먹으며 그녀를 죽여가고 있었을 자신이 미웠다. 그리하여 결국 그녀를 죽여 놓고 말았을 자신이 증오스러웠다.

도대체 산다는 것은 무엇이며 죽는다는 것은 무엇일까?

계속 친어머니의 죽어가는 모습이 떠올랐으므로 그는 괴로웠다. 분풀이나 하듯 당장 달려가 그들을 죽이고 싶었다. 남의 생명을 경시하며 무차별적으로 살생을 서슴지 않는다는 사실이 그로서는 도저히 납득이 되지 않았다. 어미 사슴도 모자라 그 뱃속의 새끼마저 통째로 삶아 먹자고 하는 인간들의 무엄.

그들을 나무란다고 해결될 문제가 아니라고 생각하자 가슴이 칼을 맞은 듯 아파왔다. 머릿속에 불을 넣은 것 같았다. 머리를 움켜쥐고 이를 악물었다. 검은 기운이 다시 몰려오고 있었다. 강가에서 소년이 웃고 있고 그 웃음이 칼날이 되어 심장에 와 박혔다. 형제를 벼랑에서 밀어 죽인 죄로 쇠산지옥에서 고통받고 있는 사내의 신음소리가 창날이 되어 심장에 박혔다. 세상에 홀로 던져진 것 같은 극도의 불안감이 전신을 휘어 감았다. 왜 그럴 때면 자신과 타인이 확연히 다르다는 생각이 드는지 모를 일이었다. 자신은 이쪽에 있고 타인은 저쪽에 있었다. 그들과 다르다는, 그들은 결코 나의 고통을 이해할 수 없을 것이라는, 나에게만 이런 병통이 생기고 있다는 생각이 들어 스스로 단절되고 있었다.

태자가 문을 걸고 나오지 않자 숫도다나왕은 마음이 어두웠다. 아들의 이상한 탄생, 선인의 예언, 옮겨가지 않던 나무 그림자…. 무엇보다 자신의 눈으로 직접 본 나무 그림자가 오래도록 기억에 남아 숫도다나왕을 괴롭혔다.

이상하구나. 정말 이상하구나.

○

존재의 함정

1

이상하다?

생각해 보면 그렇게 이상할 것이 있을 리 없다. 이 평전을 시작하면서 앞서 어떻게 정신적 세계만으로 떡장수의 죽음을 규명해 낼 것인가 물은 적이 있다. 이 문제도 그 범주에 넣을 수 있다. 앞으로도 계속해서 이런 문제와 부딪칠 것이므로 이번 기회에 확실히 해둘 필요가 있다.

진실을 규명하는 방법 중에는 실증적 방법론이라는 것이 있다. 쉽게 말해 과학적 방법으로 그 세계를 제대로 설명해 내는 것이다. 그러나 물질이 아닌 정신세계를 다룰 때 실증주의가 내세운 과학적 방법만으로 그 세계를 제대로 설명하거나 정의할 수는 없다. 그렇기에 지금까지의 여타 평전들을 보면 대부분 실증주의적 방법론을 택해 한 세계를 설명하고 있다.

과학은 가설을 먼저 세우고 관찰과 실험이라는 방법을 통해 결론을 도출한다. 그것이 과학적 입증이다.

그렇기에 근거가 약한 이들은 특히 시각적 환영에 취약하다. 과학적 사고방식에 젖어 성현의 내부적 갈등까지도 현실적 시각으로 인식하려는 경향이 있기 때문이다. 오도는 형체 있음의 없음이다. 앞서 오도 자체를 어떻게 과학적으로 입증할 것인가 하는 문제를 천명한 바 있지만 이 시대에 보이지 않는 본성, 참 나를 어떻게 과학적으로 보여줄 것인가. 의식의 연속성, 그 윤회의 모습을 어떻게 과학적으로 입증할 것인가. 물질이 아닌 정신세계를 다룰 때 실증주의가 내세운 과학적 방법만으로 그 세계를 제대로 설명하거나 정의할 수는 없다. 이 질문은 18세기에 끝났다. 실증적이지 못한 것은 비과학적이라고 하여 매도되고 배척되던 시대는 이미 지났다. 실증의 눈으로 세계의 겉모습을 그릴 수 있다고 하더라도 사실을 일으키는 근원적이고 본질적 문제를 보지 못할뿐더러 그 세계의 내면을 파악해 설명하기는 어렵다. 아니 하지 못한다.

문제는 정신세계의 과학화이다. 정신세계의 과학화? 그렇다. 붓다의 세계는 물질이 아닌 정신세계다. 그 정신세계를 심도 있게 드러낸다면 그것이 곧 정신세계의 과학화일 터이다.

문제는 여기에 있다. 그 정신세계의 총체적 모습을 실증적으로 어떻게 보여줄 수 있느냐. 나무 그림자 문제만 해도 그렇다. 아니 붓다의 탄생으로부터 그림자 문제까지 신비로움으로 꽉 차 있는데 어떤 이들은 오늘도 묻고 있다.

"너무 성인화에 연연하다 보니 과장된 것이 아닐까 싶은데요? 신빙성이 결여되어 보이는데 말입니다. 사실일까요?"

궁색한 설명을 바라는 이에게 거두절미하고 이렇게 물어보면 어떻게 답할지 궁금하다.

"붓다가 적멸에 들었을 때 그의 몸이 모두 사리가 되었다. 전 세계에 배분되어 모셔져 있는 그의 사리가 그것의 증명이다. 이 현상을 과학적으로 설명할 수 있겠는가."

그날의 숫도다나왕도 마찬가지다. 지금 이 시대에 이해할 수 없는 것을 그 시대에 그리고 이해할 수 있었겠는가.

숫도다나왕은 아들을 즐겁게 해 주기 위해 애를 썼음을 기록에서 알 수 있다. 그러나 아들의 사색을 막을 수는 없었다. 다시 기록 속의 싯다르타의 모습을 따라가 본다.

싯다르타는 기회를 보아 궁 밖으로 나가 보기로 했다. 이유 모를 환영은 계속되고 있었고 그때마다 머릿속이 복잡해 성문 밖으로 나가 보기로 마음먹었다. 성문 밖으로 나가기 전날 숫도다나왕이 직접 싯다르타를 찾았으므로 마음이 더욱 번거로워져 있었다.

"태자, 요즘 들어 왜 또 그러느냐? 말을 들으니 바깥출입을 잘 하지 않는다면서? 너는 앞으로 이 나라를 다스려야 할 사람이다. 너는 이 나라 백성의 희망이야. 네가 네 자신을 존중하지 않는다는 것은 곧 백성을 존중하지 않는다는 것이라는 걸 알아야지. 아주 몸이 더 못 쓰게 되어 가고 있으니 참으로 걱정이로구나."

핏기라고는 없는 싯다르타의 얼굴을 쳐다보며 숫도다나왕이 말하였다. 너는 너의 것이 아니라 백성의 것이라는 부왕의 말이 예사롭지 않았다.

궁 밖으로 나가 보니 바람결이 다르다.

봄이구나.

어쩌면 봄기운이 지긋지긋하게 따라다니는 병통을 말끔히 씻어 놓을지도 모르겠다는 생각이 들자 마음이 조금은 가벼워졌다.

'그래. 바깥 구경을 하면 한결 마음이 편안해질지도 몰라.'

그는 궁을 빠져나와 이리저리 둘러보다가 시장통으로 들어갔다. 시장통으로 들어서면서 맨 처음 본 것은 시장 어귀에 몸을 가눌 수 없이 늙어 버린 어떤 거지였다. 머리는 억새마냥 하얗게 세었고 뼈만 앙상하게 남은 노인네였다. 그의 육신은 지팡이에 의지되어 헐떡거리고 있었다. 갑갑한 궁을 벗어나 바깥세상을 살펴보다 보면 조금은 마음의 위로가 될 줄 알았는데 싯다르타의 가슴에 다시 어두운 그늘이 스며들었다. 그는 시종에게 물었다.

"저 사람은 왜 저렇게 비참한 모습을 하고 있는가?"

시종은 머리를 조아리고 대답했다.

"무릇 사람은 모두가 저렇게 늙어 갑니다."

"그러면 나 역시 저렇게 된다는 말인가?"

시종은 감히 대답하지 못하였다. 시종이 대답하지 않자 총명한 태자는 이내 시종의 마음을 알아차리고 더욱 마음이 어두웠다. 그는 그대로 마차를 돌리게 했다. 더 이상 궁 밖의 표정을 보고 싶은 마음이 나지 않았기 때문이었다.

궁으로 돌아왔으나 잠이 오지 않았다. 내가 궁에서 모자람 없이 살아가는 사이 그들은 그렇게 헐벗고 죽어가고 있었다는 생각에 잠이 오지 않았다.

싯다르타는 다음 날 다른 문을 통해 궁 밖으로 나가고 말았다. 그가 두 번째로 본 것은 병든 사람이었다. 쉼 없이 기침을 해대고 있었

• 붓다 평전

고 고통에 차 신음을 하며 살려달라고 버둥거렸다. 깜짝 놀랐다. 자신을 낳고 죽었다는 병든 어머니를 생각했기 때문이었다. 가슴에 불을 맞은 것 같았다. 몸이 떨리고 말이 나오지 않았다.

"돌아가자. 돌아가."

시종이 놀라 궁으로 가마를 돌렸다. 그날 밤도 싯다르타는 잠이 오지 않았다.

다음 날 싯다르타는 다른 문을 통해 궁을 나갔다. 어제와는 다른 곳에서 사람들을 관찰하고 싶었기 때문이었다. 잠시 가마에 흔들리며 밖을 내다보고 있었는데 길 저쪽에 가마니를 뒤집어쓴 사람이 보였다.

"왜 저 사람은 가마니를 뒤집어쓰고 있는 것이냐?"

시종이 대답을 하지 못하였다.

"멈춰라."

"태자마마, 보지 마옵소서. 죽은 지 오래된 것 같사옵니다."

"죽었다고 했느냐?"

"그런 것 같사옵니다."

시종은 싯다르타가 그냥 지나치기를 바랐으나 그는 오히려 가마에서 내렸다.

"가마니를 들춰 보아라."

"태자마마, 아니 됩니다."

"들춰 보라는데도! 내 죽은 사람의 모습을 한 번 봐야겠다."

하는 수 없다고 생각한 시종이 가마니를 벗겼다. 순간 싯다르타는 눈을 크게 뜨고 비명을 지르며 뒤로 넘어지고 말았다. 사람의 모습이 아니었다. 살이 썩어가는 시신이었다. 전신에 구더기가 꿈틀거

리고 있었다. 머리카락은 벗겨져 떨어졌고 눈에도, 콧구멍에도, 입에
도, 가슴에도, 사타구니에도 구더기가 꿈틀거리며 살을 파먹고 있었
다. 짐승들이 내장을 파먹었는지 토막토막 잘려 썩어가고 있었다. 다
리는 개가 물어갔는지 한쪽이 잘려 있었다.

싯다르타는 그 자리에서 컥컥 구토를 해댔다. 그가 상상하던 죽음
의 모습과는 엄청나게 다른 모습이었다. 상상할 수 없을 정도로 공
포스러웠다. 막연한 상상이 실체를 얻어 그의 뇌리에 와 박혔다. 잊
혀질 것 같지 않았다.

시종들이 달려들어 그를 가마에 태웠다. 궁으로 돌아오는 싯다르
타의 눈에서 눈물이 흘러내렸다.

살아 있다는 건 무엇일까? 죽음은 무엇일까? 결국 어머니도 죽어
저렇게 변했다는 말이지 않은가? 그렇다면 살아 있다는 것은 결국
죽음의 길을 걷고 있다는 말이 된다….

궁으로 돌아왔으나 잠이 오지 않았다. 잠이 오지 않을 정도가 아
니었다. 계속해서 썩어가는 시신의 참혹한 모습이 머릿속에서 떠나
지 않았다. 생각하지 않으려 할수록 계속 눈앞에 떠올라 괴로웠다.

친어머니가 자신 때문에 죽었다는 생각에 한동안 괴로웠는데 이제
그 잔상이 자신을 괴롭혔다. 계속해서 잠이 오지 않았다. 밤새도록
그 환영과 싸웠다. 사흘 동안 잠을 자지 못하자 밤이 무섭고 싫었다.
낮에 만나는 사람들도 싫었다. 하나같이 손가락질 하는 것 같았다.

'하하하. 태자라고? 네놈이 그 사람들을 그렇게 죽였다는 것을 모
르겠느냐. 네놈이 궁에서 잘 먹고 잘 사는 사이 그 사람들은 그렇게
죽어가고 있었다. 네놈은 악마다. 어미를 죽이고 백성을 죽이는 악
마다.'

그렇게 손가락질하는 것 같았다. 망루에 올라 성 밖을 바라보노라면 백성들의 원성이 들리는 것 같았다. '너 때문에 우리가 죽을 수밖에 없다'며 소리치고 원망하는 것 같았다.

《증일아함경(29권 유연경)》에 이런 기록이 있다.

"…그 못 언덕에는 늘 꽃이 피었다. 수마나(修摩那) 꽃, 바사(婆師) 꽃, 첨복(瞻蔔) 꽃, 수건제(修揵提) 꽃, 마두건제(摩頭揵提) 꽃, 아제모다(阿提牟多) 꽃, 파라두(波羅頭) 꽃 등 온갖 육지 꽃을 심은 것은 나를 잘 노닐게 하기 위해서였다. 네 사람이 나를 목욕시켰으며 목욕 후에는 붉은 전단향을 내 몸에 발랐고 새 비단옷을 입혔다. 그렇게 겉과 속, 위 아래, 안팎이 다 새것이었다. 밤에는 이슬에 젖지 않게 낮에는 볕에 타지 않게 밤낮으로 우산을 내게 씌웠다. 다른 집에서는 항상 밀기울과 보리밥, 콩국, 새앙채를 제일가는 음식으로 삼는다. 내 아버지 열두 단의 집은 그렇지 않았다. 가장 낮은 하인이라고 해도 쌀밥과 기름진 반찬을 먹었기 때문이다. 그들은 그것을 제일가는 음식으로 삼는다.

들짐승 중에서 최고로 맛있는 짐승들이 있으니, 제제라화타, 겁빈사라, 혜미하리니사시라미 같은 들짐승들이다. 그렇게 가장 맛난 짐승은 언제나 나를 위한 요리가 되었다…"

궁에서 백성이 바친 세금으로 좋은 옷에 좋은 음식을 즐겼던 붓다의 직언이다. 비로소 모든 것을 깨달은 싯다르타에게는 예삿일이 아니었음을 이로써 알 수 있다. 그가 그렇게 살아가는 동안 그들의 피골을 빨아 자신의 배를 불렸다는 사실이 어린 싯다르타에게는 엄청난 충격으로 다가왔을 것이다.

꿈에 그들의 모습이 보이기라도 하면 식은땀을 흘리며 싯다르타는 허덕였다. 사람을 만나면 문득 썩어가는 시체가 떠올랐다. 시체가 떠오르면 동시에 사지가 떨리고 머릿속이 까매졌다. 내 책임이 아니라고 생각하며 고개를 내저었지만 그 환영은 반복해서 떠올라 자신을 괴롭혔다. 언제나 쫓기는 듯한 불안한 기운이 엄습했다. 불안한 기운이 순식간에 가슴을 압박하듯 일시에 들이닥치면 다른 생각은 흔적도 없이 사라져 버렸다. 그럼 자연히 허둥거리게 되고 어디에다 몸을 두어야 할지 갈피를 잡을 수가 없었다.

밤이 되면 그들이 유령의 모습을 하고 찾아드는 것 같아 사지를 웅크리고 구석에 숨어야 했다. 몸이 점점 더 말라갔다. 그렇게 며칠을 보내고 다시 다른 문을 통해 궁 밖으로 나가 보기로 했다. 무슨 오기인지 몰랐다.

어쩌면 이 병통으로부터 벗어날 수 있을지도 모르지.

궁 밖으로 나가자 이번에는 한 사문이 그의 앞에 나타났다. 차림새가 남루하기는 하였지만 유달리 눈빛이 빛나고 거룩한 귀품이 도는 사람이었다. 그는 가마가 가까이 다가가자 눈부신 듯 싯다르타를 바라보다 말고 허리를 굽혀 경배했다.

싯다르타는 잠시 수레를 멈추게 하였다.

"그대는 뭘 하는 사람인가?"

싯다르타가 물었다.

"저는 출가사문(出家沙門)입니다."

왕자임을 간파한 사람이 대답했다.

"출가사문?"

싯다르타가 되뇌었다.

"세상의 모든 것을 버리고 집을 나와 도를 구하는 수행승을 말합니다."

"그렇다면 출가한 이에겐 어떤 이익이 있는가?"

"모든 것을 버림으로써 평안을 얻을 수 있습니다."

"그대는 모든 걸 버렸다는 말인가?"

"그렇습니다. 일찍이 세상에서 나고, 죽고, 병들고, 병드는 것을 나를 통해, 이웃을 통해 맛보았기 때문입니다. 그것은 결코 덧없는 것이었기에 모든 것을 버리고 진리의 길에 들어선 것입니다."

"그러면 그대가 구하려는 진리라는 게 무엇인가?"

"인간적인 모든 것을 초월하는 것입니다."

싯다르타는 머리를 갸웃했다.

참으로 모를 일이구나. 어찌 인간이 인간적인 모든 것을 초월할 수가 있다는 것인지….

나들이에서 돌아온 싯다르타는 계속 깊은 회의에 빠졌다.

인간이 나고 늙고 병들고 죽는다는 엄연한 사실이 무엇에 의하여 초월될 수 있다?

어린 싯다르타의 사색은 더욱 깊어져 갔다.

어쩌면 이 고통으로부터 해방되려면 차라리 고통 속으로 더 빠져버리는 것이 나을지도 모르겠구나.

숫도다나왕은 그런 태자를 위해 기쁘게 할 수 있는 일이면 무엇이든지 가리지 않았다. 조그마한 불편이나 괴로움도 주지 않으려고 궁의 이곳저곳을 호사스럽게 꾸미는가 하면, 왕자의 근심을 다른 곳으로 돌리기 위해 나라 안에서 가장 학식이 있기로 이름난 '비슈바미트라'라는 학자를 모셔다 장차 임금으로서 필요한 제왕의 도를 가르쳤다.

싯다르타는 마다하지 않았다. 그러다 보면 잠시나마 자신의 고통에서 해방될 수 있다고 생각했기 때문이었다.

나중에 부왕이 '크샨티베바라'라는 군사학의 대가를 모셔다 제왕으로서 필요한 무예와 병법도 함께 가르치자 그것도 말없이 받아들였다. 고통을 덜기 위해 더욱 공부를 열심히 했다. 속을 모르는 비슈바미트라는 고개를 홰홰 내저었다. 익히 싯다르타의 총명함을 들어 알고 있었지만 자신으로서는 그를 가늠할 수가 없었기 때문이었다. 그는 천축에서 가장 오래된 《베다 성전》을 싯다르타가 줄줄이 외워 버리는 걸 지켜보고는 할 말을 잃었다.

얼마 안 있어 그는 궁을 떠나며 왕에게 이런 말을 하였다.

"정말 놀라운 일입니다. 많은 왕자님들을 맡아 가르쳐 왔습니다만 이토록 총명한 태자님은 본 적이 없습니다. 이제 나는 그분에게 더 가르칠 것이 없습니다. 나의 학문을 이미 태자님의 것으로 해 버린 지 오래입니다."

왕은 놀라며 비슈바미트라를 잡았다.

"아니 그대가 온 지 얼마나 된다고 이러시오?"

비슈바미트라는 더 말이 없었다. 그는 말없이 경배한 다음 제 갈 길로 가 버렸다.

군사학의 대가 크샨티베바라도 마찬가지였다. 학문이 깊어져 갈수록 안에서 뿜어져 나오는 기골 찬 태자의 무예 솜씨에 자꾸만 서늘해지는 기운을 범부로서는 이겨낼 수 없었다.

왕은 태자의 총명함이 기뻤지만 한편으론 그림자처럼 따라붙는 근심에 몸을 떨었다.

어느 날 왕은 싯다르타에게 물었다.

"제왕의 길을 위해 열심히 학문을 닦고 병법을 익힌 태자의 모습을 보니 정말 마음이 든든하다."

"하지만…."

싯다르타가 부왕의 속을 내다보고 말을 잘랐다.

"하지만? 무엇이냐?"

"학문 속으로 깊이 들어가면 들어갈수록 학문이란 한낱 지식을 넓혀 주는 그릇에 지나지 않는다는 생각이 듭니다."

부왕은 가슴이 철렁 내려앉았다.

"아니 그게 무슨 말이냐?"

"학문으로는 인생의 근본적인 문제를 풀 수 없다는 말입니다."

부왕은 절망했다. 선인의 말이 뇌리에 떠오르면서 학문을 깊게 한 것이 오히려 왕자의 회의를 더욱 깊게 해 버리고 말았다는 생각에 화가 나 그 자리를 떠 버렸다.

싯다르타의 곁을 떠난 왕은 불안을 감추지 못하고 연꽃이 아름답게 핀 연못 주위를 서성이며 깊은 생각에 잠겼다.

어떻게 하면 태자의 마음을 흔들리지 않게 할 수 있을까.

한참을 이리저리 궁리하던 끝에 왕은 어느 한순간 발걸음을 멈추었다.

아름다운 여자가 태자의 곁에 있다면? 그리고 아이를 낳는다면? 그리하면 사색에 빠지지 않을지도 모르지. 출가할 엄두도 내지 못할 것이야.

태자의 나이 벌써 열아홉 살이었다.

왕이 그런 생각을 하고 있는 사이 싯다르타는 그것도 모른 채 깊은 사색 속으로 침잠해 들어가고 있었다. 여전히 그는 고통받고 있었다.

생(生). 인간은 왜 태어나는가. 태어남이 없다면 늙음도, 병듦도, 죽음도 없을 게 아닌가. 살아 있는 것이면 무엇이나 서로 어울려서 끝없이 새로운 생명을 만들어 낸다. 나고 죽음은 영원히 반복되고 태어남[生]이 사라지지 않는 이상 죽음도 사라지지 않는다. 그렇다면 태어남이 없는 생이란 어떤 상태일까?

인생의 근본적인 문제를 생에다 두고 있던 그 시기에 부왕이 그에게 짝을 지어 주려고 했던 것은 어떻게 생각해 보면 한 성자의 탄생에 있어 당연한 과정이었는지도 모른다.

지금까지 앞장에 이어 싯다르타가 성장하면서 겪게 되는 사문유관(四門遊觀=四門出遊)에 대해서 알아보았다. 사문유관은 동서남북이라는 네 문을 통해 존재의 의미를 나타내는 것으로 큰 의미를 지니고 있다.

한역본의 경전들은 붓다의 사문유관에 대해서 대부분 이렇게 기록하고 있다.

궁 밖으로 나간 태자는 사문을 만나 이렇게 묻는다.

"그대는 머리를 깎고 법의를 걸치고 있구나. 구하는 것이 무엇인가?"

사문이 대답한다.

"저는 출가자입니다."

"출가자?"

"마음을 길들이기 위해 속세를 떠난 사람입니다."

"훌륭하구나."

그렇게 말하고 싯다르타는 곧 마부에게 명령하였다.

"너는 나의 옷과 수레를 가지고 돌아가거라. 돌아가 대왕께 고하거라. 나는 모든 것을 버리고 도를 닦으려고 한다."

마부는 태자의 옷을 받아들고 타고 갔던 수레를 몰고 궁으로 돌아갔다.

태자는 그 자리에서 수염과 머리를 깎고 법의를 입고 수도자가 되어 속세를 버렸다.

부분부분 대의만 기록했다고 하더라도 대부분 이런 식이다.

그렇다면 비교적 그때의 과정을 사실적으로 기록하고 있는 《본행경》을 보면 경전이 어떻게 변화되고 있으며 그때 싯다르타의 내면 풍경이 어떠했는지 알 수가 있다.

태자가 궁전 안에 오래 머물다가
동산에 나가 5욕락을 누리고자 했네.
길에서 비쩍 마른 병자 하나를 보자
5욕락에 싫증을 내고 수레를 돌렸네.

단정히 앉아 늙고 병드는 원인을 생각하되
면하지 못했으니 내 이제 무엇이 즐거우랴.
그러나 색과 소리, 향기와 맛과 모든 촉감은
가장 묘하고 가장 좋아 싫어할 수가 없네.

보살의 지난날 착한 업연으로
이제 비길 데 없이 지극한 향락을 받도다.

태자는 궁 안에 있으면서 밤낮으로 끊임없이 5욕의 공덕을 빠짐없이 누렸도다.

〈노봉사시품〉에는 그때의 과정을 이렇게 기록하고 있다.

한량없는 겁해의 공덕행으로
태자는 목숨이 다한 사람을 보고 나자
마음으로 크게 슬퍼 우수에 잠기고
도로 궁중에 들어와 죽을 일 생각하네.

예부터 이 성에는 궁전이 묘하고
태자는 한창나이에 매우 아름다웠네.
마음에 찰 때까지 오욕을 스스로 즐겨
천목환희원에 놀듯 하였네.

태자는 궁중에 있으면서 5욕락을 빠짐없이 받으며 마음대로 즐겼도다.

맨 위의 기록과 아래 두 기록이 어떻게 다른지 거론하지 않아도 알 수 있다. 앞서와 마찬가지로 경전이 번안의 과정을 거치면서 생긴 오류들임이 분명하다. 이로써 같은 대목이라도 첨삭수정의 과정을 거치면서 경전의 기록들이 달리 나타남을 알 수 있다. 이는 분명 대승이라는 미명 아래 불교를 대중화하려는 무리들에 의해 드러난 대승적 폐단이다.

아난다의 〈여시아문〉 정신이 무시되더라도 그 뜻만 동일하다면 그대로 용서가 되는 것일까?

그러므로 《본행경》과 《노봉사시품》 기록 속의 붓다는 우리가 알던 붓다가 아니다. 쾌락에 물든 붓다, 그래서는 안 된다는 고착된 개념에 의해 생겨난 붓다가 아니다. 그도 인간이었고 인간이었기에 생로병사의 문제를 뒤로 하고 성이 찰 때까지 5욕을 스스로 즐겨 천목환희원에 노는 사람이다.

이로써 왜 저들이 쾌락에 물든 싯다르타를 용서하지 못하는지, 왜 그 부분을 잘라내 버렸는지 알 수가 있다. 그들은 더 큰 세계를 위해 붓다가 신앙이 되어야 했기에 고상한 붓다가 필요했던 것이다.

그때의 붓다가 얼마나 5욕락에 물들었는지를 증명해 주는 결정적 기록이 또 있다. 천상의 작병천자가 싯다르타의 쾌락에 상심한 나머지 부왕 숫도다나왕에게 일곱 가지 꿈을 꾸게 했다는 기록이 그것이다.

반왕응몽(飯王應夢).

충격적인 기록이 아닐 수 없다. 글의 순서상 나중에 자세히 언급하겠지만 이쯤에서 먼저 일러둘 것이 있다.

2
—

어느 날 어떤 지인이 이런 말을 했다.

"말을 들어보니 붓다가 아주 형편없는 사람처럼 생각되는군."

어이없었다. 굳이 태어날 때부터 성인의 성품을 타고난 그 고상한 분을 왜 비하하지 못해 안달이냐는 말이었다. 기록을 따라가기도 버거운데 진의가 매도당하는 것 같아 심기가 사나웠다. 밝힐 것은 밝히고 넘어가자고 생각한 것이 그의 심기를 건드렸음이 분명했다. 그는 결코 만만한 사람이 아니었다.

"우리가 받아들인 기존의 기록들이 얼마나 잘못되었는지를 알아보고 바로 잡자? 거룩하군 그래."

"새삼스러운 기록도 아니지 않은가. 굳이 문제 삼는 이가 없었을 뿐이지."

"그러니까 하는 말 아닌가."

"내가 섣부른 공명심에 차 있다고 생각하나?"

궁색한 내 질문에 그가 고개를 내저었다.

"내 어찌 그대에게 다른 의도가 없다는 걸 모르겠는가. 문제는 자네의 글쓰기 태도야. 평전을 쓴다고 하면서 층간마다 소설적 재구로 일관하고 있지 않은가. 사건의 본질에 진솔하게 다가가고 싶다는 열망은 이해하지만 그런 추측이 용서될 수 있느냐 하는 것이야. 읽는 이로 하여금 오해의 소지도 있고 말이야. 더욱이 붓다를 신격화하려는 고상주의자들의 기록을 무조건식으로 나무라고 있다는 생각이 드는 것은 무엇 때문인지 모르겠네. 그것은 그르고 이것은 옳다 그렇게 이분법적으로 판단할 문제는 아니지 않은가. 받아들이는 처지에 따라 달리 나타날 테니 말일세. 근본 불교에서 대승불교로 건너오면서 기록이 잘못되었다 하더라도 두 기록은 그것대로의 정당성을 얻고 있다고 생각하네. 또 그렇지 않다고 하더라도 그 기록이 사실인지 아닌지는 아무도 모르는 것이고. 내가 보기엔 그때의 붓다를 사실적으로 그리고 있는 듯한 기록들도 비현실적인 경향으로 가득 차 있던데 말이야."

할 말이 없었다. 한마디로 붓다의 원음에 매달려 있는 교조주의자라고 손가락질 하는 것 같아 그가 돌아가고 난 뒤 한동안 작업을 접었다. 무려 며칠간 생각해 보니까 그렇다 싶었다. 사문유관에 이르러 두 기록의 차이가 가장 첨예하게 드러나기에 예민하게 굴었던 건 사실인데 그는 그게 이상해 보였던 모양이었다.

그렇다고 나를 교조주의자 취급을 하다니…. 생각할수록 섭섭했지만 그의 말이 잊히지 않았다. 하긴 그렇다 싶었다. 그의 말처럼 어느 쪽이 맞는지는 아무도 모른다. 붓다를 신격화한 고상주의자들의 기록이 옳은지, 천상의 작병천자가 근심했을 정도로 5욕락에 물든 기록이 옳은지. 그럴 수도 있고 그렇지 않을 수도 있다. 비교적 사실적인 《근본설일체유부》에 기대는 이들도 정작은 위치가 맞지 않다고 주장하고 있는 마당이다. 그들은 사문유관을 자세히 기록하고 있는 경전을 정본으로 보면서도 싯다르타가 네 문으로 나가 생로병사의 모습을 보게 되는 과정과 종국에 이르러 5욕락에서 헤어나지 못하는 사실이 너무 버겁다고 주장하고 있다. 그렇게 그들도 붓다가 본래부터 성자의 성품을 타고났음을 인정하고는 있다. 그들은 동서남북이라는 문을 나아가는 붓다의 행동에 엄청난 이유를 두고 있고 그 이유가 너무 심오하므로 그때의 싯다르타가 감당하기에는 설득력이 없다고 하고 있다. 싯다르타의 출가 사이에 들어갈 대목이 아니라고 하고 있는 것이다.

그들의 주장을 주장이라고 단정하더라도 전혀 설득력이 없는 것은 아니다.

《본행경》을 다시 살펴보기 시작했다. 천상의 작병천자(作甁天子)가 쾌락에 물든 싯다르타를 구하기 위해 나서는 장면이 공포스러울 정도로 리얼하다. '설마 붓다가 그랬을라고' 하는 생각이 새삼스러울 정도다. 그러자 쓰고 있는 평전에 대해 지인에게 왜 똑바로 말하지 못했던가 하는 생각이 들어 화가 치밀었다.

이 평전은 필자 주관에 의한 기술이다. 기록을 살펴 나가면서 나름 옳고 그름을 판단하고 있다. 그렇기에 여기에서의 기술은 전적으로 받아들이는 이의 몫이다. 기록에 의지해 기술하고 있지만 원시경전이라고 해서 모두 사실이고 북방불교의 영향을 받은 경전이라고 해서 사실이 아니라고는 주장하지도 말하지도 않았다.

그가 다시 오면 그 말만은 꼭 해주어야겠다고 생각하면서도 그의 말이 잊히지 않았다. 그렇기에 일러두기에 '모든 근거는 기록에 의한 재구(reconstruction)'임을 밝혀두지 않았던가.

3

해이해지려는 마음을 다잡았다. 자꾸 인간이란 감당할 수 없는 상황에 직면하면 탈출구를 찾기 마련이라는 생각이 들었다. 인간의 본능적인 욕구, 그 욕구에 의해 그때의 싯다르타도 자신의 고통을 맡기고 싶어 했을 것이었다. 그렇다면 싯다르타는 분명히 현대의학에서 말하는 정신적 외상에 계속해서 시달리고 있었다는 말이 된다.

앞서 기술한 어린 날의 싯다르타. 어미가 그리워 울고 죽음같은 공포에 떨고, 어미의 살을 파먹고 세상에 온 자신을 증오하고 괴로워하고…. 결국 5욕락에 자신을 맡겨 버리는…. 그런 현상들이 나중 그의 출가, 그 계기가 되고 있었다면 어떻게 되는가.

그러한 기술들이 작위에 의한 거짓이라고만 정의할 수 있는가.

기록에 의한 유추라 하더라도 작의상 터무니없이 진행되었다면 다시 한번 정시해야 되겠다는 생각에 정신과 전문의를 찾아갔다. 그들의 조언을 얻어 보기로 한 것이다. 그러지 않고는 그때 당시의 붓다를 가늠할 수 없을 것 같았다. 거기 이 모든 대답이 있을 것이었다.

이번에도 그들의 반응은 뜻밖이었다. 그들의 대답은 한결 같았다. 죄의식에 의한 마음의 상처, 즉 정신적 외상은 그렇게 시작되는 속성을 가지고 있다고 했다. 죄의식의 본모습은 그렇게 형성되는 것이라고 했다. 인간이라면 누구나 그런 상황이 되면 누가 손가락질하지 않아도 스스로 어미 잡아먹은 자식으로 자신을 비하시키는 속성을 가지고 있다는 것이다. 이 상처는 영원히 지워지지 않으며 특히 시각적 환영을 동반한다고 했다. 그리고 연상 작용의 특징을 가진다고 했다. 비슷한 상대를 보면 자기도 모르게 그때의 시각적 환영에 사로잡혀 고통받는다는 것이다.

"그러면서 끊임없이 그 시각적 환영으로부터 벗어날 길을 찾는다는 게 이 병의 특징이지요. 그러나 벗어날 수가 없습니다. 벗어나려고 하면 할수록 벗어날 수 없는 굴레에 갇혀 버리게 되지요. 이것이 정신적 외상의 특징입니다."

"끊임없이 생각하며 스스로 자신을 괴롭힌다는 말인가요?"

"그렇습니다."

그의 대답을 들으면서 문득 이런 생각을 했다.

그가 그때 그렇게 고통받고 있었다면 무엇을 생각하고 있었을까? 벗어나야 되겠다는 생각뿐이었을까? 무엇으로부터? 인연의 문제로부터?

그럴 수도 있겠다 싶었다. 아니 그랬을 것이라는 생각이 들었다. 만약 인연의 문제를 생각했다면 내가 누구인가를 먼저 생각했을 것이다. 그가 어렸다고 하더라도 그 정도의 지각은 있었을 테니.

내가 있다는 생각이 없고서야 상대인 네가 있을 수 없고 너를 생각하기 위해 나로 돌아오는 것이 인간의 숙명이다. 바로 영원히 변하지 않을 주체가 있다는 생각. 그렇다면 그는 내가 누구인가를 생각할 수밖에 없다.

내가 누구인가? 왜 나는 어머니를 죽이고 태어나 남을 죽이고 있는 것일까? 그들이 바친 세금으로 내 명을 유지하고 있다면 분명히 그들을 죽이고 있다. 그들은 그렇게 죽어 가는데 나는 이 호화스러운 궁에서 호의호식하며 살아가고 있다.

만약 태자 싯다르타가 그때 그렇게 생각하고 있었다면 자신에게 언제나 본질적인 물음을 하고 있었다는 말이 된다.

그런 나는 도대체 누구일까?

대답은 유아(有我)가 아니면 무아(無我)다. 자신도 모르게 막연하게 두 세계 속에서 영원히 주체가 없다는 사실을 실감하고 있었을 것이다. 바로 그것이 우리에게는 대립되어 있다. 그런 사실을 자각할 수 있는 나이든 아니든 그것은 상관없다. 본질적인 문제이다. 문제의 본질을 어려서 헤아릴 수 없다고 하더라도 본질적 문제는 그대로 작용한다.

• 붓다 평전

○

꽃무리 피고 지고

1
—

그랬다. 그때 어린 싯다르타 태자는 성자가 되기 위한 기초적 열병을 그렇게 앓고 있었다. 그러니 왕위를 계승해 주기를 바랐던 부왕에게는 절망적인 일이 아닐 수 없었을 것이다. 오죽했으면 왕자에게 세간의 즐거움을 줌으로써 출가의 염을 접으려 했겠는가.

싯다르타가 결혼한 것은 19세 때라고 경전마다 기록하고 있다. 외가 쪽인 구리성주(拘利成主) 안자나(善覺)의 손인 야쇼다라(耶輪陀羅)를 아내로 맞았다는 것이다.

그런데 이상하다. 야쇼다라가 후손을 낳지 못하자 이내 두 사람의 비를 더 들였다는 기록이 보인다.

그럼 다른 여자들이 있었단 말인가? 붓다의 비는 야쇼다라밖에 없다고 알고 있었는데 아니다?

아니다. 있었다.

있었다?

여기에서도 두 주장이 엇갈린다. 부정하는 쪽 경전은《방광대장 엄경(方廣大莊嚴經, Lalitavisutra)》이다. 지바하라가 한역한 것으로 12권 27품으로 되어 있다. 붓다가 여러 비를 취했다고 주장하는 쪽의 경전은《불본행집경(佛本行集經, Abhiniskramana Sutra)》과《수행본기경》이다.《불본행집경》은 붓다의 과거, 현재, 본행(本行)의 인연을 여러 불전(佛傳)과《본생담(本生譚)》에 의하여 체계적으로 집대성하고 있는 경전이다. 그 경 14권에 보면 첫째 왕비는 야쇼다라, 둘째 왕비는 마노다라, 셋째 왕비는 고파(Gopa, 喬比迦)라고 분명하게 기록하고 있다.

그 순서가 뒤바뀐 곳도 있다.《수행본기경(修行本起經)》을 보면 붓다의 전생 그리고 현생에서 출가하여 깨달음을 이루고 난 후의 과정이 나온다. 처음으로 두 상인(商人)으로부터 음식을 공양 받고 그들을 교화하기까지의 행적을 기록하고 있는데 야쇼다라가 첫째 비(妃)가 아니고 고파가 첫째 비(妃)였고 그 뒤 야쇼다라, 마노다라를 맞았다고 기록하고 있다.

또《대장엄경》의 이역본인《불설보요경(佛說普曜經)》에서도 고파를 야쇼다라 대신 태자비로 인정하고 있다.

도대체 어느 기록이 맞는 것일까? 숫도다나왕이 세 비가 머물 삼시전(三時殿)을 지어 그들의 주거지로 내주었다는 기록이 분명하고 삼시전 앞 못에는 언제나 연꽃의 향기가 떠날 날이 없었다는 기록이 분명한데도 한쪽은 그 사실을 부정하고 있다. 도대체 왜?

분명한 것은 인정하는 쪽의 기록이 터무니없다고 할 수 없다는 데 있다.

이제 그녀들을 만나 보자.

• 붓다 평전

세 비 중에서 야쇼다라의 기록은 흔히 볼 수 있지만 문제는 고파와 마노다라이다. 그들에 대한 기록들이 그리 많지 않기에 인정과 부정이 되풀이 되었을지도 모른다. 더욱이 야쇼다라의 삽화가 다른 비와의 삽화와 중첩되고 있어 그랬을지도 모른다. 야쇼다라와 중첩되고 있는 비는 고파라는 여인이다. 고파와의 삽화를 야쇼다라로 몰아간 혐의가 짙고 보면 더욱 그렇다. 고파를 태자의 비로 인정한 경전에서는 야쇼다라와의 관계가 그대로 적용되고 있지만 고파를 인정하지 않는 경전에서는 야쇼다라만을 내세우고 있다. 산스크리트어본 《라리타비스타라》에서는 고파라고 하고 있고 《마하바스투》에서는 야쇼다라라고 하고 있다. 《보요경(普曜經)》과 《태자서응본기경》에는 고파, 《방광대장엄경(方廣大莊嚴經)》과 《과거현재인과경(過去現在因果經)》에서는 야쇼다라를 각각 태자비로 삼고 있다.

고파를 제1 정비로 본 《불설보요경》의 〈왕위태자구비품〉이나 《수행본기경》의 기록을 따라가 본다.

숫도다나왕은 어느 날 태자에게 물었다.

"결혼을 해야 하지 않겠느냐?"

계속해서 부왕의 명을 거역할 수가 없던 태자는 준비하고 있던 금상(金像) 하나를 부왕에게 내밀면서 다음과 같이 말했다.

"이 금상과 똑같은 여인이 있다면 결혼하겠습니다."

숫도다나왕은 나라에서 제일가는 금세공이 만든 여인상을 내려다보았다. 참으로 아름다웠다. 아무리 보아도 세상에 없는 여인이다. 부왕은 어이가 없었지만 태자의 마음을 잡기 위해 '그러마' 하고 바라문들을 불렀다.

왕은 그들에게 금상을 보이며 말했다.

"태자가 이 여인을 찾고 있소."

"누군가요? 이 여인이."

"짐도 모르겠소. 어느 날 우연히 본 여인이었다고 하오."

바라문들이 그 여인을 찾기 시작했다. 싯다르타의 머릿속에서 나온 여인이 있을 리 없다.

그러나 바라문들이 그 여자를 찾아내었다. 바로 안자나 성주의 아들이요 숫붓다의 형제인 단다파니의 딸 고파였다.

고파를 본 싯다르타 태자는 놀라 할 말을 잃었다. 숫도다나왕은 놀라는 태자를 뒤로 하고 고파를 태자비로 맞기 위해 준비를 서둘렀다. 자신의 이상에 맞는 여인이 나타나자 싯다르타도 마음이 동하였다. 싯다르타는 고파가 마음에 들어 자신의 목걸이를 벗어 주었다.

고파는 자존심이 센 여자였다. 그녀는 태자의 목걸이를 받지 않았다. 고파가 거부하자 싯다르타가 물었다.

"왜 그러오?"

"오해하지 마세요. 저의 덕으로 태자님을 장식해 주고 싶어 그러합니다."

고파에 대한 기록은 더 있다. 경전의 기록들을 자세히 살펴보면 그녀는 과거생에 연꽃을 파는 아가씨였다는 기록을 만날 수 있다. 싯다르타가 이생에 오기 전 수메다로 살던 시절, 이미 두 사람은 맺어져 있었다는 기록이 그것이다.

어느 날 수메다 수행자는 연등불에게 연꽃을 바치기 위해 연꽃을 사려고 꽃집을 찾아간다. 고파라는 처녀가 꽃을 팔고 있다. 수메다는 고파에게 연꽃을 팔라고 한다. 고파는 수메다에게 한순간에 반해 연꽃을 나눠준다. 그리고는 이렇게 말한다.

"수행자여. 이 연꽃을 드리는 것은 다음 생에 저를 아내로 맞아달라는 뜻입니다."

그렇게 하여 고파는 수메다의 후생 싯다르타의 아내가 되었다는 것이다.

고파를 인정하지 않고 야쇼다라를 싯다르타의 정비로 내세우는 경전들은 하나 같이 이마저도 부정한다. 고파가 아니라 야쇼다라라는 것이다.

사실 고파의 기록에 나오는 금상의 기록은 어딘가에서 본 듯한 기록이다. 나중에 붓다의 제자가 되는 마하카사파의 아내 바드라 카필라니의 사연과 거의 똑같다.

그럼 정말 야쇼다라의 얘기를 번안자들이 뒤바꿔 버린 것일까?

싯다르타를 사이에 둔 두 여인의 행동거지는 사실 판에 박은 듯이 똑같다. 이름만 고파와 야쇼다라로 바뀌었을 뿐이지 고파의 삽화는 야쇼다라의 삽화 그대로다. 야쇼다라도 그렇게 싯다르타를 만나고 있고 결혼에 이르고 있다.

그러면 우리들이 익히 알고 있는 야쇼다라가 어떻게 싯다르타와 부부가 되는지 살펴보면 그 대답이 나올 것이다. 대부분의 기록은 싯다르타가 그녀를 만나는 과정을 자세하게 기술하고 있다.

…야쇼다라가 들어서자 잠시 실내가 웅성거렸다. 사람들의 탄성을 자아낼 만큼 야쇼다라의 자태는 아름다웠다. 잠시 야쇼다라를 일별하던 태자의 눈빛이 흔들렸다.

그때 숫도다나왕은 보고 있었다. 그토록 결혼을 하지 않겠다던 태자의 마음이 흔들리고 있다는 것을. 하기야 아들도 사내였다.

싯다르타 태자가 야쇼다라와의 첫 만남을 묘사한 것인데 숫도다나왕은 흔들리는 태자의 마음에 불을 지른다.

"아들아. 네가 이제 와 야쇼다라를 원한다 해도 때가 늦었다. 야쇼다라의 아비 선각왕(善覺王)이 그러더구나. 너를 사위로 맞이하기에는 너무 무능하며 나약하다고….'

드디어 싯다르타의 얼굴에 생의 욕망이 타올랐다.

"절더러 나약하고 무능하다고 하셨습니까?"

"그렇다. 그런 소리를 들었을 때 이 아비의 심정이 어떠하였겠느냐. 찢어지는 것 같았느니라. 더욱이 야쇼다라는 날 때부터 주먹손을 쥐고 있는 여자가 아니냐. 그런 여자에게 목숨을 걸 이유가 있겠느냐?"

숫도다나왕이 눈치를 살피며 말하자 싯다르타는 잠시 눈을 감았다 떴다.

"방금 목숨을 걸어야 한다고 하셨습니까?

싯다르타의 물음에 숫도나나왕이 당연하지 않느냐는 듯이 고개를 주억거렸다.

"이 나라의 관습을 모르고 있는 것이냐. 태자비를 얻으려면 무예시합을 치루어야 할 것이 아니더냐. 그것이 이 나라의 법이다. 더욱이 유학에서 돌아온 데바닷다가 그녀를 욕심내고 있다고 하더구나."

"그렇다면 무예시합을 열도록 하십시오. 이제 모든 것으로부터 피하지 않겠습니다. 적극적인 사고와 행동만이 나를 일으켜 세울 수 있다는 걸 오늘 아버님으로부터 깨달았으니까요.”

숫도다나의 계획에 휘말린 싯다르타는 그 길로 무예시합에 응한다.

잠시 후 함성이 일었다. 어느새 데바닷다가 활을 들어 보이며 웃고 서 있었다. 그는 이내 네 개의 고를 향해 화살을 날렸다. 드디어 화살이 날랐다. 금고가 찢어져 나갔다. 뒤이어 은고가 찢어져 나갔다. 유석고가 찢어져 나갔다. 동철고가 찢어져 나갔다. 네 개의 고를 지난 화살은 일곱 그루의 타라나무를 지나 무쇠 멧돼지의 정수리를 때리고 땅에 떨어졌다.

“으하하하하”

데바닷다의 통쾌한 웃음소리와 함께 이곳저곳에서 환호성이 터져 나왔다.

드디어 싯다르타의 차례가 되었다. 군중들 앞에 으스대며 나타날 줄 알았던 그는 겸손하게 활터로 나아갔다. 군중들이 그런 그를 향해 계속 환호성을 질러댔다.

그는 데바닷다처럼 사람들을 향해 손 한번 쳐들지 않았다. 그는 조용히 활터로 나아가 자신이 쏘아 맞혀야 할 네 개의 고와 일곱 그루의 타라나무, 무쇠 멧돼지를 바라보았다. 그리고는 시종을 불러 자리를 깔게 하였다. 시종이 영문을 몰라 하다가 대자리를 깔았다. 그가 대자리 위로 올라가 반가의 자세로 과녁을 향해 앉았다.

그를 지켜보던 군중들이 웅성거렸다.

"왜 저러시지? 활을 앉아서 쏘시겠다는 거야?"

"그럴 리가 있나, 남들은 서서 시위도 못 거는 판에."

"활을 가져오너라."

자리 위에 앉아 숨을 고른 싯다르타가 시종에게 조용히 일렀다. 시종이 재빨리 단상 위에 놓인 활을 두 손으로 들어다가 그에게 건 넸다.

그가 활을 받아 들었다. 그는 활을 가만히 살펴본 뒤 활의 윈편 황전을 바닥에 대고 오른편 도고지마디를 윈손으로 올려 잡아 시위 를 오른손으로 단단히 잡아 당겼다. 시위가 팽팽히 당겨졌다. 뒤이어 그는 시위를 오른편 마디 위로 빛살처럼 옮겨갔다. 그러자 숨소리조 차 들리지 않던 장내가 갑자기 환호성으로 뒤덮였다.

싯다르타는 잠시 한숨 돌린 다음 시종이 가져다주는 화살을 시위 에다 걸었다. 표적을 꿰뚫는 그의 눈매가 매섭게 빛났다. 오늬를 낀 깍지 낀 손에 힘이 주어졌다. 활시위가 터질 것처럼 팽팽해졌다. 한 순간 세상의 모든 것들이 숨을 죽였다. 그는 그 정적 속에서 숨을 멈추었다가 시위를 놓았다. 살이 날랐다. 금고가 찢어졌다. 은고가 찢어졌다. 유석고가 찢어졌다. 동철고가 찢어졌다. 화살은 그대로 일 곱 개의 타라나무를 꿰뚫고 무쇠 멧돼지를 통과하고 허공을 꿰뚫다 가 머리를 숙여 땅위에 꽂혔다. 화살이 꽂힌 자리에서 갑자기 물줄 기가 치솟았다.

어느새 벌떡 일어난 숫도다나왕의 입에서 고함이 터져 나왔다.

"무엇이라고? 화살이 꽂힌 자리에서 샘물이 솟는다고?"

"그러하옵니다."

왕과 신하들 그리고 모든 백성들이 화살이 떨어진 자리로 달려갔

• 붓다 평전

다. 정말 화살이 꽂힌 자리에서 맑은 물이 솟아나고 있었다.

점성관이 허리를 꺾고 머리를 깊이 조아렸다.

"대왕마마, 천상의 신들이 태자님의 승리를 예찬하여 목마른 백성에게 천상의 물을 하사하신 것입니다."

"그렇도다! 그렇도다!"

"대왕이시여. 저 샘을 화살의 샘이라 이름 지으시고 백성들로 하여금 목을 축이게 하시옵소서."

"이르다 말인가."

경전들의 기록을 재구해 보았는데 이 대목만 보아서는 싯다르타의 정비가 고파가 아니라 야쇼다라임이 분명해 보인다. 고파에 대한 자료가 너무 미미해 확실한 대조가 어렵기 때문이다. 더욱이 고파가 주먹손이었다는 기록이 어디에도 없다. 고파가 하늘이 정해준 싯다르타를 만남으로써 주먹손이 펴졌다는 기록 또한 어디에도 없다. 그렇다고 고파가 제1 비(妃)일 가능성도 없는 것은 아니다. 그래도 고파가 야쇼다라이지 않을까 하는 생각이 드는 것은 결혼을 부정하던 싯다르타가 한순간에 두 여인 그러니까 고파와 야쇼다라를 취할 수 있었겠느냐 하는 점 때문이다.

더욱이 고파에게 마음을 주고 있었다면 야쇼다라를 얻기 위해 무예시합을 원한다? 아버지가 자신을 사내답지 않다고 하자 사내다운 것이 어떤 것인가를 보여주겠다며 무예시합에 나간다?

무엇보다 그녀를 얻기 위해 데바닷다와 목숨을 불사하고 싸우는 것도 정말 그와 어울리지 않는다.

더욱 이상한 것은 야쇼다라를 사이에 두고 싸운 데바닷다.

「네이버 인물사전」에 보면 이런 기록이 보인다.

중요성을 감안해 따로 자세히 데바닷다에 대해서는 다루겠지만 경전의 기록을 그대로 반영한 「네이버 인물사전」의 기록을 옮겨 보면 이렇다.

선각왕(善覺王): 중인도 구리성의 왕. 석가 종족의 한 파인 구리족으로 아누석가의 아들. 아들 하나와 딸 하나가 있었는데, 아들 데바닷다는 부왕의 뒤를 계승, 딸 야쇼다라는 숫도다나왕의 아들 싯다르타(悉達多: 석가모니) 태자에게 시집보냈다. 뒤에 싯다르타는 출가 수도하여 석가모니불이 되고, 야쇼다라는 아들 라훌라를 데리고 고향에 남게 되자, 이를 좋지 않게 여겨 B.C. 577년 석가모니 성도(成道) 후 14년경 어느 날 석가모니가 카필라성에서 행걸(行乞)하는 것을 보고 습격하여 방해하였다. 그 뒤 곧 사망.

이게 뭔가? 아무리 살펴봐도 뭔가 이상하다. 여기 기록된 데바닷다, 그가 누구인가. 바로 싯다르타가 야쇼다라를 사이에 두고 싸운 데바닷다다.

데바닷다가 확실하다면 뭔가 잘못되어 있는 것이 분명하다. 이 기록은 남전《맛지마 니까야 주석서》도 다르지 않다. 야쇼다라와 데바닷다가 남매라고 기록하고 있다.

그럼 데바닷다는 동생을 얻기 위해 싯다르타와 싸웠다?

한발 더 나아가 보면 더욱더 이상해진다. 싯다르타의 어머니 마야 부인과 싯다르타의 정비(正妃) 야쇼다라. 그들의 관계가 정말 이상하다. 그들 모두 안자나(선각왕) 성주의 딸로 나온다. 카스트의 순수성을 지키기 위해 족내혼 전통이 있다고 하더라도 이게 어떻게 된 것인가. 마야부인도 안자나 성주의 딸이고 아들의 정비도 안자나 성주의 딸이다? 그럴 리 없다. 그렇다면 안자나란 왕의 이름을 그의 아들 중 누군가가 썼을 것이란 추리가 가능하다.

그럴까?

문제는 역시 데바닷다다. 싯다르타의 적수였다는 데바닷다. 그를 깊이 들여다보면 들여다볼수록 요령부득의 인물이다. 아니 어떻게 돌아가는지 감이 잡히지 않는다. 위의 족보대로 하자면 데바닷다는 안자나 성주의 아들이요, 야쇼다라와는 친남매가 된다. 더욱이 「불교사전」에 보면 어이가 없다. 그곳에는 데바닷다가 아난다의 아우라고 되어 있다.

이게 또 어떻게 된 것인가. 아난다는 붓다의 사촌동생이다. 숫도다나왕과 형제인 숫꼬다나왕(백반왕)의 아들이 바로 그다. 분명히 《불본행경》에 그렇게 기록되어 있다. 아난다는 나중 붓다의 시자가 되는 사람이다.

그런데 데바닷다가 아난다의 동생이다? 데바닷다가 아난의 동생이라면 붓다와 동년배가 될 수 없다. 그런 그가 붓다의 아내인 야쇼다라를 두고 다툰다?

아무리 생각해도 야쇼다라를 두고 암투하거나 동년배로는 보이지 않는다. 그 뒤의 기록을 보면 더욱 이해가 되지 않는다. 기록에는 붓다를 시해하려다가 지옥의 불구덩이 속으로 떨어졌다고 기록되어 있는데 《법화경》에 보면 눈을 의심할 정도로 그의 행적은 눈부시다. 지옥의 불구덩이 속으로 떨어진 데바닷다에 대해 붓다는 목이 마를 정도로 그를 칭찬하고 있다. 그는 지옥의 불구덩이 속으로 떨어진 것이 아니라 오히려 붓다의 성불을 결정적으로 도운 인물로 기록되어 있다. 그뿐만이 아니다. 그는 나중 붓다의 경지에 들 인물이라고까지 기록되어 있다. 그렇다면 후대로 내려오면서 그의 기록이 왜곡되었다고 볼 수밖에 없다.

대승경전《법화경》은 산스크리트본의 한역으로 초기불전《숫타니파타》와 쌍벽을 이루는 경전이다.《숫타니파타》가 가장 오래된 경전이며 초기 불전의 가장 독보적 경전이라면《법화경(法華經)》은 대승불교의 대표 경전이다. 그《법화경》이 왜곡되었다면 이는 근본 불교에서 대승불교로 넘어오면서 저질러진 오류가 분명하다.

어느 날 한 모임에서 이 문제를 슬쩍 던져 보았다. 글을 쓰는 이들이라 대체로 동의하는 것 같았다. 그런데 별로 심각하게 생각하지는 않아 보였다. 불교 역사가 길다 보니 그런 폐단이 생겨난 것이 아니겠느냐 뭐 그 정도로 생각하는 것 같았다.

"오류라고 할 수가 있을까요? 꼭 대승불교를 폄하하는 것처럼 들리는군요."

"폄하가 아닙니다. 폄하할 일도 아니고요."

"그렇지요. 폄하할 문제가 아니지요."

"그렇습니다. 불교사의 흐름상 아주 자연스런 문제지요. 문제는 그 영향을 받은 나와 같은 이야기꾼들이 앞으로도 계속 나올 수 있다는 사실입니다. 나는 몰랐기에 기존의 예를 따라 쓰고 있었고…. 오늘도 대부분의 작가들이 그 예를 생각 없이 따르고 있지 않습니까?"

그렇게 말해 본들 무슨 소용일까 싶었지만 그렇게 말하고 말았다. 기존의 엉망진창인 기록에 따라 쓴 이야기들. 기록이 잘못되었는지도 모르고 그대로 기술한 작품들. 만약 대부분의 작품들이 그렇게 쓰여졌다면 이제 어떻게 해야 하는 것일까. 불교사의 흐름이 그러했거늘. 그렇게 인정하고 말아야 할까. 만약 그랬다가는 잘난 이들에 의해 어떻게 그것도 모르고 쓸 수 있느냐며 손가락질을 당하고 말 터인데…

도대체 어디에 기대어 작업을 해나가야 하나. 불교사의 흐름을 그대로 인정한다고 하더라도 알 것은 알고 밝힐 것은 밝히고 넘어가야 하는 것이 아닐까.

다시 이렇게 반문해 보았다. 그러면 데바닷다는 아난다의 아우인가? 아니면 야쇼다라와 남매인가? 자신의 핏줄을 아내로 얻기 위해 싯다르타와 겨루었다?

말이 안 된다는 생각이 들었다. 아무리 생각해도 아난다의 아우는 아님에 분명했다. 그럼 데바닷다는 야쇼다라와 같은 남매로서 싯다르타가 마음에 들지 않았거나, 여동생을 아내로 맞으려 했거나 그렇게 싯다르타의 결혼에 훼방을 놓았다는 말이 된다. 이로써 야쇼다라는 데바닷다의 동생이었다는 결론이 나온다. 그는 싯다르타를 질투하고 싫어했기 때문에 나를 이기면 야쇼다라를 주겠다고 했을지도 모른다. 그러나 이것은 더욱 말이 안 된다. 경전에 등장하는 데바닷다의 위상으로 보아 그럴 리 없다.

2

이쯤 해서 그들의 족보를 한 번 바로잡아 봐야겠다는 생각에 더 깊이 들어가 보았다. 그러자 두 종족이 로히니강을 중심으로 집단을 이루고 살고 있었다는 기록과 만날 수 있었다. 아누사카 족과 샤카족이 그들이었다. 싯다르타의 아버지 숫도다나왕이 이끄는 석가족의 수도는 카필라성(까삘라와스뚜, Kapilavastu)이고, 안자나 성주가 이끄는 코올리야족(Koliya 拘利族)의 수도는 데바다하(Devadaha, 天臂城)였다.

샤카족은 자부심이 매우 강한 종족이었다고 기록되어 있다.

카필라를 세운 왕자들의 아버지는 태양을 뜻하는 옥까까(okkāka)라는 사람이었다. 최초 인간 마누(Maun)의 5대손이었다. 욱까까는 네 명의 왕자와 다섯 명의 공주를 두었다. 그가 죽고 나자 남매들은 나라의 번성을 위해 짝을 지어 자식을 낳기로 한다. 그런데 공주가 다섯이고 왕자는 네 명이다. 그들은 제일 나이 많은 누님을 어머니로 모시기로 하고 남매간끼리 부부의 연을 맺었다. 그들은 왕을 뽑지 않고 사이좋게 카필라를 다스렸다.

세월이 흐르자 자식들이 태어났다. 시하하누왕(사자협왕)이 나라를 다스릴 때까지도 그 전통은 깨어지지 않았다. 시하하누왕은 다섯 명의 아들과 두 명의 딸을 두었다. 아들은 첫째가 숫도다나왕(정반왕), 둘째가 숫꼬다나왕(백반왕), 세째가 삭꼬다나, 넷째가 도또다나왕(곡반왕), 다섯째가 아미또다나왕(감로반왕)이었고, 두 딸의 이름은 아미따와 베미따였다.

형제가 나라를 함께 다스리는 전통이 깨어진 것은 시하하누왕이 세상을 버린 후였다. 의회에서 숫도다나 마하라자를 '대왕(大王, Maha Rasa)'으로 선출했기 때문이었다.

그렇게 깨끗하게 혈통을 지켜온 카필라족은 로히니강을 사이에 둔 코올리야족 일명 꼴리야족과의 혼인만은 인정했다. 꼴리야족은 카필라족이 처음 나라를 건설했을 때 어머니로 모셨던 첫째 공주의 후손들이었다. 어느 해 그녀는 병에 걸려 스스로 카필라를 떠났다.

전국을 유랑하며 자신의 병을 다스렸는데 도중에 라마를 만났다. 그 사내 역시 병든 사람이었다. 두 사람은 서로 의지하여 맹수를 피해 대추나무(꼴라나무)를 둘러치고 살았다.

그렇게 꼴리야가 일어섰다. 그 사실을 안 석가족은 그녀를 모셔오려고 하였지만 그녀는 돌아가지 않고 꼴리족을 다스렸다. 그리하여 석가족과 꼴리야족의 통혼이 시작되었다.

숫도다나 대왕의 왕비 마야부인이 바로 첫째 공주의 땅 꼴리야족 출신이었다. 그녀는 꼴리야의 수도 데와다하를 다스리는 안자나 성주(Anjana, 선각)의 장녀였다.

타 종족과는 피 한 방울 섞이지 않아 순수했지만 반면에 근친으로 인해 두 사람 사이에는 자식이 생기지 않았다. 숫도다나왕은 나이 마흔을 넘기고 왕위를 물려줄 왕자를 얻기 위해 기도를 시작했다. 기도를 올린 지 100일째 되던 어느 늦은 여름, 마야 왕비는 눈부시게 흰 코끼리가 하늘에서 오른쪽 옆구리로 들어오는 꿈을 꾸었다.

그렇게 하여 태어난 태자가 싯다르타였다.

그 싯다르타를 중심으로 다시 붓다의 가계도를 살펴보면 친할아버지는 사자협왕, 위로 구구로왕, 그 위로 구로라왕, 그 위로 니구라왕, 그 위로 대차왕에 이른다.

《불본행경(佛本行經)》에 보면 붓다의 가계도가 자세히 나와 있다.

중천축에 포다나(襃多邪)라는 성이 있었는데 백성이 많았다. 그곳의 왕은 대어왕(大魚王)이었다. 이 왕으로부터 대명칭왕(大名稱王)에 이르기까지 자손이 대를 이었다…

그들의 차왕 대에 이르러 그에게는 네 아들이 있었다. 그 중 위로 세 왕자는 죽고 오직 넷째인 별성만이 살아남았다.

부인들 간의 암투로 살아남은 왕자는 북쪽으로 내쫓김을 당한다. 내쫓긴 왕자는 사이림(舍夷林)에 닿았다. 향산의 북쪽 설산의 남쪽 사이에 있는 숲이었다. 거기에 나라를 세웠으니 이곳이 붓다의 조국 카필라였다.

…나중에 차왕이 자식들을 찾자 별성 왕자가 니구라성의 왕이 되었다고 하였다. 곧 니구라왕(尼拘羅王)이었다. 성인 가비라가 도를 이룬 곳이라 하여 성을 카필라라고 하므로 차왕이 카필라로 가 감탄했다.

"내 아들은 석가(釋迦=能仁: 장하다, 침착하다)로다, 내 아들은 석가로다."

이 공덕 때문에 석가라는 성이 되었다. 그 성 니구라왕이 부처님의 5대조이시다. 이 왕에게 태자가 있었으니 구로라왕(拘盧羅王)이라 불렸다. 이 왕이 부처님의 고조(高祖)부였다. 이 왕에게 태자가 있었으니 구구로왕(瞿拘盧王)이었다. 이 왕이 부처님의 증조부였다. 이 왕에게 태자가 있었으니 사자협왕(師子頰王)이었다. 이 왕이 곧 부처님의 할아버지였다. 이 왕에게 4태자가 있었다. 첫째가 수두단나(輪頭檀那)이시니 정반왕(淨飯王)이시고, 둘째가 수구로단나(輪拘盧檀那)이니 백반왕(白飯王)이시고, 셋째가 도로나(途盧那)이시니 곡반왕(斛飯王)이시고, 넷째가 아미도단나(阿彌都檀那)이시니 감로반왕(甘露飯王)이시다. 정반왕에게 2태자가 있었다. 첫째는 싯다르타(悉達)이시니, 그가 곧 부처님이시다. 4월 8일에 태어났고, 키가 1장 6척이었다. 둘째가 난타(難陀)이니, 4월 9일에 태어났고, 키는 1장 5척 4촌이었다.

백반왕에게는 2왕자가 있었다. 첫째는 조달(調達)로 부처님의 사촌형제였다. 4월 7일에 태어났다. 키는 1장 5척 4촌이었다. 둘째는 아난(阿難)이었다. 부처님의 시자로서 4월 10일에 태어났다. 키는 1장 5척 3촌이었다. 곡반왕에게 2왕자가 있었다. 첫째는 석마남(釋摩男)이었다. 4월 12일에 태어났고, 키는 1장 4촌이었다. 둘째는 아니루타(阿尼樓陀)이다. 감로반왕에게는 2왕자가 있었다. 첫째는 파투(波投)이며 4월 13일에 태어났고, 키는 1장 4촌이었다. 둘째는 발제자(跋提子)로 4월 14일에 태어났고 키는 1장 4촌이다.

맛지마 니까야 주석서(MA, Papañcasūdani 멸희론소)의 기록은 불본행경처럼 자세하지는 않다는 걸 알 수 있다. 겨우 사자협왕은 다섯 아들을 두었다는 것 정도다. 여기에서도 기록의 차이가 드러난다. 《불본행경》에는 사자협왕에게 네 아들이 있었다고 하고 있는 데 반해 남방상좌부 빠알리 경전에서는 삭꼬다나라는 아들이 한 명 더 있어 다섯 형제라고 기록하고 있다.

그 외 기록은 비슷하다. 붓다와 난다(難陀, Nanda)는 숫도다나의 아들이며 마하나마와 아나룻다는 숙꼬다나의 아들이며 아난다는 아미또다나의 아들이라고 하고 있다. 외가 쪽 기록도 마찬가지다. 아누사카왕은 안자나, 마야, 파자파티 3남매를 두었다. 뭐 그 정도인데 자세하지는 않다.

이상한 것은 불본행경에서는 데바닷다를 백반왕의 장남이라고 하는데, 조달이라는 자가 바로 데바닷다이다. 그런데 빠알리 맛지마 니까야에서는 그의 존재가 보이지 않는다.

더욱이 다른 여러 경전에서는 엉뚱하게 안자나(선각왕)의 손자라고 하고 있어 어떻게 되는 것인지 감을 잡을 수가 없다.

무엇보다 안자나 성주의 아들 그러니까 단다파니와 형제인 숩붓다의 아들딸로 야쇼다라와 데바닷다를 형제로 보고 있는 기록을 보면 당황할 수밖에 없다. 데바닷다가 동생인 야쇼다라를 얻기 위해 싯다르타와 싸운다는 것도 그렇고 숲붓다의 아내가 붓다 석존의 아버지 형제 중에 있었다는 기록에 이르면 뭐가 어떻게 돌아가는지 헷갈린다. 붓다 석존의 아버지 이름은 숫도다나다. 숫도다나의 막내동생 이름은 베미따다. 이 베미따가 숲붓다의 아내라는 기록이 있다. 거기에서 야쇼다라와 데바닷다가 태어났다는 것이다. 그럼 숫도다나의 처 마야와 마하빠자빠티고따미는 어떻게 되나?

추리하기 조차 힘겨운데 본시 근친혼을 하는 종족이었으니 그럴 수 있겠다 싶지만 뭔가 톱니바퀴가 안 맞는 듯한 느낌을 지울 수가 없다.

무엇보다 경전에 나오는 그들의 위치가 그 사실을 받아들이지 못한다. 그리고 관계가 아무래도 의심스럽다. 그들의 관계를 따라가 보면 근본 경전 또한 헷갈리고 있다.

아무리 생각해도 야쇼다라가 선각왕 즉 안자나 성주의 딸일 리 없다는 결론이 나온다. 안자나 성주의 딸은 마야이고 싯다르타 태자의 어머니다. 그런데 대부분의 경전에서는 안자나 성주의 딸로 야쇼다라가 나온다. 마야부인도 안자나 성주의 딸이고 야쇼다라도 안자나 성주의 딸로 나온다.

그렇다면 이렇게 추론할 수 있다. 마야부인은 안자나 성주의 딸이고 야쇼다라는 마야와 형제인 숲붓다의 딸이라고 해야 맞다. 안자나 성주가 야쇼다라의 할아버지가 되는 것이다.

뒤늦게야 빠알리어 경전 맛지마 니까야 주석서에서 그 사실을 발견했다.

이것이 근본 경전과 한역 경전의 차이점이 아닐까 싶어 고개가 끄덕여졌는데 카스트의 순수성을 지키기 위해 족내혼을 하고 있었으니 충분히 가능한 구조다.

한역화 과정에서 조금만 주위를 기울였더라도 뭔가 잘못되고 있다는 것을 알아챘을 수 있는 대목이다.

혹자는 그럴 수도 있지 않겠느냐고 할지도 모르지만 경전에 나오는 그들의 인과 관계가 그것을 용서하지 않고 있다. 여러 경전의 기록을 자세히 살펴보면 결코 역사는 추론을 용서하지 않는다는 걸 알 수 있다. 추론이 경전의 구조 전체를 뒤엎는 것과 같다는 것을 이내 알 수 있다. 마야부인과 야쇼다라가 한 형제가 되어 버린다는 것도 용인할 수 없지만 동생을 두고 매형과 목숨을 건 다툼을 하는 것도 이치에 맞지 않다.

이 기막힌 사실. 이 사실을 어떻게 이해해야 할까?

우리는 그 사실을 믿고 지금까지 글을 써왔다. 큰뜻을 두고 자질구레하다고 할지 모르지만 이만한 것조차 바로 잡지 못하고서야 큰 뜻이 어떻게 전해졌을까 싶기도 한 것이 사실이다. 그 큰 의미가 제대로 전해졌는지. 대승불전이 붓다의 직언인 줄 알고 평생 거짓말을 해왔다는 한탄이 충분히 이해가 되니 말이다.

그렇기는 하지만 그걸 정확히 아는 사람은 어디에도 없다. 근본 경전이라고 해서 오류가 보이지 않는 것은 아니다. 경전 내용상 데바닷다와 아난다가 형제임이 분명하고 보면 근본 경전에서 말하는 아미또다나(감로반)왕은 그들의 아버지가 아니라고 볼 수밖에 없다. 그렇다고 대승불전에서 주장하는 안자나 성주라고도 볼 수 없다. 숫꼬다나(백반)왕의 아들이라 해야 맞기 때문이다. 숫도다나왕에게 형제가 다섯이었다는 근본 경전의 주장도 그렇다. 어디에 근거를 두었는지 모르겠지만 대승경전인 불본행경에서는 넷이라고 단정 짓고 있는 것으로 미루어 데바닷다의 경우는 불본행경이 맞다고 볼 수밖에 없다.

그런데 문제는 근본 경전의 오류(?)가 그 정도(확실하지는 않지만)인 데 비해 한역 경전의 오류는 들어갈수록 상상을 불허한다는 사실이다. 야쇼다라의 아버지 구리성의 성주 안자나(선각)가 단다파니라는 기록에 이르면 그것을 어떻게 받아들여야 할지 난감하기 그지없다. 안자나 성주는 경전대로 하자면 야쇼다라의 아버지로 나오지만 바로 잡으면 할아버지다. 바로 마야부인의 아버지인 것이다. 반면에 단다파니는 안자나의 아들로 야쇼다라에게는 삼촌 되는 사람이다. 붓다의 제2 정비 고파의 아버지 이름이 단다파니이다. 단다파니는 바로 안자나 성주의 아들이 아닌가. 안자나와 단다파니는 부자지간이다. 그런데도 대부분의 경전에는 단다파니와 안자나를 구별하지 않고 있다. 《불본행집경》에 보면 야쇼다라가 아니라 고파라는 딸이 그에게 있었다고 분명히 기록하고 있다.

붓다에게 세 사람의 부인이 있었다는 기록도 그렇다.

아직도 붓다의 부인은 야쇼다라 한 사람뿐이었다고 주장하는 이가 있다면 이것은 잘못된 기록의 오류 때문이라고 봐야 한다. 아니 사실을 알고 있으면서도 그렇게 생각하는 것이 편하다는 사람들이 있다. 뭐 좋은 것이라고 신도들을 실망시킬 필요가 있느냐. 굳이 말할 필요가 없다는 것이다. 그것은 불교를 비방하려는 자들의 주장일 뿐이라는 것이다. 그 사실이 불교를 불신하는 티끌이 될까 눈치를 보며 인연설에 기대고 마는 이들이 한둘이 아니다.

하기야 붓다의 말씀이 한역화 되면서 이 정도의 변색은 놀랄 것도 아니기는 하다. 아예 기록 자체를 없애 버리거나 회피하고 그래도 안 되면 말도 되지 않게 이야기를 만들어내 버린 곳이 한두 곳이 아니다. 물론 불법 자체가 처음에는 구전으로 암송되던 것이었고 그것이 문자화되면서 첨삭 윤색의 과정을 거쳤다 치지만 그렇다고 해도 그렇다.

'부처님이 장가를 세 번이나 갔다고? 에이 그럴 리가. 그럼 신도들이 뭐라 그러겠어. 그 말이 그 말이지. 뭐 좋은 일이라고.'

그렇게 불교를 팔아 제 잇속 챙기는 사람들은 오늘도 붓다의 말씀을 기복적으로 해석해 버리는 천재성을 발휘한다. 뜻있는 자들의 개탄이 하늘을 찔러도 그들에 의해 불쌍한 중생은 진짜 경전이 가짜 경전이 되는 줄도 모른다.

그렇다면 제 잇속 챙기는 그들이 소승인가 대승인가. 밑그림을 크게 그리지 못한다면 그게 소승 아닌가. 그 과정을 올바로 가르치고 더 큰 법을 줄 수도 있다면 그게 대승 아닌가.

3

먼저 《자타카》에 기록된 야쇼다라와 싯다르타의 인연부터 살펴본다.

먼 옛날 바라나시의 왕 중에 아주 포악한 왕이 있었다. 어느 해 그는 왕자가 자신을 실망시키자 성 밖으로 내쫓았다. 자연히 태자비도 함께 쫓겨났는데 그들은 갈 곳이 없어 산야를 헤맸다. 열매를 따 먹고 풀뿌리로 속을 채웠다.

어느 날 뱀을 한 마리 잡았다. 두 사람은 뱀을 삶아 먹기로 했다.

불을 피우고 뱀을 삶기 시작했는데 채 다 삶기도 전에 물이 모자랐다. 너무 물을 작게 부었기 때문이었다.

"안 되겠어요. 제가 가서 물을 더 길어와야겠어요."

그렇게 말하고 태자비는 물을 길으러 갔다. 곁에 앉았던 태자는 너무 배가 고파 참을 수가 없었다. 솥뚜껑을 살며시 열어보니 냄새가 기가 막힌다. 조금만 먹어보자 생각하며 뱀의 살코기를 먹어보았다. 너무 맛이 있었다.

그는 조금만 더 조금만 더 하다가 그만 뱀을 다 먹어 버리고 말았다. 태자비가 돌아와 보니 삶고 있던 뱀이 사라졌다. 그녀는 뱀을 어쨌느냐고 태자에게 물었다. 할 말이 없어진 태자는 뱀이 되살아나 도망가 버렸다고 거짓말을 했다.

태자비는 대단히 실망했다. 뱀이 되살아나 도망갈 리가 없었다. 그녀는 거짓말을 하는 태자가 실망스러워 울었다.

그날의 태자가 곧 싯다르타로 환생했고 그날의 태자비가 바로 야쇼다라였다. 그렇기에 태자가 영락장신구를 벗어 결혼예물로 주었어도 오히려 덕으로 태자에게 보답하고 싶다고 했다는 것이다.

《자타카》 주석 서문인 〈니다나카타(Nidānakathā)〉에는 야쇼다라와의 관계, 아들 라훌라의 탄생과 그의 출가를 같은 날로 기록하고 있다.

야쇼다라의 상대로 싯다르타가 결정되자 비로소 야쇼다라의 아버지 안자나 성주는 숫도다나왕 앞으로 나아가 아뢰었다. 더 이상 자식의 흠을 말하지 않을 수 없었기 때문이었다.

"내 딸 야쇼다라에게는 조그만 흠절이 있나이다. 날 때부터 바른

손을 꼭 쥐고 펴지 못하니, 이러한 흠절이 있는데 어찌 태자의 배필이 되겠소이까."

숫도다나왕은 깜짝 놀랐다.

"지금 무엇이라 하시었소?"

안자나는 얼굴을 들지 못하였다.

"여봐라. 야쇼다라를 들게 하라."

이내 야쇼다라가 궁으로 들었다. 숫도다나왕이 손을 보자 섬섬옥수다. 그런데 안자나의 말처럼 자세히 살펴보니 손이 펴지지 않는 주먹손이었다.

"야쇼다라. 주먹을 펴보아라."

그녀는 주먹을 펴지 못하였다. 숫도다나왕은 눈을 감았다. 이 일을 어찌할 것인가. 잠시 생각에 잠겨 있던 숫도다나왕은 이윽고 시선을 들었다. 그녀가 아니고는 아들의 마음을 어떻게 잡을 것인가. 잡을 수 없다고 그는 생각했다. 그녀의 덕행이 진실하니 어찌 그것이 흠이 될 수 있겠느냐고 그는 생각했다.

즉시로 택일이 이루어졌다. 싯다르타가 예를 갖추고 납폐친영(納幣親迎)하는데 이상한 일이 일어났다.

야쇼다라가 폐백을 받들어 부왕께 드리려 할 때였다. 옥수에 받든 금반이 한쪽으로 기울어졌다. 야쇼다라는 깜짝 놀라 그것을 잡으려 했다. 그 순간 쥐었던 손이 펴지면서 손바닥에 두 줄 푸른 글자가 나타났다. 사람들이 하나같이 놀랐다. 싯다르타 또한 깜짝 놀라 숫도다나왕과 함께 살펴보았다.

이런 글이 손바닥에 나타나 있었다.

연등부처님께 일곱 가지 꽃을 정성 다해 드렸더니, 예전에 발원이 금세(今世)에 부부가 됨이로다. 이제 두 번 원앙이 이별함을 한탄하지 말지어다. 영산회상에 필경 정각을 이루리라.

七莖花獻燃燈佛 昔日發願今夫婦 莫恨鴛鴦今再別 畢竟正覺靈山會

싯다르타도 일이 이 정도 되자 전세 인연을 확연히 깨닫고 말없이 얼굴에 미소를 떠올렸다. 한순간이나마 고뇌하고 있는 생의 근본적인 문제들을 야쇼다라와의 만남을 통해 잊을 수가 있을 것 같았다.

4

붓다가 성장해 여자를 맞아들이기까지를 알아보았는데 기록 양상이 비슷하다. 아무래도 성현의 성생활을 다루어야 했으므로 불경스럽다고 생각해 조심스러웠을 것이다. 당연하다. 모든 것은 도에 맞아야 한다. 그만하다는 말이 그 말이다. 욕심을 부려서 될 것이 있고 안 될 것이 있다.

그렇다고 붓다의 밤 생활이 없었다고는 단언할 수 없다.

분명히 그렇다고는 말하지 못한다. 그렇다고 그 부분을 다루고 들어간다는 것이 말이 되는 소린가. 그러면서도 왜 이렇게 어느 종교도 '성(性)' 그러면 맥을 못추는 것인지 모를 일이다.

인간이 어디로부터 왔는가. 바로 성으로부터 왔다. 그런데도 '성' 그러면 죄의식부터 갖는다. 고양이는 암살이 나면 세상이 떠나가라 이 골목 저 골목을 돌아다니며 울부짖는다. 인간은 이성과 하나가 되기 위해 방문부터 걸어 잠근다. 짐승과 인간의 다른 점이 그것이라고 하더라도 인간의 원죄의식의 골은 이토록 깊다.

그래서인지 그토록 자세하던 기록도 이 부분에 이르러서는 희미하다. 그 어떤 기록도 기록 당시의 형편에 의한 것일 터이지만, 이럴 때 작가는 소설적 작위에 기댈 수밖에 없다. 유추에 의한 작의를 시도하지 않고서는 본상에 다가갈 수 없기 때문이다. 그렇다고 막연한 상상력의 재구가 아니다.

모든 근거는 기록에 바탕을 둔 재구이다. 그러므로 과거의 유추는 앞뒤가 분명해 짐으로써 사실이 되고 진실이 된다.

이제 그들이 하나같이 쉬쉬하는 붓다의 성생활로 들어가 보자. 나중 밀의의 바탕이 되는 그 세계 속으로 말이다.

야쇼다라와의 첫날밤은 바이샤칼의 보름달이 떠오르던 날이었다. 싯다르타는 흡사 꿈을 꾸는 것 같았다. 적당한 술에 그의 몸은 달구어져 있었다. 술상을 물리고 난 두 사람은 잠자리에 들었다. 야쇼다라의 몸은 그럴 수 없이 아름다웠다. 싯다르타는 여전히 꿈을 꾸는 것 같았다.

그 꿈은 길지 않았다. 끝없이 지속될 것만 같던 신부와의 정사. 어이없었다. 첫날밤이 밝았을 때 싯다르타는 저 먼 논밭에 비치는 저녁 햇살처럼 가슴을 밟고 지나가는 허망함에 치를 떨었다. 야쇼다라와 한 몸이 되었을 때 그 짧고 참혹했던 한 순간, 아무리 야쇼다라의 몸 위에서 파정을 하지 않으려 해도 그것은 정말 어쩔 수 없는 일이었다.

쾌락은 짧았다. 그 쾌락이 영원했으면 하였는데 생각과는 달리 몸이 말을 듣지 않았다. 자신의 뜻과는 상관없이 비웃듯 파정의 순간이 왔고 정사가 허무하게 끝나 버리고 나자 고통처럼 깊은 회의가 전신을 휘감았다.

'어째서 인간은 자기 자신마저도 지배하지 못하는 것일까? 어째서 정신과 육신이 분리되어 있단 말인가? 그 짧은 한순간의 만남으로 인해 새로운 생명이 태어나다니…'

문득 어머니의 참혹한 잔상이 눈앞으로 떠올랐다. 싯다르타는 가슴이 무너지는 것 같았다.

아아, 나는 그렇게 태어났구나.

뒤이어 그를 늘 괴롭히던 이상스러운 환영이 덮쳤다. 독을 푸는 강가에서 웃고 있는 소년, 형제를 죽인 죄로 지옥에서 고통받고 있는 사내의 일그러진 얼굴… 그 끔찍한 광경이 떠오르자 다시 두통이 시작되었다.

싯다르타는 몸을 떨었다. 도대체 이 무슨 일인가? 무엇 하나 의지대로 되는 것이 없다. 시도 때도 없이 불쑥불쑥 일어나는 이상스러운 환영과 두통, 자신의 의지와는 상관없이 일어나는 파정….

자신이 그렇게 생겨나 고통받고 있다는 사실이 믿어지지 않았다. 모든 것이 내 의지와는 상관없이 이루어지고 있다. 이 고통의 덩어리가 그렇게 생성되어 어머니를 죽여 놓았다니.

다음 날 싯다르타는 설마 하는 생각에 다시 야쇼다라를 안았다. 타는 목마름으로 야쇼다라의 몸을 쓸어내렸다. 교접이 이루어지기가 무섭게 파정의 순간이 왔다. 전날 밤과 다를 것이 없었다. 싯다르타는 이를 악물었다.

싯다르타가 입술을 씹으며 돌아눕자 야쇼다라는 옷을 추스르며 열에 뜬 눈길로 그를 쳐다보았다. 싯다르타는 더욱더 마음이 괴로웠다.

정말 어떻게 해서 인간은 육신 하나도 지배하지 못한단 말인가. 자기의 의지와는 관계없이 어쩔 수 없는 파정으로 새로운 생명이 태어난다?

다시 지긋지긋한 잔상들이 머릿속을 어지럽혔다. 사슴의 뱃속에 든 새끼 사슴이 생각났다. 소년이 웃고 있었다. 살생의 거리에서 소년이 웃고 있었다. 지옥에서 고통받는 사내가 울고 있었다… 거리에 널브러진 썩어가는 시신들.

아아, 생명이란 것이 도대체 무엇이란 말인가? 자신의 의지와는 상관없는 파정의 대가? 어머니도 그렇게 태어나 나를 낳다 죽었고, 거리의 시신도 그렇게 태어나 죽었다?

아아 소년은 왜 저리 웃고 있는가. 사지가 부들부들 떨렸다. 아무리 생각하지 않으려고 해도 그 환영들은 번갈아 가며 끈질기게 떠올랐다.

그날 이후 싯다르타는 야쇼다라로부터 등을 돌려 눕고 말았다.

"태자마마, 왜 그러십니까?"

야쇼다라의 물음에 싯다르타는 침묵하였다. 영문을 모를 수밖에 없는 부왕은 어느 날 싯다르타와 그의 아내 야쇼다라 비(妃)가 있는 자리에서 간곡한 어조로 말했다.

"손이 귀한 집안이다. 하루빨리 손자를 내 품에 안겨다오."

생에 대해 깊은 회의에 잠겨 있던 싯다르타의 얼굴에 깊은 슬픔의 그림자가 어리었다. 부왕은 시간이 흘러갈수록 싯다르타를 향해 조급하게 묻곤 하였다.

"아직도 태기가 없느냐?"

싯다르타의 고뇌는 더욱 깊어졌다. 그는 생각하고 있었다.

'안 된다. 나와는 상관없는 윤회가 그렇게 시작 되어서는 안 된다. 나의 윤회는 여기서 끝나야 한다. 이 고통을 당하려고 애를 낳는단 말인가. 나를 낳다가 친어머니가 죽었다면 또 한 생명을 낳다가 야쇼다라가 죽지 않는다고 어떻게 보장할 것인가. 그렇게 생명을 탄생시킬 수는 없다. 내 의사와는 상관없이 그렇게 생명을 얻어 생사의 고해에 내던질 수는 없다. 이 고해의 바다에 내던질 수는 없다.'

야쇼다라는 싯다르타의 그런 심정도 모르고 부왕으로부터 아직도 소식이 없느냐는 말을 들을 때마다 가슴이 탔다. 그녀는 잠자리에서도 적극적으로 남편을 유도하려 했지만 그때마다 싯다르타는 몸서리를 치며 일어나 버렸다.

무엇 때문에 남편이 그렇게 잠자리를 피하는지 누구에게 하소연도 할 수 없는 일이고 보면 야쇼다라로서는 속이 타지 않을 수 없었다.

3년이 지나도 소식이 없자 부왕은 안 되겠다는 생각에 싯다르타의 후궁을 두어 자손을 봐야겠다고 생각했다. 그 말을 들은 야쇼다라는 하늘이 무너지는 것 같았다. 하지만 사실을 그대로 고할 수는 없는 일이었다.

얼마 후 제2의 태자비 고파가 궁으로 들어왔다. 하지만 마찬가지였다. 싯다르타는 새로 맞은 태자비와 잠자리를 해 보았으나 역시 파정을 자유자재로 할 수 없었다. 그는 곧 잠자리를 포기하고 말았다. 다시 고통의 원인들이 되살아나 견딜 수가 없었다.

싯다르타의 고통을 알 바 없는 숫도다나왕은 은근히 태자비 고파가 손자를 낳아줄 줄 알았으나 어떤 기미도 없었으므로 실망한 나머지 다시 제3비를 들였다. 마노다라란 여자였다. 싯다르타가 길을 가다가 발견해 들인 여자였다. 그래서인지 둘의 사이가 누구보다도 좋았다.

그러나 역시 마찬가지였다.

야쇼다라는 어느 날 더 참지 못하고 모후에게 이렇게 저주하듯 말하고 말았다.

"결코 손을 볼 수는 없을 것입니다."

처음에 모후는 야쇼다라의 말이 무슨 말인지 이해하지 못했다.

"무슨 소리더냐?"

"미쳤다니까요."

"어허, 무슨 말이더냐?"

"잠자리에 들면 제정신이 아니에요. 파정하지 않으려고 끙끙거린다니까요. 그러다 등을 돌려 버린다니까요."

"그게 무슨 말이더냐?"

"등만 돌리는 게 아니어요. 밤새 식은땀을 흘리며 친어머니를 찾는다니까요."

"친어머니? 마야부인 말이냐? 그분을 왜?"

"그걸 제가 어찌 알겠어요. 어느 날 제가 물었더니 그러더라고요."

"뭐라고?"

"'내 몸이 내 몸이 아니다. 새 생명이 패배의 산물이란 말이냐? 그로 인해 내 어머니가 죽었다. 그럴 수는 없다. 그럴 수는 없어. 땅속에 묻힌 내 어머니, 그 어머니의 몸도 썩어 구더기가 슬었겠지' 그러더라고요."

"어허 이해할 수 없구나."

"정말입니다. 왜 제가 거짓말을 하겠어요. 파정을 한 것은 처음 며칠뿐이었습니다. 그 후로는 잠자리를 같이 해도 같이 한 게 아니었습니다."

이 말은 이내 부왕 숫도다나왕에게 알려졌다. 부왕은 당장에 아들을 불러들였다.

"아니 도대체 어떻게 된 일인가? 같이 잠자리를 하면서도 파정하질 않다니?"

싯다르타는 깊이 고개를 숙였다.

"부왕이시여 저를 이해해 주십시오. 저는 그동안에 인간이 왜 태어나고 왜 늙고, 병들고, 죽어 거리에 널브러져야 하는지에 대해서 깊이 생각해 보았습니다."

익히 아들의 사색을 알고 있었던 터라 부왕은 눈을 감았다.

"못나고 어리석은 생각인지는 모르겠습니다만 그 모든 것은 내 의지와는 상관없이 진행되는 것이었습니다. 저는 제 의지대로 태어나는 것이 아니었습니다. 나를 낳은 부모들도 그것은 마찬가지였습니다. 강가에서 독을 풀고 있는 사람들 곁에서 소년은 언제나 웃고 있고, 거리에서 죽어가는 사람은 자신의 의지와는 상관없이 죽어 썩어가고 있었습니다. 저는 정말로 그 사실이 이해되지 않습니다. 나는 알고 있습니다. 이 고통으로부터 벗어나는 길은 고통과 싸워 이기는 길밖에 없다는 것을."

부왕은 아들의 말에 눈을 뜨며 몸을 부르르 떨었다.

"태자, 말해 보라. 그 고통이 무엇이냐?"

싯다르타는 잠시 고개를 숙이고 생각하다가 이윽고 시선을 들며 고개를 내저었다.

"부왕이시여. 다만 그로 인해 다시는 나와 같은 생명이 태어나서는 안 된다고 생각하고 있습니다. 어머니처럼 돌아가시게 할 수도 없으며, 나와 같은 인간을 만들 수도 없으며, 병들게 할 수도 없으며, 늙게 할 수도 없으며, 거리에 널브러져 썩어가게 할 수도 없기 때문입니다."

"태자, 태자의 고민이 무엇인지 모르겠으나 무슨 말인가? 태자가 어때서? 태자와 같은 생명을 낳을 수 없다고 하여 파정을 안 하다니? 그것은 본능이 아니더냐? 자연스러운 것이 아니더냐. 생의 이치가 거기 있다. 어찌 그것을 막으려 한다는 말이더냐? 그렇다면 애당초 결혼을 하지 않았어야 할 일이 아니더냐?"

"그것은 아버지의 뜻이었습니다."

"손을 보는 것도 나의 뜻이다."

"저는 정말 어리석었습니다. 좀 더 솔직해지지요. 소자는 태자비들을 맞아들일 때까지도 인간은 자기의 의지대로 파정을 조정할 수 있을 줄 알았습니다. 적어도 인간이 태어나는 일이니까요. 그러나 그게 아니었습니다. 그것은 내 의지와는 별개의 것이었습니다. 정신과 육신은 끝없이 분리되어 있었고 생명은 그렇게 내 의지와는 관계없이 태어나는 것이었습니다."

"모르겠구나. 수천 년을 그 본능대로 순리대로 모든 것이 있었고, 살아왔고, 존재해 왔거늘⋯."

"문제는 바로 그 본능이라는 것이었습니다. 그렇기에 본능을 이기는 길, 그것이 곧 자기완성의 길이요, 깨침의 경지가 아닐까 하는 생각이 들었습니다."

범부라면 아름다운 아내의 몸뚱이에 빠져 몸부림치고 있을 그 시기에 여인의 몸뚱이에서도 이미 생사를 뛰어넘는 법을 보아 버린 아들의 말을 들으며 왕은 그저 할 말을 잇지 못하고 있었다. 무엇에나 깊이 빠져드는 아들의 성격이 오히려 병적이 아닐까 염려스러웠지만 또다시 아사타 선인의 말이 떠오르면서 그래서 성자의 상을 타고났다고 한 것이 아닐까 하는 생각이 드는 것이었다.

"모르겠구나. 정말 모르겠구나."

부왕은 태자의 학우 우다인(Udayin, 優陀夷)을 불렀다. 그는 카필라바스투 성의 국사 아들이었다.

어쩌면 친구의 설득이 먹혀들지도 모르지.

"싯다르타. 도대체 고민이 뭐냐? 고민이 있다면 너의 수호신에게 의지하면 될 것이 아니냐?"

이 말은 그들이 교육받아 온 바라문교(婆羅門敎)의 성전《리그베다》를 말함이었다.《리그베다》를 장악하고 있는 신들에게 고민을 털어놓고 해답을 찾을 수 있지 않겠느냐는 말이었다.

싯다르타는 그런 우다인을 가만히 보다가 이렇게 물었다.

"우다인! 우리는 바라문교의 성전《리그베다》에서 천신(天神) 디야우스, 태양신 스리야, 새벽의 여신 우샤스, 바람의 신 바유, 비의 신 파르쟈누스, 폭풍의 신 두로다, 불의 신 아그니, 물의 신 아파스, 뇌신 인드라와 같은 신들에게 우리의 불행과 재앙과 병과 고난 등을 피하게 해달라고 빌어 왔다. 불의 신에게는 불로 인한 재앙을, 물의 신에게는 물로 인한 재앙을…. 그러나 우다인, 그렇다면 어째서 인간은 질병에 여전히 시달리고 있고 늙어가고 있으며 죽어가고 있으며…. 그에 대한 본질적인 대답을 하지 않고 있느냐?"

우다인은 그만 할 말을 잃고 말았다.

몇 년이 흘렀다. 어느 날 밤 싯다르타는 꿈을 꾸었다. 그는 어디론가 끝 간 데 없이 가고 있었다. 언젠가 한 번 가본 적이 있는 룸비니동산 같기도 하고, 최초로 인생에 대한 회의에 사로잡혔던 들판이 내려다보이던 그 숲속 같기도 했다. 여기저기 꽃들이 피었고 새들이 지저귀는데 한참을 걷다 보니 살이 오동통하게 찐 중늙은이 하나가 옷을 벗고 이제 16세도 안 되어 보이는 처녀와 교접을 하고 있는 게 보였다. 싯다르타는 얼른 눈길을 돌리고 그곳을 벗어나려다가 이상한 호기심에 숲속으로 몸을 숨기고 그들을 바라보았다.

중늙은이는 거침없이 소녀를 안고 물 흐르듯이 흘러가고 있었다. 그들의 정사는 끝이 없었다. 싯다르타는 꿈속이었지만 그들의 긴 만남의 시간에 기가 질려 '어떻게 해서 저들의 만남은 저렇게 자유로울 수가 있단 말인가' 하고 탄식하였다.

그때 탄식을 듣기라도 한 듯 소녀와 어우러져 있던 중늙은이가 몸을 일으키고 싯다르타에게 다가왔다. 싯다르타는 몸을 숨기려 했으나 중늙은이는 그의 앞까지 와 무릎을 꿇고 머리를 조아렸다.

"진리를 엿보는 태자님이시여, 피할 것 없습니다."

싯다르타는 그제야 주춤거리며 중늙은이 앞으로 나섰다.

"그대는 누구인가?"

"저에 대하여는 묻지 말아 주십시오."

"그렇다면 그대는 여기서 무얼 하고 있는가?"

"보시다시피 진리를 구현하고 있었습니다."

"진리를 구현하고 있었다?"

"그렇습니다."

"내가 보기엔⋯."

"그렇습니다."

"그런데?"

"그것이 곧 진리의 당체이기 때문입니다."

"그것이라니? 그 무슨 궤변인가?"

"궤변이 아닙니다."

"궤변이 아니라니?"

"태자님은 지금도 생의 문제에 집착하고 계시지요?"

"그걸 그대가 어떻게 아는가?"

"자기의 의지대로 생이 태어날 수는 없을까 하고…"

"그렇다."

싯다르타는 자신도 모르게 대답했다.

"그것은 범부로서는 불가능합니다. 본래부터 인간은 자기의 의지와는 관계없이 그렇게 태어나 고통받기 마련이니까요. 부모로부터 내려지는 원죄이지요."

"방금 원죄라고 했는가?"

"그렇습니다."

"사랑의 결과물이 아니고? 그리하여 인류는 존재하는 것이 아니고?"

"그래서 수행이 필요한 것입니다. 그 원죄를 씻었을 때 거기 진정한 사랑이 충만하기 때문입니다."

싯다르타는 그의 말이 예사스럽지 않아 '사랑'하고 뇌까리다가 좀 전까지 계속되던 그의 정사를 기억해내곤 다시 물었다.

"내가 보기엔 그대의 만남은 끝이 없어 보였는데 그럼 그대는 생의 문제도 본능적으로 처리하지 않을 힘이 있단 말인가?"

중늙은이가 시선을 들었다.

"그렇습니다. 저는 제 본능대로 모든 것을 조정할 수 있습니다. 피할 수 없는 원죄도 저는 조정할 수 있습니다. 왕자님이 보고 계신 이상스러운 환영은 과거의 업장으로 인한 피할 수 없는 원초적 공포입니다. 그것은 인간이 가지는 본능적 원죄이지요. 제각기 모습을 달리 하지만 인간이라면 피할 수 없는 것입니다. 그렇다면 파정을 조절해야 합니다. 파정을 조절하지 못하신다면 그 과정은 되풀이될 것입니다. 그것이 윤회입니다. 오로지 윤회는 파정에 의한 것입니다. 파정을 의지대로 할 수 없다면 억겁을 헤매어도 결코 자유로워질 수 없을 것입니다."

"신이 따로 없다는 말이 아닌가?"

"바로 자기 자신이 신이기 때문입니다. 누구나 신이 될 힘을 갖추고 있습니다. 이건 기적이 아닙니다. 자유입니다. 구속이 없는 해탈입니다. 해탈은 수행에 의해 얼마든지 가능한 일입니다."

"수행?"

"그렇습니다. 수행함으로써 인간은 무엇이든 초월할 수 있습니다."

"무엇이든?"

"그렇습니다. 우선 오늘부터라도 육신을 가다듬고 잡념을 버리고 전신의 에너지를 하나로 모아 보십시오. 그리고 상대를 진실로 사랑해 보십시오. 동물적인 욕구가 한순간이라도 찾아들면 그 욕구에 의해 전신의 에너지는 감각의 벽을 통해 파정되어 버리고 맙니다. 그때 유(有)의 씨는 심어지는 것입니다. 그러면 어쩔 수 없는 생로병사의 윤회가 반복되는 것입니다. 절대로 파정해서는 안 됩니다. 전신의 기를 머리끝으로 모으고 둥글게 돌아야 합니다. 계속 둥글게 돌다 보면 분명 왕자님은 육신성불(肉身成佛)하실 수 있을 것입니다."

"방금 육신성불이라고 했는가?"

"그렇습니다. 마음과 몸이 하나가 되지 않고서는 결코 이룰 수 없는 경지이기 때문입니다."

"정말 알다가도 모르겠구나."

"모를 것 없습니다. 한 가지 분명히 명심할 것은 진실로 사랑할 때 행하라는 것입니다."

"진실로 사랑할 때?"

"오늘부터라도 본능적인 힘을 밖으로 분출하기보다는 안으로 다스려 단단하게 일으키고 둥글게 돌며 감각의 벽을 밖으로 파정하지만 않는다면 더 큰 생이 우리의 육신 속에 꽃피울 수 있을 것입니다. 거기엔 늙고 병듦이 없습니다. 죽음이 있을 수 없습니다. 그것이 곧 성(性)을 타파하는 것이요, 성적(性的)인 것을 타파하는 길이기 때문입니다."

"그렇게 말하는 그대는 누구인가?"

"언젠가는 알게 될 것입니다. 태자님이 곧 저라는 것을. 인간은 누구에게나 깨어 있는 한쪽이 있는 것입니다. 그것이 바로 불성입니다. 그 불성을 성력적(性力的)인 것에서 찾으려는 자신을 천박하고 고상하지 않다고 상심하지 마십시오. 생사의 근본적인 문제가 모두 그 속에 있습니다."

싯다르타가 눈을 떴을 때 이미 아침 햇살이 침실까지 흘러들어와 있었다. 그는 산발적으로 일어나는 기묘한 꿈의 실마리를 찾아 눈을 껌벅거렸다.

이상한 꿈도 다 있구나. 내가 너무 세속적인 것에 집착하기에 그런 꿈이 꾸어지는 것일까?

정말 예사로운 꿈이 아닌 것 같아 싯다르타는 계속 신경이 쓰였다.

그날 밤 싯다르타는 야쇼다라를 안아 보았다. 그는 자신도 모르게 꿈속에서 본 그 중늙은이를 닮아가려 하는 스스로를 깨닫고 놀랐으나 정말 중늙은이의 말대로 모든 것을 초월할 수 있을지도 모른다는 생각에 아주 천천히 야쇼다라를 애무하기 시작했다. 그는 꿈에 본 중늙은이처럼 서두르지 않았다. 전신의 기를 하나로 모으고 무엇에나 집착하지 않으려 애썼다. 그러면서 그는 생각하였다.

　　그렇다. 나의 구속으로부터 벗어나는 길이란 분명히 이 성을 타파하는 데에 있다. 이기는 자가 곧 해방된 자이다. 하지만 그때의 싯다르타로서는 어렵기만 한 일이었다. 그것은 분명 환희와 고통의 세계였다. 어떻게 인간으로서 여인의 살 속에 제 살을 섞고 파정하지 않을 수 있단 말인가. 어떻게 본능적인 것을 이기고 새로운 생명을 태어나지 않게 할 수 있단 말인가. 영육을 짜릿하게 뒤흔드는 환희였다가도 파정 후에는 지독한 고통으로 뒤바뀌는 자멸의 나날이었다.

○

깊어지는 의혹

1
—

지금까지 싯다르타가 야쇼다라와의 결혼생활에 왜 실패할 수밖에 없었는지를 알아보았다.

혹자는 당황할지 모른다. 아니 상상이 너무 지나치지 않느냐고. 그렇다. 앞서도 말했지만 어느 경전에도 이 사실이 기록된 곳은 없다. 그러니 더욱 그렇게 느껴질 수도 있다. 문제는 그때의 싯다르타에게 인간적인 고민이 없었겠느냐 하는 것이다. 그도 우리와 같은 인간이었다. 인간이기에 우리와 무엇 하나 다를 바 없는 사람이었다. 하느님의 자식도 아니었고 그렇다고 알에서 태어나거나 하늘에서 떨어진 사람도 아니었다. 인간의 교접에 의해 인간으로 태어난 사람이었다. 그러므로 인간적인 고민이 없었을 리 없다.

그런데 10년 동안 그에게 후손이 없었다는 기록을 어떻게 받아들여야 할까. 더욱이 이상한 것은 작병천자의 기록이다. 그는 피가 끓는 사내였으며 세 사람이나 되는 아름다운 비(妃)들에게서 헤어나지 못했다는 기록이 있기 때문이다. 등을 돌리기는커녕 싯다르타는 그녀들에게 푹 빠져 너무 쾌락에 안주함으로써 상심했다는 기록이다.

더욱 이상스러운 것은 싯다르타가 독생자 라훌라를 10년 만에 얻었다는 사실이다. 그는 아들을 낳았다는 사실을 알고 이렇게 외쳤다.

"오! 라훌라!"

왜 '라훌라'라고 외쳤을까. 라훌라는 우리 말로 풀이할 때 '자신의 앞을 가로막는다'는 뜻이다. 장애라는 뜻을 가지고 있다.

자신의 앞을 막는 장애가 태어났다?

이 의혹만으로도 싯다르타는 친어머니의 죽음, 그 상처로 인해 그때 이미 신체적 통어를 생각하고 있었다는 추론이 가능해진다. 그리고 그 측과 맞물린다. 나아가 출가 이후 출가하여 성불할 때까지 그는 자신의 신체적 통어에 그 구도적인 목적을 두게 된 이유와 맞물린다. 우리는 여기에서 그것이 곧 붓다의 수업 내용이라는 사실을 어렵지 않게 도출할 수 있다.

그날의 싯다르타와 마노다라의 관계를 살펴보면 그 대답을 찾을 수 있다. 그는 역시 출가의 전조증상에 시달리고 있었다는 것을 알 수 있기 때문이다.

《본생경》에 보면 숫도다나왕은 태자를 위해 세 비(妃)에게 채녀를 각각 천 명씩 두었다고 기록하고 있다. 제1궁 채녀는 초저녁에, 제2궁 채녀는 밤중에, 제3궁 채녀는 늦은 밤에 그녀들을 모시게 했다는 것이다.

《증일아함경(제29권 〈유연경(柔軟經)〉)》에도 그 사실이 그대로 기록되고 있다.

여름 4개월 동안 나는 정전(正殿) 위에 올라가 있었느니라. 그곳에는 남자는 없고 기녀들만 있어서 즐거웠느니라. 그녀들과 즐기면서 애당초 내려오지 않았느니라. 동산을 구경하기 위해 나서려고 하면 가장 훌륭한 기병 30명이 나를 호위하였으니 하물며 그 나머지는….

흩어져 있는 기록들을 종합하여 좀 더 깊이 들어가 보자.

세 번째 부인 마노다라(Manodhara, 塵野夫人). 그녀가 누구인가. 그녀를 만나 보면 모든 것이 더욱 확실해진다. 바로 이 비(妃)가 문제이다.

이 비(妃) 역시 그 기록이 그렇게 자세하지는 않다. 그녀의 본명은 므리가자라이며 그의 아버지는 석가족의 귀족 카라크세마라는 이름을 가진 사람이라는 것 정도이다. 여타 경전에 나와 있는 기록을 살펴보면 붓다의 양모 마하빠자빠띠고타미가 출가할 때 그녀도 함께 출가했다고 하며 일찍 죽어 그 자료가 남지 않았다는 것이다. 그녀가 일찍 죽었다면 그녀를 사랑했을 싯다르타의 충격은 이만저만한 것이 아니었을 것이다. 산재한 그녀의 기록들을 맞추어 보면 싯다르타가 마노다라에게서 모성적 본능을 느꼈다는 것을 알 수 있다. 그녀의 죽음으로 인해 친어머니에 대한 고통이 되살아났고 그 와중에 야쇼다라에게서 독생자 라훌라가 태어나는 바람에 급기야 출가길에 오르게 된다는 사실도 알 수 있다.

그녀의 행적이 자세히 보이지 않는 것이 아쉽지만 아쉬운 대로 싯다르타와 마노다라와의 관계를 따라가 보면 그때의 싯다르타가 야쇼다라나 고파 비(妃)보다 그녀를 더욱 아꼈음을 알 수 있다.

2

싯다르타는 삼시전 홍실을 향해 걸었다. 요즘 들어 야쇼다라가 있는 청실과 고파가 있는 향실은 찾고 싶지 않았다. 그녀들을 찾을 때마다 남는 것은 사내로서의 허탈감이었다. 그리고 열패감이었다. 이상했다. 왜 그렇게 그녀들을 안으면 정신을 차리지 못하겠는지. 그녀들은 시작도 안 했는데 몸이 달아올라 달아올라 끝장이 나고 마니 기가 찰 일이었다. 그녀들의 몸뚱이에서 굴러떨어질 때마다 느꼈던 열패감. 아직도 열에 들뜬 그녀들의 눈동자들.

그때마다 성이 뭘까 싶었다. 어째 이렇게 못났단 말인가. 돌아오는 발길은 언제나 무거웠고 어깨는 처질 대로 처졌다. 그녀들이 그런 반면에 마노다라는 나이가 있어서인지 어머니처럼 언제나 포근했다. 마노다라를 찾을 때마다 느끼는 것이지만 그녀는 어머니의 품속 같은 따뜻함을 천성적으로 가지고 있었다. 별스럽게 행동하지 않는데도 왜 그렇게 편안한지 몰랐다. 그녀의 미소 때문일까. 아니면 조심스럽고 정적인 행동 때문일까.

어느 날 성 밖으로 나가 길을 걷다가 싯다르타는 어디선가 들려오는 노랫소리를 들었다. 자식을 돌보는 어머니를 기리는 노래였는데 그 음이 참으로 맑고 아름다웠다. 싯다르타는 자신도 모르게 친어머니를 떠올렸다. 어머니가 떠오르기가 무섭게 사지가 떨렸다. 이어 길가에서 죽은 사람들의 참혹한 모습이 떠올랐다.

싯다르타는 그 모습을 지우려는 듯 머리를 홰홰 내저었다.

"어디서 들려오는 노랫소리냐?"

싯다르타는 뒤따르는 시종 찬타카(車匿)에게 물었다.

이리저리 둘러보던 찬타카가 모퉁이의 구석 집을 가리켰다.

"저 집에서 들려오는 것 같습니다."

"그리로 가보자꾸나."

싯다르타가 다가가 보니 한 처녀가 방안에서 노래를 부르고 있었다. 그 모습이 방문 너머로 보였다. 아름다웠다.

싯다르타는 그녀의 슬프도록 아름다운 자태를 넋을 놓고 바라보았다.

"참으로 아름답구나."

그렇게 중얼거리기가 무섭게 노래를 부르던 마노다라의 시선과 싯다르타의 시선이 딱 마주쳤다. 그녀가 눈을 크게 뜨고 놀란 표정을 짓다가 후다닥 사라져 버렸다.

궁으로 돌아온 싯다르타는 그녀의 모습이 눈에 아른거려 잠을 이룰 수가 없었다. 다음 날 싯다르타는 그녀의 집을 방문했다. 태자가 자신의 집을 직접 찾았다는 사실에 마노다라의 아버지 카라크세마는 제정신이 아니었다.

"어쩐 일이시옵니까? 이 누추한 신의 집까지…."

그는 이내 싯다르타의 심중을 알아차리고 딸에게 차를 준비하라 일렀다. 차를 내오는 마노다라의 모습을 보면서 싯다르타는 다시 한 번 자신의 눈을 의심했다. 백옥처럼 흰 피부, 검고 긴 머리, 검은 눈, 날이 선 코, 붉은 입술, 입술 끝이 반월형이어서 미소를 문듯했다. 참으로 아름다운 여인이었다.

태자의 심중을 간파한 카라크세마가 딸을 데리고 다음 날 궁으로 들었다. 싯다르타의 셋째 비가 그렇게 정해지고 성대한 결혼식이 치러졌다. 싯다르타는 그날부터 삼시전 홍실에 머물렀다. 홍실이 바로 마노다라의 처소였기 때문이었다.

　첫날 그녀를 안았을 때 싯다르타는 느낌이 이상했다. 야쇼다라나 고파를 안았을 때처럼 그녀의 성욕도 채워주지 못하고 있었는데 마노다라는 다른 여인과는 달랐다. 야쇼다라나 고파와는 달리 무력하다는 자괴감으로 치를 떠는 사내를 오히려 따뜻한 시선으로 어루만지는 것이었다.

　"태자마마. 걱정하지 마시옵소서. 몸이 생각과 같지 않은 것은 너무 건강하기 때문이옵니다. 건강하시면 그런 것이오니 괴이치 마시옵소서."

　그 말을 듣자 싯다르타는 자신도 모르게 그녀를 쳐다보았다. 그녀가 새삼스러워 보였기 때문이었다.

　"내가 건강해서 그렇다고?"

　"그러합니다."

　확실히 야쇼다라나 고파와는 다르다는 생각이 들었다. 오히려 그녀들은 성욕을 채우지 못해 침묵하고 있었는데 이 여자는 다르다는 생각이었다. 낭패해 하는 상대를 안심시키고 있지 않은가. 일찍이 성을 답습한 사람 같다. 어쩌면 성에 대한 경험이 있을지도 모른다는 생각에 싯다르타는 의심이 생겨 이렇게 물었다.

　"그대는 분명히 처녀였다. 어찌 그런 말을 하는가?"

　그녀가 낯을 붉히다가 이렇게 말하였다.

　"저를 왕자님에게 시집보내면서 제 어머니께서 해 주신 말씀이었습니다. 제 아버지도 청년 시절 그랬다고 말입니다."

"오호, 참으로 지혜롭구나."

그날부터 싯다르타는 홍실에만 들었다. 그녀의 품에 안기면 그렇게 포근할 수 없었다. 그녀는 파정을 마다하는 태자를 나무라지 않았다. 등을 돌려 누우면 말없이 등에 붙어 누워 있을 뿐이었다. 안아달라고 앙탈하거나 열에 뜬 눈을 치뜨지도 않았다.

싯다르타는 그런 그녀가 편안해서 좋았다. 그래서인지 틈만 나면 자신을 괴롭히던 어머니와 죽음의 처절한 환영도 그렇게 심하게 나타나지 않았다. 이상한 일이었다. 머리의 두통도 점차 나아져 소년이 웃고 있는 모습도 순간적으로 스쳐 지나가 버렸다.

부왕 숫도다나는 영문도 모르고 태자가 그런다고 하니 허허거렸다.

"태자가 정말 홍실에서 벗어나지 않고 있단 말이냐?"

"아주 깨가 쏟아진다 하옵니다."

어느 날 천상의 작병천자(作瓶天子)가 붓다가 될 싯다르타의 동태를 살피기 위해 지상을 살펴보다가 깜짝 놀랐다. 싯다르타 태자가 5욕락에서 헤어나지 못하고 있었다. 그는 크게 근심하여 싯다르타에게 게송으로 하루빨리 출가하여 정각에 들라 일렀다.

"인자여. 나이 젊을 때에 속히 출가하소서. 그리하여 숙세발원을 채우게 하소서. 세간 중생은 모두 5욕락이란 그물에 걸려 벗어날 길이 없나이다. 그러하오니 인자께서는 어서 바른 깨달음을 이루어 중생을 제도하여 주옵소서."

마노다라에게 빠져 버린 싯다르타는 작병천자의 뜻을 헤아리지 못하였다.

• 붓다 평전

이대로 두어서는 일국이나 다스리는 전륜성왕이나 되고 말 것이라는 생각에 작병천자는 탄식하였다.

어허, 큰일 아닌가.

싯다르타와 마노다라의 특이한 전생 인연이 그를 더욱 상심케 하였다. 전생에 마노다라를 위해 싯다르타는 자신의 몸을 바친 적이 있었다. 그 인연으로 이번 생에 만나게 된 것인데 그래도 그렇다. 설령 그런 일이 있었다고 하더라도 현실의 업보는 과거에 의해 치러지는 것. 이미 그런 전생이 있었기에 이생에서 마노다라가 태자를 위해 헌신하는 것이라고 해도 저대로 놔둘 수는 없는 일이었다. 태자에게서 마노다라를 제거하지 않는다면 우주를 다스리는 붓다는 결코 등장하지 않을 것이었다.

그럼 어떻게 해야 하는 것일까? 싯다르타는 과거의 업장에 의한 원초적 불안과 자신을 낳다 죽은 친어머니에게 큰 죄의식을 가지고 있다. 양모로 인해 한때 사색을 멈추었으나 거리의 시신을 만남으로써 다시 그 죄의식이 살아났다. 그 죄의식이 늘 그를 괴롭히고 있었다. 그 죄의식이 그를 사색적으로 만들고 있었다. 이미 붓다가 될 동기가 그렇게 진행되어 가고 있었는데 마노다라로 인해 일이 묘하게 뒤틀리고 있었다. 그렇다면 이제 다시 그에게 출가의 동기를 만들지 않고는 결코 붓다는 탄생할 수 없을 것이었다.

작병천자는 너무 잔인하다는 생각이 들었지만 붓다의 탄생을 위한 길이다. 그가 겪어온 상처만으로도 부족하다면 이제 사랑하는 이의 상처가 또 있어야 할 것이었다.

작병천자가 그런 생각을 하는 사이 싯다르타는 모처럼 홍실을 나와 부왕을 만났다. 부왕이 아들에게 물었다.

"아직 태기가 없느냐?"

"조금만 기다리옵소서."

싯다르타가 속을 숨기고 대답하였다.

"허허허 태자가 마음을 잡아주니 짐은 세상을 얻은 것 같노라."

싯다르타가 아버지의 궁을 나와 홍실로 돌아가니 마노다라가 갑자기 자리에 누웠다.

"아니, 아직 날이 저물지도 않았는데 어찌 자리에 들었소?"

그러자 마노다라가 대답했다.

"이상하게 몸이 으슬거리고 기침이 나와 그러합니다."

"어제 차게 자서 그런 것이 아닌가."

그렇게 말하고 싯다르타는 어의를 불러 약을 지어 올리게 하였다. 정성 들여 약을 먹게 하였으나 마노다라의 병은 더욱 깊어졌다.

"어찌 그러는 게요?"

"태자마마. 걱정 마시옵소서. 곧 일어날 것입니다."

아니었다. 마노다라가 아프다고 하자 부왕 숫도다나왕이 문안을 왔는데 그는 문을 들어서다가 멈칫했다.

"아, 마노다라여!"

분명히 태자의 고함치는 소리였다. 그 고함치는 소리는 마노다라의 죽음을 알리는 것이었다. 그날로 태자는 문을 걸고 바깥출입을 하지 않았다. 그는 메말라갔다. 식음을 전폐하다시피 하였고 몸도 씻지 않았다. 사랑하는 사람을 잃고 말았다는 상실감이 그를 병들게 하고 있었다.

아아, 생사가 무엇인가?

그는 그렇게 다시 반문하고 있었다.

3

천상의 작병천자(作甁天子)가 붓다가 될 싯다르타가 쾌락에 몰두함으로써 하늘에서 이를 크게 근심했다는 기록은 《본생경》에 나오는 것이다. 앞서 다루었다시피 천상의 작병천자가 게송으로 싯다르타 태자에게 출가하여 정각을 얻으라는 것이 본뜻이다.

《팔상록》〈비람강생상〉에도 반왕응몽(飯王應夢)의 기록이 보인다. 그 내용을 살펴보면 이렇다.

하늘의 작병천자가 싯다르타 태자가 5욕락(五欲樂)에 아주 빠져 버리자 상심하여 싯다르타 태자로 하여금 춤추고 노래하는 소리가 모두 듣기 싫도록 해버린다. 그래도 안 되자 보기 싫도록 해 버린다.

그래도 안 되자 숫도다나왕에게 일곱 가지 꿈을 꾸게 하는데 바로 〈반왕응몽〉이 그 꿈이다.

어느 날 숫도다나왕은 꿈을 꾼다. 첫 번째 꿈은, 제석천의 당번(幢幡)이 동쪽으로 나오게 하는 꿈이다. 두 번째 꿈은 태자가 크고 흰 코끼리를 타고 성 남쪽으로 나가는 꿈이다. 세 번째 꿈은 태자가 가마[馴馬車]를 타고 서쪽 대문으로 나가는 꿈이다. 네 번째 꿈은 갖가지 보배를 장엄한 큰 수레를 타고 북쪽 대문으로 나가는 꿈이다. 다섯 번째는 싯다르타 태자가 성안 중심가에서 방망이를 가지고 큰북을 울리는 꿈이다. 여섯 번째는 태자는 높은 누에 올라앉아서 갖가지 보배를 보시하면 사람들이 모여 그 보배를 가져가는 꿈이다. 일곱 번째는 성 밖에서 여섯 사람이 통곡을 하면서 땅에 엎드려 있는 꿈이다.

숫도다나왕은 꿈이 이상하여 날이 밝자 해몽사를 불렀다. 해몽사는 모르겠다고 대답했다.

"아니 모르겠다니? 어이 그러느냐?"

"대왕이시여. 이는 필시 하늘의 예시 같사옵니다."

"하늘의 예시?"

숫도다나왕은 근심스럽게 하루를 보냈다. 그 사이에 작병천자가 바라문의 신분으로 바꾸어 지상으로 내려왔다. 그러고는 자신이 점을 잘 친다며 소문을 내고 다녔다.

왕이 그 말을 듣고 바라문으로 변한 작병천자를 불렀다. 작병천자는 짐짓 심각한 표정을 지으며 이렇게 해몽했다.

"대왕이시여. 첫 번째 꿈은 태자께서 출가하실 상서로운 꿈입니다."

"무엇이?"

숫도다나왕은 깜짝 놀랐다.

작병천자가 시침을 떼고 말을 이었다.

"두 번째 꿈은 불과(佛果)를 증득할 상이요, 세 번째 꿈은 네 가지 두려움 없음(四無畏)을 성취하실 상서로운 꿈입니다. 네 번째 꿈은 붓다를 이룰 것이라는 상서로운 기운이며, 다섯 번째 꿈은 자신의 법을 널리 펼 법문(法門)을 하실 상서로운 기운입니다. 여섯 번째 꿈은 서른일곱 가지 도법[三十七道品]을 얻을 암시이며, 일곱 번째 꿈은 여섯 외도들이 근심 걱정하는 모양입니다. 그러하오니 대왕께서는 마땅히 환희심을 내셔야 하실 것이옵니다."

"아니 그럼 내 아들이 기어이 출가하여 붓다가 된다 그 말 아닌가?"

"그러하옵니다. 대왕이시여. 그러하오니 두려워하시거나 언짢아하실 일이 아니라 사려 되옵니다."

숫도다나왕의 상심은 더욱 깊어졌다. 그는 겁이 나 태자에게 5욕락에 즐거워하도록 연회를 자주 베풀며 출가할 마음이 나지 않도록 예비했다.

이것이 《본행경》과 《팔상록》 등에 기록된 작병천자의 기록이다. 작병천자가 얼마나 상심했는지를 알 수가 있다.

문제는 작병천자의 상심이 그러함에도, 그날의 싯다르타는 그때까지 출가의 엄두를 내지 못하고 있었다는 사실이다. 그는 마노다라의 죽음을 뒤로 하고 야쇼다라를 찾고 있었다.

마노다라가 죽은 후 태자의 마음을 잡기 위해 부왕 숫도다나가 얼마나 노력했는지를 알 수 있다. 그 후 야쇼다라에게서 라훌라가 탄생했기 때문이다. 이는 싯다르타가 마노다라를 잃은 상실감에 의한 결과라고 볼 수밖에 없다.

결혼생활 십 년 동안 없었던 자식, 그 자식을 장애라고 부르며 비로소 출가를 결심하는 싯다르타. 그에게서 우리는 모든 것으로부터 벗어날 수 있는 길을 찾고 있었다는 사실을 재삼 확인할 수 있다. 사랑보다, 미움보다, 인간으로 어쩔 수 없는 인연보다 더 큰 세계. 그 세계를 향한 한 인간의 염원을 읽을 수 있다.

제2부

돌아오는
길

○

지혜의 사냥꾼

1

마노라다를 잃은 뒤 독생자 라훌라를 야쇼다라에게서 얻을 수밖에 없었던 싯다르타. 그 후 그의 행적을 따라가 보면 그가 그때 무슨 생각을 하고 있었는지를 알 수 있다.

어느 날, 전에 찾아왔던 지인이 나를 다시 찾아왔다. 그는 들어서기가 무섭게 음성부터 높였다.

"자네, 해도 해도 너무 무엄한 게 아닌가. 이제는 아예 모든 기록들까지도 무시하고 있더구만."

붓다평전이 어떻게 되어 가는지 모르겠다며 졸라대기에 일부 보내 주었더니 찾아와 기껏 하는 소리가 그랬다. 본시 그런 사람이라 괘념치 말자면서도 또 슬슬 오기가 뻗쳤다.

"성의 문제에 있어 여전히 한결같은 시선을 유지하고 있지 않은가."

그가 말을 하고 이럴 수 있느냐는 표정을 지으며 입을 딱 벌렸다.

그 모습을 보자 웃음이 나왔다. 붓다는 우리와 다르게 성인의 상을 타고 났으니 고상한 모습만 보여 달라 그 말이었다.

"왜?"

"천박해."

"천박해?"

"싯다르타의 성생활을 굳이 그렇게 다룰 것까지야 없지 않은가?"

"그는 사람 아니라던가. 왜 외설스러워? 성인의 상을 타고났기에 불손해 보여? 다른 것은 보이지도 않고?"

"아무리 그래도 그렇지. 싯다르타의 철없는 시절이었다고 해도 그래. 그가 나중 붓다가 되었다면 그만한 덕을 지었을 게 아닌가."

"덕? 고상한?"

"그렇지 않고서야 어떻게 붓다가 되었겠나?"

"내가 왜 이 평전을 시작했는지 아나? 바로 자네 같은 사람들 때문이야. 잘못된 경전이나 자네의 뒤틀린 속아지가 뭐가 달라. 그러니 어떻게 붓다의 모습이 바로 설 것인가. 불법의 최선에 서 있는 사람이 아직도 고착된 관념에 사로잡혀 있으니… 싯다르타가 성적으로 고민하니까 너무했다? 바로 그것이 불성(佛性)이 아니던가. 그의 고민, 그것이 우리의 고민이지. 그 고민이 익으면 불성이 터지는 것이고. 그게 도지 뭐가 도야.

"붓다의 밤 생활이라 흐흠…"

지인은 그렇게 중얼거리며 못 말릴 사람이니 뭐니 하며 가 버렸다. 그를 보내고 작업을 그대로 진행했다. 도리에 어긋난다 하더라도 이 것은 실상을 바로 보려는 나의 작업이다.

그때 싯다르타는 생각하고 있었다.

무엇을 했던가. 십여 년 동안. 분리된 정신과 육체를 하나로 하기 위하여 지독히 여인을 사랑해 보았다. 하지만 남은 것이 무엇인가. 야쇼다라의 뱃속에 또 하나의 나를 심을 수밖에 없었다.

결국 이것으로 생사의 문제를 해결하려 했던 건 잘못된 생각일지도 모르겠구나. 비로소 그렇게 생각한 싯다르타는 회의의 끝까지 온 것 같아 절망하며 궁을 벗어나 볼 것을 생각하였다.

그날 밤 싯다르타는 계속해서 꿈을 꾸었다. 강가에서 웃고 있는 소년이 다시 보였다. 어머니가 자신을 낳다가 죽어가는 모습이 다시 보였다. 굶어 죽어가는 사람들이 보이고 산 생명이 산 생명을 쪼아 먹고 있는 새들의 모습도 보였다. 형제가 형제를 죽이고 있었다. 죽이는 것도 모자라 돌로 형제를 짓눌러 놓기까지 했다. 예전에 보았던 그 중늙은이도 보였다. 그는 동산 숲속에서 여전히 여자를 안고 있었다.

"어인 일이십니까? 왕자님이시여."

싯다르타를 보며 그가 물었다.

"그대는 언젠가 내게 성(性)을 타파함으로써 생멸하는 모든 것을 초월할 수 있다고 했다. 나는 십 년을 고통과 환희로 보냈다. 결국은 파정을 이기지 못하고 새끼를 배게 했으니 말이다."

중늙은이가 고개를 끄덕이며 웃었다.

"오직 성은 성일 뿐입니다. 문제는 왕자님께서 언제나 적(的) 속에 계셨다는 말입니다.

"그게 무슨 말인가?"

"성 속에 계셨다는 것은 성적(性的) 세계에 계셨다는 말입니다. 다시 말하면 깨침이란 결코 성적인 것에서 얻어지는 것이 아니라는 말입니다. 성적인 것은 오직 인연(因緣)이 생길 뿐이지요. 살아 있는 생명은 성의 에너지를 아래로 쏟게 되어 있습니다. 그러나 성의 에너지를 위로 쏟게 되면 어떻게 될까요?"

"무슨 말인지 모르겠구나."

"성의 에너지를 위로 올리면 파정(破精)의 세계가 깨어질 것입니다."

"파정의 세계?"

"파정의 세계가 깨어지면 어떻게 될까요? 우리의 머릿속에 에너지가 가득 차게 될 것입니다. 그것이 바로 반야궁(般若宮)입니다. 반야는 윤회가 없는 세계입니다. 즉 에너지를 위로 쏟으면 깨침이 오지만 아래로 파정하면 윤회가 계속된다는 말입니다. 왜냐하면 윤회는 적(的)의 결과이기 때문입니다."

"어떻게 성적인 것에서 벗어날 수 있단 말인가?"

"그것은 집착 때문입니다. 한마디로 거부했을 뿐이라는 말입니다."

"거부?"

"오로지 성 속으로 들어갔어야만 했습니다."

"어떻게 여인을 앞에 두고 성적으로 보지 않을 수 있단 말인가, 어떻게 집착하지 않을 수 있단 말인가?"

"이제라도 출가를 하십시오. 출가하셔서 우선 우주의 원리를 먼저 깨우쳐야 할 것입니다."

"우주의 원리?"

"우주의 원리를 알아야 우주를 내속으로 안을 수 있을 게 아닙니까."

"그렇다면 그대는 지금까지 우주를 안고 있었단 말이냐?"

"저는 한 번도 여자를 안아 보지 않았습니다."

"그렇구나!"

• 붓다 평전

싯다르타는 크게 고함쳤다.

'어찌 내가 그걸 몰랐더란 말이냐.'

"지금이라도 늦지 않았습니다. 보통 사람이었다면 그렇게까지 성에 대해서나 생에 대해서 집착하지 않으셨을 것입니다. 보통 사람들은 본능적으로 아무렇지도 않게 살아가고 있으니까 말입니다. 이제 이렇게 된 이상 출가하여 우주의 천리를 알고 비바람이 몰아쳐도 흔들리지 않는 금강승(金剛乘)의 경지를 얻으십시오."

잠을 깬 싯다르타는 그 길로 부왕 앞으로 나아갔다. 출가하겠다는 아들의 말에 부왕은 기어이 올 것이 오고 말았다는 생각을 하였다. 하늘이 무너지는 것 같았다.

부왕은 간곡한 어조로 태자를 향해 입을 열었다.

"다시 한 번 생각을 해 보아라."

"아닙니다. 저는 못나게도 제 육신 하나도 제 뜻대로 하지 못하는 범부일 뿐입니다. 제 육신 하나도 어쩌지 못하는 내가 어찌 일국의 왕이 되어 고통 받는 백성들의 고난을 덜겠습니까. 이제 좀 있으면 내 의지와는 상관없는 생명이 하나 태어날 것입니다. 인생의 근본 괴로움이 바로 태어남[生]에서 시작되는 것이라면 저는 저를 이기지 못하고 또 하나의 번뇌의 씨를 심었던 것입니다. 그 자식에게 나중에라도 나와 같은 전철을 밟지 않게 하기 위해서라도 저는 우주의 원리를 찾아 떠나야 하겠습니다. 그리고 돌아와 분명히 그에게 우주의 철리를 가르쳐 주겠습니다."

"싯다르타야 그게 무슨 말이냐? 그것은 인륜의 법이니라. 어찌 인륜을 어기고 나서려 하느냐?"

"그렇다면 저에게 가르쳐 주십시오. 그것을 뛰어 넘을 방법을 말입니다. 생을 자유자재로 할 수 있는 그 경지를 말입니다."

부왕은 할 말이 없었다. 그를 잡아 두기 위해 시킨 결혼마저도 이제는 오히려 출가를 부채질하는 꼴이 되어 버렸으니.

싯다르타가 몸을 돌렸을 때 그의 말대로 야쇼다라가 드디어 아들을 낳았다는 전갈을 시종이 가지고 왔다. 부왕 곁을 물러 나오던 싯다르타는 잠시 걸음을 멈추고 부르짖었다.

"오 라훌라!"

'라후(Rahu)'는 해나 달을 먹어 치운다는 전설의 검은 악마를 뜻하는 말이다. 해나 달을 먹어 치우니 사람들에게 '장애(障碍)를 준다' 그 뜻이다. 그러니까 그날의 싯다르타는 자신의 핏덩이가 출가의 길을 막는 장애로 보았던 것이다.

곁에 있던 숫도다나왕이 이 말을 잘못 알아듣고 그대로 왕자의 이름을 '라훌라'로 지어 버렸다는 기록이 있다. 라훌라라는 말 속에는 월식(月蝕. 해를 먹어 치우는 달)이라는 뜻도 있어 해를 먹어 치우는 큰 달이 되라는 뜻으로 아비가 지어 주고 갔다고 생각했다는 것이다.

어쨌거나 참으로 의미심장한 일이라 아니 할 수 없다. 우리는 이 의미심장함에서 싯다르타가 출가하여 성인(聖人)이 될 수밖에 없는 동기와 과정을 여실히 볼 수 있다. 성인의 상을 타고났기에 사색적이었다. 그리하여 출가하게 된 것이라는 막연한 서술이 아니라 그를 출가하게 한 원인을 구체적으로 볼 수 있기 때문이다.

아들의 이름을 자신의 길을 막는다고 하여 장애라 지었다면 그 아들을 의식했을 때의 그의 충격이 오죽했을까. 아마 그 충격은 친어머니가 자신으로 인해 죽었다는 사실을 알았을 때보다, 자신에 의해 거리에서 썩어가는 처참한 시체를 봤을 때의 충격보다 더 컸을지도 모른다. 알게 모르게 그를 짓누르던 업장의 죄의식, 어릴 때 보았던 약육강식의 현장, 성문 밖을 나가 보았던 생사의 실상, 사랑하던 마노다라의 죽음과 이별…. 그러한 모든 것들이 패북의 산물이었으니 그의 충격이 오죽했을까 싶다.

앞서 잠시 언급한 바 있지만 2014년 4월 13일자 「네이처 뉴로사이언스」지에 보면 이런 기사가 보인다.

…스위스 취리히연방공대 신경과학센터 이사벨 만수이 교수는 인간의 외상적 상처(trauma)에 대해 이렇게 정의했다.

인간의 외상적 상처는 지극히 정상적인 것이다. 이것은 정신병도 아니며 불행한 사람에게만 오는 것도 아니다. 이 세상을 살아가려면 상처 받지 않을 수 없고 바로 그것이 정신 외상적 상처다. 이 상처는 충격 여하에 따라 금방 잊혀지는 것도 있고 아주 오랫동안 지속되는 것도 있으며 영원히 지속되는 것도 있다. 그러므로 당사자의 인생 전반에 영향을 끼치기 마련이다….

그런 면에서 이번 그의 연구는 매우 충격적이다. 인간의 외상적 상처는 당대에 그치지 않고 세대를 건너 다음 세대에까지 유전될 수 있다는 것을 밝혀냈기 때문이다. 만수이 교수에 의하면 정신적 외상이 다음 세대로 전달되는 주원인은 정자 내 마이크로 RNA의 불균형으로 추정된다는 것이다. 마이크로 RNA는 체내에 필요한 단백질의 양을 결정하는 중요한 역할을 하는 물질이라고 한다.

그러니까 우리가 살아가면서 받은 상처는 당대의 행동반경을 결정할 뿐만 아니라 다음 세대까지 영향을 미친다는 사실을 만수이 교수팀이 밝혀냈다는 것이다. 이 세상을 살아가면서 받게 되는 정신적 외상은 상처를 받게 되는 당사자뿐만 아니라 다음 세대에까지 영향을 미친다는 것이다.

만수이 박사의 연구를 차치한다 하더라도 부모의 영향은 후대의 자식들에게 외형적으로 미치기 마련이다. 문제는 만수이 박사가 부모의 정신적 외상이 후대의 심신에 유전적으로 녹아 있다는 사실을 밝혀냈다는 데 있다.

부모의 정신적 외상이 외형적 영향이든 유전적 영향이든 붓다와 그의 독생자 라훌라의 관계를 보면 예사롭지가 않다. 그들 사이에서 이 사실을 증명할 수가 있을 것 같으니 말이다. 어쨌든 붓다의 출가, 성도는 영원히 지워지지 않는 정신적 외상에 의해 생겨난 결과로 이해되어야 하고 완전한 정복으로 이해되어야 할 이유가 여기에 있다. 성도 후 중생구제에 바치는 그의 전 생애와 법이 그것을 증명하고 있다.

방황하지 말라.
모든 굴레로부터 해방될 수 있는 길이 여기 있나니
과거와 미래에 붙들리지 않고
현실에 철저하다면
불사의 이 법이
하룻밤 사이에 그대를 현자로 이끌리라.

○

돌아오는 길

1

이제 이쯤 해서 싯다르타가 출가할 당시의 상황 속으로 들어가 본다. 출가 후 자신의 상처를 치유하려는 그의 노력이 참으로 범상치 않음을 알 수 있다. 그때까지 이상한 환영과 두통은 계속되고 있었고 그래서 생에 대한 회의는 더 깊어져 있었다.

출가란 속세와의 인연을 끊는 작업이라는 말은 이미 했다. 그렇다. 속세와의 인연을 끊는다는 것이 그렇게 쉬운 일은 아니다. 그것은 자신이 그때까지 사랑해왔던 모든 것으로부터 돌아서야 하기 때문이다. 그러므로 그렇게 쉽게 결정할 수 있는 문제가 아니다. 비정(非情)하지 않고는 어림도 없는 일이다. 그래서 비구의 본문은 비정(非情)에 있다. 세속의 모든 것으로부터 과감히 돌아서지 않고는 결코 진리의 길을 쟁취할 수 없다.

출가하여 비구가 되었다면 부정(否定)의 고개를 넘고 넘어야 한다.

그리하여 드디어 대궁정에 이른다. 그렇기에 출가를 체념케 하려는 아비의 부정(父情)이 눈물겨울 수밖에 없다. 또 그것을 거부할 수밖에 없는 자식의 부정(否定) 또한 차라리 비장할 수밖에 없다.

사리푸트라나 마하카사파의 경우도 마찬가지다. 그들 역시 장손이었으므로 가문의 대를 위해 출가의 길을 부모들이 막았다는 기록이 있다. 대부분의 불전들은 그때의 내용을 이렇게 기록하고 있다.

태자가 바라든 바라지 않든 그날 숫도다나왕은 생각하고 있었다.

태자를 그대로 놔둘 수 없다. 태자의 마음을 잡기 위해서라면 무슨 짓이라도 하리라. 그도 사람이라면 이제 세상빛을 본 제 자식을 어떻게 뿌리치겠는가. 아주 큰 축하연을 베풀어 그의 마음을 돌려놓아야 한다.

숫도다나왕은 아름다운 궁녀들을 불러 춤추게 하고 음악을 연주하게 하였다. 궁녀들의 미묘한 재주와 요염한 자태는 마치 천녀들처럼 싯다르타의 주위를 맴돌았다.

왕은 술을 돌리면서 자주 싯다르타를 건너다보곤 하였다.

너도 사람인데 어찌….

아름다운 음악 소리와 궁녀들의 요염한 몸짓 속에서 싯다르타는 지그시 눈을 감고 있었다. 이미 출가를 결심해 버린 그의 얼굴은 돌처럼 차디차게 굳어 그 어떤 것으로도 막을 수 없었다.

부왕은 그 모습을 보면서 자신도 모르게 눈을 감고는 하였다. 그럴 때마다 절로 한숨이 나왔다.

어찌 저리 모질단 말인가.

정작 즐거워 해야 할 사람이 눈을 감고 있자 자연히 연회장은 식기 마련이었다. 주악 소리는 끊어지다 이어지고 궁녀들은 춤추고 노래할 흥이 나지 않아 제풀에 지쳐 버렸다.

부왕도 돌아가고 향유의 등불만이 자욱이 사위를 비추는 밤. 보상(寶床) 위에 비스듬히 기대어 얼핏 잠이 들었던 싯다르타는 어느 한순간 눈을 뜨고 주위를 둘러보았다. 그토록 법석거리던 궁중은 물을 뿌려 놓은 것처럼 조용했다. 사위를 비추는 향등 아래 지쳐 잠이 든 무희들만이 여기저기 쓰러져 있었다. 이를 가는 무희도 있었고 잠꼬대를 하는 궁녀도 있었다. 침을 흘리는 궁녀도 있었다. 그들의 모습은 치장을 하고 춤추고 노래하던 대낮의 아름다운 모습과는 너무도 달랐다. 싯다르타는 몸서리를 쳤다. 그러면서 그는 번갯불처럼 뇌리를 스치는 환영들의 참혹한 모습을 보았다.

내가 출가하여 성도한다면 그들을 구할 수 있을 것이다.

오로지 출가만이 그들을 구하고 자신에게 달라붙어 떨어지지 않는 잔상을 지우는 길인 것 같아 싯다르타는 그렇게 마음속으로 소리쳤다.

그는 시종 찬타카를 불렀다. 찬타카가 눈을 부비며 달려오자 말을 준비하도록 명하고 침궁으로 들어가 비(妃)가 자고 있는 방문을 열고 들어갔다. 난등(蘭燈)의 그림자가 희미한데 비는 갓 낳은 핏덩이를 안고 잠들어 있었다. 그는 멀찍이 서서 그 모습을 바라보다가 그대로 돌아섰다.

십 년 동안의 결혼 생활, 그것은 남들과는 다른 생활이었다. 평범한 사람들과 그 격이 다른 태자의 생활이어서가 아니라 어떻게 보면 본능과 자아와의 처절한 싸움이었다.

난등 밑에 멍하니 서서 생각에 잠긴 싯다르타의 눈에 눈물 한줄기가 맺혀 볼 위로 주르르 흘러내렸다. 그는 입술을 질끈 씹어 물었다.

'그래, 기다려라. 돌아오마. 참다운 진리를 얻어 올 때 너 역시 생사의 윤회를 벗어날 수 있으리라.'

싯다르타는 눈물을 씹으며 아들의 얼굴도 보지 않은 채 밖으로 나왔다. 찬타카는 이미 말을 준비해 놓고 있었다. 가까이 다가오는 왕자의 비장한 얼굴을 보고서 그는 가슴이 싸늘하게 내려앉았지만 차마 왜 이 깊은 밤 말을 준비시켰는지 물어볼 엄두가 나지 않았다.

싯다르타는 명마 건척(犍陟)의 등에 몸을 실었다.

"가자!"

무거운 말발굽 소리가 어두운 밤공기를 흔들었다. 한 번도 이렇게 외로운 행차를 해 본 적이 없었다. 눈길이 자꾸만 야쇼다라와 아들이 누워 있는 궁 쪽으로 주어졌다. 외로움이 뼈저리게 흘러들었다. 출가의 길은 그렇게 외로운 길이어서일까.

왕위도 버리고 아름다운 비도, 갓 낳은 아들도 버리고 그렇게 싯다르타는 궁을 빠져나갔다. 궁을 빠져나와 아누피아 고을로 향했다. 이미 눈치를 챈 찬타카는 묵묵히 걸음만 옮겨 놓을 뿐 말이 없었다. 그는 생각하고 있었다. '언젠가 너는 왜 내 앞에서 무릎을 꿇고 있느냐고 물었던 분이 바로 이분이었다. 너의 주인은 내가 아니라 바로 너 자신이라고 말씀해 주신 분도 바로 이분이었다. 언제나 평등했으며 자상했고 온화했었다. 오랫동안 시중들었지만 한 번도 큰 소리로 나무라거나 화를 내는 일이 없었다.'

그렇기에 아사타 선인의 말처럼 어진 제왕이 되어 카필라만이 아니라 전 세계를 다스리는 전륜성왕이 되실 줄 알았는데 이렇게 길을 떠나시다니. 싯다르타의 큰 뜻을 모를 수밖에 없는 시종으로서는 가슴이 무겁지 않을 수 없었다.

　이윽고 아누피아 고을을 질러 흐르는 아노마 강을 건너자 먼동이 뿌옇게 트기 시작했다. 새벽의 결 좋은 바람 속에서 싯다르타는 말을 멈추고 찬타카를 내려다보았다.

　찬타카가 말없이 고개를 숙였다. 싯다르타는 말에서 내렸다.

　"찬타카야."

　싯다르타의 부름에 그제야 찬타카는 고개를 들어 싯다르타를 쳐다보았다. 싯다르타는 부드럽게 찬타카의 손을 마주 잡았다.

　"그동안 참으로 고생이 많았다. 이제 이만큼 왔으니 돌아가거라."

　그렇지 않아도 싯다르타의 심중을 알고 있던 찬타카는 기어이 눈물을 흘리고 말았다. 싯다르타는 울고 있는 찬타카의 어깨를 살며시 잡아 주고는 물가로 나아갔다. 칼을 뽑아 손수 치렁치렁한 자신의 머리를 잘랐다. 그 모습을 보며 찬타카는 더욱 슬프게 울었다.

　싯다르타는 머리를 잘라 허공에 내던지고 마니보(호신구슬)를 꺼내어 찬타카에게 주며 이렇게 말했다.

　"찬타카야. 이것을 아버님께 전하도록 하여라. 그리고 내 말을 전해다오."

　그런 다음 싯다르타는 영락(瓔珞)을 벗어 찬타카에게 내밀었다.

　"이것은 양어머니에게 드리고 그분들께 이렇게 말씀드려다오. 내가 출가하는 것은 세속을 떠나기 위해서가 아니라 참다운 깨침의 세계를 찾기 위해서라고…."

　찬타카는 싯다르타가 내미는 것들을 받아들기는 하였지만 같이 출가하겠다고 울며 매달렸다.

　싯다르타는 고개를 내저었다. 찬타카는 허락을 받을 수 없자 그 자리에 퍼질러 앉아 통곡했다.

　그의 슬픔을 털어 버리려는 듯 싯다르타는 몸을 돌렸다. 마침 그 곳을 지나가던 사냥꾼이 눈에 띄었다. 싯다르타는 그를 불렀다. 싯다르타의 차림새로 보아 왕자님이라는 걸 안 사냥꾼은 몸을 떨며 다가와 무릎을 꿇었다.

　그를 일으킨 뒤 싯다르타는 화려한 자신의 옷을 벗어 그에게 주며 말하였다.

　"너의 옷을 벗어다오."

　사냥꾼은 어리둥절한 얼굴로 왕자를 쳐다보다가 이내 옷을 벗어 주었다.

　찬타카의 울음소리와 애마 건척의 울음소리가 뒤에서 들려왔지만 싯다르타는 뒤도 돌아보지 않고 참 지혜를 찾아 자기의 길을 떠났다. 사냥꾼의 옷을 얻어 입고 지혜의 사냥꾼이 된 것이다.

○

구경 방랑

1

붓다가 출가하는 이 대목은 아무리 생각해도 멋지다. 왕자의 몸으로 모든 것을 포기하고 출가의 길에 오르는 사나이 대장부가 아니고서는 어림도 없는 발심이다.

그러나 현자는 말하고 있다.

"결코 출가한 공덕의 이로움을 말하는 자 무간지옥에 떨어지리라."

출가했다고 해서 하나도 자랑하거나 긍지를 가질 것이 없다고 현자는 질타하고 있다. 당연한 것을 가지고 자랑스럽게 생각한다면 그 자체가 죄악이 된다는 질타다. 이것이 불교다. 재가자들에게는 크나큰 숙제겠지만 이익이 없고 공덕이라 할 것이 없는 그것이 출가다. 물질적인 형상이 있는 것도 아니고 없는 것도 아닌 것. 이단을 조복하고 거짓된 명상을 넘어서고 연꽃처럼 진흙에서 피어나 얽매이고 집착함이 없이 내 것이라는 생각마저도 떠나 있는 세계를 향한 출발이 곧 출가다. 그러므로 받는 것이 없다. 시끄러움이 없다. 안으로는 한량없는 기쁨을 품고 중생을 제도하면서 스스로 선정을 얻는다. 그것이 출가다.

산 속으로 들어가 속세와의 인연을 끊는 것이 몸의 출가이겠지만 아직도 세속의 미련이 있다면 그것은 진정한 출가라고 할 수 없다. 오히려 불법을 망칠 자는 그런 무리들이다. 거룩한 출가는 몸과 마음이 하나인 곳에 있다. 그것이 출가의 참뜻이다.

붓다는 한 번도 자신의 출가 그 공덕을 내비친 적이 없다. 왜냐하면 출가를 해 공부하면서 그 경지까지 눈물을 흘리며 걸었기 때문이었다.

상윳따 니카야 《사카무니 고타마 경 Sakyamunigotama sutta (S12:10)》에 그때 붓다의 심정을 이렇게 기록하고 있다.

비구들이여, 내가 출가하여 깨닫기 전 완전한 깨달음에 이르지 못하였으므로 이런 생각이 들었다.

'이 세상은 고통으로 가득하구나. 태어나 늙고 죽으면 다시 태어난다. 나고 죽음의 이유를 알지 못하니 어떻게 이 괴로움을 꿰뚫어 알 것인가?

나는 알게 되었다. 태어남을 조건으로 하여 늙음과 죽음이 있음을.

마침내 알게 되었다. 취착(取)이 있을 때 존재가 있으며 취착을 조건으로 하여 존재가 있다는 것을.

그리하여 물었다.

무엇을 조건으로 하여 취착이 있는가?

마침내 알았다. 갈애(愛)가 있을 때 취착이 있으며 갈애를 조건으로 하여 취착이 있다는 것을.

그리하여 물었다. 무엇이 있을 때 갈애가 있으며 무엇을 조건으로 하여 갈애가 있는가?

마침내 알았다. 사랑의 느낌(愛)이 있을 때 갈애가 있으며 느낌을 조건으로 하여 갈애가 있다는 것을. 마침내 알았다. 감각접촉(觸)이 있을 때 느낌이 있으며 감각접촉으로 하여 느낌이 있다는 것을.

...

비구들이여 그리하여 나에게 일어남의 눈이 생겼다. 지혜가 생겼다. 통찰지[慧]가 생겼다. 명지[明]가 생겼다. 광명이 생겼다.

이로써 싯다르타의 출가 전의 고민을 알 수 있다. 그렇다. 사랑이다. 인간의 원죄, 어쩔 수 없는 사랑. 그러했기에 그는 싸웠다. 중생에게 진리는 어둠 속 그 무엇이다. 밝음을 보려는 중생의 몸부림은 어둠 쪽에서 보면 불손이다. 사상이 불손하지 않고는 어둠을 벗어날 수 없다. 그래서 어둠 속의 중생은 밝음의 성질인 성(性)을 모른다. 모르기에 불손하다고 하는 것이다. 부정하다고 보는 이치가 여기에 있다.

그때 싯다르타의 고뇌를 초기불전에는 이렇게 기록하고 있다.

찬타카와 헤어진 싯다르타는 우선 수행의 힘이 뛰어난 수행승들을 찾아 가르침을 받아야 되겠다고 생각하였다. 이때의 과정이 맛지마 니까야《성스러운 구함 경 Ariyapariyesanā Sutta(M26)》에 자세히 나온다.

싯다르타는 비바사리국으로 들어갔다. 그곳에서 고행외도(苦行外道) 발가바(跋伽婆)의 소문을 들었다. 발가바는 마을에서 멀리 떨어진 숲속에 있었다. 화려한 궁전에서 아름다운 왕비와 정신없이 살아온 싯다르타에게 숲속은 그렇게 고요할 수가 없었다. 어떤 신령스러운 기운마저 감돌아 정말 어떤 깨침을 얻을 수 있을 것 같았다.

그러나 싯다르타는 발가바와 그의 제자들을 만나보고는 그대로 실망하고 말았다. 그들은 나뭇잎이나 껍질로 옷을 짓고 있었고 풀뿌리로 하루 한 끼를 먹으며 온갖 고행을 서슴지 않고 있었다. 가시로 몸을 찔러 피를 흘리고 더러운 쓰레기 속에 누워 있는가 하면 불꽃에 몸을 태웠다. 물속에 머리를 집어넣고 숨을 죽이고 있는 사람도 있었다.

싯다르타는 그 모습을 보며 문득 자신이 사랑했던 여인들을 생각하였다. 그들의 몸속에 나의 살을 섞고 나를 통제하려던 그 고통과 저 고통이 무엇이 다른가.

"왜 이런 고행을 하십니까?"

싯다르타의 물음에 발가바가 자랑스럽게 대답했다.

"참아내는 것이 곧 수행이기 때문이요."

싯다르타는 그만 고개를 내저어 버렸다. 참아내는 것이 수행의 본질이라면 십 년 동안 나는 무엇을 했던가. 여인들의 살 속에 내 살을 밀어 넣고 분리된 육신을 하나로 하기 위해 환희와 고통의 세계를 얼마나 많이 반복했던가. 결국 남은 것은 말 못할 회의와 내 의지에 저버린 라훌라의 탄생뿐이지 않은가.

"그럼 무엇 때문에 이런 고행을 하십니까?"

싯다르타의 물음에 발가바 선인은 최고 고행승답게 당연하다는 얼굴로 입을 열었다.

"천상에 태어나기 위해서라오."

'천상' 하고 발가바 선인의 말을 되뇌다 말고 싯다르타는 기가 막혀 그만 실소하고 말았다.

"즐거움을 찾기 위해 고행을 참는다니요? 그러면 여인의 몸뚱이 위에서 일회적으로 잠시 잠깐 즐거움을 느끼는 것과 무엇이 다릅니까? 즐거움이 다하면 여인의 몸뚱이 위를 내려와야 하듯 지은 만큼 천상의 복이 다하면 다시 인간 세계로 나와 괴로움을 겪어야 할 것이 아닙니까?"

발가바 선인은 천상을 천박한 여인의 몸과 비유하는 데 기분이 나빴으나 할 말이 없었다. 싯다르타는 머리를 내저었다. 설령 천상이 있어 거기에 날 수 있다 하더라도 보상을 바라고 하는 수행이 얼마만 한 가치가 있는 것이랴. 수행은 오로지 자기완성을 위한 것. 어찌하여 그들은 괴로움의 인(因)을 쌓아서 괴로움의 보(報)를 구하는가.

싯다르타는 하룻밤을 새우면서 결코 자기가 있을 곳이 아니라고 생각하였다.

"그럼 고행의 끝은 어디입니까?"

싯다르타는 마지막으로 발가바 선인에게 물었다.

"천계(天界)요."

싯다르타는 또 머리를 내저었다.

"당신은 천국을 보았습니까?"

발가바 선인이 머리를 내저었다.

싯다르타는 웃으며 말했다.

"고행은 바로 자기완성입니다. 자기완성은 그 무엇으로든 증명될 수 있어야 합니다. 저는 카필라성의 왕자로 태어나 19세에 결혼하여 십 년을 싸웠습니다. 그대들이 일어나는 욕망을 베기 위해 고행하듯이 저는 여인의 살 속에 제 살을 밀어 넣고 싸웠습니다. 자기완성의 세계는 파정 없는 세계라고 저는 믿고 있었기 때문입니다. 저는 저를 이기지 못했습니다. 윤회의 문턱에 다시 나를 걸어 버렸던 것입니다. 나는 그때 알았습니다. 나의 행위는 진실로 국부적인 행위였을 뿐이며 인을 쌓아 보를 구하는 어리석고 천박한 몸짓이었다고 말입니다. 생사의 원리를 모르고 어찌 육신을 완성할 수 있겠습니까. 그래서 이렇게 나온 것입니다. 이러한 고행으로 그대들은 무엇을 증명할 수 있습니까?"

발가바 선인은 할 말이 없었다.

다음 날 싯다르타는 길을 떠났다. 그는 발가바가 사는 곳에서 남쪽으로 가면 아라라 칼라마(阿羅羅迦羅摩)라는 선인을 만날 수 있을 것이라는 말을 들었으므로 항하를 건너 왕사성으로 나아갔다. 싯다르타는 성의 북쪽 미루산(彌樓山) 속에서 수행하고 있는 칼라마를 만났다.

가는 곳마다 칼라마에 대한 칭송이 자자했으므로 싯다르타는 가슴이 뛰었다. 첫눈에도 칼라마의 덕망은 상당해 보였다.

"칼라마여. 나는 그대의 가르침을 받기 위해 이곳까지 왔습니다."

싯다르타는 칼라마를 만나자 예를 갖추고 말했다.

첫눈에 싯다르타의 신분을 알아본 칼라마는 정중히 그를 맞아들였다.

"어서 오십시오. 이 법은 바로 그대를 향해 있으니 곧 체득하게 될 것입니다."

"칼라마여. 그대는 어찌하여 진리를 얻을 수 있었습니까?"

"그대 공(空)을 아시오?"

싯다르타의 물음에 칼라마가 되레 물었다.

"공(空)?"

"그 뜻을 모르고서는 나의 사상을 이해할 수는 없을 것이오."

싯다르타는 깜짝 놀랐다.

공? 공이 무엇인가?

말 그대로 하자면 세상은 비었다는 말이다. 그럴까 하고 생각하며 싯다르타는 칼라마로부터 공의 개념을 듣고 얼마 후 붓다는 공의 개념을 이렇게 세웠다.

공(空)은 스스로의 근본 자리를 뜻한다. 초월적 의식이 존재하는 곳. 지혜의 완전함을 일컫는다. 그렇기에 그곳은 비어 있는 곳이 아니며 빈 곳이다. 인간에게 있어 그곳은 비어 있고 어두운 곳이지만 깨친 이에게는 인류의 활동적인 의식으로 꽉 차 있는 곳이다.

바로 이것이 그가 세운 공의 개념이었다.

싯다르타는 공의 개념을 정립한 뒤 칼라마에게 비로소 자신이 세운 공의 개념에 대해 말했다.

싯다르타의 말을 듣고 칼라마는 깜짝 놀랐다. 자신이 평생을 세워 온 개념 위에 싯다르타는 서 있었다. 어느 누구도 보지 못한 세계를 이미 싯다르타는 보고 있었다. 싯다르타는 수행을 계속하면서 공의 개념을 더욱 공고히 했다. 공의 개념을 깨침의 씨앗인 불성으로 바꿔 놓았다.

칼라마는 그런 싯다르타에게 심한 열패감을 느꼈다. 그는 속을 숨기고 이렇게 말했다.

"그럼 이제 '공무변처(空無邊處)'의 뜻을 알아야 할 것이오."

설마하고 한 말이었다.

"공무변처라니요?"

"공무변처가 바로 그 대답이기 때문이오."

"그 뜻을 가르쳐 주십시오."

"공무변처란 모든 물질의 관념을 초월해 버린 것을 말함입니다. 존재하는 것은 오직 공(空)일 뿐이라는 말입니다. 다만 공만이 무변하다는 것을 아는 것, 그것이 곧 선정(禪定)이라는 말입니다."

싯다르타는 고개를 끄덕였다. 그렇다면 내게도 정진, 정념, 선정의 지혜가 있다는 말이구나. 싯다르타는 그렇게 이해하고 그의 가르침에 따라 그 법을 체득하기 시작했다.

공부를 해나가면서 싯다르타는 회의에 빠지기 시작했다. 분명히 이 법은 망집(妄執)을 여의는 법이 아니다. 육(肉)을 여의는 각(覺)의 법도 아닐뿐더러 다만 공무변처에 도달한 것일 뿐이다. 분명히 이 무념무상(無念無想) 위에는 열반(涅槃)이라는 경지가 있을 것이다.

이미 공무변처의 뿌리 끝까지 봐 버린 싯다르타는 더 지체할 필요가 없음을 깨닫고 어느 날 자리를 털고 일어났다. 이미 자기의 경지를 뛰어넘어 버린 것을 안 칼라마는 함께 이 교당을 이끌 생각이 없느냐며 싯다르타를 잡았다. 싯다르타는 가볍게 그의 청을 거절해 버렸다. 왕위도 버리고 나온 그가 오직 바라는 게 있다면 절대진리의 경지 그것일 뿐이었다.

싯다르타는 다시 우타카(優陀迦)란 철인을 찾아갔다. 그는 사유(思

惟)를 초월하고 나면 순수한 사상만 남는다는 비상비비상처(非想非非想處)의 경지를 가르치고 있었다. 제자만 하더라도 무려 칠백 명이 넘었다.

칼라마 선인에게서 그의 법을 배웠듯이 싯다르타는 우타카의 법을 체득하였다. 그러나 또 남는 것은 회의뿐이었다.

이것 역시도 망집을 여의고 애욕을 여의는 바른 각(覺)의 법은 아니다. 생각이 있는 것도 아니고 생각이 없는 것도 아닌 경지에 이른다 할지라도 그 경지에 내[我]가 없다면 비상비비처의 이름조차도 있을 수 없을 것이며 만약에 내[我]가 있다고 한다면 거기에는 반드시 지각이 있을 게 아닌가. 지각이 있다면 반연(攀緣)이 있을 테고 그러면 집착이 일어난다. 그것을 어찌 절대진리라 할 수 있겠는가.

우타카의 곁을 떠나면서 싯다르타는 깊은 생각에 빠졌다. 그 수많은 사상가들, 이미 궁중에서 독파해 버린 62종의 학설들, 육사라 불리던 푸라나 캇사파, 파쿠다 캇차야나, 막칼리 고살라, 산자야 벨랏티풋타, 니간타 나타풋타, 아지타 케사캄바린 그리고 요즘 들어 그가 만나본 선인들, 그들의 학설과 사상.

인간이 가질 수 있는 형이상학적 학설의 원형들은 모두가 그 속에 있다 해도 과언이 아닌데 왜 이리도 가슴속은 허망한가.

분명히 찾는 그 무엇은 그 위에 있는 것 같았다.

싯다르타가 생각하기에 그것은 무지하고 맹목적인 집착으로밖에는 보이지 않았다. 그것은 무명(無明)이었고 무지(無知)였다. 무지가 무엇인가. 나와 남이라는 관념이다. 실재로 나와 남이라는 관념은 현실에서는 필요할지 모르나 초월적 의미에서는 잘못된 것이다. 이것으로 인하여 오류가 생기고 자만심, 질투, 게으름, 분노, 욕심, 육체적인 욕망이 일어난다. 텅 빈 충만 즉 공의 세계는 무지가 사라졌을 때 그 투명한 빛이 드러난다.

싯다르타는 계속 걸으며 생각에 잠겼다.

그렇다면 무엇일까. 그것을 뛰어넘을 길은…. 그것은 그들이 그렇게 대단스럽게 여기고 있는 것들을 단호히 버려 버리는 데서 오는 것은 아닐까. 바로 거기에서 답을 찾아야 하지 않을까. 그들이 주장하는 그 근거 없는 가정과 집착을 잘라내고 사물을 있는 그대로 보아야 하는 법을 배워야 그 경지를 얻을 수 있는 게 아닐까?

그렇다는 생각이 들었다.

그렇다. 찾아야 할 것은 나의 법이지 그들의 법이 아니다. 나의 법을 알기 위해서는 오로지 나에 의지하는 수밖에는 없다. 나에 의지하지 않고 내가 누구에게 의지할 것인가. 그렇다면 내가 바로 나의 스승이지 않은가.

이제 자신의 구경(究竟) 방랑이 끝날 때가 되었음을 깨달은 싯다르타는 천천히 숲으로 들어갔다. 그는 홀로 명상에 잠겨 자기를 알아보아야겠다고 생각했다. 분명히 그것은 자신의 육체 속에 모든 진리의 당체가 숨 쉬고 있다는 데 대한 또 하나의 깨달음이었다.

이미 그 깨달음은 육체의 싸움에서 알았던 것이었지만 홀로 명상적일 수 있다는 점에서 차원이 달랐다. 싯다르타는 육체와의 싸움에서처럼 일어나는 번뇌를 나무 밑에 결가부좌하고 앉아 하나하나 죽여 나가기 시작했다. 가정과 집착과 번뇌를 끊기 위한 그의 작업은 그렇게 시작되었다.

그는 그렇게 나무 밑에 앉아 일체를 죽여 나갔다. 풍우전뢰에도 굴하지 않았다. 욕(欲)이 일면 욕을 끊어내었다. 궁에서 호의호식하며 지내던 세월이 떠오르면 이빨을 사려 물었다. 어쩌다 산을 내려가 얻어먹기도 하고 누군가 가져다 놓은 자빠디 조각으로 겨우 배고픔을 달랬다. 계속 마음을 제압하기 위해 입과 코의 호흡을 멈추었다. 그러면 그로 인해 생긴 엄청난 기운이 폭포수가 역류하듯 머리끝으로 치달아 올랐다. 그때마다 형언할 수 없는 환희가 전신에 물결쳤다.

물결침은 잠시였다. 이내 환희는 몸 밖으로 빠져 나가고 머릿속은 흡사 송곳 끝으로 찔러 오는 것처럼 아파왔다. 귀에서도 이상한 소리가 떠나지 않았고 전신이 나른해져 왔다.

그는 자신도 모르는 사이에 자기를 죽이기 위해서 완전한 고행의 늪으로 빠져들었다. 자신을 알려고 숲으로 들어간 그였다. 그런데 오히려 자신을 죽이고 있었다. 일체의 부정에서 일체의 긍정 쪽으로 다가가야 할 터인데 그는 오히려 일체를 부정하는 오류를 범하고 있었다. 간간이 숨을 막아 무식(無息)의 선정(禪定)에 들면 온몸의 기운이 머리끝으로 내달아 몸이 붕붕 열에 젖어날 때면 우주를 안아도 끄덕않을 자신이 생기다가도 그것은 잠시였다. 그는 역시 고행을 의식하는 고행을 하고 있을 뿐이었다. 무상보리인 열반의 세계를 구한다고는 하였으나 천계를 위해 고행을 일삼는 발가바의 무리와 별로 다를게 없었다.

혹독한 고행으로 인해 그의 몸은 야윌 대로 야위어갔다. 뼈만 앙상하게 남은 모습은 참으로 추악한 형상이었다. 고행이 계속될수록 육체는 시들어 가는데 번뇌의 불꽃은 더욱 거세게 타올랐다. 고행은 육체의 탐닉과 비슷한 성질을 가지고 있었다. 가득한 희망을 가지고 취했다가 실망하고 다시 희망하고 취했다가 또 실망하고…. 그 옛날 여인들을 안고 몸부림칠 때처럼 그는 그렇게 더 깊이 고행 속으로 빠져 들어갔다.

밤마다 엄습하는 공포, 무엇을 먹고 싶다는 욕심, 그리움과 싸우면서 그는 부르짖었다.

'나는 너희 사문과는 다르다. 너희들 가운데는 마음과 몸은 쾌락에만 맡겨 버리고 탐욕과 집착에 얽힌 채 겉으로만 고행하는 사람들이 있다. 이런 사람들은 마치 젖은 나무에 불을 붙이려는 어리석은 사람과 같다. 몸과 마음이 탐욕과 집착을 떠나 고요히 자리 잡고 있어야 그 고행을 통해 최고의 경지에 이를 수 있으리라.'

그는 그때까지도 범부일 뿐이었다. 부정하고 부정해서 절대 긍정으로 가자고 하는 범부에 지나지 않았다. 그는 나무껍질이나 조포(粗布)를 걸치고 풀뿌리를 캐 연명했다. 작은 벌레를 만나면 살생이 싫어 몸을 움츠리는 겁쟁이였고, 사람을 만나면 산속 깊숙이 숨어 버리는 기피증 환자였다. 그에게 있어 살생은 살생이었을 뿐이었고 초동이나 목동들마저도 자신의 앞길을 막는 장애물이었을 뿐이었다.

그는 가시방석을 만들어 자리에 깔고 앉았다. 몸에 기름을 구해 바르고 장작을 지펴 그 몸을 지졌다. 때로는 물에 들어가 추위와 싸웠다. 수염을 뽑으며 아픔을 견뎠고 머리카락을 뽑으며 고통을 참았다.

육체에 대한 학대는 끝이 없었다.

이상했다. 고행이 깊어갈수록 번뇌는 잡초처럼 계속 살아 일어났다. 삶과 죽음 역시 그의 앞에 그대로 있었다.

그때쯤 그를 지켜보았던 다섯 사문이 있었다. 사문들은 그런 싯다르타의 고행을 보고는 머리를 내저었다.

'저러다 죽고 말 것이야.'

싯다르타는 그래도 고행을 멈추지 않았다. 그는 남들이 하는 고행과 자신의 고행이 다르다고 생각하고 있었다. 죽어서 천계에 태어나기 위해서 하는 고행이 아니라고 생각했다. 오로지 육신의 번뇌와 망상, 욕심을 끊어내는 깨달음의 최고 경지인 열반을 얻으려는 고행이라고 생각했다. 그리하여 어떤 바람에도 흔들리지 않는 금강승의 경지를 얻으리라 생각했다. 나고 죽음이 없는 영원한 깨달음을 얻으리라 생각했다.

그러나 그런 경지는 결코 오지 않았다. 오히려 현실의 고뇌만이 더 성성해져 있었다. 이상한 일이었다.

고행을 시작한 지도 어느덧 5년. 공포를 이기기 위해 뼈가 쌓인 무덤가에서, 가시 방석 위에서, 불길 속에서, 추운 강물 속에서 그렇게 세월은 보냈는데 아무것도 얻은 것이 없었다. 그의 몸은 뼈와 가죽뿐이었으며 살결은 나무껍질처럼 거칠어 윤기라고는 찾아볼 수 없었다. 그런데도 초세(超世)의 법조차 체득하지 못하고 있었다. 5년이 넘어서자 싯다르타는 지쳐 버리고 말았다. 몸은 몸이 아니었다. 뼈만 남아 있었다. 뱃가죽은 등 쪽으로 완전히 붙어 버렸고 갈빗대는 금방이라도 부러질 것 같았다.

그는 어느 날 보리수나무 밑에 앉아 자신의 수행 태도를 가만히 되짚어 보았다. 아무리 수행을 해도 진보가 없다? 이건 무언가 잘못된 것이 아닌가? 왜 이렇게 고행에 대한 대가는 없는 것일까? 무엇이 잘못되었나? 나의 고행? 고행이 잘못되었다? 고행을 통해 어느 누구도 따르지 못할 최상의 이욕(離欲)을 닦았다고 생각했다. 남들이 미처 하지 못한 그 숱한 관습을 깨트렸다고 생각했다. 그런데 왜 나는 아직 이 상태로 머물고 있는 것일까?

비로소 자신을 죽이던 지독한 고행에 대한 회의가 들기 시작하자 싯다르타는 잠시 자신이 사랑했던 사람들을 생각해 보았다. 그들의 아름다운 육신이 눈앞 가득 떠올랐다. 싯다르타는 자신도 모르게 자신의 몰골을 내려다보았다.

이 꼴이 무엇인가? 한없는 비애가 가슴으로부터 눈물처럼 솟아올랐다. 그것은 분명 그가 이제까지 거부해 오기만 했던 육신에 대한 지독한 사랑의 마음이었다. 내 어찌 이런 몰골로 저 아름다운 육신과 싸워 이길 수 있을 것인가. 어찌 펄펄 뛰는 살아 있음을 이길 수 있을 것인가.

싯다르타는 일어났다.

그렇다. 이게 아닐지도 모른다. 지금은 싸울 때가 아닐지도 모른다. 아니 처음부터 싸울 일이 아니었을지도 모른다. 거부하고 거부해서 절대 긍정으로 갈 생각이었다면 왜 긍정하고 긍정해서 절대 긍정으로 가자는 생각은 못 했던가. 긍정은 사랑이 아닌가. 긍정이 사랑이라면 나는 지금까지 무엇 하나 긍정의 눈길로 바라본 게 있었던가. 생을 사랑해 보았던가. 생을 긍정해 보았던가. 분명히 육체와 정신이 한데 어울려 최고의 기쁨을 만들어 낼 때 거기 열반이 있을 터이다. 그때 내가 그들을 진실로 사랑하고 있었더라면 나는 이런 고행을 하지 않았을지 모른다. 그렇다. 지금이라도 그들을 찾아가야 한다. 내 의식의 한곳에서 나로 인해 거부당해 온 그들의 모습을 찾아내야 한다. 그들을 진실로 사랑해야 한다. 내 육체만 오롯하다면 나는 그들을 안고 영원히 파정 없는 대락의 반야바라밀다궁으로 갈 수가 있다.

비로소 부정하고 부정해서 절대 긍정으로 가자는 그의 신심이 뒤바뀌는 순간이 왔다.

싯다르타는 일어났다. 고행이 끝난 것이다. 우주의 원리를 자신의 육신 속에서 본 순간이었다. 자신의 몸이 곧 우주 그 자체임을 깨닫는 순간이었다. 자신의 육신 속에 양성이 모두 존재하고 있다는 깨달음을 느끼는 순간이었다.

육체를 괴롭히기보다는 육체를 밝게 가져 열반의 경지를 봐야 되겠다고 생각한 싯다르타는 천천히 산을 내려왔다. 그는 지치고 더러워진 육신을 니련선하의 맑은 강물에 씻었다. 몸을 깨끗이 씻고 난 싯다르타는 몸을 돌리려다 우유를 짜고 있던 한 소녀를 발견하였다. 그녀는 우루비라촌의 지주 사나발처의 딸 수자타였다.

수자타가 가까이 다가온 수행승을 맑은 눈으로 쳐다보았다. 극도로 쇠약한 수행승이었다. 더러운 차림새이기는 하였으나 어딘지 모르게 기품이 있어 보였다. 수자타는 공경의 마음이 생겨 들고 있던 우유를 수행자를 향해 들어 올렸다.

"존귀한 수행자이시여. 바라옵건대 저를 가엽게 여기어 이 공양을 받아 주십시오."

싯다르타는 기쁜 마음으로 공양을 받아들였다.

"누이여. 정말 고맙구나."

우유의 맛은 비길 데 없이 감미로웠다. 온몸에 기운이 넘쳐나는 걸 느끼며 싯다르타는 비운 그릇을 수자타에게 내밀며 그녀의 눈을 마주 쳐다보았다. 순간 이상스런 기운이 가슴속으로 물결쳐 들어왔다. 싯다르타는 그것이 무엇일까 하고 잠시 생각하면서 허리를 세웠다. 전류처럼 물결쳐 들어온 것이 그대로 머리끝으로 치달았다. 비명에 가까운 신음이 그대로 싯다르타의 입에서 흘러나왔다.

아아 이것이었구나. 이것이 사랑이라는 것이구나. 대상을 꿰뚫어 보는 참 지혜라는 게 바로 이것이구나. 생각이 아닌 느낌, 이해가 아닌 느낌, 그렇다. 대상의 본질을 꿰뚫어 보는 참 지혜란 사고가 아니고 느낌, 느낌이구나! 느낌이 분명하다면 사물의 본질은 직관(直觀)에 의하여 확장되어 나간다는 말이다. 그렇다. 역시 너와 나는 둘이 아니라는 말이다. 너와 나라는 벽에 나는 갇혀 있었다는 말이다.

싯다르타는 깨달았다.

현상은 변형될 수 없다. 그것이 세계의 본질이다. 그것이 성(性)의 세계다. 그렇다면 성 없는 성의 세계가 곧 명상이라는 말이다. 명상이란 곧 우주 자체 속으로 물 흐르듯이 흘러 들어가는 것이구나. 그리하여 그와 하나가 되는 것이구나. 거기에 어찌 생과 사가 있을 수 있으랴. 반야방편쌍입무이(般若方便雙入無二). 바로 계명의 상태가 그것 아닌가.

• 붓다 평전

○

생의 한가운데

1
—

싯다르타가 비로소 고행을 떨치고 일어나 성도의 길로 들어서는 모습이다. 이 모습을 기록한 경전으로는 먼저 빠알리어 맛지마 니까야를 들 수 있다. 여러 경 중에서도 《쌍짜까 긴 경 Mahā saccaka sutta(M36)》이 가장 자세하다. 한역본으로는 《방광대장엄 경(권9)》외 티베트어역의 경전들이 여럿 있지만 거의가 동일한 양상을 보이고 있다. 그 과정을 재구성함에 있어 다소 객관적 주관을 피할 수 없겠지만 따라가 본다.

그는 천천히 다시 숲을 향해 걸었다. 숲 속으로 들어간 그는 비로소 공부다운 공부를 하기 위해 나무 밑에 편안히 정좌하였다. 위의를 단정히 한 후에 결가부좌했다. 먼저 오른쪽 발을 왼쪽 무릎 위에 놓고, 왼쪽 발을 오른쪽 무릎 위에 놓았다. 서두르지 않았다. 왼쪽 발로 오른쪽 발을 눌렀다. 다음은 오른쪽 손을 왼쪽 발 위에 놓고, 왼쪽 손바닥을 오른쪽 손바닥 위에 놓아, 두 엄지손가락 끝을 서로 맞대고, 선정인(禪定印)을 취하였다. 해탈을 얻기 전까지는 자리를 뜨지 않겠다는 결의였다.

싯다르타는 명상 속으로 들어갔다. 진리의 참모습을 온전히 드러내는 참 공부가 시작되었다. 참된 자기를 회복시키는 작업. 인간과 우주의 근원을 밝혀내는 작업. 참된 주체성을 곧바로 열어서 진리의 참모습을 온전히 드러내는 작업.

그는 생각하고 있었다.

진리는 죽음이 아니다. 어떻게 죽음이겠는가. 진리는 부정이 아니다. 진리는 절대 긍정이다. 싸움이 아니다. 부정을 전환시켜 긍정으로 가는 사랑법이다. 사랑은 명상으로 전환되는 그 힘이다. 이제 더는 쓸데없는 고행으로 나를 죽여서는 안 된다. 억제하고 싸우면서 내 세계(性)를 짓밟아서는 안 된다. 견성(見性)은 신(身)의 조화에서 온다는 것을 분명히 해야 한다.

그는 서두르지 않고 자신의 육체 속에 아직도 미개발로 남아 있는 나를 찾아 나를 탐험하기 시작했다. 한 번의 숨을 내쉼에도 나를 자각하고 한 번의 숨을 들이쉼에도 나를 자각하였다. 그는 자신의 모든 것을 우주화하기 위하여 그렇게 끝없이 자기 속을 헤매어 돌았다. 바라던 명상은 쉽게 오지 않았다. 여느 때나 다름없이 마음속으로 이상스런 초조함과 공포가 밀려들었다. 싯다르타는 결코 싸우려고 하지 않았다. 이제 싸울 이유가 없었다.

공포와 유혹이 끊임없이 밀려들었다. 그를 괴롭히던 환영들이 계속해서 떠올라 괴롭혔다. 그때마다 전신이 자지러들었다. 마신의 권

• 붓다 평전

속들이 그의 선정을 무너뜨릴 수 없자 제6천의 마왕 파피야스에게 사실을 고했다.

파피야스는 이미 사실을 알고 있었다. 그는 보고 있었다. 그의 양 미간 백호상(白毫相)에서 한 줄기 뻗쳐오는 광명을. 그때 알아보았다. 그가 붓다의 자리에 오르려고 한다는 것을.

잠이 들기가 무섭게 스물두 가지나 되는 불길한 꿈이 그의 의식을 사로잡았다. 궁전이 무너지고 일족이 배반당한다는 꿈이었다.

그는 즉시로 권속들을 불러들였다. 그에게는 먼저 낳은 딸들 외에 1천 명의 자식이 있었다. 5백 명은 백조(白組)였다. 5백 명은 흑조(黑組)였다. 먼저 오른쪽에 늘어선 백조들이 이구동성으로 한 목소리를 내었다.

"이길 수 없습니다."

그러자 왼쪽의 흑조들이 고개를 내저었다.

"우리 군대를 가지고 공격하면 승산이 있습니다."

파피야스는 안 되겠다고 생각하고 딸들을 불러내었다.

"내가 군대를 데리고 먼저 나갈 터이니 너희들이 그를 유혹하여 무너뜨려라."

바람이 크면 그만큼 내부의 마성도 큰 법이다. 선이나 마도 상대적 인 세계에 불과하다.

파피야스가 권속을 직접 이끌고 물밀듯이 달려왔다. 아주 악독한 권속이 먼저 싯다르타에게 달려들었으나 상대가 되지 않았다.

파피야스는 고개를 내저었다.

"이럴 수가. 그러나 성도(成道) 전이니 색욕(色慾)을 이겨내지 못할 것이다."

그렇게 말하고 딸들을 보냈다.

"쾌락으로 유혹하여라."

딸들이 싯다르타를 유혹하기 시작했다. 아름다운 무희들을 바라보면서 싯다르타는 조금도 동요하지 않았다. 자신의 딸들을 썩은 나무 등걸처럼 대하자 파피야스가 지하세계의 모든 군세를 불러내었다. 욕계에 깔려 있는 악신들이었다. 야차(夜叉, Yaksa)와 나찰(羅刹, Raksasa), 그리고 악귀들이 모여들었다.

선두는 파피야스가 직접 맡았다. 그 뒤로 야차 군단, 그 뒤로 나찰 군단, 그 뒤로 악귀들이 겹겹이 좌우로 늘어서서 몰려왔다. 피사카(食血肉鬼, Pisaca) 부대, 싸움을 즐기는 아수라(阿修羅, Ausra) 부대, 사람의 몸을 하고 뱀 머리를 한 마호라가(Mahoraga) 부대, 사람의 정기를 빨아먹는 굼반다(Kumvhanda) 부대가 구름처럼 몰려왔다.

파피야스는 싯다르타에게 다가가 칼을 휘두르며 위협했다.

"물러가라. 싯다르타. 거기는 네가 앉을 자리가 아니다. 일어나지 않는다면 너를 죽이고 말겠다."

"천상천하에 이 보좌에 앉을 수 있는 사람은 나밖에 없느니라."

싯다르타가 엄숙히 말했다.

"어림없는 소리!"

파피야스가 검은 혀를 날름거리며 소리쳤다. 싯다르타는 파피야스를 조용히 바라보다가 이렇게 말했다.

"파피야스여 물러가라. 너의 능력을 모르는 바 아니다. 너는 내게 마음의 갈등을 불러일으키고 있다. 나를 목마르게 하고 나를 좌절케 하고 나를 갈망케 하고 나를 분노케 한다. 나를 비겁하게 하고 나를 슬프게 하며 나를 공포케 한다. 그러나 나의 입정은 금강석처럼 단단하다."

"어림없는 소리. 너는 결코 날 이겨내지 못한다."

싯다르타는 선정인에서 항마인으로 인을 바꾸었다. 왼손은 배꼽 앞에 그대로 두고 오른손을 무릎 위에 얹고 검지로 땅을 가리켰다. 그리고는 땅을 향해 소리쳤다.

"지신(地神)은 나와 이를 증명하라!"

지신이 뛰쳐나오자 천지가 진동했다. 뒤이어 여신을 거느린 수타바라(부동의 신) 여신이 모습을 나타냈다.

"파피야스. 죽고 싶으냐. 이 분은 세상의 등불이 되어 온 이이니라."

수타바라가 호통쳤다. 그제야 파피야스가 놀라 악귀들을 데리고 물러났다.

그들이 물러가고 나자 비로소 진실한 자신의 내부 여신이 나타나 싯다르타 앞에 무릎을 꿇었다.

"그대는 누구인가?"

너무나 아름다운 여인의 모습에 놀라며 싯다르타가 물었다.

"저는 또 하나의 그대입니다."

"어디서 왔는가?"

"저는 그대의 내부 여신입니다. 또 하나의 그대 자신이지요."

"그럼 왜 거기 있는가?"

"그대는 고착된 개념에 사로잡혀 있습니다. 결코 내부 속에 그려져 있는 저를 인정하려 하지 않으십니다."

"그대와 내가 하나가 되어야 한다는 말인가?"

"모든 이에게는 불성(佛性)이란 것이 있습니다. 그 불성을 보았을 때 그리하여 불성을 개발했을 때 그대는 우주가 되는 것입니다."

"그대가 불성이란 말인가?"

"그렇습니다. 그대 속에 존재하는 불성입니다. 불성은 존재에 우선하는 것이지요. 그것을 깨달아야만 합니다."

"이리 가까이 오라."

그녀가 가까이 다가왔다.

그녀를 안았을 때 싯다르타는 그제야 보았다. 신성과 에너지로 가득한 우주의 모습을. 그것은 바로 자기 자신이었다. 공간은 무한히 확장되어 가고 그 신성의 영역에 어떤 예지가 숨김없이 나타나기 시작했다.

아아, 내 마음의 이 모진 풍경!

견성은 먼 곳에 있는 것이 아니었다. 깨침은 너의 불성이었다. 나의 불성이었다. 너의 불성이 무지(無知)였다. 너의 불성이 나의 불성임을 모른다는 것. 너를 안음으로써 나를 안다는 것. 그래서 깨침은 무지 속에 있었다. 너를 안았을 때 절대의 자유에 이르게 된다는 것. 깨침은 너로부터 오는 감각의 파동이었다. 감각은 우주의 속삭임이었다. 마음 마디마디가 그 감각 속에서 꽃처럼 피어나고 있었다. 몸과 마음이 하나로 물결쳤다. 물질과 정신과 감각과 사고와 행동…. 내 명상까지도 나를 이룬 육근(六根, 안이비설신의)과 내 육진(六塵, 색성향미촉법) 속에서 물결치며 본모습을 찾아가고 있었다. 허공은 허공이 아니었다. 지수화풍 사대(四大)가 허공을 이루고 있었다. 내가 나를 이룬 것이 아니었다. 내가 그들을 이루고 있었다. 그러므로 나는 없었다. 내가 없는데 고행이나 견성이 있을 리 없었다. 이미 모든 것은 시작도 없었고 끝도 없었다.

평상시보다 더 집중적으로 달려드는 모든 유혹이 물러가기 시작하자 밤이었다.

　최후의 밤을 맞았다. 초야분에서 4선정과 3명6통을 얻었다. 4선정(四禪定)은 마음이 통일된 상태였다. 첫 단계는 악심(惡心)의 작용을 끊고 고요한 즐거움을 맛보는 경지였다. 둘째 단계는 개개의 분별에 빠지지 않고 정신집중[三昧]에 의해 북받쳐 오르는 즐거움이 일어나는 경지였다. 셋째 단계는 그 즐거움까지 초월하여 몸도 마음도 거울처럼 맑아지는 경지였다. 넷째 단계는 모든 분별이 사리진 정념청정의 경지였다. 비로소 성(性)을 넘어선 성인(聖人)의 경지에 들어서고 있었다.

　그는 그렇게 마음이 통일되고 확호부동(確乎不動)한 경지에 이르러 6통의 능력을 갖추었다. 자기 자신과 타인의 운명을 알아내는 숙명통(宿命通), 시간·공간의 제약을 떠나 모든 것을 내다볼 수 있는 천안통(天眼通), 남의 마음을 읽을 수 있는 타심통(他心通), 모든 일을 다 들어서 알아내는 천이통(天耳通), 어떤 경우에도 자유자재한 신족통(神足通), 모든 번뇌를 끊어 버리는 지혜의 누진통(漏盡通)을 얻고 있었다.

　그는 여섯 신통력(神通力)을 얻은 후에야 그 밤의 초야분을 마치고 중야로 들어섰다. 중야분에서 숙주지(宿住智)를 얻고 후야분에서 근본이법(根本理法)인 4제 12인연의 이치를 터득하였다. 그러자 그동안 자신을 그렇게 괴롭히던 두통의 실체가 드러났다.

　살생이 끝없이 자행되는 강가에서 웃고 있는 소년. 소년이 즐거워하고 있다. 사람들이 다른 부족을 침범하고 있다. 사람들이 죽어간다. 비명소리… 강물처럼 흘러 내리는 피. 사람들이 피할 곳이 없어 지붕으로 올라간다. 불을 질러 그들을 태워죽이고 있는 저들이 누구인가. 벼랑에서 형제를 밀어 죽이고 돌로 눌러 놓고 있는 저 사나이.

쇠산 지옥에서 몇 천 년을 고통 받으며 울고 있는 저 사나이… 저 사나이가. 누구인가.

파피야스가 인간의 모습을 하고 달려왔다. 강가에서 웃고 있는 소년을 죽이기 위해 달려왔다. 벼랑에서 형제를 죽이는 살인자를 죽이기 위해 달려왔다. 강가에서 독을 풀고 살상을 일삼던 사람들을 죽이기 위해 달려왔다.

아아, 형용할 수 없던 그 고통의 나날들…

그 모습을 보며 싯다르타는 결코 서두르지 않았다. 전신의 에너지[菩利心]를 존재의 씨앗으로부터 배꼽 둘레의 망을 통해 머리 위 끝으로 뿜어 올렸다. 무한한 에너지가 계속해서 반야바라밀다궁으로 모여들었다. 에너지가 둥글게 휘어돌기 시작했다. 둥글게 돌기 시작하자 서서히 쟁투심(諍鬪心)이 없어지고, 수면심(睡眠心)이 없어지고, 조희심(調戲心)이 없어지고, 의심(疑心)과 회심(悔心)이 없어졌다.

고요가 찾아들었다. 마음이란 참으로 모질고 사나운 것이었다. 끝까지 사납게 몸을 뒤채다가 숨을 죽였다. 그것이 고요였다. 고요가 찾아들자 현상 차별에 의한 개개의 분별이 없어졌다. 뒤이어 북받쳐 오르는 즐거움에 몸도 마음도 그지없이 맑아지고 전신적(全身的)인 편안함이 물결쳐 들어왔다. 그대로 안온한 정념청정(正念淸淨)의 경지였다. 그 경지가 계속되었다. 그의 몸은 그대로 하나가 되고 있었다. 현상과 실재가 몸 안에서 하나된 것은 이미 오래전 일이었다. 방편(方便)과 반야(般若)가 하나가 되어 공비무이의 경지가 거기 세워지고 있었다. 마음은 완전히 통일되어 있었고 광명과 같은 영기가 뻗쳐 어떠한 비바람에도 흔들리지 않는 확고부동한 경지가 왔다. 그것은 이제 휴식이었다. 육체란 참으로 참다운 지혜를 스스로 가지고 있는 것이었다. 억압이 없어진 상태의 육체는 스스로 진공상태 속으로 들어가 바람이 되었다. 나뭇잎이 되었다. 구름이 되었고, 흐르는 물이 되었다. 그 무엇에도 구애됨이 없는 일다원융(一多圓融)의 세계가 꽃처럼 활짝 펼쳐졌다.

비이중성(非二重性) 속에서 비사고(非思考)가 계속되는 동안 그는 계속해서 무엇과도 영적 교섭을 해나갔다. 그는 이제 무엇도 두렵지 않았다. 여인의 아름다운 육체를 안아도 이제 조금도 두렵지 않았다. 오히려 그 육체를 안고 저 반야바라밀다궁으로 들어가고 있었다. 거기에 이별이 있을 수 없었다. 영원한 하나였다. 오직 대략(大藥)만이 그를 즐겁게 하고 있었다.

그날까지 자신을 짓누르고 있던 상처들이 모두 사라져갔다. 도저히 치유될 수 없을 것 같던 아픔과 고통도, 그토록 괴롭히던 처참한 환영도, 사랑하는 사람들과의 이별도, 자신을 바라보는 백성들의 바람도, 그에 부응하지 못했던 자격지심도, 내 몸이 내 몸이 아니라는 의혹도…. 하나씩 하나씩 그렇게 사라져 갔다.

그렇구나. 모든 것이 내 마음의 헛그림자였구나. 내 마음의 그림자임을 알면 하룻밤에 현자[一夜賢者]가 되는 이치가 여기에 있었구나.

그러나 아직도 그에게 완전한 성도가 온 것은 아니었다. 여전히 마신 파피야스는 기회를 노리고 있었고 사나운 정점을 향해 나아가고 있었다. 사납기로 소문난 파피야스의 권속 기리메에카라라는 코끼리를 탄 마왕은 마군 앞에서 소리쳤다.

"싯다르타는 굳센 마음으로 정각에 도달하지 않고는 결코 자리에서 일어서지 않으리라 결심하고 있다. 그의 자세는 확고부동하다. 그가 성도를 완전히 한다면 내 지배로부터 벗어나게 된다. 그럴 수는 없다. 벗어나게 내버려두어서는 안 된다."

기리메에카라의 마군이 밀려왔다. 마군의 행렬과 그 호규(號叫) 소리가 천지를 뒤덮었다. 삼천세계(三千世界)의 천인(天人)들이 지켜보았다. 싯다르타가 이기기를 그들은 기원하고 있었다. 이미 제석천(帝釋天)은 싯다르타가 이길 것을 알고 승리의 나팔을 불었다. 그의 나팔 나패는 무려 그 길이가 120손(手)이나 되었다. 한 번 불면 그 소리가 넉 달 동안이나 계속 울리는 것이었다.

마하가라(摩訶迦羅) 용왕은 바다 속에서 나와 백구(百句)도 넘는 게송(偈頌)을 읊어대었다. 대범천(大梵天)은 흰 일산(日傘)을 받들고 서서 싯다르타의 승리를 빌었다. 파피야스의 권속들이 거칠게 몰아붙이자 용왕은 바다 속으로 들어가 자신의 몸을 진흙으로 덮어버렸다. 제석천은 나패를 메고 도망가 버렸다. 이제 그의 곁에는 천인도 없었다. 모두 겁이 나 도망 가 버렸기 때문이었다.

싯다르타의 기운에 눌려 파피야스는 진격했다가 물러서고 그러기를 반복하다가 부하들에게 뒤로 돌아가 쳐야겠다고 했다. 그러자 싯다르타의 입에서 바라밀이 암송되었다.

파피야스는 바람을 일으키는 풍륜(風輪)을 싯다르타를 향해 던졌다. 엄청난 바람이 나무를 부러뜨리고 산을 흔들었다.

싯다르타는 그대로 앉아 바라밀 암송을 계속했다. 바람으로 안 되자 파피야스는 물로 공격했다. 숲이 잠길 정도로 비가 쏟아지기 시작했다. 물로서도 안 되자 산봉우리를 무너뜨렸다. 비가 꽃이 되고 산이 꽃이 되었다. 불덩이를 쏟아부었으나 불덩이는 그들에게 되돌아왔다.

이윽고 마왕의 코끼리가 무릎을 꿇었고 군사들은 뿔뿔이 흩어졌다. 천인들이 환호성을 내질렀고 용왕이 일어나 불을 뿜었다. 나패가 울었다. 그래도 파피야스는 차크라를 들고 싯다르타를 위협하였다.

"네가 아무리 강하다고 해도 이것을 당해내지는 못한다."

싯다르타가 미소 지었다.

"네 힘이 모인 무기이구나."

"그렇다."

"어리석은 자여. 내 몸 속의 차크라는 그것보다 단단하다는 걸 모르느냐?"

마왕 파피야스가 속을 숨기고 이제 싯다르타를 회유하기 시작했다.

"내 보아하니 다 이룬 것 같은데 입멸(入滅)하지 그러느냐?"

"나는 최후의 사명을 다할 때까지 입멸할 수 없노라."

"너를 죽이고 말겠다."

파피야스가 드디어 차크라를 던졌다. 차크라는 곧바로 싯다르타를 향해 날아갔다. 차크라가 싯다르타의 머리 위에서 일산으로 변하자 파피야스는 도저히 이길 수 없다고 생각하면서도 마지막 안간힘을 썼다. 싯다르타의 가장 취약한 곳을 찔러 들어갔다.

"네 어머니와 마노다라를 생각해 보아라. 그녀들은 너를 위해 죽었다. 그녀들이 왜 죽었겠느냐? 네가 이렇게 헛수고를 하며 고생할 것을 알고 있었기 때문이다. 너를 사랑하는데 네가 생명을 바쳐 가시밭길을 걷고 있는 것을 어찌 보겠느냐. 그러니 일어서라. 그녀들이 너를 지켜보고 있다. 이제 와 그녀들을 두 번 죽일 수는 없는 일 아니냐. 그녀들을 위로해야 한다. 오로지 그것이 그녀들에게 미안함을 갚는 길이다."

파피야스는 싯다르타가 흔들릴 줄 알았으나 미동도 하지 않았다.

"나는 보고 있다. 그녀들은 나를 위해 죽은 것이 아니다. 자신들의 생명을 다했기 때문이다. 그녀들 역시 나의 성도를 바라고 있고 자신의 불성을 깨워주기를 바라고 있다. 생각해 보아라. 내가 그녀들이 없었다면 어찌 이 자리에 있겠느냐. 그런 아픔이 있었기에 여기까지 올 수 있었다."

싯다르타는 멍청히 바라보고 있는 마왕 파피야스를 그의 마궁 속으로 내동댕이쳐 버렸다. 파피야스를 물리치자 이번엔 파피야스의 딸들이 유혹을 시도했다. 마티와 아라티, 트리슈나가 그녀들이었다. 아버지를 위한 그녀들의 유혹은 끈질겼다. 서른두 가지 자태로 싯다르타를 유혹했다.

싯다르타는 그녀들에게 금세 늙어버린 백발의 모습을 보여주었다. 그녀들은 자신의 늙은 모습을 보며 그러므로 인생을 즐겨야 할 것이 아니냐고 하였다.

"인생이란 것이 그런 것이지요. 한 번 피었다 지는 꽃이 곧 인생이랍니다. 죽으면 사라질 몸이니 즐기기나 하자고요."

싯다르타는 흔들리지 않았다. 그들을 물리치는 데 꼬박 7일이 걸렸다. 그만큼 끈질겼기 때문이었다.

파피야스의 딸들이 물러가자 타화자재천을 지키고 있던 메가칼리(Meghakali)가 나섰다. 그녀는 파피야스의 여동생이었다. 그녀가 보니 오라버니와 조카들이 초죽음이 되어 돌아오고 있었다. 그 길로 그녀는 아름답게 단장하고 지상으로 내려갔다.

"싯다르타여. 그대가 붓다가 된다면 내 오라비는 더 악해질 것입니다. 왜냐면 사람들의 마음을 더 악하게 만들어야 하기 때문입니다. 그러니 저와 손을 잡음이 어떻겠어요? 저와 함께 거니는 세상은 참으로 아름다울 것입니다."

"어리석은 여인이여. 어찌 그대가 어둠 속에 서 있다는 것을 모르는가. 내가 어둠 속으로 손을 내미느니 이 자리에서 목숨을 끊으리라."

그렇게 메가칼리를 물리치고 싯다르타는 그 길로 용왕 무치린다가 있는 궁전에 들었다. 그를 시기하듯 줄곧 폭풍우가 일었다. 무치린다가 일곱 겹으로 몸을 세워 싯다르타를 지켰다.

일주일 후 싯다르타는 그곳을 나와 산양을 치는 냐그로다나무 아래로 가 선사(禪思)를 계속하였다. 그가 다시 보리수 아래로 돌아온 것은 42일만이었다. 그는 마지막 7일 동안 선사를 계속했다. 영원히 일어나지 않을 것 같은 그의 육신은 이제 그대로 법신(法身)이 되고 성신(聖身)이 되고 있었다.

모든 번뇌는 사라지고 자유스러운 의식 속으로 모든 게 밝아지고 있었다. 그렇게도 깨달으려 했던 그 모든 것들이 뚜렷이 밝아져 오고 있었다.

싯다르타는 밝아져 오는 모든 것을 보며 진실로 깨달았다. 십이인연(十二因緣)에는 결코 모이는 것도 없고 흩어지는 것도 없었다. 오직 연(緣)이 합하여 유(有)로 되고 연이 흩어져 무(無)로 되는 것에 불과했다.

모든 것은 마음 하나의 장난이었다. 평등하다는 것을 모르면 십이인연 위에서 차별을 보게 되는 것도 마음의 장난이었고, 아(我)와 아소(我所) 역시 만드는 것과 만들어지는 것이라는 차별이 없다는 것을 알면 집착되는 삼계(三界)도 단지 마음에서 나는 허망한 마음의 그림자에 지나지 않는 것이었다. 그는 그렇게 붓다가 되기 위한 덕목을 하나하나 완성해 가고 있었다.

○

조복

1

대부분의 불전에 보면 싯다르타의 성도기는 여기까지다. 경전마다 거의 동일한 양상을 보이지만 성의 없는 불전들이 없는 것은 아니다. 싯다르타가 보리수나무 아래서 49일 동안의 선사로서 깨침을 완전히 했다는 것이다.

이것은 착오다. 싯다르타는 49일 동안의 선사를 끝내고 그 성도를 완전히 하기 위해 세상을 조복받기 위한 49일이라는 시간이 더 필요했다. 싯다르타가 정각을 완전히 하기 위해 바쳤던 49일 동안의 또 다른 기록. 그 선사(禪思)의 기일이 일부의 경전에서는 어디로 가버렸는지 없다.

불교는 견성(見性)에 목적을 두는 종교다. 그 견성의 과정이 성의 없게 묘사된다는 것은 있을 수 없는 일이다. 불교를 쉽게 전파해 보겠다는 무리들에 의해서라면 지금이라도 일대 수술이 필요하다. 몰라서가 아니라 알면서도 그 부분을 소홀히 다룬다는 것은 더 큰 죄악이다. 남전의 영향을 받았든 북전의 영향을 받았든 기록은 정확해야 한다. 참된 불법에 타협이란 없다. 그렇게 주먹구구식으로 넘어갈 일이 아니다. '이것이 부처님의 성도 내용이야' 그렇게 알리면 된다고 해서 형식적으로 중요한 기록을 놓쳐 버린다면 참다운 불법을 완성할 수 없다.

다시 시작된 그의 49일 동안의 과정. 그 과정을 자세히 살펴보면 이렇다. 처음 이레 동안은 보리수 아래에서, 다음 7일간은 아사바라용수 아래에서, 세 번째 7일간은 목지린타수 아래에서, 네 번째 7일간은 라사야타나수 아래에서, 다섯 번째 7일간은 아사바라용수 아래에서, 여섯 번째 7일간은 냐그로다수 아래에서, 일곱 번째 7일간은 보리수 아래에서 선사를 계속하며 자신의 깨침을 시험하고 완전히 했다. 싯다르타는 그렇게 선사를 마침으로써 붓다가 되었다. 그리하여 열 가지의 능력을 완전히 갖추었다. 붓다에게만 갖추어지는 지혜의 능력이었다.

도리와 도리를 반하게 하는 능력. 인과관계를 바르게 아는 능력. 수행에 따라 일어나는 순차적인 경계를 바르게 아는 능력. 중생의 근기를 바르게 아는 능력. 중생의 판단을 바르게 아는 능력. 중생의 생과 행위를 바르게 아는 능력. 여러 가지 세계에서 받는 인과를 바르게 아는 능력. 전생의 온갖 일을 상기하여 바르게 아는 능력. 중생이 죽을 때와 태어나는 때를 바르게 아는 능력. 스스로의 번뇌가 없어져 윤회에 들지 않으며 타자의 번뇌도 없애 주는 능력.

그렇게 그는 모든 능력을 섭수하였고 갖추어야 할 상을 모두 갖추어 마침으로써 완전한 붓다가 되었다.

이 상황을 좀 더 자세히 만나 본다. 붓다의 견성이 왜 다시 49일 동안의 선사가 필요했느냐 하는 문제는 아무리 깊이 들어가도 모자람이 없다. 오늘의 승들은 깨침을 몰록으로 표현하기도 하는데 한순간에 몰록 깨친다고 하여 붓다의 경지에 이를 수 있을까?

이를 두고 보임이라는 말을 쓰는데 붓다는 물록 깨치는 데서 끝내지 않고, 선정, 견성, 조복이라는 과정을 거쳐 완전한 붓다의 경지에 이르렀다. 이 문제는 다시 다룰 기회가 있겠지만 그때를 위해서라도 붓다의 조복 과정을 구체적으로 자세히 살펴보고 넘어가야 한다.

일차적 성도를 끝내고 다시 49일간의 선사. 그 선사의 내용을 구체적으로 알아본다.

일차적 성도를 끝낸 싯다르타는 무엇인가 기다렸다. 비록 정신을 유리 상태에 놓았지만 그는 분명히 기다렸다. 아니 기다리고 있는 것이 아니라 다시 선사(禪思)를 시작해야 한다고 생각하고 있었다. 그는 보리수나무를 우러러보며 관상(觀想)의 법열(法悅)에 젖었다. 적장이 전멸시킨 적진을 바라보듯이 보리좌에 앉아 없애 버린 번뇌를 바라보았다.

아아, 내 마음 속 풍경이 이리도 모질었단 말인가. 내 속에 숨어 눈을 치뜨고 있던 저 악의 무리들…

그는 생존의 나무 옆에서 번뇌의 숲을 마지막으로 잘라내기 시작했다. 그리고 그것을 지혜의 불 속으로 던져 버렸다.

이윽고 지혜의 눈이 한 점 흐림도 없이 퍼져 나갔다. 언제나 갈망했던 관능의 강물은 지혜의 햇볕에 의해 말라 버렸고 망상의 그물은 갈가리 찢기어 나갔다. 그는 정진노력(精進努力)의 배를 타고 윤회전생의 바다를 건너기 시작했다. 윤회전생의 바다를 건너면서 자신의 이

전 생활을 상기하였다. 잠에서 깨어난 것처럼 무수한 세대를 기억해 내며 불사의 감로를 마셨다. 마라가 다시 찾아왔으나 이미 상대가 되지 않았다. 그를 가볍게 물리쳐 버림으로써 이윽고 최고의 깨침[聖性]에 도달하여 생로병사를 없애 버렸다.

이레 후 싯다르타는 갖가지 세계를 널리 편력하였다. 그런 뒤 보리수를 올려다보며 7일간 선사를 계속하였다. 일주일이 지났다. 그는 동쪽 바다에서 서쪽 바다까지 편력을 시도하기 위해 나섰다. 악마 마라가다와 그 권속들이 나타나 끈질기게 유혹을 시도하였지만 그의 상대가 되지 않았다.

싯다르타는 자리를 옮겨가며 깨침의 즐거움을 맛보았다. 즐거움이란 게 다른 것이 아니었다. 그는 계속 금강좌에 머물면서 세상을 조복 받았다. 깨달았다고 해서 모든 것이 끝난 것이 아니었다. 마지막 도량을 닦는 일이 남아 있었다. 그러므로 그 경지를 얻지 않은 한 저 홀로 깨달은 것이지 세상과 함께 깨달은 것은 아니라는 것을 그는 알고 있었다.

오로지 그는 절대의 진리 속에 있었다. 이제 그에게서의 진리는 적멸이 되고 있었다. 무염(無染)이 되고 있었다. 만약 진리 내지 깨침에 얽매여 있다면 그것은 염착이지 진리를 구하는 게 아니었다. 생멸이란 차별과 변천이었다. 무염이란 본체가 청정하여 무엇에도 물들지 않는 세계였다. 행하는 곳이 없는 것이 진리였다. 진리를 행한다면 이는 곧 진리를 구하는 것이 아니었다. 진리는 취사(取捨)하는 것이 아니었다. 진리를 얻거나 버린다면 이는 취사하는 것이지 추구하는 것이 아니었다. 진리는 거두는 곳이 없는 것이었다. 처소를 고집하면 그것은 집착한 것이지 진리를 구하는 것이 아니었다. 진리는 형상이 없는 것이었다. 진리의 형상을 보려 한다면 그것은 형상을 구하는 것이지 진리를 구하는 것이 아니었다. 진리는 머무는 곳이 없었다. 진리에 머물고자 한다면 그것은 진리에 머무는 것이지 진리를 구하는 것이 아니었다. 진리는 보고 들을 수도 없으며 지각하거나 의식할 수도 없는 것이었다. 그렇게 하고자 한다면 그것을 구하는 것이지 진리를 구하는 것은 아니었다. 진리는 인연에 의하여 만들어지지도 않으며 만들고자 한다면 그것은 만들어지는 것을 구하는 것이지 진리를 구하는 것이 아니었다.

이제 마음속은 그윽한 고요였다. 그것이 세상의 본모습이었다. 청정하고 맑다. 그런 기운만이 허공을 이루고 있다. 번뇌가 기쁨이다. 삼매가 세월이다. 내 몸이 보리수고 보리수가 내 몸이다. 하늘이 나이고 땅이 나이다. 분리됨이 없다. 바라보는 대상이 곧 나이다. 일체다. 모든 것이 자유롭다. 거기 있다. 무한대로 확장된 정신, 그 자유로움, 그 속에 기쁨은 무엇이고 즐거움은 무엇인가. 이제 그것조차도 없다. 모든 것이 번뇌와 함께 사라져 버렸다. 번뇌의 괴로움도 해탈의 기쁨이란 감정도 사라졌다. 즐거워도 즐거움에 빠지지 않고 기뻐도 기쁨에 휘둘리지 않는 관조의 상태. 희로애락이 사라졌듯이 이제 관조의 상태마저 사라졌다. 적멸이다.

싯다르타는 그렇게 완전한 승리자가 되어 일어났다. 그는 비로소 저자거리를 내려다보았다.

유불여불(唯佛與佛)의 경지. 붓다의 경지는 붓다만이 알 수 있는 경지, 그 경지에 들어선 것이다. 감히 범부로서는 알 수도 없고 짐작할 수도 없는 경지가 그 경지였다.

대승의 지극한 경계는 다만 붓다와 붓다만이 아는 것이다. 다른

• 붓다 평전

이는 보거나 알거나 하지 못한다. 유소단자(有所斷者)라 보살이 여래 다음가는 지위에 닿았다 할지라도 아직 미세(微細)한 무명(無明)의 번뇌와 습기(習氣)가 남아 있어 끊어야 할 1분(分)이 남아 있다면 붓다의 마음 한쪽도 짚어볼 수 없다. 보살과 붓다의 다른 점이 바로 그것이었다. 왜냐면 보살은 붓다가 아니기 때문이다.

그는 그렇게 욕망의 세계에 있는 하늘과 마군의 모든 권속들을 모두 항복 받은 사람이 되었고 삼독(三毒, 貪瞋癡)을 항복 받은 사람이 되었다. 신의 마음과 하나가 되어 과거와 현재와 미래를 꿰뚫어 보는 관자재력(觀自在力)을 구비한 사람이 되었다. 그는 사람이되 현상의 깊은 곳을 꿰뚫어 사물의 진실과 진리를 이해하는 힘을 두루 갖춘 붓다가 되어 있었다. 그는 이제 보리도량(菩提道場)의 주인이었다.

그의 머리 뒤에서 휘황한 원광이 불타올랐다. 양미간에서 백호상 가운데로부터 한 줄기 광명이 뻗어났다. 그 광명이 삼천대천세계를 두루 가득 채웠다.

그 모습을 보면서 마왕 파피야스는 눈을 붉히고 이를 갈았다.

"오냐. 지금은 물러간다만 언젠가는 다시 오리라. 너를 죽일만한 자를 꼭 찾아내고 말 것이야. 앞날을 보아하니 너의 원수가 저기 있구나. 그 원수가 너의 형제로 태어나리니 내 그놈을 조종하여 너의 피붙이들을 하나도 남김없이 죽이리라. 네가 인간의 탈을 쓰고 어찌 견뎌낼 수 있을지 두고 보자."

마음의 자리를 보아 버린 붓다는 흔들림 없이 마왕 파피야스를 보냈다.

제3부

. . . . .
. . . . .

깨침 후에
오는 것들

○

파피야스의 계획

1

싯다르타가 출가하여 여러 현자들을 찾아다니며 자기만의 세계를
열어가는 견성 과정을 지금까지 들여다보았다. 여러 경전을 통해 재
구성해 보았는데 앞서 기술했다시피 그 중 맛지마 니까야 《삿짜까
긴 경 Mahā saccaka sutta(M36)》의 내용이 가장 자세한 편이다. 《삿
짜까 긴 경》은 악기 웨싸나에게 설하는 형식으로 되어 있는 경전이
다. 자아의 문제, 참된 수행의 문제를 어떻게 구할 것인가. 아나빠나
사띠(들숨날숨에 대한 마음 챙김)를 통해 초선정에서 사선정까지 들어가
는 과정이 자세하다.

"…계속해서 숨을 멈추는 선정 수행을 감행했다. 악기 웨싸나여,
호흡을 억제하자 엄청난 바람이 배를 찔렀다. 마치 솜씨 좋은 소백정
이 칼로 찌르는 것 같았다. 허나 흔들리지 않았으며 그러자 통증이
생기기 시작했다. 천신들이 나를 지켜보았고 어떤 천신은 죽는다고

하였다. 결국 무엇을 먹어야 한다고 생각했고 육신을 추스르고 성도
하였다."

그 후 신통(숙명통, 천안통, 누진통)을 차례로 얻어 깨달음에 이르기까
지의 과정이 펼쳐지고 오랜 세월에 거쳐 붓다로서의 자세를 잡는 과
정이 눈물겹다.

그러나 아직도 의식의 연속성을 부정하는 이들은 붓다는 본시 붓
다가 될 덕을 타고난 사람이라고만 주장하고 있다. 윤회 자체가 천박
함의 산물이라고 하고 있다. 붓다의 사상을 무신론적으로 보는 이들
이 바로 그들이다.

더욱이 대승의 경지를 열망하면서도 근기가 약하여 미천한 이들
은 진리를 찾는 여정을 상징적으로 인정하지 못한다. 악과 선의 대결
이 붓다의 내부적 갈등임을 알면서도 판타스틱하다는 투로 비하하
는 이들이 허다하다. 그러면서 오도는 언젠가 깨어질 것이라고 환상
하며 의식의 연속성을 주장하는 이들을 저급한 경지의 소유자들로
간주한다.

그렇다면 붓다는 점차로 자신을 완성하여 붓다로 일어선 것이 아
닌가?

초기불전 쿳다까 니까야 15개 경전 중 하나인 빠알리 《담마빠다
(153, 154)》에 보이는 그의 오도송. 앞에서도 예를 들다 말았기에 그
중요성을 감안하여 전문과 원문을 실어 본다. 삼장의 스리랑카 본
(本)과 PTS 본, 미얀마 이본(異本)에 이렇게 기록되어 있다.

한량없는 생을 윤회하였노라.
나는 달려왔고 진리를 보지 못하였다.

집 짓는 자가 누구인지 알려고 찾아 헤매는
괴로운 생은 거듭되었다.

Anekajātisaṃsāraṃ,

sandhāvissaṃ anibbisaṃ

Gahakāraṃ gavesanto,

dukkhā jāti punappunaṃ.

아, 집 짓는 자여! 나는 이제 너를 보았노라.
너는 다시 집을 짓지 못하리.
너의 모든 골재들은 무너졌고
서까래는 해체되었다.
나의 마음은 니르바나에 이르러 업형성(業形成)을 멈추었고
갈애는 부서져 버렸다.

Gahakāraka diṭṭhosi,

puna gehaṃ na kāhasi

Sabbā te phāsukā bhaggā

gahakūṭaṃ visaṅkhataṃ

Visaṅkhāragataṃ cittaṃ

taṇhānaṃ khayamajjhagā.

붓다의 모든 것이 게송 속에 있다. 이 게송을 찬찬히 뜯어 보면 그의 수업 내용을 알 수 있다.

여기에서의 집은 개체(個體)다. 집착과 갈애, 그로 인한 윤회. 다시 말해 집을 짓는 자신의 본래 면목을 윤회를 거듭하며 찾아다녔다는 말이다. 결국 찾아내었고 다시는 집을 짓지 못하는 깨침의 세계를 얻었다는 말이다. 면경같이 맑은 본래 면목에 앉은 때를 뜻하는 서까래는 부서졌고 마룻대, 즉 무명(無明) 또한 부러졌다는 말이다. 그리하여 내 마음이 형성됨을 멈추었으니 열반을 얻었다는 말이다.

의식의 연속성마저 인정 않는 이들은 그래도 아니라고 한다. 초기불교에 윤회의 개념이 없었다고 한다. 그럼 이 오도송은 어떡할 것인가. 훗날 조작된 것이라면 윤회적 사유로 점철된 초기불교의 경전들과 붓다의 존재도 조작된 것이란 말인가? 그렇다면 그의 위대한 사상은 어디에서 왔으며 누구의 것이란 말인가?

그런 면에서 붓다는 위대하다. 붓다는 그런 이들을 단견에 빠진 허무주의로 꼬집었다. 영혼의 실존, 평범한 종교적 사고의 치우침을 단견과 상견으로 꼬집으며 중도를 설했다. 그리고 분명히 했다. 그것 역시 치우쳤다면 잘못된 것이라고. 둘 중 어느 것도 답이 아니라고 했다. 그의 중도설이 그것이다. 이는 그의 방편교설과 맞물린다. 중생의 근기에 맞게 한 대기설법 자체가 방편교설이다.

맛지마 니까야 《아빤나까경 Apaṇṇaka sutta(M60)》에 보면 저 세상의 있고 없음에 대하여 설하는 대목이 있다. 붓다는 분명히 있다고 주장하고 있다. 없다고 한다면 단멸론이라는 것이다. 그러면서 그 모든 것이 마음의 인식작용에 의한 것임을 내비친다. 외부세계는 마음에 의해 일어나는 세계임을 비치고 있는 것이다.

그럴까?

아비담마에 의하면 외부세계는 엄연히 실재한다고 하고 있다. 앙굿따라니까야 《일곱 태양의 출현경 Sattasuriyuggamana sutta (A7:66)》에 보면 외부 세계의 멸망을 붓다는 자세하게 설하고 있다. 소름이 끼칠 정도다. 일체가 사리지리라고 예언하고 있다. 겁화가 일어나 인간 세상만이 아니라 대범천이 사는 색계초선천까지 파괴되어 아무 흔적도 남지 않는다고 한다. 누군가 마음 한 번 잘못 먹으면 멸망할 수밖에 없는 것이 세계의 현실이다. 이것이 객관적인 사실로 존재하는 외부세계의 실상이다. 그 외부세계가 마음 밖의 신의 세계라면 멸망할 리 없다. 그러므로 마음에 의해서 이해되는 세계임을 알아채야 한다. 마음이 없으면 외부세계가 무슨 소용이 있을까. 내가 없다면 외부세계는 없다. 나에 의해 세계는 일어나고 쓰러진다. 그렇다면 마음의 인식작용에 의해 세계가 일어나고 사라진다는 사실은 증명된다. 나의 내부에서 일어나는 여러 유형의 마음들, 대상의 성질은 어떻게 결정되는가. 바로 그 마음들이 외부로부터 자신에게 들어와 나타나는 대상, 그 대상의 성질을 결정한다. 이것이 그가 한 방편교설의 참뜻이다.

2

해탈이라는 것이 필설로서 묘사될 성질의 것이 아니기에 이번 장에서는 그때의 상황을 좀 더 짚어 보고 넘어가려고 한다. 그래야 순서가 맞을 것 같다.

정각 전야 마왕이 나타나 싯다르타를 방해했다는 기록은 〈니다나카타(Nidānakathā)〉를 위시해 붓다의 전기를 다룬 거의 모든 경전에 나온다. 〈수행본기경〉 하권에도 보이고, 〈보요경〉 5권에도 보이고,

〈방광대장엄경〉 9권에도 자세하게 보인다.

악은 거울과 같은 것이다. 언제 어느 때 자신의 모습을 드러낼지 모른다. 그래서 선사들은 오도 후에도 똥지게를 지며 깨침을 잃지 않으려고 노력해왔다는 속설이 있다. 붓다도 전도 과정 중에 몇 번이고 악귀들에게 성취한 여여함을 시험받았다.

선이 익으면 악은 사라지는 것이라고 알고 있으나 함께 따라 일어나는 것이 악의 본성이다. 그래서 선과 악은 한 몸이다. 선이 악을 완전히 짓눌렀다 하더라도 항상 그 문은 열려 있다. 무엇에도 흔들리지 않는 여여한 금강심의 경지를 얻어내었다 하더라도 이것은 예사로운 일이 아니다. 악귀 파피야스의 동족을 몰살시키려는 그때의 상황들을 보고 있으면 참으로 전율스럽다.

종교는 존경과 숭배가 곧 자원이다. 이것은 교단의 교주들에게 있어서 대단히 중요한 문제다. 명성이 높아지면 그 명성을 시기하는 무리들이 일어난다. 그렇기에 우리는 나라와 가족과 자신을 지키기 위해 자신의 수호신에게 기도한다. 기도의 방법에도 여러 가지가 있다. 경건하게 묵상하거나, 게송하거나 노래하거나… 그렇게 함으로써 자신의 수호신이 행운을 가져다주고 보호해 줄 것이라고 믿는다.

이는 북방불교의 영향이다. 주문이나 다라니가 바로 그것이다. 소승불교를 고집하는 남방불교에서는 볼 수 없는 현상이다. 최근에야 남방불교에도 주문 형식의 노래가 있다는 걸 알았다. 이것이 사실이라면 역사를 거치면서 생겨난 현상이라는 말이 된다.

여기 사례가 있다. 남방불교 계통에서 붓다 생존 시 붓다를 해하려던 여덟 폐종의 노래가 그것이다. 확인해 보니 북방계와 형식적으로는 차이가 있었다. 그들에게는 그들만의 특색이 있었다. 그냥 암송의 차원이 아니라 줄거리가 분명하다는 점이다. 게송형으로 되어 처음부터 끝날 때까지 붓다의 공덕을 찬탄하는 내용으로 되었는데 그것이 노래가 되어 나올 정도였다. 그 중 현대음악으로 작곡되어 널리 알려진 노래가 두 곡 있었다. 우리말로 '보배경'이라고 해석되는 《라따나 숫따(Ratana sutta)》와 '길상승리게'라고 하는 《자야망갈라가타(Jayamangala gatha)》가 그것이었다.

두 곡의 성질이 비슷해 보였다. 붓다의 여덟 가지 위대한 승리를 노래하고 있는 《자야망갈라가타》 쪽이 줄거리가 확실했는데 그 속에는 악마 마라(Mara)의 이야기도 있고, 미친 코끼리 날라기리(Nalagiri)의 이야기도 있고, 붓다를 모함하기 위해 붓다의 아이를 배었다고 한 전차녀의 이야기도 있고, 살인마 앙굴리말라(Angulimala)의 이야기도 있었다. 물론 데바닷다 이야기가 빠질 리 없었다.

두 곡은 본래 선한가? 본래 악한가? 하고 묻고 있는 것처럼 들린다. 악이란 개개의 업장에서 오는 것이다. 성악설? 성선설? 인간은 태고부터 그 문제에 매달려왔다. 살아 있음은 남의 살아 있음을 재료로 한다. 내가 살기 위해서는 남의 생명이 필요하다. 이것이 원죄다. 그 원죄는 무엇으로도 막을 수 없다. 악은 개개의 업에서 온 천성이어서 붓다라 하더라도 어쩔 수 없다. 그 원죄를 소멸하기 위한 작업, 그것이 수행이다. 그렇기에 붓다는 수행을 통해 오신통을 닦았고 지혜의 누진통을 얻었다. 여여한 경지를 얻어 금강승이 되었다.

사람들은 오늘도 '하느님이 있다면 왜 악을 그대로 두는가? 그 전지전능한 힘으로 악을 쳐서 없애면 될 것이 아닌가?' 하고 묻는다.

자신의 업장임을 모르기에 그렇다. 개개인 스스로가 지었다면 그것을 자신이 다스려야 할 문제다.

붓다는 그 악을 스스로 다스려 붓다가 되었지만 그렇다고 중생의 악이 소멸된 것은 아니다. 붓다는 자신이 여여한 경지를 얻었을 때 일체 만물이 성불했다고 하지만 그것은 만물이 깨칠 수 있는 불성의 씨앗이 있다는 말이지 개개인의 악이 조복되었다는 말은 아니다. 범부에게 있어서의 악은 여여한 경지를 얻지 않는 한 선으로 돌아서지 않는 속성을 가지고 있다. 악은 악이다. 붓다를 괴롭히다 물러난 악신 파피야스는 그 후로도 계속해서 눈을 치뜨고 기회를 노리고 있었다는 것을 붓다의 일생에서 알 수 있다.

○

나는 붓다이다

1

남방불교에서 불리는 《라따나숫따(Ratana sutta)》와 《자야망갈라가타(Jayamangala gatha)》에 대해서 살펴보았는데 파피야스의 사주를 받은 마귀들은 붓다의 전도 과정에 그 모습을 나타낸다. 때로는 데바닷다의 모습으로, 미친 코끼리의 모습으로, 전차녀의 모습으로….

사실 과학의 지혜만을 믿는 우리에게 신화의 이런 모습은 낯설면서도 신비롭다. 과학적으로 입증할 수 없는 일들이 수없이 일어난다. 아니 일어날 정도가 아니라 대부분 그렇다. 붓다가 태어나 동쪽으로 일곱 걸음 걸어가서 '천상천하유아독존'이라고 외쳤다든지, 알 수 없는 마귀들이 날뛰고, 수많은 이적들이 행해지며, 데바닷다가 민 바위 조각에 발등을 다치자 그곳에서 칸나 꽃이 피더라는 등 말도 안되는 일들을 태연히 묘사하고 있다.

그러나 낯설다고 해서 상징성까지 부정할 필요는 없다. 전후를 따져 이해해 보기 나름이다. 기독교에서도 그런 양상이 보인다. 처녀가 수태를 보이는 것을 서양 학자들은 수태고지라고 한다. 처녀가 하느님의 은총으로 이성과의 교접 없이 아이를 배었다? 신화나 전설이 진실이 되려면 믿음과 체험의 계곡을 넘어가야 한다는 건 상식이다. 어디에나 신화와 전설은 존재한다. 용을 타고 세상을 정복한 이들은 동화책 속에서만 있는 것이 아니다. 정신병리학자는 최면으로 윤회 전생의 줄거리를 마련하며 우리의 정신세계를 혼란스럽게 한다. 수도자가 성도 후 신통술을 얻어 계란을 허공으로 열 개나 쌓았다는 것 정도는 이미 우리의 현실이 되어 있다. 그래서 붓다는 지혜의 누진통만 내어놓고 모든 신통술을 닫으라 했고 부정했던 것이다.

　문제는 그래도 신화는 여전히 피어난다는 것이다. 그것이 바로 신화의 원형이요 함정이다. 신화는 그렇게 생겨나 우리의 현실이 된다. 그래서 경전에도 그렇게 기록된 것이다. 이는 과학만능주의가 진실의 전부는 아니라는 것을 증명한다. 그렇다. 과학적으로 매사를 받아들이면 우리의 정신세계는 더 황폐해진다. 오늘 우리가 필요로 하는 것은 참삶을 살다간 한 성자의 지혜이지 은폐가 아니다. 신화의 차용은 우리 희망의 상징이기도 하다.

　그들은 바로 우리 마음속의 악귀들이다. 그 악귀들에 이끌려 오늘 우리는 갈등한다. 이리로 가자고 하면 악귀는 저리로 가자고 한다. 저리로 가자고 하면 이리로 가자고 한다. 붓다의 마음속에도 그런 악귀들이 들끓고 있었다. 선하려고 할 때 악은 더 성성해지는 법이다. 한 인간이 인연이 닿아 여여한 경지를 얻으려 할 때 그 속의 악귀들이 어떠했겠는가. 그렇기에 금기를 깨고 남방불교의 노래 속에서도 악귀는 살아 일어난 것이다.

붓다의 정신적 오도에만 역점을 두고 있는 남방불교에서 그런 의미의 노래가 유행하고 있다는 것이 참으로 기이하고 신비롭기까지 하다.

이제 본격적으로 악귀들이 날뛰는 붓다의 전도 과정을 따라가 보기로 하자.

필자는 이 평전을 시작하면서 붓다가 정신적으로, 육체적으로 어떻게 성신을 이루었는지를 알아보겠다고 약속했다. 그 묘사성에 있어 아직도 붓다의 성도를 정신적인 것이라고만 고집하고 있는 사람들에게는 다소 부정적 요소로 비쳐질지도 모르겠다.

왜 이런 말을 하느냐 하면 악이 따로 없다는 뜻에서다. 붓다의 궤적을 통해 알아본 신화 속의 선과 악의 모습들, 신화적 냄새가 짙은 그 삽화를 그대로 받아들인 것은 그런 신화를 통해 생사해탈의 의미를 되짚어 보고 그 전신처를 찾아보자는 생각에서다.

정신이냐 육체냐 하고 아직도 싸우고 있다면 그 신화의 인물들과 무엇이 다른가를 생각해 보아야 한다. 하나도 다를 것이 없다.

악귀가 따로 있는 것이 아니다. 우리는 《잡아함경》에서 붓다와 라다(羅陀)의 문답을 통해 악의 모습을 확실히 볼 수 있다.

라다가 붓다에게 묻는다.

"악마란 무엇인지요?"

붓다는 이렇게 대답한다.

"색(色)이 악마다. 방해물이다. 그것이 교란하는 것이다. 그러므로 색을 악마라 관(觀)하여야 한다. 방해물이라 관하고, 교란하는 것이라 관하고, 병이라 관하고, 가시라 관하고, 고통이라고 관하여야 한다. 그것이 바른 관찰이다. 수(受) 역시 마찬가지다."

색은 존재의 물리적인 요소이다. 수상행식(受想行識)은 정신적인 요소이다. 그것이 악마이자 마왕이다. 인간을 구성하는 다섯 부분. 그 작용이 바로 내재적 방해물이다. 내재적인 교란자다. 내재적 불안이다. 이것이 바로 원죄의 심장이다. 살인을 저지르는 것만이 악이 아니다. 그보다 더 무서운 것은 그래서 생겨나는 편협이다. 자기 것만 옳다고 상대를 증오하고 미워하고…. 그게 악이다. 그래서 전쟁이 나고 피 터지게 싸운다. 종교도 마찬가지다. 어이없는 지도자들이 광신자를 만들어내고 평생을 눈멀게 한다. 십자가를 진 그리스도를 팔아 제 배를 채우고 어리석은 신도들을 성의 노리개로 삼는가 하면, 심지어 살인까지도 저지른다. 그들이 바로 신화 속의 악과 무엇이 다르겠는가. 그때도 악귀들은 그렇게 법을 망쳐왔고 지금도 악귀들은 그렇게 법을 망치고 있다.

불교계도 마찬가지다. 지금도 정신이 우위냐, 육체가 우위냐 하는 문제로 싸운다. 단언하건대 정신이 우위라고 하는 자는 고행주의자로 떨어질 확률이 높고 육체 우위론자는 노장의 무위론에 떨어질 확률이 높다.

정신 우위론자들의 말을 듣고 있으면 정신이 없는 육체가 무슨 소용일까 싶기도 하다. 그런데 그 정신을 지탱하는 것은 무엇이냐 하고 물으면 당연히 육체라고 대답할 수밖에 없다. 거기에 문제가 있다. 뿌리 없는 나무가 어디에 있을 수 있으며 가지 없는 나무에 꽃이 필 수 있겠는가. 유심론적인 면에서 보면 정신이 있으니 육체가 있다는 등식이 성립하겠지만 유물론적인 면에서 보면 육체가 있으니 정신이 있다는 등식이 성립된다.

게다가 정신 우위론자들의 주장이 만만찮다. 육체는 시한적이고 영혼은 유한하다는 것이 그들의 주장이다. 그럼 육체 우위론자들은 본래적인 것과 결말적인 것은 차지하자고 한다. 좀 더 실제적인 것에 충실해 논리를 비약시켜 보자는 것이다. 건실한 육체에 건전한 정신이 깃드는 게 생리학적인 상식이다. 그렇다면 단연히 육체가 우위다.

그런데도 고행하는 수행자들은 육체를 외면한다. 외면하면 할수록 정신의 견성이 더 빨리 온다고 그들은 주장한다. 그게 바로 육체에 대한 정신의 도전, 정신의 승화가 아니냐. 그럴까 싶다. 그것이 정신의 승화일까 싶다. 어쩌면 그것은 스스로 꾸며낸 자위는 아닐까. 위선은 아닐까. 아니 자신이 구도자임을 표방하려는 수단에서 온 행위는 아닐까. 오히려 정신의 승화를 위해 육체를 오롯이 해야 할 것 같은데. 양생하지 않고 어찌 정신의 승화를 꾀할 수가 있을까 싶다.

그러나 이런 의문도 잘못하면 노장 학파의 무위론(無爲論)에서 나온 게 아니냐는 지적을 받을지 모른다. 그들은 하나같이 허무를 우주의 근원으로 보면서 세상을 기피하고 있다. 그들이 육체를 보전하는 데만 급급했던 것은 사실이다.

누가 뭐라든 대답은 간단하다. 견성하기까지는 육체야말로 필요불가결의 요소라는 것. 그것만 명심하면 대답은 눈앞이다. 붓다가 수행 중에 깨달은 것이 바로 이것이다. 그는 육체의 통어를 통해 영육의 깨침을 이룬 사람이다. 앞서도 누누이 말했지만 그는 정신만 깨달은 것이 아니다. 그는 육체적으로도 모든 의문을 없앤 사람이다.

눈치 빠른 이들은 우리가 여기서 짚어가야 할 것이 무엇이었는지 알아챘을 것이다. 오늘도 고행을 통해 정신의 승화만을 꾀하던 수행승들이 늙어 병만 얻어 뒷방 늙은이가 되어 골골거리다 죽어가는 모습을 한두 번 본 게 아니다. 그것이 다 육체를 무시해 생긴 결과다. 영육의 조화를 잊은 결과다.

문제는 조화다. 정신과 육체의 조화. 바로 이것이 불교다. 그 경지에 이르면 진리는 따로 없다. 진리는 진리, 그저 진리일 뿐이다. 아무리 변질시키려 해도 변질될 수는 없는 게 진리란 놈이다.

○

해탈문의 비밀

1

해탈문에 이르는 과정 속에 무엇이 있는가. 진흙이 있다. 연꽃은 진흙 속에서 핀다. 진흙이 없으면 연꽃은 없다. 진흙이 곧 우리의 몸이다. 몸이 연꽃을 피운 것이다. 해탈은 진흙 속에 있다. 진흙 없이 연꽃이라는 해탈은 피지 않는다. 연꽃이 피었을 때 진흙은 금강신이 된다.

이 사실은 우리의 불교 역사가 증명하고 있다. 그러나 불설을 곧이곧대로 받아들인 이들에 의해 정신만 찾다 보니 우리를 받치고 있는 육신을 밀쳐 버린다. 예로부터 남방불교 스님들의 육체와 마음 나눔에 반대해 온 수많은 선사들이 있었다. 남방불교 선지식들은 이렇게 주장한다.

"우리의 몸은 생멸이 있다. 심성은 무생멸이다. 몸과 성의 관계는 용이 환골하는 것과 같다. 사람이 집을 나온 것과 같다."

이를 북방 계열의 혜충 국사는 이렇게 지적한다. 혜충 국사는 육조 혜능의 제자다.

"그 주장은 인도의 세니카(senika) 외도들이 신성이 있다고 하는 것과 같다."

세니카는 인도의 서부에 사는 불교가 아닌 가르침을 신봉하는 선니(先尼)들을 일컫는 말이다. 그들은 도는 현재의 우리 자신에 있고, 그 모양새는 쉽게 곧바로 아무런 노력도 없이 알 수가 있다고 주장한다. 우리 자신의 몸속에는 넋(靈知)이라는 것이 있어 고통과 쾌락(苦樂)을 알고, 찬지, 더운지, 아픈지, 가려운지를 안다는 것이다. 그리고 우리의 마음은 주위 세계의 어떤 환경에도 영향을 받지 않고, 번거로울 일은 없다는 것이다. 물질은 생멸하지만, 정신[靈知]이란 것은 밝고 밝은 것[聖靈]이어서 언제나 변하는 일은 없다는 것이다.

어떤 화상이 혜충 국사에게 물었다.

"대덕에게 묻나이다. 고인(古人)이 이르되 푸른 청죽(靑竹)이 법의 몸뚱이[法身]이며 거기 핀 노란 꽃[黃花]이 반야 아닌 것이 없다[靑靑翠竹 盡是法身 鬱鬱黃花 無非般若]고 하는데 그 말을 믿지 않는 이들은 사설(邪說)이라고 하고 믿는 이들은 불가사의하다고 하는데 대덕께서는 어찌 생각하시는지 궁금합니다."

혜충 국사가 허허 웃었다. 그는 한참을 웃다가 단호하게 대답했다.

"근기의 문제로다."

"예?"

"근기가 옅으면 믿지 못한다. 신심이 돈독한 사람은 그 믿음이 보현 문수의 경계에 이른다. 푸르디푸른 청죽도 법계를 여의지 못하니

• 붓다 평전

어찌 법신이 아니겠는가. 《반야경》에 이르기를 색이 무변하니 반야 또한 무변하다[色無邊 故般若亦無邊]고 했다. 황화는 황화를 벗어나지 못할 것인데 어찌 반야가 아니겠는가."

화상이 대꾸를 못하고 입을 벌렸다.

혜충 국사가 마지막으로 못박았다.

"이를 철저히 이해하지 못한다면 다른 것 또한 분명하지 못하리라."

그가 초목성불(草木成佛)을 인정했다는 것은 참으로 의미심장하다. 말을 바꾸면 초목은 생멸의 존재 중에 부동(不動)의 생물이다. 그러므로 생명 있는 것 중에서 가장 하류에 속한다. 그러나 그것에 의지하지 않고 어떤 생명도 살아갈 수 없다. 여기에 인(因)과 연(緣)의 본질이 있다. 이는 곧 성불에 있어 상하가 없다는 말이다. 처지가 어떠하든 불성을 소유하고 있다는 말이다. 어떤 존재도 성불할 수 있다는 말이다. 이 몸이 덧없고 무상하지만 그것은 곧 불성(佛性)의 덩어리이며 성불할 수 있다는 말이다.

"분명히 여래는 그렇게 말했다. '무정에 불성이 없다고 했다면 어찌 여래가 삼계유심이라고 했겠는가[若執無情無佛性者, 經不應言三界唯心]'하고."

무정(無情), 유정(有情) 사상은 중국불교 불성 사상 발전의 산물이다. 무정은 자연 또는 물질계의 일부라고 여기는 대상을 말한다. 유정(有情)은 그 반대 개념이다.

어느 날 그 의문에 매달려 있던 제자가 물었다.

"스승이시여. 유정이 붓다가 되는 것만 나타냈지 무정이 수기 받았다는 것은 본 적이 없습니다."

"이놈아, 부처가 깨칠 때 이 세상 모두가 깨쳤다. 그것이 일체 성불이다. 그와 같이 유정이 수기를 받을 때 시방국토가 불신(佛身)이라고 하는데 어찌 무정이라고 수기를 받지 않았다 할 것이냐?[但有情受記作佛之時 時方國土悉是遮那佛身 那得更有無情受記耶]."

이에 대해 반대 의견을 내세운 사람은 신회다. 신회는 육조 혜능의 제자다.

《신회어록(神會語錄)》에 나오는 원선사(袁禪師)와 신회의 대화는 이렇다.

먼저 원선사가 묻는다.

"일체처에 불성이 두루한가?"

신회가 대답한다.

"불성은 일체 유정에 두루할 뿐 일체 무정에는 두루하지 않다."

"고인(古人)이 말하기를 청죽이 모두 법신이며 황화가 반야 아닌 것이 없다고 하였다. 어찌 그리 대답하는가?"

"어떻게 청죽이 공덕 법신과 같은가. 그리고 울창한 황화가 법신 반야와 같겠는가. 청죽과 황화가 법신 반야와 같다면 어찌 여래가 그것들에게 수기한 적이 없겠는가. 있다면 경전에 없을 리 없고 그러므로 이는 외도의 설이다. 《열반경》에 불성이 없다는 것은 무정물을 가리킨다고 분명히 여래는 밝히고 있다."

이 정도 되면 육신과 마음의 문제는 끝까지 왔다고 볼 수밖에 없다. 하나같이 완전한 깨침의 세계를 노래하고 있다. 완전한 깨침이란 전신적 자유다. 몸과 마음이 하나인 경지다. 그러므로 정신의 해탈도 중요하지만 육체적 해탈도 그만큼 중요하다. 진흙 바닥 없이 어떻게 연꽃이 피겠는가. 마음 깊은 곳에 숨어 있는 본성에 눈을 뜨고 성취되는 개(個)와 전(全)과의 신비적 합일, 그것을 온몸 전체로 파악하려는 노력과 실천과 의례의 체계를 만들어내는 것, 그것이 바로 흔들림 없는 금강신(金剛身)의 경지다.

○

대승불교를 향하여

1
—

일설에 의하면 붓다는 열반하기 전에 그 중요성을 감안하여 세상이 아직 이해 못할 경전들은 인간의 의식 속에 숨겼다고 한다. 그게 바로 비밀 경전들이다. 비전은 본시 바다의 동굴 속에나 깊은 산속 어딘가에 숨겨지기 마련이다.

중국의 서쪽 끝, 인도, 네팔, 부탄, 미얀마 등의 국가와 맞닿아 있는 곳에 티베트라는 나라가 있다. 중국에서는 시짱자치구(西藏自治區)라고 부르는데 그곳에 쵸지엥이라는 고승이 살고 있었다. 쵸지엥은 심리학자 칼 구스타프 융이 만고의 진리라고 서문까지 썼던 《사자의 서》를 지은 파드마 삼바바 스승의 스승이다.

파드마 삼바바의 스승은 파담파상계(唐巴桑杰)라는 고승이다. 그가 티베트의 실질적인 지도자 쵸지엥을 만난 것은 젊은 시절이었다. 그때 쵸지엥은 죽음을 목전에 둔 고령이었다. 그의 스승은 족첸의 고급 수행으로 유명한 리굼파라는 린포체였다. 그의 스승도 족첸 가르침의 전통을 계승한 사람이었는데 족첸 계보의 수많은 수행승들이 그러했듯이 자신의 삶을 고귀한 죽음으로 전환시킬 수 있는 사람이었다.

그는 죽음을 맞으면서 자신의 육체를 용해시켜 한 줄기 무지갯빛으로 떠올랐다. 자신의 육체를 만들어 낸 근본적인 요소 속으로 빛이 되어 들어가 칠채화신(七彩化身: 빛의 몸)이 되어 버린 것이다. 이 현상은 서장에서도 흔치 않은 일이다.

그의 스승은 죽기 일주일 전 제자들에게 움막을 짓게 하고 그 속으로 들어갔다. 그리고는 앞으로 일주일 동안 어느 누구도 방해해선 안 된다고 일렀다. 그의 제자들이 엿새째 되는 날 움막 속을 들여다보았더니 스승의 몸이 작아져 있었다. 여드레째 되는 날 제자들이 문을 열어보았을 때 스승은 보이지 않았다. 스승 몸의 가장 불순한 부분인 손톱과 발톱 그리고 터럭만 여기저기 흩어져 있었다. 완벽한 칠채화신이 이루어진 것이다. 움막 속은 온통 무지갯빛으로 가득 차 있었다.

그렇게 스승을 보내고 쵸지엥은 서장의 실질적인 지도자가 되었다. 그는 어느 날 굼파로 찾아든 파드마 삼바바의 스승 파담파상게를 보는 순간 한눈에 그를 알아보았다. 그는 전생의 아난다였다.

그 후 쵸지엥은 그의 스승처럼 티베트의 중생을 위해 라다크의 거리에서 자신의 몸을 분신 공양했다. 그는 불길 속에서 외쳤다.

"나는 다시 오리라. 모든 이여, 스리나가르 호수로 가서 내 오는 모습을 보아라."

제자 파담파상게는 그가 열반하자 환생을 믿고 스리나가르 호수로

가 명상에 잠겼다. 명상에 잠긴 지 얼마 후 쵸지엥의 환영을 보았다. 그 환영이 머릿속으로 들어오자 파담파상게는 붓다가 자신의 의식 속에 숨겨 놓은 사자의 서가 선명하게 떠올랐다.

스승 파담파상게가 입멸하고 난 후 파드마 삼바바는 스승이 말해 준 생사의 모습을 그렸다. 그게 바로 《사자의 서》였다. 《사자의 서》를 완성한 파드마 삼바바는 세상에 그것을 던지려고 했다. 그러자 그날 스승의 모습이 나타나 이렇게 일렀다.

"그것은 붓다께서 아난다 존자의 의식 속에 넣어 두었던 것이니라. 아난다 존자가 환생을 계속하며 간직하고 있다가 너에게 전한 것이 지만 아직은 아니다. 오랜 세월이 흘러 에반스 웬스라는 이에 의해 세상에 알려질 것이니 그리 알아라."

파드마 삼바바는 자신이 기록한 《사자의 서》를 세상에 알리지 않고 캄파다르 동굴 속에 깊숙이 숨겼다.

그의 스승 말처럼 이 시대에 와 에반스 웬스라는 이가 그것을 찾아내었다. 티베트에서는 그런 이를 테르텐이라고 부른다. '보석을 찾아내는 이'라는 뜻이다. 에반스 웬스에 의해 세상에 나온 《사자의 서》는 옥스퍼드대학의 심리학자 칼 구스타프 융에 의해 세상에 던져졌다. 그가 서문을 썼을 정도였다.

2

《사자의 서》가 세상에 나온 전설 같은 이 이야기는 다분히 판타스틱하다 못해 의아스럽기까지 하다. 하지만 사실이다. 《사자의 서》는 파드마 삼바바에 저작되어 캄포다르 동굴 속에 숨겨졌다가 테르텐이

• 붓다 평전

었던 에반스 웬스에 의해 발견되어 세상 빛을 보게 되었다. 《사자의 서》는 인간이 죽어 다시 인간으로 태어나는 의식의 순환과정을 다루고 있다.

앞서도 말했지만 남방 계열의 스님네들이 붓다의 직언이 아니면 경전으로 취급하지 않으려는 경향이 있으므로 무슨 낮도깨비 같은 소리냐고 할만하다. 필자가 인간의 죽음과 환생 문제를 다룬 《사자의 서》라는 책을 처음 본 것은 문청 시절이었다. 책을 보고 그 내용에 그만 미쳐 버렸다. 낮이나 밤이나 그걸 끼고 살았다. 불교를 공부하면서도 모를 것이 그것이었는데 이런 책이 있었을까 싶었다.

그 후 육체 우위론자들의 경전인 밀교 경전들을 자연스럽게 만날 수 있었다. 결국 좌도밀교 경전들까지 섭렵하게 되었는데 그 내용이 또 나를 모질게 자극했다. 비로소 그러한 책들이 왜 이제야 세상 빛을 보게 되었는지 이해가 되었다. 그만큼 충격적이고 직설적이며 환희적이었다. 그러면서도 아직은 세상에 태어날 책들이 아니라는 생각이 들었다.

그랬다. 그 경전들은 그만큼 신비로웠다. 지금 세상에 꼭 필요한 책이라는 생각이 들면서도 한편으로는 아직은 아니라는 생각이 들 정도였다. 아니나 다를까 좌도밀교서를 끼고 있다고 하자 청정한 스님네들이 가만있지를 않았다.

"아니 어느 안전에서 개걸레 책을 끼고 있는 게야."

그날 그 책들이 아궁이 속에서 훨훨 타는 모습을 보면서 그들이 충분히 그럴만하다는 생각이 들었다.

그런데 뭔가 억울했다. 그들의 박해는 그것으로 끝나지 않았다. 그날 이후 스님네들이 폐종을 보듯이 하는 것이었다. 심지어 이런 말까지 하는 스님네들도 있었다.

"저자거리에서 글을 쓰는 종자가 그럴 양이면 왜 이곳으로 올라온 것이야. 불교를 알아보겠다고? 저 자식 여기가 무슨 성의 학습소인지 아나. 저런 자식이 바로 불법을 망치는 새끼라니까. 야 이놈 파피야스야. 이 신성한 도량에서 불법을 망치지 말고 산을 내려가."

할 말이 없었다. 불교는 성을 타파하는 종교인데 왜 이렇게 고착된 개념에 사로잡혀 있는지 모르겠다는 생각만 들었다. 산에서 내려오고 말았다. 앞으로 글을 쓰려면 불교를 더 알아야 되겠다는 생각에 그들을 찾았는데 그렇게 욕만 실컷 얻어먹고 내려온 것이다.

그 길로 학승들의 전당으로 갔다. 문자를 멀리하는 선승들보다야 문자를 가까이 하는 학승들이 너그러울지 모른다고 생각했던 것이다.

우리의 불교를 되돌아보면 이상한 점이 한두 가지가 아니다. 새삼스럽지만 선승은 무엇이고 학승은 무엇인가. 우리 불교를 알려면 먼저 중국불교를 알아야 하는데 그게 그렇게 쉽지 않다.

중국불교의 특징은 종파불교에 있다. 반면에 인도불교는 부파불교이며 우리나라 불교는 통이다. 그래서 통불교라고 한다.

깨침으로 가는 길에는 여러 길이 있다는 건 상식이다. 선과 교, 밀교수행, 염불수행, 진언수행 이렇게 대충 나눌 수 있다. 이것은 어느 나라나 마찬가지다.

중국불교는 역사적으로 13개의 종파로 형성되어 있지만 엄밀히 붓다의 말씀으로부터 시작된 교(敎)라 할 수 있다. 교에서 수많은 종파가 나누어졌다. 교에서 선의 꽃을 피웠다. 그렇기에 아직도 선과 교가 뚜렷하게 갈려 있을 수밖에 없다. 그래서 규봉종밀(圭峰宗密)같은 선사는 선과 교의 폐단을 불식시키기 위해 100권이나 되는《선원제

전집도서(禪源諸詮集都序)》를 쓸 정도였다.

지금 우리 한국불교가 그렇다. 선승과 학승이 나뉘어져 있다. 하기야 그 대립의 유래를 따져 올라가 보면 이미 붓다 시대부터 유래를 따져야 할 터이니 보통 난해한 게 아니다. 바로 돈점 논쟁이 그때부터 시작되고 있었던 것이다.

돈점(頓漸), 무슨 말인가? 앞서 몰록이라는 말을 썼었지만 정말 골치 아픈 말이다. 아무리 쉽게 설명하려고 해도 그 설명이 간단치 않다.

돈점에서 '돈'은 돈오돈수(頓悟頓修)를 가리키는 말이다. '점'은 돈오점수(頓悟漸修)를 가리키는 말이다.

선가(禪家)에서는 알음알이 자체를 인정하지 않는다는 말은 이미 했다. 속세의 모든 지식을 다 버리고서야 들어올 수 있는 세계이므로 지식 즉 앎이 필요치 않다는 말은 이제 부언밖에 되지 않는다.

제자가 경전을 읽고 있자 선사가 지나가다가 발길로 걷어차 버렸다.

"망할 놈! 허깨비의 거짓부리에 속고 있다니."

제자는 화가 나 소리쳤다.

"왜 이러십니까? 붓다를 모르고 어찌 붓다를 알 수 있단 말입니까?"

"이놈아, 붓다가 어디 경전으로 깨쳤냐?"

제자는 할 말이 없었다.

"머릿속을 비워도 깨칠까 말까 한데 거꾸로 그 속을 채우고 있다니, 쯧쯧. 벽돌을 아무리 갈아봐라, 종잇장이 되나. 그래서 너희 같은 놈들을 지해종도(知解宗徒)라고 하는 것이다."

지해종도.

무서운 말이다. 붓다의 말씀을 통해 불법을 깨치려는 자를 지해종도라고 하다니. 하기야 붓다의 말씀이 정보에 지나지 않는다면 법을 설할 이유가 없다. 법이 없는데 법을 설할 이유가 어디 있는가. 불필요한 정보, 불필요한 인식이나 논리는 깨침에 있어 걸림돌이 될 뿐이요, 알음알이의 병폐에 지나지 않는다는 등식이 일단은 성립된다. 우주와 하나가 되어 이치를 궁구함에 있어 무슨 지식이 필요하며 그런 설법이 소용 있을 리 없다.

그런데 불교를 모르고 불교를 알 수는 없는 일이다. 그래서 붓다의 말씀인 경을 읽는 학승들은 부처님의 말씀인 경전을 읽지 않고 어떻게 불교를 알며 견성할 수 있겠느냐고 선승들의 경멸을 반박한다. 모든 것에는 점차가 있는 법, 사다리도 한 계단부터 올라가야 하고, 서울을 가려 해도 첫발부터 떼야 한다. 그렇게 서서히 불교를 알고 불법을 알아 가는 사이 성불할 수 있다. 한 마디로 불법을 공부하지 않고 불법을 깨칠 수 있겠느냐는 것이다. 가만히 들어보면 이 주장도 맞고 저 주장도 맞다. 그래서 아옹다옹 내가 옳니 네가 틀리니 어울려 싸운다.

문제는 깨달음과 깨침은 엄연히 다르다는 사실이다. 어떤 이들은 깨달음과 깨침을 하나로 보는 경향이 있다. 고매한 스님들도 깨침과 깨달음을 분간치 않고 쓰는 것이 사실이다.

그러나 아니다. 단정할 수 있다. 깨달음은 점차로 불교를 알고 익혀 깨달음의 세계로 나아가는 것이고 깨침은 한순간이다. 그래서 선승들은 문자를 밀어 버리는 대신에 선을 통해 몰록[頓]이란 말을 쓴다. 우주의 이치를 궁구하다가 한순간에 깨친다는 뜻이다. 한 번 깨치면 더 깨칠 게 없는 세계가 깨침의 세계요, 그것이 선가의 핵심이다.

반면에 학승들은 그런 그들을 경멸한다. 어떻게 붓다의 말씀인 문자로 기록된 경전을 무시하고 깨침의 세계로 나아갈 수 있느냐, 그렇게 묻는다.

이 싸움은 어제오늘의 것이 아니라고 앞서 말했다. 붓다가 자신의 깨친 바를 교설할 때부터 이미 그렇게 흐르고 있었다. 선은 자기 스스로 어떠한 전통이나 권위나 사상의 범주에 의존해서는 안 될 성질의 것이다. 체험으로써만 가능한 세계이다. 그 길이 저기 있더라, 그것이면 충분하다. 그 길에 대한 설명 같은 건 필요 없다.

선의 검객 조주 선사의 '조주구자'에 이르면 대답은 확실해진다. 조주 선사라면 개에게도 불성이 있느냐 없느냐란 무자(無字) 화두로 유명한 고불(古佛)이다.

어느 날 한 스님이 조주 선사에게 물었다.

"개에게도 불성(佛性)이 있습니까? 없습니까?"

조주 선사는 대답했다.

"없다."

스님이 의아해하며 다시 물었다.

"아니 스님, 부처님은 있다고 하셨는데 어째서 스님께서는 없다고 하십니까?"

붓다도 깨침을 얻은 분이고 조주 선사도 깨침을 얻은 분이다. 두 분의 대답이 똑같아야 할 텐데 한 분은 있다고 했고 한 분은 없다고 했다. 그래서 나온 화두가 '구자무불성(狗子無佛性)' 화두다.

조주 선사는 어려서 출가하여 남전보원(南泉普願) 선사의 법을 받고 백발성성할 때까지 행각(行脚) 수행하다가 120세에 입적했다. 그가 남긴 '구자무불성' '정전백수자(庭前栢樹子)' 화두 외에 조주사문(趙州四門)의 화두는 생사의 정곡을 찌르는 것으로 유명하다.

그 화두의 수시(垂示)를 보면 이렇다.

"거울[明鏡]을 비춰보면 형상이 절로 드러난다. 작야(鏌鎁), 즉 명검(名劍)을 들었다면 때를 보아 죽이고 살려야 한다. 한(漢)이 가면 호(胡)가 오고, 호가 오면 한이 간다. 죽음 아니면 삶이다. 자 일러라! 그대는 어디에 서 있는가? 죽음 가운데 삶을 얻고 삶 가운데 죽음을 얻을 수 있겠는가? 만일 이 관문(關門)을 뚫지 못한다면 몸을 뒤칠 곳[轉身處]을 찾지 못하리라. 자, 그곳이 어디인가?"

참으로 기가 막히는 화두다. 도대체 그 전신처가 어디이겠는가? 삶과 죽음이 하나라면 생사가 없는 무한대(無限大)의 생명을 어떻게 증득(證得)할 수 있겠는가?

그래서 어떤 스님이 조주 선사에게 물었다.

"대체 그대는 누구십니까?"

"나는 조주가 아닌가."

"그럼 어떠한 것이 조주입니까?"

그러자 조주는 이렇게 대답했다.

"동문(東門), 서문(西門), 남문(南門), 북문(北門)!"

돈황본 문헌에 보면 홍인은 이렇게 읊고 있다.

"유정이 와서 씨 뿌리니, 무정이 꽃을 피운다. 정도 없고 씨앗도 없으니, 마음 땅에 아무것도 생기지 않는다."

참으로 통쾌하기 그지없다. 우리는 여기에서 도의 전신처가 어디인지를 분명히 알 수 있다.

붓다는 불성은 어디에나 있다고 했다. 비록 그것이 생명 없는 존재라 할지라도….

장자도 이와 같은 견해를 보인다. 《장자(22장)》에 보면 이런 구절이 있다.

동곽자가 장주에게 묻는다.

"이것은 도라고 불립니다. 이것은 어디에 있습니까?"

장주가 대답한다.

"이것이 존재하지 않은 곳은 없다."

"있는 곳을 지적하셔야겠습니다."

"개미에게 있다."

"어째서 그렇게 낮습니까?"

"기장풀에도 있다."

"그것은 더욱 낮습니다."

"기와나 벽돌에도 있다."

"어떻게 그렇게 낮습니까?"

"오줌과 똥에도 있다."

동곽자가 아무말도 못하자 장주가 이렇게 말했다.

"그대의 질문은 본질적인 것이 아니다. 그대는 특별한 장소에서 도를 찾으려고 하고 있다. 그러지 말아야 한다. 이것으로부터 벗어나는 것이 없다. 지극한 도란 이와 같다. 위대한 이론도 또한 이와 같다. 주(周)─완전한 것, 편(偏)─보편적인 것, 함(咸)─다 포함하는 것. 이 셋은 서로 다르지만 같은 뜻이다. 모든 요점은 한 가지이기 때문이다."

그때의 도가사상가들이 도가사상의 측면과 불교 무정 사상의 유사점에 주의를 기울인 것도 아마 붓다의 만물불성설에 영향을 받았기 때문이었을 것이다.

붓다 생존 시 데바닷다나 문수사리보살 같은 진보파들이 지적한 것이 바로 이것이었다. 도저히 말로 교설할 수 없는 깨침의 세계를 교설하려고 했으니 그 세계를 인정하는 자들에게는 충격이 아닐 수 없었다. 붓다 스스로 가섭에게 자신의 법을 전할 때도 자신의 법은 미묘하여 도저히 말이나 문자로서는 전할 수 없다고 했던 것이다.

그런데 사실은 그게 아니다. 본질은 그러하되 그 자체가 교설이 되어 버렸다면 어떻게 되는 것인가. 학승과 선승이 갈라질 수밖에 없다. 붓다의 말씀을 따르는 이들과 뜻을 따르는 이들, 이를 알고 붓다는 평생을 깨침[頓]과 닦음[漸]이 하나가 되어야 함을 가르쳤다. 하나는 팔이 되고 하나는 다리가 되어야 한다고 가르쳤다. 돈(頓)은 수행과 깨침이 하나가 되는 선의 예지다. 그러므로 깨침 이후에도 끊임없이 자기의 수행을 잃지 말아야 한다고 가르쳤다.

그러하기에 깨침을 공고히 하기 위해 평생 똥장군을 지며 살았다는 지혜로운 선승의 얘기도 있다.

붓다의 제자 아난다는 제자들 중에서도 가장 총명함을 인정받아 붓다의 시자가 된 사람이다. 그러니 수많은 사람들을 제도하는 붓다의 설법을 수없이 들었을 수밖에 없다. 그래서 그를 다문제일(多聞第一)이라고 한다. 생각 없이 들으면 좋은 별칭 같지만 그렇지 않다. 그때 당시 아난다도 그것이 자신의 견성을 막고 있다는 걸 모르고 있었다. 많은 설법을 같이 듣다 보면 견성이 빨라지리라 생각해서였다. 그러나 천만의 말씀이다. 바로 앎 자체가 그의 견성을 막는 병폐가 되었다. 그는 붓다가 입멸할 때까지도 성불하지 못했다. 나중 결집이 있을 때도 입방하지 못하는 수모를 겪었다. 그 바람에 심기일전하여 경전들이 그에 의해 구성되기는 하였지만 알음알이라는 것이 그렇게 선승에게는 무서운 것이다.

그러고 보면 붓다의 직계 제자들은 알음알이의 화신들일 수밖에 없다. 왜냐하면 그들은 붓다의 말씀을 받들어 수행하던 이들이었다. 붓다의 말씀, 그게 무엇인가. 바로 언설이다. 문자다. 그럼 알음알이다. 그렇다면 지해종도다. 지해종도라면 성문이다. 독각승. 대승이 아니다. 소승들이다. 그래서 붓다는 두 세계를 인정했다. 지해종도도 인정했고 명상[禪定]을 통한 오도도 인정했다. 문자의 깨침도 인정했고 명상을 통한 오도도 인정했다.

그런데도 문제는 심각했다. 근기가 모자란 제자들이 끝까지 자신의 언설에만 매달린다. 자신의 언설로 불교가 무엇인지 알았다면 우주를 관상해 그 이치를 알아채야 할 터인데 끝까지 언구에만 매달린다. 그래서 그는 자신의 분신을 하나 만들었다. 저자거리 바닥에 장사치를 만들어 제자들을 교화하기로 한 것이다.

그 과정을 상세히 기술해 놓은 경이 《유마힐소설경》이다. 붓다는 자신의 분신인 유마힐에게 제자들을 대승으로 이끌게 하였다. 그러나 제자들의 경지가 대승의 법을 받아들이기에는 역부족이었다. 결국 붓다의 가르침은 경전으로 남았고 그 뜻은 선정을 통해 몰록 깨어남의 결과로 남았다.

깨달음과 깨어 있음, 그것은 하나로의 밝음이다. 그 밝음이 현전한 상태, 그 상태에서 모든 경계를 관찰한다. 그렇기에 자유롭다. 집착함도 고정관념도 부서져 여의었다. 더 무엇이 필요치 않다.

그래서 요즘은 남자든 여자든 발심을 하고 출가를 하면 행자 생활을 거친다. 비구, 비구니가 되도록 제도한다. 스님들은 강원에서 붓다의 말씀을 익히고 불교를 안 다음 흩어진다. 흩어져 행각한다. 한

동안 행각승 생활을 한 다음에야 본사로 돌아와 비로소 선정에 든다. 수행이 익으면 입구가 막힌 무문관도 불사한다. 이것이 한국불교의 현주소다. 한국불교는 지혜롭게도 학(學, 頓悟漸修)을 다리로 삼고 선(禪, 頓悟頓修)을 팔로 삼아 깨달음과 깨침을 하나로 하고 있다. 그렇게 붓다의 세계를 열고 있다.

그런데 안으로 들어가 보면 꼭 그렇지만도 않다. 이것이 문제다. 이 시대 선의 중심이나 다름없는 성철 스님같은 이들이 학승더러 지혜종도라며 독 있는 나무라고 뽑아내 버려야 한다고 했으니 그럼 어떻게 되는가. 이 땅의 800년 불교를 지켜온 종조를 부정해 버렸으니. 문제가 그러한데 내가 들어간 학승의 전당도 마찬가지일 수밖에 없었다. 밀교경전을 들고 앉아 있자 눈을 뒤집었다.

"어디서 이 따위…."

3

다시 산을 내려오고 말았다. 집으로 돌아와 가만히 생각해 보니 어쩌다 불교계가 이렇게 되었을까 싶었다. 하루는 화가 나 산으로 올라 경전을 든 그들에게 물었다.

"그럼 이것은 부처님의 가르침이 아닙니까?"

그러자 수행깨나 한 이가 나서더니 직언이라는 말을 썼다. 경전이라고 해서 다 붓다의 직언은 아니라는 것이다. 내가 보기에 분명히 붓다의 말씀 같은데 그는 붓다의 직언이 아니니 경전이라 볼 수 없다 뭐 그런 식이었다.

"경전이라고 해서 다 경전인 줄 아는 것이야? 어느 종자가 쓴 것인지도 모르고…"

그럼 불멸 후 나온 경전들은 붓다의 말씀이 아니고 소설이란 말인가? 그런 생각이 들자 은사 생각이 났다. 은사를 찾아갔다. 은사가 자초지종을 들어보고는 허허 웃었다. 한때 승가밥을 먹은 사람이라 그러려니 했다.

"네놈이 소설을 쓴다더니 변했기는 변했구나. 그러게 그 도량에서 왜 그런 것을 들고 앉았어?"

"그럴 줄은 몰랐지요."

은사가 고개를 주억거렸다.

"그들이 어찌 붓다의 한(恨)을 알겠는가."

"한이라니요?"

말이 이상해 되물었다. 무슨 말인가 싶었다.

"그래. 한. 생각해 보면 알 것이 아닌가. 붓다의 한이 무엇인지. 아라한들이 성자로 행사하는 사회구조 속에서 그 양반은 붓다가 되었다. 그때는 소승 나부랭이들의 사회였어. 소위 아라한들이 그들이었지. 그들이 성자로 행사하던 세상에서 여여함을 얻었으니 말이야. 그러니 어찌 근기가 약한 제자들을 보면서 속앓이를 하지 않았겠는가. 네놈처럼 속 좁은 수행자의 근기를 보며 나오는 한숨을 어쩔 수 없었을 게야. 대승을 설하면 소승의 법이 되고 말았을 터이니."

○

상견외도 단견외도

1

상견과 단견이라는 말이 있다. 상견은 있다[有]의 사상이다. 만법의 근본은 항상 하는 실체가 있다[有]는 견해다. 단견은 무(無)다. 만법은 있다가도 소멸하는 것이므로 없어지는 것[無]이다. 그러니까 아직도 불법의 푸성귀가 본 세상은 두 세계가 공존하는 세상이었다는 말이다. 상견이 진리라는 이도 있었고 단견이 진리라고 보는 이도 있었으니 말이다.

아라한의 경지는 바로 그 경지라는 걸 나중에야 알았다.

붓다에게는 일체법 자체가 법계다. 법계는 있는 것도 아니고 없는 것도 아니다. 그저 원융무애가 있을 뿐이다. 그 세계가 아무리 중도라고 일러주어도 근기가 모자라면 알아듣지 못한다. 그래서 단견에 빠지거나 상견에 빠져 버리고 만다.

다음의 대목에서 두 가지 극단적인 예를 찾을 수 있다. 상윳따

• 붓다 평전

니까야 《담마짝깝빠왓따나경 Dhammacakkappavattana sutta (S56:11)》과 맛지마 니까야 《평화의 분석경 Aranavibhanga sutta (M139)》을 보면 붓다는 두 가지 극단의 예를 들어 설한다.

〈하나는 욕망이 이끄는 대로 관능의 쾌락에 빠지는 것이요, 또 하나는 자기 자신을 괴롭히는 데 열중하는 것이다. 그것은 피로와 고통만 남길 뿐 아무런 이익이 없으므로 이 두 가지 극단을 떠나는 것이 중도(中道)의 이치이다.〉

경전에 보면 붓다는 늘 열 명이나 되는 제자들을 불러다 놓고 반야(《반야심경》)를 설하고 금강(《금강경》)을 설했다는 것을 알 수 있다. 대중들에게도 인기가 있는 《반야심경》을 보면 지혜 제일로 소문난 맏제자 사리푸트라를 앉혀 놓고 가르치고 있다. 《금강경》을 보면 이번에는 수부티를 데려다 놓고 가르치고 있다. 진리의 핵심과 직관이나 느낌의 소산이라면 불교가 가르치고 말고 할 것이 없다. 그런데도 경의 구조들이 한결같이 그렇게 되어 있다. 교단 내의 장로라고 하는 맏제자들이 그때까지도 아라한의 경지를 벗어나지 못했으니 붓다는 그렇게 가르쳤을 것이다. 그러니 상심이 오죽했을까.

그날 은사는 이런 말을 덧붙였다.

"너 《화엄경》의 다른 이름을 알고 있나?"

"《화엄경》의 다른 이름요?"

은사가 고개를 끄덕였다.

"글쎄요?"

"《십지보살경》이지."

"《십지보살경》이요?"

"보살에도 등급이 있다는 말이다. 1지에서 10지까지. 내로라하는 붓다의 제자들이 1지 보살보다도 못했다는 게 사실이다. 겨우 한다는 생각이 그저 앉으나 서나 의식의 연속성같은 것이었으니 어찌 그렇지 않았겠는가. 그때마다 대답할 필요성을 느끼지 않아 침묵하면 그것도 대답하지 못하는 사람이 무슨 붓다냐 그런 식이었으니 말이다. 그래서 되레 생사의 문제를 어떻게 생각하느냐고 그들에게 물어보기라도 하면 하나같이 죽음의 문제를 수동으로 받아들이고 있다. 그렇게 직시하라고 해도 중도의 의미조차 모른다. 윤회는 존재하는가? 물어보면 그 대답도 생각대로다. 이래서 있고 이래서 없다는 식이다. 상견외도 단견외도에 빠져 중도사상이 법성임을 모르니 그런 대답을 할 수밖에 없다. 교단의 장로들이 법성이 자성의 총체적 표현이라는 사실을 모른다는 것은 보통 일이 아니었다. 오히려 이렇게 반박하고 있었다면 더욱 그러했을 것이다. '당신은 세상이 공하다고 하지 않았느냐. 공하다면 비었다는 말인데 뭐가 있다는 거야?' '연기법을 생각해 보라고? 내가 있으니까 네가 있는 거 아닌가. 왜 물으면 대답을 하지 않는 거야? 종일 후생이 있으니 윤회를 하느니 어쩌고 해놓고는 정작 물으면 왜 대답을 하지 않는 거야?' 그런 그들에게 붓다가 뭐라 했을 것 같은가. 자성의 몸이 공하다. 그러므로 그 총체적 의미의 법성을 생각해 보라. 그 또한 공하다. 공하다고 해서 그것이 비어 있지 않다는 데 문제가 있다. 그곳은 충만한 공이다. 왜 충만한 공이냐. 그 속에 불성이 있다. 붓다는 바로 그 공이기에 윤회가 없다. 하지만 중생은 그 충만을 모르기에 윤회가 있다. 그렇게 아무리 일러 주어도 참뜻을 몰랐을 테니 말이다. 그들에게 진리가 말로 설명할 수 없는 것이라는 경지까지는 바라지 않았을 게야. 침묵의 뜻조차 모르는 자들에게 어찌 그것을 바랄 것인가. 그러니 윤회가 없을 수 있겠는가. 구속에서 벗어나지 못했는데 어떻게 사라질 수 있겠는가. 몸이 사라져도 반드시 업에 따라 일어나게 되어 있는 것이 의식 아닌가. 붓다에게는 의식이 없다. 그저 공하므로 형성되는 것도 없고 아닌 것도 없다. 그러므로 열반이다. 그런데 그 뜻을 모른다? 모른다고 해서 해결될 문제도 아니지. 그 대답은 그들이 열 수밖에 없는 것이라면 말이야. 그런데도 모르면 그저 스승에게 기댄다. 언제 내가 누구의 말을 들어 견성했겠느냐고 해도 그들은 들으려고만 한다. 수행을 한다 하옵시고 교단의 장로 노릇이나 하려고 하지, 이게 무엇인가를 직접 체험해서 이루어내겠다는 의지가 없다. 그 정도의 하근기라면 어쩔 수 없는 일이 아닌가. 앞으로도 수많은 생을 거치며 근기를 쌓아 상근기로 돌아서야 할 터인데…. 그래야만 충만한 세계로 들어설 수 있을 터인데…. 더욱이 생사의 법은 오늘의 법이 아니지 않은가. 상견과 단견을 벗어나지 않는 한 영원히 풀리지 않을 숙제이지. 그러므로 직접 체험하며 근기를 익혀야 볼 수 있는 법인데 그 모양이니. 그러니 얼마나 속이 터졌을 것이야. 의식의 연속을 거치며 근기를 쌓아오던 세월들, 그 세월을 그때의 제자들이 이해할 리 없었을 테니 더욱 그 양반의 상심이 깊었을 게야."

하기야 싶었다. 의식의 연속성을 거치며 점차 점차 근기를 쌓지 않고는 영원히 아라한의 경지에서 헤어나지 못할 법이 바로 그 법이다.

그렇다면 붓다는 언제나 그런 제자들을 보며 생각하였을 것이다. 모든 것이 연기법의 일환이고 일체법이라는 것을 어떻게 저들에게 알게 할 것인가. 그것이 공의 도리임을 어떻게 알게 할 것인가.

공의 도리를 깨닫지 못하면 있고 없음이 융합하지 못한다. 중도연기가 성립하지 않는다. 대승은 해탈을 얻는 경지가 아니다. 그들의 이상은 여여의 경지가 아니라 중생들에게 회향해야 하는 데 목적이 있다. 그 경지까지 가려면 아라한 즉 독각승의 허물을 벗지 않고는 안 된다. 그래야 중생에게 회향하게 된다. 그제야 낮은 열반에 안주하지 않고 자신의 여여한 경지를 중생구제를 위해 써먹을 수 있다.

"머리가 제일 명석하다는 아난다도 머리만 좋았지 열반에 이르려면 한참이었을 테니 더욱 붓다의 상심이 깊었을 것이야. 따지길 좋아하니 어떻게 머릿속을 비울 것인가. 해탈은 이해가 아니라 느낌, 그만의 직관이 아니던가. 그 양반은 하는 수 없이 근기가 익을 대승세계가 올 때까지 기다릴 수밖에 없다고 생각했을지도 모르지. 그럼 그때를 대비해 생사의 문제부터 풀어줄 법을 남겨 놓아야 할 것이 아닌가. 그래서 그 양반은 정신의 우위론자들을 위해 느낌의 법을, 육체의 우위론자들을 위해 개와 전의 합일에 이르는 법을 남기기로 한 것이지."

그렇다 싶었다. 아라한들은 그때까지도 깨닫지 못하고 있었을 테니 그럴 수밖에 없었으리라. 정신의 우위론자들은 자아가 소멸할까 봐 공포에 떨고 있었을 것이고 개와 전을 합일하려는 육체의 우위론자들은 제 몸 하나 간수하지 못할까 공포에 떨고 있었을 것이다. 그래서 붓다는 대승의 모든 것을 그려 남겨야겠다고 생각했을지도 모른다. 그들의 근기가 익을 시기가 오면 하근기나 중근기, 상근기 모두 진여의 세계로 들어오게 될 것이라고 생각했을 터이니.

그날 은사의 말은 대승경전이 어떻게 이 세상으로 오게 되었는지를 그렇게 직설적으로 말하고 있는 것 같았는데, 그러니 산중 절간의 승들이 어떻게 대승의 궁극적 세계인 밀교를 이해할 수 있겠느냐 그 말이었다.

사람이 살아가려면 의식과 법도가 있고 의례가 있기 마련이다. 오늘도 우리가 겪고 있는 우리의 불교, 저 산사에서는 예불을 드리고 간경을 하고 종을 치고 있다. 그럼 그 자체가 밀교 아닌가. 우도 밀교의 소산. 그럼 붓다가 생존할 당시에는 그런 의식이 없었을까?

　지금 생각해 봐도 엉뚱하다는 생각이 들긴 하지만 가만히 생각해 보면 인간의 살아감 자체가 바로 밀교다. 붓다가 생존할 당시에 불교는 거의 의례 자체가 없었으니 그럴 수도 있겠다 싶지만 정말 그랬을까 싶다. 조상에게 예를 올리고 신에게 경례하는 자체가 우도의 굴레다.

　그런데도 불교의 우도는 불멸 후 붓다를 기려 예식이 생긴 것인 양 한다.

　그러면 뒤이어 일어난 좌도밀교(左道密敎)는? 내가 본 밀교 경전들, 그 속의 좌도밀교가 무엇이던가?

　경전에도 없는 상상을 불손하게 왜 하느냐는 사람이 있을지 모르지만 한 마디로 붓다 아니 싯다르타가 그토록 원하던 세계, 바로 파정 없는 세계, 그 세계가 좌도밀교다. 육신성불 그 자체, 정신적으로만 성불할 것이 아니라 육체적으로도 성불해야 완전한 견성에 이른다는.

　견성이 무엇인가? 해탈이다. 모든 구속에서 벗어나는 것이 해탈이다. 진실로 구속에서 벗어났다면 육체의 구속에 얽매일 이유가 없다. 오도한 이가 여자의 자궁 속에 자신의 근본을 밀어 넣고도 구속됨이 없다면 그게 진실한 견성이 아니겠는가. 그런데 왜 우리는 고착된 개념에 사로잡혀 있는 것일까?

　그것은 성(性)이 해방이 아니라 구속이기에 그렇다. 성만 생각하면 부끄럽고 죄스러워져서 그렇다. 그래서 숨어서 한다. 그럼 해방이 아니라 구속이다. 이 인간의 원죄적 의식. 신기하게도 이 세상은 원죄적 의식에 의해 유지되고 있고 그렇게 존재하고 있다.

그대의 세상이 그렇게 왔고 그대의 세계가 그렇게 존재한다. 결코 부정의 산물이 아니다. 그것이 부정의 산물이라면 이 세계가 부정의 산물인가? 그런데도 아직도 고착된 개념에 사로잡힌 이들은 성을 부정의 산물로 인식한다.

예전에 심마니들은 산삼을 캐러 갈 때면 목욕재계하고 이성을 멀리했다. 지금도 절에 기도 갈 때 여자와 남자의 사랑을 부정의 산물로 인식하고 서로를 멀리하는 이들이 있다. 왜인가? 바로 원죄의식 때문이다. 그것으로 이 세계가 존재함에도 이상하게 그것이 떳떳하지 않은 것 같은 의식.

유교는 지금도 자신들의 성문화에 갇혀 있다. 그럼 그 영향 때문에 성이 부정의 산물이 되었을까? 그들의 사상을 부정적으로 보지 않고 긍정적으로 본다면 몸과 마음을 정갈히 해야 함은 천지신명에 대한 만고의 예의다. 무슨 말이냐 하면 성 자체가 부정의 산물이라는 원죄의식이 그 주범이라는 말이다. 밀교는 바로 이 원죄의식의 해방에서 시작된 종교다. 부정이 아니라 긍정의 세계. 그러므로 육체적으로도 성불해야 한다는 밀교 사상이 부정의 산물로 치부될 하등의 이유가 없다. 그렇게 고정관념에 사로잡힌 이들의 사고는 분별과 망상으로 일관되어 금강석처럼 단단히 굳어 있다. 그것을 부숴 버리라고 생겨난 사상이 밀교다. 견성하여 성의 굴레에서 벗어난 붓다는 원죄의식에서 벗어나라고 누누이 충고하고 있는데도 고정관념에서 벗어나지 못하고 분별의 함정에 빠져 허우적거린다.

밀의가 불멸 후 인도 전역에 열화와 같이 일어난 것은 7세기 무렵이다. 초기불교의 계율은 그만큼 억압적이었다. 그러나 문명은 급속도로 발달하고 있었고 문명이 발달할수록 물질적 풍요가 찾아오자 그에 맞는 사상이 대두되기 시작했다. 비로소 그런 고착된 개념들이 위선과 위악의 산물임을 인식하기 시작한 것이다.

그러한 깨달음이 대중불교의 시발점이 된 것은 말할 나위 없다. 속가와 승속(僧俗)을 하나로 보는 세계, 그것이 곧 대승불교의 본질이라면 저자거리가 곧 수도장이라는 사실은 증명된다. 여자와 남가가 하나가 되어도 수행적 차원이 될 수 있다는 사실. 그러므로 성 자체를 구도로 보는 수행이 일어섰다면, 그럼 바로 그것이 좌도밀교의 시발점이라는 말이 된다.

그런데도 정신 우월론자들은 오늘도 육체가 정신의 지시를 받고 있으므로 정신이 우월하다고 하고 육체 우월론자들은 육체가 없는 정신이 어떻게 있느냐며 눈을 붉힌다. 그들이 눈을 붉힌다고 해서 지금까지 결론 난 것이 없다. 불행하게도 그냥 반쪽짜리 불교가 되어 서로를 적당히 인정해 버리고 있으니까 말이다.

대답은 간단하다. 하나같이 바로 붓다 정신을 잃어버리고 있기에 그런 것이다. 요즘 들어 생활선(生活禪)이 대두된 이유가 바로 이 때문이다. 생활선은 수행처가 따로 없다는 개념에서 나온 말이라는 것은 앞서 말했다. 수행처가 따로 없다면 굳이 출가자와 재가자를 나눌 필요가 없다는 말도 이미 했다. 수도처가 산중이면 어떻고 저자거리면 어떻냐는 말이 바로 이 말이다.

앞서도 언급했지만 붓다의 출가는 잘못된 것이 아니다. 붓다의 오도행을 따라가 보면 붓다 스스로가 승속이 없어진 세계를 인정하고 있다. 재가자의 삶은 파정의 세계다. 그 파정에 의해 이 세계가 존립한다. 그러나 수행자의 삶은 그 궁극적 이상이 적멸이다. 극과 극이다. 그 극과 극 앞에서 비로소 붓다의 위대함이 시작된다. 그는 점차 성숙의 세계를 끝 바닥까지 내보인다. 자신 또한 인간임을 스스로 내보인다. 이것은 자신이 인간임을 자인하는 천명이다. 깨쳤다고 하여 신이 될 수 없음의 천명이다. 인간으로서 태어났고 인간으로서 우주의 이치를 깨쳤으며 또한 인간은 그렇게 점차 성숙의 과정을 거침으로써 적멸에 이를 수 있다는 사실의 천명이다.

이것이 윤회설의 출발이다. 그가 재가자의 삶과 출가자의 삶을 인정한 이유가 여기에 있다. 그렇기에 그는 차안과 피안으로 그것을 설명한다. 결국 인간의 삶은 차안에서 피안으로 가는 긴 여정임을 설명한다. 그 여정 속에서 재가자나 출가자나 엄숙하게 생에 충실함으로써 재가자로서의 최고의 기품, 완성자로서의 품격을 지닐 수 있다고 가르친다. 수행자는 수행자로서의 품격과 기품을 지닐 수 있다고 가르친다.

이것이 불교사상 그 방편교설의 요지이다. 이것이 이 세계의 존재 이유이다. 그렇게 그는 어느 쪽에도 치우침 없이 살아나감의 방법을 우리에게 제시하며 가르치고 있다.

그가 내세운 중도의 법, 그 만고의 법이 우리 앞에 있다. 그렇다면 정신과 육체 두 양상을 떼어 놓고 불교를 말할 수 있는가.

그런데도 우리는 오늘도 붓다는 정신의 승화만을 통해 붓다의 반열에 오른 사람이라고 생각하고 있다. 아니 고집하고 있다. 저자거리의 범부에게 불법을 가르치는 지도자들이 앞서서 그렇게 가르치고 있다는 사실, 붓다의 수행이 그렇고 그의 가르침이 그것을 증명하고 있는데도 아니라고만 하고 있다.

붓다는 무려 5년 동안 육체적 고행을 통해 정신의 승화를 원했었다. 그러나 붓다의 경지를 얻지 못했다. 그가 비로소 육체를 인정했을 때 영육일체(靈肉一體) 대해탈의 세계가 왔다. 그것이 그의 수업 내용이었다.

붓다는 나를 인정한다면 너를 인정해야 한다고 했다. 그는 그것이 불교 정신이라고 했다. 너는 너, 나는 나가 아니라고 했다. 터무니없는 집착이라고 했다. 분별이라고 했다. 굴레라고 했다. 해탈의 걸림돌이라고 했다. 그것을 벗어 버리지 않고는 대자유를 얻을 수 없다고 했다. 너와 나를 하나로 하는 작업, 그것이 불교라고 했다. 진정한 개와 전의 합일이라고 했다. 정신과 육체는 별개가 아니라 영육일체라고 했다.

중도(中道).

중도가 무엇인가. 한쪽으로 치우치지 않는 세계다. 바로 조화의 세계, 그 세계가 중도이다. 그럼 조화로운 세계가 바로 피안이다.

불교는 성(性)을 타파하는 종교다. 그런데도 고착된 개념에 사로잡혀 서로 눈을 붉힌다. 아직도 성이라고 하면 화들짝 하는 이들이 있고 육신성불을 주장하는 이들은 그들대로 화들짝 한다.

2

여기 참으로 경천동지할 증거들이 있다. 남방불교 사람들이나 정신의 우위론자들도 알고 있는 증거들이다. 앞서도 말했지만 초기교단에서는 밀의 수행이 금지되던 시절이었다. 밀의 수행은 바르지 못한 수행으로 인식되고 있었다. 이를 사명자활(邪命自活)이라고 하고 깨침에 도움을 줄 수 없다고 하여 행서도법, 즉 사도의 법이라고도 했다. 붓다에 의해 불교가 탄생될 당시 인도 종교는 베다에 기초한 바라문교가 성행하고 있었다. 베다에는 브라만이라는 유일신이 존재한다. 이 세상 만물은 그에 의하여 창조되었다는 설이 그것이다. 그러므로 그의 제사, 의례 등을 지킴으로써 해탈의 경지에 이를 수 있다는 것이다. 힌두신앙이 불교보다 오랜 역사를 지니고 있었다는 것은 부정하지 못할 사실이다. 힌두신앙의 밀의는 멀리 베다 문헌까지 거슬러 올라가야 한다. 밀의, 즉 진언의 개념은 세계 원인으로서의 말, 즉 베(vc) 사상에서 전개되고 있다. 이미 베다 시대부터 초월적인 힘 자체를 신으로 인식하고 있었다. 엄밀히 붓다는 그 자체를 집착의 대상으로 보았다. 《중아함경》《장아함경》《사분율》 등에 보면 그 당시 바라문교에서 행해지던 제례나 외부적인 주술, 천문, 점성 등을 제자들에게 엄밀히 금지하였음을 알 수 있다. 만약 이를 어길 경우에는 파계로 간주하여 출문을 할 정도였다. 빠알리어 경전 《소품소사편(제5)》에는 주술과 세속의 밀법을 축생의 학문이라고 엄하게 꾸짖고 있다.

《장아함경(권14)》에도 여러 사문과 비구니들이 세속의 밀법에 물든 경우를 보이는데 붓다는 일체의 주법을 금했음을 알 수 있고, 율장인 《십송률(권46)》에도 비구나 비구니들이 속인을 위해 주법을 행한다면 파계의 죄를 범하는 것이라고 강하게 일러놓고 있다.

그런데 《사분율(권27)》에 보면 붓다는 자신이 고집하던 세속적 목적과 관련된 일체의 주법에 대하여 융통성을 보이기 시작한다. 자연재해나 질병 등 일상의 삶으로부터의 융통성이었다. 비로소 밀의가 싹트기 시작한 것이다. 그 사실이 앙굿다 니까야《뱀왕의 경 Ahinda sutta(A4.67)》에 이렇게 나타나고 있다.

비구가 뱀에 물려 죽자 붓다는 이렇게 말한다.

Mā maṃ apādako hiṃsi mā maṃ hiṃsi dip ādako,
Mā maṃ catuppado hiṃsi mā maṃ hiṃsi bahuppado.
나에게는 보호주가 있고 나에게는 호주가 있으니
모든 해로운 존재들은 이제 나로부터 떠나기를!
발 없는 자들과 두 발 가진 자들이 나를 해치지 않기를.
네 발 가진 자들과 많은 발을 가진 자들이 나를 해치지 않기를.

주석서를 보면 이때 외우는 보호주(保護呪, rakkha)와 호주(護呪, 보호주와 동의어)가 수호주이며 그 일상용 주문을 허락한다(빠릿따. parilta)고 기록하고 있다.

모든 삶들이, 모든 생명들이, 모든 존재들이 모두 선하고 슬기로운 것만 보고 일체 악한 것을 만나지 않기를 바란다고 붓다는 설하고 있다.

이 외에도《대회경(大會經)》《십법경(十法經)》등 무려 13종의 짧은 경전을 모아 방호장(paritta)이라 하여 지금까지 전해오고 있다. 그렇다고 하여 붓다의 주법을 오해해서는 안 된다. 그의 진실을 바로 보지 않으면 안 된다. 그가 주법이라는 방편을 허용한 것은 본시부터 허용하지 않은 적이 없었기 때문이다.

무슨 말인가? 그는 예초부터 초월적 대상 자체를 집착의 대상이라 단정해 버렸던 것이 아니었다. 제자들에게는 그렇게 상대적으로 보였겠지만 그 자체를 분별이라 단정 짓고 있었다. 그는 그것을 단견이라 했다. 분별의 단견. 그는 그 단견을 나무랐다. 그 힘 자체가 우리의 우주이며 곧 자기 자신이었다는 것을 알고 있었다. 그 힘을 자기화함으로써 비로소 해탈의 경지에 들어섰기 때문이다.

그런데 그 사실을 모르는 이들은 그 힘이 따로 있다고 생각하고 있다. 그러므로 의존적이다. 그래서 그는 외쳤다. 가르쳤다. 바로 그것이 너의 모습이라고. 그런데도 중생들을 제도하기가 쉽지 않았다. 당시에 널리 퍼져 있는 호신주와 치병주 등을 벗어나지 못하고 있었다. 주술이 가진 힘의 신비함에 그대로 빠져 허우적거리고 있었다. 그 원천이 조물주, 즉 유일신(바라문교의 경우)의 것으로 이해하고 있었으므로 그럴 수밖에 없었다. 자연스럽게 천상의 신, 자연의 신, 중생계의 신들이 해탈이라는 불교의 근본적 개념으로 새롭게 해석되어야 할 터인데 중생들은 그들로부터 헤어 나오지 못하고 있었다.

어떻게 주술의 힘을 신과 자연의 힘에서 찾지 않고, 해탈을 통해 얻게 할 것인가? 어떻게 저들에게 주(呪)의 세계를 올바로 가르칠 것인가?

주가 무엇인가. 진실한 말(satya-vacana)이다. 진실된 말이 지닌 신통한 힘이다. 그러므로 삼귀의(三歸依)에 의지해야 한다. 나무불(南無佛), 나무법(南無法), 나무승(南無僧).

붓다는 삼귀의의 테두리를 만들었다.

《중아함경》에 보면 붓다는 이렇게 말하고 있다.

"출가 수도하여 모든 공덕을 갖춘다. 삼명을 성취하면, 모든 어두움의 장애를 물리친다. 그리하여 큰 지명(智明)을 낸다. 사리푸트라야! 비구는 수행을 통하여 얻어진 지혜로 흥하고 망하는 세간의 법을 볼 수 있다. 성스러운 지혜의 명(明), 그 명에 통달하여 분별을 환하게 밝히면 진실로 모든 고통을 다 마친다."

《잡아함경》에 그는 또 이렇게 말하고 있다.

"비구가 수행을 통해 과거·현재·미래를 밝게 알면[明智] 사람, 하늘, 악한 윤회를 볼 수 있느니라. 생사의 고통을 마치고 모든 신통을 얻게 되느니라. 마음의 지혜가 해탈하는 것이 삼명(三明)이다."

삼명이 무엇인가? 명(明)·지(智)·혜(慧)다. 깨달음을 주(呪)에 가깝게 회통시킨 것이 곧 명·지·혜다.

붓다는 그때 생각하고 있었다. 어렵구나. 어떻게 저들에게 이 진리를 가르칠 것인가? 나도 그러지 않았던가. 이 진리를 몰랐었기에 오랜 방황 속에 있었지 않았던가.

그랬다. 깨침의 과정이 지난했기에 끝내 그 힘을 자기화할 수 있었다. 그리하여 비로소 완전한 인간으로 돌아왔다. 그렇기에 《대방광보살장경중문수사리근본일자다라니경(大方廣菩薩藏經中文殊師利根本一字陀羅尼經)》을 보면 그의 주법은 거침없다.

붓다가 정거천(淨居天)의 보장엄도량(寶莊嚴道場)에 머물 때 그곳 천중(天衆)을 위해 이런 설법을 했다. 문수사리동자행륜(文殊師利童子行輪) 주법(呪法)이 바로 그것이다.

"즉설주왈(卽說呪曰), '옴치림' 너희들은 이 주문을 외움으로써 능히 5억죄, 10억죄 등 일체 죄업을 소멸할 수 있으리라. 일체의 갖가지 고뇌의 장애되는 바와 함께 악몽을 제거할 수 있으리라. 사악한 혼들이나 귀신으로 인한 모든 상스럽지 못한 일들을 길한 일로 바꾸며 그로 하여금 일체 원하는 바를 원만케 하리라…."

그뿐만이 아니다. 귀신들이 붓다의 설법장에 등장한다. 이들 남전의 경전 가운데 가장 특별한 경이 《대희경》이다. 붓다가 직접 귀신을 물리치는 주문을 끝도 없이 외운다. 아수라를 위해 주문을 외우고 바라문을 위해 주문을 외운다.

'라야리사야하혜건대바니가비라발두비지사누아두차모살제앙기비지모니아두폐리야차가…'

중생을 불쌍히 여긴 붓다는 그렇게 중생의 생활 자체를 밀의로 이끌었다. 방호주를 허용한 후 그 주문으로 재앙을 물리치는 풍습이 불교 교단과 일반인에게 널리 일반화되었고 불교 경전에 수용됨으로써 밀교 성립의 가능성을 열었다. 이로써 눈치 빠른 이들은 붓다의 방편교설을 통한 가르침이 어떠 했는지 눈치 챌 수 있을 것이다.

○

즉설주왈

1

지금까지 초기불교에 있어 밀의(密意), 그 중에서도 중심이 되는 진언 밀의가 어떻게 생성되고 있는지에 대해서 알아 보았다. 이것이 사실이라면 밀의 자체가 불멸 후 7세기 이후에 나왔다고 할 수는 없다. 붓다의 밀의가 7세기 이후에 때를 만나 발전을 이루었다는 말이 되기 때문이다.

그래도 믿기지 않는다? 그렇다면 경전 어디에서나 만날 수 있는 예를 하나 더 들어보겠다. 물론 대승불교의 소산이지만《반야심경》에만 하더라도 그 주문이 보인다.

"…고설반야바라밀다주 즉설주왈 아제 아제 바라아제 바라승아제 모지사바하"

물론 이 주문은 붓다의 지혜를 일으키는 진실한 진언이다. 사람을 진실하게 만드는 가르침이다. 대자대비 관세음보살이 깊이 지혜를 일으키는 수행을 할 때 우리의 몸과 마음이 모두 참되게 된다는 말이다.

아울러 '옴치림'이나 기타 주문도 마찬가지다. 옴치림을 외우면 어떤 힘 있는 절대신이 달려와 도와준다는 말이 아니다. 이 세상은 우리로서는 가늠할 수도 측량할 수도 없는 기운으로 가득 차 있다. 그 신령스러운 기운에 의해 우리의 운명이 좌우된다. 신령스러움 속에서 스스로 자기 자신을 깊이 들여다보라는 말이다. 그리하여 우주의 헤아릴 수도 측량할 수도 없는 신령스러운 현상을 자기화하라는 말이다. 그 힘이 자기화될 때 결코 무엇에도 의탁하지 않는 진실한 자신을 찾을 수 있다는 말이다. 진실한 자신에게 과연 무엇이 침범할 수 있겠는가.

이것이 그의 방편교설의 핵심이다. 그의 가르침과 행위에서 언제나 방편교설의 핵심을 놓쳐서는 안 되는 이유가 여기에 있다.

앙굿따 니까야《뱀왕의 경 Ahinda-sutta(A4.67)》주석서에 보면 빠릿따(수호주)를 잘 익혀서 완전히 외우라고 하고 있다. 그래야 의취가 성취된다는 것이다. 그러니까 막연히 외우는 경우에는 의취가 성취되지 않는다는 말이다. 그러기에 뜻을 헤아리라고 강조하고 있다. 본문의 내용은 이렇게 자애를 강조한다.

Apādakehi me mettaṃ mettaṃ dip ādakehi me, catuppadehi me mettaṃ mettaṃ bahuppadehi me.

발이 없는 자에게 나의 자애가 있기를. 두 발 가진 자에게 나의 자애가 있기를. 네발 가진 자에게 나의 자애가 있기를. 많은 발을 가진 자에게 나의 자애가 있기를.

붓다는 우리의 모든 삶과 모든 생명들과 모든 존재들이 자애의 마음을 내면 자신을 지키고(attaguttiyā), 자신을 보호하고(attarakkhāya), 자신을 수호(attaparittāyāti)할 수 있다며 빠릿따를 허용한다.

그렇기에 밀의는 뜻 있는 이들에 의해 남방불교에서는 방호주(防護呪. 방위옹호의 주문), 북방불교에서는 명주 승가 자체의 실천 양식을 만들었다. 그리하여 그것은 삼장의 하나 명주장(경률론의 뼈대를 모은 다라니)으로 간주되었고, 대승불교에서는 명주와 함께 다라니의 개념이 일어나기 시작했다.

남방불교에서는 주문 자체를 부정한다고 하지만 예를 든 남전 《대희경》의 주문은 무엇인가. 붓다의 방위옹호의 주문만은 인정하고 있는 것이 이로써 증명된다고 하겠다. 《대회경(大會經)》《삼귀문(三歸文)》 《자경(慈經)》《십법경(十法經)》 등 13종의 경을 모아 놓은 것이 남방불교의 방호장(paritta)이다. 붓다는 특별한 경우에만 인정한 주문을 집대성해 놓고 있다.

기원전 2세기 북인도를 지배했던 메난드로스왕(menandros)과 나가세나(nagasena) 비구의 대화를 기록한 《밀린다왕문경(彌蘭陀王問經)》에도 방호주에 대한 문답이 설해지고 있다.

이와 같이 밀의는 불멸 후 일어난 법이 아니라 붓다 생존 시의 법이었다. 붓다도 인간이었다. 인간인 이상 밀의 속에 있지 않을 수 없었다.

문제는 밀의의 참뜻이다. 밀의가 우리 삶의 본체인데도 그것 자체를 우리는 부정하고 있다는 데 문제가 있다.

밀의가 체계적으로 집대성된 것이 불멸 후 7세기부터인 것은 부정하지 못할 사실이지만, 여기에서 우리는 또 한 번의 부정을 거쳐 가야 불법의 본질에 이를 수 있다는 사실을 간파할 수 있다.

○

진리의 모습을 보이다

1

　지금까지 초기 밀의의 속성을 알아보았다. 이 문제는 붓다의 위상과 직결되는 문제이다. 《니까야》에 붓다의 신격화된 모습이 계속해서 나타나고 있다. 그러니까 그때 이미 신격화된 붓다의 모습이 나타나고 있었다는 말이다. 《디가 니까야》의 《대반열반경》에 보면 붓다는 사신족(四神足)을 갖추고 있다고 기록하고 있다. 원하기만 한다면 1겁(劫) 동안이라도 세상에 머물 수 있다는 기록이다.

　거기에서 끝나지 않는다. 《불본행경》에 보면 붓다의 키가 1장 6척이었다고 기록하고 있다. 그 당시 중국에서는 팔척을 1장으로 보았다. 성인 남자의 키를 1장이라고 했는데 그럼 붓다는 6척이 더 컸으니까 키가 크다는 것을 예상할 수 있다. 하지만 계산법이란 문화에 따라 차이가 나기 마련이다. 불본행경에 붓다와 함께 나오는 사람들의 키가 평균 1장 5척이다. 그 나라 사람들이 키가 큰 편이라고 해도 보통 체구였다는 걸 알 수 있다. 그런데 붓다는 그 나라 보통 사람들보다 두 배나 키가 컸고 32상을 갖추어 황금빛으로 빛나고 있다는 기록은 어딘가 낯설다. 32상을 갖추었으니 그럴 수 있다고 생각되지만, 빠아리 경전 상윳다 니까야《돌조각 경(SI 38)》에 보면 붓다가 돌조각에 발을 다쳐 고초를 겪는 장면이 그대로 나온다. 붓다는 무척 고통스러워했다는 것이다. 아리고 쑤시고 그렇게 언짢아했다는데 그 모습을 보면서 '아하, 붓다도 한때는 우리와 똑같은 인간이었구나' 하는 생각을 했다. 도라는 것이 신(神)이 되는 것이 아니구나, 그랬는데 느닷없이 신적인 면을 보이니 낯설지 않을 수 없다. 도란 이룰수록 소박해지는 것이 아닌가. 하기야 그 경지를 넘었으니 그대로가 빛이 됨을 어떻게 우리같은 범부가 이해나 할 수 있을까만.

그렇다면 그는 여기서도 우리와 똑같은 인간이 아니다. 인간 붓다의 모습이 아니라 신으로 떠받들어지는 신격화된 붓다로 나타나고 있으니 말이다. 붓다가 되기 전의 싯다르타가 보통 사람 몸의 두 배나 되었던가. 이는 어떤 초월적인 힘으로 중생을 위해 신통력을 보이는 것과는 다르다. 모든 신통력을 닫고 지혜의 누진통만 열었으므로 그의 일상이 신통이라는 이치에 버금간다. 고통을 느끼지만 붓다의 경지로 이겨내는 이치와 같다.

그래서일까. 이미 이때부터 신격화되고 있었지 않았을까 하는 생각을 지울 길이 없었다. 인간적 붓다의 모습을 원했었는데 인간 붓다를 보고자 하는 열망 때문인지 황금빛으로 빛나는 붓다의 모습은 그래서 더욱 낯설었다.

인간적 스승이 아니고 신이라니.

대승경전을 잡고 있으면 어느 사이에 신을 믿게 된다는 말이 있다.

그러나 근본 경전을 들고 앉았으면 인간을 본다는 말을 어떡해야 하나. 인간을 구하는 인간을 볼 수 있다는 그 말. 우리가 당면한 괴로움을 온갖 방편을 통해, 인간적으로 소멸하려고 분투하는 인물을 볼 수 있다는 그 말.

그래서 과거와 현재를 보아내는 붓다가 신통함의 소유자라고 해도 인간적으로 보였었는데…. 그가 초월적 힘을 보여도 굳이 초월적이지 않아 보였고 신격화도 되어 있지 않아 보였었는데….

근본 경전 속에서 가르침의 방편상 눈에 보이지 않는 범천이나 제석천, 마라 등이 등장하면 신적인 인간보다는 초월된 인간의 느낌이 강했던 게 사실이었다. 그저 스승 같은 느낌이었다고나 할까.

그런데 여기에서의 붓다는 참으로 낯설다. 함께 등장하는 범천이나 제석천도 그렇다. 진짜 그랬을까 하는 생각이 들 정도이니 이는 각자가 생각하는 관점에 따라 느낌이 다르다고 해도 그렇다. 대승 불교의 변질은 이로부터 자행되고 있었던 것이 아닐까 하는 생각까지 들 정도이니 말이다. 성인화에 급급한 면이 이제 보이기 시작한다는….

그러고 보니 그렇다. 그는 우리와 똑같은 인간이 아니다. 여섯 아라한 중의 한 사람이 아니다. 그의 일거수일투족이 신통에 쌓여 있다. 모든 것을 알고 행하는 자. 방편이라고 하지만 중생을 위해서라면 무엇이라도 보여줄 수 있는 자. 모든 것을 행할 수 있는 능력의 소유자.

하기야 그만 그런 것이 아니다. 그의 제자들도 마찬가지다. 목갈라나는 말할 것도 없고 제자 마하카사파도 하늘 사람인 천인들과의 소통이 자유롭다. 우데나(Udena)에 보면 마하카사파가 병이 들어 음식을 들지 못하자 하늘 사람들이 공양할 마음을 일으켰다는 문구가 있다. 매양 이런 식이다. 마하카사파는 그들의 청을 물리치고 스스로 탁발을 하러 나가는데 그들이 그 정도라면 그들의 스승은 말할 나위 없다.

그래서 이런 말을 하는 이가 있다.

"대승경전이 변질되었다고? 무슨 소리야. 이미 부처님은 오도 후 모든 신통을 연 사람이야. 그러니 앞을 내다보고 그렇게 중생을 위해 대승을 설한 것 아니야. 그것을 아난다가 받아 기록한 것이고."

이쯤 되면 할 말이 없다. 하기야 그의 신통력을 보아 그럴 수도 있겠다 싶다. 붓다가 되지 못한 아라한도 신통을 얻어 날뛰는 마당이다. 그가 그냥 인간이었다면 초기 경전이 충분히 그 순수성을 의심받을 만하고 신적인 인간이었다면 대승경전이 진실이 될 만도 하다.

그럴까?

혹자는 붓다의 신통을 인정하면서도 풀썩 웃어 버릴지 모르고 혹자는 고개를 끄덕이기도 하리라.

필자는 그 대답이 그의 법 속에 있다고 생각한다. 중생을 위한 방편교설, 그것을 확장시킨 기록자들…. 하지만 그의 법을 들여다보면 자신이 철저한 인간이었음을 천명하고 있다.

물론 초월적 힘을 얻어 그만큼의 신통을 중생을 위해 보이지 않았다고 말하지는 못한다.

그렇다 하더라도 그의 진실한 법이 그것을 증명하고 있다. 소승으로 시작한 그의 대승법은 이미 주어져 있었다. 대승불교를 거치며 수많은 붓다들에 의해 완성되리라는 것을 그는 그때 알고 있었다. 이것이 오신통을 닫은 후에야 생겨나는 지혜의 누진통이다. 그것이 자신의 업이고 중생의 업임을 아는 지혜. 그리하여 자신의 법이 대승으로 일어나리라는 것을 아는 지혜.

그 증명이 여기 있다. 그것의 증명이 그의 제자들에게 있다. 붓다가 설법할 때 근기가 약한 그 누구도 붓다의 말부림에 이의를 제기하는 이가 없었다. 목갈라나나 마하카사파 등 경지가 수승하여 알아듣는 제자가 있다고 하더라도 그렇다. 근기가 하열해 그렇지 못한 일반 대중들 역시 마찬가지다. 불멸 후 등장하는 인물을 들먹여도 잘만 알아듣는다. 붓다야 앞을 내다보고 설법하는 것이겠지만 제자들은 어떤 호위를 설해도 그가 누구인지를 묻는 이가 없다. 이것이 소승경전이 대승경전으로 이행되면서 바뀐 내용이다.

가야산의 대선사가 지적한 것이 바로 이것이다. 중도를 내세우고 무견이니 유견이니를 내세워 옳으냐, 아니냐 하는 이유가 여기에 있다. 이는 분명히 죄다. 그러나 선지자들은 그 죄를 감수하더라도 대승의 법으로 전하지 않으면 안 된다. 그것이 대승의 보살 정신이다. 보살이 무엇인가. 중생의 괴로움을 나누어 가지는 사람이다. 중생이 한 사람이라도 지옥에서 괴로움을 당하면 그를 위해 오도마저 미루고 지옥으로 가는 이가 보살이다. 보살은 연꽃이 아니다. 연꽃을 피우는 진흙 바닥이다. 보살은 움을 틔우는 자이다. 대승불교에서는 그런 이를 대승이라 한다. 정명여래처럼 전생에는 붓다의 경지에 있었으나 금생에는 중생을 위해 보살로 내려앉는 사람, 그것이 바로 보살이요 대승이다. 그렇다면 선대의 모든 선지자들을 모욕하는 한이 있더라도 중생을 위해 바른 법을 펴야 한다. 그것이 대승의 길이다. 그것은 소승심으로서는 되지 않는 신심이다. 중생을 위한 보살 정신, 중생을 위한 대승의 눈물, 그래서 대승의 자비가 뜨거운 것이다.

바로 붓다도 그 길을 걸었다. 중생으로서는 결코 이해할 수 없는 대승의 길을 걸어 붓다가 되었다. 그랬으므로 붓다는 성도 후 자신이 깨달은 법을 중생들에게 전해야 할 것인가 말 것인가 고민했다.

왜 망설였는가?

자신이 깨달은 법은 참으로 정적에 찬 것이어서 보통의 도리로는 증득할 수 없기 때문이었다. 이 말은 자신이 깨달은 법이 느낌의 법이라는 말이다. 분별이나 논리, 어떤 이치에 의하여 설해질 법이 아니라는 말이다. 하기야 진리라는 것이 입 밖으로 내뱉을 성질의 것이 아니긴 하다.

그러나 붓다는 고해의 바다에서 허우적거리는 중생의 고통이 곧 자기 자신의 고통이라고 생각했다. 우주의 진리를 밑바닥까지 들여다본 이였기에 그는 자기의 법을 전해야 되겠다고 결심하기에 이른다. 그는 자신의 법을 중생들이 알아듣지 못할 것이므로 대기설법을 통한 방편교설을 생각하고 있었던 것이다.

맛지마 니까야 《성스러운 구함 경 Ariyapariyesanā Sutta(M26)》에 보면 붓다가 전법을 결심하고 고행을 지켜보던 다섯 사문을 먼저 제도하는 대목이 자세히 나온다. 그때 설한 것이 중도(中道)의 법이다. 팔정도(八正道)가 바로 그 법이었다.

이제 정신과 육체를 온전히 하여 대도를 이룬 후의 붓다의 일상을 따라가 본다.

"너희들은 나를 고타마라고 부르지 말라. 나는 이루어서 왔느니라. 바로 붓다이다. 이 세상에는 두 개의 극이 있다. 하나는 육체가 요구하는 쾌락의 길이요, 하나는 진리를 위해 육체를 학대하는 고행의 길이다. 진실한 사문은 어떤 곳으로 치우치지 않는다. 두 가지의 극단을 버리고 중도의 이치를 배워야 한다. 나는 그 이치를 깨달았으므로 열반을 얻었다.”

붓다가 성도 후 중생을 위해 숲을 나와 다섯 비구인 교진여(憍陳如), 파바(婆波), 발제야(跋提耶), 마하나마(摩阿那摩), 아설시(阿說示)에게 외친 첫 성이다.

5년 동안의 고행을 팽개치고 속세로 내려와 니련선하에서 사나발처의 딸 수자타에게 우유를 얻어 마시는 걸 보고 교답마도 별수 없이 수행을 그만두고 안일에 빠져 타락해 버렸다고 생각하고 있던 그들은 이 말을 듣고는 정신이 번쩍 들었다.

“고타마, 그대는 그 엄한 도, 그 무서운 고행에 져 모든 노력을 저버리고 안일로 도피하지 않았는가. 어떻게 하여 열반을 얻을 수 있었다는 것인가?”

교진여의 물음에 붓다는 이렇게 대답한다.

“여기 고귀한 진리 사성제(四聖諦)가 있다. 이 진리는 고집멸도(苦集滅道)의 네 가지 가르침으로 구성되어 있다. 고는 고통, 집은 고통의 원인, 멸은 고통으로부터의 해방, 도는 고통에서 해방되는 방법을 말한다. 고통에서 해방되는 올바른 방법에는 팔정도(八正道)가 있다. 이 방법에 따라 실제로 고통에서 자유스러워지는 사람은 드물다. 그러므로 이 가르침은 극소수의 고귀한 영혼을 위한 진리이므로 고귀한 진리라고 한다.”

“그럼 그것을 어떻게 얻어야 하겠습니까?”

비로소 다섯 비구가 붓다의 경지가 예사롭지 않다고 판단하고는 하나같이 예를 표했다.

"출가자들이여. 먼저 자신 속의 불성을 개발해야 한다. 그 불성을 위해 붓다는 안일을 탐하거나 노력을 버린 적이 없다. 일체의 속제(俗諦)도 붓다에게 있어서는 진제(眞諦)다. 붓다는 참을 위해 속제에 들 수 있고 진제에 들 수도 있다. 이후 제도 또한 마찬가지다. 중생들에게 참된 깨침을 줄 수 있다면 나는 속제와 진제를 구별치 않으리라. 나는 세간의 공양에 상응할 본디 마음을 보아 깨침을 얻었으므로 곧 붓다이다. 너희들은 내 말을 들으라."

붓다의 이 말에 다섯 출가는 진심으로 그의 말을 들을 생각을 일으켰다. 그때부터 그들은 고타마 싯다르타를 붓다로 불렀다. '진리를 깨친 이'라는 뜻에서였다.

"그렇다면 붓다시여. 중도란 무엇입니까? 좀 더 상세히 말씀해 주십시오."

파바(婆波)가 말했다.

"두 가지의 극에 치우친 도를 떠나 마음의 눈을 똑바로 뜨고 지혜의 바다로 나아가 적정과 성지(聖智)와 정각과 열반으로 인도하는 것이 곧 중도이다."

그들이 말을 알아듣지 못하자 붓다는 말을 바꾸었다.

"여기 나무가 한 그루 있다. 나무라고 이름 붙인 것은 바로 분별이다. 분별이 너와 나를 만들었다. 어떻게 나무인가? 그것은 이름일 뿐이다. 연기의 법칙에 의해 우주의 모든 것이 응축된 산물이다. 그 사이에 중도가 있다. 양극단 사이에 중도가 있다. 나무는 결국 사라진다. 그럼 그 본디 성질만이 남는다. 본디 마음, 그것이 무아이다."

그래도 알아듣지 못하자 붓다는 다시 일렀다.

"여기 그곳으로 가는 길이 있다. 바로 팔정도(八正道)다. 즉 정견(正

見)·정사(正思)·정어(正語)·정업(正業)·정명(正命)·정정진(正精進)·정념(正念)·정정(正定)이 바로 그것이다."

붓다는 중도와 팔정도를 설한 다음 곧이어 사성(四聖)에 관해 설하였다.

"출가자들이여. 바로 이것이 고성제(苦聖帝)다. 생로병사(生老病死)가 괴로움이요, 사랑하는 사람과 이별하여 못 만나는 것도 괴로움이다. 원한이 있는 자와 만나야 하는 것도 괴로움이요, 구하는 것도 얻지 못하면 그 또한 괴로움이다. 생존하고 있다는 그 자체가 괴로움이다. 출가자들이여. 바로 이것이 고집성제(苦集聖帝)이다. 새로운 생을 만들어 내고 탐욕과 기쁨을 동반하고 여기저기 경계에 욕의 즐거움을 낳는 갈애(渴愛)를 두고 고집성제라 한다. 갈애 속에는 욕애(欲愛)와 유애(有愛), 비유애(非有愛)의 세 가지가 있음을 알아야 한다. 출가자들이여. 바로 이것을 고멸성제(苦滅聖帝)라 한다. 모든 집착과 갈구가 남김없이 사라진 경지, 그것을 고멸성제라 한다. 출가자들이여. 바로 이것을 고멸도성제라 한다. 팔정도 그 자체가 고멸도성제다. 바른 견해, 바른 생각, 바른말, 바른 행위, 바른 직업, 바른 노력, 바른 기억, 바른 명상이다. 출가자들이여. 이 법은 나 스스로 증득한 법이다. 나는 이 법에 의해 열반의 경지를 얻었다. 고성제는 분별하여 알아야 할 것이므로 그것을 알았고, 고집성제는 끊어야 할 것이므로 끊었으며, 고멸도성제는 닦아야 할 것이므로 닦았다. 그리하여 나의 법은 일어섰으며 이 법 위에 마음의 눈을 뜨고 지혜를 낳고 빛을 낳았다. 이제 모든 계박에서 벗어났으므로 나의 마음은 결코 동하는 법이 없다. 어떠한 바람이 불어도 나의 법은 꺼지지 않는다. 언제나 반야바라밀 속에 있다. 그것이 나의 마지막 생이며 망집은 존재하지 않는다."

붓다의 설법에 다섯 출가자들은 깊이 깨닫고 머리를 조아렸다. 다섯 중에서 제일 먼저 깨달은 사람이 교진여(憍陳如)였다. 그 외 네 출가자가 모두 깨침을 얻을 즈음 붓다는 다시 그들에게 설했다.

"나의 몸은 내가 아니라는 걸 알아야 한다. 만약에 몸이 나였다면 이렇게 돼라 저렇게 돼라 하고 자유롭게 할 수가 있을 터이다. 그와 같이 마음 또한 나는 아니다. 마음 역시 이렇게 돼라 저렇게 돼라 하고 자유롭게 할 수가 없기 때문이다. 일찍이 나는 세간에서 이 법을 알았으나 깨치지 못했으므로 윤회를 낳았다. 고로 나는 너희들에게 묻겠다. 이 몸은 상주인가. 무상인가?"

"무상입니다."

"무상이라면 고인가 낙인가?"

"고입니다."

"무상이며 고이며 변천하는 것을 나의 것이자 나의 자아라고 볼 수 있겠는가?"

"그것은 불가능합니다."

"그렇다. 마음도 그와 같다. 존귀한 자는 그것을 깨닫는다. 무엇이든 집착하지 않는다면 해탈할 수 있다는 지혜를 낳는다. 그 지혜는 곧 생은 다했다. 청정한 행은 이루어졌다. 해야 할 일은 성취되었으며 이제부터 윤회는 없다고 하는 지혜이다."

붓다의 설법이 끝나자 다섯 사문은 집착을 버리고 번뇌에서 벗어날 수 있었다. 그렇게 다섯 사문을 제도한 붓다는 그 길로 그들을 데리고 거리로 나섰다.

때가 되어 공양을 받으려고 하자 공양하는 이가 말했다.

"우리는 밭을 갈고 씨를 뿌려 그것을 거두어 먹습니다. 그대들은 어떻게 우리가 그렇게 어렵게 거둬들인 공양물을 달라고 하십니까? 그대들도 우리처럼 밭을 갈고 씨를 뿌려 공양물을 거둬들이십시오."

그 말을 듣고 다섯 사문이 할 말을 잃고 돌아섰다. 그러자 붓다는 이렇게 말하였다.

"중생이여. 나 역시 밭을 갈고 씨를 뿌립니다. 수행은 나의 밭이요, 그대의 공양물을 받는 이 바리때는 그대의 염원을 싣는 그릇입니다. 나는 그대의 염원을 저 피안으로 가져갈 것입니다."

붓다의 말을 들으며 다섯 출가자는 고개를 들지 못하였다.

그들은 하나같이 공양의 참뜻을 붓다에게 물었다. 붓다는 공양의 참뜻을 이렇게 설했다.

"공양이란 공경이며 우주의 구원이며 그 마음이다."

붓다는 짤막하게 그렇게 말했다. 말은 짧았지만 그 말 속에는 엄청난 뜻이 숨 쉬고 있었다.

그렇다. 진리를 찾고 진리를 수호하는 이들을 공경하는 행위가 곧 공양(供養)이다. 공양은 이 우주를 주관하는 이에 대한 예의이며 우주에 바치는 선물이다. 그러므로 공양이란 우주의 구원이다. 우주의 법에 감사의 뜻을 나타내는 방법이며 바로 귀의하는 마음이다. 아무리 귀하고 소중한 것을 공양한다 해도 마음이 수반되지 않으면 공양에 대한 의미는 없다.

공양에는 세 가지가 있다. 첫째가 이공양(利供養), 둘째가 경공양(敬供養), 셋째가 행공양(行供養)이다. 이공양은 향이나 꽃을 바치는 것이고, 경공양은 법을 존중하여 마음으로 칭송하는 것이고, 행공양이란 가르침에 귀의 실천하는 것이다. 이 세 가지가 온전하게 갖추어져야 참 공양이라 할 수 있다. 아름답고 값진 물건을 바치면서도 항상 모자라다는 착한 마음이야말로 경공양의 근본이다. 그것은 하나의 큰 힘이다. 붓다가 될 수 있는 불성의 씨앗이요, 그 불성을 개발하는 힘이다. 조금만 마음을 열면 그 속에서 붓다의 세계도 볼 수 있고 공양을 받는 붓다의 마음도 헤아려 볼 수 있다. 왜냐면 그 작은 정성속에는 삼천대천세계가 존재한다. 마음을 비운 자는 그것을 볼 수 있다. 그것이 우리들 마음 속 거울이다. 붓다가 큰 지혜의 소유자인 것은 거울 속에서 우주를 보기 때문이요, 사물의 여여(如如)한 실상을 함께 보아내는 이이기에 그렇다. 그것은 곧 붓다의 깨끗한 마음이다. 이 세계의 진실한 실상이다.

그 후 붓다는 거리로 내려와 중생교화를 시작했다. 빠알리어 삼장에 의하면 붓다의 첫 속가 제자는 아프가니스탄의 발흐(Balkh) 출신 따뿟사(Tapussa)와 발리까(Bhallika) 상인들이라고 기록하고 있다. 붓다가 다섯 제자를 만나기 전에 이들을 먼저 만났다고도 하는데 현장법사의 기록에 의하면 이 둘은 형제로서 붓다에게 머리카락을 받고 발흐로 돌아갔다고 한다.

《스리랑카 연대기》에는 이들에 대해서 좀 더 자세하게 언급하고 있다.

두 상인 형제가 라자그리하(Rajagaha)로 가는 도중 붓다를 만났다. 그들은 붓다에게 첫 번째 자선을 제공했고 평신도 제자가 되었다. 붓다는 자신의 머리카락 8개를 그들에게 주었다. 그들은 스리랑카 북동쪽으로 가 산꼭대기에 세워진 스리랑카 최초의 탑에다 머리카락을 모셨다. 중앙아시아의 불교가 이른 시기부터 시작된 이유가 이들에 의해서라는 설도 있다.

아무튼 붓다는 그렇게 계속해서 많은 사문들을 교화하며 전도를 시작했다. 그는 그렇게 돌아오고 있었다, 이 사바세계로. 그는 굶주리고 헐벗은 사람들 속에 있었다. 그들의 입이 되어 주고 눈먼 그들의 눈이 되어 주고 그리하여 그들이 되었다.

○

이 세상이 바로 화계인 것을

1

필자는 지금까지 붓다의 과거 생으로부터 성도, 다섯 제자를 얻기까지의 과정을 경전들을 비교 검토하면서 기술하였다. 그 중에서 설명이 좀 부족하다고 생각되는 항목은 팔정도다.

앞서 기술하였지만 근본적인 불법의 내용에 있어서만은 경전마다 그 내용이 크게 다르지 않다. 남방불교에서는 붓다의 수행 내용을 그대로 따르고 있다는 것과, 대승불교를 표방하는 북방불교에서는 대승의 세계, 즉 보살 사상을 더 높게 생각하는 경향 말고는 그에 영향을 미치는 불법의 근본 사상에 있어서만은 크게 다르지 않다.

붓다의 팔정도는 붓다를 이해하기 위해서는 놓칠 수 없는 대목이다. 팔정도에 대해서는 중요성을 아무리 강조해도 모자란다. 붓다를 알기 위해서는 팔정도를 상세히 알지 않으면 안 된다. 여기에서 거의 틀림 없이 붓다의 불법이 하나로 나타난다. 아난다의 말처럼 여시아

• 붓다 평전

문 그 자체다. 의견이 있을 수 없다. 이제 경전들은 저마다의 허물을 벗고 하나로 제 이름을 찾는다. 비로소 남전과 북전은 '불전'으로 본모습을 되찾는 것이다.

팔정도의 첫머리는 정견(正見)이다. 올바른 견해다. 사물을 올바르게 보는 것을 의미한다. 정견은 팔정도의 핵심이자 바탕이다. 이 바탕 위에 칠지(七支)가 성립된다.

한 바라문이 수명의 상징인 거북이 한 마리를 정성을 다해 키웠다. 어느 날 바다에서 고기를 잡아 살아가는 어부가 일이 있어 그의 방으로 들어왔다. 독 안에 거북이가 자라고 있다. 가만히 보니 거북이가 아니었다. 자라였다.

"내가 평생을 다해 키운 거라네. 거북일세."

어부가 고개를 갸웃했다.

"거북이가 아닙니다."

바라문이 할 말을 잃고 그를 멍하니 쳐다보았다.

"아니라니? 무슨 말인가?"

"이건 거북이가 아니라 자라입니다."

"자라라니? 이놈, 고기 잡아 먹고 사는 놈이 거북이와 자라도 구별 못한단 말이냐."

어부가 다시 자세히 보고는 고개를 내저었다.

"아닙니다. 분명히 자라입니다."

그날 바라문은 자라를 거북이라고 속이고 판 사람을 찾아갔다.

"네놈이 나를 속이다니. 자라를 거북이라고 하다니…"

그는 사내를 끌고 어부가 보여준 곳으로 가 거북이를 보여주었다.

"이제 알겠느냐. 네놈이 자라를 거북이로 속여 내게 팔았다는 사실을. 자라를 수명의 상징인 거북이라 속임으로써 너는 나의 목숨을 훔쳤다. 나의 희망을 훔쳤어."

그래도 사내는 거북이라고 우겼다. 자라다, 거북이다, 그렇게 옥신각신하다가 바라문은 그만 칼로 사내를 죽이고 말았다. 수명의 상징인 거북이를 키우다 거북이가 아니라고 하자 남의 생명을 도륙내 버린 것이다. 나중에야 바라문은 알았다. 자신이 죽인 사내도 자라를 거북이로 알고 있었다는 것을.

정(正)은 올바르다는 뜻이다. 견(見)은 관찰과 사택(思擇)이다. 인식작용이다. 그 활동이다. 그 표상이다. 표상에서 판단에 이르는 길이다. 망견(望見)에서 떠나는 길이다. 자라를 거북이로 보지 않는 길이다. 당나귀를 말로 보지 않는 길이다. 원리전도몽상(遠離轉倒夢想).

어느 날 현자가 밤중에 길을 가다가 뱀을 밟았다. 기겁을 하고 도망을 갔었는데 다음 날 그곳으로 가보니 새끼줄이 놓여 있었다. 황당해서 헛웃음이 나왔는데 그 순간 깨쳤다. 이것이 정견이다. 뱀이 새끼줄이라는 것을 투철히 깨닫는 것, 이것이 깨침이다.

이 깨침이 안다는 것에 머문다면 그것은 앎의 깨달음밖에 되지 않는다. 오늘도 학승과 선승이 싸우는 이유가 여기에 있다. 깨침과 깨달음은 그렇게 다르다. 깨침[頓]은 자신의 본성을 투철히 보는 것이고 깨달음[漸]은 바로 지(知)의 세계다. 앎의 세계다. 지(知)에 머문다면 언제든지 다시 새끼줄을 뱀으로 착각할 수 있다. 그로 인해 자신의 마음을 스스로 괴롭힐 수 있다. 이것이 바로 전도(顚倒)된 몽상(夢想)이다. 그 자체가 괴로움도 두려움도 아닌데 바로 보지 못하므로 마음이 착각을 일으켜 괴로운 것이다.

이것을 우리의 생활로 당겨오면 생활선(生活禪)이 된다. 절에서 가부좌나 틀고 좌선에 드는 것만이 수행이 아니다. 저자거리에서 치열하게 사는 것 자체가 바로 수행이다. 하나같이 수행적인 삶을 살고 있다. 저 산중의 수행자와 저자거리의 중생이 모두 수행자적 삶을 살고 있다면 궁극적 목표는 하나다. 그 하나를 위해 우리는 생을 힘겹게 살아가고 있다.

그런데 우리는 저자거리의 삶과 수행처의 삶이 다르다고 생각한다. 수행의 참뜻을 곡해하고 있는 것이다.

이것이 무지다. 무지는 본바탕을 잃어버린 곳에서 온다. 고요한 곳에서 깨끗하게 자신의 삶을 꾸리며 가부좌를 틀고 수행하는 이들과 저자거리에서 세상 사람을 위해 도끼를 들고 소를 죽여 고기를 파는 백정의 삶이 다르지 않다는 것을 알아야 한다. 그것을 모르기에 무지다. 이 무지가 바로 분별이다. 수행자는 살생을 업으로 삼으니 죄과라고 생각하고, 저자거리의 백정은 죄나 지은 듯이 수행자를 향해 시주물을 올리며 존경의 염을 지닌다. 하나같이 분별의 수렁에 빠져 있는 것이다.

이것은 자신의 생활이 곧 도라는 사실을 모르는 데서 오는 무지다. 수행자의 삶이 고상하다면 백정의 삶도 고상하다. 생활이니까. 수행자의 수행이 깨끗하다는 고정관념, 그것이 무지의 소산이다. 백정의 살생, 더럽고 비린내 나고 천박한 삶, 그 삶 역시 수행이라고 보지 못하면 인생은 참으로 고달프다. 살생과 구도, 극과 극이다. 구도자에게 있어 살생은 있을 수 없는 일이다. 그렇다면 모순이다. '살생하지 말라.' 살생이 파계의 근본인데 살생이 용인된다? 용인된다. 용인할 수밖에 없는 거리에 우리는 살고 있다. 이는 우주의 법에 저촉되지 않을 때 일어나는 현상적 대답이다. 살생물이 우주의 근원으로 작용될 때다. 구원의 보시로 작용될 때다. 그것이 생활선의 덕목이다. 그 덕목에 의해 살생이 자행될 때 그것은 붓다의 덕목이 된다. 이를 모르니 살생죄에 묶여 있을 수밖에 없다. 이것이 무지다. 무지는 함정이다. 무지하기에 함정에 빠져 자신의 인생을 바로 보지 못한다. 언제나 거꾸로 생각한다. 주객이 전도된 사고방식에 젖어 스스로 고통 속으로 자신을 밀어 넣는다. 이것이 지옥이다. 지옥이 따로 있는 것이 아니다.

《대지도론(大智度論)》을 보면 이러한 뒤바뀐 허망한 생각을 네 가지[四顚倒]로 나누고 있다.

"깨끗하지 않은 것이 부정(不淨)이다. 부정 가운데서 깨끗하다[淨]고 하는 뒤바뀜이 있다. 괴로운 것이 고(苦)다. 고 가운데서 즐겁다[樂]고 하는 뒤바뀜이 있다. 항상함이 없는 것이 무상(無常)이다. 무상 가운데서 항상함이 있다[常]고 하는 뒤바뀜이 있다. 나라는 것이 없는 것이 무아(無我)이다. 무아 가운데서 나라고 하는 것이 있다[我]는 뒤바뀜이 있다."

네 가지 뒤바뀜 때문에 중생들은 미혹된 세계의 참모습을 올바로 보지[正見, 照見] 못한다. 새끼줄을 뱀으로 착각하여 진실하다고 생각한다. 전도된 모습을 진실로 착각한다. 그렇기에 집착을 하게 되고 괴로움과 두려움 등의 망심(妄心)을 일으킨다.

나아가 《반야심경》은 가르치고 있다. 모든 현상계가 공임을 올바로 조견하라. 전도된 몽상을 일으켜 공상에 집착하지 말라. 바로 붓다의 가르침이다.

전도된 몽상에서 벗어나려면 현상계에 집착을 놓아야 한다. 일체가 공이기 때문이다. 바로 방하착(放下着)이다. 그 길이 새끼줄을 뱀으로 보지 않는 길이다. 그렇기에 정견은 망견을 떠난 세계다. 일체를 현상 그대로 보는 세계다. 그대로를 수용하는 세계다.

그럼 정사(正思)는 무엇인가. 올바른 생각이다. 그 정신적 작용이다. 올바르게 보지 않으면 올바른 생각이 따를 리 없다. 인간은 자아적 존재다. 그러므로 자기중심적이다. 아집의 덩어리다. 그런 까닭에 자아를 고집한다. 자아를 주장하기 때문에 자아와 자아가 대립한다. 그 현상 속에 존재하는 우리가 바로 나[我]이다. 그 원인이 무엇인가. 바로 자기 욕구다. 욕구를 추구하는 세력, 그것이 자아다.

붓다의 뛰어난 특성은 우리가 매달리는 자아, 그것은 본래 실체가 없는 공허한 무아라고 보았다는 데 있다. 무아의 존재, 그게 인간이다. 붓다는 말하고 있다. 속지 말라. 다만 현상이 그렇게 보일 뿐이다. 그것은 그저 물질적 현상에 지나지 않는 것이다. 자아는 수많은 자아가 모인 인연의 존재 그 산물이다. 그러므로 무상하다. 자아라고 주장할 자아가 없음을 깨달아야 한다.

그래서 붓다는 찾으라고 한다. 본래의 너, 본래의 자아, 자기 존재의 본래면목. 그것이 붓다 가르침의 핵심이다. 불법의 핵심이다. 만약 자아 속에 묻혀 있는 본질적 자아. 참자기를 보았다면 그가 곧 붓다이다. 우리는 흔히 말한다. 내 속에 또 하나의 내가 있다. 자기의 본체를 똑바로 보는 것이 정견이며 자기 자신을 똑바로 생각하는 것이 정사유(正思惟)이다.

다음이 정어(正語)다. 글자 그대로 올바른 언어다. 올바른 언어라고 하니까 말과 글자만 생각한다. 생활이다. 언어의 실천, 이 또한 정견이 바탕이 되어야 한다. 올바른 생각, 즉 사유가 있어야 한다. 그래야 올바른 말이 나온다. 거짓말[妄語], 이간질[兩舌], 욕[惡口], 남을 속이려고 달콤하게 하는 말[綺語] 등등의 말들을 구업이라고 한다. 이런 말을 쓰면 입으로 업을 짓는다. 불교의 연기관에서 볼 때 그 업이 보(報)로 이어지는 것은 당연한 이치다.

다음이 정업(正業)이다. 올바른 신체적 행위이다. 반대되는 행위는 살생이나 도둑질, 강도질, 음란한 짓, 폭력, 욕지거리 등 남에게 해를 주는 행위이다. 불교의 윤회관에서 볼 때 복은 선복과 화복으로 나뉜다. 선복은 과거행에서 진리를 따라 올바른 신체적 행위를 한 사람을 말하고, 화복은 그렇지 못한 이들이라고 정의하고 있다. 선복의 핵심은 계·정·혜다. 우리는 그것을 삼학이라고 한다. 그러니까 삼학을 잘 닦아 해탈하자 그 말이다.

다음이 정명(正命)이다. 명에는 목숨이라는 뜻도 있지만 생활이라는 뜻도 있다. 미망에 사로잡히지 말고 올바르게 생활하는 것이 정명이다. 자라를 거북이로 보는 이상 목숨을 보장 받지 못한다. 남의 목숨까지 도륙하게 되고 마는 것이 바로 우리다. 그렇게 무지하고 무엄한 종자가 중생이다. 그 무지에서 벗어났을 때 중생의 탈을 벗는다. 정사나 정어나 정업이나 정견이 바탕이 되어 있음을 이로써 알수 있다. 바로 보고 바로 생각하고 바르게 말하고, 마음을 올바르게 써야 바른 생활로 나아갈 수 있다. 우리가 말하는 업이 여기 속한다. 직업이다. 직업은 정명의 기본 틀이다. 남에게 해를 주는 직업, 그것은 정명의 길이 아니다. 사명(邪命)이다.

산에서 수행을 하다 저자거리로 내려온 수행승이 자신이 도를 봤다며 떠들고 다녔다. 선승이 그를 데려다 놓고 시험을 해 보았다.

"붓다가 누구이냐?"

"나요!"

그는 서슴없이 대답했다.

"내가 누구인가?"

말이 꽉 막혀 버린 땡초는 이것저것 생각하다가 대답했다.

"내가 나지 누구이겠소."

"그럼 그 나를 여기 올려놔 봐라."

선승이 손바닥을 내밀었다.

땡초는 어이가 없어 멍하니 선승을 쳐다보았다. 그는 빠져나갈 길을 생각하다가 자신의 손을 선승에게 내밀었다.

"당신이 먼저 올려놔 보시오. 그럼 내 올라갈 테니…"

선가(禪家)에서는 수행의 경지를 주로 사승(師僧)들이 찰견한다. 제자가 어느 정도 깼는지 높낮이를 수시로 가늠해 본다. 그때 등장하는 것이 손이다. 어떻게 자신을 손바닥 위에 올려놓을 것인가?

여기에 깨침의 참뜻이 있다. 진리란 깊고도 오묘한 것이므로 결코 말로는 설명할 수가 없다. 불립문자(不立文字) 언어도단(言語道斷) 심행처멸(心行處滅)이라고 하지 않는가.

이 딜레마에서 벗어나려면 행위이든 언어이든 그 불완전성으로부터 벗어나야 한다. 그렇지 않고는 그 궁극에서 벗어날 수가 없다. 참어려운 일이다. 대답을 하면 진리가 아니고 대답을 하지 못하면 배신이다.

그럼 어떡해야 하나?

대답을 못하자 선승이 그를 선방에서 끌어내 발길로 차 버렸다.

"버러지같은 놈."

그렇게 쫓겨났는데 이번에는 강원에서 그를 달랑 잡아갔다.

"그대는 경을 얼마나 읽었는가?"

강원의 강주가 물었다.

"평생을 읽었는데 그걸 어떻게 말로 할 수 있겠는가."

선방에서 그렇게 당하고도 그는 당당하게 대답했다. 경에는 자신이 있었기 때문이었다.

"저기 지옥에 구해야 할 종자가 하나 있다. 그를 구해야 하겠는데 글자를 모른다. 붓다의 말씀을 들려줘봐야 알아듣지 못하니 이를 어쩌겠는가?"

그는 다시 할 말이 없었다. 또 사처팔방이 꽉 막혀 버렸다. 그가 대답하지 못하자 학승이 그를 끌어내며 소리쳤다.

"네놈 부처되기는 틀렸다. 대기설법의 뜻도 모르는 놈아."

그제야 그는 정신이 번쩍 들었다. 대기설법을 왜 모르겠는가. 붓다께서 중생의 근기에 맞게 가르치는 것이 대기설법이다. 그럼 그 끝은 바로 어디인가?

보살정신?

아하! 그렇지 않은가. 중생을 건지려면 직접 지옥으로 내려가야 한다. 그리하여 중생을 지옥에서 구해내야 한다. 중생을 먼저 건지기 위해 자신의 성도를 미루는 것이 바로 보살이다. 중생을 대신해 지옥으로 가야 하는 것이 보살이다.

그는 그곳에서도 쫓겨났다. 그곳에서도 쫓겨나자 이번에는 밀승들이 몰려와 그를 데려갔다.

"그대가 깨달았다고?"

"그럼."

밀승, 그러면 어쩐지 외도 취급을 했던지라 그렇게 당해 놓고도 큰소리를 쳤다. 밀승이 이렇게 물었다.

"그대가 깨쳤다면 정신이 금강석처럼 빛나겠구려?"

"척 보면 알아봐야지."

"그대의 육신은 어떻소?"

"어떻다니?"

"역시 금강신(金剛身)이 되었겠구려."

"정신이 흔들리지 않는데 어떻게 육신이 흔들리겠는가."

"불사(不死)를 얻으셨구려?"

"하하하. 붓다도 죽음의 모습을 보이려 생의 옷을 벗은 것이다."

"두고 봅시다."

밀승들이 모두 방을 나가 버렸다. 잠시 후 여인네 하나가 술상을 들고 들어왔다. 참으로 아름다운 여인이었다.

"반야탕을 올리라 하여 이리 들었습니다."

"하하하 그런가. 한잔 따르시게."

그는 대승 흉내를 내며 호기를 부렸다. 술이 취하자 여인이 옷을 벗고 그를 유혹했다. 그는 자신도 모르게 여인을 안고 뒹굴었다.

"그대의 정신이 금강석처럼 단단하다고 하니 저를 밤새도록 사랑해 주소서."

결과는 참혹했다. 그는 여인을 안기가 무섭게 파정해 버리고 말았다.

이번에는 여인이 그를 발길로 걷어찼다.

"네놈이 깨달았다고 하여 들어왔더니 허깨비가 아닌가. 수행승으로서 부끄럽지도 않은가. 여자 하나를 마음대로 사랑하지 못하다니.

파정? 파정이라니. 그것은 저자거리의 것이다. 이 적(的)도 모르는 놈. 성(性)은 그저 성일뿐이다. 그것이 적[性的]이 되었으니 네놈은 무간지옥에도 가지 못한다. 아직도 분별이 살아 있으니 무간지옥이 아깝다. 중생을 기만하다니. 이 버러지보다 못한 놈아."

밀승들이 방안을 지켜보다가 큭큭 웃었다.

"된통 걸렸네. 저것이 천축(인도) 어디로 가 탄트라 법을 배우고 왔다더니 구루[密行者] 행세를 제대로 하고 있지 않은가."

"도통했다는 놈치고 여자의 살 속에 그거 밀어놓고 파정 않는 놈을 본 적이 없다. 허깨비 같은 놈들!"

그는 결국 그곳에서도 쫓겨나 평생 동안 무간지옥보다 더 지독한 치욕을 안고 살았다.

그는 수도를 다시 시작했다.

이게 무엇인가[是甚麽]?

그는 결가부좌하고 그것만 물었다. 점차로 자신의 모습이 보이기 시작했다. 절대평등의 진리를 묻고 동시에 의문[話頭]에 빠져 버리는 종자가 바로 자기 자신이었다.

대답을 하면 진리가 아니라는 것은 이제 자명해졌는데 대답을 하지 않으면 배(背)한다고 하니 이를 어떡할 것인가. 그것은 한 개인에 대한 배반이 아니라 이 세상 천지만물에 대한 배반이다.

그것을 진실로 아는 세계, 그 세계가 정정진(正情進)의 세계라는 것을 그는 나중에야 진실로 깨달았다. 몰랐던 것이 아니었다. 비로소 그 세계를 여실히 들여다본 것이다. 정정진은 그릇됨에서 벗어나 비로소 올바르게 수행에 정진해야 얻을 수 있는 세계다. 수양은 진정한 수행에서 얻어지는 것이다. 그것은 한 티끌도 묻지 않은 백정식의 세계다. 그러므로 일시적으로 하다 말다 해서 얻어지는 것이 아니다. 머무름 없이 계속해야 얻어지는 세계다. 그 세계를 얻으려면 먼저 신심과 신념이 필요하다. 정신과 육체를 분리할 것이 아니라 동일선상에 놓아야 한다. 조화롭게 지극히 조화롭게 영육을 영위해야 한다. 결코 한쪽으로 치우쳐서는 안 된다. 조화를 잃어버리면 견성도 무용지물이다.

정명 뒤에 오는 정정진을 사정근(四正勤)이라고도 한다. 정진과 노력 본연의 자세를 네 가지 면에서 고찰한 것이 사정근이다. 첫째, 자신의 내부에 자리하고 있는 악의 존재를 제거하는 일이다. 둘째, 선이 악에 존재치 않도록 노력한다. 셋째, 악을 제거할 수 있는 선이 존재하도록 노력한다. 넷째, 악을 제거한 선을 더욱 증강시키기 위해 노력한다.

이 노력을 계속해야 악이 침범하지 못한다. 그래야 선인이 될 수 있다. 푸라나 캇사파가 주장한 도덕부정론자들의 방자한 생활에 꼭 필요한 것이 이것이다. 허깨비 수행자의 방자함에서 무상의 보를 깨닫는 것이 바로 정정근이다.

다음이 정념(正念)이다. 글자 그대로 바른 염, 사념을 버리는 작업이다. 정견에 반대되는 염이 사념이다. 사념을 버리고 사성제(四聖諦)를 마음에 새길 때 비로소 무상의 세계가 실현된다. 위에서 본 허깨비 수행승의 세계, 정념을 모르기에 그런 것이다. 사념의 허깨비. 정념을 가지려면 허위를 버리고 거짓을 버려야 한다. 성내고 원망하는 것을 자제해야 한다. 깊이 사유하면서 사념을 떨쳐 버리려고 노력해야 한다. 그 사유가 곧 도다. 《담마빠다》에도 사념을 버리는 것이 바로 정념이라고 정의하고 있다.

마지막으로 정정(正定)이다. 비로소 알았다면 올바른 마음을 안정시킨다는 말이다. 명상을 한다고 다 적정한 것은 아니다. 번뇌와 적정의 세계가 끊임없이 싸우는 공간이 명상의 공간이다. 붓다의 경지야 여여하겠지만 중생의 공간은 전쟁터다. 그 공간이 번뇌로 들끓어도 정정, 즉 마음을 안정시키지 못한다면 전쟁터가 분명하다. 그 경지를 얻지 못했기에 범부는 여자의 살 속에 제 살을 밀어 넣고 허깨비가 되어 버린다.

정이란 마음의 중앙이다. 부동의 산, 정은 범어로 사마니다. 사마니는 산란한 마음을 한곳으로 모은다는 뜻이다. 한곳으로 모은다는 것은 산란하지 않게 움직이지 않게 한다는 뜻이다. 그래서 정정은 깨끗한 마음의 세계다. 바로 붓다의 마음이다.

중생의 마음은 탐·진·치 삼독에 절어 있으므로 이러한 경지에 있지 않다. 그렇기에 번뇌 망상에 시달린다. 정정의 상태를 향한 여정을 시작해야 한다. 그렇지 않고는 벗어날 길이 없다. 탐·진·치 삼독에 의해 우리의 생은 이생으로 다시 연결되고 만다. 이생의 욕구는 다음 생으로 그렇게 윤회하다 보면 해탈은 자꾸만 멀어진다.

이로써 우리는 마음을 닦는다는 것이 오늘 우리의 삶을 윤택하게 하는 작업임을 알 수가 있다. 그리고 내생에 더 아름다운 생을 마련한다는 의미가 된다는 사실을 도출해 낼 수 있다.

이것이다. 정견에서 시작된 마음 보기의 여덟 가지 덕목이. 그것은 결국 정정에 이르는 과정이다. 정정을 공고히 했을 때 견성을 성취할 수 있다. 이것이 불법의 궁극적 목적이다.

붓다는 이 팔정도를 통해 중생을 교화했다. 붓다의 전도 기간은 45년이나 된다. 거의 반세기다. 예수의 전도 활동이 겨우 1년 남짓인 것에 비한다면 실로 엄청난 세월이라 아니할 수 없다. 그러므로 시기를 짐작할 수 없는 설법이 수없이 많다. 이 모든 것을 순서대로 기술한다는 것은 불가능하다. 경의 성질에 따라 그리고 경 속에 들어 있는 생활이나 설한 장소, 설하게 된 대상, 사건에 따라 그 시기를 짐작해 언제쯤 설해진 것인지를 추정할 수 있을 뿐이다. 하지만 그것조차 불가능한 설법들이 있다.

다행스럽게도 그 분의 전도를 조망할 수 있는 《아함경》만 해도 그렇다. '아함부'의 여러 경전들은 연도별로 순서대로 기술되어 있지 않다. 《장아함경(長阿含經)》 또는 《장부경전(長部經典)》의 경들은 대부분 길게 기술되어 있다. 《중아함경(中阿含經)》 또는 《중부경전(中部經典)》에는 중간 길이의 경만이 수록되어 있다. 《잡아함경(雜阿含經)》 또는 《상응부경전(相應部經典)》에는 수많은 짧은 경이 내용에 따라 분류 편찬되어 있다. 명수(名數, 숫자)에 따라 분류된 것도 있다. 《증일아함경(增一阿含經)》 또는 《증지부경전(增支部經典)》이 그 대표적 경전이다.

이는 전도의 시기가 길었기에 그렇다고도 볼 수 있겠지만 경전 자체가 불멸 후 장로들의 결집에 의해 쓰였다는 사실을 감안한다면 이해가 빠를 것이다. 그러므로 우선 붓다의 살아간 길을 따라 뼈대를 세우고 가르침의 순서를 따라가다 보면 전체적인 모습이 조망될 것이다.

남전에서 《상응부경전(相應部經典)》이라 이르는 《잡아함경》에 수많은 경전이 내용별로 분류되어 있어 길을 찾을 수 있으니 붓다의 참 모습을 그려내는데 그나마 다행이다.

2
___

붓다가 성도하고 바라나시의 교외에서 최초의 설법을 하고 난 후였다. 그에게는 이미 90인의 제자가 생겼다고 불전에는 기록하고 있다. 붓다의 설법을 듣고 처음 귀의한 녹야원의 다섯 제자, 뒤이어 제도한 야샤스와 그의 친구 넷, 그를 아는 50인, 모두 합하면 60인이다. 붓다는 마가다국으로 가다가 30명의 청년들을 출가시켜 그 수가 무려 90인이 되었다.

붓다를 숭배했던 빔비사라왕이 다스리는 마가다국은 종교 활동이 매우 자유로운 나라였다. 시대가 변하면서 목축과 농공에 주력하던 생활방식이 점차 상공업 쪽으로 옮겨지자 경제적 실권을 쥔 패자들이 점차 사회를 이끌어 나가기 시작했다. 자연히 바라문은 그 지위를 잃게 되었고 물질의 풍요로 인해 사람들은 점차 물질적 향락에 빠져들기 시작했다. 이때 나타난 것이 사문이었다.

그렇기에 당시로서는 붓다 역시 브라흐마니즘과 대결한 철학파의 한 사람으로 규정지을 수밖에 없다. 유신론을 주장하면 어떤 주장이라도 브라흐마니즘의 일파로 단정지어 버리는 상황이었다. 유신론자가 아니면 무신론자가 되어 버리는 상황, 그 속에서도 사상계는 철학적 견해가 상당히 발전되고 있었다.

62종의 학파가 그것을 증명하고 있었고 특히 그 중에서도 두드러지게 나타난 것이 육사외도(六師外道)라고 일컫는 육사학파(六師學派)였다.

이미 붓다는 출가하여 현자들을 찾아다닐 때 그들의 사상을 알고 있었다. 푸라나 갓사파(富蘭那迦葉, Pūranna Kassapa)의 도덕부정론, 땅·물·불·바람의 4원소 외에 괴로움·즐거움·생명을 추가하여 7요소설을 주장하는 파구타 카자야나(迦羅鳩馱迦卯延, Pakudha Kaccayana), 숙명론(宿命論, fatalism)자 마칼리 고살라(末伽梨拘睒梨子, Makkhali Gosala), 유물론(唯物論, materialism)자 아지타케 사캄발라(阿耆多翅舍欽婆羅, AjitaKesa kambalin), 진리를 있는 그대로 인식하거나 서술하는 일은 불가능하다고 보는 불가지론(不可知論, Agnosticism) 산자야 벨라지푸타(刪闍耶毘羅胝子, Sanjaya Belattiputta), 부정주의(不定主義, syādvāda)자 니간타 나타푸타(尼乾咤若提子, Nigantha Nataputta).

《디가 니까야 장부(長部)》의 《사문과경(沙門果經, Samaññaphala Sutta)》, 맛지마 니까야 《데하다하에서 설한 경 Devadaha sutta (M101)》, 《작은 싸짜까 경 CŪḷasaccaka sutta(M35)》, 《싸짜까 큰경 Mahāsaccaka sutta(M36)》 등에 보면 그들의 기록이 보이는데 그렇게 대단한 것은 아니다. 《데하다하에서 설한 경》은 한역 《중아함경 19 니건경(尼乾經)》에 상응하는 경이지만 '씻짜까 작은 경과 큰 경'은 《중아함경》에는 상응하는 경이 없다. 육사외도의 한 사람인 산자야의 경우 그의 제자였던 사리풋드라, 목가라나는 동문 250인과 함께 붓다의 제자가 되어 버리자 피를 토하고 죽었다는 기록이 보이지만 그렇다고 붓다의 사상에 버금갈만한 것도 아니어서 일일이 다룰 필요가 없을 정도이다. 붓다는 그들 모두는 집착하고 있다고 보았다. 비합리적인 질문을 끝없이 하고 있었고 혹은 합리적인 답을 구하는 가정(假定)의 독단에 빠져 있다고 보았다.

더욱이 니간타의 경우 기록 자체가 정확하지 않아 《작은 씻짜까 경》에서는 악기웨싸나(Aggivessana)로 나오는가 하면 《디가나카 경 (M74)》, 《길들임의 경 DantabhŪmi sutta(M125)》 등 여러 경전에 여러 이름으로 나오고 있고 때로 니간타뿟다로도 불리기도 해 몹시 헷갈리는 것이 사실이다. 웨살리에 집단을 이루고 살던 쌋짜까의 족성이 아닐까 추측되지만 무엇보다 붓다의 상대가 되기에 그들의 사상은 너무 조악하고 독단적이다. 이미 그들의 사상은 붓다가 성도하기 전에 꿰뚫고 있던 것이었다. 그들은 여전히 집착하고 있었다. 질문에 집착하고, 합리적인 해답에 집착하고 있었다. 정당한 이유 없이 일체를 질문하고 있었고, 정당한 이유 없이 일체를 집착하고 있었다. 혹은 비합리적인 질문을 끝없이 하며 합리적인 답을 구하는 가정(假定)의 독단에 빠져 있기도 하였고 이것이 무엇이냐는 시심마(是甚麼)를 던지기도 전에 이것은 실재한다는 존재 긍정의 독단에 빠져 있기도 하였다. 그 누구도 그들의 사상으로부터 한 발자국도 나아간 것이 없었다.

그렇다고 붓다는 그들을 지나치지 않았다. 그들을 가볍게 제도했다고 기록하고 있으니 말이다. 그런 다음 홀로 마가다로 들어갔다고 한다. 거기 바라문교를 이끄는 가섭 삼형제가 살고 있었다.

붓다는 제자들에게 말했다.

"너희들은 나의 법을 받았으니 그 법을 펴라."

그렇게 제자들을 전도케 하고 붓다가 마가다국으로 들어가자 붓다를 맞이한 사람은 바라문교를 이끄는 우루빈라 가섭의 제자들이었다. 우루빈라 가섭의 제자들이 살펴보니 바라문이 아니다. 크샤트리아, 즉 귀족 출신의 사문이다. 사문이라면 바라문 출신의 수행자가 아니다.

"그대같은 사문이 어찌하여 우리의 교주님을 찾는가?"

"할 말이 있기 때문이오."

"허락할 수 없다. 감히 사문이 우리의 교주님을 뵈려 하다니."

"말을 들으니 이곳에는 신성한 화당(火堂)이 있다고 하던데 그곳에서 하룻밤 묵고 가게 해 주시오."

"이보시오. 아직도 모르고 계시구려. 그곳에는 세상에서 가장 사나운 용이 살고 있소. 우리의 교주님도 그곳에는 범접을 못하는데 그곳에서 자고 가겠다고?"

"허락해 주신다면 하룻밤 묵고 가겠소이다."

그제야 제자들이 우루빈라 가섭에게 일렀다. 우루빈라 가섭이 나왔다.

"아니 화당에서 묵고 가겠다고? 그곳이 위험하다는 걸 내 제자들이 일렀는데도 묵고 가겠다?"

"그렇소이다."

우루빈라 가섭이 보니 예사 인물이 아니다.

그는 자신도 범접 못하는 곳이라 말렸다.

"어찌 뻔히 죽을 걸 알면서 그 속으로 들여보낼 수 있겠는가. 그럴 수 없다."

"그러지 마시고 안내나 해 주구려."

"아직 모르는 모양인데 도반에게 배신당한 수행승의 원망스런 넋이 씌어 불가사의한 힘을 가지게 된 용이다. 누구도 그를 상대할 수 없다."

우루빈라 가섭은 계속 안 된다고 했으나 붓다는 물러설 기미를 보이지 않았다. 우루빈라 가섭은 하는 수 없다는 듯 제자들에게 안내해 주라고 일렀다.

붓다는 풀방석 하나를 가지고 화당으로 들었다. 선정에 들자 용이다가왔다. 용이 다가가 보니 사문 하나가 풀방석 위에 앉아 있다. 용은 화가 나 독한 연기를 내뿜었다.

붓다의 몸에서도 연기가 뿜어져 나왔다. 용이 불을 내뿜었다. 붓다는 화계(火界)에 들었다. 화계삼매(火界三昧). 그의 몸 전체가 불이 되었다. 용이 슬슬 물러났다. 몸 전체가 불이 되는 모습은 처음 보았기 때문이었다. 우루빈라 가섭이나 그의 제자들은 화당에서 뿜어져 나오는 불꽃과 열기를 바라보면서 당연히 사문이 죽은 줄 알았다.

다음 날 붓다가 멀쩡히 살아서 걸어 나오자 하나같이 놀라 할 말을 잃었다. 우루빈라 가섭이 화당 안에 죽어 있는 용을 가리키며 못 믿겠다는 음성으로 붓다에게 물었다.

"저 용이 이 화당의 용인가?"

"그럼 화당의 용이 아닌가?"

"어떻게 용을 이길 수 있었는가?"

"보아하니 용은 바로 그대가 중생을 현혹하기 위해 만들어 놓은 것이더구려."

우루빈라 가섭이 놀라며 붓다를 바라보았다.

"도대체 당신은 누구시오?"

"나는 이름 없는 수행승일 뿐이오."

"참으로 훌륭하오."

붓다는 껄껄 웃었다.

"어차피 이 세상은 화계가 아니오."

"화계?"

"그대가 성심을 다해 구해야 할 지옥이 아니겠소."

우루빈라 가섭이 입을 벌리고 할 말을 잃고 있다가 자존심이 상해

한 마디 했다.

"그까짓 용 한 마리 물리쳤다고 이 세상을 다 구할 것처럼 구시는 구려."

"웬 자만심인가. 여전히 성인은 그대 혼자라고 생각하고 있지 않은 가?"

"그걸 어떻게 아시오? 지금 내 마음을 읽은 것이 아니오?"

"내가 그대에게 신통을 보인 것은 그대가 가짜이고 내가 진짜라는 걸 보여주기 위해서라오."

"무슨 소리인가?"

"그대는 아직도 신통이나 부리는 아라한의 경지에 있소이다. 그대가 성자의 반열에 들려면 보살의 경지에 들고 여래의 경지에 들어야 할 것이외다."

3

글의 흐름상 여기서 잠깐 바라문교에 대해서 알고 넘어가야 할 것 같다. 바라문교의 주신은 스바이다. 스바는 바로 보살을 뜻하는 말이다.

보살?

엄밀히 말해 이때까지도 보살이란 개념은 지금과는 달랐을 것이다. 왜냐하면 보살이란 개념은 대승불교가 시작되면서 한층 구체화된 말이기 때문이다. 당시 인도의 보살은 바라문교의 주신(主神) 스바[濕婆]뿐이었다. 보살, 즉 스바라가 바로 비라문교의 주신 스바라인 것이다. 스바라는 인도교의 삼대주신(主神)의 하나였다. 파괴 및 생식의 신이 바로 스바였다. 세 개의 눈이 있어 과거, 현재, 미래를 투시하고 뱀과 송장의 뼈를 목에 감은 끔직한 모습을 하고 있는 신이 스바신이다.

이 스바라가 보살을 뜻하는 스바라와의 어음이 같다는 건 참으로 의미심장하다. 이 스바라가 초기 불전에 등장하고 있으니 말이다. 그렇다면 붓다가 스바라를 적극 활용했다는 말인데 이는 말이 되지 않는다. 붓다의 사상이 바라문교와 같지 않기 때문이다. 더욱이 바라문교의 주신 스바라는 일대 세력을 가진 세력의 주신이었다. 그 주신을 붓다가 섬겼을 리 없다. 섬겼다면 바라문교의 일원이 되었을 것이다. 그런데 그 스바라가 초기 불전에 당당하게 등장하고 있다.

이것은 무엇을 말하는 것일까? 초기 불전 역시 그래서 순수성을 잃었다고 하는 것이다. 각 부파의 경을 모아서 편집하다 보니 스바라가 보살로 탄생했다는 것이다. 이것이 보살의 어원이었다. 예를 들어 관세음보살만 해도 그렇다. 바라문교의 스바라와 당시 인도인들이 숭배하던 아바로(해신(海神) 아폴로)가 합쳐져 아바로기데스바라라는 이름이 붙여졌다는 것이 정설이다.

이 문제를 좀 더 확장시켜 보면 오늘도 초기 불교에 연연하는 사람들은 붓다의 직언만이 진리라고 하고 있다. 대승불교 경전들이 불멸 후 나온 것이니까 붓다의 언설이 아니라는 것이다.

그렇다. 붓다의 직언이 진리다. 그래서 아난다는 '여시아문'이란 말로 자신이 기록하는 일체의 불설이 붓다의 말씀임을 확실히 했다. 그래놓고는 경전의 이곳저곳에 '보살'이라는 말을 여지없이 쓰고 있다. 여기서만 그런 것이 아니다. 《유마힐소설경》만 해도 엄청난 숫자의 보살들이 나온다. 붓다의 반야 사상을 집대성한 《반야바라밀다

경》에서도 쉽게 찾아볼 수 있다.

"…마하반야바라밀다심경 관자재보살 행심반야바라밀다…."
"관자재보살께서 반야바라밀다를 행할 때…."

이게 도대체 어떻게 된 것인가?

새삼스레 생각하고 싶지도 않지만 불교를 처음 접할 때까지만 해도 불교의 변천사에 무지했으니 정말 몰랐다. 《반야심경》이나 《금강경》《유마경》 등이 대승경전이라는 것 정도는 알고 있었지만, 근본불교가 세월을 거치면서 그렇게 변모하고 있었다는 것을 어떻게 알았겠는가.

여시아문? 나는 이렇게 들었다. 아난다가 거짓말을 할 사람이 아니고 보면 붓다의 직언이 맞다. 분명히 아난다는 들은 대로 밝힌다고 하고 있지 않은가.

그런데 그게 아니었다. 후대로 내려오면서 생긴 오류였다. 그렇다면 초기불전조차도 붓다의 직언에 손을 대었다는 말이 된다.

더 파고 들어가 보았다. 아니 이게 어떻게 된 일인가? 대답은 엉뚱한 곳에서 하고 있었다. 그랬다. 대답은 엉뚱한 곳에서 하고 있다. 바로 영문판 「위키」였다.

그 대답은 이랬다.

"초기 불교 때는 보살이란 개념이 없었고 보면 산스크리트어 아바로키테스바라(Avalokitasvara)는 여러 부분들이 모여져 만들어졌다. 아바(ava)는 동사적 접두어이며 '아래(down)'를 의미한다. 로키타(lokita)

는 동사 lok의 과거분사형이다. 그러므로 여기에서는 능동형으로 사용되어 '보는 것(to notice, observe)'의 뜻이 된다. 마지막으로 이스바라(īśvara)는 주님(lord), 지배자(ruler), 주권자(sovereign) 또는 대가(master)로서의 의미가 있다. 7세기 이전에는 산스크리트어에서 결코 일어나지 않는 형태인데 끝 부분이 이스바라(īśvara, 신, 통치자)로 끝나는 것 대신에 보살이라는 뜻이 들어앉아 버린 것은 중국으로 불교가 전파되면서 오역이 이루어졌기 때문이다…. 이스바라(īśvara)로서의 보살에 대한 표현을 재해석한다면 사이비즘(Śaivism)의 강한 영향을 받았음을 보여준다. 이스바라(īśvara)라는 용어가 일반적으로 이 세상을 창조한 '창조신(a creator god)'과 이 세상을 지배하는 '세상의 지배자(ruler of the world)'로서의 힌두적 개념인 시바(Śiva)와 연결되어 있는 것으로 보기 때문이다."

이 정의가 맞다면 대단히 중요한 문제가 아닐 수 없다. 후대로 오면서 붓다의 법이 변질되었다는 증명이기 때문이다. 불보살의 이름만 해도 이렇게 여러 가지 해석이 필요한데 범부로서는 도저히 알 길 없는 붓다의 여여한 경지는 어떻겠는가. 만약 그렇다면 그 중요성을 아무리 따져도 지나치지 않다.

지금도 그 생각에는 변함이 없는데 남방불교의 불도들이 그러잖아도 상대 불교를 가짜 불교니 뭐니 하는 판이다. 더욱이 몰지각한 이들은 대승심을 이해하려고 하지 않고 있다.

"부처의 근본 경전이 변천사에 의해 대승경전이 되었다는 말인데 그러면 여시아문을 부르짖은 아난다는 뭐여? 거짓말쟁이란 말 아니여. 그렇다믄 소설이제. 소설!"

그 수많은 경전이 소설이다? 오죽했으면 이 시대의 대선사가 모든 경전이 붓다의 직언이라 믿고 평생을 거짓말 했다고 했을까? 어이없는 일이었지만 이 사실을 밝히지 않으면 소설 쓰지 말라는 식이 되어 버린다. 눈먼 장님이 되면 붓다의 법마저도 소설이 되고 만다는 것이다. 싸워도 알고 싸우고, 승복해도 알고 승복하려면 밝힐 수밖에 없는데 대답은 어디 있는가?

한동안 그 문제와 싸운 끝에야 비로소 다음과 같은 대답을 도출해낼 수 있었다.

붓다는 과거, 현재, 미래다. 그는 어디에나 있다. 그것은 분명하다. 그런데 자료를 찾아보니 당시 천축에서는 깨달은 자를 붓다라는 칭호보다 승리를 얻은 자라 하여 '지나'라고 불렀다는 기록이 있었다. 그때 당시 마가다국에는 여러 종교가 있었고 깨달은 이를 이상을 실현한 이라 하여 아라한이라 불렀다는 것이다.

붓다라는 칭호가 아니라 깨달은 자를 아라한이라고 했다면 붓다가 나오고 난 뒤 아라한은 뒤로 밀려 첫째가 아니라는 말이 된다. 첫 번째가 붓다요, 다음이 보살, 다음이 아라한, 다음이 비구라고 그 순차가 정해져 있기 때문이다.

이로써 붓다라는 칭호는 붓다가 등장한 후 나온 말이라는 추측이 가능해진다. 그렇다면 싯다르타가 붓다가 되기 전에 통용되던 붓다라는 칭호는 후세인들이 갖다 붙인 것이라는 말이 된다. 붓다의 일생을 자세히 살펴보면 붓다는 견성한 후 그 명호를 분명히 하고 있다. 그런데 그게 사실이 아니라는 기록이 다시 보인다. 그 주인공이 누구냐 하면 관자재보살이다. 《반야심경》에 이런 구절이 있다.

"관자재보살이 반야바라밀을 행할 때….'

관자재보살은 보살이 되기 전 붓다보다 먼저 붓다의 경지를 성취한 정법명왕 여래였다. 그는 전생에 붓다의 스승이었다. 결과적으로 그날의 스승이 중생 구제를 위해 붓다에서 보살로 스스로 내려선 것이다. 비로소 스바라와 보살의 구별이 확실해졌다.

붓다가 보살로 내려선다?

결코 스바라는 스바라의 지위를 버릴 신이 아니다. 그는 파괴의 신이었다. 그럼 보살이 아니다. 그저 이름만 같을 뿐인 허깨비다.

그제야 왜 초기 불전 편찬자들이 거침없이 보살이라는 말을 썼고 붓다가 왜 그렇게 설했는지 알 것 같았다. 바라문교의 경지로서는 결코 이해할 수 없는 것이 붓다의 법이었다.

대승불교의 보살 정신이 시대의 필요에 의해서라고 하더라도 왜 후대의 대승들이 보살이나 붓다란 말을 스스럼없이 쓰고 있었는지 비로소 알 것 같았다.

앞서 육사학파에서 언급했듯이 붓다가 오도한 후 바라보니 아라한의 경지가 성문을 벗어나지 못하고 있었다. 붓다의 경지에서 보니 종교의 이상을 실현한 아라한의 경지가 실로 형편없었다. 그들은 세상의 이치를 깨달았다고 하지만 자기가 깨달아야 남을 깨닫게 할 수 있다는 졸장부들이다. 한 마디로 독각승들이다. 자타의 소유자들이었지 이타가 없는 인간들이다. 그들은 여전히 집착하는 인간들이었고 고집하는 인간들이다.

아라한의 과정에는 네 단계가 있다. 첫 번째가 예류(豫流). 수행을 시작하는 단계지만 이미 언젠가 깨달을 수 있다는 것을 보증 받은 사람들이다. 그 다음이 일래(一來), 그 다음이 불환(不還), 그 다음이 아라한(阿羅漢)이다.

그렇기에 후대의 대승불전에 나타난 이들의 위치는 참으로 초라하다. 종교의 이상을 실현한 이들이라 하여 아라한이라고 하지만 보살 아래로 여지없이 떨어지고 만다.

그들은 알고 있었다. 그때 붓다는 보살의 경지를 정확하게 내다보고 있었다는 것을. 단순히 붓다가 되기 위해 수행하는 이들이 보살이 아니라는 것이다. 붓다보다 더 위대한 이들이 되어 다음 세상을 이롭게 할 대승불교의 이상적인 존재가 되리라는 것, 불멸 후 아라한들의 세계가 무너지고 보살들의 세계가 도래할 것을 이미 내다보고 있었다는 것이다. 여래가 보살이 된다는 것, 자신의 대오를 미루더라도 지옥에서 고통 받는 중생을 먼저 구해야 하는 것이 바로 보살 정신이라는 것을.

그렇게 예를 든 정명여래가 보살로 내려앉은 이유를 그들은 알고 있었던 것이다.

붓다가 그 사실을 어찌 몰랐겠는가. 전생에 붓다의 경지에 들었으나 중생을 위해 다시 온 정명여래의 실체를 어찌 몰랐겠는가. 그는 보고 있었을 것이다. 그들에 의해 더 큰 세계가 도래하리라는 것을.

그 예감은 정확했고 그런 시대가 도래되었다. 진보적 인사들에 의해 대승불교 운동이 일어났으며 대승경전이 등장하기 시작했다. 경전도 그에 맞게 편찬되었다. 앞서 기술한 《반야심경》의 다불적 모습이 그래서 나타났다. 초기 경전의 장점을 그대로 살리면서 타락한 초기 불교를 살려내기 위한 대승심이 열화같이 불타올랐다. 종래의 자료를 기초로 역사적 사실까지도 참고로 하면서 현실감을 북돋고 감화를 주기 위한 작업을 통해 붓다의 이상세계가 찬연히 그려졌다.

○

가야쉬르샤의 불의 법문

1

우루빈라 가섭을 기술하다가 옆으로 샌 감이 없지 않은데 그렇다 하더라도 대승불교의 경전 변조가 용서받을 수 있느냐 하는 문제는 여전히 남는다. 정명여래의 신심이 위없이 높다 하더라도 불교를 기복화하려는 무리들의 무리한 변형, 그에 의해 붓다의 법이 제대로 그려지느냐 하는 문제는 여전히 문제 거리로 남아 있다.

다행히 올곧은 이들에 의해 대승불교는 제 몫을 다하며 지켜지고 있고 나아가고 있다. 대승불교의 경전들만 해도 그렇다. 예를 들어 《금강경》의 경우만 하더라도 대승경전이 분명하지만 초기경전을 그대로 살리면서 오히려 근본 불교로 돌아가고자 하는 열망을 느낄 수 있으니 참으로 경이롭지 않을 수 없다.

아무튼 우루빈라 가섭은 자만심이 깊어 붓다의 말을 인정하지 않았다고 불전에는 전한다. 붓다는 그를 제도하기 위해 계속해서 신통을 보였다. 아무리 노력해도 자신의 힘으로는 붓다를 당해낼 수 없다고 생각한 우루빈라 가섭은 자신이 아라한의 경지에 머물고 있음을 시인하고 붓다에게 예를 올렸다. 그리고 출가할 뜻을 비쳤다.

붓다는 '그대의 제자가 오백이나 되니 제자들과 의논한 다음 결정하라'고 했다. 그들의 지도자였으니 지도자답게 제자들의 앞길을 열어 주고 오라고 했던 것이다.

제자들이 사실을 알고는 그들도 출가할 뜻을 비쳤는데 붓다는 그들의 모든 것을 강물에 버리도록 했다. 그리하여 새로운 법을 받아들이게 했다.

불전에는 그들만이 아니라 우루빈라 가섭 형제들이 차례로 귀의했고 그들의 제자들 천여 명도 출가했다고 기록하고 있다. 마가다국의 가장 큰 교단이 붓다의 제자가 되자 그 나라의 모든 백성이 사실상 붓다의 제자가 되었다.

붓다는 그들을 데리고 그 나라의 수도인 라자그리하로 들어갔다. 가는 도중에 가야쉬르샤(가야산)에서 설법을 하였는데 불전에는 '타오르는 불의 법문'이라고 기록하고 있다.

붓다의 설법은 상대의 근기에 맞게 하는 대기설법이요 방편교설임을 앞서 누누이 기술했다. 큰 그릇의 음식을 작은 그릇에 모두 쏟아부을 수는 없다. 돼지에게 진주목걸이를 흔들어 봐도 아무 소용이 없다. 쇠귀에 경 읽기다.

대상의 수준에 맞게 설법을 하지 않는다면 아무리 좋은 법이라 하더라도 돼지 목의 진주목걸이에 지나지 않는다. 붓다는 설법을 할 때마다 상대의 근기에 맞게 하고 있었다.

불전에는 불을 섬기던 사람들을 제도한 그때의 상황을 이렇게 전한다.

"아아 모든 것이 불타고 있도다. 눈이 불타고 있도다. 그 눈에 비치고 있는 형상이 불타고 있도다. 그것이 색(色)이다. 그것이 인식이다. 몸이 불타고 있도다. 그것이 촉(觸)이다. 왜 불타고 있는가? 탐욕, 노여움, 어리석음의 불이기 때문이다. 아아, 생로병사의 불이 타고 있도다. 그러므로 비구들아, 현자는 생각한다. 하잘 것 없도다. 집착을 버려야 한다. 집착에서 벗어나면 해탈하리니 생존의 밑바닥이 어디에 있는가. 이미 그것은 없도다. 이미 완성되었기 때문이다. 완성되었기에 윤회는 없다."

붓다가 본능적 욕망과 감각을 불에 비유하여 설한 대목이다. 우리의 존재를 육근(六根, 눈·귀·코·혀·몸·뜻)과 육근에 상응하는 육진(六塵, 색·성·향·미·촉·법)을 타오르는 불에 비유하여 설하고 있음을 알 수 있다.

○

수행승의 묘 ①

1

　다시 그 후 붓다의 행적을 살펴본다.

　불전에 붓다는 그렇게 가야쉬르샤에서 불의 법문을 편 다음 수도
인 왕사성으로 들어갔다고 전한다. 왕사성 서남쪽에 랏티바니라고
하는 숲이 있었다. 그 숲속에 누구나 쉴 수 있게 해 놓은 사당이 하
나 있었다. 주로 편력 수행자들이 쉬는 곳이라 하여 '차이트야'라 불
리는 곳이었다. 차이트야란 묘(墓)를 말한다. 스팟티타란 사람의 묘
라는 기록이 있는 것으로 보아 묘에다 사당을 지어 놓았던 모양이
다.

　이때의 상황을 불전에는 이렇게 전한다.

　붓다 일행이 바로 그 사당에서 쉬고 있다는 말을 국왕 빔비사라가
들었다. 그는 붓다의 소문을 듣고 그를 존숭해 왔던 사람이었다. 그

는 일찍부터 붓다가 이곳에 오신다면 나라를 위해 설법을 해 줄 것을 바라고 있었으므로 신하와 백성들을 데리고 사당으로 와 붓다에게 예를 올렸다.

이미 빔비사라왕은 알고 있었지만 대부분의 백성들은 자신들이 믿던 우루빈라 가섭이 거기 있을 줄 몰랐다. 그래서 우루빈라 가섭이 오히려 스승이 아닐까 생각하는 백성들도 있었다. 그들이 따르던 바라문의 교주가 설마 붓다의 제자가 되었으리라는 생각을 하지 않았기 때문이었다.

이를 안 우루빈라 가섭이 붓다의 발에 입을 맞추고 예배하며 그들의 오해를 풀어 주었다.

"나는 바라문의 법에 실망하고 모든 집착에서 벗어난 붓다의 도를 존숭하게 되었습니다. 이곳에 계신 붓다야말로 저희들의 스승이십니다. 모두 예를 갖추시기 바랍니다."

다음 날 빔비사라왕은 붓다 일행을 식사에 초대했다.

식사를 하는 사이 빔비사라왕은 붓다가 거처하기에 좋을만한 곳을 생각해 두었다가 식사가 끝나기를 기다려 붓다에게 말했다.

"붓다시여. 이곳에서 멀지 않은 곳에 벨루마나라고 하는 죽림(竹林)이 있습니다. 그곳에 정사를 지으시어 머무십시오. 거리로부터 그리 멀지도 않으며 조용히 명상할 수 있는 곳입니다."

붓다는 그의 청을 받아들였다. 이것이 최초의 정사였다. 비로소 승단이 출현하게 된 것이다.

승단이 제 궤도에 들어서자 교단은 저절로 제 모습을 갖추어갔다. 붓다는 자주 정사를 둘러보고는 하였다. 정사에 자신이 머문다는 사실이 스스로 생각해도 믿어지지 않았다. 그가 전도를 꿈꾸었을 때는 이런 정사나 짓고 교단이나 만들기 위해서가 아니었다. 진실로 깨닫지 못한 자들의 미혹을 벗겨주려 속세로 들어온 것이다. 아무리 중생이 불성을 갖추어도 불성을 깨우치기 전에는 미혹에 차 있기 마련이기에 이리로 온 것이다.

그런데 이게 뭔가? 정사를 짓고 안주한다? 한편으로 생각하면 한 곳에 머물며 제자들을 제도할 거처지가 필요치 않은 것은 아니었다. 더욱이 우기 때나 추운 겨울, 수행자들의 수행처가 필요한 마당이었다.

그날 붓다는 비구들을 향해 이런 말을 했다.

"이제 쉴 곳을 얻었다고 생각하지 말라. 이곳은 수행승의 무덤이다. 죽을 각오로 수행하는 곳이다. 결코 방일을 용서치 않으리라."

○

두 소년의 발심

1

불전에 의하면 붓다의 대표적 제자 세 사람이 이때쯤 출가하기에 이르렀다고 기록하고 있다. 그 세 제자가 누구냐 하면 사리푸트라[舍利佛]와 목갈라나[目犍連]와 마하카사파[摩訶迦葉]이다.

사리푸트라와 목갈라나는 왕사성에서 그리 멀지 않은 마을에 살고 있었다. 사리푸트라는 우파팃샤라는 마을에, 목갈라나는 콜리타라는 마을에 살고 있었다고 한다. 둘 다 명문 집안의 자손이었다.

두 소년은 부모의 허락 하에 함께 출가했다고 기록하고 있다. 그때쯤 라자그리하에 회의론으로 이름을 떨치던 유명한 수행승이 한 사람 있었다. 그들은 처음 붓다에게 출가한 것이 아니라 그 수행승에게 출가를 했다. 스승의 이름은 산자야 벨랏티풋타였다. 산자야 벨랏티풋타는 육사학파 장에서 이미 기술했다. 도덕부정론자 푸라나 캇사파와 함께 붓다와의 논쟁에서 패해 피를 토하고 죽은 사람이 바

• 붓다 평전

로 산자야 벨랏티풋타다.

산자야 벨랏티풋타를 떠나 붓다의 제자가 된 사리푸트라와 목갈라나. 목갈라나는 붓다의 제자가 된 지 이레째 되는 날 카라바라 마을에서 꾸벅꾸벅 졸다가 붓다의 음성을 듣고 깨달았다. 졸음이 몰려가는 순간 문득 깨침이 찾아온 것이다.

사리푸트라는 출가한 지 6개월째 큰 진전이 없었는데 어느 날 라자그리하 수카라카타라는 동굴에서 붓다의 설법을 듣다가 문득 깨달았다.

불전에 보면 산자야 벨랏티풋타의 나머지 제자 250인도 붓다의 제자가 되었는데 얼마 후 붓다는 앞으로 자신의 교단을 맡을 중요한 제자가 출가를 결심하고 있다는 사실을 미리 내다보았다.

○

사랑의 화신들

1

　그가 붓다의 법을 잇게 되는 마하카사파[摩訶迦葉]인데 그와 붓다의 인연은 특별하다. 마하카사파의 제도는 붓다의 일생에 중요한 의미를 가지고 있다.

　삼처전심(三處傳心)이라는 말이 있다. 붓다가 마하카사파에게 세 곳에서 법을 전한 것이 삼처전심이다. 삼처는 바로 이렇다. 다자탑에서 있었던 자리 양보 사건, 영산회상에서의 염화미소 사건, 열반 후 자신의 두 발을 내보인 사건.

　붓다가 자신의 법을 전하기 위해 삼처에서 법을 보인 걸 보면 마하카사파가 예사 인물이 아님을 알 수가 있다. 하기야 그가 예사 인물이었다면 붓다가 그에게 불법을 전했겠는가.

　이 삼처전심을 원전대로 기록해 보려고 한다. 불전에 보면 마하카사파와 붓다의 관계가 상세히 나와 있다. 붓다는 마하카사파가 출가할 당시 죽림정사에 있었는데, 마하카사파와의 인연이 닿을 것을 알고 만날 장소로 나갔다고 한다.

마하카사파 역시 무언가에 끌리는 게 있어 정사로 찾아와 니그로다 나무 아래로 나갔는데 붓다를 본 마하카사파는 단번에 그가 자신을 제도할 것임을 알아챘다고 빠알리어 성전의 '주석부(註釋部)'에 기록되어 있다.

마하카사파가 붓다의 가르침을 받아 깨달은 것은 정진에 정진을 거듭한 후 8일 만이었다고 하는데 그렇기에 마하카사파는 십대제자 중에서도 두타제일로 통한다. 그는 본시 인도의 마가다국 사람이라고 전해지는데 아내를 만나는 과정이 붓다와 비슷하다. 붓다가 결혼하기가 싫어 장인(금세공사)에게 가 소녀상을 만들어 부왕에게 이와 똑같은 여인이 있다면 결혼하겠다고 하여 부왕이 그 여인을 찾아내어 결혼을 시키는 과정과 거의 비슷하다. 출가를 하는 대목도 비슷하다. 곡식을 널고 있다가 새들이 벌레를 잡아먹는 것을 보고 출가했다는 대목이 그렇다.

부부가 함께 출가하여 각기 헤어져 수도하기로 약속하고 갈림길에서 헤어지는 대목에 이르면 구경을 향한 두 부부의 신심이 예사롭지 않아 눈물겹다. 아내 바드라 카필라니는 사위성으로 가 임원(林園)에서 수행자들과 함께 수행길에 들어선다. 핍팔리는 마가다국의 수도인 왕사성 근처의 나다다(那荼陀) 마을로 가 스승을 찾아 헤맨다.

그때쯤 붓다는 승단을 이끌 인물이 출가했다는 사실을 미리 알고 그가 지나갈 지점에서 좌선을 하고 기다린다. 카사파(속명 핍팔리)가 걷다 보니 두 그루의 나무 밑에서 수도승이 좌선을 하고 앉았는데 예사 사람이 아니다. 그의 존안을 쳐다보는 순간 그는 벼락을 맞은 듯이 놀랐다. 자신이 귀의할 스승이 바로 이 분이라는 생각이 들었던 것이다.

그 길로 붓다의 제자가 된 카사파는 스승의 교설을 듣고 8일 만에 붓다의 법 그 핵심을 깨달았다.

깨닫고 보니 붓다의 핵심적인 교리는 연기법(緣起法)이었다. 그는 인생과 우주의 진리를 깨쳤다. 5온(五蘊), 12처(十二處) 등 일체법(一切法)의 분류, 삼법인(三法印), 사성제(四聖諦)도 모두 연기법을 다양한 관점에서 정리한 것에 지나지 않았다. 그의 교리는 그 어떤 것도 연기법의 테두리를 벗어나지 않고 있었다. 연기법의 기본 원리는 아주 복잡해 보이지만 간단했다. 모든 것은 원인과 조건이 있고 생겨난다. 원인과 조건이 없어지면 소멸한다. 그것이었다.

그는 그 이법을 단숨에 깨달아 아라한의 경지에 올랐다. 아라한의 경지에 오르긴 하였지만 아직 완전한 깨침을 얻은 것은 아니었으므로 그는 가끔 세속의 아내가 생각났다.

하루는 마가다의 수도 라자그리하에서 자이나교에 몸담고 수도하고 있던 아내를 만났다. 그녀는 출가를 했지만 타고난 아름다움 때문에 동료 수행자들의 욕정을 자극해 곤욕을 치르고 있었다. 불제자가 된 남편을 보자 그녀는 눈물부터 쏟았다. 세상 인연이 남았다면 '여보'라는 소리가 터져 나올듯 한데 두 사람은 서로의 이름조차 부르지 못하고 쳐다보고만 서 있었다.

"어떻게 지내시오?"

가까스로 마하카사파가 그녀에게 젖은 음성으로 물었다.

그녀는 눈물만 흘릴 뿐 말이 없었다. 아내의 모습이 너무 애처로워서 손이라도 잡아보고 싶었지만 그러지는 못하고 마하카사파는 입만 벙긋거렸다.

"수행 생활이 몹시 고달픈 모양이구려?"

그제야 그녀는 그간의 사정을 털어놓았다. 그녀의 말을 듣고 난 마하카사파는 안 되겠다는 생각에 그녀를 데리고 죽림정사로 돌아왔다. 마하카사파는 붓다께 속세의 아내를 소개하였다. 그리고는 비구니(比丘尼) 교단에 넣어 달라고 간청했다.

붓다는 허락했다. 그녀는 비구니 교단의 장로니(長老尼)인 마하빠자빠띠고타미에게 구족계(具足戒)를 받았다. 구족계를 받긴 했지만 타고난 아름다움 때문에 말썽이 생겼다. 탁발을 나가면 그녀의 아름다움에 사람들은 혀를 내둘렀고 사내들의 야릇한 눈길과 희롱이 잇따랐다. 그래서 탁발을 못하고 돌아올 때가 많았다. 나중에는 그것이 수치스럽고 부끄러워 탁발을 나가지 않았다.

그것을 안 마하카사파가 붓다께 간청하였다.

"붓다시여. 아직도 세속의 인연이 끝나지 않았는가 봅니다. 바드라가 저 모양이니 제가 걸식하여 얻은 음식의 절반을 그녀에게 나눠주도록 허락해 주십시오."

붓다는 이번에도 그리하라고 허락하였다. 사랑의 화신들을 지켜보는 붓다의 눈가가 붉어졌다.

그녀는 속세의 남편 마하카사파가 얻어다 주는 음식물로 하루 한 끼 식사를 하며 수행을 계속했다. 엄밀히 따져 볼 때 속세의 남편이 출가한 아내를 돌본다는 것은 청정행에 어긋나는 일이었다. 청정행으로 이름난 출라난다 비구니가 그녀를 비판하고 나섰다. 출라난다는 여성 불제자의 총칭인 열두 비구니에 들만큼 뛰어난 수행자였다.

마하카사파는 그 길로 그녀의 곁을 떠날 수밖에 없었다. 그가 떠난 후 그녀는 지아비에 의지하는 마음을 떨쳐 버리고 더 용맹심을 일으켰는데 타고난 미모는 어쩔 수 없었다. 그녀는 그 아름다움 때문에 아라한의 위치에 도달하고서도 시련이 많았다.

그녀는 마가다국의 아쟈타삿투왕의 부하에 의해 왕궁으로 끌려가 능욕을 당했다. 나중에 이 일이 교단에 알려졌고 비구니 교단은 발칵 뒤집어졌다.

그녀는 결국 붓다 앞에 무릎을 꿇게 되었다.

"아쟈타삿투왕이 너를 능욕할 때 너는 쾌감을 느꼈느냐? 그렇지 않았느냐?"

붓다가 물었다.

"붓다시여. 저는 이미 모든 욕망을 떠난 몸입니다. 어떻게 쾌감을 느낄 수가 있었겠습니까."

그녀가 대답했다.

"그렇다면 너의 몸은 청정하다. 내 일찍이 그걸 알고 있었느니라. 너는 비구니의 죄를 범한 것이 아니다."

오히려 그녀는 그 일을 계기로 더 정진하여 위대한 깨침의 수행자가 되었는데 그녀가 그러는 사이 마하카사파는 누더기를 입고 12두타행(頭陀行)을 실천하고 있었다.

붓다가 탁발을 마치고 정사로 돌아가던 중 나무 아래서 쉬려고 걸음을 멈추었다. 이때 마하카사파가 큰 가사[大衣]를 벗어 네 겹으로 접어 붓다가 앉을 자리에 깔았다.

"붓다시여. 제 대의를 받아 주십시오."

"촉감이 매우 부드럽구나!"

붓다가 그 위에 앉으며 말했다. 붓다는 고개를 끄덕이며 자신의 옷을 벗어 그에게 주었다. 오래 입어 낡아빠진 분소의였다. 때로 수행자들이 더러운 옷만 입고 다니는 마하카사파를 비웃었다.

그걸 안 붓다는 마하카사파를 불렀다.

"마하카사파야, 너도 이제 아라한이 되었으니 분소의를 벗고 괴로운 두타행을 하며 살지 않아도 되지 않겠느냐?"

"붓다시여. 저를 위한 염려와 사랑임을 알고 있습니다. 어느 것에도 얽매이지 않는 중도(中道) 정신을 일깨우심을 또한 알겠나이다. 붓다시여. 모르지 않사오나 저에게 이대로 두타행을 지속하도록 해 주십시오."

"말해 보아라. 무엇 때문인지."

"도는 즐거운 것이라 생각합니다. 저는 무소유에서 오는 두타행이 즐겁기만 합니다. 저를 통해 눈먼 중생이 무소유의 기쁨을 알 수만 있다면 그것이 저의 수행 목적이 될 수 있을 것입니다."

"오늘 너에게서 무소유의 법문을 들었다."

마하카사파는 그 후에도 계속 낡고 지저분한 분소의를 입고 지냈다. 붓다가 코살라국의 수도 슈라바스티의 기원정사에서 설법을 할 때도 그는 분소의를 입고 있었다. 그런 그를 보며 수행승들이 수군거렸다.

"원 저렇게 지저분해서야…"

"그러게 말일세. 어느 안전이라고. 위의(威儀)를 지켜야 할 것 아닌가."

"저자 눈에 보이는 게 없어서 그런 것일세. 붓다가 어쩌다 옷을 벗어 그에게 주었는데 언제나 그걸 자랑하려고 저러는 것일세."

이를 안 붓다가 설법을 중단하고 마하카사파를 불렀다.

"마하카사파야. 이리 오너라!"

마하카사파가 다가가자 붓다는 자신이 앉았던 자리 반을 비웠다.

"내 자리 반을 나눠줄 터이니 여기 같이 앉자구나."

마하카사파가 앉자 붓다는 물었다.

"너와 나 중에 누가 먼저 출가했느냐?"

"붓다께서는 저의 스승이십니다."

"그러하다. 너는 나의 제자이고 나는 너의 스승이다. 그러기에 너와 나는 여기 함께 있는 것이다."

이를 지켜본 수행자들은 말문을 열지 못하였다. 너무도 두려워 머리카락이 곤두설 지경이었다. 그렇게 마하카사파는 붓다의 사랑을 받는 수행제일(修行第一)의 아라한이었다.

이것이 마하카사파의 삼처전심 사건의 첫 번째 다자탑 사건의 전말이다.

마하카사파의 삼처전심을 모두 알아보아야겠으나 글의 흐름상 먼저 '다자탑 분반좌(多子塔 分半座)' 사건만 알아보았다. 마하카사파가 자신의 제자임을 확실히 한 분반좌 사건은 1100년 무렵에 중국 송나라의 목암선경(睦庵善卿)이 편찬한 자전 《조정사원(祖庭事苑)》에 나와 있다.

다자탑은 바이샬리성 서북쪽 방향으로 3리(里) 정도 떨어진 곳에 있는 탑이다. 왕사성에 살고 있는 신심 깊은 장자(長子)의 자식들이 한꺼번에 벽지불과(辟支佛果)를 증득한 것을 기념해 그의 친척들이 세운 탑인데, 붓다는 그 탑 앞에서 마하카사파에게 자신의 법을 그렇게 전하고 있었다.

영산회상에서 마하카사파에게 법을 전했다는 '염화미소(拈華微笑)' 와 관 밖으로 자신의 발을 보인 '곽시쌍부(槨示雙趺)' 사건은 맥을 짚 어가며 뒤에 살펴 나가기로 하겠다.

○

수행승의 묘 ②

1

지금까지 최초의 정사, 교단의 형성, 마하카사파의 다자탑 분반좌 사건 등을 알아보았다. 이는 빠알리어본과 한역본에 잘 나와 있다. 《과거현재인과경》, 《불본행집경》 등에 실려 있는 대목을 참고했다.

여기서 잠시 연기법에 대해 좀 더 자세히 공부하고 넘어가야 할 것이 있다. 불교의 핵심이 연기법에 있다면 이 항목은 아무리 과해도 모자람이 없기 때문이다.

《잡아함경(제30권 335경 제일의공경)》에 보면 붓다는 연기법의 이법을 이렇게 간단명료하게 표현하고 있다.

此有故彼有 이것이 있으므로 저것이 있고
此生故彼生 이것이 생기므로 저것이 생긴다.
此無故彼無 이것이 없으면 저것도 없고

此滅故彼滅 이것이 사라지면 저것도 사라진다.

붓다는 진리란 어떤 것도 홀로 존재하지 않고 상호관계 속에 존재하는 것이라고 재천명하고 있다. 나와 너, 나와 이 우주와의 관계, 그 변화의 관계, 관계의 연속. 법을 바로 깨쳐 참 지혜를 증득하는 것이 바로 연기법이라고 재천명하고 있다. 바로 깨어나는 것, 지혜의 눈을 증득하는 것, 모든 업장에서 벗어나 어둠의 습기, 업장을 벗어버려야 하는 것, 그리하여 밝음의 업장을 증득하는 것, 제행무상(諸行無常) 시생멸법(是生滅法) 생멸멸이(生滅滅而) 적멸위락(寂滅爲樂) 자체를 바로 아는 것.

그렇다. 이것은 천명이다. 존재의 상황이 어떻게 바뀌더라도 상관없다. 이것과 저것의 의존 관계, 그리고 상관관계에서 결코 벗어날 수 없다. 위의 게송에서 우리는 생성과 소멸을 분명히 알 수 있다. 모든 존재를 형성시키는 원인과 조건, 그것에 의해서만이, 상호관계에 의해서만이 생성되기도 하고 소멸되기도 한다는 것을 분명히 간파할 수 있다.

존재의 '생성과 소멸의 관계성(關係性)'. 그래서 연기법을 '상의성(相依性)의 법칙'이라고도 한다.

나라는 존재는 부모로부터 몸을 받아 사회의 영향을 받으면서 육근, 그에 상응하는 육진에 의해 분별된다. 감각기관을 통해 인식된 관념, 그것이 상(想)이다. 그 상이 분별의 나[我]라는 존재를 형성한다. 곧 나란 존재는 오온의 덩어리이며 12처, 18계, 이들 3과(三科) 그 자체다. 이 속에 연기법의 핵심 진리가 그대로 들어 있다.

2

정사가 지어지고 교단이 형성되다 보니 자연히 교단을 통제할 계율이 필요하게 되었다. 불전에는 분명히 그렇게 기록하고 있다. 비로소 율장(律藏)이 등장했다는 것이다. 계의 조항을 묶어 놓은 것이 율장이다. 여기에 붓다의 가르침이 덧붙여졌으니 경(經)이 붙었고, 그 가르침을 교리로서 해설하여 덧붙였으니 논(論)이었다. 그래서 경·율·논을 합쳐 삼장(三藏)이다.

사미의 10계, 비구의 250계가 성립되었다. 그리고 구족계, 구족계계율의 조항을 지킬 것을 서약 받는 의식이 생겨났다. 자연히 비구들의 행동이 제약을 받음으로써 우안거(雨安居) 제도가 생겨났다. 비가 올 때 비구가 수행을 하지 않고 돌아다니는 것도 보기에 좋지 않았으므로 비가 올 때는 정사에 모여 수행을 하고 비가 올 철이 아닐 때 포교에 전념하도록 한 것이다.

마가다국에서 시작된 붓다의 포교는 그 영역을 넓혀 갠지스 강 중류 남쪽에 있는 코살라, 갠지스 강 동북쪽 랍티 강 유역까지 퍼져 나갔다. 붓다의 나라 카필라는 바로 마가다국과 코살라국 사이에 있었다. 비데하와 바이샬리도 그 사이에 끼여 있었다.

앞서도 기록했다시피 마가다국의 수도는 왕사성(라자그라하)이고 코살라국의 수도는 사위성, 즉 슈라바스티다. 수닷타(須達多)라는 사람이 불타를 찾았다. 그는 이미 붓다의 소문을 듣고 있었다.

그는 어느 날 사문들과 바라문들, 외도들, 빈궁한 이들, 의지할 데 없는 거지들, 그렇게 모든 이를 불러 큰 보시(布施)의 모임을 베풀었다. 잔치는 이레 동안이나 계속되었다.

붓다는 그런 그에게 이렇게 일렀다.

"장자 수닷타여. 큰 모임의 법회는 그렇게 해서는 안 된다. 법회는 오로지 법에 의한 잔치가 되어야 한다. 제물에 의한 잔치가 무슨 소용이겠느냐."

"그럼 붓다시여. 어떤 잔치가 법에 의한 잔치입니까?"

"법으로 보시하는 모임이란 시작도 없고 끝도 없다. 때가 없다는 말이다. 오로지 중생을 위하고 중생을 성숙시키는 모임을 법을 보시하는 모임이라 한다."

"붓다시여. 그럼 그것은 어떤 것입니까?"

"보리(菩提)로서 자심(慈心)을 일으킨다. 중생을 구원함으로써 대비심(大悲心)을 일으킨다. 정법(定法)을 지킴으로써 회심(廻心)을 일으킨다. 장자의 아들이여. 일체의 법은 취할 것도 아니고 버릴 것도 아님을 알아서 일상(一相)의 문(門)에 들어가려고 지혜의 업(業)을 일으킨다. 일체의 번뇌, 일체의 착하지 못한 법을 끊으려고 일체의 착한 업을 일으킨다."

그 후 수닷타는 프라세나짓왕의 태자 제타(祈陀) 태자의 동산을 사 붓다에게 보시했다.

바로 이것이 수행승의 묘라고 지칭되는 기원정사(祇園精舍)다. 기원이라는 이름 속에 모든 사연이 들어 있음을 알 수 있다. 수닷타의 본명은 '의지할 데 없는 자'라고 하여 '아나타'로 음역하면 '급고독(給孤獨)'이다. 제타 태자도 한역하면 '기타'이다. 그래서 '기수급고독원(祈樹給孤獨園)'이 된 것이다. 그 말이 줄어 기원정사(祈園精舍)가 되었다. 7

층으로 제대로 지어진 정사라고 불전에 기록되어 있다. 천여 명이 생활할 수 있는 승방, 붓다의 거처인 향각(香閣)….

3

파피야스가 어느 날 붓다의 동정을 살피기 위해 와보니 교단은 더 넓어져 있었고 완전히 자리를 잡았다.

이럴 수가!

그는 붓다를 죽여 달라고 찾아갔던 악신을 찾아갔다.

"어떻게 된 것이오? 그의 교단이 더 강대해졌으니…."

"그렇지 않아도 찾아가 보았소. 비로소 알겠습디다. 어미젖도 먹지 못하고 세상에 나온 자식이더구려."

"아니 지금 무슨 소릴 하는 것이오?"

"내가 누구요. 나는 본시 바다의 우유를 지키는 뱀이었소."

"거북이가 아니고?"

"그건 비슈누를 죽이기 전이었지. 결국은 죽이지 못하고 이렇게 눈이 멀었지만…."

"알만 하구려. 눈이 멀었으니 어떻게 그를 죽일 수 있을 것인가. 꼬리로 만다라산을 휘감을 때가 좋았지. 쯧쯧."

"너무 상심하지 마시오. 그에게도 허점이 있었으니."

"그게 뭐요?"

"나는 이렇게 눈이 멀어도 세상을 볼 수 있으나 인간은 어떤가? 빛이 없으면 살지 못하지. 그러면 빛으로 그를 죽여 버리면 될 것이 아닌가."

"흐흠. 그의 수도장을 없애 버리겠다?"

"그렇소."

"일거양득이구나."

나가는 조그만 생쥐로 모습을 바꾸었다. 파피야스가 그를 품에 품고 가 기원정사에 놓아주었다. 나가는 생쥐의 모습을 하고 밤을 기다려 기원정사로 숨어들어갔다. 붓다는 제자들과 잠이 들어 있었다.

그는 등불을 향해 다가갔다. 그리고 등불을 살며시 밀어 버렸다. 기원정사가 불타기 시작했다.

쥐가 등불을 건드려 기원정사가 전소되었다는 기록은 법현의 《견문기》에 나온다. 법현이 갔을 때 그 이야기가 전설처럼 내려오고 있었다고 한다. 정사는 원래 7층으로 되어 있었는데 쥐가 등불을 건드려 번개를 태우는 바람에 화재가 일어나 7층 건물이 전소되었고 그후 2층의 정사를 다시 지었다는 것이다.

○

카필라여, 카필라여!

1

붓다는 평생 두 개의 정사에서 우안거를 지냈다고 불전에는 기록하고 있다. 기원정사에서만 19회를 보냈고 나머지 11회는 빔비사라왕이 지어올린 죽림정사에서 보냈다.

기원정사는 고국 카필라에서 그리 멀지 않은 곳이고 보면 고국과 가까운 기원정사에 머물면서 어쩌면 귀향을 꿈꾸고 있었던 것은 아니었을지.

붓다가 고국을 찾은 것은 그의 나이 41세 때라고 불전에는 기록하고 있다. 마흔이 넘어서야 돌아오겠다는 약속을 지킨 것이다. 불교는 부정의 계곡을 넘어 긍정의 골짜기에 이르는 철학이라는 기술은 앞서 했다. 부정하고 부정한 뒤에 그 정수를 통해 비로소 긍정의 산정에 이른 사나이. 떠날 때는 그들을 버렸지만 버림이 아니라는 사실을 비로소 행동으로 보인 것이다.

붓다가 성 안으로 들어섰을 때 라훌라는 아난다와 함께 멀리서 아버지를 바라보았다. 아버지는 머리를 자르고 남루한 옷을 입고 있었다. 분명 그는 어머니나 할아버지가 말해 주던 환상 속의 아버지가 아니었다. 신이나 되어 돌아온 줄 알았는데 아니었다. 신전에서 보았던 수많은 신들, 신비스럽고 신령스러운 모습들이 아니었다. 눈앞에 나타난 아버지는 그저 인간일 뿐이었다. 그가 그 옛날 한 나라의 왕자였다는 생각이 전혀 들지 않았다. 그는 낡은 분소의를 입고 있었다. 머리까지 깎아 더 이상해 보였다. 저런 사람을 아나룻다나 밧디야같은 형들이 왜 그렇게 기다렸는지 모를 일이었다. 그저 보기에는 볼품없는 중늙은이에 지나지 않았다.

어린 아들을 돌아보는 아버지의 눈가에 만감이 어리는 것을 라훌라는 분명히 보았다. 붓다의 눈가에 붉은 기운이 감돌았다.

붓다의 시선이 라훌라 곁의 야쇼다라에게로 옮겨졌다. 한 여인의 모습이 아지랑이처럼 가물거렸다. 아름다운 자태, 변함없는 모습이었다. 라훌라가 보니 어머니는 아버지를 바라보고 있었다. 그녀를 마주 바라보는 아버지의 눈가에 슬픔같은 웃음이 스쳐갔다. 어머니를 버리고 간 사람이었다. 아들의 이름을 장애라 짓고 떠난 사람이었다. 도대체 도(道)가 무엇이기에.

한순간 어머니가 곁에서 등을 밀었다.

"보아라, 아들아. 저 분이 네 아버지란다. 가서 인사를 드려라."

순간 라훌라의 눈앞으로 어느 날의 광경이 선명하게 떠올랐다. 그날 라훌라는 아난다와 데바닷다가 있는 자리에서 이런 말을 한 적이 있었다. 궁에는 또래의 애들이 없었으므로 자주 아난다나 데바닷다를 불러내어 놀길 좋아했던 것이다.

"내 이름이 왜 라훌라인지 아세요?"

"몰라."

데바닷다가 고개를 내저으며 대답했다.

"나도 요즘에야 알았어요. 왜 내 이름이 라훌라인지."

"그래?"

"'라훌라'라는 뜻은 장애(障碍)라는 뜻이래요. 왜 아버지는 궁을 떠나시면서 내 이름을 그렇게 지어 주고 가신 것일까요?"

"글쎄?"

"왜 '장애'라는 뜻인 줄 알면서도 할아버지나 어머니는 그 이름을 그대로 붙여주셨는지 모르겠어요. 도대체 내가 누구의 앞을 막았기에."

옛날을 생각하듯 풀밭을 한동안 말없이 거닐던 붓다가 그윽한 눈길로 난다와 아나룻다를 돌아다보았다.

"난다. 벌써 어른이 되었구나."

"싯다르타 형님. 정말 고생이 많으셨나 봅니다."

붓다가 빙그레 웃었다.

"난다야. 나를 싯다르타라고 불러서는 안 된다."

"네에?"

"나는 붓다이니라. 나를 붓다라 불러야 하느니라."

난다는 그 말이 아니꼽게 들려 자신도 모르게 입을 비죽거렸다. 자신이 자신을 붓다라 칭함은 미망이 아닌가 하는 생각 때문이었다. '형님은 스스로 자만심에 빠진 게 틀림없어.'

2

갑자기 글의 흐름을 끊은 것은 여기서 짚고 넘어갈 것이 있어서이다.

빠알리어 율장 《대품》에 보면 오도 후 붓다의 기록이 보이는데 거기 녹야원에서 다섯 비구들을 제도하는 대목이 있다. 그들에게 구족계(具足戒)를 주고 붓다는 이렇게 말했다.

"이 세상에 여섯 명의 아라한이 생겼다."

〈tena kho pana samayena cha loke arahanto honti.〉

이 기록이 사실이라면 붓다 자신도 아라한 가운데 한 사람이었다는 말이 된다. 붓다가 제도한 제자는 다섯 사람이다. 그런데 여섯 아라한이라고 했다.

어떻게 해서 이런 기록이 있게 된 것일까? 남전불전보다 북전의 내용이 자세하기는 하지만 역시 오류투성이다? 그럴줄 알고 두 불전을 비교하며 따라왔었는데 여기서 어느 쪽 기술이 옳은지 알고 넘어가지 않을 수 없다.

먼저 필자가 선택한 대목의 대승불전의 입장을 들어보자.

대승불전의 주장도 만만치 않다. 그들은 결코 하나의 명호에 붓다를 한정시키지 않는다. 이에 대해 선명하게 선을 긋고 있다.

어떻게 붓다의 칭호가 하나일 수 있나. 아라한은 분명히 붓다보다 낮은 계단이다. 그런데 대승화되면서 이를 붓다로 바꿔 버린 것은 그 나름의 분명한 이유가 있었다. 붓다의 칭호는 십명호(十名號)나 된다. 열거해 보면 '응공(應供)' '정변지(正遍知)' '명행족(明行足)' '선서(善逝)' '세간해(世間解)' '무상사(無上士)' '조어장부(調御丈夫)' '천인사(天人師)' '불(佛)'

'붓다(世尊)' 그렇게 십명호다. 이는 아무나 가질 수 있는 명호가 아니다. 결코 아라한이 가질 수 없는 명호다. 분명히 붓다는 아라한의 세상에서 붓다로 일어난 사람이다. 붓다는 아라한이 아니다. 앞서도 이 문제는 다루었으므로 더 긴말이 필요 없겠지만 이는 대단히 중요한 문제다. 붓다가 이제 싯다르타로 불러서는 안 된다고 천명한 것은 자신만이 세상을 올바로 얻은 이이므로 붓다로 불러야 한다는 말이다. 이는 분명히 아라한과의 선 긋기이다. 그 당시 붓다의 개념이 있고 없고가 판명나는 순간이다. 더욱이 자이나교에서도 붓다라는 개념이 없지 않았다는 설이 있고 보면. 그들은 철학자 정도의 뜻이었다고 하고 있다. 그렇다면 미묘한 법을 깨친 자라는 개념을 확실히 한 것은 붓다라는 말이 된다. 그래서인지 붓다는 그 개념에 대해서 확실히 하고 넘어가고 있다. 쉬운 예로 대감과 종은 다르다. 종에게 대감이라고 할 수 없다. 임금이 자신을 부를 때는 짐(朕)이라고 한다. 나라고 하지 않는다. 짐이란 말은 쉽게 말해 내가 임금이다 그 말이다. 붓다는 자신이 깨침을 얻었다는 것을 그렇게 표현한 것이다. 그러니 예전의 싯다르타가 아니다. 강화도에서 어린 시절을 보낸 개똥이가 임금이 되었다. 임금더러 개똥이라고 부를 수는 없다. 임금 스스로 내가 개똥이라고 할 수도 없다. 그래서도 안 되고 그럴 수도 없다. 붓다의 행동은 자신의 깨침을 세상에 천명한 것이다. 환언하면 이는 깨침을 얻지 않는 이상 붓다라고 부를 수 없다는 말이다. 한역하여 여래(如來), 여래가 곧 붓다이다. 임금이 자신을 짐이라 하듯이 붓다는 자신을 지칭할 때 그래서 여래라고 한다. 그러나 붓다는 부득이한 경우가 아니라면 여래라는 말을 잘 쓰지 않는다. 선은 분명히 긋고 있으나 나라는 말로 자신을 낮추어 상대와의 소통을 소망하기 때문이다.

　대승불교와 소승불교의 차이가 여기에서 여실이 드러난다. 소승불교에서는 붓다만이 여래이지만 대승경전에서는 깨친 이는 누구나 여래이기 때문이다. 홍길동도 깨치면 여래가 된다.

　그렇게 본다면 대승불교의 주장이 전혀 일리가 없는 것이 아니다. 본래부터 성공한 사람은 고향으로 돌아가지 않는다는 말이 있다. 코찔찔 흘리던 소년이 고향을 등지고 타향으로 나가 성공했다. 주위 사람들이 칭송하며 따랐다. 그런데 고향에 돌아와 보니 코흘리개 취급이다.

　"코흘리개가 성공했다고?"

　그와 마친가지다. 싯다르타가 고국을 떠날 때는 붓다가 아니었다. 붓다와 아라한 사이의 현격한 차이가 그래서다. 이를 '붓다누붓다(buddhānubuddha)'라고 하는데 '붓다를 따라 붓다가 되었다'는 뜻이다. 그러나 붓다 되기가 쉽지 않다. 당연히 붓다는 더욱더 신격화되어갔고 결국에는 붓다의 육신은 소멸하지만, 법신은 상주(法身常住)한다는 불신관(佛身觀)으로 이어지게 된다.

　문제는 남전 빠알리어 경전에 이쯤 해서 기록이 뒤바뀌고 있다는 사실이다. 불신관이 아니라 법신관(法身觀)이 이미 그때 보이고 있다.

　이는 말이 안 된다. 왜냐하면 《박깔리 경 Vakkali sutta》에 보면 이런 구절이 있다.

　〈여래는 법을 몸으로 하는 자이다. 법을 몸으로 함을 보이는 자이다. 아홉 가지 출세간법(出世間法, lokuttara-dhamma)이 여래의 몸이기 때문이다.〉

무슨 말인가? 이는 앞서 "법을 보는 자는 나를 보고 나를 보는 자는 법을 본다"에 대한 주석이다.

이게 어떻게 된 것인가? 남전 빠알리에 이런 글이 기록되어 있다니. 분명히 정신적으로는 십팔불공법(十八不共法, 누구도 가질 수 없는 붓다만이 갖는 18가지의 특유한 공덕)을 갖춘 붓다의 몸에 대한 천명이다.

왜 이런 구절이 주석서에 기록된 것일까?

이 말은 곧 붓다 자신이 법신(法身=dhammakāya)임을 나타내는 말이다. 또 그 이후 실재로 법신(法身)의 개념에서 한 발짝 나아간 것도 없다. 바로 법신이기 때문이다. 이 말을 곱씹어 보면 궁극적 실재인 붓다는 모든 존재의 모습을 보인다는 말이다.

그럼 어떻게 되는 것인가. 붓다 자신이 중생을 위해 어디에나 나툴 수 있는 법신임을 천명했는데도 남방불교에서는 붓다의 삼세를 인정하지 않고 있다. 오로지 붓다만 생신불로 인정한다. 그렇다면 모순이다.

삼신불은 법신, 보신, 화신을 뜻하는 말이다.

필자는 앞서 남방불교와 북방불교의 차이점을 비교한 바 있다. 소승경전과 대승경전의 사상적 차이를 그것에서 찾을 수 있다고 기술했다. 생신불은 오로지 역사적 인간, 부모로부터 태어난 인간을 칭하는 것이고 대승불교가 인정하는 삼신불(三身佛)은 삼세제불(三世諸佛)들, 즉 과거·현재·미래의 모든 붓다를 뜻하는 것이라고 분명히 기술했다.

그런데 삼신불을 인정하지 않는 그들의 경전에 법신을 인정하는 문구가 당당하게 등장하고 있다.

석가모니 붓다만을 신앙하는 그들인데, 그래서 북방불교를 가짜 불교라고 하는데 이게 어떻게 된 것인가?

불성(佛性)을 개발하면 누구나 붓다가 될 수 있다는 것이 북방불교의 분명한 개념이라면 그들은 붓다의 진의를 제대로 파악하지 못하고 있다는 결론에 이르게 된다. 그렇다면 대승불교를 싹 틔운 선지자들은 이미 그 사실을 인지하고 있었다? 바로 붓다의 그 말이 자신 속의 불성이 곧 붓다라는 사실을 알고 있었다. 해탈을 간절히 바라면서 수행하면 불성은 붓다가 된다는 것을 알고 있었다?

그들에 의하여 일어난 대승불교는 법신불을 이렇게 정의하고 있다.

〈수행으로 스스로를 화현시켜 중생들이 고통에서 벗어나도록 돕는 자가 법신불이다. 그렇기에 법신으로서의 붓다는 실제적인 기도의 목적의 대상이 된다. 불성을 개발하면 그가 곧 법신불이며 기도의 대상이 된다.〉

이는 남전 니까야에 있는 '법을 보는 자는 나를 보고 나를 보는 자는 법을 본다'는 말의 확장이다. 붓다가 설한 무상(無常), 고(苦), 무아(無我)의 가르침을 바르게 이해하면, 그때 붓다를 볼 수 있으며 그가 곧 붓다란 말이다.

혹자는 후대의 '법신(法身=dhammakāya)'이라는 개념이 이 대목 때문에 비롯되었다고 주장하고 있지만 주석서《상응부주(相應部註=Samyutta-nikaya)》에는 〈여래는 법을 몸으로 하는 자이므로 법을 몸으로 함을 보이고 있다. 아홉 가지 출세간법(出世間法=lokuttara-dhamma)이 여래의 몸이기 때문이다〉라고 분명히 기록하고 있으니 말이다. 이를 먼저 본 이는 보리 류지이다. 그는 금강경에서 구마라집이 놓친 경구를 덧붙인 사람이다. 그때 덧붙인 경구에 분명히 법신이라는 한자를 썼다.

彼如來妙體 卽法身諸佛 法體不可見 疲識不能知

한역문은 이 품에서 법신이라는 말이 그때까지 등장하지 않았다. 보리 류지가 썼다는 말이 그래서 나왔다. 이 품에서 법신이라 표현한 것은 보리 류지가 정확히 봐 썼다는 것이다.

더욱이 이 말을 신빙성 있게 증명하고 있는 것은 주인공 박깔리에게 하는 붓다의 말이다. 앞서도 다루었지만.

"박깔리여 죽어 부서지고 썩어질 몸을 그리 보면 무엇 하겠느냐."

앞서 붓다는 보통 사람보다 키가 두 배나 컸고 몸은 황금빛으로 빛났으며 살고자만 한다면 겁이 문제겠느냐고 했던 그들이다. 그런데 여기서 붓다는 부서지고 썩어 문드러질 몸이라고 실토하고 있다.

이 말을 어떻게 이해해야 할까? 나는 신이 되었으나 법의 모습을 보이기 위해 열반에 들 것이다?

혹자는 붓다가 열반의 모습을 보이기 위해 그렇게 상징적 언어를 사용했다고 한다. 화연완료 임의사명(化緣完了 任意捨命).

나는 나를 초월했으나 자연의 이치를 거스를 수는 없다? 나는 인간이기 때문이다? 그러므로 나는 죽어 가리라?

둘 다 맞다고 하더라도 그가 남긴 법속에 이미 붓다는 살아 있다. 붓다는 알고 있다. 붓다에 의해 수많은 붓다들이 태어날 것임을. 그들에 의해 다시 몸을 나누어 법의 모습을 보여야 할 것임을.

이로서 붓다는 다 이루어 여여하지만 신통력을 닫았다고 해서 지혜의 누진통마저 닫히지 않았다는 것을 알 수 있다. 금계는 깨어질 수 없는 것이지만 중생을 위해 금계를 깰 때는 깬다는 사실. 붓다도 인간인 이상 최고의 깨침[無生法忍]을 얻었다 해도 삼계(三戒) 밖에서는 금계(禁戒)를 깬다는 사실을 알 수 있다. 중생을 제도하기 위해 성내거나, 꾸짖거나 칭찬하거나 신통력을 보이기도 하는 것이다.

하지만 삼계 밖에서만 그렇다. 삼계 안에서는 탐욕과 성냄과 금계를 허는 일이 없다. 중생의 입장에서 보면 금계를 허는 것 같지만 사실 붓다는 삼계 안에 있기 때문에 금계를 허는 게 아니다.

이 사실을 맛지마 니까야《긴 싸꿀루다이경 sakuludāyi Sutta (M77)》에 보면 알 수 있다.《긴 싸꿀루다이경(M77)》은《중아함경 전모경(箭毛經)》에 상응하는 경전이다.

신통과 계.

이를 이해하려면 계의 본질이 무엇인지부터 먼저 알아야 한다. 계의 본질에 대해서 기록한 경전은 맛지마 니까야《싸마나만다까경 Samaṇamaṇḍikā sutta(M78)》이다. 이 경은《중아함경 오지물주경(五支物主經)》에 상응하는 경이다. 우리는 계 그러면 지킴부터 먼저 생각한다. 하기야 지키라고 만든 것이 계이다. 그래서 금계부터 생각한다. 금계는 곧 지계라고 생각하기 때문이다.

그러나 붓다는 이렇게 말한다.

"계는 어린 아기와 같다. 어린 아기는 금계와 지계를 모른다. 어린 아기의 계는 스스로 지켜지는 것이며 습관에 의하여 좌우된다. 그러므로 계는 나쁜 습관의 소산이며 계의 본래적 의미는 습관(習慣)이다. 계를 지킨다는 것은 나쁜 습관을 버리고 좋은 습관을 가지는 것이다."

붓다는 신통도 이와 마찬가지라고 했다. 붓다에게는 집중이 있을 수 없으므로 일상이 신통이며 그대로 여여한 경지가 신통이라고 했다.《긴 싸꿀루다이 경(M77)》에 보면 이런 대목이 있다.

어느 날 바라문의 편력 수행자가 찾아온다. 바라문의 최고 수행자였다. 그가 몸담은 바라문교는 기원전 1천 년 이전에 나온 종교였다.

붓다보다 500년이나 앞선 전통적인 집단이었다. 그들은 서북 인도로 부터 들어와 인더스 강 유역에 자리 잡아 점차로 중앙 인도를 장악 하고 결국에는 갠지스 강 유역까지 진출한 강대한 집단이었다. 그들 의 성전은 베다였다. 그들은 성전에 기초해 천상의 신들에게 제사 지 내며 지상의 행복을 추구했다. 힌두교 무리들이 그들이었다. 국왕이 라도 바라문의 권위를 존중하지 않으면 안 되었다.

불전에 보면 붓다는 바라문을 이끌던 사람들을 제도할 때 신통력 을 썼다고 기록하고 있다. 불전에만 기록된 것이 아니다. 예전부터 미 술 작품의 소재로도 쓰였다. 산치대탑의 부조에도 보이고 인도 서북 쪽 간다라 조각에도 보이고 남인도 마라라비티 유적에도 남아 있다.

바라문 편력 수행자가 붓다에게 찾아와 "어떻게 제자들을 가르치 기에 제자들의 근기가 수승하느냐?" 그렇게 묻자 붓다는 이렇게 대 답한다.

그날의 광경을 경전에 있는 그대로 옮겨 보겠다.

"첫째는 계행, 둘째는 지견(知見), 셋째는 지혜, 넷째는 사성제, 다 섯째는 번뇌를 소멸하여 열반에 이르는 과정인 37조도품(助道品), 8 해탈, 8승처(八勝處), 십편처(十遍處), 사선정(四禪定), 육신통(六神通) 등 을 구체적으로 가르칩니다. 우다인이여, 나의 가르침에 의해 제자들 은 여러 가지 신통을 경험합니다. 하나가 여럿이 되고 여럿이 하나 가 되는 신통을 경험하지요. 허공을 다니듯이 나타나고 사라지기도 하고 담장을 넘기도 하고 산을 넘어 거침없이 다니기도 합니다. 마치 새처럼 허공에서 가부좌를 하고 다니기도 하지요. 해와 달을 손으로 만지기도 하고 쓰다듬기도 한다오…"

그렇게 말하고 붓다는 마음 통찰에 대하여 자세히 설한다. 탐욕이 없는 마음의 통찰에 대하여, 어리석음이 없는 마음의 통찰에 대하여, 위없는 마음의 통찰에 대하여, 삼매에 든 마음의 통찰에 대하여, 해탈한 마음에 대하여… 제자들이 자신의 마음으로 다른 중생들의 마음을 통찰하여 체험적 지혜를 성취함에 대하여… 그렇게 살아가는 마음에 대하여…

붓다는 마음이 만들어내는 신통을 그렇게 말하고 있다. 여여한 세계를 그렇게 만들어가고 있음을 말하고 있다. 자신의 가르침에 의해 제자들이 그렇게 수행하고 있고 실천하고 있음을 말하고 있다.

붓다도 중생을 위해서라면 때로 신통을 하는 일이 있다는 말이 바로 이것이다.

붓다에게는 신통이 따로 없다. 신통이 따로 없으므로 신통을 운운할 이유가 없다. 그 자체가 신통이다. 그것이 참지혜의 신통이다.

신통을 닫음으로써 일어나는 신통. 바로 지혜의 누진통이다.

유명한 편력수행자가 붓다의 그 경지를 모를 리 없다. 여여한 일상 자체가 도라는 사실, 제자들의 수행 자체가 신통이라는 사실, 삶 자체가 신통의 산물이라는 사실을 모를 리 없다.

이것이 아라한과 붓다의 차이다. 아라한은 신통에 걸리고 붓다는 지혜로 신통을 다스린다. 그러므로 두 길은 하나로 만나야 한다. 거기에 붓다의 진실한 모습이 있다.

3

되돌려 붓다가 고국 카필라로 돌아가 피붙이들을 만나는 곳으로 가보면 그들의 모습이 정겹다.

붓다가 아나룻다를 돌아보았다.

"아나룻다. 너의 눈은 여전히 맑고 깨끗하구나."

"정말 많이 변하셨군요."

아나룻다가 웃으며 대답했다.

"세상은 변하는 것이 아니더냐."

"기억 나세요? 이곳에서 놀던 때가?"

붓다가 고개를 끄덕였다.

"그래. 나도 인간인데 어찌 옛날이 그립지 않겠느냐."

그렇게 말하고 붓다는 데바닷다와 아난다를 내려다보았다. 그의
입가엔 미소가 가득히 번졌다.

"너희들은 이름이 무엇이냐?"

데바닷다가 인사를 꾸벅했다.

"저는 데바닷다라고 합니다. 얘는 제 동생 아난다이구요."

"안녕하세요?"

아난다가 부끄러운지 얼굴을 데바닷다의 등 뒤로 숨기며 기어드는
소리로 인사했다.

"오오, 아름다운 이름이구나."

그 말을 들으며 라훌라는 슬며시 고개를 떨어뜨렸다.

"몇 살들이냐?"

잠시 후 붓다는 그들에게 물었다.

"형은 열 세 살입니다. 나는 7살이고요."

"똑똑하구나. 라훌라는 아마 12살이지?"

"네, 아버지."

라훌라가 고개를 숙인 채 시무룩하게 대답하자 붓다는 라훌라의

• 붓다 평전

머리를 쓰다듬었다.

"라훌라. 이제부터는 나를 아버지라고 불러선 안 된다."

라훌라가 왜냐는 듯이 그를 올려다보았다.

"차차 알게 될 것이니라."

그는 그렇게 말한 다음 자신이 왜 이 성을 떠나야 했는지, 왜 다시 돌아와야 했는지 아주 쉬운 말로 알아들을 수 있게 비유를 들어가며 말해 주었다.

라훌라는 알 수 있었다. 아주 어렴풋이. 왜 아버지를 아버지라 불러선 안 되는지. 그것은 빛줄기였다. 가슴을 온통 빛으로 꽉 차게 하던 찬란한 빛줄기였다.

불전에 보면 양모 마하빠자빠띠고타미, 아내 야쇼다라, 아들 라훌라, 제2비 고파, 그리고 수많은 친인척들이 그때 귀의할 뜻을 밝혔다고 한다. 문제는 붓다의 이복동생, 붓다의 양모에게서 난 아들 난다였다. 큰아들 싯다르타가 출가를 해버렸기에 숫도다나왕은 하는 수 없이 난다에게 희망을 걸고 있었는데 붓다가 난다마저 출가를 시키려고 하자 숫도다나왕으로서는 큰아들이 원망스럽지 않을 리 없었다. 이 대목이 《대보적경》과 《근본설일체유부비나야잡사(제11-12권)》에 보면 자세히 나온다.

"아니 난다까지? 이 나라는 어쩌라고…"

숫도다나왕이 그랬어도 붓다는 난다를 출가시키고 마는데 《대보적경》과 《근본설일체유부잡사》에 그때의 상황을 이렇게 기록하고 있다.

난다는 그때 막 결혼을 한 몸이었다. 출가를 하였지만 신부가 보고 싶어 미칠 지경이었다. 어느 날 그는 정사를 뛰쳐나가고 말았다. 그런데 붓다가 어떻게 알았는지 갑자기 나타나 그의 앞을 막았다.

다시 정사로 난다를 데리고 온 붓다는 그대로 두어서는 안 되겠다는 생각에 천상으로 데리고 올라갔다. 난다가 천상으로 가 보니 눈이 멀 정도로 천녀들이 아름답다.

"너와 결혼한 여자도 저렇게 아름다우냐?"

붓다가 물었다.

"아닙니다. 비교가 되지 않습니다."

난다가 순진하게 속마음을 그대로 내보였다.

"그럼 천녀를 아내로 맞아야 할 것 아니냐?"

"그러려면 어떻게 해야 하겠습니까?"

"한 가지 방법밖에 없다. 수행을 열심히 하여 천상으로 올 수밖에 없다.

그렇게 하여 난다는 속세의 연을 끊고 열심히 수행에 임하였는데 견성이 쉽지 않았다. 그가 다시 속세의 인연에 연연해하자 붓다는 지옥의 모습을 보여주었다. 그래도 쉽지 않았다. 붓다는 그에게 인간의 나고 죽는 모습을 여실히 보여주었다. 그제서야 난다는 참다운 수행자가 되었는데 속가의 숫도다나왕은 안 되겠다는 생각에 손자인 라훌라에게 희망을 걸었다. 그런데 그때 붓다는 라훌라까지 출가시켜야겠다고 생각하고 있었다.

○

독생자의 눈물

1

독생자 라훌라가 출가한 것은 그의 나이 15살 때였다. 여러 불전에 그때의 상황이 유사하게 묘사되고 있는데 《미증유경(未曾有經)》에도 그의 출가에 대한 기록이 있다.

붓다가 라훌라를 출가 시켜야겠다고 하자 숫도다나왕이 펄쩍 뛰었다.

"아니 왜 이러시는가? 미성년자의 출가는 반드시 부모의 허락을 얻도록 하자고 약속하지 않았는가?"

"약속했지요."

"그런데?"

"어린놈이 어제 저에게 와 왜 내 이름을 장애라 지었느냐고 묻더군요."

"그래서?"

"대답한들 알아들을 수 있겠습니까. 이곳으로 와 수행을 하면 가르쳐 주겠다고 했습니다."

"그럼 약속이 틀리지 않는가."

"그 약속이 그놈의 의문만 하겠습니까. 그로 인해 그의 대의혹이 풀릴 것이니 말입니다."

"어허, 이럴 수가."

숫도다나왕이 할 말을 잃었는데 야쇼다라가 나섰다. 《미증유경》에는 라훌라와 그의 어머니 야쇼다라에 대하여 이렇게 기록하고 있다.

…마침 목갈라나가 라훌라의 출가 소식을 전했는데 야쇼다라는 화를 벌컥 내었다.

"지금 무슨 말씀을 하시는 것입니까? 여래께서 태자로 계실 때 나를 처로 맞이한 지 9년 만에 출가하셨습니다. 6년 고행 끝에 여래가 되어 이제야 환국하시더니 나의 어린아이까지 출가를 시키겠다니 그걸 말이라고 하십니까. 그리는 못합니다. 우리들에게 어찌 이리 가혹할 수 있습니까. 가서 전하세요. 그리는 못한다고."

목갈라나가 돌아와 사실을 고했다.

기록에는 붓다가 직접 가지 않고 번뇌를 다 여읜 정거천(淨居天)의 불환자(不還者)를 보내었다고 기록하고 있다. 정거천 불환자를 통해 붓다가 야쇼다라를 꾸짖었다는 것이다.

"그대가 오백 은전으로 다섯 송이 연꽃을 팔아 정광불(定光佛)께 공양 올릴 때 나의 처가 될 수 있다면 내가 보살행을 위해 온갖 것을 보시하더라도 다 따르겠다고 서원하지 않았는가?"

그제야 야쇼다라가 가슴을 치며 울었다. 숙세의 인연이 어제 일같이 생각났기 때문이었다.

라훌라가 출가하게 되자 숫도다나왕은 좋은 집안의 청년들을 50명이나 뽑아 라훌라를 보살피게 했다. 여타 경전에는 라훌라가 비뚤어져 성질이 사나웠다는 기록도 있다. 자신에게 장애라는 이름을 준 아비에게 반항심이 없었겠느냐는 추측이 그런 기록을 낳았을지도 모른다. 전혀 일리가 없는 기록은 아니지 싶다.

아무튼 붓다는 라훌라의 화상을 사리푸트라로 삼고 목갈라나를 아사리로 삼아 출가케 하였다. 라훌라가 출가했다고 하자 한동안 교단 내가 얼어붙었다. 스승의 독생자가 출가했다는 사실은 붓다가 교단의 교주이다 보니 예삿일이 아니었다.

그랬다. 라훌라는 붓다의 독생자라 하여 교단 내에서 가장 먼저 혜택을 입은 사람이었다. 불전에는 교단 교주의 아들이라 하여 결코 특별한 혜택을 베풀지 않았다고 기록하고 있지만 아버지가 교단의 교주라는 그것만으로도 특권을 누린 셈이었다.

불가의 계는 본시 출가할 때 주어진다. 꼭 지켜져야 하는 것인 만큼 수계방식도 여간 까다로운 게 아니다. 수계를 받으려면 붓다의 가르침을 위배하지 않고 잘 따르겠다는 맹세를 받는 화상(和尙)이 있어야 하고, 수계할 때 제자가 되는 사람이 취하는 행동을 가르쳐 주는 궤범(軌範), 즉 아사리(阿師利)가 있어야 한다. 그리고 전에 이미 수계한 상좌(上座)가 있어야 한다. 또한 동학(同學)할 동료가 있어야 한다. 상좌나 동학은 반드시 있어야 되는 것은 아니지만 열 사람의 비구가 입회하도록 정해져 있다.

라훌라가 붓다의 아들로 태어나 사리푸트라를 화상으로 목갈라나를 아사리로 해서 별로 어려움 없이 계를 받을 수 있었던 반면에,

붓다의 법을 흠모하여 출가해 계를 받으려 해도 조건이 너무 열악해 애태우는 사람들이 한둘이 아니었다.

붓다의 십대제자 가운데도 그런 이유로 애를 태우던 사람이 있었다. 바로 논리제일의 마하갓차나였다. 그가 태어난 곳은 변방이었으므로 나중에 붓다의 제자가 된 후 변방으로 가 포교를 했다. 그때 마하갓차나 아래 소오라라는 청년이 있었다.

그는 마하갓차나의 시중을 들면서 자신도 출가해야겠다고 생각하고는 마하갓차나에게 그 뜻을 비쳤다. 마하갓차나는 허락하지 않았다. 워낙 변방이고 불교의 불모지라 수계를 할 수 없었다. 또 수계 때 열 명의 비구가 입회를 해야 했기 때문이기도 했다.

결국 소오라의 염원이 이루어진 것은 몇 년 후였다. 오로지 붓다가 계신 곳으로 가 수계를 받겠다는 일념으로 사위성 기원정사로 길을 떠났고 온갖 고난 끝에 붓다를 찾아온 것이었다.

죽을힘을 다해 자신을 찾아온 소오라를 보며 그날 붓다는 라훌라를 생각하였다. 붓다는 라훌라를 생각하며 가슴이 아팠다.

그 후 붓다는 변방이라 열 사람의 비구를 구할 수 없을 때는 다섯 비구로 구족계(具足戒)를 주어도 좋다고 출가의 작법(作法)을 고쳤다. 비로소 소오라는 250계, 348계로 되어 있는 구족계를 받고 비구가 되었다.

그런 면에서 본다면 누가 뭐래도 라훌라는 복 받은 출발이었다. 이 부분에 대해 《본생경》에서는 이렇게 기록하고 있다.

라훌라는 출가를 하고서도 철없는 짓을 많이 했다. 붓다가 코삼비 바다리키 사원에 계실 때 늦은 밤 법회가 끝나고 대중이 잠자리에 들었는데 고약한 잠버릇을 가진 사람들 때문에 한동안 소동이 벌어졌다.

그때 붓다가 그들에게 일렀다.

"앞으로 출가한 수행승과 비구계를 받지 않은 자와는 동침하지 말라."

그 규정이 정해진 밤에 라홀라는 갈 곳이 없었다. 그는 최초의 사미였고 비구가 되기 이전이었다. 그는 하룻밤 신세질 곳을 찾아다녀 보았지만 교단 교주의 아들이라고 해서 누구 하나 규정을 어기고 재워주지 않았다. 그는 하는 수 없이 변소에 들어가 잠을 잘 수밖에 없었다.

다음 날 붓다가 변소에 가 보니 아들이 웅크리고 자고 있었다. 라홀라를 깨워 사정 얘기를 들어본 붓다는 웃으며 비구들에게 일렀다.

"너희들이 계율에 대한 태도가 자칫 본의를 잃을까 걱정되지만 아직도 계를 받지 못한 사람이 잘 곳이 없다면 말이 되겠느냐. 비구계를 받지 않은 사람은 이틀까지 비구의 방에 재우고 사흘째 되는 날까지 거처를 찾아 주도록 하여라."

그로 인해 새로운 규정이 생겨났다.

연화색 비구니에 대해서는 앞으로 다루겠지만 붓다는 어느 날 라홀라가 언행을 함부로 하여 대중에게 따돌림을 받고 있다는 보고를 받았다.

"정사 생활이 힘겹다 보니…"

제자는 붓다의 눈치를 보며 말끝을 흐렸지만 사실이었다. 어머니가 생각나고 할아버지가 생각나고 그렇게 속가사람들이 생각나 라홀라는 미칠 지경이었다. 그는 누군가 붓다의 소재지를 물으면 알고 있으면서도 엉뚱한 곳을 알려주어 골탕을 먹였다.

이 사실을 들은 붓다가 그를 불렀다.

"가서 대야에 물을 떠오너라. "

라훌라가 대야에 물을 떠오자 붓다는 발을 씻고는 아들에게 이렇게 물었다.

"이 물을 버리고 대야에다 먹을 음식을 담아올 수 있겠느냐? "

"그럴 수 없습니다. "

"라훌라야, 지금의 네가 그와 같다. 너의 모습이 내 발 씻은 물과 무엇이 다르겠느냐. 어떻게 이 대야에 음식을 담을 수 있을 것인가?"

비로소 라훌라는 정신을 차리고 수행에 임했다.

라훌라의 천성이 본시 거칠고 사나웠다는 기록은 이래서 생겨난 것인지 싶다.

어느 날 라훌라는 붓다에게 물었다.

"붓다시여. 나라는 생각을 어떻게 단절시킬 수가 있겠습니까?"

붓다가 그에게 말했다.

"라훌라야. 눈·귀·코·혀·몸·의식의 육근(六根)으로부터 색(色)·수(受)·상(相)·행(行)·식(識)의 오온(五蘊)에 이르기까지 모든 것을 무아(無我)라고 보라. 그러면 갈애(渴愛)와 탁한 견해가 끊어지리라. 항상 두 극단을 초월하여 여러 허상을 떠나고 여러 애욕과 존재에의 결박을 풀어헤치고 나아가 바른 것을 직관할 때 괴로움이 끊어지고 모든 것이 고요해진다."

오온(五蘊)이란 색·수·상·행·식, 즉 존재를 구성하는 다섯 가지 근본 요소를 말한다. 색은 몸, 수는 느낌, 상은 지각, 행은 충동, 식은 의식 활동. 그렇게 우리의 몸속에는 다섯 개의 생명체 집합소가 있다는 말이다. 불 원소의 집합소, 물 원소의 집합소, 공기 원소의 집합소, 흙 원소의 집합소, 그리고 의식 원소의 집합소.

혈육이었던 아들에게 이 가르침은 참으로 중요한 의미를 가진다. 자신은 아비가 되었을망정 아들마저 남의 아버지가 되게 할 수 없다는 아비로서의 정, 특히 아들에게 가르친 육근과 색·수·상·행·식의 오온에 이르는 법, 그 법들은 설해지는 순서가 바로 불교의 핵심사상이기 때문이다.

그 가르침에 의해 결국 라훌라는 미혹을 깨고 당당히 십대제자 안에 들었고 아라한이 되었다. 라훌라를 돌아보는 아비의 눈가에 오랜만에 만감이 어렸다. 그 만감에 부채질이나 하듯 한 여인의 모습이 아지랑이처럼 가물거리며 일어났다. 한때는 사랑했던 사람, 그 아름다운 자태, 그에게 있어 세상의 무엇과도 바꿀 수 없었던 사람이었다. 그 무엇도 그보다는 아름다울 수 없었다. 그녀를 위해서라면 어떠한 선업도 어떠한 죄업도 지을 수 있었다. 그것이 인간의 본성 아닌가. 그 본성을 잠재우는 일, 그것을 마무리한 지금에야 그녀는 마음속에 세워진 여[眞如]한 상일뿐이었다.

이제 그녀도 비구니승단의 일원이 되어 도반이 되었다. 그리고 언제나 그의 가슴 한구석에서 뛰어 놀고 있던 아들 라훌라는 자신의 도반이 되어 서 있다.

그렇게 붓다는 아들을 도반으로 가졌지만 그만 생각하면 목이 멨다. 핏덩이를 앞을 가로막는 장애물이라 하여 그렇게 이름 짓고 떠날 때 흘리던 피눈물을 아들은 이해하지 못할 것이었다. 아니 누구보다도 이해하고 살고 있을지도 모를 일이었다. 세상에 자신의 핏덩이에게 장애(障礙)란 이름을 지어 주는 애비가 어디 있으며, 그런 이름을 지어 주는 애비를 둔 자식이 어디 있겠는가.

아들은 붓다의 밑으로 와 머리를 깎고도 한 번도 그런 투정을 보이지 않았다. 붓다 역시 언제나 남들 대하듯 그를 대하였다. 아니 더 혹독하게 아들을 대했다. 그럴 때마다 아들은 제 어미를 그리워하는 눈치였다. 아들은 아버지가 비정하면 할수록 어미가 그리운 모양이었다.

그랬다. 아들 라훌라는 아버지가 붓다가 되어 성으로 들어섰을 때의 모습을 언제나 잊지 못하고 있었다. 아아, 처음에는 초라해 보였었지만 점차 황금처럼 빛나던 그의 찬란한 자태. 헌 누더기를 입은 보잘것없는 그의 모습이 왜 그렇게 눈부셔 보였던가.

그 긍지의 꼬리를 붙들고 이곳으로 왔다. 다음 해, 친구처럼 지내던 아난다와 그의 형인 데바닷다가 출가했고, 그렇게 이곳에 와 비로소 사색하는 인간을 보았다. 평등한 인간을 보았다. 차별 없는 인간을 보았다. 집착을 놓아 버린 인간을 보았다. 신의 경지에 있으면서 결코 인간이기를 포기하지 않는 완전한 인간을 보았다.

너무 평등했으므로 그 평등이 처음엔 서러울 때도 있었다. 자신이 그의 아들이었기에 더욱 그랬다. 어린 마음에 '내가 그래도 그의 자식인데' 하는 생각 때문에 더 서러웠다.

그렇게 붓다는 차별을 두지 않았다. 수행하느라 발이 얼면 가만히 다가가 발에다 자신의 체온을 녹여 주는 사람이었다. 그는 누구에게나 자신이 입던 분소의를 벗어 주는 사람이었고 가난한 이웃의 등을 어루만져 주는 사람이었다.

깨달음의
세월,
깨침의
세월

○

너를 죽인다면 어떡하겠느냐?

1

한편 손자 라훌라까지 승단에 뺏겨 버린 숫도다나왕의 상심은 깊었다. 물론 한편으로는 석가족의 가문에서 붓다가 탄생했다는 사실이 자랑스럽게 생각되지 않는 것은 아니었다.

나중에는 그도 오히려 붓다에게 감화되어 아들을 둘 이상 낳으면 그 수에 비례하여 출가를 시켜야 한다는 법을 만들었다. 두 아들이 있다면 하나를, 세 아들이면 두 아들을, 다섯 아들이면 세 아들을…. 아들이 하나일 때는 출가시키지 말도록 하였다.

그 바람에 붓다의 교단은 더욱 번성했다. 그런 법령이 정해지자 카필라의 장정들이 무려 오백 명이나 출가했다.

이때 붓다의 사촌 되는 아나룻다, 우파리, 아난다, 데바닷다 등이 출가했다.

붓다는 자신의 법을 전도하면서 10명의 제자를 두었다. 수많은 제자들이 있었으나 그가 인정한 제자는 십대제자였다. 그 이름을 차례대로 나열해 보면 오른팔이나 다름없는 지혜 제일 사리푸트라(Sariputra, 舍利子), 신통 제일 목갈라나(Maudgalyayana, 目犍連), 수행 제일 마하카사파(Mahakasyapa, 大迦葉), 해공 제일 수부티(Subhuti, 須菩提), 설법 제일 푸루나(Purna Maitrayaniputra, 富樓那), 논리 제일 마하갓차나(Mahakatyayana, 摩訶迦旃延), 천안 제일 아나룻다(Aniruddha, 阿那律), 계율 제일 우파리(Upali, 優波離), 밀행 제일 라훌라(Raula, 羅睺羅), 그리고 다문 제일로 소문난 아난다(Ananda)였다.

다른 이들은 이미 기술이 되었거나 앞으로 될 기회가 있을 것이므로 여기에서 몇 명의 제자들을 먼저 다루어 보려고 한다. 왜냐면 이들을 통해 전법에 대한 개념이나, 제자에 대한 사랑, 그의 핵심 사상이라 할 수 있는 영혼의 문제, 윤회의 문제, 교단의 화합 등을 짚어 볼 수 있어서다.

먼저 설법 제일 푸루나부터 알아보겠다.

어느 날 도나바투라에서 한 젊은이가 붓다의 교단을 찾았다. 그는 푸루나 마이트라야니푸트라(Purna Maitrayaniputra, 富樓那)라는 이름을 가진 사람이었다. 그는 비록 어부였지만 붓다의 설법을 들은 후로 감화되어 붓다의 법을 알리기 위해 방방곡곡을 떠돌며 동지를 규합해 나갔다.

그의 아버지 부하바는 대단한 부호였다. 그를 낳기 전 그의 아버지는 포악하게 변해 가는 병에 걸렸다. 얼마나 포악했던지 아내가 병자 곁에서 떠나 버릴 정도였다.

막상 아내가 집을 나가 버리자 하녀가 그를 돌보았다. 그러자 그의 포악스러운 성질이 가라앉았다. 두 사람은 맺어졌고 그들 사이에서 생명이 태어났다. 그가 바로 푸루나였다. 원만하다는 뜻이었다.

비천한 하녀의 아들로 태어났으나 푸루나는 씩씩하고 용감하게 자랐다. 그는 어느 날 병이 든 나무장수를 구해 주고 그에게서 약제로 쓰이는 우두전단(牛頭栴壇; 향나무의 일종)을 얻었다. 그는 그것을 비싸게 팔아 밑천으로 장사를 시작하면서 가난한 형을 도와주었다. 바다를 상대하다 보니 자연히 위험이 뒤따랐지만 그만큼 이익도 컸다. 그는 거칠었지만 용기 있고 인간적이었다.

그는 해안 지방의 무역에 손을 대 대상인이 되었고 그에 따라 한없이 인망도 높아갔다.

그런 그가 붓다를 만난 것은 스라바스디디의 해안에서였다. 상인들이 밤낮으로 이상한 노래를 불러대었다. 처음엔 무슨 노래일까 했으나 노래를 들어보고는 억제하지 못할 환희에 휩싸이고 말았다. 하녀의 아들로 태어나 세상의 질시와 멸시를 거친 바다에 묻고 있었는데 노랫소리 속에는 가슴에 맺힌 멍울과 설움을 씻어내는 힘이 느껴졌다.

그는 집으로 돌아와 모든 재산을 형에게 남기고 그 길로 가깝게 지내던 수닷다라는 장자를 찾아갔다.

수닷다 장자가 놀란 얼굴로 그를 맞았다.

"아니, 이런 모습으로 어인 일이십니까?"

푸루나는 평소와 다르게 누더기를 걸친 초라한 모습이었다.

"붓다께서 세상에 계시다는 걸 몰랐습니다. 그 분을 만나게 해 주십시오."

푸루나가 말했다.

그의 결심이 철석같다는 걸 안 수닷다는 그 길로 붓다와의 면담을 알선해 주었다.

푸루나를 만나본 붓다는 이렇게 말했다.

"너는 오늘부터 청정행을 닦아라."

"그러하겠습니다. 붓다시여."

붓다 곁을 물러 나온 푸루나는 그 길로 머리를 깎고 몸에 승복을 걸쳤다.

불법이 익어가자 그는 붓다에게 나아가 여쭈었다.

"붓다시여. 본래 불성이 변함없다는데 어찌 차별이 생기는 것입니까?"

붓다가 적이 미소 지었다.

"푸루나야, 내가 비유를 하나 들어 주마. 어떤 사람이 어느 마을에 들어가 방향을 잘못 알았다면 그 미혹은 분별심에서 온 것이겠느냐? 아니면 깨침의 진심에서 온 것이겠느냐?"

푸루나가 잠시 생각하다가 대답하였다.

"붓다시여. 저는 이렇게 생각합니다. 미혹의 마음이란 외연으로 생기기에 실성이 없는 것입니다. 그렇기에 그것은 뿌리가 없는 풀과 같은 것입니다. 뿌리가 없는데 싹이 틀리 만무하지 않겠습니까. 또 깨침 자체가 미혹을 만들어 낼 수 없으므로 깨침에서 미혹이 나왔다고도 할 수가 없습니다."

"그렇다면 깨달은 사람이 방향을 잃은 사람에게 방향을 잘 가르쳐 주면 그 사람은 앞으로 헤매는 일이 없을 게 아니냐?"

"그럴 것입니다."

"푸루나야, 붓다도 그와 같다. 완전한 깨침을 얻은 사람은 두 번

다시 미혹의 세계에 노닐지 않는다. 길을 바르게 알았는데 왜 엉뚱한 길로 나아가겠느냐. 눈에 병이 나면 헛것을 보듯이 병이 나으면 자연히 헛것은 사라진다. 깨달은 사람은 무명의 안질이 나은 사람이다."

푸루나는 크게 깨닫고 붓다를 향해 예를 올렸다.

그는 그렇게 붓다를 만나 제자가 된 후 설법 제일의 아라한이 되었다.

어느 날 그는 붓다에게 마가다의 수도 라자그리하를 떠나 스나파란타로 가서 수행하게 해 달라고 하였다. 5백 인의 비구를 귀의시킨 일이 있었는데 이제 다시 그곳으로 가 홍법(弘法)에 신명을 바치기로 한 것이다.

그의 됨됨이를 알고 있던 붓다가 물었다.

"부르나야, 수나파란타 사람들은 성질이 거칠고 흉악하다고 들었다. 만약 그 지방 사람들이 네게 행패를 부린다면 너는 어떡하겠느냐?"

"붓다시여. 그들이 그렇게 한다면 저는 이렇게 생각할 것입니다. 이 지방 사람들은 그만큼 착하구나. 나를 주먹으로 때리지는 않으니."

"그럼 너를 주먹으로 때린다면 어떡하겠느냐?"

"그러면 이렇게 생각할 것입니다. 이 지방 사람들은 착하구나. 나를 막대기로 때리지는 않으니."

"막대기로 너를 때린다면 어떡하겠느냐?"

"이렇게 생각할 것입니다. 이 지방 사람들은 참으로 착하구나. 나를 칼로 베지는 않으니."

"칼로 베면 어떡하겠느냐?"

"붓다시여. 그때는 이렇게 생각할 것입니다. 이 지방 사람들은 참으로 착하구나. 나를 칼로 죽이지는 않으니."

"칼로 너를 죽이면 어떡하겠느냐?"

"붓다시여. 붓다께서는 인생 자체가 고의 연속이라 하셨습니다. 그렇기에 스스로 자신의 생명을 끊는 이도 있고 누군가 자신을 죽여주기를 원하는 이도 있습니다. 그들이 나를 죽이면 그렇게 원하는 죽음을 저에게 베풀어준다고 생각할 것입니다."

그제야 붓다가 고개를 끄덕였다.

"장하구나. 푸루나여. 그와 같은 마음으로 그곳으로 떠난다면 좋은 결과가 있으리라. 그곳으로 가서 법을 펼치도록 하여라. 다만 그들의 이해를 구하려 한다면 그 근기에 맞게 하여야 한다."

푸루나는 그 길로 동지들을 규합하고 스나파란타로 가 사람들을 제도했다. 제도되지 않을 자를 제도하고, 슬픈 자를 즐겁게 하고, 불편한 자를 편안케 하고, 열반에 들지 못한 자를 열반에 들게 하였다.

그렇게 그는 설법제일(說法第一)의 아라한답게 전도를 위해 생명을 아까워하지 않는 결의를 가진 사람이었다.

그는 돌아와 다시 전도를 떠나겠다고 하자 붓다가 말했다.

"홍법을 하면서도 어떻게 나란 존재를 파악할 수 있을까 하고 늘 생각하여라."

빠알리어 《뿐나경(푸르나)puṇṇovāda sutta(M145)》에 보면 뿐나는 평생을 홍법에 힘쓰다가 전도지에서 순교하였다고 기록하고 있다. 상윳따 니까야에도 그의 기록이 보인다. 전도지에서 생명을 바쳤다는 기록이다.

어느 날 많은 비구들이 붓다께 물었다.

"붓다시여, 뿐나가 전도지에서 죽었다고 합니다. 그는 죽어서 어디로 갔습니까?"

"비구들이여, 뿐나는 가르침을 잘 따랐기 때문에 반열반(般涅槃)하였다."

○

공의 생사

1

우주 전체의 중심, 그 속에는 자아(自我)와 무아(無我)라는 두 가지 속성이 있다. 우리는 아무 생각 없이 자기 자신을 자아라고 간주한다. 자아의 얼굴 뒤에 있는 무아를 보지 못하기 때문이다. 자아 뒤의 무아를 보지 못했다면 악마는 무아를 보지 못한 자아이다. 자아의 악마성에 걸리면 생사는 굴레가 된다. 자아는 자신이 확실한 존재라는 환상으로 강화된다. 분명한 것은 자아를 없애는 것이 무아가 아니라는 사실이다. 자아가 애초부터 존재한 적이 없는 세계, 그것을 깨닫는 것이 무아이다.

붓다의 공사상(空思想), 불교의 핵심 사상이라고 할 수 있는 붓다의 공사상과 생사관을 알아보려면 몇 가지 과정을 거쳐 가야 한다.

붓다의 제자 중에 공에 대해서라면 둘째가라면 서러워할 인물이 있다. 바로 해공 제일이라고 하는 수부티(Subhuti)라는 사람이다. 한역하여 수보리(須菩提)라고 하는데 푸르나에게 붓다를 소개시켜준 수닷다 장자가 이 사람의 삼촌이다.

우리는 '공(空)'이라 하면 먼저 빈 것이라고 생각한다.

그렇다. 공은 빈 것이다. 그러면서도 뭔가 허전하여 이렇게 생각한다.

'스스로의 근본 자리를 뜻하는 말이지.'

그 견해가 맞다.

언젠가 아주 학식 있는 분이 불교는 무신론이라고 말하는 걸 보았다. 참으로 한심하다는 생각이 들었다. 공, 그러니까 아무것도 없다 그 정도의 수준은 아닌 것 같았는데 왜 그렇게 천박하게 보였는지 알 수가 없다. 생의 풍경이 너무나 조악해 보여 오히려 연민의 정이 들 지경이었다.

필자는 공은 생의 밑바닥에 있다고 생각한다. 생의 밑바닥을 보면 거기에 공이 있다. 공은 초월적 의식이 존재하는 곳이다. 우리의 생, 그 생은 철저하게 빈 것으로부터 시작되고 마감된다. 공 그 자체다.

이것은 윤회설의 입장에서 바라봐도 마찬가지다. 윤회설의 개념대로 의식의 연속성을 인정한다고 하자. 우리는 오고 가지만 언제나 빈손이다. 빈손으로 와 빈손으로 간다. 탐·진·치(貪·瞋·癡) 3독에 절어 그렇게 쳇바퀴 돌듯 오고 간다. 성자도 마찬가지다. 그들에게 윤회가 사라졌다면 그 역시 공이다.

그런데도 우리가 가장 간과하기 쉬운 말이 공이다. 이 말을 모르고서는 생사를 논하기도 어렵고 진취적이고 바람직한 비전을 얻기도 어렵다. 당연히 성공과 행복을 얻기도 어려운데 언제나 우리는 발길로 공을 내찬다. 돈을 가지려 하고, 재산을 가지려 하고, 축첩을 일삼고 그렇게 자신의 욕망을 채우지 못해 안달한다. 공은 그만큼 우리를 망치는 욕심과 결부되어 있다. 그래서 붓다는 '공! 공!' 하며 우리에게 외치고 있다.

붓다가 출가해 칼라마 선인을 만나던 광경을 기억할 것이다. 그에게 세운 공사상, 그것이 바로 공의 정수다. 붓다는 이미 그때 공의 끝자리까지 간파하고 있었다. 그는 공(空)은 스스로의 근본 자리를 뜻한다고 했다. 초월적 의식이 존재하는 곳이라고 했다. 지혜의 완전함을 일컫는다고 했다. 그렇기에 그곳은 빈 곳이지만 비어있지 않은 곳이라고 했다. 중생에게 있어 그곳은 비어 있고 어두운 곳이지만 깨달은 이에게는 인류의 활동적인 의식으로 꽉 차 있는 곳이라고 했다.

붓다의 말을 가만히 생각해 보면 단순한 믿음의 세계가 아니라 진정한 앎의 세계를 말하고 있다는 걸 알 수가 있다. 깨달음과 깨침의 세계, 즉 윤회계의 삶이 모든 원소들로부터 송두리째 해방되는 세계가 바로 공의 세계라는 사실을 알 수가 있다. 그 누구로부터도 창조됨이 없고 창조되는 과정도 없는 진정한 세계의 근원이 존재하는 곳이 공의 본 세계라는 것을 알 수가 있다.

여기 지붕이 없어도 유유자적하던 한 선지자가 있다. 바로 붓다의 제자 수부티다. 한역하여 수보리가 그다. 그는 우리에게 어떻게 이 세상을 살아가야 하는지 눈부시게 보여준다.

수부티는 사위국의 장자 집안에서 태어난 사람이다. 그가 태어나던 날은 맑은 빛이 온 집안에 가득찼다고 한다. 사람들은 하나같이 예사로운 일이 아니라고 수군거렸다. 그의 아버지는 바로 마가다국

의 왕 빔비사라의 아들인 기타태자가 가지고 있던 동산에 황금을
깔아 그 동산을 사서는 붓다에게 기원정사를 지어 기증했던 수닷다
장자의 아우 아나타핀티가 장자였다.

정사를 기증하겠다고 하자 붓다는 직접 제자들을 데리고 기원정
사로 갔다.

수부티는 그날 붓다를 처음 보았다.

소문으로만 듣던 붓다, 그가 모습을 나타내었을 때 크나큰 감동으
로 수부티는 두 손으로 그만 가슴을 안고 말았다. 비록 낡은 분소의
를 걸치긴 하였지만 참으로 아름답고 거룩한 모습이었다.

그 길로 수부티는 붓다의 제자가 되었다. 제자가 된 수부티는 어
느 날 자신이 붓다를 맨 처음 뵈었던 곳을 찾아갔다. 마가다국의 빔
비사라왕은 그 옛날의 수부티가 어엿한 붓다의 불제자가 되어 찾아
오자 그를 반갑게 맞았다.

그는 아랫사람을 시켜 오두막을 한 채 지어 그에게 공양하려 하
였다. 그런데 아랫사람들이 지붕을 올리지 않고 노임만 받아 챙기고
줄행랑을 놓아 버렸다. 수행승을 깔보고 오두막을 지으면서 지붕을
올리지 않았던 것이다. 나중에 빔비사라왕이 안다면 불벼락이 떨어
질 일이었지만 왕은 사실을 모르고 있었다. 수부티는 말이 없었다.
지붕 없는 오두막을 기꺼이 받았다.

다행히 비는 내리지 않았다.

계속해서 비가 내리지 않자 그러잖아도 가뭄을 걱정하던 사람들
은 뒤늦게야 수부티의 움막에 지붕이 없다는 사실을 깨달았다.

그제야 빔비사라왕에게 그 말이 들어갔다. 왕이 달려왔다. 왕은
수부티에게 백배사죄하고 지붕을 덮어 주었다.

그제야 비가 내렸다. 비를 관장하는 천신도 지붕이 없으면 없는 대로 살아가려는 수부티의 세상살이에 감동했던 것이다.

사실 설화 기록의 함정은 여기에 있다. 수부티에 감동하여 천신이 비를 내리지 않았다니.

설령 그랬다 하더라도 수부티는 수부티고 세상은 세상이다. 마땅히 비가 필요하다면 천신은 비를 내려야 한다. 그래야 세상이 존재한다. 공사상을 설명하려다 보니 이런 억지 설화가 생겨나는 것이다;

공의 세계와 현상세계는 하나라는 사실을 인식하지 않고서는 공은 그냥 공염불일 뿐이다.

공은 창조되지 않고 스스로 존재하는 세계다. 그 사실을 깨치지 않고서는 우리는 영원히 우주의 미물이다. 현상세계와 공의 세계가 하나가 되지 않는다면 현상세계로부터의 해방은 가능하지 않다. 우리는 이미 공의 상태에 있지만 그것을 의식하지 못하고 있으므로 자유롭지 못하다. 형태가 공이고 공이 곧 형태다. 붓다는 공을 깨달으면 붓다가 되고 깨닫지 못하면 인간으로 머무를 뿐이라고 했다.

설화가 과장되었다 하더라도 경전 속의 수부티는 무엇에도 집착하지 않았던 인물로 묘사되고 있는 것만은 사실이다. 모든 현상은 실체가 아니라는 사실을 그는 깊이 깨달은 사람으로 나타난다.

어느 날 붓다는 "나의 참모습을 본 이는 바로 수부티다"라고 말했다. 그는 그렇게 무쟁삼매를 얻어 언제나 중생을 불쌍히 여겨 남과 다투는 법이 없었던 수행승이었다.

○

하룻밤 사이에 현자가 되다

1

그날도 붓다는 비구들에게 공사상을 설하였다. 한 비구가 도저히 붓다의 말을 이해할 수 없었다. 그는 평소 부연 설명을 잘해 주기로 소문난 마하갓차나(Mahakatyayana, 摩訶迦旃延) 존자를 찾았다.

마하갓차나 존자는 붓다의 십대제자 중 한 사람이었다. 한역하여 마하가전연이라고 하는 마하갓차나는 바라문의 10성 중에서도 이름난 집안에서 태어난 사람이었다. 중인도의 서쪽 변방 아반타국의 수도 웃제니 생이었다.

웃제니의 왕은 어느 날 붓다의 소문을 듣고 설법이 듣고 싶어 가신을 기원정사로 보냈다. 그때 파견된 일곱 사람 중 한 사람이 바로 마하갓차나였다. 그의 아버지는 왕사였다. 붓다를 모셔오겠다고 나섰던 마하갓차나는 붓다를 뵙자마자 그 길로 출가해 버렸다.

그는 나중에 제 나라로 돌아가 자신이 배운 불법을 폈는데 특히 논리에 뛰어난 힘을 가지고 있었다.

《중아함경(中阿含經)》 28권 〈밀환유경(蜜丸喻經)〉에 보면 그에 대해 잘 나와 있는데, 설법과 논리는 그 뜻이 매우 다르다.

하루는 왕사성의 타포우다 정사에 사밋디라는 비구가 교단에 몸 담고 있는 승에게 〈일야현자(一夜賢者)〉에 대해서 물었다.

앞서도 〈일야현자〉에 대해서는 기술한 바 있는데 맛지마 니까야(M131) 보다 〈로마사깡끼아와 지복한 하룻밤경 Lomasakangivabhaddekaratta sutta(M134)(盧夷强者――夜賢者)〉이 상세하다. 경을 보면 이 게송의 중요성을 다시 한번 확인할 수 있다. 그 경에 나오는 붓다는 삼십삼천으로 올라 빠릿찻따까 나무 아래서 천신들에게 이 가르침을 설할 정도다.

"그대는 〈일야현자〉의 게에 대해서 알고 있습니까?"
사밋디의 물음에 승은 머리를 내저었다.
"모릅니다."
"붓다의 제자가 그것도 모르다니요?"
"붓다께 가 물어 보십시오. 그 분만이 참뜻을 가르쳐줄 테니."
그 길로 사밋디는 붓다를 찾았다.
"붓다시여. 〈일야현자〉의 게에 대해서 가르쳐 주십시오."
붓다가 고개를 끄덕였다. 그는 담담하게 사밋디를 대하고 있었지만 왜 그런 게송을 읊었는지를 생각하고 있었다. 분명히 그 게송은 오도를 통해 극복한 예전의 상처들이 남긴 것이었다. 그 상처들이 아니었으면 출가를 할 수 없었을 터였다. 성도 또한 강 건너 등불에 지나지 않았을 것이었다. 이제 모두 끝난 일이었다. 어떤 잔상도 남아 있지 않았다. 그저 여여할 뿐이었다.

붓다는 자세를 가다듬고 혼온한 음성으로 입을 열었다.

"그래 내 가르쳐 주마. 자세히 들어라. 첫째, 과거에 매달려 애태우지 말아라. 미래를 좇아 근심하지 말아라. 과거는 이미 지나갔다. 미래는 아직 도래하지 않았다. 다만 현재의 것을 관찰하라. 그리고 흔들림 없이 실천하라. 누가 내일 죽임이 있는 줄 알겠는가. 오늘은 오늘인 것. 언젠가는 사신(死神)의 대군과 만나게 될 것이니 지나가 버린 것을 슬퍼하지 않고 오지 않는 것을 슬퍼하지 않으며 현재에 충실히 살고 있을 때 너의 삶은 생기에 넘치고 편안하리라. 오지 않는 미래를 탐내거나 지나간 과거사에 집착하며 슬퍼할 때 어리석은 사람이라 하느니라. 그로 인해 꺾인 갈대처럼 시들어가리니 그것을 간파하고 열심히 노력하는 자, 그 자를 일러 일야현자라 하느니라."

이때의 설법이 남방 데라와다 불교에 전해지고 있는 맛지마 니까야 《행복 전념경 Bhaddekaratta(M131)》에 이렇게 기록되어 있다. 빠알리어 원문이다.

Atītaṃ nānvāgameyya, nappaṭikaṅkhe anāgataṃ
yadatītaṃ pahīnaṃ taṃ, appattañca anāgataṃ.
Paccuppannañca yo dhammaṃ, tattha tattha vipassati
asaṃhīraṃ asaṃkuppaṃ, taṃ vidvā manubrūhaye.
evaṃ vihāriṃ ātāpiṃ, ahorattamatanditaṃ.
taṃ ve bhaddekarattoti, santo ācikkhate muni.

과거를 되새기지 말고 미래를 바라지 마라.
과거는 사라졌고 미래는 닥치지 않았다.
현재 일어나는 현상을
매 순간 바로 거기서 통찰하라.
정복할 수 없고 흔들리지 않음으로
그것을 알고 따라 행해야 한다.
밤과 낮 게으르지 않게 노력하며 머무는 자
그를 상서로운 하룻밤의 가진 자, 참으로 평화로운
성자라고 하느니라.

앞서 기술하였지만 내가 왜 위 경문을 그대로 인용해 적었느냐 하면 붓다의 모든 것을 알려면 이 대목을 아무리 일러도 모자람이 없기 때문이다. 붓다의 가르침 어느 것 하나라도 중요하지 않은 것이 있을까만은 그렇기에 한역 경전이나 빠알리어 경전에서 계속해서 언급하고 있어 수월히 다룰 수가 없기 때문이다. 그럴 수밖에 없다. 바로 이 가르침이 금강경이나 선가에서 말하는 과거심불가득 현재심불가득 미래심불가득(過去心不可得 現在心不可得 未來心不可得)의 출발인 것이다.

2

그렇게 말하고 사밋디를 밖으로 내보내면서 붓다는 생각하고 있었다. 그날의 고통들을 사밋디가 어떻게 알까. 물론 그에게도 생의 고통이 있으리라. 성도 후 알게 된 것이지만 그때 자신의 상처는 지극히 정상적인 것이었다. 인간 누구나 가지는 고통, 이 세상을 살아가면서 누구나 받을 수 있는 고통이었다. 그렇기에 그 고통으로부터 벗어나는 길은 고통과 싸워 이기는 길밖에 없다고 생각했었다. 심적인 고통은 피하거나 외면한다고 해결되는 것이 아니었다. 어떠한 약물로도 고칠 수 없으며 그렇다면 그 고통을 똑바로 보고 마주 설 수밖에 없다고 생각했었다.

그때의 고통이 나의 힘이 되었다는 것을 어찌 이해할 수 있겠는가.

그래서 성도 후 대승법과 소승법을 함께 가르쳤다. 대기설법이 그것의 증명이었다. 누구에게나 상처가 있었다. 상처 없는 인간이 어디 있겠는가. 그들의 근기에 맞추어 가르치는 것은 바로 그들의 상처를 헤아려 가며 발라 주는 약이었다.

밖으로 나온 사밋디는 붓다가 알기 쉽게 설명을 해 주었는데도 잘 이해가 되지 않았다. 미욱한 중생은 본시 의혹이 많은 법이다. 붓다의 말씀이 옳다고는 생각되지만 중생이다 보니 그대로 깨침이 될 수는 없다. 여전히 과거와 미래에 얽매여 현실을 직시할 수 없다.

그는 마하갓차나를 찾았다. 그가 다른 이들을 놔두고 마하갓차나를 찾은 것은 그가 변방의 사람이고 그 변방의 사람들에게 언젠가는 붓다의 말씀을 잘 전해 주어야 하는 사명이 있었기에 어떤 문제든 논리 정연하게 간직하는 힘이 있었기 때문이었다.

사밋디의 말을 들어본 마하갓차나는 머리를 내저었다. 붓다가 그렇게 충분한 해석을 내려 주었는데도 이해하지 못했다면 계를 논리적으로 말해 준다고 해서 알아들을 것 같지 않았다. 또 붓다가 그렇게밖에 해석해 주지 않았다면 그에 합당한 이유가 있을 것이었다.

"붓다의 말씀은 과거나 미래를 좇는 망상을 일으키지 말라는 말씀

같군요."

마하갓차나는 그렇게만 말했다.

사밋디는 더욱 의심을 내었다.

"저는 지나간 과거만 생각하면 가슴이 아픕니다. 앞으로 무슨 일이 일어날지 불안하고요. 그런데 과거에 연연하지 말라고만 하시니 그게 그렇게 쉽게 되겠습니까?"

마하갓차나는 대답을 하지 않으려다가 사밋디가 안쓰러워 대답을 하지 않을 수가 없었다.

"그것이 중생의 한계입니다. 조금 마음을 열어보시지요. 생각해 보십시오. 지나간 과거를 아파한다고 해서 그 과거가 고쳐지겠습니까?"

"글쎄요?"

"아파한다고 해서 과거로 갈 수는 없습니다. 이미 지나가 버렸으니까요. 고치려고 해도 고칠 수 없지 않습니까."

"그러면 어떡해야 하겠습니까?"

"고치는 방법이 있지요."

"방법이 있다고 하셨습니까?"

"그것은 지금의 현실에 충실하는 것입니다. 그리하여 과거의 잘못을 고쳐나가는 것입니다. 그게 업의 전환을 가져올 것입니다. 그래서 붓다께서는 지나간 것을 좇지 말라 하셨던 것입니다. 오지 않는 것을 생각지 말라 하셨던 것입니다. 과거는 이미 사라졌고 미래는 아직 이르지 않은 것입니다. 붓다께서는 말씀하셨습니다. '…그러므로 다만 존재하고 있는 지금 이 자리에서 잘 살펴야 한다. 확고부동하게 끝까지 살펴 실천해야 한다. 다만 오늘 확실히 해야 할 것을 열심히 하여

라. 누구인들 내일 죽음이 있을 줄 알겠는가. 진실로 저 죽음을 만나지 않을 수는 없다. 이같이 잘 살피는 사람은 마음을 기울여 밤낮으로 열심히 실천한다. 이런 사람을 일야현자라 하며 마음을 고요히 가라앉힌 사람을 적정자(寂靜者=寂黙者)라 하느니라.'"

"역시 오늘을 열심히 살아야 한다는 말 같은데 그게 어렵다 그 말입니다."

"과거나 미래에 쫓기다 보면 운명론에 빠지게 되기에 붓다의 말씀은 그걸 경계한 것입니다. 생각해 보십시오. 왜 과거와 미래에 천착하십니까? 그럼 지금의 현실 역시 과거가 되는 것입니다."

"말을 듣다 보니 어차피 현실은 존재하지 않는다는 말처럼 들리는군요."

"그렇습니다. 사실 현재는 존재하지 않습니다."

"네?"

"현재는 순간인데 벌써 과거가 아닙니까. 한 걸음 앞으로 내디뎠습니다. 그런데 발이 나가는 순간 과거입니다. 걸음걸음이 과거입니다. 실질적 현재인데 이미 과거입니다. 미래도 마찬가집니다. 미래인데 이미 현재이고 과거입니다. 그러므로 미래, 현재, 과거가 하나인 것입니다. 결론은 이 세상에서 일어나는 일은 그 무엇도 붙잡을 수 없다는 것입니다. 붙잡히지 않는 것임을 바르게 알아야 한다는 것입니다. 그래야 어디에도 걸리지 않을 테니까요. 과거에 마음이 잡히면 현실이 망가집니다. 그럼 우리는 과거에 사는 것입니다. 미래도 마찬가지지요. 그럼 우리는 과거에 살고 있습니까? 현재에 살고 있습니까? 미래에 살고 있습니까?"

사밋디가 머뭇거리자 마하갓차나는 다시 말을 이었다.

"그래서 현재의 순간이 중요한 것입니다. 그 순간 현상을 통찰해야 한다는 것입니다. 업보(業報)의 문제로부터 이 문제를 생각해 보면 모든 것이 자명해집니다.

"업보?"

"그렇습니다. 우리는 이 삶의 언덕에서 인연을 맺고 삽니다. 그러므로 업보는 피할 수 없는 결과이지요. 그런데 잘 생각해 보면 업보는 언제나 현재가 기준이 되는 것입니다. 누군가에게 그대가 해를 당했습니다. 그것이 어떤 성질의 것이든지 말입니다. 그래서 내가 저 사람을 꼭 나쁘게 해야 되겠다고 생각합니다. 그 사람을 결국 나쁘게 하고 말았습니다. 우리는 그것을 인과응보(因果應報)라고 합니다. 우리는 단순하게 이 시대에 그 인과가 나타났다고 생각합니다. 그러나 깊이 생각해 보면 원인은 더 멀리 있다고 생각할 수 있습니다."

"먼 곳이라고 한다면?"

"그렇습니다. 그게 과거 생일 수도 있지요."

"그러니까 그 사람에게 해를 끼치는 것도 두 사람의 인연이 과거의 업으로 인해 생겨난다 그 말입니까?"

"그렇습니다. 이미 그대는 그 사람으로부터 그렇게 해를 당할 만한 업을 지었음에 분명하고 그랬기에 그 사람은 이생에서 당신을 해한 것입니다. 그것을 모르니 당신은 그 사람에게 다시 해를 가했습니다. 그래서 인과응보는 끝없이 순환하는 것입니다. 복수가 복수를 낳고 또 복수를 낳지요. 바로 이것이 불교입니다. 붓다가 현재를 철저히 관찰하고 응시하라고 하신 것도 바로 업보의 문제를 천하에 보이신 것입니다. 업보를 끊으려면 현실을 지혜롭게 응시하지 않고는 불가능합니다. 우리는 이생에서 악심을 품지 않았는데도 자신도 모르게 타

• 붓다 평전

인에게 해를 가하는 경우가 허다합니다. 그게 생활이니까요. 그렇게 되는 현상 역시 과거의 업보에 의한 것입니다. 바로 그것을 깨달았을 때 이생에서 그 업보를 마감할 수 있을 것입니다. 윤회에 미래는 없습니다. 미래는 우리 모두가 붓다의 경지에 드는 세상입니다. 이생에 모든 업식을 잘 마무리해서 말입니다. 이것이 윤회의 모습입니다. 붓다에게는 인과가 없습니다. 윤회를 여였기 때문입니다. 언제나 마음이 여여함으로 적멸 상태에 있기 때문입니다. 윤회가 없는데 어찌 과와 보가 있겠습니까. 윤회는 바로 그 경지로 가는 길목입니다."

그렇게 말하고 마하갓차나가 사밋디의 표정을 보았더니 이해는 되지만 어떻게 그 경지를 자기화할 수 있을지 모르겠다는 표정을 여전히 짓고 있었다.

마하갓차나는 일어나 버렸다. 밤 사이에 자신의 마음을 다스려 적정의 세계를 얻는다면 그 역시 현자가 된다는 사실, 그 사실을 아직도 깨닫지 못한다면 그가 직접 체험함으로써 얻어질 것이라고 생각했기 때문이었다.

진리는 이해가 아니다. 그가 깨달아야 할 세계는 객관의 세계가 아니다. 직관의 세계다. 밖에서 얻은 지식이나 이론으로 얻어질 성질의 것이 아니다. 현재 의심 가는 게 있다면 그것을 생각하고 또 생각하고 그러는 가운데 생활이 되어 가고, 삶이 되어야만 얻을 수 있는 경지다. 자신의 구체적 체험을 통해서만 스스로 깨달아 갈 문제다. 철저한 자기 응시가 있어야 해결될 문제다. 그래야 자기 속에 잠들어 있는 깨침의 씨앗이 발아된다. 그 씨앗이 무한한 창조력의 원동력이 되어 그를 현자로 일어나게 한다.

스스로 그 게를 풀 수밖에 없던 사밋디는 오랜 시간이 지나서야 붓다의 말을 이해했다.

아하! 나라고 고집하는 이것, 자아(自我), 그것이 곧 오취온(五取蘊)이구나.

오취온이 무엇인가. 색수상행식(色受相行識, 몸·느낌·인식·의도·식)이라는 기술은 이미 했다. 오취온은 탐욕과 집착에 속하는 오온(五蘊)이다. 붓다의 12연기가 논리적이고 역동적인 존재의 과정이라는 것을 사밋디는 비로소 깨달은 것이다.

오온은 절대적 인간존재의 구성요건이다. 오온의 분석을 통해 인간존재의 유위적 실상을 파악할 수 있다. 그러므로 오온을 자신의 자아로 집착하는 경향이 있다. 나라고 갈애하고 취착하는 주범이 곧 오취온이다.

그렇기에 붓다는 오취온의 무더기에 휘둘리지 말라는 가르침을 폈다. 그래야 오취온을 완전히 할 수 있다는 가르침이다. 과거의 색수상행식도 되새기지 않고, 미래의 색수상행식도 바라지 않을 때 부서지지 않는 자신의 영원한 실체인 자아를 찾을 수 있다는 가르침이다.

이 말은 곧 지금 여기 현재의 몸과 마음을 통찰하라는 말이다.

그 정도의 깨침을 사밋디가 얻었을 때 이제는 그보다 못한 비구가 찾아와 물었다.

"그러면 나의 자아는 현재에 있는 것입니까? 그렇지 않습니까? 과거의 오취온, 미래의 오취온을 바라지 말라고 한다면 현재 역시 내가 즐겨 하고 갈애하고 취착하는 색수상행식(마음)은 바라지 말아야 한다는 말 아닙니까? 도대체 어쩌란 말입니까?"

이 물음은 곧 《금강경 제18분》에 나오는 과거심불가득 현재심불가득 미래심불가득(過去心不可得 現在心不可得 未來心不可得)이란 말에 대한 질문이다. 우리의 마음자리를 밝힌 유명한 게송인데 말을 살짝 바꾸면 현재심을 득할 수 있느냐는 말이다.

지금 이곳에 깨어 있으면 이르는 곳마다 모두 진리라는 말이 있다[隨處作主 立處皆眞]. 임제 선사의 말이다. 지금 이 순간 깨어 있어야 서 있는 자리마다 향기로운 꽃을 피울 수 있다는 말은 서 있는 자리가 바로 해탈의 자리라는 말이다. 바로 여기 이 자리, 이 자리에서 대자유를 보라는 말이다.

바로 이것이 〈일야현자〉 게의 핵심이다. 바로 이것이 과거 미래 현재를 알아 보는 법이다.

앞에서 말했다시피 붓다는 분명히 이렇게 말하고 있다.

현재에 일어나는 현상을
매 순간 바로 거기서 통찰하라.
정복할 수 없고 흔들리지 않음으로
그것을 알고 행해야 한다.

이 말은 곧 지금 바로 여기에서 일어나는 현상을 통찰하라는 말이다. 색수상행식에 의해 접촉이 일어날 바로 그 순간 법을 관찰하라는 말이다.

그러면 어떻게 관찰해야 하는가.

붓다는 현상 즉 법(法)을 통찰하라고 하고 있다.

이것이 붓다의 대답이다. 그럼으로써 그러한 법들에 정복되지 않고 흔들리지 않을 수 있다는 것이다. 그래야 아상에 묶이지 않고 과거의 자아, 미래의 자아, 현재의 자아에 묶이지 않고 이 순간 번뇌에서 해탈할 수 있다는 것이다.

그러고 보면 마하갓차나가 행한 침묵의 논리가 맞아 들어간 셈이다.

그는 사밋디를 보내고 이렇게 노래하고 있었을지 모른다.

현재는 찰나의 번갯불과 같은 것.
착각하는 자에게만 윤회는 존재하는 것.
나(我)는 일체의 기준. 일체의 근본, 그 기준점,
그것만이 영원하리라.
과거도 미래도 현재의 내 마음속에 있는 것.
실체는 없다. 그러므로 무너질 수 없다.
그를 일러 수미산의 왕이라 한다.

3

여기서 우리는 아주 중요한 문제 하나를 또 짚고 넘어가야 한다. 이제 〈일야현자〉의 게는 생사의 문제로 비약된다. 불교 사상이 비로소 정점에 이르는 순간이다. 기를 쓰고 이 순간까지 왔다. 불교 사상을 논할 때 이것만큼 중요한 문제가 없다. 윤회문제의 문턱까지 왔다. 바로 생과 사의 문제. 이제 이 문제를 살펴볼 때가 되었다. 《상윳따 니카야 자아경(Atthatta suttaṃ)》에 보면 이런 대목이 있다. 밧차 곳따라는 제자가 "자아가 있습니까?" 하고 붓다에게 물었다. 그러자 붓다는 대답하지 않았다. 다음 날 다시 물어도 마찬가지였다. 그가

• 붓다 평전

떠나고 난 뒤 아난다가 물었다.

"붓다시여, 왜 그러셨습니까?"

붓다는 이렇게 대답했다.

"자아가 있다고 한다면 내가 있다고 생각할 것이고 무아라고 한다면 내가 없다고 생각할 것이다."

이 말은 자아가 있다고 한다면 우리의 영혼이 있다는 말이고 무아라고 한다면 우리의 영혼이 없다는 대답이었다.

갑자기 무슨 말인가?

어느 날 붓다가 제자들에게 이렇게 물었다.

"비구들이여. 생사(生死)에 대해서 각기 느낀 바를 말해 보아라. 먼저 죽음을 말해 보아라. 도대체 죽음이 어떻게 되느냐?"

"죽음은 하루 동안에도 닥쳐올 수가 있습니다."

한 제자가 대답했다.

붓다는 그에게 말했다.

"너는 공부하기가 어렵겠다."

왜 붓다는 공부하기가 어렵겠다고 했을까.

인간이란 한시도 모르는 동물이거늘 하루 동안이라니? 어떻게 한 시각도 장담할 수 없는데 하루이겠는가.

그러니 어렵다. 대[竹]끝 공부라는 말이 있다. 인간의 생명은 유한하다. 죽기 전에 할 공부가 해탈 공부다. 그렇기에 해탈 공부는 죽음 직전에 잘 될 수밖에 없다. 더이상 시간이 없다.

"밥 한 그릇 먹는 가운데 죽음은 올 수가 있습니다."

다시 한 제자가 대답했다.

한 시도 모르는 대답에 붓다는 역시 고개를 내저었다.

"너도 어렵겠다."

"죽음은 숨 한번 내쉬었다 들이마시는 데도 있습니다."

다시 한 제자가 대답했다.

그제야 붓다는 고개를 주억거렸다.

"옳다. 인간은 한 치 앞도 모르는 존재이다. 그러므로 한 시도 게 을리할 수가 없다. 너는 공부를 제대로 할 수 있겠다. 다시 묻자. 생 이 무엇이냐? 생을 말해 보아라."

"생은 업의 소산입니다."

"어허, 입에 발린 소리!"

붓다가 호통을 쳤다.

"옷을 갈아입는 것과 같습니다."

붓다는 말없이 일어나 옷을 갈아입고 방을 나가 버렸다.

왜 옷을 갈아입고 방을 나가 버렸을까?

여기 염옷이 하나 있다고 하자. 염장이가 염옷을 입히고 보니 수 의가 너무 고급이다. 염장이는 눈치를 보다가 기회를 봐 값싼 수의로 바꿔 입혔다.

그러면 시신은 나쁜 생을 받고 태어나는가.

그렇다고 바뀔 것은 없겠지만 바로 이것이다. 이 우화 속에 윤회와 무아의 세계가 있다.

새삼 거론할 필요도 없이 우리가 오늘날까지 인지하고 있는 윤회 는 영혼이 있어 재생을 한다는 사상이고 무아론은 자아가 없다는 사상이다. 자아가 없다? 무슨 소리인가? 자아가 없다면 내가 없다는 소리이고 내가 없다면 영혼이 없다는 소리인데 영혼이 없다면 어떻 게 윤회가 가능한가? 윤회설도 붓다에게서 나온 사상이고 무아설도

붓다에게서 나온 사상이다. 그럼 어떻게 되는가? 붓다는 줄곧 윤회
설을 주장해왔고 무아설 또한 주장해왔다.

　모순이다.

　모순?

　그럼 붓다는 스스로 그런 엄청난 모순을 저지르고 있었다는 말이
된다.

　왜 붓다는 스스로 모순을 저지르고 있었단 말인가?

　분명한 것은 이 지독한 모순 속에 불교의 핵심이 있다는 것이다.

○

윤회설과 무아설 그 존재의 본

1
—

그럼 먼저 재생 즉 윤회의 문제부터 살펴보자.

인간은 죽어 재생되는가?

이 문제는 붓다의 무아설과 직결된다는 사실을 새삼스럽게 언급할 필요도 없는 것이다.

그렇다. 불전에는 인간의 전생과 현생, 내생을 인정하고 있다. 《담마빠다》만 하더라도 붓다는 과거 인연을 통해 현생을 설명하고 있다.

그런데 이상하다. 붓다의 사상을 깊이 들여다보면 붓다는 인간의 영혼을 인정하지 않고 있다.

인간의 영혼을 인정하지 않는다? 윤회설은 불교의 근간인데 그 사실을 강조할 대로 해놓고는 지금에 와 뭐라고? 영혼이 없다고? 무아라고? 조국 카필라를 넘긴 것은 윤회의 업장 때문이라고 한 것이 누군데? 그런데 영혼이 없다고? 업이 아니라고? 무아설과 연기설, 그것은 모순이다. 그리고 무슨 말인가? 무아가 업보라고? 본시 업과 보는 무아 속에 있었다고? 무아는 자아란 없는 세계가 아니라 그대로 공성(空性)이라고? 그래서 진아가 있다? 바로 무아? 무슨 말인지 원.

하지만 붓다는 분명히 인간의 영혼을 인정하지 않고 있다.

이게 어떻게 된 것인가?

어느 날 도반이 와 필자에게 물었다.

"생은 어디서 와 어디로 가는가?"

너무 상투적인 물음이라 대답하지 않았다.

"붓다의 이중성을 나는 이해할 수 없다네. 지옥이니 극락이니 윤회니 그렇게 씨부렁대다가 뭐 방편교설이었다? 이게 말이 돼? 어딘가 보니 자네 이런 글을 썼더구만. '윤회가 무엇입니까?' '그 집 종자의 피.' 나 그 글 읽고 밤새 잠 한숨 자지 못했네. 그럼 뭐야? 영혼이 있어 왔다갔다 하는 것이 아니고 본래 가지고 태어나는 것이다 그거야? 그게 원죄의 댓가라며. 아 아니 원죄라며? 붓다의 연기설. 그거 잘도 우려 먹었더만. 그 연기에 의해 두 사람이 만났다. 그래 애를 낳았다. 남들은 사랑의 결과물이니 뭐니 하는데 그것이 뭐 원죄의 덩어리라고? 미워하고 저주하고 사랑하고 그런 것들이 모여 이룬 원죄의 덩어리라고? 그래서 그 원죄의 핏속에 가문의 정보가 존재하고 그것이 윤회라고?"

필자는 그날 끝끝내 말 한 마디 하지 않았다.

붓다는 말하고 있다. '죽어 내가 다시 옵니까?' '온다고 해도 틀리고 오지 않는다고 해도 틀린다. 중도에 그 해답이 있다.' 오로지 필자는 그날 그 말만 생각했다.

선자들은 말하고 있다. 붓다의 참모습은 여기에 있다고.

그렇다. 그는 무아론과 윤회설을 동시에 설파함으로써 스스로 엄청난 모순성을 감수하고 있기에 고귀한 것인지도 모른다. 그의 방편 교설 속에 중생을 구원하려는 원대한 이상이, 결코 언설로서 가르칠 수 없는 그의 고귀한 뜻 속에 중생을 안주시키려는 바램이….

그럼 이 문제를 확실히 하기 위해 좀 더 구체적으로 들어가 보아야 한다.

되풀이 하는 것 같지만 무아는 내가 없다는 사상이다. 엄밀히 말해 영혼이 없다는 사상이다. 반면 윤회설은 영혼이 있다는 사상이다. 영혼이 있으므로 영혼 불멸하다는 사상이다.

그럼 문제는 우리가 무아설과 윤회설 사이의 모순을 어떻게 이해해야 할까에 있을 것이다.

깊이 생각해 보면 이는 분명 붓다의 전 생애를 통해 볼 때 그의 이론적인 세계, 실천적 세계가 대립적으로 설정된 데서 비롯된 것임을 알 수 있다. 동일한 법칙 아래 있는 다르마 이론과 카르마 이론 사이의 불가피한 모순성이 그곳에 숨어 있다.

이 고리를 풀기 위해서는 가장 낮은 곳에서 시작해야 한다. 그렇기에 영혼불멸론자들의 주장은 고집스러울 수밖에 없다.

영혼의 불사(不死). 이 관념은 이제 인간의 선 관념이 된 지 오래다. 어느 사이에 사람들에게 널리 퍼져 있다. 불교도만 그런 관념에 물들어 있는 것이 아니다. 어떤 종교도 일반적으로 이러한 관념에서 자유로울 수 없다.

이 문제를 더 확실히 증명하기 위해 주의 주장을 지워 버리고 우리가 가지고 있는 영혼의 통념적 개념에 대해 한 종교학자에게 물어

보았다.

그는 이렇게 대답했다.

"정신적인 작용의 실체화."

대답은 간단했으나 분명했다. 그는 우리가 영혼이라는 실체를 갖고 있다고 했다. 비물질적인 존재물이기에 신체의 존재와는 별개의 것이라고 생각하지만 그렇지 않다고 했다. 아니 신체와는 별개의 존재이므로 신체의 유무와 관계없이 존재하고 있다고 했다.

"신체의 유무와 관계없이 존재한다는 말 같은데요?"

그렇게 묻자 그는 그렇다고 대답했다.

"그렇다면 신체라는 형태 속에 들어가기 이전부터 존재하는 존재물이라는 말이 됩니다. 신체가 소멸하고 난 후에도 존재한다는 말이 되지 않습니까?"

"영혼은 불멸의 존재이므로 거기에서 사후의 생활이 존재한다."

"죄를 지으면 지옥에 간다. 선한 일을 하면 극락에 간다. 그런 상벌(賞罰)의 개념이 생겨났다 그 말인가요?

솔직히 그가 윤회설을 다시 주장하고 있는 것 같아 뭐 특별할 것도 없는 대답이라고 생각하며 그렇게 물었다. 붓다의 사상을 자세히 살펴보면 심의식(心意識)을 구분없이 썼다는 걸 알 수 있다. 붓다가 직접 설한 6식까지가 그것이다. 그때 이미 붓다는 일체법 오온, 12처, 18계로 무아를 정리하고 있었다. 정신적인 면에 초점을 맞추어 설명하는 것이 5온이요, 물질적인 면에 초점을 맞춘 것이 12처이며, 정신과 물질 두 가지에 초점을 맞춘 것이 18계였다. 붓다가 그것을 설한 목적은 부언할 필요가 없다. 물질과 정신이 영구불변하는 실체가 아니라, 연기하는 존재라는 것을 확실히 하기 위함이었다.

좀 더 진보적 대답을 원하고 있었던 것일까?

계속해서 그의 대답이 맴돌았다. 그는 계속해서 과거, 현재, 미래를 통하여 영혼이 윤회한다는 주장을 하고 있었다.

"영혼 불멸의 관념은 원시 종교 속에서 시초를 찾을 수 있을 것입니다. 일반적으로 명확하게 인정될 수 없는 비과학적 개념이지요. 종교나 관념론 철학에 의해서 정립되고 강조되어온… 더욱이 영혼 불멸성을 인정하는 7식부터는 붓다의 사상이 아니라는 말이 있거든요. 대승불교 사상이 일어나면서 힌두사상의 영향을 받은 논사들이 전개한 사상이라는 것이지요."

"맞소."

그의 대답은 거침없었다.

"그럼 어떻게 되는 겁니까?"

그가 정색을 했다.

"그대는 어떻게 생각하오?"

"붓다는 힌두교에서나 말하는 자아(atman)를 인정한 적이 없습니다. 맛지마 니까야의 《큰 갈애의 소멸경(Mahātaṇhāsaṅkhayasuttaṃ)》에 보면 사띠라는 제자가 자아가 있느냐고 묻자 붓다는 쓸모없는 인간이라고 소리치고 있으니까 말입니다. 사실 그는 절대아, 창조주, 이데아 그따위 것을 인정한 적이 없거든요."

"그것이야 불변하는 실체가 없다는 말 아니겠소."

"그의 윤회가 점차 성숙한다는 그것도 사실 좀 그렇고요."

"그럼 대답은 나온 거 아니오?"

"그런데 그의 무아설이 이상하지 않습니까? 윤회가 점차 성숙한다는 것과 무아설, 좀 이상하지 않습니까? 그 때문에 나중에 나라를

• 붓다 평전

바친다는 것도요."

그가 갑자기 웃었다.

"으하하, 여전히 당신에게는 그놈의 무아설이 문제로군 그래."

"네?"

"언젠가 우연히 빠알리어 경전을 읽은 적이 있었소. 한 제자가 부처님의 설법에도 깨치지 못하고 칼로 자결을 했소. 부처님은 그를 불쌍히 여겨 바위산으로 찾아 나섰는데 악신 빠삐가 그를 찾으러 왔소. 부처님이 여기저기 어른거리는 빛을 보며 말했소. 악신이 그의 의식을 찾고 있다고."

그제야 그가 《박깔리 경》 속의 박깔리를 말하고 있다는 생각이 들었다.

"《박깔리 경》을 읽었군요?"

"하하, 잘 아시는구려. 나도 관심이 많아 대답을 구하던 판이었는데 누가 권하기에 읽어 보았소. 박… 뭐였소. 그럼 부처님의 직언이 거짓말이오?"

"네?"

"의식의 있고 없음, 뭐가 구원이오? 왜 부처님은 수행을 권하고 있는 것이오? 죽어도 살아남는다는 의식을 없애 버리기 위해서요?"

그가 묻고 머리를 내저었다.

"의식을 없애는 것이 아니라 의식의 구원일 거요. 근본 경전에서 부처님의 직언을 통해 직접 보여주고 있지 않소."

"그럼 이렇게 물어볼까요. 의식이 마음입니까?"

그가 낭패한 얼굴로 미간을 찌푸렸다.

"그럼 붓다가 헛소리를 하고 있다?"

"죽어 무엇이 남겠습니까? 죽어 의식이 남습니까? 붓다가 보았다는 악령은 붓다의 마음속 그림자는 어니었을까요?"

그가 어이없는 표정을 짓다가 눈을 감았다.

"악령은 우리의 사나운 마음이 그려내는 헛그림자가 아닐까요? 그 헛그림자의 완전한 조복, 그 드라마가 아닐까요? 그리하여 비로소 이르게 되는 자연 순환적인 과정이 아닐까요?"

"그렇다면 아직도 붓다는 본디 마음을 보지 못했다는 말밖에 되지 않소."

"붓다는 보았기에 어떤 대가를 치르더라도 보여줄 수 있는 것이지요. 그것이 위대한 붓다의 자비라면요."

"참으로 지독한 자비로군."

"잘못된 것에 눈이 멀어 버리면 보이는 게 없는 법입니다. 중생은 힌두교의 윤회관에 젖을 대로 젖어 있었으니…"

"그래서 나중에 나라까지 바쳤다? 그럼 그의 점차 성숙의 윤회는 어떻게 설명할 것인가? 윤회이면서 무아라는 사실을 연기법으로 밝히지 못한다면 그대의 작업은 헛것이 되고 말 걸세. 분명 윤회는 자아의 산물이니까."

말이 계속 겉돌고 있었다.

우리는 인간존재에 대해 의문을 가질 때 사유적으로 크게 두 가지 관점으로 파악하려는 습성이 있다. 그것이 종교적이든 철학적이든 상관 없이.

존재가 무엇인가. 본질과 실존의 결합이다. 존재는 실존 밖에서는 존재할 수 없다. 그 말은 곧 인간에게 영혼이 존재하느냐 아니냐는 말과 같다. 논점 그 자체로 귀결될 수밖에 없다.

바로 이것이 무아설의 논점이다. 《맛지마 니까야 알라갓두파마경 Alagaddūpama sutta(M22)》에 보면 독사와 뗏목에 비유하여 붓다는 공과 무아설을 내비치고 있다. 알라갓두파마경은 한역 아계타경(阿伽陀經)에 상응하는 경전이다.

2
—

그렇다면 모든 선입관을 버리고 이렇게 다시 물어볼 수밖에 없다. 도대체 영혼이 있다는 것인가? 없다는 것인가? 박깔리 경에는 의식을 영혼으로 보고 있고 두파마 경에는 무아설을 내비치고 있다.

그럼 붓다의 무아설은 무조건적 영혼 부정론이 아니라는 말이 된다. 여기서 우리는 고대 인도의 우파니샤드 철학에서 범(梵; 브라만)과 함께 가장 중요한 원리로 작용하던 아트만(ātman)에 대해서 알고 넘어가지 않으면 안 된다. 그래야 이 대답에 종지부를 찍을 수가 있기 때문이다.

아트만은 원래 호흡의 의미로 사용되던 말이었다. 그러다가 차차 생명 활동의 중심적인 힘, 즉 영혼을 나타내는 것으로 의미가 변질되었다. 대상적 존재에 대한 자아를 뜻하는 것으로 객관 세계에 대한 근원적 주관의 영역을 가리키는 말이 되었다.

만물 속에는 내재하는 영묘한 힘이 있다. 바로 그 본질을 표시하는 것이 아트만이다.

그렇게 아트만은 생명 현상을 통제하는 생리적인 기능의 의미로 처음에는 해석되었으나, 후에는 자아의식으로 생각되었다. 이는 인간존재의 탐구가 진행됨에 따라 자연스럽게 나타난 현상이다.

우파니샤드 철학은 가만히 들여다보면 대상과 개아(個我), 주관과 객관이라는 이원론적인 세계관에 그 목적이 있지 않음을 알 수 있다. 오히려 양자의 신비적 합일을 의도하고 있다. 그들은 아트만에 대해서도 만물에 내재하는 형이상학적인 영력이라고 주장한다. 그들은 범아일여(梵我一如)를 주장한다. 이는 곧 나라고 하는, 개아라고 하는 아트만을 우주의 통일 원리인 범(梵)과 하나로 보겠다는 수작이다. 범아일여라고 하는 통일점에서 우주와 인간의 융합을 설명하고 있는 신비주의적 관념론을 표방하겠다는 수작이다.

그러므로 힌두교에서 불교가 갈라져 나오는 출발점이 된 결과로 나타났다. 무아설은 아트만(我) 또는 개아(個我)를 부정하고 있기 때문이다.

부파불교 시대에는 윤회의 주체가 되는 자아(영혼)를 보특가라(補特伽羅), 궁생사온(窮生死蘊)이나 일미온(一味蘊) 등으로 불렀다. 그렇다면 우리는 여기에서 무아론과 윤회론을 정확히 하기 위해 붓다의 초전법륜으로 되돌아가지 않을 수 없다.

녹야원의 5비구에게 설한 법이 초전법륜이다. 이미 앞에서 서술했다시피 이때 붓다는 양극단을 여원 중도의 길 팔정도를 설했다. 세상에는 두 가지 극단이 있고 수행자는 어느 쪽에도 기울어서는 안 된다고 설했다.

녹야원에서 붓다는 다섯 비구에게 이렇게 이른다.

"비구들이여. 물질(色)과 나(我)를 보자. 물질은 나(我)가 아니다."

"붓다시여. 어찌하여 그러합니까? 내가 물질이 아니면 무엇이겠습니까?"

콘다냐가 물었다.

"만약 물질이 영원불변한 '나'라면 어떻게 되겠느냐? 물질은 병에 걸리지 않아야 한다. 또 물질이 자유자재한 '나'라면 내 마음대로 할 수 있어야 한다. 하지만 물질은 그렇지 못한 것이다. 물질은 영원불변한 '나'가 아닌 까닭이다. 그렇기에 '나의 몸은 이렇게 되라, 나의 몸은 이렇게 되지 말라'고 할 수 없다. 어떻게 생각하느냐? 물질은 영원한 것이냐, 무상한 것이냐?"

"무상합니다. 붓다시여."

밥파가 대답하였다.

"그러면 무상한 것은 괴로움이냐, 즐거움이냐?"

"괴로운 것입니다."

"옳다. 무상한 것이다. 그러므로 괴롭고 파괴되는 본성을 가지고 있다. 그것을 두고 과연 '이것은 나다', '이것은 나의 것이다' 그렇게 단정할 수 있는가?"

"할 수 없습니다."

"그렇다. 느낌[受]과 생각[想], 의지[行]와 의식[識]은 진정한 '나'가 아니다. 수상행식이 '나'라면 파괴되지 않아야 한다. 내 마음대로 할 수 있어야 한다. 영원불변한 '나'가 아닌 까닭에 파괴되는 것이며 내 마음대로 '이렇게 되라, 이렇게 되지 말라'고 할 수 없는 것이다. 그러므로 그것은 무상하다. 그럼 무상한 것은 괴로움인가, 즐거움인가?"

"붓다시여. 괴로운 것입니다."

묵묵히 듣고만 있던 마하나마가 대답했다.

"무상하고 괴롭고 파괴되는 본성을 가진 그것을 두고 어찌 '이것이 나다', '이것이 나의 것이다'라고 할 수 있겠는가?"

"붓다시여. 그러하나이다."

끝에 앉아 있던 앗싸지가 대답했다.

그제야 다섯 비구의 얼굴에 평온함이 넘쳐 흘렀다.

붓다는 그들이 깨침을 얻었음을 알고 선언했다.

"이 세상에 이제 여래, 응공, 정변지와 더불어 여섯 사람의 아라한 이 존재한다."

콘다냐를 비롯한 다섯 비구가 합장하고 붓다에게 절하였다.

붓다가 법륜을 굴리신 지 5일째 되는 날에 설한 법이다.

3

어느 날 내게 한 후학이 이런 질문을 했다. 아주 기초적인 질문 같았으나 골치 아픈 근본적인 질문이었다.

"도대체 저는 이해할 수가 없습니다. 무아(無我)와 윤회(輪廻)를 비교해 볼 때 '무아이지만 윤회가 성립된다?' 이게 말이 됩니까? 그럼 무아이니 윤회란 성립할 수 없다는 말이 됩니다. 그러면 무아가 윤회한다는 말인가요?"

이 질문을 듣고서야 제대로 이 문제에 매달릴 수 있겠구나 하는 생각이 들었다. 왜냐면 이 문제를 확실히 하지 않고서는 불교를 설명할 길이 없기 때문이다.

우리는 단순하고 어리석다. 그러므로 세계는 공간적으로 유한할까 무한할까 하고 항상 묻는다. 우리의 생명은 살아 있는 육신일까 살아 있는 마음일까? 육신 속에 살아 있는 생명이 따로 있는 것은 아닐까? 늘 변덕스러운 마음을 생각하면 그것이 살아 나를 지배하고 있는 것 같다. 그러면 마음을 잡았다는 붓다는 사후에 어떤 모습으로 존재하고 있을까? 이 물음에 대해서 붓다는 의식의 연속성을 연설할 만큼 해놓고는 언제 그랬느냐는 듯이 한마디로 부당한 물음이라고 나무란다.

여기 불(火)이 있다. 어디선가 왔다. 그런데 불이 사라졌다. 어디로 갔을까? 어디로 간 것이 아니라 꺼져버린 것이다. 그럼 윤회는? 윤회가 실재하는 것은 탐진치에 물든 자아를 버리지 못했기 때문이라고 붓다는 설파한다. 그것은 촛불이 꺼져도 꺼지지 않는 것과 같다는 것이다. 이 말은 곧 자아가 살아 있는 이상 불교는 윤회가 실재하는 사상에서 벗어나지 못한다는 뜻이다. 이 법을 설한 경이 맛지마 니까야 《말롱까 작은 경 Cūla Māluñkya sutta(M63)》이다.

"그럼 윤회설과 무아설을 함께 전하는 붓다의 모순을 어떻게 풀어가야 할까. 윤회설에 귀 기울이다가 왜 무아설을 그토록 강력하게 선언하는 것일까?

그의 주의 주장을 알고 있으면서도 모른 체하고 물었다.

"이 문제에 천착하면 할수록 어렵기만 해 학자들끼리도 의견이 분분하다는 것을 모르는 바가 아닙니다. 좋습니다. 그래요. 나는 붓다가 되지 못했으므로 모른다고 칩시다. 아직도 범부이니 말입니다. 붓다의 경지에 이를 때까지 나의 영혼을 인정하겠으며 그렇게 윤회하겠습니다. 그럼 내게 있다는 영혼의 정체부터 좀 알기나 합시다. 제게 이렇게 묻는 무작스러운 사람도 있더군요. "존재가 사라져도 영혼이 사라지지 않는다고요? 지구가 멸망해도 영혼은 불멸하기에 다른 행성으로 가 산다고요? 이게 말이 됩니까?" 불교 경전을 뒤져보면 영혼이 가서 머무는 세계가 따로 있고 이성적인 심리학자 칼 융도 임상체험을 했다고 하더군요. 자신의 영혼이 다른 행성으로 가더라는 것입니다. 그 행성으로 가 보니 죽은 영혼들이 자신을 맞더라는 데 이게 말이 됩니까? 영속론자들은 분명히 말하고 있지 않습니까? 영혼은 육체와 분리되는 성질이라고. 아뢰야식의 저장 창고에 저장 된 기억이 영혼이라고. 이 영혼만이 살아남아 윤회하는 것이라고. 웃 기지요. 그래서 한국불교가 영속론을 들먹일 때마다 분명히 하고 넘 어갈 것이 있다고 평소 생각해 왔던 것인지도 모르겠습니다. 윤회에 대한 오해가 그것이지요."

"그렇다면 붓다가 입만 열면 거짓말을 하고 있었다?"

알고 있으면서도 어떤 대답이 나올까 하고 물었다.

"그렇지 않습니까? 경전을 보면 영혼과 윤회문제를 설하고 있는데 도대체 어떻게 그것을 달리 설명할 수 있겠습니까?"

"그래?"

"선배님도 제 과라고 생각했는데 아닌가요? 방편이지요. 그래서 부 처님의 모든 설법이 방편 교설 아닙니까. 하기야 경전 전체가 그러고 보니…. 그러나 거의 전부가 대승의 변질된 기록이라는 사실입니다. 초기 경전은 어떡하냐고요? 그래서 방편이지요. 그 분이 자신이 깨 친 진리를 설하면 이미 진리가 아니라는 사실을 모를 리 있겠습니까. 하지만 중생들이 근기가 약해 알아듣지 못하는 걸 어떡합니까. 지옥 을 만들고 극락을 만들 수밖에 없었지요. 좋은 일 해라. 그럼 극락 가고…. 그 분의 본뜻이 숨어 있는 반야심경만 봐도 알 수 있고 정작 자신의 법을 마하가섭(마하카사파)에게 전할 때도 말 한 마디 하지 않 았어요. 그게 그 분의 본뜻이요 증명이지요."

예상하고 있었던 답변이라 틈을 주지 않고 다시 물었다.

"그래서 결론이 뭔가?"

"결론이고 뭐고 어딨습니까? 태어날 때부터 인간은 본성대로 움직입니다. 그게 영혼이지요. 존재가 사라지면 본성도 사라집니다. 그것으로 끝이에요. 그렇지 않습니까?"

무아와 윤회를 제 식대로 풀어내는 행태가 심히 경멸스러웠지만 일리가 없는 말은 아니었다.

"도대체 사람이 죽으면 어떻게 그 영혼이 살아남아 다시 환생할 수 있단 말입니까. 죽으면 그만 아닙니까. 7식까지는 작동을 멈추고 8식은 살아남아 환생한다니 그게 말이 되는 소립니까? 지금이 어떤 세상입니까. 앞으로 대체인간이 필요하다면 인간 한 사람에게서 60조 개의 복제인간을 만들어낼 수 있는 시대가 온답니다. 그럼 그 영혼은 어떻게 대체할 겁니까? 남녀가 합궁을 통해 인간을 만들었을 때 혼이 들어가는 것이 아니라 복제는 처음부터 완전한 하나의 세포가 아닙니까. 그럼 원래부터 세포 속에 영혼이 있다는 말인데 이게 설명이 됩니까? 더욱이 그 세포가 분열되면요?"

"도대체 결론이 뭐냐고?"

이상하게 화가 나 소리치자 그가 목소리에 날을 세우고 소리쳤다.

"DNA."

"DNA?

"옛날 사람들은 그걸 몰랐기에 영혼이라 불렀지요. 이걸 불교에서는 본래본법성이라 하더군요?"

"뭐? 본래본법성?"

갑자기 세상이 많이 변해 버렸다는 생각이 들었다. 그렇구나. 내가 2600년의 세월 속에 있구나. 그 언덕에서 나는 지금 무슨 생각을 하고 있는가? 붓다는 저기서 자신의 말을 종합해 보면 거기 해답이 있다고 설하고 있다. 붓다 스스로 윤회설과 무아설을 주장하는 모순을 저지르고 있지 않은가. 그럼 붓다가 숨기고 있는 것은 무엇인가?

붓다는 분명 이렇게 설하고 있다.

바차고따라는 수행승이 붓다 석존에게 물었다.

"여래는 죽어 어디로 가는지요?"

붓다는 《아함경》에서 이렇게 대답한다.

"삶과 죽음은 불타는 땔감과 같다. 땔감이 다 타면 불은 꺼진다. 꺼진 불이 어디로 가겠는가. 죽는다는 것도 이와 같다. 죽은 자가 어디로 간다느니 가지 않는다느니 설명하는 것은 어리석은 일이다."

반면 맛지마 니까야 《아지바차고따경 Aggivacchagotta sutta(M72)》에서는 이렇게 설한다.

"여래에게는 죽어 다시 태어난다는 말도 타당하지 않다. 죽어 태어나지 않는다는 말도 타당하지 않다. 죽어 다시 태어나기도 하고 다시 태어나지 않기도 한다는 그러한 말도 타당하지 않다. 죽어 다시 태어나는 것도 아니고 태어나지 않는 것도 아닌 것이란 말도 타당하지 않다."

우리는 여기에서 붓다의 대답이 어떻게 차이 나는지를 알 수 있다. 사실은 똑같은 대답이다. 그러나 한역본 아함경의 물음에서 여래라는 단어를 빼버린다면 충분히 오해의 소지가 있는 극단적인 대답이다. 그 오해의 소지를 맛지마 니까야의 대답이 하고 있다. 중생과 붓다 사이에 해탈의 강이 가로 놓여 있음을 중도에 입각해 자세하게 보여주고 있는 것이다.

이 말을 환언하면 이런 말로 풀 수 있다.

〈번뇌의 업이 모두 꺼질 때를 열반이라 한다. 열반이란 번뇌의 업이 모두 꺼져버린 상태라면 고정된 실체인 자아도 그때 모두 사라진다. 그 세계가 곧 무아이다. 열반의 경지에 이르면 모든 업이 사라져 적멸의 세계에 든다. 열반의 경지에 이를 수 없는 중생은 그 업에 의해 윤회하게 되고 중생의 업이 있는 한 나(我)에 집착하게 되므로 고정된 실체는 그대로 존재한다. 그러므로 중생의 업이 수행에 의해 다 벗겨지면 무아의 경지에 이르게 되고 나라는 생각이 없어지므로 윤회에서 벗어나게 된다.〉

그럼 결국 붓다의 입장에서 볼 때 중생인 내가 없는 것이 아니라 인연이 뭉쳐서 태어난 나, 그 개체가 없다는 말이 된다.

그렇기에 선자는 이렇게 설한다.

〈무아를 잘못 이해하면 허무주의에 빠지고 만다. 독사를 잘못 잡으면 독사에게 물린다. 붓다가 말한 무아는 허망한 자아의식을 버리라는 무아다. 자아가 사라져 버리면 무아는 없다. 자아가 나를 괴롭히기 때문이다. 나를 싣고 가는 것은 자아이지 무아가 아니다. 곧 뗏목이 자아이다. 강을 건넜으면 뗏목을 버리게 되고 그때 무아는 사라진다. 그렇다고 진아가 숨겨져 있는 것도 아니다. 진아도 없다. 우리가 진아라고 하는 것은 무아가 아니면 자아가 있다고 하는 데서 생겨난 망상이다. 무아가 아니면 유아라는 망상에서 벗어나는 것이 중도이며 망상에서 벗어나면 무아도 진아도 없다. 붓다에게는 나라는 개체가 있을 수 없다. 개체가 아니기에 붓다는 천백억 화신으로 나툴 수 있다. 붓다의 몸속 수많은 유정들도 이미 함께 성불을 마쳤으므로 천백억 화신으로 나툴 수 있는 것이다. 이로써 무아이지만 윤회는 성립한다는 말이 증명된다. 바로 무아가 원리이고 현상이 윤회다. 무아와 윤회는 같은 대상을 지칭하는 다른 시각의 표현이기에

분리될 수 없는 이유가 여기에 있다. 그러므로 무아이기에 윤회는 성립된다.〉

그럴까?

오늘의 이 언덕에서 저 자는 뭐라고 하고 있는가. 그 모든 것을 DNA로 규정해 버리고 있지 않은가. DNA에 전 우주의 이치가 숨어 있다고 말하고 있지 않은가. 그게 본래본법성이다?

그럴까?

○

범부, 그 영혼의 모습

1

자연스럽게 나를 이끌고 가는 마음의 정체에 대해서 한번 더 생각해 보면 사실 어처구니없다.

마음이 곧 우리의 현실이요 그 육체라고 하면 맞다고 하면서도 비웃는 사람들이 있다. 입에 발린 소리라는 걸 그도 알고 있기 때문이다. 무아론과 윤회설을 인정한 사람이 그걸 어떻게 모르겠는가.

이런 사람들이 있다.

내 육체는 병들었으나 정신은 병들지 않았다.

거짓말이라고 말할 수 있을까?

정신이 병들었으니까 육체가 병든 것은 사실일 터이다.

그렇다고 해도 육체가 병들었으니까 정신이 병든다는 것은 어째 좀 그렇다.

죽어가는 사람이 말한다.

"내 몸은 늙어 죽어가고 있으나 내 정신은 청춘이다."

이 또한 거짓말이라고 할 수 있을까? 육체가 늙었으므로 정신 또한 늙어 간다?

어떤 이들은 육체가 죽으면 정신 또한 죽는다고 못박는다. 살아남는 것은 에너지. 지수화풍의(地水火風意). 그 에너지가 떠돌다 인연 따라 재생되는 것이라고 못박는다.

그들은 그 에너지와 힘을 영혼이라 부른다. 그런 면에서 작금의 양자물리학은 뜻깊다. 1982년 알렌 아스펙드(Alain Aspect)가 파리에서 실험을 감행했다. 그는 그 실험에서 쌍둥이 광자가 우주 끝에서 다른 끝까지 연결되어 있음을 증명했다. 홀로그램의 모든 부분은 전체상을 담고 있다. 그와 마찬가지로 우주의 모든 부분들이 전체를 품고 있다는 사실을 입증해낸 것이다.

그들은 이 사실을 이렇게 부언한다.

"무슨 말이냐 하면 우리의 세포 하나하나에서 안드로메다 은하계를 발견할 수 있다는 말이다."

이 말을 바꾸면 바로 세포 하나 속에 우리의 모든 것, 과거·현재·미래의 미세한 영역이 정보화되어 있다는 말이다. 세포 하나하나가 우주를 품고 있다는 말이다.

이 말을 확장시켜보면 우리의 몸이 윤회의 총체라는 말이 된다.

윤회의 총체?

그렇다면 그들은 붓다의 윤회 사상을 설명하고 있는 것이다. 이 시대 붓다의 업사상을 그렇게 설명하고 있는 것이다. 저기에 이는 바람, 비 온 뒤 떨어지는 낙수, 이 공간, 나를 감싸는 결 좋은 바람, 저기 저 꽃, 저 나무…. 그 하나하나의 정보가 나의 육신 어디에나 존재하고 있다는 말이다.

붓다는 오래 전에 무한히 긴 시간도 찰나라 했고 찰나도 무한하다 [無量劫一念一念無量劫]고 분명히 밝혔다. 과거·현재·미래가 동시에 존재한다는 사실을 분명히 밝히고 있는 것이다.

어느 날 셀룰러 메모리에 대해서 들었다. 미시간 대학 제프 펀치를 위시한 의학자들은 이식수술을 한 환자들에게서 장기를 준 이들의 기억을 체험할 수 있다는 사실을 밝혀냈다고 했다. 신장을 이식받았는데 그는 그림을 전혀 그릴 줄 몰랐으나 그날부터 신장을 준 이가 하던 대로 수준급의 미술 실력을 보였다. 간이 나빠 미친 자의 간을 이식받았는데 그 역시 미쳐 버렸다. 이런 사례는 예를 들 수 없을 정도로 너무 많았다.

앞서 기술했지만 미시간 대학의 제프 펀치 박사는 한 살인자의 실례를 실제로 들고 있었다. 살인자의 장기를 이식받았는데 이식받은 자는 계속해서 이유 모를 환영에 시달렸다는 것이다. 그 환영은 장기를 준 자의 살인 행위였다. 이식받은 자는 누구의 장기를 이식받았는지 모르는 상태이므로 살인자의 모습을 그림으로 그렸다. 그가 묻은 장소도 그대로 그려냈다. 수사관들을 동원해 피살자가 묻힌 곳을 팠을 때 시체가 나왔다. 그 시체를 죽인 자가 곧 장기를 준 이라는 것이 판명 났다.

그날 이 문제를 어떻게 받아들여야 할까 하고 생각했는데 이를 심리적인 요인만으로 설명할 수 있을까 해서였다.

세룰러 메모리. 즉 장기 기억 기능을 인정할 수밖에 없는 의학자들의 입장을 어떻게 이해해야 할까?

가만히 생각해 보니 바로 이 대답을 무려 수천 년 전에 붓다는 명쾌하게 하고 있었다.

업식(業識)! 그렇다. 붓다는 업식이라고 했다. 우주 전체에 있는 기록, 고전물리학에서의 원자, 그 원자는 실제로 존재한다고 생각해오지 않았던가.

그러나 양자물리학에서는 실제로 존재하는 것이 아니라 환상이라고 밝혔다.

이 말은 일부 물리학자들도 주장해온 바이다. 양자들을 관찰해보면 입자로 보이지만 관찰하지 않을 때 파동으로 존재한다는 것이다. 이 말은 곧 우리가 관찰할 때는 물질이지만 그 물질을 관찰하지 않을 때는 우리의 마음, 즉 의식이 만들어내는 것에 지나지 않는다는 말이다.

불교에서는 이 현상을 의업(意業)이라고 한다. 그러니까 한 생각이 물질세계를 만들어내는 결정적 요인, 그 요인을 물리학이 과학적으로 입증해 낸 것이다.

그렇다면 나의 모든 것은 우주적으로 연결되어 있다는 말이다. 나의 생각, 나의 마음, 바로 그것이 우주라는 말이다.

일찍이 붓다는 '내가 너이고 우주이다'라고 말했다. 육체와 영혼을 분리해왔던 인간들은 쉽게 납득할 수 없는 말임에는 분명하지만 또한 결코 간과할 수 없는 문제이기도 하다.

몸 전체가 영혼이다?

우리는 분리했고 붓다는 하나로 보았다.

그러면 어떻게 되는가?

○

침묵의 항변

1

이쯤 해서 불교의 핵심 사상을 한 번 더 정리해 보고 넘어가는 것이 순서이겠다. 아직도 대답이 확실하지 않다면 그 대답이 분명해질 것이기 때문이다.

불법은 누구를 위해 존재하는가? 우선 이 질문부터 하고 넘어가야 한다.

당연히 중생을 위해 불법은 존재한다.

이게 대답이다.

그런데 붓다는 중생을 위해 그렇게 믿게 하고는 이렇게 말하고 있다.

법에는 중생이 없다.

법에는 중생이 없다?

도대체 무슨 말인가?

조금만 주의를 기울이면 왜 붓다가 그런 말을 했는지 알 수가 있다.

간단히 말해 여기 죄 많은 중생이 있다. 그래서 법이 필요하다.

그런데 여기 현자가 있다. 불교에서는 불법승이라 하여 불로 표현한다. 불은 곧 붓다의 세계다. 집착과 미망이 사라진 세계. 윤회도 무아도 사라져 버린 그저 여여한 세계. 그러므로 불(佛)은 본질 그 자체다. 그 자체가 본질인데 법이 필요할 리 없다. 그에 의해서 불이 시작되었기 때문이다. 곧 불성을 본래부터 지니고 있는 우리의 본래 면목이다. 윤회가 일어나기 전의 상태다. 그러므로 유아도 무아도 존재할 리 없다. 법이 있으나 마나다. 있어도 지킬 이유가 없고 없어도 지키지 않을 이유가 없다. 왜냐면 법 없이도 살아갈 수 있기 때문이다.

그렇다면 붓다의 의중이 여기서 분명히 드러난다. 중생의 때를 벗었으므로 법이 필요 없다.

그럼 불(佛)이 곧 법이다. 그러므로 불법에는 내가 없다. 자아(自我)란 없기 때문이다. 자아가 없기에 욕망의 더러움을 떠나 있다. 수명이 없다. 생사를 떠나 있기 때문이다. 앞뒤의 시제가 끊어졌기에 사람이 없다. 반연(攀緣)하기에 모양에서 벗어나 있다. 글로 표현하거나 말로 할 수 있는 것이 아니다. 모든 사상의 물결과도 끊어져 형상이 있을 리 없다. 형상이 없으니 그것은 허공과 같다. 색채도 없고 공통된 성질도 없고 형태도 없고 오로지 공이다. 그래서 내 것이 없다. 모든 식(識)을 초월했기에 나를 초월한다. 하여 분별이 없다. 필적한 상대가 없기에 비교되지 않는다. 무엇에 대응할 원인인 인(因)도 없고 그렇기에 연(緣)으로 설정될 그 무엇도 없다. 항상 머물지 않기에 움직이지도 흔들리지도 않는다. 가고 오는 게 없다. 공에 따르고 차별을 떠났으며 바라고 구하는 생각이 없다. 곱고 추함이 없다. 분별이 없기에 더하고 덜함이 없다. 나고 멸함이 없다. 돌아가 마지막 의지할 곳도 아니다. 눈, 코, 입, 귀, 혀, 몸, 마음 그런 것들을 모두 초월해 있다. 높낮이가 없다. 머물러서는 움직이지 않는다. 모든 움직임을 떠나 있다. 불법을 설하는 자도 설하지 아니하는 자도 없다. 보여주지도 아니하고, 보려는 자도 없다. 법을 듣는 자도 없고 설하는 자도 없다. 환영으로 만들어진 사람이 환영으로 만들어진 사람을 위해 불법을 설함과 같다. 마땅히 이러한 뜻을 세워 불법을 설해야 그것이 불법이다.

이것이 불교의 핵심이요 중도의 골자임을 붓다는 분명히 하고 있다. 무아설의 요지가 여기에 있고 윤회설의 요지가 여기에 있다. 구질구질한 설들은 언설에 불과하다. 본질적 대답이 아니기에 아무리 월등한 증거를 들이밀어도 장난에 불과하다. 내게 불법이 필요한 이상 윤회는 그대 앞에 있고 무아는 그대 속에 존재한다. 그렇다면 결코 불법의 핵심에 다가가지 못한다. 어떻게 무시무시한 붓다의 심장, 그 불법의 골자를 깨칠 수 있겠는가.

그래서 붓다는 굴레를 만들어 놓고 굴레를 벗으라고 하는 것이다. 지독한 모순을 우리에게 선사하고 그 모순을 깨달으라 시치미를 떼고 있다.

문제는 그 모순이 풍광(風光)이 될 때 불법은 굴레가 아닌 것이 된다. 그대로 진리의 당체가 된다.

그래서 붓다는 읊조린다.

"스승을 만나면 스승을 죽이고 붓다를 만나면 붓다를 죽여라."

진정한 나의 본래면목은 무아에 있지 않고 윤회에 있지 않으므로 자신을 가르치는 스승이나 붓다도 한 티끌이다. 배는 강을 건넜으면 버려야 한다. 그들을 나로부터 완벽히 내몰 때 한 티끌도 없는 청정한 자신을 보게 된다.

붓다의 위대성이 여기에 있다.

제자들이 '진리가 무엇입니까?' 하고 물을 때마다 붓다가 침묵할 수밖에 없는 이유가 또 여기에 있다.

이를 스스로 깨치지 못한다면 윤회는 계속된다. 무아는 없다. 이것이 무아와 윤회의 본모습이다.

○

눈먼 자여, 그대의 피는 푸르다

1

사람들을 가르쳐 보면 확실히 지적인 우열이 느껴질 때가 있다. 아무리 스승을 잘 두었다 하더라도 근기가 약하면 열을 가르쳐도 하나를 제대로 모를 때가 있고 하나를 가르쳐도 열을 아는 사람이 있다.

분명히 가르침에는 점차성이 있는데도 도대체 알아듣지 못하는 사람이 있다. 그래서 붓다는 대기설법을 통해 낮은 데서 높은 데로 항상 가르쳤다. 그 내용은 반복되며 그것이 인격적 교감을 형성한다. 그의 가르침을 자세히 살펴보면 천편일률적인 데가 한 곳도 없다. 직업과 취향과 지적 수준에 맞게 다채롭다.

오늘도 어리석은 사람들은 붓다를 만나기만 하면 초인이라도 될 것이라는 환상에 사로잡힌다.

그 환상이 잘못된 것임을 알지 않고는 붓다의 환상에서 벗어날 수 없다. 왜냐면 붓다는 바로 그 터무니없는 환상을 지적하고 있기 때문이다.

"나의 가르침을 받아 초인이 되는 이도 있고 되지 못하는 이도 있다. 모든 것에는 불성이 있으나 나의 법을 바로 받아들이지 않는다면 그는 영원히 자신을 바로 보지 못한다. 그는 여전히 이 세상을 초월하려 할 것이며 자신을 초월하려 할 것이다. 나의 법은 초월에 있지 않다. 나는 감히 말한다. 이 세상을 바로 보라고. 이 진흙 바닥의 생을 사랑하라고. 이 진흙 바닥에 발을 묻고 있으면서 정신을 수미산 상봉에 놓으라고."

그렇다. 이 세상을 살다 보면 때로 자신도 모르게 혼탁한 세상에 젖어 들고 만다. 초인이란 내가 다른 곳에서 발견하는 것이 아니다. 니체의 말처럼 초인이란 하늘에 있는 것이 아니다. 내가 또 하나의 나를 베어내고 내 안에서 이루어 내는 나의 본모습이다. 거기에 붓다를 겨냥한 자신의 정당성이 있다. 이 경지는 성자를 표방하며 무사안일에 젖어 있으면서 알음알이를 일삼는 자들은 볼 수 없는 경지다. 그 경지에 들지 않고서는 붓다를 또 하나의 망령된 씨로 볼 수는 없다. 왜냐면 깨침의 경지에 이르면 거기에는 붓다조차 없기 때문이다. 오로지 적정(寂靜) 뿐이다. 붓다조차도 깨침의 세계를 방해하는 물건에 지나지 않는다.

바로 이것이 깨침의 세계다. 그리고 그때까지 가르친 붓다의 가르침 그 자체다.

유상견(有相見) 무상견(無相見)이란 말이 있다. 유상견이란 상을 짓는 것이요, 무상견이란 상을 짓지 않는 것을 뜻한다. 우리가 세상을 볼 적에 유상견으로 본다면 그것은 차별과 분별의 세계 속에 빠져 있는 것이요, 그것은 보고 듣는 범부의 경지와 다를 바가 없다.

붓다의 제자 중에 눈먼 이가 있었다. 바로 아나룻다(Aniruddha, 阿那律)라는 제자였다.

하루는 붓다가 정원을 거닐고 있는데 아나룻다의 방에서 다음과 같은 중얼거림이 흘러나왔다.

"그 누가 눈먼 나를 위해 바늘에 실을 꿰어 더 많은 공덕을 쌓을 것인가?"

붓다는 그 말을 듣고 눈먼 제자 아나룻다의 방으로 들어갔다. 아나룻다는 바늘구멍에 실을 꿰지 못해 안절부절하고 있었다.

"아나룻다. 내가 그 공덕을 쌓겠다."

붓다의 음성을 알아들은 아나룻다는 깜짝 놀라 일어났다.

"붓다시여. 용서하소서."

"아니다. 아나룻다야, 나는 더 쌓을 공덕이 없지만 내가 쌓을 공덕은 나를 위한 것이 아니라 중생을 위한 것이니라."

아나룻다는 붓다의 심정을 헤아리고 그가 꿰주는 대로 옷을 받아 입었다.

일국의 왕족으로 살다가 출가를 하고 보니 무엇 하나 힘들지 않은 것이 없었다. 그도 인간이어서 신심이 굳긴 하였지만 붓다의 설법을 들으며 자주 졸았던 것이 불찰이었다.

그것을 본 붓다가 가만 놔둘 리 없었다.

"아나룻다. 너는 무엇 때문에 출가한 것이냐?"

"붓다시여. 부끄럽습니다. 분명히 저는 깨침을 얻기 위해 출가했습니다."

"그런 사람이 설법 도중에 졸다니 참으로 부끄러운 일이다."

아나룻다는 일어나 예를 표하고 굳은 결심을 하였다.

"붓다시여. 이후로는 이 몸이 부서지더라도 결코 졸지 않을 것입니다."

그때부터 아나룻다는 졸지 않았다. 아니 조는 정도가 아니라 거의 잠을 자지 않았다. 계속해서 잠을 자지 않자 그만 눈병이 나고 말았다.

붓다는 그런 그를 가엾게 여겨 잠을 자도록 타일렀다. 그는 맹세를 깨뜨리지 않았다. 그가 실명할 것을 염려한 붓다는 기바라라는 유명한 의원을 불렀다.

그의 눈병은 낫지 않았다. 결국 눈이 멀어 장님이 되고 말았다.

그는 때때로 지팡이에 몸을 의지하고 벌판으로 나갔다. 풀 냄새와 결 좋은 바람 속에 서서 옷깃을 날리며 어린 날 궁전에서 싯다르타를 중심으로 일곱 친구가 모여 앉던 풍경을 떠올리곤 하였다.

붓다는 그런 그의 등에다 자신의 분소의를 벗어 걸쳐주곤 하였다. 그때마다 아나룻다의 먼눈에서 눈물이 흘러내렸다.

"붓다시여. 옛날이 그립습니다.

그러면 붓다는 카필라성이 있는 곳으로 눈길을 돌리며 머리를 끄덕이곤 하였다.

"아나룻다야, 영원한 것은 없느니라. 이 무한한 공간 속에 영원한 것이 어디 있겠느냐. 그럴수록 마음을 다잡아 진리를 보아야지."

그 후 아나룻다는 육안은 잃었지만 열심히 수행하여 육안보다 심안이 더 밝아져 드디어 십대제자 중에서도 제일로 눈이 밝은 천안제일(天眼第一)의 아라한이 되었다. 그는 모든 사물과 실상을 그대로 비추어 보는 힘을 갖추었고 그렇기에 중진을 이룬 삶을 살았다.

2

우리는 때로 사물을 객관적으로 보아내지 못할 때가 있다. 언제나 주관적이 되기 쉬워서이다. 그런데 그게 실상이면 모르되 꼭 그렇다고 할 수는 없다. 그렇다면 우리가 색맹이나 눈먼 이와 다를 게 없다. 피가 붉다는 것은 만고의 진리다. 그러나 눈먼 이에게 '자네의 피는 푸르다네' 하고 말한다면 눈먼 이는 그걸 밝혀낼 도리가 없다. 제일 확실한 것은 직접 눈을 뜨는 수밖에 없다. 선 관념 즉 고정관념은 그래서 무섭다. 더욱이 분별심에 가득 찬 미혹의 인간에게는. 아무리 아니라고 해도 의심병은 남아 있게 마련이다. 그게 인간이다.

아나룻다에게 이렇게 물어 보자.

"그대가 천안통(天眼通)의 제1인자라고 하는데 그럼 천안(天眼)을 보는 거리는 얼마나 되오?"

너무 비정하다고 할지 모르겠지만 진리 앞에 비정은 없다.

과연 아나룻다는 어떻게 대답할까?

생각하고 또 생각해 볼 문제다. 이 문제 속에 유상견 무상견의 세계가 있기 때문이다.

○

화합의 신

1

히말라야 기슭에 큰 나무 한 그루가 서 있었다. 나무 아래에는 나무를 의지하고 사는 세 마리의 동물이 살고 있었다. 자고새와 원숭이, 코끼리였다. 그들은 서로 존경하지도 않았고 사랑하지도 않았으며 언제나 다투길 좋아했다.

어느 날 그들은 생각했다.

'우리가 이렇게 서로 미워하며 다투어서만 되겠는가. 도무지 이익되지 않는 것에 왜 매달리고 있는지 모르겠다. 그렇다. 이렇게 살 수는 없다. 이 기회에 누가 연장자인지 따져서 그를 우리들의 우두머리로 하여 모두가 화합을 이루도록 하자.'

그래서 그들은 연장자를 가리기로 했다.

먼저 자고새와 원숭이가 덩치가 큰 코끼리에게 물었다.

"그대는 우리 중에서 덩치가 크니 제일 연장자일지도 모른다. 과거의 일 중에서 어떤 것을 기억하고 있는가?"

"나는 어렸을 때 이 나무를 건너간 적이 있다. 그때 나무의 싹이 내 배에 닿은 기억이 지금도 생생하다."

코끼리가 말했다.

"그렇다면 나보다는 아래구나. 나는 이 나무의 맨 위의 싹을 뜯어 먹은 기억이 있다."

이번엔 원숭이가 말했다.

"그럼 자고새가 말해 봐라."

"내가 어렸을 때 이 나무는 없었다. 근처에 커다란 나무가 있었다. 나무의 열매를 따 먹고 똥을 눴는데 거기서 돋아난 싹이 지금의 이 나무다."

자고새가 말했다.

"네가 연장자구나."

코끼리가 깨끗이 승복하였다.

"맞아 네가 연장자야."

원숭이도 승복하였다.

그 후 그들에게는 평화가 왔다.

위의 이야기는 붓다가 바이샬리에서 삿밧티로 여행하는 도중 제 자들에게 한 이야기다. 장유(長幼)의 순서에 대한 것이었는데 축생들 마저 이렇게 경애하고 화합하는데 하물며 출가한 사람들이 화합하 지 않고 다퉈서야 되겠느냐는 뜻에서 한 말이다. 인간은 평등한 것 이라는 말을 하려다 보니 붓다는 그런 비유를 든 것이다. 출생과 직 업에 귀천은 없다는 말을 그때 붓다는 그렇게 하고 있었던 것이다.

여기 지계와 계율, 그리고 화합의 신이 있다. 그에게서 우리는 그 명제를 볼 수 있다.

붓다가 출가하기 전, 아나룻다와 데바닷다, 밧디야 등 왕족 출신의 왕자들이 풀밭에 모여 앉아 놀고 있으면 멀리서 부러운 눈길로 그들을 바라보던 한 소년이 있었다.

궁중 이발사의 아들 우파리였다. 유난히 눈이 크고 깡마른 소년, 그는 커서 제 아비의 뒤를 이어 궁중 이발사가 되었다. 사람들은 유달리 붙임성이 좋은 그 청년을 사랑했다. 멋 내기를 좋아했던 밧디야는 그에게 좋은 음식과 장신구들을 가져다주며 머리 손질을 부탁했고 우파리는 제 몸이 병들어 일하기 힘들어도 그들의 머리를 손질했다. 그는 카스트 가운데서도 가장 낮은 계급이었지만 아난다나 아나룻다, 데바닷다 등이 출가할 때 쓰던 장신구나 옷을 남겼을 만큼 가까이하던 사람이었다.

나도 출가할 수만 있다면….

그렇게 그는 염원하고 있었는데 붓다가 궁으로 와 설법하던 날 사람들의 어깨너머로 붓다의 설법을 들으면서 출가할 것을 결심하고 말았다. 붓다는 유난히 평등을 강조하고 있었기 때문이었다.

'그래. 어쩌면 붓다님은 나의 출가를 받아 주실지도 모른다. 제발 사람답게 살다 죽게 해 달라고 빌어 봐야지. 아니면 그 자리에서 목숨이라도 끊어 버리자.'

그렇게 모진 결심을 한 우파리는 아난다나 아나룻다가 부모와 친척들에게 허락과 이별의 정을 나누고 있는 사이 용기를 내어 먼저 붓다를 찾았다.

"붓다시여. 수드라의 미천한 집안에서 태어난 우파리입니다. 비록 남의 머리를 자르고 있사오나 사람답게 살기 위해 찾아왔습니다."

눈물을 흘리며 하는 그의 말을 들어본 붓다는 그의 출가를 그 자리에서 바로 허락했다.

그가 머리를 깎고 승복을 걸치고 나서야 데바닷다와 아나룻다 그리고 밧디야와 어린 아난다가 들어왔다. 그들은 머리를 깎은 우파리를 처음엔 알아보지 못하였다. 우파리가 아는체 하고 나서야 그들은 기절할 듯이 놀랐다. 그들은 하나같이 소릴 내질렀다.

"아니 너 우파리가 아니냐!"

"어떻게 된 것이냐 네가 여기 와 있다니?"

"전 이미 출가한 봄입니다."

"뭐라고? 네가 출가를 했다고. 우리가 이곳으로 오기 위해 준비할 때까지만 해도 너는 이발소에 있지 않았느냐?"

"그랬습지요. 그러나 붓다께서 불러 주셔서 이렇게 왔습니다."

"으음 그러고 보니까 붓다께서 이발사가 필요하셨던가 보군."

"그럴지도 모르겠군요. 왕자님들!"

그렇게 말하고 우파리는 웃으며 향실로 사라졌다.

아나룻다가 맑은 눈을 굴리며 밧디야를 쳐다보았다.

"이게 어떻게 된 거야? 하찮은 이발사가 우리보다 먼저 출가를 했다니. 그럼 저것이 우리의 사형이 되는 게 아닌가?"

"설마 그럴 리가요?"

아나룻다의 생각이 맞았다. 불가에서는 단 한발이라도 먼저 사문이 되었다면 그가 곧 사형이 된다. 왜냐하면 교단에서는 모두가 평등하므로 출가의 법수에 따라 모든 순서가 정해지기 때문이다.

"우리가 부리던 종이 사형이 되어 있다니."

"간교한 놈! 우리가 어정거리는 틈을 타 붓다에게 아첨을 떨었다니 이것을 그냥 놔둬서는 안 될 일이다. 어떻게 종을 사형으로 모시고 산단 말인가!"

그들은 자신이 부리던 종이 사형이 되었다는 사실에 심히 불쾌한 심정을 나타내었다.

붓다는 이미 그들의 오만한 마음을 읽고 있었다.

붓다는 그들을 불렀다. 붓다는 뒤늦게 출가한 귀공자들을 향해 장로들에게 차례로 예배할 것을 명령했다. 가장 큰 어른인 콘타냐를 비롯해 이제 막 들어온 신참 우파리에게도 예를 올리라 했다.

그러던 중 제일 연장자였던 데바닷다가 너무나 기가 막혀 할 말을 잃었다.

"우리더러 저 놈에게 예를 올리라고요!"

"무엇들 하느냐! 인사를 올리라는데도!"

데바닷다의 마음을 읽은 붓다의 엄한 명령이 추상처럼 떨어졌다.

"붓다시여. 아무리 여래의 법이 평등하다 하지만 쥐새끼처럼 우리보다 한발 빨리 뛰어와 출가한 종에게 사형이라 예를 차리라니요? 그는 속세에서 우리들의 머리를 자르던 이발사입니다. 앞으로 출가자들의 머리나 깎게 하시지요."

붓다의 경지에 존경심이 생겨 출가를 결심한 데바닷다가 그렇게 말했다.

붓다가 그를 꾸짖었다.

"데바닷다, 그런 말을 해서는 안 된다."

붓다는 그렇게 나무란 후에 다음과 같은 비유를 들었다.

"나는 언젠가 바이샬리에서 삿밧티로 여행하는 도중 장유(長幼)의 순서에 대해 얘기한 적이 있다. 비구들이여, 축생들마저 그렇게 경애하고 화합하는데 하물며 출가한 사람들이 화합하지 않아서야 되겠는가. 인간은 평등하다. 출생과 그 직업에 귀천은 없다. 내가 우파리를 출가시킨 것은 그가 천한 태생이요 남의 머리나 깎으며 사람답게 살지 못해서가 아니다. 어째서 남의 머리를 매만지는 사람이 천한 것이냐. 어째서 사람답게 살지 못하는 것이냐. 그것도 한 인생의 길이요, 고귀한 생활이요, 삶이다. 모두가 평등하다는 말이다. 내가 우파리를 출가시킨 이유가 거기 있다. 그는 이곳에 사람답게 살기 위해서 들어온 것이 아니다. 이미 사람답게 살던 세상은 거기에도 있었다. 그는 큰 법을 깨닫기 위해 들어왔다. 너희들은 평등하다. 이후로 우파리를 업신여긴다면 내가 용서치 않으리라."

모두가 찔끔해서는 그제야 우파리에게 예를 올렸다.

우파리의 눈에서 눈물이 흘러내렸다.

석가족 귀공자들은 뒤늦게야 붓다의 마음을 알았다. 그 후로는 우파리를 천하다 하여 천대하지 않았다. 그가 사회에서는 천시를 받는 천민이었지만 붓다는 그렇게 계급의 차별을 두지 않았다.

그러나 그들과 함께 출가한 바드리카 왕이나 브리구킹비라, 난타카 같은 이들은 계급 제도에 익숙해 있어서 비천한 우파리를 받아들이지 못했다.

"붓다시여. 어찌하여 우파리에게 출가를 허락하신 것입니까? 아무리 생각해도 그것은 나와 같은 왕족을 모욕하는 것입니다."

그 말을 들은 붓다는 이렇게 말했다.

"우파리는 비천하지 않다고 하지 않았느냐. 그는 비천한 성을 가졌지만 정법을 지켜 그 계율 가짐이 첫째가고 있다. 그는 이 교단의 중심이 될 것이다. 너와 나를 하나로 묶는 끈이 되리라."

이 말은 우파리의 천성을 내다본 말이었다. 붓다의 말대로 우파리는 붙임성이 좋았다. 그 붙임성이 나중에 그를 지계제일의 아라한으로 만들었다.

어느 날 우파리가 신심을 내어 아란야(阿蘭若)에 홀로 들어가 수행하고 싶다고 붓다께 간청하였다.

붓다는 머리를 내저었다. 그만두는 게 좋겠다고 했다.

"붓다시여. 어째서 그러합니까? 다른 이들은 허락하지 않았습니까? 왜 저에게는 허락하지 않으시는 것입니까?"

"아란야는 밀림이지 않느냐, 인가에서도 동떨어졌고…."

"그러하옵니다. 그렇기에 수행승들이 들어가는 곳이기도 합니다."

"비유를 하나 들어 주마."

"네?"

"여기에 연못이 하나 있다. 어느 날 코끼리 한 마리가 연못으로 와서 목욕을 했는데 몸집이 너무 커서 겨우 몸을 담그고 씻을 수가 있었다."

우파리는 지금 붓다가 무슨 말을 하고 있나 하고 고개를 갸웃거렸다.

"그런데 토끼 한 마리가 코끼리의 목욕하는 모습을 보니 너무 기분이 좋아 보였다. 그래서 그는 생각했지. 코끼리가 가고 나면 나도 목욕을 좀 해야겠다. 이후 코끼리가 가버리자 토끼는 코끼리 흉내를 내어 연못으로 뛰어들었다. 그런데 들어갈수록 겁이 나는 것이야. 연못은 생각보다 깊었고 땅을 짚고 설 수도 없었기 때문이야. 그만 토끼는 허둥지둥 연못을 나와 버리고 말았지. 우파리야, 그와 같이 모든 이들에게는 자신에게 맞는 세계가 있다. 너는 너에게 맞는 환경 속에 있어야 한다."

붓다는 우파리의 붙임성 있는 성격을 간파하고 한 말이었다. 붓다는 그가 교단 내에 있으면서 원만한 인간관계를 통한 서로의 화목을 만들어가기를 원하고 있었다. 붓다는 그 중계자로 우파리를 택한 것이었다. 상카, 즉 교단의 인간관계도 속세와 다를 바가 없다. 나아가 수행이 결코 은둔이 아님을 우리는 여기에서 깨우칠 수 있다. 교단의 수행과 속세의 수행이 다를 리 없다. 모두가 인연 속에 살아야 할 대중적 삶이다. 불교가 인간을 위한 것이라면 이는 당연한 이치이다. 우파리가 지계제일(持戒第一) 계율제일(戒律第一)의 아라한이 된 것도 바로 그 때문이었다.

그렇게 그는 교단과 세상을 구별하지 않고 서로의 화목을 위해 노력했다.

○

홍진비래

1

   지금까지 여섯 명의 제자들을 통해 붓다의 핵심 사상인 전도의 문제, 윤회의 문제, 공사상, 생사의 문제, 상견의 문제, 화합의 문제를 짚어보았다.

   그들의 문제만 잘 생각해 보아도 붓다의 경지를 가늠할 수 있다. 불퇴의 법륜을 굴리고 법상을 잘 해득하여 중생의 근기를 알아 무소의(無所依)를 얻게 할 사람이 그들임을 알 수가 있다.

   날이 갈수록 붓다를 따르는 사람들이 늘어났다. 그의 제도방식은 언제나 한결같았다. 대기설법이었다. 그는 중생의 근기에 대한 차별을 두고 있었고 마지막에 가서야 모든 길의 회향(廻向)점을 만들었다. 그 꼭짓점이 바로 정각이었다.

   그렇게 붓다가 활발하게 전도할 무렵 바이샬리에 파타짜라라는 여인과 암바팔리라는 기녀가 살고 있었다. 둘 다 용모가 아름다워 바이샬리에서는 모르는 이가 없을 정도로 이름난 여인들이었다.

《장로니게》에 보면 기녀들의 출가에 대한 기록이 있다. 일설에는 붓다의 교단이 귀족들의 전신처라는 주장을 한 이가 있지만 그 당시 기녀들은 천민 중에서도 천민이었다. 하지만 붓다가 그들을 받아들인 기록이 있다. 암바팔리라는 기녀가 붓다의 설법에 감화되어 자신의 소유인 망고 숲을 수도원으로 내놓겠다고 했을 때 교단의 장로들은 반대했다. 기녀의 돈을 받을 수 없다고 한 것이다. 장로들의 반대에도 불구하고 붓다는 기녀의 청을 받아들였다. 불법이 만민평등의 법이라는 걸 다시 한번 천명했다. 그 정사가 훗날 천축 5대 정사(天竺五精舍)의 하나인 암마라수원(菴摩羅樹苑)이다. 《장로니게주(長老尼偈註, ThigA.206–7)》에 그녀의 출가는 그 후라고 기록하고 있다. 이미 출가해 장로가 된 아들 비마라와 콘단야를 따라 출가해 깨달음을 얻었다는 것이다.

《장로니게》에 기록된 그녀의 게송이다.

젊은 날 내 머리카락은 검은 파도처럼 물결쳤다오
이제 늙고 보니 내 머리카락은 삼배줄처럼 세어 버렸네
…
예전에 내 치아는 뽀오얀 바바나 속같고
내 젖가슴은 둥글고 아름다웠지만
물주머니처럼 늘어져 버렸네
…
육신이란 이런 것이다. 괴로움의 거주처이니
그토록 아름답던 내 몸도 허물어져 가는 낡은 집과 다름없어라

• 제4부 깨달음의 세월, 깨침의 세월   4
8
9

저기 진리의 말씀 있으니 거짓이 아니도다

암바팔리가 그런데 비해 파타짜라는 정말 예사롭지 않다. 《장로니게116》에 보면 이런 게송이 보인다.

바늘을 집어 들고
등불 심지를 누르니
등불이 꺼져 버렸다
타오르던 번뇌가 일시에 사라지니
내 마음을 해탈하게 함이
등불 끄는 것과 다름없도다

필자는 이 게송을 읽고 처음에 깜짝 놀랐다. 게송의 의미가 너무 의미심장했기 때문이다. 등불의 꺼짐? 등불은 무명을 밝히는 빛이다. 무명을 밝히는 빛이 바로 불교다. 그러나 그녀는 우리의 번뇌를 집착으로 보고 있다. 관념 자체가 번뇌라는 것을 통렬하게 보여준다. 번뇌를 등불로 상징화한 것을 가지고 뭐 그렇게 호들갑이냐고 할지 모르지만 그렇다고 해도 그렇다. 그녀가 선입관에 사로잡힌 얼치기 비구니였다면 등불을 다른 말로 대체했을 것이다. 깨달은 후 등불도 번뇌가 되는 것이다. 붓다는 내가 붓다가 되기까지의 붓다다. 내가 붓다가 되면 거기 붓다는 따로 없다.
　그 후 그녀가 이 경지를 얻기까지의 과정을 살펴보았는데 정말 예사롭지가 않았다.
　《장로니게》에는 몇 명의 기녀가 나오는데 붓다가 그녀들을 모두 제도한 것을 보면 만민평등 무차별이란 말이 빈말이 아니다.

그녀는 암바팔리처럼 기녀는 아니었다. 그녀는 부호의 딸이었으나 타고난 미모 탓에 수많은 남자가 따랐다.

수많은 사내들이 관심을 보이자 부모는 그녀를 방에 가두어 버렸다. 그녀는 사랑하는 이가 있었으므로 그와 함께 도망갈 기회만 노렸다.

결국 부모의 눈을 피해 사랑하는 사람과 고향을 등졌다. 타지에서의 고생은 말이 아니었다. 겨우 노동일을 하면서 목숨을 연명하다가 임신을 했다. 먹을 것이 없자 그녀는 견디지 못하고 친정집을 찾아가 도움을 청하기로 했다.

그녀가 집으로 돌아가겠다고 하자 남편이 잡았다.

"내가 식량을 구해오리다."

남편은 식량을 구해오겠다며 집을 나갔다. 집을 떠난 지 얼마 되지 않아 남편은 도중에 독사에게 물려 죽었다.

홀로 딸을 낳은 그녀는 딸을 업고 길을 떠났다. 가다 보니 남편이 죽어 있었다. 자신 때문에 남편이 죽었다는 것을 안 그녀는 비통해하며 친정집으로 향했다.

아자라와타 강에 도착했을 때 그녀가 안고 있는 어린아이를 독수리가 발톱으로 채가 버렸다. 그녀는 독수리를 미친 듯이 쫓았으나 무게에 못 이긴 독수리는 아자라와타 강가에 아기를 떨어트리고 말았다.

그녀는 아기의 울음소리를 들으며 물속으로 몸을 던졌다. 그러나 이미 아기는 물결에 휩쓸려 가버리고 난 다음이었다.

그녀는 몸을 쥐어뜯으며 울부짖었다. 그녀는 자신이 알몸인 것도 모르고 붓다가 있는 정사로 뛰어들었다. 제자들이 놀라 그녀를 막았다.

붓다가 그들을 제지했다.

"이리 데려오너라."

그녀를 제도해야겠다고 생각한 붓다는 그녀에게 옷을 입히고 비구니 승단에 들도록 하였다.

비구니 승단에 들어가 비로소 안정을 찾은 그녀는 끝내 깨침을 얻어 번뇌의 불을 끄고 해탈의 경지를 얻었다. 이후 비로소 위와 같은 감동적인 해탈송을 남길 수 있었던 것이다.

○

아드님이여,
나를 제도하소서

1

붓다가 부왕의 소식을 들은 것은 전도의 염을 한시도 놓지 않던 어느 날이었다. 위독하다는 전갈을 받은 것이다.

부왕의 나이 벌써 아흔일곱이었다. 그때쯤 석가족과 콜리야족의 물싸움이 붓다의 중재로 겨우 끝난 마당이었다. 부왕은 이미 왕위를 버린 지 오래였다. 라훌라 손자마저 출가해 버리자 왕위를 친족인 바드리카에게 넘겼다.

그런데 그마저도 출가를 해 버리고 말았다.

붓다가 부왕이 누워 있는 곳으로 갔을 때 부왕은 이미 사경을 헤매고 있었다.

불전에는 그때 부왕은 마가다의 수도 라자그리하 그리드라쿠다(靈鷲山)에 있었다고 기록하고 있다. 바이샬리의 교외 마하바나(大林)에 있었다는 기록도 있다.

부왕은 붓다에게 자신의 손을 직접 만져 제도해줄 것을 부탁했다. 그의 나이 97세였다.

"아드님이여. 나를 제도하소서."

늙은 부왕이 간곡히 부탁하였다.

붓다는 부왕의 이마에 손을 놓고 말하였다.

"편안히 가십시오. 이미 당신의 덕은 청결해졌습니다. 걱정할 것 없습니다. 법을 생각하고 마음을 놓으십시오."

"붓다시여. 이렇게 행복할 수 없습니다."

그렇게 말하고 부왕은 누운 채로 합장하고 눈을 감았다. 주위에는 아난다와 라훌라가 서 있었다.

○

외도의 시기

1

    부왕의 장례를 마친 붓다는 대림 정사로 갔다. 그때 그의 나이 43세였다. 붓다의 평등사상은 계급적으로나 사회적으로나 차별이 없었으므로 모든 계급의 출신자들이 계속해서 몰려들었다. 지위의 고하를 막론하고 그들은 붓다의 가르침을 받았으며 비로소 평등해지고 있었다. 덕행이 있는 연장자는 장로로 존경받았으며 젊더라도 수양과 덕행이 높으면 존자로서 타의 규범이 되었다.

    종교는 존경과 숭배가 자원이다. 이것은 교단의 교주들에게 있어서 대단히 중요한 문제다. 굳이 기록을 들추지 않더라도 명성이 높아지면 그 명성을 시기하는 무리들이 일어나기 마련이다. 불전 여기저기 붓다의 명성을 시기하여 모함하고, 질투하고, 죽이려고까지 한 사례가 수없이 보인다.

    대표적으로 전차녀의 삽화를 살펴보면 그때의 상황을 짐작할 수 있다. 붓다의 일생에 평생 악의 그늘로 살았던 파피야스를 떠올려 보면 전차녀도 그에게 꾀인 나비신일지도 모른다는 추측이 가능하다. 파피야스는 어디에나 존재하는 악의 상징이기 때문이다. 그는 곧 우리 속에 기생하는 악이다. 그가 따로 있는 것이 아니다. 그는 온갖 모습으로 모습을 나투어 선을 파괴한다. 나비신이 바로 그이며 온갖 악신들이 바로 그이다. 미친 코끼리로 살인자 앙굴마라로 모습을 나툰 것이 바로 그다. 붓다의 발등에 피를 낸 데바닷다 속의 악신도 바로 그다.

비슈누 신의 꿈속으로 들어가 꿈을 방해하던 나비귀신이 파피야스에 꾀어 그와 함께 붓다의 꿈속으로 들어갔다. 그의 꿈을 없애 버린다면 예전에 어미를 찾아 울던 나약한 싯다르타로 돌아갈 것이라고 생각한 것이다.

그들은 붓다의 꿈속으로 들어가 보고는 깜짝 놀랐다. 꿈이 없었다. 중생을 구하겠다는 서원이 있었을 뿐. 그것이 붓다의 꿈이었다.

나비귀신은 이내 여인의 모습으로 바꾸었다. 그녀의 용모가 그럴 수 없이 아름다웠다.

"나의 이름은 이제 전차녀다."

그녀가 나타나자 그녀의 미모에 반한 사람들이 모여들었다.

붓다가 내다보니 악귀다.

붓다는 제자들에게 그녀를 아는 체하지 말라고 했다.

제자들이 자신을 보고도 못 본 체하자 그녀가 물었다.

"왜들 그러세요?"

그래도 제자들은 그녀를 아는 체하지 않았다.

그녀는 이상하다고 생각하며 붓다의 교단과 대립된 교단의 교주를 찾아갔다. 자초지종을 말하자 교주가 말했다.

"당신은 아름답기는 하나 멍청해 보여서 그런 것이라오."

"내가 멍청하다고요?"

"법을 말해도 알아듣지 못할 것 같으니 그런 것이 아니겠소."

전차녀가 기가 차 웃었다.

"세상 살다 별소리를 다 듣는구려."

"그러게나 말이오. 방법이 단 한 가지 있기는 한데…."

"방법이라니요?"

"당신이 멍청하지 않다는 걸 보여주면 되지 않겠소."

그의 속이 내다보였지만 전차녀는 기다리고 있던 반응이었으므로 고개를 끄덕였다.

"계속해 봐요."

"우리들이 시키는 대로 하겠소?"

"뭐든 시키세요. 돕겠어요."

"우선 그 자의 신망을 떨어뜨리는 것이오."

그건 제가 바라는 것이라는 말이 나오려다가 꿀꺽 넘어갔다.

"그럼 절 믿으세요."

그날로 전차녀의 모습이 기원정사 주위에 다시 나타났다.

그녀는 기원정사의 빈 승방에 숨어 들어가 자고 나오고는 하였다.

다음 날 아침 사람들이 몰려오면 그녀는 보란 듯이 황급히 몸을 숨겼다.

날과 달이 흐르자 전차녀의 배가 서서히 불러오기 시작했다.

사하촌 사람들이 전차녀가 애를 배었다고 수군거렸다.

아비가 누구냐고 물으면 그녀는 태연히 붓다의 자식이라고 대답했다.

"그럼 그대가 아침마다 승방에서 나온 것은 고타마와 관계를 맺었기 때문이오?"

"이제야 제 진심을 알아주는군요."

산달이 가까워진 어느 날 전차녀는 뱃속에 바가지를 차고 빨간 옷을 입고 기원정사로 들어갔다. 신자들이 붓다의 설법을 듣고 있다가 전차녀를 가리키며 붓다에게 항의했다.

"어떻게 이럴 수 있습니까?"

그러자 전차녀가 일어나 붓다를 향해 말했다.

"나의 훌륭하신 교주님. 교주님의 아이가 이제 곧 세상 빛을 볼 때가 되었습니다. 출산할 준비를 해 주세요. 이제 와 모른 체할 생각은 아니시지요?"

대중의 시선이 붓다에게로 쏠렸다.

"내 이럴 줄 알았다니까!"

"어허, 이제 붓다의 시대도 끝난 것인가?"

대중의 시선이 하나같이 자신을 바라보고 있는데도 붓다는 말이 없었다.

"말을 못하는 걸 보니까 사실이 아닌가!"

"어허, 이럴 수가!"

그때였다. 갑자기 네 마리의 쥐가 전차녀의 옷속으로 들어갔다. 잠시 후 전차녀가 차고 있던 바가지가 흘러내렸다.

불전에는 그때의 야사를 기록하면서 쥐는 인드라 즉 제석천의 화신들이었다고 기록하고 있다. 당나라의 현장은 《대당서역기》에서 그가 천축으로 갔을 때 전차녀가 지옥으로 떨어졌던 구덩이가 실제로 있었다고 기록하고 있다.

• 붓다 평전

2

그에 비하면 데바닷다의 악행은 필설로 형용할 수 없을 정도다. 앞서 데바닷다의 기록이 많이 잘못되었다고 했지만 사실 데바닷다만큼 논란이 많은 이도 드물 것이다. 물론 어떤 인물에 대한 평가는 주관적일 수밖에 없지만 일관성이 없다면 후학들은 헤맬 수밖에 없다.

각종 문헌 속에 나타나는 상반된 내용들을 살펴보면 이상하다는 생각이 들 정도가 아니다. 그에 대해 전통 불교 사료, 원시불교 경전 내지 대부분의 부파불교 율전에서는 대부분 비판적인 입장을 취하고 있다. 동생 아난다와 아나룻다(阿那律) 등과 함께 출가한 데바닷다는 처음 12년 동안은 열심히 수행했다고 기록하고 있다.

그런데 12년이 지나면서 아라한과(阿羅漢果)마저 얻어내지 못하자 매우 실망해 신통 제일인 목갈라나와 지혜 제일 사리푸트라에게 신통술을 배우게 해 달라고 매달렸다고 기록하고 있다.

"붓다께서 신통력을 자제하라고 하시는데 웬 신통력?"

사리푸트라가 고개를 내젓자 데바닷다는 대답했다.

"저도 하늘을 날아보고 싶습니다."

이때의 신통 행위는 불교의 문헌 속에 자주 보이는 경향이 있다. 가끔 붓다의 신통력도 기록하고 있는데 그러다 보니 그렇게 이상해 보이지 않는 것이 사실이다.

데바닷다는 결국 아라한과를 먼저 얻은 동생 아난다에게 배웠다고 경전에는 기록하고 있다. 그는 신통 수행법을 열심히 익혀 교단 내어서 활발한 활동을 했고 신통술이 익자 점차 욕심을 부리기 시작했다고 나와 있다.

《파승사(권1)》에 보면 데바닷다의 승단 분열 사건을 기록하고 있는데 그는 그때까지도 붓다가 신통력으로 대중의 지지를 받고 있다고 생각하고 있었다. 그는 신통력을 얻은 후 마갈타국으로 넘어가 아사세 태자의 마음을 신통력으로 움직였다. 아사세 태자의 부왕 빔비사라 왕은 경건한 붓다의 신도였는데 데바닷다에게 꾀인 아들에게 죽임을 당하고 만다. 《십송률(권36)》에 보면 데바닷다가 아사세를 꾀는 장면이 나온다. 신통력으로 자신의 모습을 변화시켜가며 아사세 태자의 환심을 산다. 그리하여 아사세 태자의 힘으로 교단을 분열시키려고 한다. 교단 쪽에서 네 사람이 그를 따랐는데 구가리(俱伽梨), 건타표(乾陀驃), 가유라데사(迦留羅提舍)와 삼문달다(三聞達多)가 그들이다. 그들과 데바닷다는 모두가 석가족 출신의 비구였다. 그들의 부추김이 있자 교단은 급속도로 분열해 양쪽으로 갈라지고 만다. 보다 못한 목갈라나와 사리푸트라가 데바닷다의 교단으로 들어가 신통술로 비구들을 데리고 나왔다.

그러자 데바닷다는 붓다의 교단으로 다시 들어와 교주 자리를 내어놓으라고 윽박질렀다.

3

기록이 조금 다르긴 하지만 빠알리 《담마빠다》 17번 게송에도 데바닷다의 행적이 보인다. 붓다가 사와띠 제따와나(Jetavana) 승원에 머물 때의 기록이 그것이다. 데바닷다가 꼬삼비(Kosambi)에 머물 때 붓다를 시기하여 이제 늙었으니 승단을 자신이 관리하겠다고 했을 때 붓다는 그의 소행은 사람들이 뱉은 침을 먹는 것과 같다고 했다.

• 붓다 평전

그때부터 데바닷다는 복수하기로 맹세한다.

데바닷다는 그 후 오법을 실천하며 붓다를 궁지로 몰아넣었다.

교단이 무너지지 않자 데바닷다는 포악한 코끼리를 이용하여 붓다를 해치려 한다. 아사세 왕으로부터 흉폭하고 참을성이 없는 포악한 코끼리를 얻은 데바닷다는 붓다가 공양받으러 성에 들어가자 코끼리를 풀었다. 코끼리는 미쳐 날뛰며 붓다를 향해 달려들었고 그 바람에 제자들이 놀라 흩어졌다.

붓다는 피하지 않았다. 붓다를 짓밟으려 하던 코끼리가 그의 앞에 멈추고 머리를 흔들었다. 그리고는 이내 꿇어앉았다. 그걸 본 데바닷다는 사람을 시켜 붓다를 암살하려 했으나 그들마저도 감화되고 말았다.

데바닷다는 자객 4명을 고용하여 석굴 근처를 지키다가 붓다가 기사굴산을 나오자 바위를 굴렸다. 그때 돌조각에 붓다의 발등이 다쳤다. 발등에서 피가 터져 흘렀다.

그래도 참회하지 못하고 연화색(蓮華色) 비구니를 살해하는가 하면 결국 개심하지 못하고 지옥의 불구덩이 속으로 떨어져 죽었다.

여기까지가 비판적인 경전 기록이다. 그런데 니까야《담마빠다》같은 경전을 들추면 그 양상이 완전 다르게 나타난다. 부파불교의 문헌들 중에서도 주류 승단의 기록은 확연히 다르다. 먼저《사분율》을 보면 데바닷다가 얻기 어려운 몇 가지 장점을 가지고 있다고 기록하고 있다. 그러고 보면 대부분의 율전들이 데바닷다를 암시적으로 옹호하고 있다는 걸 알 수 있다.

《미란타왕문경》에서는 과거세에 붓다보다 뛰어났다고 기록하고 있다. 심지어 중국 후한(後漢) 때 전래된 한역경전 《홍기행경》에는 붓다가 과거세에 데바닷다를 해치려 했다고 기록하고 있다. 《홍기행경》의 일곱 번째 이야기 《지바달도척석연경(地婆達兜擲石綠經)》에 의하면 데바닷다가 붓다를 향해 바위를 민 이유에 대해 과거세와 연결시켜 기록하고 있다.

기록에 따르면 과거세 때 왕사성에 수단(須檀)이라는 장자(長者)가 있었는데, 그에게는 두 아들이 있었다. 장남은 수마제(須摩提)였고 둘째 아들은 수야사(須耶舍)였다. 그들은 서로 어머니가 달랐는데 어느 날 수마제는 재산을 혼자 차지하기 위하여 동생인 수야사를 살해하려고 계획한다. 동생을 기사굴산으로 유인하여 산 위 벼랑에서 밀어 죽인다. 그래도 안심이 되지 않아 돌을 떨어뜨려 시체 위에다 덮기까지 한다. 그러니까 수마제가 전생의 붓다였고, 당시의 수야사가 데바닷다였다는 것이다. 붓다는 이 악업 인연으로 지옥에 떨어져 몇천 년 동안 고통을 받았다고 기록하고 있다.

그 경에 기록된 붓다의 게송이다.

나는 지난 생에 재산 때문에
배다른 아우를
높은 낭떠러지 아래로 밀어 죽이고
돌을 그의 위에 떨어뜨렸느니라.

그런 인연 때문에
오랜 세월 지옥에 떨어져
지옥 가운데

쇠산의 고통을 받았느니라.

그로 말미암아
데바닷다(地婆達)가 내게 돌을 던졌고
돌 조각이
나의 엄지발가락에 상처를 냈느니라.

인연은 썩지 아니하며
허공에도 붙지 아니하나니
세 가지 인연을 수호하여
몸, 입, 뜻을 범하지 말지니라.

이제야 나는 존귀한 견성 이루었으니
아뇩의 큰 샘 가운데서
이런 전생의 인연을 말할 수 있노라.

《흥기행경》은 엄밀히 《십연경》이다. 《십연경》에는 붓다가 과거세 때 지었던 10가지 악연도 기록한다. 붓다라고 해서 선한 업만 짓지 않았다는, 윤회가 점차의 과정을 통해 이루어진다는 사실이 이로써 증명된다. 솔직한 기록임에 분명하다. 이는 그의 조상들이 강가에서 독을 풀어 먹고 살던 악업과 연관 지어지는데 《대방등무상경(권4)》에서는 더 적극적으로 데바닷다를 옹호하고 있다.

《대방등무상경》이나 《법화경》 등에서는 적극적일 정도가 아니다. 찬탄해 마지않을 정도다. 《묘법연화경 제12 데바닷다품》에서는 붓다

스스로 자신이 전생에 데바닷다의 종이었으며 스승으로 섬겼다고 고백하고 있다.

지나간 겁에 대승법을 구하려 나라의 왕이 되어 다섯 가지 욕망을 탐하지 않았느니라. 종을 치고 사방에 고하기를 대승법 가진 이 누구인가 내게 가르쳐준다면 종이 되어 섬기리라. 그때 아사타라는 선인이 왕에게 와서 아뢰기를 내게 미묘한 법 있으니

세간에서는 참으로 만나기 드문 것입니다. 닦아 행하시겠다면 가르쳐 드리리다. 대왕은 기뻐하며 선인을 따라가 그의 모든 일을 시중들었다. 나무하고 나물도 캐고

…

큰 나라 왕으로서 대승법을 부지런히 구하여

마침내 붓다의 경지를 얻었으니 이제 너희들에게 말하리라.

그때의 왕은 바로 나요, 선인은 지금의 데바닷다이다. … 여러 사부대중에게 이르노니, 데바닷다는 한량없는 겁을 지나 붓다를 이루리니, 이름이 천왕여래·응공·정변지·명행족·선서·세간해·무상사·조어장부·천인사·세존이요, 그 세계의 이름은 천도라 하리라…

○

신통의 모습

1

데바닷다를 더 깊이 알아보기 전에 먼저 알아볼 것이 있다. 앞서 언급했지만 기록에 의하면 데바닷다는 붓다의 제자가 된 후 신통력에 관심이 많았던 것만은 사실인 것 같다. 남들이 부리지 못하는 신통력을 얻기 위해 신통 제일의 목가라나에게 매달리는가 하면 자신이 없을 때만 신통을 보이는 붓다의 누진통에 회의적이었다는 기록이 보이기 때문이다. 그는 도반들이 그렇지 않다고 해도 고개를 내저었다.

"그대들이 붓다의 신통력을 보았다고? 그런데 난 한 번도 본 적이 없다. 왜? 내가 속고 있거나 그대들이 낭설에 속고 있기 때문이다."

"에이, 오늘 보았다니까 그러네."

데바닷다는 아난다에게 물었다.

"너도 보았느냐?"

"뭘 말입니까?"

아난다가 시치미를 뗐다.

"오늘 붓다께서 신통력을 보이셨다는데?"

"무슨 소립니까. 오늘 붓다께서는 못가라나에 다녀오셨습니다."

"그렇지?"

"그럼요."

이상하게 붓다는 데바닷다에게 신통력을 보이지 않았다. 아난다도 붓다의 속마음을 알기에 그렇게 대답했다.

그래서 붓다에 대해 데바닷다는 더욱 비판적이었다.

붓다는 그에 대해 말이 없었다.

그런 그를 보며 데바닷다는 언제나 냉소적이었다.

"지혜의 신통력이라고? 뭔 소리야? 그냥 신통력이 없다고 그래."

그에게는 신통 제일의 목가라나가 붓다보다 더 위대해 보였다. 꼭 신통력을 보일 때가 있어도 붓다는 신통력을 보이지 않았으므로 그는 붓다를 노골적으로 무시해댔다. 그때마다 뜻있는 장로들이 그런 데바닷다를 나무랐다.

"붓다를 의심하다니…. 붓다는 신통을 얻은 후 그것을 닫았고 목가라나는 신통을 얻은 후 그것을 열어놓았다."

"도대체 무슨 소릴 하는지 모르겠네?"

"그것이 붓다와 범부의 차이점이란 말이다."

데바닷다는 어이가 없어 그때마다 웃었다. 신통은 걸림이 없는 경지라는 것을 그는 깨닫지 못하고 있었다. 사형들이 삼승(三承)의 성자가 신묘불측 무위자재(神妙不測, 無爲自在)한 지혜를 얻은 것이 곧 신통이라고 알려주어도 콧방귀를 뀌었다.

어느 날 붓다는 보다못해 그를 불러 한마디 했다.

"범부의 신통은 알음알이의 소산이고 붓다의 신통은 거둠의 소산이다."

그 말에 데바닷다는 입꼬리를 찢고 웃었다. 그는 이렇게 묻고 있었다.

"알음알이가 무엇입니까?"

"꼭 문자를 가까이하는 것만이 알음알이겠느냐. 갓난 핏덩이도 물이 뜨겁다는 것은 알고 얼음이 차다는 것은 안다. 바로 그게 알음알이다. 그것이 인간의 본질적 알음알이다. 그래서 더욱더 대승은 우주의 이치를 관하려 한다."

그래도 말을 못 알아듣자 사리푸트라 사형이 한마디 했다.

"목가라나 사형이 그렇게 부러우냐?"

"부럽다마다요."

사리푸트라가 웃었다.

"그거 별거 아니다."

"별거 아니라니요?"

"나도 그 정도는 해."

"그렇다고 알고 있는데 그럼 이참에 한 번 보여주시지요."

"그런데 못해."

그럴 줄 알았다는 듯이 데바닷다가 비웃었다.

"그럴 줄 알았습니다."

사리푸트라는 그래도 사람 좋게 웃었다. 그는 붓다보다 나이가 많았다. 교단의 장로 중에서도 제일 위인데 새파란 비구가 웃고 있으니 기가 찰 일이었지만 그는 내색하지 않았다.

"내가 정각에 들어 다섯 신통을 얻고 보니 놀랍게도 나의 신통에 알음알이가 붙어 있는 게 아닌가."

"그러니까 알음알이가 붙어 있으니까 신통을 쓸 수 없다 그 말씀인가요?"

사리푸트라가 고개를 끄덕였다.

"맞아. 붓다의 말씀이 맞지 뭔가. 붓다께서 그러셨지. 5신통을 얻고 난 후 깨달은 것이 그것이었다고. 제1통에서 제5통까지는 정도의 차이는 있을지라도 유루정(有漏定)을 닦는 외도(外道)나 신선, 천인(天人), 귀신들도 얻을 수 있고, 약을 쓰거나 주문을 외워도 이룰 수 있는 알음알이 신통이라고."

"또 누진통 얘길 하시려면 나 안 들으랍니다. 입만 열면 누진통(漏盡通), 누진통. 이제 아주 신물이 납니다."

"이놈!"

비로소 사리푸트라가 호통을 쳤다.

"보자 보자 하니 네놈의 방자함을 못 보아주겠구나. 누진통은 붓다만이 가질 수 있는 지혜의 신통이다. 왜냐면 누진통은 5신통을 닦아야 열리는 통이기 때문이다. 붓다께서는 성도하던 날 마지막 선사(禪思)를 통해 그 신통을 증득했다. 번뇌와 망상이 완전히 끊어진 자리에서 얻을 수 있는 지혜의 경지이기 때문이다. 그래서 범부의 신통은 알음알이에서 나오는 것이고 붓다의 신통은 거둠에서 나온다고 하는 것이다."

비로소 데바닷다가 찔끔해 고개를 숙였는데 사리푸트라가 혀를 찼다.

"네놈이 그 경지를 어이 알까!"

이 글을 시작할 때 떡장수 아들의 예를 들었다. 여기 그와 다르지 않은 이야기가 하나 있다.

어느 날 자식이 병들어 죽어가는 것을 보다 못한 어미가 달려와서 붓다에게 간곡하게 부탁했다.

"붓다시여. 저의 어린 아들을 살려주옵소서."

붓다는 고개를 내저었다. 그는 병을 고칠 의사를 찾아가 보라고 했다.

그러자 여인이 말했다.

"그대는 의왕(醫王)이 아니십니까?"

그때 붓다는 이렇게 대답했다.

"내가 신통력으로 그대의 아들을 살렸다고 합시다. 그러면 이 세상이 끝날 때까지 신통력을 가진 나는 존재해야 할 것이오. 기적이 필요하기 때문에. 신통력은 지혜의 산물이오. 오로지 중생 구제를 위해서만 이루어져야 하는 것이오. 나는 지혜의 신통력인 누진통만을 열고 모든 신통력을 닫아 버린 지 오래다오."

"붓다시여. 지금 내 아들이 죽어가고 있습니다. 아들만 살려주신다면 저는 어떤 짓이라도 하겠습니다."

"나는 그대와 똑같은 인간일 뿐이오."

"붓다시여. 그대의 신통력을 모르는 게 아닙니다."

"내가 그대에게 하나 묻겠소. 내가 여기에 있소이다. 그럼 내가 산 것이오, 죽은 것이오?"

"붓다시여. 그것이 무슨 말씀입니까?"

"진정한 절대 자유의 경지를 말하고 있는 것이오. 의사를 찾아가시오. 의사가 그대에게 기적을 베풀 것이외다."

그렇게 말하고 붓다는 침묵했다.

여인은 그가 원망스러웠으나 어찌할 도리가 없었다. 그 길로 의사를 찾았고 그로부터 확실한 병명을 알았으며, 그 후로 그 병에 걸린 아이들은 결코 신통력에 의해 목숨을 건지지는 않았다.

○

위류다까의 증오

1

앞서도 기술했지만 붓다의 가르침이 가장 가깝게 살아 있는 불교의 경전들을 보면 석가족을 멸망케 하는 위류다까에 대해서 자세히 나와 있다.

오백 명의 어부들이 강가에 독을 풀고 있다. 소년이 웃고 있다.

붓다가 어릴 적부터 두통을 느낄 때마다 보던 이상한 환영에 대한 설명이다. 이에 대한 경전의 기록들은 조금씩 달리 나타나지만 대충 핵심을 짚어보면 이렇다.

오백 명의 어부들이 모여 사는 마을이 있었다. 그들은 매일 강가에 독을 풀어 고기를 잡아먹고 살았다.

물고기들은 언제나 샤끼야족(釋迦族)들이 푸는 독에 시달렸다.

어느 날 샤끼야족들은 상상도 할 수 없는 두 마리의 큰 고기를 잡았다. 전생의 붓다는 기뻐 이리 뛰고 저리 뛰며 즐거워하였다.

사람들은 뜻밖의 생명체에 공포를 느꼈다. 산 생명을 잡아먹고 살면서도 그렇게 큰 물고기를 잡기는 처음이었다.

"영물이다. 잡아먹어선 안 돼"

"무슨 소리야. 고기는 고기일 뿐이야."

결국 사람들은 고기를 어떻게 죽일 것인가를 의논했다.

그들은 망치로 물고기의 머리를 때려 실신시킨 다음 배를 가르고 살을 떴다.

어린 붓다가 좋아하는 사이 물고기는 엄청난 고통 속에서 죽어갔다.

이 대목을 자세히 기록하고 있는 경전으로는 빠알리 《담마빠나》나 《육도집경》, 《증일아함경》, 《근본설일체유부비나야잡사》 등이다. 기록들은 조금씩 달리 나타나고 있지만 형편 사정에 따라 슬쩍 운을 떼다가 만 곳도 있고 비교적 자세하게 기술한 곳도 있다. 강가에 독을 푸는 기록은 《담마빠다》에 자세히 나온다.

《담마빠다(게송47)》 부분이다.

…비구들이 너무도 비참하여 웅성거렸다.

"이치에 맞지 않는다. 계를 지키고 착하게 살던 샤끼야족들이 저렇게 비참하게 죽어가야 하는가? 도대체 위류다까에게 어떤 죄를 지었기에…"

붓다는 듣고 있다가 말했다.

"비구들아, 금생만을 따지면 샤끼야족들이 저렇게 비참하게 집단 학살을 당할 이유가 없다."

"붓다시여. 저들이 과거 생에 무슨 악업을 지었습니까?"

"과거 생에 그들은 강물에 독을 풀어 많은 물고기를 죽였기 때문이다. 저들이 그때 죽은 그 물고기들이니라. 과거 생에 지은 악업을 고려하면 인과의 법칙은 공정한 것이다."

2

혹자는 픽 하고 웃을지 모른다. 강가에서 독을 풀어 고기를 잡아먹고 살았다? 그런데 그게 죄가 되는가? 그러면 생존의 법칙이 무너진다? 그게 죄가 되는가?

《증일아함경》이나《육도집경》,《근본설일체유부비나야잡사》등에서도 석가족과 붓다의 과거 업을 현세의 갈등과 대비시킴으로써 업의 문제를 더욱 확장해 보여준다.

같은 대목인데도 이야기가 조금씩 엇갈리는 것을 알 수 있는데 역시 시간과 여타 조건 때문일 터이다.

가장 자세하게 기록하고 있는《근본설일체유부비나야잡사》를 살펴보면 경전을 기록할 때 두 가지 목적을 가지고 있다는 것을 알 수 있다. 수많은 이야기를 모아 집대성하려 보니 근본상좌부 자료들이 자세하다. 그래서 전반부는 근본상좌부 자료를 가져와 기초로 삼고 후반부는 그에 맞는 자료들을 가져와 기초로 삼았음을 눈치챌 수 있다. 근본상좌부 자료에서는 독 푸는 것이 핵심인데 후반부로 넘어가면 그 장면이 큰 고기들로 대체된다. 위류다까가 카삘라를 공격하여 천명의 소년 소녀들을 죽이려고 할 때, 두 소년이 도망친다. 그들이 죽는 장면만 해도 그렇다. 서두에 기술했지만 아난다가 두 아이가 바랑 밑에서 죽어간다고 했을 때 그냥 두라고 했던 붓다. 그 사실도 샤끼족을 공격하는 상황에 밀려 버린 느낌을 주는 것은 그래서일 것이다.

어떠한 환경에서도 먹이사슬은 생명의 특권이다. 내가 살기 위해서는 너를 죽이지 않으면 안 된다. 그로 인해 법이 생겨났다. 바로 업이다. 그 업에 의해 존재의 실상이 꾸며진다. 새는 벌레를 잡아먹어야 생존할 수 있고 사자나 호랑이는 자기보다 힘이 약한 생물을 취함으로써 살 수 있다.

인간도 마찬가지다.

문제는 생존의 법칙이다. 미물도, 하열한 짐승도 자연의 이치를 거스르지 않는 지혜를 스스로 지니고 있다.

인간은 그 본능을 본질적으로 죽이고 사는 동물이다. 인간으로 진화하면서 본능적 지혜를 잃어버린다. 그렇기에 본능적 지혜를 많이 잃어버린 인간일수록 무엄하고 무작스럽다. 생명을 하찮게 여기고 자신보다 못한 존재에게 연민의 정을 가지지 않는다. 산 생명의 죽임에도 가책이 없고 욕심껏 채우려고 한다. 그렇기에 함께 살기 위해 모든 법이 생겨나고 그래도 되지 않아 종교가 그들의 사상을 지배한다. 산짐승도 가지고 있는 생의 지혜를 버리고 그렇게 배운다. 어떤 이는 너를 죽이지 않고 같이 살려 하고 어떤 이는 살생이 삶의 방식이 된다.

문제는 삶의 가치관에 있다. 재생 점차의 단계는 이 가치관에 의해 실현된다. 남의 생명을 죽이면서도 전혀 죄의식을 느끼지 못한다면 그는 수성인간(獸性人間)이다. 방금 짐승의 보에서 인간의 몸을 받은 상태다. 그러므로 그의 심성은 짐승에 가깝다. 다음이 용성인간(溶性人間)이다. 짐승의 심성에서 조금 벗어난 상태다. 다음이 신성인간(神性人間)이다. 나의 생명이 소중하듯이 남의 생명도 소중하다고 생각하고 사는 인간이다.

이로 미루어 볼 때 독을 푸는 조상들 곁에서 웃고 있는 전생 속의 소년은 수성인간 상태였음을 알 수 있다. 지붕 위에서 불타 죽어가는 인간을 보며 웃고 있는 소년 또한 다르지 않다.

앞서 형제를 죽이고 쇠산에서 수천 년을 고통받았던 그 경지, 그 경지가 수성의 경계다. 자신으로 인하여 샤끼야족이 몰살될 것이라는 사실, 그것이 모든 재생 점차의 과정을 거쳐 온 선험적 인간 붓다에게는 엄청난 고통이었을 것이다. 자신의 깨침으로 한 민족의 몰살을 막을 수 있을까 하는 회의는 언제나 그를 괴롭혔을 것이다.

3

아난다가 바랑 밑에서 두 아이가 죽어가고 있다고 했을 때 비로소 붓다는 때가 왔음을 깨달았다.

그때 그는 어떤 신통력도 내보이지 않았다. 그저 침묵했다. 이는 당시 붓다의 정신세계를 보여주는 대목임이 분명하다. 나중에 목갈라나가 석가족 몰살 사건을 미리 내다보고 아뢰었을 때 그는 침묵했다. 그는 두 아이가 아니라 석가족 전체가 몰살당한다고 하는데도 침묵으로 일관했다.

그래서 이 문제는 오랜 세월 인류의 화두가 되었다. 어떤 이들은 자비의 화신인 붓다가 아이를 그대로 죽이고 자신의 피붙이들이 죽도록 내버려 둔 것은 무책임한 행동이라고 나무랐다. 어찌 붓다로서 그럴 수 있느냐는 것이다.

붓다의 침묵을 깊이 이해하려는 사람들은 그 변이 좀 달랐다. 그들은 붓다의 침묵을 절대 침묵으로 이해하려고 했다. 그 침묵 속에 붓다 전체의 사상이 응축되어 있다고 보았다. 그래서 경전마다 붓다가 보인 이때의 침묵에 대하여 변이 각기 다르게 나타난다.

어느 날 한 후학이 와서 물었다.

"모든 이들이 죽어가는 마당에 붓다가 보인 침묵에 대해 사람들은 절대비겁이라고 합니다. 그 어떤 사상과 신념이 그들의 생명보다 소중하단 말인지 이해가 가지 않습니다."

할 말이 없었다. 그저 고개만 끄덕였을 뿐.

그라고 해서 붓다의 그때 침묵이 곧 그의 사상적 배경이라는 것을 모르겠는가 하는 생각이었다. 붓다의 절대 침묵, 그것이 진리라는 것을 왜 그가 모르겠는가. 문제는 선배도 그렇게 생각하느냐는 물음이었다.

붓다가 우리에게 가르친 것이 바로 그것이다. 지옥이 있습니까? 그는 침묵했다. 진리가 있습니까? 그는 침묵했다. 자신의 고국 카필라의 석가족들이 몰살을 당하고 있는데도 그는 침묵했다.

후학이 다시 물었다.

"선배의 침묵은 붓다의 침묵이 한 민족의 몰살보다도 위대하다 그 뜻인가요? 붓다에게 물어보고 싶네요. 당신의 절대 침묵을 한번 보여 달라고…"

"이미 보였지 않은가."

후학이 어이없다는 듯이 웃었다.

"잔인하군요."

할 말이 없었다. 그런 그에게 붓다의 고통을 생각해 보라고 말하고 싶었지만 아무 말도 하지 않았다. 일국이 자신으로 인하여 몰살당한다는 사실. 얼마나 고통스러웠겠는가 한 번만 생각해 보라고 말하고 싶었다. 몇 겁을 윤회하며 상처투성이의 생을 안고 고통에 시달렸을 그를 생각해 보라고 말하고 싶었다. 그렇지 않고서야 어떻게 그런 구도의 세월을 견뎌낼 수 있었겠으며 인류의 스승이 될 수 있었겠는가 그렇게 생각해 보라고 말하고 싶었다. 그래도 용서할 수 없다면 무슨 할 말이 있겠는가 그렇게 말하고 싶었다. 말이 입 밖으로 나오지 않았다.

침묵은 때로 오해의 소지를 만든다.

"내 말은 절대 침묵이 절대 진리는 될 수 없다는 말입니다."

그렇게 말하고 그가 돌아간 후에도 한동안 정신이 멍했다.

과연 그럴까 싶었다. 붓다의 절대 침묵, 후학의 말은 그 침묵을 처단하지 않고는 절대 진리를 얻을 수 없다는 말이었다.

침묵을 처단한다? 붓다가 비밀경처럼 지탱해 오던 그 침묵을 처단한다? 진리가 무엇입니까? 그때마다 비밀경처럼 지켜오던 붓다의 침묵, 그 침묵을 처단한다?

어떻게? 아니 처단한다고 하자. 그러면 남는 것은?

붓다의 음험한 속내, 결코 가르친 적이 없는 그의 비밀경, 그 속에 숨어 있는 무엇. 절대 진리는 바로 침묵 뒤에 몸을 숨기고 있다는 말인데 어떻게? 말로도 그 무엇으로도 가르칠 수 없는 그 길. 그러나 그 길을 가르치기 위해 한 민족의 몰살도 불사했던 붓다다.

참으로 무서운 일이었다. 어떻게 그의 침묵을 처단할 수 있단 말인가? 침묵을 처단해야 진리를 볼 수 있다? 그럼 도를 쟁취하려는 이들의 궁극적 이상이 그것일 텐데 어떻게 침묵을 처단한단 말인가?

아무리 생각해도 모를 것이 그것이었다. 그날 석가족의 몰살 그 어지러운 상황 속으로 깊숙이 들어가 보았다. 붓다가 민족의 몰살을 통해 무엇을 가르치려 했는지 분명히 거기 어떤 해답이 있을 것이었다.

4

욕망을 벗어날 수 없는 세계, 그 욕계를 일러 까마(Kama)라 한다. 우리가 살고 있는 세상, 천상, 지상, 지옥 등이 이에 속한다. 욕계에 속하는 천상 중 제6천을 타화자재천(他化自在天=Pauaui Pmijavasi Vautidea)이라고 하는데 이 타화자재천의 왕이 파피야스다.

우리는 파피야스가 천성적으로 악의 성품을 타고났기에 악신 중의 악신이 되었다고 알고 있지만 그가 악신이 될 수밖에 없는 이유는 《대방등대집경(19권 보당분 제2왕고품)》에 나와 있다.

악이 악하다는 것은 선을 그대로 두지 않는다는 데 있다. 악의 본질은 선이지만 자신 속에 선이 있음을 모른다는 데 있다. 우리 속에 불성이 있어도 그걸 모르듯이. 그러므로 악은 빛난다. 악이 가장 빛나는 순간은 자신 속에 선이 있다는 걸 알아챘을 때다. 알아챘으면서도 의식적으로 그 선을 죽일 때다. 죽이려면 급소를 알아야 한다. 선이 쉬 무너질 성질이 아니라는 것을 함께 알고 있기 때문이다.

그러므로 모질다. 파피야스는 타화자재천의 왕으로서 붓다의 급소를 알고 있었다. 붓다에게 있어서 가장 아픈 상처를. 붓다가 온갖 생을 거치다가 향공덕 세상에서 짐승의 보를 벗고 겨우 인간으로 태어났을 즈음, 그의 조상들이 강가에서 독을 풀어 물고기를 잡아먹고 살았다는 것을 그는 알고 있었다.

그뿐만이 아니었다. 붓다와 물고기와의 악연은 여기에서 끝난 게 아니라는 것을 그는 알고 있었다. 전생의 어린 붓다가 생을 되풀이하며 악행을 쌓는 사이 그날의 물고기는 이웃 마을의 장자로 태어났다. 그는 어느 날 밤 폭도들의 침략을 받는다. 그는 지붕으로 몸을 피했다. 폭도들이 내려오라고 했다. 그가 겁에 질려 내려가지 않자 불을 질러 죽였다. 소년이 불을 지른 사람들 속에서 웃고 있었다.

그는 불에 타 죽어가면서 서원했다.

내 지옥에 가서라도 너희들을 용서치 않으리라.

5

어느 날 파피야스는 강가에서 전생에 물고기의 죽음을 보며 웃던 어린 소년이 붓다로 세상에 태어날 것을 알았다. 어이가 없었다. 악행을 일삼던 그 어린놈이 윤회를 계속하다가 붓다가 된다고?

알 수 없는 일이었다. 이해할 수 없는 일이었다. 파피야스는 이를 갈았다.

"강가에서 철없이 웃던 그놈이 붓다가 된다고? 어떻게? 그동안 그만한 선행을 쌓았다고? 그의 조상들이 도적 떼가 되어 악행을 저지른 것도 모자라 형제가 형제를 죽이고 그렇게 온갖 죄로 지옥을 전

전하던 그가 도대체 어떤 선행을 쌓았기에? 그러면 내가 있을 자리가 없어지지 않겠는가."

"생을 거듭하며 지은 악행이 오히려 그놈에게는 덕이 되었다고 합니다. 그 악행을 거울삼아 붓다가 될 덕을 닦을 수 있었다고 하니 말입니다."

곁에 있던 부하가 거들었다.

"그놈이 붓다가 되도록 놔둘 수는 없다."

"어떡해야 하겠습니까?"

"붓다가 되는 덕행은 아무나 닦아지는 것이 아니다. 아무리 철이 없어도 성인이 될 재목이었다면 그럴 수는 없다. 죽어가는 생명 앞에서 웃음 짓던 그놈이 붓다가 된다는 것은 용서하지 못할 일이다. 당장에 죽여야 한다."

"디팜카라 붓다로부터 장차 붓다가 될 수기를 받았다고 합니다. 그리하여 이제 붓다가 되기 위한 그의 수행이 우리의 힘으로는 도저히 막을 수 없다고 하니 참 불가사의한 일입니다. 어찌하면 좋겠습니까?"

"그날의 그놈이 붓다가 되기 위해 세상에 나아간다면 우리는 설 곳이 없다."

"어찌면 좋겠습니까?"

부하가 묻자 파피야스가 외쳤다.

"내가 누구냐. 파피야스다. 인간만큼 겁이 많고 어리석은 동물은 없다. 그의 구경(究竟)이 확실하다 할지라도 기회는 있다. 어떤 일이 있어도 먼저 그의 성도를 막아야 한다."

"그래도 막지 못하면 어찌합니까?"

"그러면 가장 혹독한 형벌을 준비해야지."

"그게 무엇입니까?"

"두고 보면 알 것이다."

《증일아함경(등견품)》에 보면 이때의 광경이 적나라하게 나온다. 붓다의 조국 카필라를 몰살시키는 악귀의 모습이 과장 없이 그려지고 있다.

눈치 빠른 이들은 이쯤에서 다시 알아챘을 것이다. 악귀의 상징, 파피야스가 환생을 기다리고 있던 상대는 바로 그날의 물고기였다는 것을. 성인의 시선으로 여전히 받아들여야 할 기록이지만 아난다는 여시아문이라는 말을 전제한 뒤 이 사실을 분명히 기록하고 있고 붓다는 거리낌 없이 그 사실을 직언하고 있다. 그날의 물고기는 코사라국왕의 아들로 태어났다고 직언하고 있다.

물고기가 사람의 몸을 받아 불린 이름은 위류다까였다. 빠알리어로 Viabha이라고 하는데 한어로는 비류리(毗流離)·비유리(毗琉璃)라고 음역하기도 한다. 번역하여 악생(惡生)·증장(增長)이라고 하는데 판본마다 그 해석이 다르다.

위류다까가 코살라국(憍薩羅國) 프라세나짓왕과 말리(末利) 부인 사이에서 아들로 태어난 것은 분명해 보인다.

이제 파피야스가 그와 하나가 되어 붓다의 조국 카필라를 멸망시키는 기록을 따라가 보자.

위류다까가 카필라를 멸망시키는 광경은 《증일아함경》과 《근본설일체유부비나야잡사》의 기록이 그 중 자세하다. 《증일아함경》은 4아함 중에서도 가장 뒤늦게 편찬된 경전이다. 그러므로 대승불교적 색채가 보이는 것은 사실이지만 그것은 한역화 되면서 덧붙여진 것이라 하더라도 그렇다. 지금 《아함경》의 원본이 되는 《아가마》의 원본은 《장아함경》만 남아 있다는 말은 이미 했다. 그러므로 한역본과의 대조는 불가능한데 다행스럽게도 이 대목에 있어 경전마다의 기록들이 크게 다르지 않다. 무엇보다 《담마빠다》가 살아 있다. 경전의 기록은 하나같이 문제의 중요성을 감안해 선업과 악업의 대비에 중점을 두고 있다. 아버지를 죽이고 왕위에 오른 악마 아잣따사뚜와 석가족을 몰살시키게 되는 위류다까를 대비시키면서 불교의 핵심 사상인 업의 문제를 다루고 있다. 두 경전의 구성을 정리하여 보면 아잣따사뚜 태자는 부왕 빔비사라를 살해하고 왕위를 찬탈한다. 그리고 자신의 죄를 뉘우치고 붓다에 귀의한다.

반면에 위류다까는 부왕의 원한을 갚기 위해 왕위에 올라 붓다의 만류에도 불구하고 석가족을 몰살시킨다.

이 대목에서 《증일아함경》의 기록을 선택하는 것은, 《근본설일체유부비나야잡사》의 내용을 인용하려면 대단히 번잡하다. 아자따삿뚜와 붓다의 선업을 이루는 과정이나 위류다까의 악업과 붓다의 과거 악업과의 비교 등등…. 업(業)의 중요성을 강조하기 위해 의도적으로 접근하고 있어 여간 장황한 것이 아니다. 반면에 《증일아함》은 극적인 상황 속에서 업(業)의 메시지를 잘 전달하고 있다. 그러므로 《근본설일체유부비나야잡사》는 중간중간 중요한 부분만 인용 기술하려고 한다.

5

어느 날 붓다는 프라세나짓왕의 아들 위류다까에 의해 자신의 조국이 무너져 가는 모습을 바라보았다. 자신의 핏줄 위류다까, 그에 의해 모든 이들이 죽어가고 있었다. 자신의 악행으로 인하여 핏줄들이 몰살당한다는 사실은 고통이었다. 그 어떤 고통도 이와 같지는 않을 것이었다.

이를 어찌하면 좋단 말인가. 물론 자신의 주위에 신통이 뛰어난 제자들이 없는 것은 아니다. 아난다, 데바닷다, 사리푸트라, 목갈라나…

그 중에서 아난다의 형 데바닷다가 문제였다. 그는 출가했으나 전통적인 브라흐만의 고행 사상을 신봉하고 있었다. 나중에는 신통술에 미쳐 비구로서의 본분을 잃고 있었다.

그러나 제자 중에서 가장 뛰어난 놈이 그놈이었다. 진취적이고 진보적이었다. 그렇기에 아난다와 함께 교단생활을 하면서도 좀체 중도 사상에 동조하지 못하고 있었다.

바로 그것이 그와의 업장이었다. 그는 이생에 제자로 태어났지만 전생에는 스승이었다. 그의 종노릇을 하며 가르침을 받았었다. 그런데 이생에는 제자로 태어나 가슴을 아프게 하고 있었다. 그를 벼랑 밑으로 밀어 죽인 과보가 수천 년의 쇠산지옥도 그 죄값음이 되지 않았다. 인과란 그런 것이었다. 형제간에 죽고 죽이지 않으면 안 되었던 지독스러운 인과, 그게 업장이었다.

사교술과 외교술이 뛰어나서 코살라국으로 넘어가 사태를 수습할 자는 그밖에 없는데 아무리 생각해도 그렇게 해서 해결될 문제가 아니었다.

더욱이 끝내 중도사상에 동조하지 못하고 교단을 뛰쳐나가기 직전이었다. 그의 친동생인 아난다가 그런 형을 안타까워했지만 그는 교단을 뛰쳐나갈 꿈만 꾸고 있었다.

아난다가 형이 무례하게 굴더라도 불쌍히 여겨 제도해 달라고 했을 때 붓다는 이렇게 말했다.

"그는 언젠가 마음을 돌릴 것이다. 염려하지 말아라. 나에 대한 원망이 더욱 깊어진다 해도 그의 마음속에는 중생을 향한 대자비가 흐르고 있느니라. 그것은 그대로 멸망할 수밖에 없는 내 조국 카필라로 흘러가리라."

그때 아난다는 붓다의 말을 이해할 수 없었다. 자신의 형을 나무랄 줄 알았는데 오히려 두둔하고 있었다.

그때부터 붓다는 보고 있었다. 자신의 조국 카필라는 데바닷다가 외교술을 발휘하여 나선다 하더라도 결코 구할 수 없으리라는 것을. 그렇게 카필라는 데바닷다의 신심으로도 목갈라나의 신통으로도 구할 수 없는 운명적인 짐을 위류다까에게 지고 있었다.

그랬다. 전생에 자신에게 죽임을 당할 수밖에 없던 데바닷다만 생각하면 가슴 아팠다. 그리고 또 한 사람, 위류다까만 생각하면 가슴이 아팠다. 다생의 습기를 거치면서 그가 받았을 설움과 슬픔 그리고 증오가 얼마나 무서운 것인지를 생각할 때마다 가슴 아팠다. 그는 분명 생의 피해자였다.

코살라에 들를 때면 스승처럼 따랐던 위류다까. 석가족의 피를 받았기에 더욱더 자신을 따랐던 위류다까.

카필라 주위를 싸고 있는 14나라. 그 중에서도 위류다까가 통치하고 있는 코살라는 천민으로 이루어진 나라였다. 그렇기에 바라문 출신의 석가족들은 당연한 우월감에 쌓여 있을 수밖에 없었다.

코살라의 프라세나짓왕은 유서 깊은 종족으로 소문난 석가족과의 친분을 두텁게 하려고 석가족 왕족에게 청혼을 하였다. 석가족은 강대국의 청혼을 거절할 수가 없었다. 그들은 코살라국 사람들을 천하게 여기고 있었고 그 때문에 왕족을 그곳으로 시집보낼 수가 없었다.

그 과정이 《담마빠다》에 상세히 기술되어 있다.

《담마빠다(게송 47)》 부분이다.

…왕은 생각하기를, 승가의 믿음을 얻으려면 어떻게 해야 할까? 붓다의 피붙이를 맞아들인다면 붓다의 친척이 되니 매일 왕궁으로 와 공양하지 않겠는가. 그렇게 생각한 왕은 사신을 샤끼야족에게 보낸다.

사신이 샤끼야족에게 건너가 말했다.

"대왕께서 샤끼야 왕족의 딸을 왕비로 삼고 싶어 하십니다."

샤끼야족의 원로들이 모여 회의를 했다.

"필시 트집을 잡는 것이 분명합니다. 그의 요구를 거절하면 곧바로 침략할 것입니다."

"그래도 체면이 있지 어떻게 그런 나라에 우리의 피붙이를 보낼 수 있단 말이오."

"그렇습니다. 혈통이 좋은 나라가 아닙니다."

"그러면 이렇게 합시다."

샤끼야족 마하나마가 의견을 내놓았다.

"내게 노예 사이에서 얻은 와사바캇띠야라는 딸이 하나 있습니다. 뛰어나게 아름다우므로 그 아이를 보내는 게 어떻겠습니까?"

그 사실을 모르고 사신이 제 나라로 돌아가 왕에게 샤끼야족이 허락했다고 알렸다. 왕이 대단히 흡족해하며 말했다.

"그녀를 데려오너라. 단, 그들이 속일지 모르므로 그녀가 아비와 한 밥상에서 밥을 먹는지 확인하고 데려오도록 하여라."

사신이 샤끼야국으로 들어가 왕의 의중을 전했다.

그녀의 아버지는 딸을 단장시켜 함께 밥을 먹었다. 사신이 그녀를 데려가자 왕이 확인한 후 왕비로 삼았다.

석가족이 여자 노예의 몸에서 난 소녀를 왕실 소생이라 속이고 코살라국으로 시집보낸 대목은 여기까지이다. 북방 계열의 기록도 크게 다르지는 않다.

코살라국은 그것도 모르고 그녀를 국모로 삼았고 거기서 태어난 태자가 위류다까였다.

위류다까 태자는 사실을 모른 채 자랐다. 그는 커나가면서 모후의 고향인 카필라를 동경했다. 모후 와사바캇띠야는 자신이 왕실 신분이 아니라는 것이 탄로 날까 두려워 태자의 앞을 가로막았다. 모후의 반대가 있었지만 태자는 시종 한사람만을 데리고 카필라국으로 넘어갔다.

그는 카필라국으로 들어가 이곳저곳을 돌아다녔다. 어머니의 나라라는 생각 때문에 낯설지가 않았다. 이상한 것은 그가 카필라성을 방문한다는 사실을 알렸는데도 누구 하나 정중히 나와 맞아 주는 사람이 없었다. 그는 아랫사람과 함께 궁으로 향하다가 어느 제당 앞에서 잠시 쉬었다. 그곳 사람들은 언제 다시 붓다가 오실지 모른다며 제당을 깨끗하게 치워놓았는데 제당 앞에 위류다까가 쉬려고 앉았다.

위류다까가 이런저런 말을 나누며 한숨 돌리는데 그들 주위로 사람들이 모여들었다. 그들에게서 위류다까는 이상한 느낌을 받았다. 그들은 물이 담긴 그릇을 들고 서 있었는데 위류다까가 일어나기가 무섭게 그 자리에 물벼락을 쏟아부었다. 그때까지도 사람들이 자신을 흘끔거리는 것이 제 어미의 나라를 찾아온 태자에 대한 흠모의 눈길이라 생각했었는데 어쩐지 그게 아닌 것 같았다. 그들은 그가 앉았던 자리에 물벼락을 퍼부은 다음 걸레를 가져와 깨끗이 닦기 시작했다.

"왜 내가 앉았던 자리를 그렇게 닦고 있는가?"

이상해서 위류다까가 물었다.

자리를 닦던 사람이 '흥' 하고 콧방귀를 뀌며 쌀쌀맞게 돌아서 버렸다.

위류다까는 다른 사람에게 물었다.

팔목을 잡힌 사람이 화를 내었다.

"보시오, 이곳이 어떤 곳이오?"

"어떤 곳이라니?"

위류다까가 되물었다.

"여기는 선조를 모신 제당이오."

"선조를 모신 제당? 그런데?"

"이런 곳에 당신같은 사람이 와서 앉다니…"

"아니 나같은 사람이라니? 그대는 나를 알고 있는가?"

"내 어찌 그대를 모르겠소. 그대는 위류다까 태자가 아니오."

"그렇다. 나는 위류다까 태자다. 그런데 어머니의 나라를 찾아온 나를 이렇게 대할 수 있는가?"

"여러 말 말고 어서 여기서 물러나시오. 여기는 당신같은 천인이 서 있을 자리가 되지 못하니."

너무도 화가 난 위류다까는 이유도 모른 채 카필라 왕궁을 향해 발길을 재촉했다.

그가 왕궁 가까이 다가섰을 때 갑자기 그들을 야유하는 고함과 함께 돌팔매가 날아들었다.

"천한 노예의 자식이 감히 어디를 들어가려고 하느냐!"

그는 영문을 몰라 돌팔매질을 하는 사람들을 멀거니 바라보았다. 아랫것이 겁에 질려 소리쳤다.

"태자님 피해야 되겠습니다."

"대체 저 사람들이 왜 저러는지 모르겠구나?"

"뭔가 심상치 않습니다. 태자님이 앉았던 자리를 물로 씻는 것이나 돌팔매질을 하는 것이나…."

"저들이 지금 나더러 천한 노예의 자식이라고 하질 않느냐?"

"그렇습니다."

"대체 무슨 영문인지 모르겠구나."

순간 돌멩이 하나가 태자의 이마에 와 떨어졌다. 금세 피가 흘러내 렸다.

"안 되겠습니다."

아랫것이 황급히 골목길로 태자를 부축해 이끌었다. 골목 귀퉁이 에서 손바닥의 피를 내려다보던 태자가 돌멩이를 던지고 있는 사람들을 향해 고함을 내질렀다.

"왜들 이러는가?"

"이놈아, 너의 근본을 몰라서 하는 소리냐?"

돌을 던지려던 사람이 태자에게 맞고함을 쳤다.

"나는 이웃 나라의 위류다까 태자다. 여기는 내 어머니의 나라이거늘 그 나라를 찾아온 한 나라의 태자를 이렇게 대하는 법이 어디 있는가?"

"흥, 태자! 태자면 다 태자냐. 넌 종의 자식이야."

"무슨 소린가? 종의 자식이라니?"

"네 어미가 말해 주지 않았던가 보군. 이놈아, 네놈의 어미는 이 나라의 천한 종년이었어. 천한 나라 자식이 어디 감이 들어와 태자 행세를 하려고 들어. 이놈아, 네 나라로 썩 물러가."

그제야 자초지종을 안 위류다까 태자는 격노하여 자기 나라로 돌아갔다. 피투성이가 되어 돌아온 태자의 모습에 나라는 발칵 뒤집혔다. 그의 아버지 프라세나짓왕이 물었다.

"어떻게 된 것이냐 태자?"

속이 깊었던 태자는 아무 대답도 하지 않았다. 왕은 계속 태자를 추궁했으나 태자는 어머니의 나라를 여행하다 돌아오는 길에 도둑 떼를 만나 다쳤을 뿐이라며 속마음을 숨겼다.

6

앞서 이 부분에 있어 각 경전의 기록들이 대동소이하다고 했지만 본생경과 빠알리 《담마빠다》 주석서에는 위류다까가 카필라바투스에 들어가 자신의 어머니가 종의 딸이었다는 것을 알게 된다고 기록하고 있다. 모욕을 당하고 돌아온 그는 석가족을 몰살하기를 서원한다. 반면에 북부 계열의 경전들 그러니까 한역본들은 그 내용이 조금씩 다르다. 《오분율》, 《법구경》, 《의족경》, 《육도집경》같은 북부 계열의 한역본들은 이렇게 기록하고 있다.

석가족은 붓다를 위해 강당을 짓는다. 강당이 완성되고 붓다에게 바쳐지기를 기다리고 있는데 위류다까(Virūdhaka)가 카필라로 들어와 붓다의 자리에 앉는다. 그걸 본 석가족은 화가 나서 위류다까를 모욕한다.

이 대목이 《근본설일체유부비나야잡사》로 넘어오면 이렇게 그 양상이 달라진다.

위류다까는 사냥을 나간다. 그가 탄 말이 갑자기 석가족의 정원을 망쳐 버린다. 이 사실을 안 석가족들이 그를 죽이려 한다. 위기를 느낀 위류다까가 그에 대응한다.

《본생경》같은 경우도 이와 비슷하다. 과거 업장을 바닥에 깔고 있으면서도 석가족 멸망 촉발 원인을 그렇게 기록하고 있다.

그 대목을 지나면 내용은 다시 대동소이 해지는데 살펴 재구하면 이렇다.

그날 밤 태자는 어머니의 한 서린 눈물을 보았다. 종으로 살다 한 나라의 왕비가 될 수밖에 없었던 어머니의 눈물겨운 말을 들으며 태자는 이를 갈았다.

날이 밝기가 무섭게 왕이 그들 모자를 찾았다. 그들이 왕 앞으로 나아갔을 때 왕은 얼굴에 살기를 띠고 그들을 노려보았다. 이미 왕은 태자가 어머니의 나라로 들어갔다가 당한 수모를 알고 있었다.

"그대의 출신이 카필라의 종이었다니 이 무슨 해괴한 소린가?"

왕은 화가 난 음성으로 왕비에게 물었다.

눈을 내리깔고 있던 왕비가 모든 것을 체념하고 실토했다. 어질고 착한 그녀의 눈에 눈물이 고였다.

"용서하십시오. 본의는 아니었습니다."

"본의가 아니었다? 모든 것이 사실이란 말이지 않은가?"

"제가 카필라의 종의 자식이었던 것만은 사실입니다."

"그런데도 본의가 아니었다?"

왕이 피를 내뱉듯 고함쳤다.

"왕이시여. 그 책임은 카필라에만 있는 게 아님을 알고 계시지 않습니까."

"무엄하다. 그러고도 나를 능멸하려 들다니!"

그 길로 모자는 왕에 의해 감옥에 갇히고 말았다. 아내와 아들을 함께 옥에 가둔 왕은 그래도 성이 풀리지 않아 복수를 결심했다.

"오냐, 잘난 네놈들의 피로 내 왕관을 씻으리라!"

왕은 군사를 모으고 결전의 날을 기다렸다. 왕은 결전의 날을 기다리면서 매일 술로 나날을 보내었다. 생각하면 생각할수록 분통 터지는 일이었다.

마가다국을 위시한 열네 나라 중에서도 가장 약소한 나라가 카필라였다. 아내를 얻은 후로 한 번도 카필라를 업신여겨 본 적이 없었다. 고상한 종족의 아내를 얻은 것을 은근히 자랑스러워했고 그것이 자랑스러운 만큼 카필라를 사랑했고 다른 나라로부터 지켜주었다.

그런데 그 나라의 왕족이었을 줄 알았던 왕비가 종이었다니 기가 막힐 일이었다.

얼마나 이 나라를 업신여겼기에 평민도 아닌 종년을 왕족이라 속여 자신에게 보내었단 말인가.

그는 칼을 갈고 또 갈았다.

그는 결전의 날을 앞둔 어느 날 술병으로 병석에 눕고 말았다.

"태자를 데려오라! 태자를!"

그는 그제야 태자를 찾았다.

피는 물보다 확실히 진했다. 죽음 앞에서 왕은 아들의 손을 잡았다.

"태자야, 약속해다오. 카필라를 쳐 내 발밑에 두겠다고?"

위류다까는 어렸지만 강하게 자란 사내아이였다. 아버지는 아들을 알고 있었다. 어머니의 나라라고 해서 섣부른 감상으로 카필라를 용서할 아들이 아니었다.

아들이 아버지의 손을 잡고 눈물을 흘렸다.

"걱정하지 마십시오, 아버지. 내 비록 카필라의 피를 받았지만 카필라를 내 발밑에 두어 그들의 왕이 되겠습니다."

"숫도다나와 그 일가족들의 목을 내 영전에 바치겠다고 약속해다오."

"그러겠습니다. 그들의 목을 베어 아버지 앞에 바치겠습니다."

그렇게 대업을 이어받은 위류다까는 아버지 대신 카필라를 치기 위해 복수의 칼을 갈았다.

붓다는 피붙이나 다름없는 위류다까를 불렀다. 그가 물밀듯 카필라를 공격한다면 모든 것은 끝장이었다. 나라는 물론이고 백성은 그들의 손에 죽게 될 것이었다.

그토록 따르던 위류다까의 얼굴엔 살기만이 감돌았다. 자초지종을 묻고 타일렀으나 위류다까는 눈물만 흘렸다. 존경하는 분에게 그가 보일 수 있는 마지막 눈물이었다. 그 후 위류다까는 붓다를 다시 찾지 않았다.

그렇다고 위류다까가 침략을 포기한 것은 아니었다. 그는 때를 기다리고 있었다. 그때가 시시각각 다가오고 있었다.

위류다까가 카필라를 치기 위해 출전하기 전날, 붓다는 무슨 생각에선지 길을 떠났다. 제자들이 그의 뒤를 따랐다.

붓다는 카필라성이 올려다보이는 벌판의 한 기슭에 다다라 말라죽어가고 있는 니그로다 나무 밑에 정좌하고 앉았다.

그때까지도 제자들은 붓다의 뜻을 헤아리지 못했다. 볕이 너무 뜨거워 건강을 해친다고 염려했으나 붓다는 아무 반응이 없었다.

한나절이 지났을까. 검은 구름장이 먼 벌판으로부터 밀려오기 시작했다. 아니 그것은 검은 구름장이 아니었다. 전쟁 준비를 끝내고 카필라성을 향해 진군하고 있는 위류다까의 군대였다.

군대는 붓다 앞에서 멈춰 섰다. 마상에 높이 앉은 위류다까는 자신의 앞을 가로막고 있는 늙은 거지가 붓다라는 걸 한눈에 알아보았다. 그가 무엇 때문에 그 자리에 앉아 있다는 것을 안 위류다까는 마상에서 뛰어내렸다. 그에게 있어 석가족은 모두가 복수의 대상이었지만 붓다는 자신의 스승이요 혈연이었다.

위류다까는 붓다를 향해 다가갔다.

가까이 다가오는 위류다까를 붓다는 눈이 부신 듯 바라보았다.

"붓다시여. 햇볕이 이렇게 따가운데 무성한 나무숲 그늘을 놔두시고 말라 죽어가는 나무 밑에 계시니 어인 일이십니까?"

위류다까는 붓다 앞에 공손히 예를 표한 후 물었다.

위류다까의 넉살에 붓다는 조용히 미소 지었다.

"위류다까여. 나무 그늘이 제아무리 짙어도 내 어찌 그것으로 그늘진 내 마음마저 덮어 버릴 수 있겠는가."

"알겠습니다! 붓다시여."

위류다까는 그 길로 퇴군을 명령하고 돌아서고 말았다.

그렇다고 그가 침략을 포기한 것은 아니었다.

그는 며칠 후 붓다가 돌아갔을 것이라 생각하고 진격해 왔다.

멀리서 붓다임을 한눈에 알아본 위류다까는 망설이다가 다시 돌아갔다.

며칠이 지났다. 위류다까는 다시 진격해 왔다.

붓다는 예의 그 길목을 지키고 있었다.

네 번째 진격했을 때 위류다까는 더 참지 못하고 붓다 앞으로 나아갔다.

"붓다시여. 이러신다고 해서 저의 결심이 변하지는 않습니다. 그렇습니다. 저는 지금도 그대를 뵈었을 때의 감동은 잊지 않고 있습니다. 그대는 그때 저의 인사를 받았을 뿐 말이 없었지만 저를 쳐다보는 눈에서 형언할 수 없는 따뜻함을 느낄 수 있었기 때문입니다. 그리고 그대가 저의 혈연이라는 사실이 그럴 수 없이 자랑스러웠습니다. 하지만 이제는 아닙니다. 석가족은 나를 버린 지 오래이기 때문입니다. 오로지 증오의 대상일 뿐이라는 말입니다."

"위류다까야, 네가 모르는 게 하나 있구나."

"무엇입니까 그게?"

"나는 카필라를 버리지 않았다. 구하고자 해서 버린 것이다. 너는 카필라를 증오하기 때문에 버리려고 하는 것이다."

"그렇다면 카필라를 향한 그대의 사랑보다 저의 증오를 사랑해 주십시오. 이제 어떤 말로도 저의 마음을 돌려놓지는 못할 것입니다."

"그렇다. 나 역시 그걸 알고 있느니라."

"알고 계신다면 물러나십시오."

"그럴 것 없다. 나는 여기에 있겠다. 그리하여 네 칼날에 무너지는 내 조국을 끝까지 보아두겠다. 그것이 카필라의 운명이요 나의 사랑법이다. 나를 개의치 말고 너는 너의 길을 가거라!"

"붓다시여. 저를 용서하십시오."

위류다까의 눈에서 눈물이 흘러내렸다. 뒤이어 돌아선 그의 입에서 무서운 고함이 터져 나왔다.

"진격!"

병사들이 카필라를 향해 진격해 갔다. 코살라의 말발굽 아래 카필라는 무너지기 시작했다.

계속해서 위류다까의 한 서린 고함이 터져 나왔다.

"한 놈도 남기지 말라! 모조리 목을 베어라!"

붓다는 눈을 뜬 채 자신의 백성들이 코살라의 칼날에 무너지는 모습을 바라보았다.

석가족들은 활을 쏘며 대항하였다. 이상했다. 화살은 엉뚱한 곳으로만 날았다. 투구를 맞추면서도 머리는 다치게 하지 않았다. 수레바퀴를 맞춰 부수면서도 사람은 해치지 않았다.

"이상하구나. 왜 저들이 활을 쏘면서도 엉뚱한 곳만 쏘고 있느냐?"

위류다까의 물음에 호고 범지라는 자가 옆에 있다가 앞으로 나와 아뢰었다.

"두려워 마십시오. 저 석씨들은 다 계율을 지키기에 벌레도 죽이지 않습니다. 그저 겁이나 주려고 쏘아대는 것입니다. 하물며 사람을 해치겠습니까. 그대로 밀어붙이면 반드시 항복받을 수 있을 것입니다."

호고 범지의 말대로 위류다까는 쉽게 성안으로 들어갈 수 있을 것 같았는데 사마라라고 하는 무사가 그들의 앞을 가로막았다. 그는 닥치는 대로 위류다까의 군사를 죽였다. 그 바람에 잠시 위류다까의 군사들이 뒤로 물러났다. 그러자 석가족 사람들이 오히려 사마라를 나무랐다.

"그대는 왜 이 나라를 욕되게 하시오. 이 나라는 착한 법을 수행하는 나라요. 더구나 사람을 죽이다니. 우리는 저 군사들을 다 처부술 수 있지만 붓다의 말씀을 따르기로 하지 않았소. 그대는 빨리 떠나시오."

그 말을 듣고 사마라는 화가 나 카필라를 떠나 버렸다. 그때 악마 파피야스가 안 되겠다는 생각에 모습을 드러냈다. 석가족의 형상으로 바꾼 모습었다.

《담마빠다》보다 역시 《증일아함경》과 《근본설일체유부비나야잡사》는 이 대목에서도 자세하다. 이렇게 기록하고 있다.

사마라가 떠나 버리자 유리왕(위류다까)이 성문으로 와서 외쳤다.
"빨리 성문을 열어라. 머뭇거릴 필요가 없다."
석가족들은 서로 의논하였다.

"문을 열어야 할까, 말아야 할까?"

성문이 열리지 않자 악마 파순(波旬:파피야스)이 석가족의 형상을 하고 석가족들 틈에 숨어들어 여러 석가족들에게 말하였다.

"너희들은 빨리 성문을 열어라. 오늘의 곤욕을 함께 당하지 말라."

석가족은 곧 성문을 열어 주었다.

그러자 유리왕이 모든 신하들에게 말하였다.

"지금 석가족 백성들은 그 수가 너무 많아 칼로는 다 죽일 수가 없다. 모두 잡아다 땅속에 다리를 묻은 뒤에 사나운 코끼리로 모두 밟아 죽여라."

신하들은 왕의 명령을 받고 곧 코끼리를 부려 석가족 백성들을 밟아 죽였다.

부하들이 코끼리로 카필라의 백성들을 밟아 죽이는 사이 위류다까는 명령했다.

"석씨 여자 중에서 미인 오백 명을 뽑아라."

부하들이 미인 오백 명을 뽑아 위류다까에게 데리고 갔다.

아나룻다의 형이며 붓다의 사촌동생인 카필라의 마지막 왕 마하나마는 위류다까에게 무릎을 꿇고 애원했다.

"내가 저 호수로 들어가겠다. 들어가 있는 동안이라도 학살을 멈출 수 없겠는가?"

위류다까가 눈을 뒤집고 웃었다.

"카필라의 왕이 무릎을 꿇다니? 알아보니 그대는 내 할아버지더군. 그대와 그대의 하녀 사이에서 내 어머니가 태어났고 내가 바로 그 자식이니까 말이야."

"알았다면 학살을 멈추어다오."

"그리는 못하지."

"내가 물속으로 들어가 있는 동안만이라도!"

위류다까가 생각해 보니 사람이 물속에 들어가 얼마나 버티겠는가 싶었다.

"좋다. 물속으로 들어가라."

마하나마는 물속으로 들어갔다.

살생이 잠시 멎었다.

위류다까가 마하나마를 기다리며 빙글빙글 웃었다.

떠오를 때가 되었는데 마하나마는 떠오르지 않았다.

위류다까가 마하나마를 기다리다가 소리쳤다.

"왜 나오지 않는가? 들어가 보아라."

부하가 물속으로 들어가 보니 마하나마 왕은 호수 바닥의 물푸레나무에 자신의 몸을 묶고 죽어 있었다.

위류다까는 이를 부드득 갈았다.

영감탱이가 내 심사를 건드리지 않는가.

"죽여라. 닥치는 대로 죽여라!"

보다 못한 신통 제일 목갈라나가 참지 못하고 일어났다.

"붓다시여. 붓다께서 신통력으로 나라를 구하지 않겠다면 저라도 이 나라를 구하겠나이다.

붓다가 눈 형형히 뜨고 조용히 고개를 내저었다.

"아니다. 나서지 말라."

"붓다시여. 모두가 죽어가고 있습니다. 그런 마당에 보고만 계실 것이옵니까? 저의 신통력으로 석가국을 쇠울타리로 덮어 버리겠습니다. 그러면 위류다까라 해도 저의 신통력에 감복하고 돌아설 것입니다."

붓다는 허락하지 않았다. 목갈라나의 신통술을 몰라서가 아니었다. 아주 간교한 난도빠난다(Nandopananda) 용도 제자를 길들이듯 뱀으로 만들어 버리던 사람이었다. 자신이 원한다면 수미산이라도 으깨어버릴 수 있는 힘이 있는 사람이었다. 천상에서 천사들이 잡담이나 하고 있기에 가서 지도를 하라고 했더니 천상으로 가 엄지발가락으로 천상을 흔들어 혼을 내는가 하면 제석천이 자신의 영화에 도취되어 자만하고 있자 제석천의 웨자얀따(Vejayanta) 궁전을 흔들어 놓은 제자가 목갈라나였다.

"붓다시여!"

애타게 목갈라나가 매달렸다.

"아직도 모르겠느냐?"

붓다가 나직이 물었다.

"그러하옵니다."

"그럼 너는 쇠울타리로 과거의 업을 덮을 수 있느냐?"

그제야 목갈라나가 할 말을 잃었다.

"나서지 말라. 나는 이 날이 올 것을 알고 있었다. 이것은 석가족의 숙연(宿緣)이다. 이제 그 과보를 받는 것이다."

"그냥 보고만 있을 수는 없는 일 아닙니까?"

"이는 석가족 전체가 과거세로부터 쌓은 업이라고 하지 않았느냐. 내가 오늘날까지 너희들에게 가르쳐 온 것이 무엇이었더냐. 모든 것은 원인이 있고 그 원인에 의하여 생하고 멸하는 것을 가르치지 않았느냐. 이제 그 원인이 멸망을 불러온 것이다. 이것이 연기의 이법이니라."

이때 아난다가 더 참지 못하고 끼어들었다.

"붓다시여. 그렇다면 신통력을 얻은 깨침이 무슨 소용이겠습니까?"

따가운 햇볕 속에 앉은 채 붓다는 아직도 철없는 아난다를 응시하였다.

"분명히 연기의 이법이라고 말했느니라. 비구들이여 들어라. 모든 기적은 지혜를 여는 힘에 의해 이루어진다. 나는 그 문제를 너희들에게 누누이 가르쳤다. 누진통으로 인해 나의 법은 존재한다. 나의 법은 무아에 의한 지혜의 법이지 자아에 의한 기적의 법이 아니다. 원인이 있으면 결과가 있는 법, 결과를 예측하는 것이 깨침의 지혜이다. 비록 오늘 석가족이 멸망했다 하나 서러워해서는 안 된다. 원인으로 인해 그 보를 다했기 때문이다."

제 나라가 쓰러지고 제 피붙이가 피를 흘리고 있는데도 그는 두 눈 형형하게 뜨고 그렇게 가르침을 잊지 않았다. 아직도 제자들은 보지 못하고 있었다. 붓다의 세계인 무아를 보지 못하면 자아의 세계는 지옥이다.

붓다가 가르침에 있어 주먹 손을 쥐지 않는 사이 위류다까는 석가족 사람들을 남김없이 죽였다. 노소를 막론하고 그는 칼날에 피를 묻혔다.

제자들은 보았다. 붓다의 얼굴에 오히려 증오보다는 번져 가는 연민, 그 연민을 쳐다보면서 몸서리쳤다. 그들은 알고 있었다. 붓다의 신통력을. 붓다는 자신의 일생에서 쌍신변(雙神變) 기적을 네 번 보였다. 벽지 불과 아라한이 갖출 수 없는 붓다만의 신통이었다. 육불공지(六不共智). 지혜의 누진통을 얻는 이만이 누리는 신통력이었다.

붓다는 그때 제자들이 근기가 약해 대승을 이해하지 못하자 그들을 위해 공중으로 몸을 띄웠다. 상반신에서 불이 뿜어져 나왔다. 하반신에서 물이 뿜어져 나왔다. 잠시 후 하반신에서 불이 뿜어져 나왔다. 상반신에서는 물이 뿜어져 나왔다. 몸의 앞쪽과 등 쪽에서도 물과 불이 뿜어져 나왔다. 눈과 눈, 귀, 코, 어깨, 손, 옆구리, 다리, 발가락, 손가락에서 불과 물이 번갈아 가며 뿜어져 나왔다. 빛이 쏟아졌다. 모든 털구멍에서는 여섯 색깔의 빛이 쏟아졌다.

붓다는 그렇게 쌍신변을 나투고 그와 똑같은 천 개의 분신을 만들었다. 천 개의 분신들이 붓다를 향해 질문하기 시작했다. 바로 대승의 법이었다. 붓다의 대답 속에 대승의 해답이 제자들을 향해 쏟아졌다. 쌍신변은 무려 16일 동안이나 계속되었다.

그러나 붓다의 쌍신변에도 불구하고 대승심을 얻지 못하는 이들이 있었다. 근기가 약한 이들이었다. 견성의 세계는 그렇게 먼 길이었다.

제자들이 눈물을 흘렸다. 신통을 보이지 않는 붓다를 보며 눈물을 흘렸다.

붓다는 그들을 보며 눈을 감았다. 눈에 보이는 것만이 저들에게는 진실이었다. 자아에 붙들려 더 큰 세계를 보지 못하고 있었다. 외부 세계가 자신의 의지와는 상관없이 돌아간다고만 생각하고 있었다.

그때 위류다까가 죽인 카필라 백성의 수는 9천 9백 90만 명이었다. 그들의 피가 강물을 이루었다.

위류다까는 카필라바스투를 불사르고 냐그로로다 동산으로 뽑혀 온 오백 명의 미인들에게 이렇게 말하였다.

"너희들은 근심하지 마라. 내가 너희들 남편이요, 너희들은 내 아내다."

위류다까가 희롱하려고 하자 여자들이 울부짖었다.

"종년에게서 난 종자와 정을 통하느니 차라리 죽음을 택하겠다."

화가 난 위류다까는 그녀들의 손발을 잘라 구덩이에 갖다 버렸다. 그래도 나머지 여자들은 위류다까와 정을 통하지 않겠다고 했다.

위류다까는 그녀들 모두 손발을 잘라 죽이고 자신의 나라로 돌아갔다.

카필라를 피로 물들였던 병사들은 도중에 홍수를 만났다. 계곡에 진을 쳤는데 갑자기 물이 불어난 것이다. 수많은 병사들이 물살에 목숨을 잃었다.

그 말을 들은 붓다가 제자들에게 말했다.

"위류다까는 곧 죽으리라."

붓다의 말대로 위류다까는 얼마 되지 않아 지독한 피부병을 얻어 미쳐 날뛰다가 호숫가에 빠져 죽었다. 사람들은 그 역시 보를 받은 것이라고 수군대었다.

어느 날 제자들이 붓다에게 물었다.

"위류다까는 지금 목숨을 마치고 어디 가서 났나이까?"

"위류다까는 지금 아비지옥에 있느니라."

그렇게 말하고 세존은 비로소 그와의 인연을 말하였다.

바로 자신을 괴롭혀 오던 과거의 숙세, 그 사연을 비로소 숨김없이 털어놓았다.

붓다가 털어놓은 그 날의 직언이 여러 경전에 기록되어 있다. 《중일아함 등견품》의 기록을 그대로 옮긴다.

...

유리왕이 아비지옥에 떨어졌다는 말을 듣고 난 비구들이 붓다께 물었다.

"석씨들은 과거에 무슨 인연을 지었기에 지금 유리왕에게 해침을 당하였습니까?"

그러자 세존께서 모든 비구들에게 말씀하셨다.

"옛날 이 라열성(羅閱城)에 어부들이 모여 살던 마을이 있었다. 마침 흉년이 들어 사람들은 금 한 되로 쌀 한 되를 바꿀 정도였다. 그 마을에 큰 못이 있었는데 라열성 사람들은 먹을 것이 없자 그 못으로 가서 고기를 잡아먹고 살았다. 그때 그 못에는 두 종류의 물고기가 살고 있었다. 하나는 이름이 구소(拘璅)이고 다른 하나는 양설(兩舌)이었다.

마을 사람들이 계속 동족들을 잡아가자 물고기들을 이끌던 두 우두머리 물고기가 참지 못하고 의논하였다.

"우리는 이 사람들에게 잘못을 저지른 적이 없다. 우리는 물에서 산다. 땅에서는 살지 못한다. 그런데도 이 사람들은 우리를 잡아먹고 있으니, 만일 우리가 전생에 조그만 복이라도 지은 것이 있다면 그것으로 원수를 갚도록 하자."

그때 그 마을에 나이가 여덟 살쯤 되는 어린아이가 있었다.

그 아이는 물고기를 잡지도 않고 또 생명을 죽이지도 않았다.

그러나 마을 사람들이 잡아 올린 물고기들이 언덕 위에 죽어있는 것을 보고는 매우 재미있어 하였다.

"비구들아, 너희들은 마땅히 알아야 한다. 너희들은 그때 라열성 사람들이 누구라고 생각하느냐? 지금의 석가족이 바로 그들이었느니라. 그때 구소라는 물고기는 지금의 유리왕이고, 그때 양설이라고 하는 물고기는 지금의 호고 범지이며, 그때 언덕에 죽어 있는 물고기를 보고 웃었던 어린아이는 바로 나였느니라. 그때 그 석가족은 앉아서 물고기를 먹었는데, 그 인연으로 무수히 많은 겁 동안 지옥에 떨어졌다가 지금 이 지경이 된 것이다. 나는 그때 앉아서 바라보며 웃었기 때문에, 지금 머리를 돌로 치는 것 같고 수미산을 인 것 같은 두통을 앓고 있는 것이다. 비구들아, 이런 인연으로 말미암아 지금 이런 과보를 받은 것이다. 그러므로 모든 비구들아, 너희들은 마땅히 몸과 입과 뜻으로 짓는 행을 잘 단속하고, 범행(梵行) 닦는 이를 생각하고 공경하며 받들어 섬기도록 해야 한다. 비구들아, 꼭 이같이 공부해야 하느니라.”

여기까지가 《중일아함 등견품》의 기록이다.
이번에는 《육도집경》의 기록이다. 《육도집경》의 기록은 완만하다. 《담마빠다》나 《중일아함경》, 《근본설이체유부비나야잡사》와는 약간 다르게 기록되고 있다.

“…아주 옛날 세 나라가 이마를 맞대고 있었다. 붓다가 나오시기 전 까마득한 옛날이었다. 세 나라 중 한 나라에는 못과 호수가 많아서 고기가 많이 잡혔다. 이웃 나라 사람들은 그들이 잡은 고기를 사먹었다. 어느 날 나는 고기의 머리가 잘린 것을 보고는 ‘맛있겠다’고 말하고 말았다. 그 업보로 나는 성자이면서도 석가족의 횡사를 두고 일어나는 두통을 피할 길이 없었다. 그런데 하물며 필부들이 그 업보를 어떻게 피할 수 있겠느냐.”

• 붓다 평전

구체적이긴 한데 생략과 생략을 거듭해 얼른 대의가 쉽게 파악되지 않는다. 삽화의 대목에 대한 변형이 달리 나타나고 있음을 이로써 알 수 있다.

마하나마 왕의 죽음도 경전마다 약간씩 다르다.

부하가 물속으로 들어가 보니 마하나마 왕은 호수 바닥의 물푸레나무에 자신의 몸을 묶고 죽어 있었다.

이것이 《증일아함경》의 기록인 데 반해 《육도집경》에는 자신의 머리를 풀어 나무에 묶었다고 기록하고 있다. 두 경전의 내용이 《근본설일체유부비나야잡사》로 건너오면 자세해진다. 《담마빠다》나 《육도집경》이나 《증일아함경》과 비교해 《근본설일체유부비나야잡사》는 석가족의 악행이 더욱 자세하다.

그 부분만 살펴본다. 《근본설일체유부비나야잡사》의 기록이다.

"석가의 종자들과 내가 과거에 지었던 업을 잘 들을지니라… 과거한 강가에 오백 명의 어부가 살았느니라. 두 마리의 물고기가 바다에서 강으로 거슬러 올라왔다. 마을 사람들이 그 물고기를 잡았다. 물고기가 너무 커 서로 의논을 하였다.

'물고기가 너무 크다. 지금 잡는다면 다 먹지도 못하고 썩어 버릴 것이다.'

'하나는 죽이고 하나는 물속에 묶어둡시다.'

'그래도 크다. 한 마리를 잡는다고 해도 곧 썩어 버릴 것이다.'

그들은 두 마리의 물고기를 해체했는데 물고기들은 죽어가면서 울부짖었다.

'우리에게 죄가 없는데 왜 이런 고통을 주느냐? 반드시 내세에 너희들이 태어나는 곳에 태어나 복수를 하리라.'

비구들이여. 그대의 5백 어부가 석씨 종자이고 두 물고기를 바라보며 환희심을 일으켜 웃고 있던 동자가 나였느니라. 그리하여 오늘에 석씨 종자가 그 업을 받는 것이니라."

강가에서 독을 풀어 고기를 잡던 석가족. 그곳에 웃고 있던 소년. 세월이 흘러 소년은 다시 석가족의 아들로 태어난다. 그날의 물고기는 이웃 마을의 장자로 태어난다. 그날의 어부들은 폭도로 변해 있었다. 어디에서나 살생을 멈추지 않았다.

《근본설일체유부유나야잡사》의 이어지는 기록이다.

"비구여 자세히 들을지니라. 겁비라성의 여러 석씨 종자들은 과거에 또 하나의 큰 업을 지었느니라. 오백 명의 도둑들이 있었는데 그들이 바로 석씨 종자였느니라. 한 마을에 이르러 재물을 겁탈하였는데 두 장자가 누각 위로 도망갔고 도둑들이 내려오라고 고함쳤으나 그들은 내려오지 않았다.

'정말 내려오지 못하겠는가?'

장자가 겁에 질려 고함쳤다.

'내려가면 죽일 것이니 내려가지 않겠다.'

도둑들이 짚을 쌓아 불을 질렀다. 누각이 불탔고 장자는 불길 속에서 외쳤다.

'왜 우리에게 이러느냐? 두고 보아라. 복수를 하고 말 테니. 너희들이 나는 세상에 태어나 분명히 이와 같은 고통을 주리라.'

비구들이여. 그때의 두 장자가 고모와 악생(위류다까)이고 오백 명의 도둑은 석자이니라."

여기까지가 경전마다 조금씩 달리 나타나는 석가족 몰살사건의 전모다. 이로써 석가족의 멸망이 강가에서 독을 풀어 고기를 잡아먹는 업장 때문임을 알 수가 있다. 도적 떼가 되어 마을을 습격하고 사람을 불태워 죽여야 했던 업장임을 알 수가 있다.

그런데 어떤 경전에는 도적 떼가 되어 사람을 불태워 죽이는 대목을 빼 버린 곳이 있다. 그리고 아예 변색해 버린 경우도 있다.

왜 그랬을까?

아래 기록을 보면 그 사실이 그대로 드러난다.

저수지에 많은 물고기들이 살았다. 그곳에 두 물고기의 왕이 있었다. 가뭄이 들어 저수지에 물이 마르자 두 물고기 왕은 진흙 속으로 뚫고 들어갔다.

그날의 어린 붓다는 석가족이 그 물고기를 잡아먹을 때 진흙에서 두 물고기가 나오자 막대기로 세 번 때렸다.

나중에 세존께서는 성불 후 3일 동안 머리가 아팠다.

그날의 물고기 중 하나는 유리왕이며 하나는 그 나라의 대신이었다.

그러므로 세존께서 석가족을 구하지 못한 것이다.

《담마빠다》는 이에 대해 마지막 부분을 보여준다.

위류다까의 병사들이 카필라를 멸망시키고 돌아가기 시작했다. 도중에 날이 저물자 아라와찌 강변에 천막을 치고 유영하기로 했다. 밤이 되자 이상스럽게 수많은 개미 떼가 나타났다. 개미 떼 때문에 잠을 잘 수 없어 병사들은 강 모래밭에서 강둑으로 천막을 옮겼다. 그러자 개미 떼들이 공격을 멈추었다. 병사들은 잠이 들었는데 강의 상류에 폭우가 쏟아졌다. 물이 급격하게 불어나도 그들은 몰랐다.

위류다까의 병사들이 홍수에 죽었다고 하자 비구들이 붓다에게 물었다.

"위류다까의 병사들이 돌아가다가 홍수를 만나 대부분 몰살했다고 합니다. 샤끼야족의 비극과 병사들의 죽음이 예사롭지 않습니다."

제자들의 말에 붓다께서 말씀하셨다. 그는 전생에 강가에서 독을 풀어 살 수밖에 없었던 자신의 조상들에 대하여 말한 다음 이렇게 말했다.

"비구들아, 인과의 법칙은 공정하다. 인과의 응보는 가고 오는 것. 홍수가 잠자는 마을을 휩쓸고 가버리듯이 죽음이라는 이름의 홍수 또한 감각적인 쾌락에 집착해 있는 중생들을 휩쓸어 가느니라."

그렇게 말한 다음 게송을 읊었다.

아름다운 꽃을 찾아 헤매듯
마음이 감각적 쾌락에 빠져 있는 자를
죽음이 순식간에 앗아간다.
마치 잠든 마음을 홍수가 휩쓸어 가듯이
Pupphān heva pacinantaṁ

byāsattamanasam naraṁ
suttam-gāmaṁ mahoghova
maccu ādaya gacchati.

7

이렇게 경전마다 기록이 달리 해석됨을 이로써 알 수 있다. 불법의 흐름상 초기 불전에 기초해 기록된 것일 테지만 기록들이 엇비슷하면서도 번역하는 이에 의해 확연히 틀리게 나타난다는 것을 알 수 있다. 자연적인 현상이라고 하더라도 이 정도 되면 사실 헷갈리지 않을 수 없다. 어떤 경전에는 붓다의 조상들이 독을 풀고 있고, 어떤 경전에는 붓다가 잡은 고기를 보며 웃고 있고, 어떤 경전에는 잡은 고기를 보며 맛있겠다고 말함으로써 두통에 시달렸다고 하고, 어떤 경전에는 고기의 머리를 세 번 때려 성불 후 삼일 동안 머리가 아팠다고 하고… 어떤 경전에는 도적 떼가 된 석가족들의 만행이 적나라하게 기록되고 있고 어떤 경전에는 아예 기록조차도 보이지 않고…

이것은 보의 개념성 문제이다. 옮기는 자들의 사견이 끼어들었기에 그 순수성을 의심받는 것이다. 강가에서 고기를 잡아먹었기에 후생에 일국이 멸망했다는 것과 도적 떼가 되어 마을을 습격하고 사람을 불태워 죽이는 만행까지 저질렀기에 금생에 그런 보를 받는다는 것과는 분명히 차이가 있다. 한역화 된 북방 계열의 경전을 보면 강가에서 붓다의 조상들이 독을 풀었다는 대목은 사실상 빠져 있다. 원본에 없었거나 옮기는 자들이 빼버린 것이 분명하다.

하지만 남전 빠알리어 경전에는 여과 없이 그 대목이 기록되고 있다. 남전과 북전의 차이가 확실히 드러나는 대목이다. 무엇보다 도적 떼 문제가 그렇다. 《근본설일체유부비나야잡사》에나 보이는 도적 떼의 만행은 예전의 한역 경전 어디에서도 찾기가 힘들다. 물론 근본 경전이라고 해서 하나같이 기록되어 있는 것은 아니지만 왜 그럴까?

그래서 경전의 순수성 운운하는 것이고 경전의 본의가 상실되었느니 어쩌고 하는 것이다. 불교 사상이 때로는 오해받고 터무니없다는 소리를 듣는 것도 그래서이다. 뜻있는 이들이 붓다의 원음이 살아 있는 근본 경전으로 돌아가자고 하는 이유도 여기에 있다.

그렇다고 남방상좌부의 경전들이 오늘 우리 앞에 있다고 해서 아직도 번역상의 오류를 피할 수 있다고 생각하는 것은 오산이다. 얼마든지 오류를 범할 수 있다. 문제는 사실을 알고 넘어가자는 것이다. 그리하여 본뜻을 통해 대의를 증득하자는 것이다. 거기 답이 있기 때문이다.

언젠가 주위 사람들에게 이 문제에 대해 물어보았다. 어떻게 생각하느냐고. 그러자 되돌아온 대답이 통렬했다.

"관심없어요."

그걸 안다고 해서 밥이 나오는 것도 아니고 사랑하는 사람도 생길 리 없는데 무슨 골치 아픈 소리냐는 것이다.

"관심을 좀 가지시지요."

"정말 그런 일이 있었단 말입니까? 아니 부처님은 선덕의 화신이 아닌가요? 그래서 세상에서 가장 선한 가문에 태어나신 거 아닌가요? 붓다가 독을 푸는 강가에서 웃고 있었다고요? 아니 사람이 불타 죽는데 환희심을 느꼈다고요? 전생에 형제를 죽였다고요? 부처님이 원수의 종질까지 했다고요? 벼랑에서 형제를 밀어 죽여 수천 년을 쇠산지옥에서 고통받았다고요? 에이 말도 안 돼요."

강가에 독을 풀어 고기를 잡아먹고 살았기에 금생에 일국이 망했다고 했을 때 웃던 이들이 이제 석가족이 도둑 떼가 되어 마을을 습격하고 살상을 일삼았다고 해도 웃고 만다면 할 말이 없다. 아무리 세상이 변했다 하더라도 누가 제대로 알려주지 않으니 그럴 수밖에 없다. 불교에 심취하여 경전을 뒤져서라도 제대로 공부를 하지 않은 이들에게는 그럴 수밖에 없다. 더욱이 이제야 붓다의 음성이 살아 있는 근본 경전들이 우리말로 옮겨지고 있다고는 하지만 그런다고 해결될 것 같지도 않다. 오늘도 기복에 물든 일부 지도자들은 대승을 등에 업고 붓다를 팔아대는 데만 급급해하고 있으니 말이다. 진실이 묻히든 말든 그게 무슨 소용인가 그러고 있으니 말이다.

하기야 그렇지 않아도 관심 없는데 뭐 좋은 것이라고 신도들을 실망시킬 필요가 있을까 싶기도 하다. 그들에게는 그저 일국을 망하게 할 죄업이다. 그렇기에 그들은 행여 그 사실이 불교를 불신하는 티끌이 되어 동티날까 뜻 있는 이들의 개탄이 하늘을 찔러도 외눈을 치뜬다. 오늘도 그들은 제 잇속 챙기기 위해 진짜 경전도 가짜 경전으로 만드는 천재성을 발휘한다. 경전을 나름 해석하여 중생을 속인다. 교묘하게 악업도 선업으로 뒤바꾸어 그런 붓다를 팔아댄다. 그런 이에게 걸려든 이는 오히려 이쪽이 심각해 이상하다는 듯이 반문한다.

"살기 위해 고기 잡아먹는 일이 죄가 되나요? 그리고 살인도 저지를 수 있고 방화도 저지를 수 있지요. 사람 사는 게 그런 게 아닌가요? 그 바람에 일국이 몰살하나요? 그게 일국이 망할 만큼 큰 죄인가요?"

앞서 잠시 기술했지만 그들은 알고 있는 것이다. 이 시대에 윤회를 거듭하며 쌓인 인과업장의 중요성을 설명해봐야 무용지물이라는 것을.

그런데 어떻게 이 모든 과정이 붓다가 방편으로 보여준 것이라고 말할 수 있겠는가, 산생명이 산생명을 잡아 먹어서는 안 된다는 가르침을 그렇게 보여준 것이라고 어떻게 가르칠 것인가. 더욱이 그로 인해 카필라가 망해가는 과정을 방편이라는 큰 그림으로 보여준 붓다의 참뜻을 이해시킬 수 있겠는가.

이것이 누진통의 신통이요 가르침임을 이해시킬 수가 없다. 붓다의 가르침은 그렇게 넓고 깊기 때문이다. 범부로서는 도저히 상상할 수 없을 정도로 크고 높기 때문이다. 그렇게 범부는 자신의 마음 속에 그려지는 선과 악의 대립을 보지 못한다. 그러므로 붓다의 큰 마음 속에서 그려지는 방편을 눈치챌 수 없다. 붓다에게는 방편이요 중생에게는 현실이 되기 때문이다. 견성하기 위해 부단히 싸워야 했던 붓다의 마음 속 전쟁도 현실이고 산생명이 산생명을 죽여서는 안 되기에 삼세를 엮어 일국이 망해가는 과정을 보여주어도 중생은 그것을 현실로 받아들일 뿐 붓다의 방편임을 눈치채지 못한다. 그래서 중생인 것이다. 본질세계가 붓다의 세계다. 현상은 변함없다. 거기 그대로 있다. 붓다에게는 세계가 그대로고 중생에게는 흔들리는 현실일 뿐이다. 중생에게는 오로지 그것만이 중요하다. 그래서 역사가 된다. 그러나 붓다의 세계는 다르다. 이 우주가 한공간이다. 그 공간 속에서 소멸과 창조가 이루어진다. 신의 천지창조가 여기에 있다. 천지를 창조함에 있어 한 티끌도 구애받음이 없다. 결코 세계가 변하지 않음을 알고 있기 때문이다. 이것이 신의 방편이다. 그러나 이 사실을 역사로 인식하는 중생은 그 큰뜻을 모른다. 중생은 신이 아니기 때문이다. 신의 경지. 그 경지가 곧 붓다의 경지다. 이것이 붓다의 방편 교설이다.

그러므로 우리 모두는 오늘도 세상의 강가에서 독을 풀고 있다. 석가족들이 살기 위해 독을 풀듯이. 오늘도 우리는 상대를 모함하여 불구덩이 속으로 밀어 넣고 제 살길만 꿈꾼다. 그날의 석가족들이 사람을 불태워 죽이듯이…

그래서 붓다는 무아를 증득하고 자아의 주체인 중생들 속으로 들어가 그들과 삶을 같이 하였다. 자아의 중생들을 가르쳐야 했기 때문이다. 그는 중생들에게 사실을 가르치기 위해 중생들과 함께 있어야 했고 중생들과 함께 숨을 쉬어야 했다. 그렇게 중생들에게 무아를 가르쳐야 했기 때문이다. 그에게 있어 무아란 무엇인가. 이 우주다. 본디세계다. 아무리 변형시켜도 변형되지 않는 본디 세계다. 그런데도 본디 받아 나온 업장에 의해 중생들은 자아를 버리지 못한다. 자아의 세계 속에 존재하는 무아가 붓다임을 알면서도 자아를 버리지 못한다. 자신들의 나라가 그렇게 멸망해도 그것은 마찬가지다. 자아를 통한 무아의 가르침. 그 가르침의 본뜻을 여전히 깨치지 못하고 있다. 그렇다면 윤회는 계속된다.

어린 딸이 아버지에게 물었다.

"아버지. 우리는 어디서 왔지요?"

아버지는 수십 억 년 전에 물고기로 살아갈 때의 이야기를 할 수 없었다.

"우리는 본시 물고기였단다."

그렇게 말하지 못했다. 딸이 태아였을 때 아가미가 생겨나고 지느러미가 생겨나던 이야기를 하지 못했다. 해도 알아듣지 못할 것이 때문이다.

"너는 신이 만들었단다. 그래서 너는 신령스러운 존재란다."

아버지는 수억 마리의 정충이 기를 쓰고 달려 형제들을 모두 제치고 겨우 살아남아 인간이 되었다는 말을 하지 못했다.

"저기 보이지 않니? 이 아비가 죽인 생명체들이 검은 옷을 입고 웃고 있는 모습들이… 아가야 그게 생명의 원죄란다."

그렇게 말하지 못했다. 무아를 향한 자아의 그림자, 그 그림자가 지닌 원죄, 그 원죄를 누구나 가지고 태어나는 것, 그것이 윤회임을 말하지 못했다.

그래서 오늘의 야매승들은 붓다의 그 방편 교설을 기가 막히게 이용하는 것이다. 그들은 근본이 엷은 자에게 붓다의 진실을 기가 막히게 호도하는 것이다. 그들은 중생들에게 이해관계의 잡다한 전쟁은 설명할 수 있어도 업장의 본질적 그림을 제대로 그려 주려고는 하지 않는다.

자신들의 행위가 중생의 구제가 아니라 중생을 괴롭히는 일이라는 것을 그들이라고 모를 리 없다. 수성 인간과 신성 인간, 용성인간의 도량. 그렇게 점차적으로 그들을 이끌어 나가야 함에도 야매승들은 오늘도 자신의 본분을 망각한 채 불구경만 하고 있다.

중생을 괴롭히면 붓다조차 용서치 않는 문수의 칼날이 눈앞인데 그들 중 오늘 문수의 칼날을 겁내는 이 이제 없다. 그런 이들은 오늘도 문수의 칼날 앞에서도 흔들림이 없다. 붓다는 문수의 칼끝에서 우주의 이치를 보았지만 그들은 문수의 칼끝에서 제 잇속만 본다.

《대보적경(제89권)》에서 붓다는 그런 이들에게 이렇게 질타하고 있다.

…장자 오는 세상에 어리석은 자들이 성인의 옷을 입고 형상만이 비슷한 사문이 되어서 마을을 돌아다니면 중생들이 존중하고 공양하고 찬탄하겠지만 목숨이 무너지면 지옥에 떨어져 타오르는 쇠평상에 앉게 될 것이니라…

맛지마 니까야《앗싸뿌라 큰 경 Mahā assapura sutta(M239)》에서도 붓다는 이렇게 그들을 나무라고 있다.

"어떤 비구가 사문인가? 사악하고 불선한 행실이 그쳤다면 그런 이가 비구이다."

이렇게 붓다의 충고가 추상같은데 아직도 정신을 못 차린 나쁜 비구들이 있다. 그들에게 물어보자. 지금의 한국불교는 정녕 붓다의 정법 그대로인가. 붓다 생존 시에도 이러했는가. 기복과 미신이 이렇게 성행했었나. 대승불교라면 대승불교답게 밑그림을 진실되게 크게 그리고 있는가. 눈곱만큼도 붓다의 가르침을 왜곡하고 있지는 않은가.

소승불교라고 하는 여러 국가 중에서 미얀마 불교를 예로 들어보면 우리 불교가 어떤가를 알 수 있다. 우선 그곳에는 우리에게 그렇게도 많은 불보살들이 없다. 우리나라는 병이 들면 병을 치료하는 약사여래를 찾아가 기도하고, 생활이 어렵고 고통스러우면 관세음보살을 찾는다. 그러나 거기에는 없다. 죽은 사람 극락 보내 달라고 비는 아미타불도 없다. 당연히 붓다 외 불보살들이 들어앉은 전각도 없다. 오로지 석가모니 한 분뿐이다. 불전함도 없고 시줏돈도 걷지 않는다. 그렇다고 절이 망하지도 않고 없어지지도 않는다. 오로지 명상할 수 있는 담마홀(Damma Hall)만 있다. 누구나 절에 올라 담마홀에 들어가 명상할 수 있고 출가하는 것을 생활화해 절이 강 건넛집이 아니다. 원하기만 하면 일주일간 출가하여 계를 받을 수도 있고 위빠사나 수행을 할 수도 있다. 수행 생활도 간단하다. 경전 공부를 하지만 절을 하거나 사경을 하거나 기도를 하지 않는다. 붓다가 수행했던 그대로 수행한다. 기도나 예배같은 것이 붓다 생존 시 있었던가. 우리 불교처럼 그토록 많은 행사도 없다. 일 년에 딱 한 번 여름 하안거가 끝나면 신도들은 정성껏 선물을 준비하고 그것도 제비뽑기에 뽑힌 스님이 선물을 가져갈 뿐이다. 시줏돈에 의해 절이 운영 되지 않으므로 주지가 되기 위해 싸울 이유도 없다.

그러므로 근본적으로 불교를 대하는 자세가 우리 불교와 다를 수밖에 없다.

그런데 오늘 우리네 스님들이 발우를 들고 탁발을 나가고 지전이 날던 법당을 담마홀로 내어준다? 어림없는 소리다.

시줏물에 전각이 더 늘어날 뿐이다. 하여 곳곳에 놓인 불전함에 윤이 난다.

우리 불교는 명상을 잃어버린 지 오래다. 명상은 깊은 산 속 고승 대덕들의 전유물이 되어 오늘도 그것은 그것대로 빛난다. 담마홀은 그림의 떡일 뿐이다. 사랑하는 사람과 헤어져 조용히 산사로 들어가 단 일주일이라도 명상할 곳이 있는가. 절마다 방마다 불보살이 들어앉았고 불전함이 놓였으니 들어가 명상할 자리가 없다. 있다고 하더라도 돈을 지불해야 한다. 명상하는 값이다. 그 값이 없으면 방도 내어주지 않는 것이 한국불교다.

오로지 날아다니는 것은 말뿐이다. '오세요. 절로 오셔서 부처님의 자비를 느껴 보세요.'

헛된 말에 속아 거룩한 뜻을 찾아가지만 거기에 거룩함은 없다. 붓다가 나쁜 비구라고 하는 무리들이 섞여 있어 밤새도록 부처님 앞에 엎드리게 만든다. 붓다는 신이므로 살려줄 것이라고 거짓을 판다. 중생은 그 말에 속아 '부처님 살려 주세요' 하고 광신자가 되어 매달린다.

그런데 오늘 그런 비구들이 발우를 들고 탁발을 나간다? 지전이 날던 법당을 담마홀로 내어준다? 어림없는 소리다. 시줏물에 제대로 맛을 들이면 붓다를 빙자한 다툼이 끊길 일 날이 없고 전각만 늘어날 뿐이다. 하여 곳곳에 놓인 불전함에 윤이 난다.

붓다의 제자 목갈라나는 스승의 고국이 그렇게 무너져가도 신통력 한 번 제대로 쓰지 않았다. 신통력을 시험하려는 무리들에게 죽었다. 힘이 없어 죽은 것이 아니다. 신통력을 자제하라는 스승 붓다와의 약속을 끝까지 지킴으로써 죽었다. 제 나라가 피를 흘리며 쓰러지고 있는데도 두 눈 형형히 뜨고 지켜보던 붓다에게서 그는 보았다. 업장의 본모습을. 그 업장을 붓다가 이렇게 바라보고 있는가를. 바로 지혜의 신통, 그 모습이었다.

그렇다. 신통은 지혜의 산물이다. 붓다가 오신통을 닫고 그로 인해 생겨난 지혜의 누진통, 그 누진통이 곧 중생구제다. 중생구제가 곧 신통이다. 신통은 오로지 중생구제를 위해서만 이루어져야 한다. 나를 죽여서라도 지혜로 풀어야 하는 것이 업장이다. 그 업장을 푸는 것이 중생구제다. 참 가르침의 지혜가 곧 신통이며 그 신통에 의해 불법이 지켜진다. 그 신통에 의해 우리의 업장이 사라지고 그것이 곧 우리의 본래면목이다.

목갈라나가 그러했듯이 붓다의 법을 받드는 스님과 신도도 이와 하나도 다를 바가 없다. 지혜의 약속이다. 붓다의 가르침을 올바로 전하고 받아들이겠다는 지혜의 약속, 그 약속이 제대로 지켜져야 지혜의 신통이 열린다.

오늘 그 약속을 올바로 지키는 이 얼마나 될까. 뜻 있는 이들이 하나같이 우리의 본래면목을 찾자며 그런 무리들을 개탄스러워하는 이유도 여기에 있다.

○

악마인가, 붓다인가?

1

위류다까에 의해 자신의 피붙이들이 모두 쓰러져가는 모습을 지켜보았던 붓다에게서 이제 우리는 더 큰 문제를 안고 넘어가야 한다. 이미 불교사상의 핵심인 윤회의 모습을 내다보았지만 이제 소승이니 대승이니를 떠나 불법의 핵심인 윤회 문제를 다시 한번 확인할 때가 되었다. 위에서 업장 문제를 어떻게 이해시켜야 할까 반문했지만 바로 이 업장의 문제 속에 그 해답이 있다. 그렇다면 세월이 변한다고 해서 변한 것은 아무것도 없다.

〈일야현자〉의 게에서 윤회가 미래에 있지 않다는 걸 이미 알아본 바다. 언제나 현재가 기준점이 된다는 것. 이로써 과거에 카필라는 그만한 과를 지었기에 현재에 그에 준하는 보를 받았다는 것.

그럼 미래는?

그렇다. 이제 미래의 문제가 남았다. 그 미래가 업장에 대한 해답이 될 것이다.

어찌 보면 인간으로 태어난다는 것은 기회이다. 왜냐면 인간에게는 치열하게 수행할 수 있는 기회가 주어지기 때문이다. 그래서 붓다는 인간으로 태어나기가 천년 묵은 거북이가 바다 한가운데 떠다니는 부유목(浮游木) 구멍 속으로 얼굴을 내미는 것만큼이나 어렵다고 했다. 인간으로 태어났다고 해도 붓다를 만나는 것이 쉬운 일이 아니다. 어쩌면 인간으로 태어나는 것보다 더 어려울지 모른다. 오늘도 여기저기 마신들이 날뛰고 있다. 속가에 있든 출가하여 산중에 있든 수행자가 되어 오늘을 깨닫는 것, 바로 그것이 붓다의 경지다. 오늘을 철저히 관찰하라는 붓다의 말이 바로 그 말이다. 오늘을 철저히 관찰하여 다시는 윤회에 들지 않는 세계, 바로 그것이 붓다의 세계다.

오늘의 괴로움은 니르바나의 씨앗이다. 그 씨앗을 소중히 하여 해탈의 세계로 나아가는 것이 바로 윤회 문제의 본질이다. 붓다는 그 세계를 여실히 깨쳤고 그리하여 우리 인간들에게 니르바나로 가는 길을 열어 주었다. 오늘 괴롭다고 하여 그대로 시들지 말고 일어서서 길을 찾아 나가야 한다고 했다. 그 길이 바로 업보를 막음하는 길이라는 것이다. 이 생에 과거의 업을 잘 마무리한다는 것, 바로 그것이 붓다로 가는 길이요 붓다가 깨달은 니르바나의 세계라는 것이다. 〈일야현자〉의 게, 그 핵심도 바로 여기에 있다.

여기 그 해답을 쥐고 있는 사람이 있다. 앞서 기술하다가 뒤로 미룬 데바닷다가 바로 그이다. 그가 전생에 붓다로부터 죽임을 당했다는 기술은 이미 했다. 그 인과로 현세에 그 보를 받았다는 기술도 했다. 그러나 그것으로 이 문제가 풀어지는 것은 아니다. 그 중요성을 감안하여 그에 대해 기술하다가 뒤로 미루고 말았지만 이쯤 해서 그에 대해 집중적으로 다루어 보기로 한다.

　데바닷다와 붓다의 인과는 참으로 지독하다. 붓다와 형제로 태어나 죽임을 당했다고 하지만 그게 전부가 아니다. 《본생경》에 보면 데바닷다가 흑암으로 화생했을 때 붓다의 아들이었다는 기록이 있다.

　《본생경》에 보면 데바닷다는 붓다의 아들로 나오기도 하지만 영양을 잡는 사냥꾼으로 나오기도 한다.

　옛날 바라나시에서 부하후마닷타왕이 나라를 다스렸다. 나는 그때 영양으로 태어나 숲속 나무의 열매를 파먹고 있었다. 그때까지도 나는 모르고 있었다. 영양을 잡아먹고 사는 사냥꾼이 나무 위에 그물대를 놓고 앉아 있다는 것을. 열매를 따먹다 문득 보니 사냥꾼이 나를 노려보고 있었다. 나는 다음과 같은 게송을 읊으며 집으로 돌아왔다.

　〈영양은 그것을 잘 모르고 있다
　네가 세판니 나무에 앉아 있으므로
　다른 세판니 나무로 나는 가련다
　나는 네 열매를 좋아하지 않는다.〉

　붓다는 이 게송을 끝내고 이렇게 말했다.
　"그때의 사냥꾼은 데바닷다이고 영양은 바로 나였다."

　《중아함경(中阿含經) 27권 아노파경(阿奴波經)》에 보면 이런 기록이 있다.

"아난다야. 아이라화제강(阿夷羅帝河)으로 가 목욕하자."

존자 아난다가 대답하였다.

"예."

세존(붓다)께서 아이라화제강으로 가 목욕하시고, 몸을 닦고 옷을 입으시자 아난다가 세존께 부채를 부쳐 드렸다.

세존께서 돌아보시고 아난다를 향해 말씀하셨다.

"제화달다(데바닷다)는 방일하였으므로 지극한 고난에 떨어졌다. 나쁜 곳으로 가서 반드시 지옥에 태어나리라. 그곳에서 1겁을 머문다 해도 구제할 수 없으리라. 너는 들었느냐? 내가 제화달다가 지옥에 태어날 것이고 그곳에서 1겁을 머문다 해도 구제할 수 없을 것이라는 예언을?"

"들었습니다."

역사의 기록이란 이런 것이다. 왜냐면 여타 경전에서 데바닷다를 악마로 기록하고 있는가 하면 또 《대방등무상경》, 《법화경》, 《묘법연화경》 등 여타 경전에서는 붓다로 표현하고 있기 때문이다. 소승경전이 대승경전으로 이행되면서 그 기록들이 뒤바뀌고 있다는 걸 이로써 알 수 있다. 지금도 어느 지역에서는 데바닷다를 붓다로 받들고 있다는 기록이 있다.

필자도 그의 본모습을 알기 전에는 그런 선입관을 가지고 있었다. 데바닷다의 기록을 들춰가면서 그에 대한 고정관념이 얼마나 잘못되어 있는지 점차 깨달을 수 있었다.

그러므로 같은 문헌이라도 앞뒤의 맥을 꼭 짚어봐야 한다.

7세기에 인도를 여행한 현장법사의 《대당서역기》에 보면 그가 갔을 때만 해도 '카바르트나카'라는 나라에 데바닷다를 개조로 하는 종교가 있었다고 기록하고 있다. 데바닷다의 유훈을 그때까지도 지키고 있었다는 것이다.

그것만이 아니다. 5세기 초에 인도를 여행한 법현의 《불국기》에도 그런 기록이 보인다.

그렇다면 이렇게 맥을 짚어볼 수 있다. 마하카사파를 중심으로 한 주류와 데바닷다를 중심으로 한 비주류가 대치했었다. 나중 붓다가 입멸하고 나자 비주류가 밀리기 시작했고 데바닷다는 끝내 반역이란 낙인이 후세로 전해오면서 찍혀 버리고 말았다.

이런 말이 있다.

깨침인가, 깨달음인가.

사실 데바닷다는 이 문제로 인해 만고에 구제받을 수 없는 패종이 되어 버렸을지 모른다.

이건 또 무슨 말인가?

대답을 위해서라면 철저히 이 문제 속으로 들어가 봐야 한다.

○

깨달음인가, 깨침인가?

1

앞서 데바닷다가 진보적이고 진취적 인물이었다고 술회한 적이 있다. 붓다는 오랜 수행 끝에 새벽 별을 보고 몰록 깨친 사람이라는 것은 이제 상식이다. 그 깨침이 지식으로 이루어진 것이었느냐 하면 아니란 것 또한 그렇다. 그렇기에 그는 속가로 내려오면서 자신의 깨침을 중생을 위해 가르칠 것인가 말 것인가 고민했다고 이미 기술했다. 이 기술을 더 쉽게 풀어 본다. 앞서 말했다시피 이 기술은 붓다가 자신이 맛본 열매의 맛을 설명할 것인가 말 것인가 고민했다는 말이다. 그렇지 않은가. 그 맛을 어떻게 설명하나. 시다, 달다 뭐 그 정도일 텐데 먹여 보는 수밖에 없다. 그래야 그 맛을 정확하게 알게 될 터이니 말이다. 그렇기에 붓다는 중생을 교화하기로 결심했으면서도 항상 말했다. '나는 활을 쏘는 방법을 가르쳐 줄 뿐이지 화살이 과녁에 가 어떻게 꽂힐지는 모른다.' 바로 이것이 불교의 핵심이요, 정수다.

문제는 그 가르침의 자세다. 가르침의 높낮이다. 어떻게 그 길로 가느냐와 그 길에 대한 설명은 다르다. 그런데 그 길을 가게 하려면 그 길에 대한 설명이 없을 수 없다.

기록에 보면 붓다 생존 시 기존 장로파와 맞선 진보파들은 붓다의 그런 성향을 질타했다. 바로 문수사리 보살이나 데바닷다같은 이들 이었다.

"스승님이 어디 문자로 해탈했습니까? 우리를 독각승이라 하시는데 붓다 스스로가 우리를 성문연각으로 만들고 계시지 않습니까?"

그렇게 데바닷다나 문수사리 보살은 붓다의 가르침에 의지하는 장로들을 경멸했다.

그들의 주의 주장은 확고했다.

여기 사과 한 알이 있다. 붓다가 먼저 그 사과를 맛 보았다. 붓다는 자기가 먹어본 사과 맛을 다른 이에게 얘기해 줘야 하겠는데 아무리 생각해도 자신이 느낀 맛을 문자나 말로 얘기해 줄 수가 없다. 상세히 얘기해 준다 하더라도 그가 느낀 사과 맛을 상대가 제대로 알 수가 있을 것 같지 않다. 그럼 자신이 먹은 사과를 먹게 해 보는 수밖에는 없다. 그게 쉽지가 않다. 이미 사과를 자신이 먹어 버렸기 때문이다.

그래서 사과의 맛은 이러 이러하다고 했다.

그런데 진리란 먹어 보니 이러하다가 아니다. 실천만이 그 맛을 알게 하기 때문이다. 그것은 지극히 주관적이며 객관적일 수 없다. 가장 주체적인 것을 붓다 스스로 미망에 빠져 객관화시키고 있다. 사과의 맛은 그 맛을 보는 자에게 놓아두라.

사실 그렇다. 붓다의 교설, 입만 열면 그 맛으로 가득하다. 붓다는 어쩌든지 자신이 먹은 사과의 맛을 가르치려 한다. 본래의 취지에서 이탈한 것이다. 왜냐면 중생이 불쌍하기 때문이다. 하루빨리 암흑에서 구해 내야 할 터인데 미혹 속을 헤매고만 있으니 마음속에 눈물마를 날이 없다. 지나침은 모자람보다 못하다는 말이 있다. 붓다의 가르침이 태산보다 높아 나쁠 게 없다. 많으면 많을수록 중생은 행복하다.

믿을만한 기록에 보면 데바닷다는 미련 없이 그곳을 떠나면서 이런 말을 남겼다고 한다.

"고타마가 설파하는 중도의 법은 미묘하다. 미묘한 만큼 범부로서는 다가가기 힘들다. 그것이 그가 설하는 법의 함정이 아니겠는가. 그의 법은 좀 더 확실히 해야 할 이유가 있다. 이것도 저것도 아니라면 무엇이겠는가. 그것은 미묘한 경지 속에 자신의 무지를 숨기려는 수작에 지나지 않는다. 진리는 차갑고 냉엄한 것, 오로지 실상이 존재할 뿐이다. 칼이면 칼이고 창이면 창이며 진리면 진리다. 중도가 아니다. 중도는 지해종도가 내세우는 허망한 그물이다. 그 중도의 세계를 쳐 없앴을 때 진리의 참모습이 보일 것이다. 나는 이제 그 세계로 가리라."

데바닷다의 모습을 한눈에 알 수 있는 말이다. 그러나 그런 그도 나중에야 붓다의 법을 진실로 깨쳐 성현의 대열에 합류했다고 《담마빠다》는 기록하고 있다.

그는 보았다는 것이다. 자신의 종족이 몰살하는데도 카필라를 그대로 둔 붓다의 자세에서. 자신이었다면 분명히 쇠 울타리로 카필라를 덮었을 것이었다. 그러나 붓다는 결코 덮지 않았다. 왜냐면 그것이 존재의 이치였기 때문이다. 존재와 존재와의 관계에 대한 예의,

거기에 우주의 이치가 있었고 인과의 해답이 있었다.

그것이 그의 방편이었다면 카필라보다 크다. 카필라의 피보다 진하다. 그것이 진리의 모습이었다. 그의 이상이 진리인 이상 카필라로 만족할 수는 없다. 이 우주의 구원이지 않은가. 그때 그의 진리는 방편이 된다.

그것이 붓다의 도였다. 그리하여 모두가 절대 자유의 경지에 드는 것, 우주와 하나가 되는 것, 그것이 붓다의 길이었다. 그는 그 길 위에서 중생을 제도하고 있었다. 그에게는 누구에게도 없는 가르침의 길이 있었다. 그 길을 따라가기에 대중들이 존경의 염을 내지 않을 수 없는 것이다. 그것이 붓다와 자신의 차이였다. 그리고 그것만이 업장을 소멸하고 죄 없는 세계로 나아갈 수 있는 절대 자유의 길이었다. 그것이 점차 성숙의 길로 나아가는 우리의 미래였다.

그 큰 뜻을 몰랐으니 중생이었다.

그렇게 붓다의 서슬찬 자세에서 존재 인과의 법칙을 보았던 데바닷다는 본래의 자리로 돌아왔다. 그는 남은 평생 붓다가 보여준 존재의 법칙, 인과의 법칙, 죽고 죽이는 사이가 아니라 인과를 뛰어넘은 절대 자유의 길을 걸었다. 그리하여 바이샤칼의 보름달이 뜨는 날 자신을 따르는 제자들에게 붓다의 법을 공고히 하라는 유언을 남기고 입적했다.

2

데바닷다가 모질게 느꼈던 붓다와 자신의 차이, 그것은 곧 자신의 이상이었다. 붓다에게는 그대로 여여의 경지겠지만 그에게는 이상이었다. 그 가르침은 붓다의 경지에 이르지 않고는 행할 수 없는 것이었다. 사람들은 전생의 업장이 오늘의 업이라고 생각한다. 자신도 그랬다. 그러므로 그 업장의 소멸을 위해 수행에 임했다. 그런데 아니었다. 현세의 괴로움, 그 원인은 전생의 업 때문이 아니라 현재의 무명에 있었다. 바로 그것이 유의를 만들어내고 있었다. 그것의 행위, 그것이 괴로움이었다. 전생의 업장을 소멸하기 위해서 카필라를 주었다? 아니었다. 모두가 그렇게 알고 있지만 오늘 그것을 깨달으라는 말이었다. 한 생각을 바꾸라는 말이었다. 한 생각에 백겁이 사라진다는 말이었다. 업이 아니라 오늘 그대의 무명을 알라는 말이었다. 그리하여 유위를 조작하지 말라는 말이었다. 그 조작행위가 사라질 때 백겁의 죄업이 사라진다는 말이었다.

맛지마 니까야 《데와다하경 Davadaha sutta(101)》에 보면 전생의 업에 대해 기록하고 있다. 지마 니까야 《공성에 대한 작은 경 Cūjasuññata sutta(121)》, 《업에 대한 작은 경 Cūjakammavibhaga sutta(135)》에도 그와 같은 기록이 보인다.

카필라의 멸망하는 모습이 그 속에 있는 것은 아니지만 데바닷다는 그 속에서 이미 붓다의 경지를 느끼고 있었다. 공성의 뿌리 끝까지 봐 버리고 있었다.

제5부
· · · · · · ·

황금의
날들

○

황금 가사

1

불전을 살펴보면 비구니 교단은 붓다의 귀향 후 야쇼다라나 양모 같은 이들이 출가하면서 이루어진 것으로 보인다. 그전에는 여인들의 신체 구조상 구도에 맞지 않는다고 판단한 붓다가 여성들의 출가를 망설이고 있었다는 기록이 있고 보면 그렇다. 그런 붓다를 아난다가 끈질기게 설득했다는 기록이 있다.

《증일아함경(47권 구담미경(瞿曇彌經))》을 보면 그의 양모 마하빠자빠띠고타미가 얼마나 붓다를 사랑했으며 출가하기 위해 노력했는지를 알 수 있다. 그녀에 관한 기록은 여기저기 보이고 있지만 맛지마 니까야의 《보시 분석경 Dakkhiṇāvibhaṅga sutta(M142)》에 자세히 보인다. 기록을 종합해 보면 그녀는 자신이 낳은 아들 난다보다 붓다를 더 사랑했던 것으로 보인다. 붓다가 출가했을 때 미치도록 괴로워했으며 손수 실을 뽑아 그것으로 가사 한 벌을 지었다고 한다. 금루

황색의(金縷黃色衣)가 그것인데 금실 자수로 지은 것이었다.

그녀는 어느 날 붓다가 카필라 교외의 승원에 있다는 말을 듣고 찾아가 자신이 지은 옷을 바쳤다. 그러자 붓다는 받아들이지 않고 승단에 기부하는 것이 좋겠다고 했다.

곁에 있던 아난다가 특별히 어머니가 지은 것이니 받아들이라고 거들자 그제야 붓다는 자신의 이름으로 받아들이되 승단에 돌려보내겠다는 조건을 붙이고 받아들였다.

결코 붓다는 그 옷을 입지 않았다. 이리저리 밀려다니다가 마야트레아[彌勒] 비구가 입었다는 기록이 있다. 우리가 미륵이라고 알고 있는 보살이 바로 그다. 미륵 비구가 이 옷을 입고 거리로 나가 탁발을 하자 붓다처럼 그의 몸이 금빛으로 빛났다고 한다.

이는 미륵이 붓다로부터 미래에 올 붓다가 될 것이라 수기를 받았다는 의미와 연관이 있다. 물론 그때 당시에는 미륵 비구의 경지가 앞으로 올 붓다의 경지에 미치지 못했을 것이다. 그렇다면 붓다는 그만큼 그의 수행이 깊을 것이라는 것을 이미 내다보았다는 말이다. 그렇기에 그에게 옷을 내렸을 것이라는 추리가 가능하다.

아무튼 붓다의 양모 마하빠자빠띠고타미의 신앙심은 참으로 지극했던 모양이다. 그녀는 출가가 받아들여지지 않자 맨발로 붓다의 뒤를 따랐다는 기록이 있다. 그리고 붓다가 입멸하기 전 넉 달 전에 붓다의 죽음을 볼 수 없다 하여 먼저 입적했다고 하니 그 신심을 알만하다.

먼저 그녀의 신심에 대해서 기록하려면 붓다의 십대제자 중에서 다문 제일이었던 아난다부터 기술해야 한다. 바로 이 존자가 불멸 후 여시아문이라는 말을 붙여 붓다의 직언을 남긴 사람이다.

2

붓다는 어느 날 아난다를 불러 이런 말을 했다.

"너는 오늘부터 어깨를 덮는 옷을 입도록 하라."

"붓다시여, 왜 그러십니까?"

아난다는 멍하니 붓다를 쳐다보다가 물었다.

"시키는 대로 하여라."

"왜 저에게만?"

"허어, 시키는 대로 하래도."

그때 아난다는 몰랐다. 자신의 인물이 보는 이로 하여금 환희를 일으킨다는 것을. 더구나 어깨를 내놓으니 더욱 그렇다. 그래서 붓다는 아난다에게만 어깨를 내놓지 못하게 했다.

사실 아난다는 인물이 번듯한 탓에 여인들이 많이 따랐다. 불전에도 아난다의 용모는 단정하고 수려하기가 잘 빚어 놓은 조각상과 같다고 기록하고 있다. 여자라면 누구나 한 번은 욕심 낼만큼 그의 몸은 밝고 깨끗했다는 것이다.

어느 날 마등가 처녀가 탁발하는 아난다에 반해 죽자사자하자 붓다가 보다 못해 마등가 처녀를 불렀다. 그녀의 이름은 푸리쿠리티였다. 그의 어미가 주술사였는데 딸의 마음을 알고 아난다의 마음을 흔들어 놓았다.

아난다에게 자초지종을 들은 붓다는 웃으며 그녀에게 물었다.

"너의 이름이 무엇이냐?"

"푸리쿠리티입니다."

"푸리쿠리티야, 너는 그렇게도 아난다와 결혼하고 싶으냐?"

"네."

"아난다는 출가 사문이 아니냐?"

"그래도 그 분과 결혼하고 싶습니다."

"그렇다면 방법이 없구나. 네가 아난다처럼 출가하는 수밖에. 아난다와 함께 있겠다면 먼저 출가부터 하여라."

붓다의 말대로 출가하면 아난다와 함께 있게 될 줄 알았던 그녀는 머리를 깎고 비구니가 되었다.

"너는 아난다를 사랑한다고 했지?"

그녀를 받아들이는 자리에서 붓다가 물었다.

"네. 붓다시여."

"아난다의 어디가 그렇게도 좋으냐?"

"저는 존자의 모든 것이 좋습니다. 잘생긴 얼굴 하며 눈, 코, 이마, 입술, 그 목소리까지…."

붓다가 웃으며 고개를 끄덕였다.

"그래 아난다가 잘생긴 것이야 세상이 다 아는 것이지. 하지만 그의 눈 속에는 눈물이, 콧속에는 콧물이, 귓속에는 귀지가, 그의 뱃속에는 기름진 창자와 똥오줌이 꽉 차 있는데 그래도 네 눈에는 아름다우냐?"

"그렇습니다."

"그것이 바로 아라한과 인간의 경계이니라. 그래 아난다를 사랑하고 또 사랑하여라. 그 대신 얼마 동안 수행을 쌓은 후에 너희 둘이 합쳐져도 괜찮지 않겠느냐. 이곳에 들어왔으니 이곳 법대로 수행에 힘쓴 후 그때 하나가 되어라."

붓다는 그녀에게 수행자로서의 본연의 자세에 눈뜰 때까지 시간을 주었다. 수행을 하다 보면 자연히 자신의 처지를 알게 될 것이고 그때쯤엔 붓다의 심중을 헤아리게 될 것이기 때문이었다.

붓다의 말대로 그녀는 얼마 가지 않아 육체의 욕망보다 정신의 승화를 위해 수행하게 되었다. 비록 몸은 떨어져 있으나 언젠가는 하나가 될 수 있으리라는 믿음 속에 수행을 더 열심히 했다.

아난다는 쉽게 그녀를 잊지 못하였다. 그리움이 끊어지지 않았던 것이다.

어느 날, 붓다는 오백 보살이 모인 큰 법당에서 과거세의 죄업에 대한 설법을 하고 있었다.

그날따라 문수사리 보살의 차림새는 좀 특이했다. 머리에는 오발관(五髮冠)을 얹고 가사(袈裟)의 각단을 복상으로 치켜올렸는데 오른손에는 보도(寶刀)를 들고 있었다.

과거세에 대한 설법이 깊어질수록 오백 보살들은 점차 비탄에 잠기기 시작했다. 자신들이 저지른 과거세의 죄업이 보살들의 죄의식을 불러일으키고 있었던 것이다.

그런데 오직 한 사람만이 비탄에 잠기기는커녕 오히려 붓다를 무섭게 노려보고 있었다. 바로 칼을 든 문수사리 보살이었다.

그가 어느 한순간 일어났다. 그는 오른쪽 팔 소매를 어깨 위로 걷어 올리고 곧바로 붓다를 향해 칼을 겨누고 달려들었다. 송곳처럼 날이 선 보도의 칼날이 등불 빛에 번쩍 섬광을 발했다. 모든 대중이 깜짝 놀랐다. 어디선가 그릇 깨지는 소리가 들리고 누군가 비명을 지르며 넘어졌다.

시자인 아난다가 스승을 보호해야 한다는 생각이 들었지만 이미 칼날은 붓다의 정수리에 겨누어져 있었다. 그것을 보자 머릿발이 곤

두서고 몸이 떨렸다. 그것은 꿈이 아니었다. 분명한 현실이었다. 상상할 수도 없는 사람이 그의 칼끝 앞에 앉아 있었다.

도저히 믿을 수 없는 광경 앞에서 대중은 얼어붙어 버린 채 꼼짝도 못하고 있었다. 하기야 그의 칼끝 앞에 앉아 있는 사람이 누구인가. 누구이기에 감히 칼을 들이댈 수 있단 말인가.

그러나 문수는 붓다를 향해 소리치고 있었다.

"과거세의 죄업을 빌미 삼아 중생을 괴롭히는 자가 어찌 붓다란 말인가! 중생을 괴롭히는 자가 있다면 붓다라 하더라도 죽여 마땅하다! 내 그대를 죽여 중생을 구하리라!"

문수의 칼날이 붓다의 이마에 닿았을 때, 아아 그때 보았던 붓다의 눈빛. 그때 붓다는 이렇게 말하고 있었다.

"누굴 제도하려는 것이냐?"

문수가 칼을 겨눈 채 언뜻 흔들렸다. 본시 그런 사람이었다. 교단의 기강을 맡고 있던 그는 성질이 대쪽같아 어떤 지위에 있다 하더라도 중생을 괴롭힌다며 칼질을 서슴지 않는 사람이었다.

"말하지 않았는가! 중생을 제도하겠다고."

"그러나 너는 나를 죽이지 못한다! 너는 나를 제도할 수 없기 때문이다."

문수가 부르르 몸을 떨었다.

붓다가 말을 이었다. 그의 표정에는 동요의 빛이라곤 찾아볼 수 없었다.

"내 몸은 일상(一相)이요 이상(二相)은 아닌 것, 무상(無相)이요 소생(所生)이 없는 것, 고로 일체의 사물은 환상과 같은 것!"

"환상?"

• 붓다 평전

"그렇다."

붓다는 그렇게 말하고 지그시 눈을 감았다.

"생명은 무한한 것이다. 무량한 원소, 무한한 시간, 그 속의 우리는 영원한 것. 감상(感想)과 사상과 이념을 가진 내 이 작은 육신 속에 업(業)의 불길이 타고 있다. 누가 이 업의 불길을 끌 것인가. 오로지 최고의 깨달음에 든 자만이 그 불을 끄리니 그 칼날로는 세계의 근원을 단하지 못한다."

문수는 그 길로 칼을 던져 버리고 붓다의 곁을 떠나 버렸다. 장엄 사리당 대탑묘로 몸을 숨겨 버린 것이다.

그가 떠나고 나자 말들이 많았다. 그럴 수밖에 없었다. 문수를 두둔하는 사람과 그를 비난하는 사람들이 하루가 멀다시피 어울려 싸웠다. 문수를 두둔하는 사람들의 말을 들어보면 그가 칼을 든 것은 중생을 깨우치기 위한 것이지 붓다를 근원적으로 모독하기 위한 행위는 아니라고 했다. 자신이 중생을 위해 칼을 들고 여래의 몸을 핍박하려 해도 그 몸을 핍박할 수가 없었다는 것이다. 그걸 문수는 알고 있었다고 했다.

왜냐면 붓다의 몸은 일상(一相)이요, 이상(二相)은 아니기 때문이라는 것이다. 무상(無相), 소생(所生)이 없는데 어찌 붓다를 죽일 수가 있었겠느냐는 것이다.

○

무상의 칼

1
—

문수의 이 이야기는《대보적경(제106권 신통증설품(神通證設品))》에 자세히 나온다. 거기에 이런 게송이 있다.

큰 지혜 지니신 문수라는 분은
법의 근원에 깊이 통달하셨는데
스스로 손에 날카로운 칼을 쥐고
달려가 여래의 몸을 핍박하였다.

마치 칼처럼 붓다도 그러하여
한 모양[一相]이어서 둘이 아니고
모양이 없어 생함도 없거늘
이 안에서 어떻게 살해가 있으랴.

그런 문수를 만나자 그의 성미를 아는 아난다는 겁이 덜컥 났다.

그때부터 아난다는 그녀 생각이 날 때마다 문수를 눈앞에 떠올렸다. 나중에 꿈속까지 찾아와 괴롭혔다. 어느 날인가 문수는 꿈속에서 중각당 난간머리에 말없이 서서 이쪽을 노려보고 있었다. 조금은 낯선 모습이었다. 머리에는 여전히 오발관이 얹어져 있었지만 오른손은 바깥으로 향하여 칼을 세워 잡았고 왼손은 바닥으로 펴서 칠두(七頭) 중의 삼지(三指)를 굽혀서 청련화를 들었는데 꿈속에서도 그가 칼과 청련화를 들고 있는 이유를 알 것 같다는 생각이 들었다.

무시 이래의 무명근원을 끊어 내고 탐진치를 끊어 낸다는 그 칼을 보자 아난다는 겁이 났다. 요즘 산란해진 마음을 읽고 평등혜의 지혜를 보이기 위해 문수가 자신을 찾아온 것이라는 생각이 들자 몸이 떨렸다.

아난다는 슬며시 고개를 돌렸다. 자꾸만 몸이 떨렸다. 꿈속이었지만 정말 이러다가 문수의 칼날에 가슴을 베일지도 모른다는 생각이 들었다.

꿈을 깨고 일어나서도 그 생각은 마찬가지였다. 문수는 꿈속에서 요즘의 방황을 나무라는 듯한 표정이었고 그 표정만 생각하면 정신이 번쩍 들었다.

그러나 어쩔 수 없는 일이었다. 젊디젊은 육신에서 일어나는 정염은 걷잡을 수가 없었다.

결국 대중의 눈치를 살피다가 누가 먼저랄 것도 없이 그녀와 만나고 말았다. 달빛에 비치는 중각당 뒤 숲속에서였다. 그렇게 멀리 느껴지던 두 몸뚱이가 엉겨 붙었다. 그녀 생각만 하면 섬뜩하게 달려들던 문수의 모습도 그때는 생각나지 않았다. 그녀의 살내음만이 정신을 몽롱하게 할 뿐이었다. 그렇게 두 사람은 제정신이 아니었다. 옷이 거의 벗겨져 나가던 어느 한순간, 섬광같은 무엇이 두 사람의 가슴 사이로 날아들었다.

아난다가 놀란 얼굴로 상대를 올려다보았다. 문수였다. 정말 문수가 어떻게 알았는지 꿈속에서처럼 칼을 들이대고 서 있었다.

그녀가 비명을 지르며 한쪽 모퉁이로 기어갔다. 두 사람을 시퍼렇게 노려보던 문수가 아난다의 목에 칼을 들이대고 달빛 속에서 외쳤다.

"법을 더럽히려는 자는 용서할 수 없다!"

"문수사리 보살이시여!"

칼끝이 아난다의 목덜미로 파고들었다.

"줄곧 네놈을 살폈느니라. 언젠가 네놈이 이 승단을 욕되게 할 걸 알고 있었다. 잘생긴 얼굴 탓에 네놈을 흠모하는 여자들 때문에 바람 잘 날이 없고, 그것이 너에게는 언제나 자랑거리가 되었을 테지만 네놈의 사형 사리푸트라가 네게 뭐라고 했느냐. 네놈은 정이 많아 틀렸다고 한 것이 어제 같은데, 그 말을 뼛속 깊이 새겨야 할 사문이 비구니를 끌어들여!"

"문수사리 보살이시여. 용서하옵소서."

"카필라의 여성들이 하필이면 너를 찾아왔을 때부터 내 알아보았다. 붓다께 비구니의 출가를 중재했을 때부터 너를 죽여야 한다는 것을. 인물값 하느라 마구니들을 끌어들이다니. 그것이 전체 비구에 대한 모독임을 모른단 말인가."

그랬다. 여성들의 출가를 붓다께 적극적으로 권유한 사람은 바로 아난다였다.

《중아함경(中阿含經 28권 구담미경(瞿曇彌經))》에 보면 붓다의 그때 심정이 그대로 드러나 있다.

"붓다시여. 여인도 출가하여 제4의 사문과(沙門果)를 얻을 수 있나이까?"

제자 구담미(瞿曇彌)가 이렇게 물었을 때 붓다는 그만두라고 한다.

결국에는 아난다의 청을 받아들여 여성의 출가를 허락했지만 그 당시 붓다는 여성의 출가에 대해 회의적인 시각을 가진 것만은 분명해 보인다. 붓다의 양모인 마하빠자빠띠고타미 일행이 스스로 머리를 깎고 붓다께 출가를 중재해 줄 것을 아난다에게 요청했다고 기록하고 있기 때문이다. 아니 요청할 정도가 아니라 적극적으로 도왔다고 기록하고 있다.

그렇다면 교단 내 기강을 맡고 있던 문수의 눈에는 아난다의 행태가 불미스럽게 보였을 수도 있다.

사실 아난다는 그녀들이 찾아왔을 때 뛸 듯이 기뻐했을지도 모른다. 삿카족의 왕자로 태어나 부러움 없이 지내다가 붓다의 제자가 되어 분소의를 걸치고 걸식을 하며 수행하다 보니 괴롭고 외로울 때가 한두 번이 아니었을 테니. 세속의 부모님이 보고 싶고 형제와 누이가 보고 싶고, 이모가 보고 싶고, 그 모든 것이 그립고 보고 싶었으리라. 그러던 차에 붓다의 양모와 속가의 아내 야쇼다라가 여인들을 이끌고 찾아와 제자가 되겠다고 했으니 얼마나 기뻤겠는가. 그들이 출가를 해서 가까운 곳에 있을 수 있으면 보고 싶을 때 가서 만나볼 수도 있으니 말이다.

그러나 장로들이나 붓다는 여성들의 출가를 환영하지 않았다고 불전에는 기록하고 있다. 그 중 앞장서서 반대한 인물이 문수사리 보살이었다. 문수사리 보살을 위시한 그들의 반대는 분명했다. 붓다의 이상이 아무리 고매하다 할지라도 승단의 운영 문제는 현실적인 사회문제다. 참회일인 포살(布薩)이 그렇고 정주 기간인 안거(安居)가 그렇고 계율의 세목도 다 남성 위주의 현실사회의 통념에 기준한 것이었다. 더욱이 역사적 사회적으로 여성의 출가는 인정되지 않고 있는 상황이었다. 또 하나 중요한 이유는 여성이 가진 신체적 조건이었다. 구조학적으로 여성의 몸은 출가수행에 맞지 않게끔 이루어져 있었다. 한 달에 한 번 치러야 하는 달거리와 이성의 접촉에서 오는 출산 등 간과해서는 안 될 사항들이 있었다. 수행처는 대부분 인가와는 멀리 떨어져 있다. 여성에게 그것은 위험천만한 일이었다. 실제 니승교단이 생겨나자 폭한에 의해 임신한 여성도 수없이 생겨났다. 도적과 야수에게 희생당한 여성도 있었다. 또 정욕을 이겨내지 못하고 비구를 능멸하기도 하고 뚜쟁이가 된 비구니도 있었다. 이것은 여성이 빠지기 쉬운 함정 중의 단례였다.

그러므로 교단의 기강을 맡고 있던 문수는 여성의 출가를 반대할 수밖에 없었다. 정법의 영속성이 사라져가는 것을 먼저 읽고 있었다고 기록하고 있는데 실제로 여성 교단이 세워지고 비구와 비구니가 마주치게 되면서 음욕을 이기지 못해 어떤 비구는 자신의 성기를 잘라 버린 사건도 있었다.

이때 붓다는 말했다.

"그대가 절단할 것은 따로 있었느니라!"

그러고 보면 붓다는 성차별을 한 것이 아니었다. 육신 상의 조건이 수행 면에서 차별을 가져오리라고 생각한 것도 아니었다. 바로 문수가 지적했듯이 어쩌면 아난다와 마등가 처녀의 만남같은 비극을 막아 보려 했던 것인지도 모른다. 그런데도 아난다는 여성이 수행인으로서 적합지 않다면 적합한 계(팔경계)를 만들면 될 것이 아니냐는 식으로 밀어붙여 자신의 뜻을 관철시켰으니 문수사리 보살의 노기가 더 클 수밖에 없었다.

"이놈! 승단의 반대를 무릅쓰고 여성을 출가시킨 것도 네놈이요, 그것을 관철시킨 것도 네놈인데 이제는 비구니를 끼고 본색을 드러내었으니 죽어 마땅하다!"

두 남녀를 노려보는 문수의 호령은 더욱 칼날 같았다.

"문수사리 보살이시여. 이미 비구니의 출가는 붓다께서 인정한 터요, 그들의 출가를 중재한 내 본의가 사사로움에서가 아니라는 것은 보살이 더 잘 알지 않습니까. 내 비록 욕정에 눈이 어두워 법을 더럽히려 했으나 여인을 출가시켜 비구 승단을 능멸할 생각은 아니었습니다. 진정 그렇게 생각하신다면 저를 베시지요."

"네놈이 여성의 출가를 붓다께 권유했을 때부터 이런 결과는 정해져 있었느니라. 그리고 붓다께서 염려했던 것도 바로 이것이니라. 어찌 이러고도 정법이 천년을 갈 것 같으냐. 그 원흉이 네놈이란 걸 일찍이 알아보았다만…"

그때 한쪽 구석에서 눈물을 흘리고 있던 푸라쿠리티가 나섰다.

"문수사리 보살이시여. 아난다 존자가 비구니 승단을 능멸하려던 것이 아니라 저를 원했기 때문입니다. 존자가 저를 범함으로써 비구니 승단을 능멸하는 것이 된다면 저 또한 존자를 범함으로써 비구 승단을 능멸하는 결과가 될 것입니다."

"그러합니다. 문수사리 보살이시여. 두 승단을 지키려는 그대의 큰 보살심을 모르는 것이 아닙니다. 부디 저희를 죽여 그 위의를 갖추시고 우리 두 사람의 영혼을 구해 주소서."

그렇게 말하고 비구니와 비구가 무릎을 꿇었다.

그제야 문수가 눈을 감았다.

"안으로나 밖으로나 교단을 분열시키려는 무리들이 어디에나 들끓고 있다. 붓다를 죽이려는 외도가 그렇고 음해하고 교단을 삼키려는 사교도가 눈을 치뜨고 호시탐탐 노리고 있는 이때에 그들이 이 사실을 알아보아라. 무어라 하겠느냐. 붓다의 입장은 어찌 되고 두 승단의 얼굴은 어찌 되겠는가. 허나, 너희들에게서 진실한 뉘우침을 보았다. 오늘 일이 부끄럽게 생각된다면 이제 돌아가 진실로 참회한 뒤 참된 수행자가 되어야 할 것이다. 언제나 너희들을 지켜볼 것인즉 차후 이런 일이 또 있다면 그때는 가차 없이 벨 것이니라."

"알겠습니다. 문수사리 보살이시여."

그 길로 문수는 칼을 거두고 사라져 버렸다. 푸리쿠리티도 눈물을 삼키며 일어나 가버렸다.

아난다는 그 후 그렇게 헤어진 그녀를 보지 못했다. 누군가의 말을 들으니 설산으로 떠났다고 하였다. 때때로 그녀가 눈물겹게 그리웠다. 그럴 때마다 문수의 칼끝이 보였다. 그 칼끝에 두 사람의 몸은 언제나 뒤엉킨 채 베어지고 있었다. 잠에서 깨어 일어나면 몸은 식은 땀으로 젖었고 사원을 휘몰아치는 바람 소리만이 스산했다.

붓다는 그 사실을 알고 때로 빙그레 미소 짓곤 하였다.

• 붓다 평전

제6부
. . . . . .
. . . . . .

화엄의
세월

○

아난다가 아니면 안 된다

1
—

붓다의 열 제자 중에서 아난다 부분이 좀 길어진 감이 있는데 이유가 있어서이다. 불교의 발전 과정을 상세히 살펴보면 사실 아난다만큼 중요한 일을 많이 한 사람이 없다. 불멸 후 붓다의 말 한마디를 놓치지 않고 기억해 후세에 남긴 사람이 바로 그였기 때문이다. 어떻게나 머리가 명석한지 붓다의 걸음걸음을 기억했다가 그대로 전했다고 한다. 그것도 〈여시아문=나는 이렇게 들었나이다〉라는 말과 함께.

그렇다. 진리는 진리이다. 사족이 붙는다면 진리가 아니다. 그것이 여시아문의 본뜻이다.

어느덧 세월이 흘러 이제 붓다도 마흔이 넘어가고 있었다. 화엄(華嚴)으로부터 시작한 그의 법은 어느 사이에 아함방등(阿含方等) 반야(般若)를 거쳐 법화(法華) 열반의 순서에 이르고 있었다.

그동안에 부왕의 장례를 치렀었다. 코삼비국에서 여름 안거를 지냈고 파리야사라 동산으로 가 지내다가 45세에 사위성으로 돌아갔다.

붓다는 마가다가 그리웠다. 마가다의 왕사성으로 가 한철을 보내고 사위성에서 49세에 라홀라에게 구족계를 주었다.

그 후로는 주로 왕사성에서 지냈다. 53세까지 그렇게 지내다가 다음 해에 자리산중에 들어가 지냈다.

붓다가 아난다를 시자로 삼은 것은 그의 나이 55세 때였다.

2

여기서 하나 살펴볼 것이 있다. 붓다가 나이가 들어 시자를 삼아야 되겠다고 했을 때 장로들은 누구나 독생자인 라홀라가 시자가 될 줄 알고 있었다.

그러나 붓다는 뜻밖에도 아난다를 시자로 삼겠다고 했다. 대중들은 하나같이 아들 라홀라의 시중을 받을 것이라 생각했었는데 아니었다. 이상하게 붓다는 아들 라홀라를 선택하지 않았다. 수많은 장로들이 그의 시자가 되기를 열망했지만 그가 선택한 이는 다문 제일이라고 소문난 아난다였다.

아난다가 시자로 선택되었다고 하자 말들이 많았다.

"붓다시여. 하필이면 왜 아난다를 택했습니까?"

제자들이 묻자 붓다는 그에 대해 이렇게 대답했다.

"아난다만큼 총명한 인물이 없기 때문이다. 그는 내가 입멸한 뒤 내가 내디딘 발자국 수까지 헤아려 후세에 전할 것이다. 나는 그걸 알고 있다. 비록 그는 그 총명으로 인하여 오히려 깨침이 늦어지겠지만 그것을 충분히 극복하리라고 믿는다."

"붓다의 가르침이 대기설법인지라 오히려 그 총명을 죽일 수도 있다고 걱정하는 무리들도 있습니다."

"그래. 그럴 것이다. 내 곁에서 너무 많은 지식을 섭렵하다 보면 그것이 오히려 장애가 되어 깨침이 늦어질 수도 있겠지. 하지만 네 눈으로도 보지 않았느냐. 시자로서의 조건을 당당히 제시하던 모습을. 감히 그런 조건을 내세울 사람이 이 승단에 어디 있겠느냐"

그랬다. 아난다는 시자가 되겠다고 결심한 뒤 당당하게 붓다에게 조건을 제시했다. 첫째, 붓다에게 바치는 보시물은 일체 자신에게 나누어 주어서는 안 된다. 둘째, 자신이 받은 보시는 무조건 붓다에게 바칠 것을 허락하라. 셋째, 먼 곳에서 붓다를 뵈러 와 자신이 인도했을 때 어떤 일이 있어도 붓다는 그를 만나 주어야 한다. 넷째, 만약 자신이 없을 때 붓다가 설법을 했다면 돌아온 후 그 설법을 다시 자신에게 설해 주어야 한다.

그렇지 않으면 시자로서의 직무를 맡지 않겠다고 하자 붓다는 하는 수 없이 그 조건을 허락하고 아난다를 시자로 삼았다.

아난다는 하루도 붓다의 곁을 떠나지 않았다. 아침 일찍 일어나 붓다를 위하여 양지(楊枝; 오늘날의 칫솔)를 준비하고 세숫물을 떠다 올렸다. 좌구를 준비하고 그런 다음 죽을 올렸다. 그걸 다 들고 나면 물을 올리고 일어나면 좌구를 거두었다. 붓다가 마을로 내려갈 때면 외의를 걸쳐 드리고, 바릿대를 챙겨 드리고, 적정한 간격을 유지하며 항상 그림자처럼 뒤따랐다. 그가 원하면 목욕을 도왔다. 바람이 불면 창을 닫아드렸다. 모기장을 거두다 모기가 죽었다고 해서 꾸중을 들어야 했고 그 꾸중이 무서워 문설주나 석가래에 이마나 다리를 부딮쳐 피를 흘리기도 했다.

아는 게 병이었다. 제자들 중에서도 가장 총명함을 인정받아 그렇게 시자가 되어 다문제일(多聞第一)이라는 별칭을 공고히 했지만 그것이 형 데바닷다의 말처럼 자신의 견성을 막고 있다는 걸 그때 제대로 깨닫지 못하고 있었다.

사형들은 그런 그를 향해 말했다. 어느새 너는 냉철하며 이지적인 합리주의자가 되어 가고 있다고.

명상보다는 붓다 곁에서 그의 지식을 정리하다 보니 그렇게 보였을지도 모르지만 그런 말을 들을 때면 아난다는 가슴속에서 불이 일었다. 그들은 자신의 절망을 너무 모르고 있었다. 왜냐면 불교의 진리는 지적(知的)인 분류에 의해서 이루어지는 게 아니라 선정(禪定)에 의해 이루어지는 것이다.

실제로 붓다가 아난다에게 이런 말을 했다는 기록이 있다.

"내 어찌 너의 심정을 모르겠느냐. 어느 누구보다 내가 가슴 아픈 것은 내 시중을 드느라 다른 비구들처럼 공부를 열심히 못 했기 때문이란 것을 알고 있다. 하지만 아난다야, 똑똑히 들어라. 그럴수록 더 열심히 수행해야 한다. 바로 해답이 거기 있기 때문이다."

○

불성의 모습

1

붓다가 희대의 살인마 앙굴리마라를 만난 것은 불전의 기록으로 보아 아난다를 시자로 삼은 다음 해였다. 그에 관해서는 여러 경전에 기록되어 있는데 빠알리 경전에 《앙굴라마라경》이 있다. 맛지마 니까야 《앙굴라마라경 Agulimāla sutta(M86)》이 그것이다. 한역 《중아함경》에는 상응하는 경이 없다. 《잡이함경》이나 《증일아함경》 등 여러 경전에 산발적으로 그의 기록이 보이는데 남방불교의 노래 속에 비쳐지는 앙굴라마라와 다르지 않다.

남방불교의 노래 속에 비쳐지는 악마들, 악의 상징 파피야스는 어디에나 있다. 앙굴라마라에게만 있는 것이 아니다. 남방의 노래 속에 나오는 악마들이나 힌두신앙에 나오는 악마들, 그들 모두가 파피야스의 넋이다. 그들 모두 붓다의 성도와 전도를 막는 파피야스에 의해 사주를 받는 것처럼 기술되고 있으나 상징화된 악의 넋이다. 앙굴라마라 역시 악의 넋이 씌운 또 하나의 파피야스임에 분명하지만 양상이 조금 다르다. 진실된 악은 영원히 악으로 남는다. 악이 선이 된다면 그것은 악이 아니다. 《앙굴라마라경》은 만남을 강조하고 있다. 악이 선이 되려면 절대 선을 만나야 한다. 그렇지 않고는 절대 악은 변하지 않는다. 절대 선이 법이다. 그것은 우주를 관장하는 법이다. 바로 붓다가 깨친 법이다. 그 법에 이르러서야 절대 악은 무너진다. 그러므로 그 법을 만나기가 쉽지 않다. 인연이다. 법을 만나더라도 인연 없이는 되지 않는다. 그래서 이런 비유가 있다. 그 법을 만나기가 지쳐버린 눈먼 거북이 망망대해에서 나무토막 하나를 만나는 것보다 어렵다는. 앙굴라마라를 살펴보면 만남과 인연의 문제가 우리의 인생에서 얼마나 소중한지 알 수가 있다.

진실로 깨닫지 못한 자에게는 무명은 미혹이다. 아무리 중생이 불성을 갖추어도 불성을 깨우치기 전에는 미혹에 차 있고 그래서 행(行)이 생긴다. 붓다는 그러므로 불완전하게 윤회는 계속된다고 하였다. 태어나면서 생기는 것이 식(識)이다. 식은 본시 갖추고 있는 성질이다. 이것은 이내 행동이 된다. 선악정사(善惡正邪)의 모든 행위가 된다. 명(名)은 형상으로 나타나지 않으니 마음이요, 색(色)은 형상으로 나타나니 몸이다. 이 몸과 마음의 활동을 자세하게 나누면 육입(六入)이 되고 이것이 곧 육처(六處)다. 눈, 귀, 코, 입, 혀, 몸, 마음 그리고 빛, 소리, 냄새, 맛, 촉감, 법이 그것이다. 수(受)는 감각에 따라서 생기는 감정이요, 애(愛)는 사랑에 따르는 감정이다. 여기에서 취(取)가 생겨난다. 무엇인가를 가지려는 욕구다. 그래서 업(業)이 생긴다. 평소의 언행이 이 모든 업의 소산이다. 중생의 삶은 시간이 흐를수록 선업(善業)과 악업(惡業)이 쌓여간다. 선업보다 악업이 승할 때 인간이나 짐승의 마음은 공포의 대상물이 된다. 이것이 십이인연(十二因緣)이요, 중생의 삶 그 자체다. 중생의 삶이 대승의 법을 만날 때 속에 있는 불성이 개발되어 법이 된다. 모든 법이 공(空)하다는 사실을 그때 알게 된다.

악한 심성이 승한 자는 불성을 바로 보지 못한다. 바로 보기는커녕 불성을 바로 보려는 자들의 도량을 더럽힌다. 공포의 대상물이 되어 상대의 오도를 막는다.

마에는 4가지가 있다. 남을 위해 좋은 선근을 쌓는 선근마(善根魔), 남을 위해 선근을 쌓는 것은 좋지만 거기에 자랑이 따른다면 그것은 마가 된다. 둘째가 삼매마(三昧魔). 선정(禪定)과 같은 말이다. 선(禪)이란 마음이 조금만 흔들려도 안 된다. 설령 산란한 마음을 잡아 삼매의 경지를 얻었다 해도 남을 깔보거나 자신을 높이려 든다면 그게 곧 마가 되어 버린다. 셋째가 선지식마(禪知識魔). 바로 붓다의 마음이다. 만약 붓다의 경지를 얻었다 해도 항상 부족함을 스스로 느끼고 공부해야 깨달았다고 하여 자만에 빠져서는 마가 되고 만다. 네 번째가 보리지마(菩提智魔). 이러한 경지를 얻고 나아가 붓다의 경지를 얻었으나 자기가 깨달은 것에 집착한다면 그것도 마가 된다.

그렇게 마는 법의 흐름을 끊고 방해한다. 그 대표적 상징이 파피야스요, 형상을 가지면 위류다까가 되고 살인마 중의 살인마 앙굴리마라가 된다.

《현우경》에도 살인마 앙굴리마라에 대해서 나온다. 《현우경》은 5세기 무렵의 경전이다. 중국 남조의 송나라 구법승들이 남긴 경이다. 혜각을 비롯한 여덟 분의 스님이 우전국으로 구법순례를 떠난다. 그들이 도착한 우전국은 대승불교가 가장 흥성한 중앙아시아의 국가였다. 화엄경과 열반경이 성립한 곳이 바로 이곳이다. 여덟 스님들이 그곳에서 입수한 기록들을 모아서 엮은 경이 《현우경》이다. 남전의 《앙굴라마라경》이나 별반 다르지 않다.

그 기록들에 의하면 앙굴리마라는 99명이나 되는 사람을 해치고 백 명째 제 어머니를 해치려다 불법을 만난다. 줄거리는 뻔하다. 앙굴라마라라는 악인이 있어 어머니를 죽이기 위해 가던 중 붓다를 만난다. 붓다를 죽이려고 했으나 붓다가 전혀 흔들림이 없자 오히려 두려움을 느끼고 출가를 결심한다는 내용이다. 출가한 그는 붓다의 가르침을 받아 산모의 출산을 도와 생명의 파수꾼으로 태어난다. 충분히 감동적이기는 한데 기록 자체는 허술하다. 사람을 99명이나 죽인 살인마가 붓다의 말 한마디에 죄를 용서받고 출가하게 된다?

그 당시 붓다의 위상이 어느 정도인지 가늠이 되긴 하지만 이것은 사회적인 문제이지 일개 교단의 문제가 아니다. 기록에 보면 붓다가 전혀 공포심을 느끼지 않자 다음 날 앙굴라마라가 교단을 찾아와 출가의 뜻을 비쳤다고 한다. 붓다가 그를 받아들임으로써 비구가 되었다는 것이다. 세상의 법이라는 것이 이해관계의 그물망이라고 해도 그렇다. 사람을 99명이나 죽인 앙굴라마라가 아무런 제약 없이 비구가 된다? 그럼 99의 생명은? 그 죄과는? 출가함으로써 모든 것이 용서되고 소멸된다?

이 말도 안 되는 기록 앞에 기록이란 그런 것이지 하면서도 고개를 갸웃거리지 않을 수 없다. 사람을 백 명 가깝게 죽인 살인마의 제도는 그렇게 쉽지 않았을 것이다. 그만큼 국가기관이 붓다를 의지할 정도로 교단의 위상이 높았다고 이해되지만 그렇다고 해도 그렇다. 이 장에서 그가 제도되고 비구로서 일어서는 과정을 굳이 생략하는 이유도 그런 소이에서다.

○

두 세계를 전하다_현교

1
—

붓다의 나이 어느새 57세.

기록에 보면 그 해에 마가다국의 빔비사라왕에게서 태자 아쟈타 삿투가 태어났다고 한다. 붓다가 빔비사라왕을 처음 만난 것은 그가 수행할 당시 갠지스 강 남쪽에 있는 마가다국에서 선지자들을 찾아 다닐 때였다.

빔비사라왕은 그때 고귀한 천손(天孫)의 아들 싯다르타가 출가했다 는 말을 들었다. 그래서 관심이 많았었는데 어느 날 신하로부터 그에 대한 보고를 받았다. 싯다르타 태자가 출가하여 이곳으로 와 수행은 하지 않고 발우 하나를 들고 이곳저곳을 방황하고 있다는 것이었다. 사실 싯다르타는 선지자들에게서 참다운 법을 배우려고 찾아다니고 있었는데 그것을 알 리 없고 보면 태자가 출가를 빙자하여 마가다국 을 염탐하러 왔다고 오해한 것이다. 그때 떠오른 말이 차크라바르틴

(전륜성왕)이었다. 싯다르타가 태어날 때 세상을 통일할 차크라바르틴이 태어났다는 바로 그 말. 그럼 싯다르타가 이 나라를 염탐하여 침략을 계획하고 있다는 말이 아닌가.

빔비사라왕은 직접 군사를 데리고 싯다르타가 있다는 곳으로 갔다. 마침 싯다르타는 나무 아래 앉아 선정에 들어 있었다. 그를 죽이겠다고 간 빔비사라왕은 그의 모습을 보는 순간 얼어붙고 말았다. 아니었다. 염탐자의 모습이 아니었다. 그는 성인의 모습 그대로였다. 빔비사라왕은 자신의 신분을 밝히고 혹여 그대가 성도를 한다면 언젠가 자신을 제도해 달라고 부탁하고 돌아왔다.

그렇게 인연을 맺었었는데 꼭 그로부터 17년 후 아들에 의해 감옥에 갇히고 말았다.

붓다는 먼 곳에서 왕을 위해 기도했다.

아들은 결국 부왕을 죽이고 왕위를 찬탈했다.

붓다는 영취산으로 거처를 옮겼다. 그는 영취산을 유행하면서 여전히 중생을 제도했다. 뒤따르는 사람이 많아지자 외도(外道)들이 더욱 기승을 부렸다. 붓다는 그때마다 지혜롭게 난관을 헤쳐나갔다.

수행의 이상적 실천을 원하는 자에겐 그 이상을 가르쳤고 대승불교의 핵인 반야개공의 철학을 가르쳤다. 공(空)이란 무가 아니며 사물의 본질을 있는 그대로 나타낼 수 없음을 가르친 게 바로 그것이었다.

붓다는 어느 날 법단을 마련하고 백만 대중을 모았다. 성도 이래 수없이 많은 중생들을 교화시켰지만 그때까지만 해도 그의 법을 전해 줄 사람을 찾지 못하고 있었다.

전법이 있겠다고 하자 그를 따르는 모든 사람들이 구름처럼 모여

들었다. 그들은 법단 위에 앉은 붓다를 눈을 반짝이며 손에 땀을 쥐고 바라보았다.

2

이제 글의 흐름상 앞서 쓰다가 만 삼천 전심, 즉 붓다가 세 번 보였다는 전법의 모습에 대해서 기술할 때가 되었다.

먼저 다자탑 사건만 기술하였는데 두 번째 사건은 염화미소 사건이다. 곽시쌍부 사건은 아직 기술할 때가 아니므로 두 번째로 붓다가 보인 염화미소를 기술해 보려고 한다.

염화미소 사건을 기술하려면 먼저 마하카사파의 존재부터 확실히 짚고 넘어가야 한다. 마하카사파의 기록은 그리 많지 않다. 빠알리와 한역본, 팔리문 율장대품에도 붓다의 기록은 보이지만 이상하게 마하카사파는 빠져 있다. 교단의 역사를 기록하고 있음에도 마하카사파가 빠져 있다는 것은 이상하다. 교단을 이끌었던 인물이기에 굳이 서술할 이유를 느끼지 못했기 때문일까. 아니면 그 당시 붓다의 자리를 잇는 분의 전기는 앞선 이의 기술에 넣지 않는다는 비의 때문이었을까.

전법장 영취산 영산회상의 광경이다.

대중들은 법상 위에 앉은 붓다를 애타게 바라보고 있었으나 정작 붓다는 아무 말도 하지 않았다. 오직 범천왕(梵天王)이 바친 꽃 한 송이를 들어 대중들에게 보였을 뿐이었다.

그의 경지를 안 것은 마하카사파였다. 마하카사파만이 그의 속내를 알겠다는 듯 저쪽 구석 자리에서 빙긋이 웃었다.

붓다는 이미 마하카사파를 마음에 두고 있었으므로 자신의 선법을 마하카사파에게 전해야겠다고 생각했다.

그는 백만 대중을 향해 이렇게 말했다.

"…나에게 변하거나 바뀌지 않는 열반의 현묘한 마음의 법이 있으니 이 법은 이 세상 모습 그대로요, 형상을 떠난 것이다. 그러므로 이 법은 지극히 미묘해서 설할 수가 없으니 따로 전하지 않을 수 없다. 이 법을 마하카사파에게 전하노라."

만고불역(萬古不易)의 진리를 단 한마디로 설하고 붓다는 법상을 내려왔다.

대중들은 붓다께서 지금 무슨 말을 하고 있느냐고 웅성거렸다.

붓다는 말없이 그 길로 아들 라훌라를 찾았다. 마하카사파에게 선법을 전한 이상 밀의를 완전히 전하기 위해 아들 라훌라를 찾은 것이다.

붓다는 그때 생각하고 있었다.

'내 비록 마하카사파에게 선법은 전했으나 그 법을 더 적극적으로 넓혀갈 수 있는 밀의는 라훌라에게 전해야겠다. 내 어두워 너에게 육신을 주었으나 오지(五智)를 통달케 하여 등정각(等正覺)을 얻게 하리라.

○

두 세계를 전하다_밀교

1

《상윳따 니까야(5권)》에 보면 이런 구절이 있다. 붓다가 아난다에게 묻고 답하는 대목이다.

"아난다야. 비구 승가는 내게 더 무엇을 바라느냐? 나는 안과 밖 모두 설하였다. 나는 가르침에 있어 주먹[師拳]을 쥐지 않았다."

너희들의 스승으로서 결코 주먹손을 쥐지 않았다는 이 말은 숨길 것이 없었다는 말로 받아들여진다. 이 기록 때문에 초기 경전만을 인정하는 이들, 즉 붓다의 직언이 아니면 진리가 아니라고 생각하는 이들은 결코 붓다는 비밀스러운 가르침을 따로 남기지 않았다고 주장한다. 눈 있는 자는 당당하게 자신의 법을 보라고 했는데 붓다에게 비전이 있을 리 없다는 것이다.

그들에게 비전이라는 말 자체가 어울리지 않는 말이기는 하다. 왜냐면 밀의나 비전 그러면 남녀의 성행위부터 떠올리는 것이 우리다.

여기에서의 주먹손(acariya-mutthi)은 상징적인 표현이다. 붓다의 법이 크게 두 가지로 구별되고 있음은 역사가 증명하고 있다. 마하카사파에게 전한 법은 현(顯)이다. 현은 선과 교를 의미한다. 아들 라훌라에게 전한 법은 밀(密)이다.

현은 붓다의 가르침이 일반 대중들에게 드러내어 각(覺)에 이를 수 있도록 했으므로 현교라 하는 것이고, 밀은 근기가 수승한 중생들을 위하여 비밀리에 편 법이라는 말이다. 그렇기에 붓다는 성도 후 자신의 법인 현교를 마하카사파에게 전했고 밀법은 독생자 라훌라에게는 전했다고 하는 것이다.

우리는 여기에서 붓다가 왜 하필이면 자신의 아들에게 밀의를 전했는지를 깊이 생각해 봐야 한다.

밀교는 현교와는 달리 진리를 직설적으로 은밀하게 표출시킨 법이다. 개(個)와 전(全)의 합일을 요하기 때문이다.

그럼 왜 밀법을 굳이 라훌라에게 전했을까. 먼저 결과론적으로 말하면 그의 입장에서 보면 라훌라는 엄밀히 패배의 산물이었다. 인간이나 동물이나 그 무엇이나 자연의 섭리대로 살아가는 것이 우주의 이치이다. 여느 이에게는 본능적이고 자연스러운 문제일 뿐이지만 그로서는 그것이 문제였다. 자신이 안았던 여체, 그 몸 하나 완전히 정복하지 못한 산물, 자신의 몸은 자신의 것일 줄 알았는데 통어할 수 없다는 절망이 낳은 산물, 다시 말해 그 정신적 충격의 산물이었다.

그러므로 이후 기술되는 밀의의 모습은 어느 한 경전에 취한 것이 아님을 미리 밝혀둔다. 여러 경전을 섭렵한 후 재창작이 필요했다는

• 붓다 평전

말이다. 그리고 그 사실을 기록하기 위해서는 재구가 필요했다.

2

제자들에게 심법(心法)을 전하고 따로 법을 갈라 신법(身法)을 아들에게 전해야겠다고 결심하면서 붓다는 그렇게 아들을 생각하고 있었다. 또 다른 인간의 아비가 되지 말기를. 어쩌면 또 다른 이의 아비가 될지도 모르는 아들을 그는 분명히 걱정하고 있었다.

육신 없는 곳에 정신이 어디 있을 것이며 여인 없는 곳에 어떻게 인간이 존재할 수 있는가. 모르지 않기에 일어나던 회의, 그 병폐, 참으로 감당 못할 것이었다.

인간의 욕망, 욕망만큼 자연스러운 것은 없다. 그러므로 이 세계는 존재한다. 남녀가 만나 생명을 낳고 그 생명이 또 이 세계의 주인이 된다. 그게 인간 세상이다. 그러므로 밀의는 이 세상에서 가장 큰 가르침일지도 모른다. 인간의 육체가 그렇다. 어느 날 꿈에 본 사문, 그가 말했던 것처럼 성 에너지를 아래로 파정하면 윤회가 시작된다. 하지만 위로 모든 에너지를 끌어올린다면 거기 붓다가 있다. 반야바라밀궁이기 때문이다.

깨침이란 게 무엇인가. 대자유다. 고리를 끊어 버린 경지. 그리하여 적멸(寂滅)에 든 인간. 그런데 그 속이 금강명비의 자궁 속이면 어떻고 거리 여자의 사타구니 속이면 어떻겠는가. 진실로 깨달았다면 거기에 어디 파정이 있을 수 있겠는가.

이미 아들에게는 그가 출가했을 때부터 그렇게 가르쳐왔다.

3

빠알리어 경전에 등장하는 라훌라에 대한 자료를 조사해 보면 《사미의 질문(Sāmaṇera-pañha, Khp.2)》, 《라훌라 상윳따 Rāhula saṁyutta (S18)》, 《라훌라를 교계한 긴 경 Maha-Rahulovāda Sutta(M62)》, 《라훌라를 교계한 짧은 경 Cuḷarāhulovāda sutta(M147)》과 본 《암발랏티까에서 라훌라를 교계한 경 Ambalaṭṭhikā Rāhulovāda Sutta(M61)》 등이 보인다.

주석서에는 라훌라가 일곱 살 때 설했다고 하는데(MA.iii.126) 그때 라훌라는 암발랏티까에 머물고 있었다.

어느 날 붓다는 암발랏티까로 라훌라를 만나러 간다. 라훌라는 멀리서 붓다가 오는 모습을 보고는 얼른 자리를 마련하고 대야에 발 씻을 물을 준비했다.

붓다가 들어오자 라훌라는 절을 올리고 대야의 물로 붓다의 발을 씻었다.

붓다는 물끄러미 아들의 모습을 내려다보았다. 어릴 때 이곳으로 와 사리푸트라를 계사로 출가한 아들이었다. 아들은 어렸으나 제대로 된 수행자를 만들기 위해 가르침을 폈다. 교단생활을 어린 것이 감당하기 힘들었겠지만 그렇기에 사미승의 본분에 어긋나지 않게 하나하나 가르쳤다. 이제 제법이었다. 언젠가 위빳사나 수행법을 일러주었더니 아들은 곧잘 따라 했다. 오온(五蘊)을 관찰하는 과정을 설해도 알아들었다. 오온을 관찰한다는 것은 형색을 관찰하는 것이었다. 땅·물·바람·불·허공을 통해 형색을 통찰하는 법이었다. 그리고 애(愛)를 관찰하는 법을 가르쳤다.

그는 이제 열여덟 살의 사미가 되었다. 그래도 아직 세속에 대한 그리움을 버리지 못하고 있었다. 세상을 향한 열정과 욕망, 그것을 어떻게 버리게 할 것인가.

아들에게 구족계를 주고 해탈을 성숙하게 하는 법을 가르쳤다. 그 열다섯 가지 법이 무르익자 아라한의 수행법을 가르쳤다. 아들은 외로울 때면 죽림정사의 암발랏티까(Ambalaṭṭhikā, 대나무숲) 속으로 들어가 홀로 지내기를 좋아하였다. 지척이 암발랏티까 숲이었다. 멋지고 아름다운 어린 망고나무(taruṇ-amba-rukkha)들이 숲을 이루고 있었다.

암발랏티까는 분명 왕의 정원(raññouyyāna)이었다. 아름다웠다. 정원의 정문 근처에도 라훌라를 닮은 어린 망고나무가 서 있었다.

망고나무 아래 앉아 있는 그를 보면 태자의 신분으로 고뇌하던 어린 날이 떠올랐다.

그 세월들, 아팠다. 그러다 알게 되었다. 내가 괴로움에 시달리는 것은 지각 때문이라는 것을. 채색된 지각 때문이라는 것을. 지금 이 순간에 머물지 못한다는 사실, 그것이 괴로움이었다. 지나가 버린 과거, 이미 지나가 버린 과거의 일을 떠올려 그것에 얽매이고 그렇게 괴로움을 받았다. 아직 오지도 않은 미래, 미래에 닥쳐올 일을 떠올려 불안해하고 두려워하고 그렇게 싸웠다. 싸움, 모질었다. 대항하면 할수록 용서가 없었다. 괴로움은 더욱 성성해지고 그러면 더욱 괴로웠다. 그러다 깨달았다. 사나운 내 마음, 괴물같은 내 마음, 그 마음에 모든 이들이 쓰러져가고 있었다. 이 마음을 어떻게 정복할 것인가. 그래서 출가했다. 그리고 그들을 위해 돌아왔다.

아들의 모습이 더욱 외로워 보였다.

제 어미가 그립기도 하리라.

모든 것을 바로 알아야 한다. 마음을 바로 아는 것, 그것이 유식(唯識)이 아니던가. 내 마음 작용. 현상에 의한 내 마음 작용. 아직도 아들은 다른 이와 마찬가지로 외도들의 사상에서 완전히 해방되지 못하고 있었다. 본디 성질은 이원적으로 설명할 수 없는 것이다. 본디 성질만이 유일한 실재이다. 대기설법의 이유가 거기에 있고 소승적 관점을 대승적으로 이해해야 할 이유가 거기에 있다. 그렇기에 심의식을 구별하지 않고 쓰고 가르쳤다. 아들은 아직도 근기가 약해 굳이 구별하려 들고 있었다. 영혼불멸설에 기대어 스스로 고통받고 있었다. 스스로 지옥을 만들고 극락을 만들고 있었다. 인간의 무지에 그려지는 지옥도와 극락도, 근기만큼 그의 감량만큼 받아들이는 것이 인간이었다. 그렇기에 방편이 필요했었다. 근기가 약한 이는 인식론적 설법을 언제나 존재론적으로 받아들인다. 외부세계는 마음에 의해서 일어나는 세계임을 그렇게 설해도 존재론적으로만 받아들인다. 방편설법임을 모르니 팔만사천법문이 어찌 필요하지 않겠는가. 그 속에 아직도 아들이 있었다. 그가 그려내고 있는 지옥도가, 그가 그려내는 극락도가 어쩌면 이리도 눈물겨운가.

망고나무 아래서 서성이던 아들이 아비가 오는 모습을 보고 달려왔다.

"붓다시여, 어서 오십시오."

"건강해 보이는구나."

"붓다시여. 건강합니다."

"고마운 일이다."

"안으로 드시지요. 곧 발 씻을 물을 가져오겠습니다.

발 씻을 물을 떠 온 아들. 그의 손길이 부드럽다. 처음 왔을 때는 원망기가 없지 않더니 어느 사이에 그의 손길이 부드러워져 있다.

　붓다는 대야에 남은 물을 내려다보다가 물었다.

　"라훌라야, 대야에 남은 물이 보이느냐?"

　붓다는 대야에 남은 물은 내려다보다가 물었다.

　"그렇습니다, 붓다시여."

　라훌라가 대답하였다.

　"라훌라야, 고의로 거짓말하는 것은 참으로 부끄러운 일이다. 그러함에도 부끄러워하지 않는 자들의 출가수행은 이 하찮은 물과 다름이 없다. 가서 버리고 오너라."

　라훌라가 물을 버리고 오자 붓다는 물었다.

　"물을 버렸느냐?

　"예."

　"라훌라야, 고의로 거짓말하는 것은 부끄러운 일이다. 그러함에도 부끄러워하지 않은 자들의 출가수행이란 것이 버려진 물과 같다."

　그렇게 거짓에 대해 가르치고 거울이 보이자 물었다.

　"저기 거울이 있구나. 이제 너도 기울 볼 나이기 되었구나."

　라훌라가 부끄럽게 미소짓자 붓다는 다시 말을 이었다.

　"거울에 너를 비추어 보면 너의 행동이 보일 것이다. 어떤 행위를 함에 있어 거울 보듯이 해야 한다는 이치가 거기에 있다. 그것이 반조이니라. 모든 것이 반조의 선상에 있어야 한다. 지속적으로 반조하면서 몸의 행위를 해야 한다. 지속적으로 반조하면서 말의 행위를 해야 한다. 지속적으로 반조하면서 마음의 행위를 해야 한다. 라훌라야, 몸으로 행위를 하고자 할 때 너는 이렇게 반조해야 한다. '이제 나는 나의 몸으로 행위를 하려고 한다. 이 몸의 행위가 해로운 것이어서 괴로움으로 귀결되는 것은 아닐까. 그리하여 괴로운 과보를 가져오게 되는 것은 아닐까?' 늘 그렇게 물어야 한다. 그리하면 너의 행위는 너를 해치지도 않을 것이며 다른 사람을 해치지도 않을 것이다. 그러면 몸의 행위는 즐거움으로 귀결되고 즐거운 과보를 가져오리라. 라홀라야, 그렇게 몸으로 행위를 하고 난 뒤에도, 너는 몸의 행위를 이렇게 반조해야 한다. '나는 지금 몸으로 행위를 했다. 나의 이런 몸의 행위가 나를 해친 것이거나 다른 사람을 해친 것이거나 둘 다 해친 것은 아닐까? 유익한 것이어서 즐거움으로 귀결되고 즐거운 과보를 가져온 것이다'라고 알게 되면, 너는 밤낮으로 유익한 법들을 공부 지으면서 희열과 환희로 머물게 되리라."

붓다는 그렇게 가르치고 말에 대한 반조, 마음에 대한 반조, 마지막으로 몸의 행위에 대한 청정에 대해 가르쳤다.

"라홀라야, 그러므로 너는 반조함에 의해 몸의 행위를 청정하게 하리라. 반조함에 의해 말의 행위를 청정하게 하리라. 반조함에 의해 마음의 행위를 청정하게 하리라.

4
—

맛지마 니까야 《암발랏티까에서 라홀라를 교계한 경(M61)》의 요약인데 붓다의 반조 사상이 그대로 나타나 있다. '나는 너의 거울이고 너는 나의 거울이다. 그리하여 우리는 하나가 된다. 청정한 하나가 된다.'

• 붓다 평전

붓다가 아들 라훌라에게 밀법을 전한다고 하자 교계가 발칵 뒤집혔다.

"아니 무슨 소리인가? 육신성불법이라니? 이게 무슨 일이야 그래."

하기야 붓다는 법상에 올랐다 하면 기회 있을 때마다 이 몸의 덧없음에 대해서 설하던 사람이었다.

대중들이 모여 앉으면 설전이 벌어졌다.

"아니 무슨 말이야? 정신이 깨치면 육신은 저절로 따라오는 게 아닌가. 정신이 시키는 대로 하는 것이 육신이잖아."

뜻있는 사람들은 더러 고개를 끄덕이는 이들도 있었다.

"그래서 붓다께서 묻고 있었도다! 정신이 몸 밖에 있는 것이냐? 몸 안에 있는 것이냐? 몸 안에 있다고 해도 맞지 않고 몸 밖에 있다고 해도 맞지 않다."

"그럼 어디 있다는 것이야?"

"바로 그것이지. 조화. 영육의 조화!"

"조화하려면 정신의 공부가 필요하듯이 육신의 공부도 필요하다? 어허, 이럴 수가!"

"그러고 보면 육신이 허망하다는 붓다의 말을 잘못 받아들이면 그럴 수도 있겠다 싶긴 하구나."

"무슨 소리야?"

"육체를 무시하고 정신만을 떠받든다? 당신의 법이 즉물적으로 좌도화 되어야 한다는 말이 아니고 보면 말일세."

"뭐?"

"그럴 수도 없거니와 그렇게 될 리도 만무하지 않은가. 아니 그렇게 되어서는 안 되지. 출가자가 정신의 승화를 무시하고 자신의 육신이나 돌보고 앉았다면 사도화란 딱지가 어떻게 붙지 않겠는가."

"그래서 이 몸 이 정신의 조화를 말하고 있다?"

"맞아. 붓다께서 정신과 육체의 조화를 강조하고 있는 것이야. 그래서가 아니라면 어떻게 그럴 수 있겠나."

"어찌 육신이 없고서야 정신의 해탈을 바랄 수 있겠는가. 조화를 잃어 버리면 견성도 무용지물이며 이 몸이 없고서야 결코 붓다의 경지도 꿈일 뿐이라고 하지 않던가. 이게 무슨 말인가. 정신과 몸의 조화는 해탈의 필수요건일 수밖에 없다는 말이지. 정신과 육체를 동일시하지 않고는 결코 니르바나에 이를 수 없다는 말이 되니까. 그러고 보면 이는 이미 붓다 스스로 입증한 바가 아닌가. 그의 성장, 그의 상처, 그의 회의, 그의 사색, 그의 출가, 그의 구도…."

어느 날 붓다가 독생자 라훌라에게 밀의를 전하고 있는데 회의론자들이 밀어닥쳤다. 그들은 납득이 가지 않는다는 어투로 물었다.

"붓다시여. 이게 무슨 일입니까?"

붓다가 눈을 감았다.

라훌라가 생각해 보니, 하긴 싶었다. 마하카사파 사형에게 정신의 법을 전하고 아들에게 육신의 법을 전한다? 이 사실을 누가 믿겠는가.

붓다가 말이 없자 회의론자들은 자기들끼리 모여 쑥덕대었다.

그래도 붓다는 말이 없었다.

그들이 돌아가고 난 뒤 붓다는 아무 일 없었다는 듯이 라훌라를 곁에다 불러 앉혔다.

"결가부좌하거라."

라훌라가 결가부좌하자 붓다가 일렀다.

"라훌라야, 저들이 내가 너에게 비의를 전한다고 하니 야단이다만 비의가 무엇이겠느냐. 바로 이 결가부좌니라."

"네?"

"저들은 아직도 모르고 있느니라. 자신이 앉아 있는 자세가 바로 밀의임을. 그렇게 가르쳐도 힌두의 요가 행위일 뿐이라고 비웃고 있으니 말이다. 그러나 아니다. 그들과 나의 결가부좌는 다르다. 그들에게는 반야바라밀다궁이 없다. 나의 법에는 반야바라밀다궁이 있다. 내 모든 법이 응축된 곳이 바로 정수리요 그곳이 반야바라밀다궁이다. 결가부좌를 통해 그곳에 이를 수 있다. 기를 순환시켜 우주와 일체화되면 우리 몸속의 군다리니가 일어나게 되리라. 그 군다리니가 불성의 씨앗이다. 이것이 우리의 몸속에서 아래로 쏟아질 때 생의 존재가 일어나게 된다. 이것이 윤회이다. 사랑하고 미워하고 증오하고 용서하고…. 그것의 산물이며 그러므로 원죄의 덩어리다. 허나 지혜로운 이는 이 기운을 반야바라밀다궁으로 끌어올린다. 그리하여 본래면목을 본다. 이것이 수행이며 결과가 견성이다. 범부는 자신의 원죄를 사랑이란 이름으로 포장한다. 그것이 그들의 지혜이다. 그 지혜에 의해 인류가 존속되며 사랑이 완성된다. 그리하여 비로소 축복 받는 생을 완성하는 것이다. 반면 거기 머물지 못하는 이들은 좀 더 고상한 길을 택한다. 아래로 쏟아지려는 본능을 위로 끌어올려 자신의 본래면목을 본다. 그것이 윤회의 거둠이며 견성이다. 그때 타자와 나 사이에 모든 거래가 중지된다. 미워하고 증오하고 사랑하고…. 그 모든 원죄가 사라진다. 어느 날 한 수행승이 내게 와 물었느니라. '왜 그대는 모든 기를 위로 끌어올리는가?' 나는 이렇게 물었다. '인간의 육체를 지탱하는 것이 무엇인가?' '목숨이 아니겠습까.' 그는 당연한 듯이 대답했다. '그럼 목숨이 심령의 힘인가?' '심령이라고 한다면 근본적인 힘을 말하는 것인지요?' 나는 그것이 '프라나(prana)'라고 일러주었다."

"프라나?"

라훌라가 짧게 되뇌었다.

"그렇다. 프라나이다. 우주 만물의 근원이다. 살아 있는 모든 것의 본질적 에너지, 인간의 몸에서 끊임없이 생성되고 있는 기운, 그것은 '나디(nadi)' 즉 보이지 않는 통로를 통해 흐른다. 우리는 그것을 '살아 있다'라고 한다. 인간에게는 열네 가지의 중심 나디가 있다. 중앙 에너지 통로가 수슘나 나디이다. 왼쪽 통로인 셈이다. 오른쪽 나디는 핑갈라 나디, 수슘나 나디가 지팡이라면 이다 나디와 핑갈라 나디는 두 마리의 뱀의 형상을 하고 있다. 두 마리의 뱀이 지팡이를 감싸고 올라가는 형상이다. 그 힘들은 몇 개의 중심지에 집중된다. 그 중심지를 '차크라(chakra)'라고 부른다. 인간에게는 여섯 개의 차크라와 마지막 집장소의 차크라가 있다. 바로 기의 집합소다. 맨 아래쪽에 뭉쳐져 있는 차크라가 물라다라 차크라, 즉 수슘나 나디의 뿌리로 성기와 항문 사이 회음부에 존재한다. 생명력의 비밀샘이다. 이는 위에 있는 스와디스타나 차크라로 이어진다. 성기의 에너지 센터, 이는 그 위 배꼽의 에너지 센터인 마니푸라 차크라로 이어진다. 그리고 가슴의 에너지 센터 아나하타 차크라로 이어진다. 다섯 번째 차크라는 목구멍에 위치해 있다. 비슈다 차크라, 이는 여섯 번째 아즈나 차크라로 이어진다. 양 눈썹 사이 제3의 눈, 바로 이곳이 핑갈라 나디가 모였다가 갈라지는 곳이다. 그리하여 마지막 집장소인 반야바라밀다궁에 이른다. 사하스라라 차크라. 그곳에도 성기처럼 밖으로 빠져 나가는 브라흐마의 구멍이 있다. 몸에서 만들어진 프라나가 물라 다라 차크라를 떠나면, 차크라는 닫힌다. 이것이 죽음이다. 힌두교 나 여타 신앙에서는 빠져나간 기운이 '세파(shepa)'로 변화한다고 한 다. 이것이 '마음[心]의 령(靈)'이라는 것이다. 이것이 중음(中陰)이며 바 르도(Bardo)라고 한다. 그러나 그것은 우주의 본디 기운일 뿐이다. 육 체 안에서 생성된 프라나가 육체 밖에서 세파가 되어 새로운 여행을 시작한다? 이 품 저 품으로 돌아다니며 윤회의 씨앗이 된다? 윤회의 씨앗은 우리의 탐진치의 소산이며 사랑으로 포장된 사랑(愛)의 산물 즉 원죄의 소산이다. 그 원죄의 덩어리 속에 윤회의 본디 씨앗이 숨 겨져 있다. 이때의 원죄가 생사윤회 경계를 만든다. 그리하여 중생의 힘은 언제나 아래로 내려가 성기를 통해 생을 일으키게 되어 있다. 하여 그렇게 심어진 윤회는 새로운 여행을 시작한다. 그러므로 누 구나 자신의 기를 여섯 개의 차크라 망을 통해 반야바라밀다궁으로 뿜어 올려야 한다. 나는 이제 너에게 반야바라밀다궁으로 갈 수 있 는 출입식념을 가르칠 것이다. 그리하면 그저 생리적으로 쉬는 숨이 우주의 정기 자체임을 알게 될 것이다. 이것이 육체 수행의 비법이며 생사윤회를 벗어날 수 있는 길이라는 사실을 잊어서는 안 된다."

라훌라는 눈을 감았다. 지금까지 붓다는 입만 열면 육신의 무상 함에 대해서 토로해 오던 사람이었다. 구멍 구멍마다 고름이 흘러내 리는 이 몸이 허망한 것이 아니고 무엇이 허망한 것이냐고 하던 분이 었다. 그랬기에 어리석은 중생은 육신을 신주 모시듯 할 이유가 없었 다. 아끼고 가꿀 이유가 없었다. 저자 바닥의 무지랭이 처자도 네 몸 하나만을 기가 막히게 가꾼다. 그렇게 육신을 가꾸어야 한다고 말하 고 있다. 출가 수행해 이 몸 알기를 우습게 알라던 분이 이제 와 몸을 가꾸어야 한다고 말한다.

그렇구나. 유불여불이구나. 붓다의 경지는 붓다만이 아는 것. 붓다의 말을 들으며 쉽게 이해해 버리는 것이 우리였다. 붓다가 어떤 경지에서 설했는지 이해가 되면 그것으로 다 이해되었다고 생각해 버리는 게 우리의 어리석음이었다. 그리고는 옳다 그르다의 편파의 바닷속으로 들어가 버린다. 그래서 오류가 생겼던 것이다.

붓다의 말을 오해하고 있었다는 생각이 들었다. 이 현상에 대해서 두루 관찰해야 하는 것을. 면밀히 참뜻을 잘 살펴나가야 하는 것을 오해하고 있었다는 생각이었다. 아버지 붓다께서 이 몸의 덧없음을 강조하는 것은 이 몸의 무상함을 논하고 있는 것이 아니라 그렇게 무상한 것이므로 잘 가꾸라는 말이었구나.

만약 붓다의 말대로 나를 버리게 되면 어떻게 되는가. 존재 자체가 사라져 버린다. 한 마디로 해탈의 그릇이 깨어져 버린다. 붓다는 5년 고행 끝에 고행의 무상함을 깨닫고 육신을 추스르고 깨쳤다고 들었다. 그런 그가 이 육신이 원수라고 하고 있다면 부정의 협곡을 넘지 않고는 긍정에 이를 수 없다는 말을 하고 있는 것이다. 허무한 것이니 잘 간수하라는 말일 터이다. 우리의 몸이 그러하니 그 무상함에서 연꽃을 피우라는 말일 터이다. 거기 불성이 존재하고 있으니 그 불성을 보고 개발하라는 말일 터이다. 시장바닥의 무지랭이도 본능적으로 아는 것을 정작 잘 배운 사람들이 스스로 제 몸을 칼질하고 있었다니.

붓다가 군소리나 할 사람이 아니었다. 우리가 이미 알고 있는 사실을 되풀이 설할 사람이 아니었다. 아주 중요한 문제를 중생이 간과하고 있기에 거기 본질이 있으니 잘 살피라고 하는 말이 분명했다.

그래서 중생은 어리석기에 버리고 현자는 지혜롭기에 잘 살핀다고 했었구나. 바로 이 점이 중생과 현자가 다른 것이라고 했었구나.

5

마하카사파에게 선법을, 아들 라홀라에게 밀법을 전하는 과정을 기술해 보았는데 아직도 '밀(密)' 그러면 눈살을 찌푸리는 이들이 있다. '현' 그러면 고상하고 '밀' 그러면 어딘가 사이비 냄새가 나고 저급하고 천박하다는 식이다.

이것은 관념의 차이다. 불교는 천상의 종교가 아니다. 가장 아래이면서 가장 위에 있다. 진흙 바닥의 종교다. 이 몸이 진흙 바닥임을 알기에 연꽃을 피우려고 출발한 것이 불법이다. 심신의 승화, 영육의 승화다. 진흙 바닥에서 피어난 청죽이 이 몸이요, 거기 핀 꽃이 바로 해탈이다. 진흙 바닥의 연꽃 대에 연꽃이 핌으로써 진흙 바닥이 구원받는다. 버려지는 것이 아니라 그 뿌리가 된다. 그리하여 논리학이나 형이상학이나 인식론이나 실천철학이나 모든 것이 비로소 체험을 통해 열매 맺는다. 우리는 그 사실을 인정하기 싫겠지만 붓다의 법이라는 선에서 생각해 보면 부정할 이유가 없다. 불법은 진리를 추구하는 종교다. 진리 전체를 안지 않고는 진리의 전부를 안았다고 할 수 없다. 자기만의 진리 그것은 결코 절름발이 진리이지 온전한 진리가 아니다. 그래서 경전의 글귀를 그대로 받아들이지 말고 보살적 입장에서 두루 살펴야 한다고 하는 것이다. 그래서 그저 이해하려고만 하고 이해가 되면 편파적이 되어 버리는 우리의 불교가 절름발이 불교라고 하는 것이다. 물론 밀교가 불멸 후 일어난 법이기에 그럴 수밖에 없다고도 할 수 있지만 붓다 생존 시의 밀의가 간과되고 있는 것도 그래서이다. 그렇기에 불멸 후 그의 밀의가 활짝 꽃 피었다는 사실을 인정하면서도 밀의의 초석이 그때 이미 형성되고 있었다는 사실을 간과해 버리는 것이다.

이것은 분명 조화의 결여다. 심신의 조화, 어느 한쪽으로 쏠림 없는 심신의 조화, 그 조화 없이는 해탈의 꽃은 피지 않는다.

이후 기술되는 밀의의 모습도 어느 한 경전에서 취한 것이 아님을 밝혀둔다.

독생자 라훌라를 찾은 붓다는 자신이 그 옛날 보리수 아래서 명상에 잠겼을 때처럼 아들을 나무 밑에 앉히고 이렇게 말하였다.

"라훌라야, 여기 한 사람의 수도승이 있다고 하자. 이의 존재는 양성적이어서 둘로 나누어지기 이전의 상태로 가지 않으면 본질은 파악할 수가 없다. 그렇다면 본질을 파악하기 위하여 너는 어떻게 해야 하겠느냐?"

"그야 나누어지기 이전의 상태로 돌아가야 하겠지요."

붓다는 머리를 끄덕였다.

"나는 일찍이 너희들에게 독사와 뗏목의 비유를 들어 형색(色)의 법을 가르쳤다."

형색의 법?

그러고 보니 그런 것 같았다. 어느 날 독사와 뗏목의 비유를 들어 붓다는 그 법을 설한 것 같았다. 아마 무아와 자아, 진아에 대해서 가르칠 때였을 것이다.

"비구들이여, 들어라. 무지한 범부는 형색에 대해 이렇게 생각한다. '형색은 나의 것이기에 내가 소유하고 있다. 형색이 나라면 느끼는 마음도 나의 소유이다. 이 느낌 이것이 나의 자아다. 하여 나를 조작하고 조작하는 행위를 나로 생각한다.' 그에 대하여 항상 이렇게 생각하여야 한다. 이것은 나의 소유가 아니다. 이것은 나의 자아가 아니다. 그래서 분별을 만들고 혼란에 빠진다. 왜 그런고 하니 내 속의 성을 몰라서이다. 그 성이 바로 불성임을 몰라서이다."

이 대목은 맛지마 니까야 《알라갓두파마경 Alagaddūpama sutta(M22)》에 있다.

라훌라가 그 대목을 생각하고 있는데 붓다가 말을 이었다.

"그렇다. 분명히 나누어지기 이전의 상태로 돌아가야 한다. 내 이제 나누어지기 이전의 상태로 돌아가는 법을 설하겠다. 세상의 모든 것은 하나이다. 그것은 인간 역시 마찬가지다. 분열을 거치기 시작하면서 존재의 근간을 이루는 에너지는 둘로 나누어지기 시작했고 존재는 양성화되기 시작했다. 성(性)의 분리였다. 그렇다면 여기 성을 통해 본질로 가는 문(門)이 있다. 모든 존재는 존재의 모습대로, 인간은 오직 인간을 통해, 남성의 에너지는 여성 에너지를 통해 존재의 근간으로 갈 수 있는 길이 있다. 우선 그 법을 알기 위해서는 눈을 감고 편안히 앉아 자기 자신을 탐험해 보지 않으면 안 된다. 숨을 한 번 들이쉼에도 자신을 자각하고, 숨을 한 번 내쉼에도 자신을 자각하며, 계속 자신 속으로 들어가 자기를 탐험해 보아야 한다. 탐험해 나가다 보면 너는 분명 너의 육체 속에 미개발로 숨어 있는 내부 여신을 만날 수가 있을 것이다. 그것이 곧 분리되어 버린 또 하나 너의 에너지다. 그 에너지와 만나면 그와 하나가 되어라. 그리하여 다시는 분리되지 않는 세계로 나아가야 한다. 거기가 곧 반야바라밀다궁이다. 만약에 그곳으로 가는 동안 감각의 벽을 통해 너의 에너지를 파정해 버린다면 너는 다시 홀로 떨어져 내려야 한다. 나는 고행 중 그러한 상태를 무수히 경험했다. 떨어지고 나면 나는 언제나 현실의 중생으로 되돌아와 있었다."

가만히 붓다의 말을 듣고 있던 라훌라는 그제야 고개를 들어 붓다를 쳐다보며 물었다.

"그러하다면 어떻게 파정하지 않을 수 있습니까?"

붓다가 고개를 주억거렸다.

"라훌라야, 언젠가 내가 살아온 길을 설할 때를 너는 기억하느냐?"

"붓다시여. 기억합니다. 기억하지만 그때 저는 어렸으므로 붓다의 말씀을 올바로 이해할 수 없었습니다."

"그렇구나. 그때가 어제 같은데 벌써 세월이 그렇게 흘렀구나."

"그러하나이다. 붓다시여."

"그때 나는 내가 왜 출가하지 않으면 안 되었는지를 모두 설했었다. 내가 너만한 나이였을 때 깨닫기 전이었으므로 언제나 생을 고통스러워하였느니라. 왜 나는 태어났으며 왜 늙어 죽어가는가. 그렇게 늘 묻고 있었다. 그것이 취착[取] 때문이라는 것을. 취착 때문에 갈애[愛]가 생기는 것이라는 것을. 사랑의 느낌[愛], 감각접촉[觸]이 있을 때의 그 느낌, 그 느낌을 이겨야 한다고 생각했었느니라. 그러지 않고는 나는 영원히 윤회의 사슬에서 헤어나오지 못할 것 같아서였느니라."

그렇게 말하고 붓다는 과거를 상기하듯 눈을 감았다.

상윳따나까야《사카무니 고타마 경 Sakyamunigotama sutta(§12:10)》
에 보면 그때의 붓다에 대해서 이렇게 기록하고 있다.

"나는 사랑하는 사람과의 감각접촉이 무엇을 조건으로 하는가 생
각하였다. 그것을 알지 않고는 윤회를 벗어날 수 없었기 때문이다.
마침내 알았다. 여섯 감각 장소[六入]가 있다는 것을. 그 여섯 감각 장
소를 조건으로 하여 감각접촉이 있는 것이었다. 그러면 무엇을 조건
으로 하여 여섯 감각 장소가 있는가? 마침내 알았다. 정신, 물질[名
色]이 있을 때 알음알이[識]가 있다는 것을. 마침내 알았다. 의도적 행
위가 있을 때 알음알이가 있다는 것을. 마침내 알았다. 무명이 있을
때 의도적 행위들이 있다는 것을. 그것들에 의하여 전체 괴로움의
무더기[苦蘊]가 발생하는 것이었다. 그것이 윤회였다. 윤회가 시작되
면 생로병사가 진행되고 그것을 지혜롭게 잡도리하지 않을 때 다시
생이 시작되는 것이었다. 그러면 다시 취착이 생기고, 갈애가 생겨나
는 것이었다. 그러므로 느낌이 없을 때 갈애가 사라지고, 감각접촉이
없을 때 느낌이 없으며, 감각접촉이 소멸하므로 감각 장소가 사라지
며, 정신과 물질이 소멸하기 때문에 여섯 감각 장소가 소멸하는 것이
었다. 마침내 깨달았다. 지혜롭게 마음을 잡도리해 들어가면 의도적
행위들이 사라지고 무명 또한 사라진다는 것을. 마침내 깨달았다.
의도적 행위들이 소멸하기 때문에 알음알이가 소멸하여 전체 괴로움
의 무더기가 소멸한다는 것을. 그제야 눈이 뜨였느니라. 지혜와 통찰
지, 명지, 광명이 생겼느니라."

붓다가 말을 끝내자 라훌라는 일어나 합장한 다음 이렇게 물었다.

"무슨 말씀인지 알 것은 같사오나 인간으로서 감각접촉으로부터의

해방은 그리 쉬워 보이지 않습니다."

붓다가 고개를 주억거렸다.

붓다의 성도 과정을 직접 언급하고 있는 맛지마 니까야《삿짜까 긴 경 Maha saccaka sutta(M36)》의 주석서에 보면 출입식념에 대한 몸과 마음 챙김을 통해서 증득한 초선이 깨달음을 얻는 길이라고 가르치고 있는데, 맛지마 니까야《라훌라를 교계한 긴 경(M62)》에 이르면 붓다가 라훌라에게 몸과 마음 챙김의 수행[出入息念=ānāpāna]을 이렇게 강조하고 있다. 바로 라훌라의 물음에 대한 대답이다.

출입식념은 네 가지 마음 챙기는 공부의 21가지 명상 주제 가운데 맨 처음 언급되는 대상이다. 중국에서는 이를 안반(安般)으로 음역, 출입식(出入息)으로 옮겨졌다.

붓다의 출입식념은 열여섯 가지나 된다.

첫 번째, 길게 들이쉬면서 '길게 들이쉰다'고 안다. 길게 내쉬면서 '길게 내쉰다'고 안다. 두 번째, 짧게 들이쉬면서 '짧게 들이쉰다'고 안다. 짧게 내쉬면서 '짧게 내쉰다'고 안다. 세 번째, 온몸으로 경험하면서 숨을 들이쉬리라 마음 짓고, 온몸으로 경험하면서 숨을 내쉬리라 마음 짓는다. 네 번째, 호흡을 편안히 하면서 숨을 들이쉬리라 마음 짓고, 호흡의 작용을 편안히 하면서 숨을 내쉬리라며 마음 짓는다. 다섯 번째, 희열을 경험하면서 들이쉰다. 여섯 번째, 행복을 경험하면서 들이쉰다. 일곱 번째, 마음의 작용[心行]을 경험하면서 들이쉰다. 여덟 번째, 마음의 작용을 편안히 하면서 들이쉰다. 아홉 번째, 마음을 경험하면서 들이쉰다. 열 번째, 마음을 기쁘게 하면서 들이쉰다. 열한 번째, 마음을 집중하면서 들이쉰다. 열두 번째, 마음을

• 붓다 평전

자유롭게(解放) 하면서 들이쉰다. 열세 번째, 무상을 관찰하면서 들이쉰다. 열네 번째, 탐욕의 빛바램을 관찰하면서 들이쉰다. 열다섯 번째, 탐욕의 소멸을 관찰하면서 들이쉰다. 열여섯 번째, 놓아버림을 관찰하면서 들이쉰다.

여러 주석서들을 종합해 보면 직계 제자들에게도 출입식념의 마음 챙기는 공부를 시키고 있었다는 것을 알 수 있다. 붓다는 수행자들이 출입식념의 특별함을 증득하여 지금 여기서 행복하게 머무는 기초가 된다고 설명하고 있다.

이 열여섯 단계 중, 첫째에서 네 번째까지가 사념처의 몸에 대한 마음 챙김의 확립[身念處]에 해당되고, 다섯 번째부터 여덟 번째까지가 느낌에 대한 마음 챙김의 확립[受念處]에 해당된다. 아홉에서 열두 번째까지가 마음에 대한 마음 챙김의 확립[心念處]에 해당되며, 열세 번째에서 열여섯 번째까지가 법에 대한 마음 챙김의 확립[法念處]에 해당된다.

6

어느 날 한 제자가 와서 붓다에게 이렇게 물었다.

"붓다시여. 이 과정을 거쳐 우리의 심신이 확고부동해지면 금강의 경지가 된다고 하셨는데 그 경지를 알고 싶습니다."

붓다가 그를 가만히 쳐다보다가 밖으로 내쳐 버렸다.

"천박한 놈!"

붓다가 자신을 상대하지 않자 곁에 있는 사형에게 물었다. 이 사형이 싱거운 사람이었다.

"이 사람아, 세상에 그런 질문이 어디 있는가? 숨 쉬는 방법을 가르치는데 왜 거기서 금강을 찾아?"

"그렇지 않습니까? 붓다께서 숨을 잘 쉬어야 금강이 된다고…"

"실지로 숨쉬기만 한 운동이 없지. 계집의 몸뚱이 위에서도 급할 때 숨 조절만 잘해도 몇 고개는 넘어는 가지. 그럼 아침상 반찬이 좋아졌든가 허허허"

출가하기 전 속가에 있을 때의 일을 생각하며 그렇게 말하자 그가 다시 물었다.

"바로 그겁니다. 그게 밀의(密意) 아닙니까. 라훌라 사형에게 가르치는 것을 보았다니까요. 출입식념을 통해 금강의 경지를 얻게 되면 결코 파정을 모를 것이며 그러므로 윤회는 없다고… 솔직히 그때 이런 생각이 들더라고요. 붓다께서 정말 그 경지에 가 계신 것일까 하고…"

"으하하. 잘하면 붓다께서 여자라도 안으실지 모르겠구나."

《대지도론(제19권)》에 보면 인간의 육신에 대해 붓다의 정의는 눈부시다. 아니 굳이 《대지도론》을 펼치지 않아도 여타 경전에도 누누이 강조되고 있는 것이 우리 몸에 대한 것이다. 그 중에서도 특히 《대보적경(제56권 불설입태장회(佛說入胎臟會))》이나 《근본설일체유부비나야잡사(제12권)》를 보면 이 몸이 어떻게 자궁 속에서 형성되어 오는지 자세히 설명되어 있다. 이 몸이 오는 과정을 설하면서 이 몸의 덧없음을 누누이 설명하고 있다. 사람이 몸을 받는 과정을 지켜보듯이 설하고 있다. 인간의 모습이 태에 의탁해 38주를 지내는 동안 29종의 업풍(業風)이 불어 차례로 만들어지는 과정을 상세히 설하고 있다.

제1주는 죽과 같은 상태[狀如酪漿], 2주는 엉킨 우유같은 상태[狀如凝酪], 3주는 약을 찧을 때 쓰는 공이같은 상태[狀如藥杵], 4주는 신을 만들 때 쓰는 골같은 상태[狀如鞋援], 5주는 머리와 두 팔 두 다리로 갈라지는 상태[分頭臂], 6주는 관절의 모습이 나타나는 상태, 즉 팔꿈치와 무릎의 모습이 나타나는 상태[相現], 7주는 손바닥과 발바닥이 나타나는 상태[手足掌現]…

인간이 자궁 속을 나올 때까지의 과정을 자세히 설한다.

그래놓고는 이 몸의 덧없음에 대해서 설한다. 피고름의 온상임을 설한다. 썩어 문드러지는 육신에 대해서 설한다. 허망한 육신에 대해서 설한다.

…죄업으로 이룬 몸이라 몹시 두려울 만하여
이것이 바로 원수인데
무식(無識)하고 욕심에 빠진 사람은
어리석게도 항상 보호하느니라…

굳이 이 사실을 거론하는 것은 우리는 여기에서 분명히 생각해 볼 것이 있기 때문이다.

붓다가 몸의 덧없음과 무상함을 그렇게 설했다고 해서 그럼 우리는 이 몸을 더럽고 허망한 것이기에 버려야 할까?

붓다도 그렇게까지 말씀하셨으니 소승들이 생각할 때 육신을 신주 모시듯 할 이유가 없기는 하다. 어리석게 보하고 가꿀 이유가 없을성 싶다.

눈에 눈곱을 그대로 달고 코를 질질 흘리는 아들을 향해 어미가 고함을 친다.

"애이 더러워. 세수라도 좀 해라. 아무리 죽어 썩어빠질 몸이라도….

　대답은 대단히 어려울 것 같으나 의외로 간단하다. 이 몸을 가지고 성불할 수 있다는 육신성불 선에서 보지 않는다고 하더라도 붓다의 언설을 오해하면 안 되는 이유가 여기에 있다. 피고름이 괴고 질질 흐르는 더럽고 허망한 몸뚱이이므로 더 깨끗이 하고 살라는 말인 것이다. 더럽고 허망한 것이기에 그것으로부터 참된 진리가 무엇인지 알아채며 살라는 말인 것이다.

　그런데 그게 쉽지 않다. 왜 쉽지 않으냐면 탐진치 삼독에 빠져 있기 때문이다. 이해의 차원에만 머무니 우리는 붓다의 말을 쉽게 이해해 버리는 우를 범하고 산다. 붓다가 어떤 경지에서 설했는지 이해가 되면 그것으로 다 이해되었다고 생각해 버린다. 그리고는 옳고 그름의 편파의 바닷속으로 들어가 버린다. 그래서 오류가 생긴다.

　보살은 그렇지 않다. 이 현상에 대해서 두루 관찰한다. 다시 생각한다. 면밀히 참뜻을 잘 살펴나간다.

　붓다가 몸의 덧없음을 강조하는 것은 몸의 무상함만을 논하고 있는 것이 아니라는 것을 이로써 알 수 있다. 그렇지 않다는 데 이 문제의 골자가 있다. 그렇게 무상한 것이므로 버려야 할 것이라는 말이 아니다. 그렇게 무상하고 허망한 그릇이니 잘 간수하고 닦으라 그 말이다.

　그런데도 소승은 말뜻을 이해하지 못한다. 아니 이해가 된다 하더라도 실천하지 못한다. 늘 허망해하고 몸을 없신여긴다. 소중히 다루지 못하다가 병들어 죽어갈 때가 되서야 황소울음을 운다. 누구의 잘못인가.

그렇다. 붓다의 말대로라면 버리라는 말이 된다. 버리면 어떻게 되는가. 존재 자체가 사라진다. 한 마디로 해탈의 그릇이 깨어져 버린다. 붓다는 5년 고행 끝에 고행의 무상함을 깨닫고 육신을 추스르고 대오견성한 사람이다. 그런 그가 이 육신이 원수라고 하고 있다면 이것은 정신 우위론자들이 꾸며낸 간극임이 분명하다.

그날 밤 붓다는 대중에게 이렇게 일렀다.

"내 가르침을 곡해하지 말라. 여자나 남자나 이성을 우주로 보지 못하니 적(的)이 되는 것이다. 성적 대상이 된다. 하지만 대승은 우주가 됨으로써 반야바라밀다를 꿈꾸기에 우주와의 정사를 통해 사랑이 무엇인가를 알려고 하는 것이다."

대중은 붓다의 말을 이해하지 못해 눈만 껌벅거렸다.

'지금 무슨 소리를 하고 계신 것이야?' 하나 같이 그런 표정이었다.

라훌라는 그런 그들을 보며 눈을 감았다. 어리석은 중생은 붓다가 누누이 이 몸의 덧없음을 설하니까 그저 덧없는 줄로만 안다. 청정이 무엇인지도 모르면서 이성을 멀리하라고만 하니 멀리할 것인 줄로만 안다. 그게 청정이라고 안다.

다시 붓다의 음성이 이어졌다.

"여래의 가르침을 오해하지 말라. 타인은 곧 본질로 들어가는 문이라는 걸 이해하지 못한다면 영원히 미물로 남으리라. 타인과 네가 하나가 될 때, 화해로운 동일성이 바로 내 안에서 이루어질 때, 적(的)은 떠나고 성(聖)만 남는 것이니라."

그때 앞에 섰던 비구가 물었다.

"붓다시여. 우리는 인간이옵니다. 그렇다면 그리로 가는 길이 어떤 길이겠습니까?"

"부정하고 부정하여 대긍정에 이르렀을 때, 그때 그 경지가 오는 것이니라. 청정을 지키고 승으로서의 자세를 다했을 때 그런 경지가 오는 것이니라. 먼저 너를 인정하라. 그러면 적이 없어질 것이며 성인의 길에 들어서리라."

"붓다께서는 가르치지 않으셨습니까. 우리에겐 너는 없다고. 우리에게는 비정만이 있다고. 비정 속에서 오로지 견성을 찾으려 할 뿐이라고."

"긍정을 위한 부정의 가르침이었느니라. 너희들이 그 본뜻을 모르고 있을 뿐이다. 내가 아무리 대승을 말해도 근기가 미천하다면 아무리 그 말이 보석 같아도 쓰레기가 될 것이니라. 생각해 보아라. 쉽게 생각하라. 부정보다는 긍정이 낫지 않은가. 부정하지 말고 긍정한다면 오히려 그 길은 더 빠를 수도 있지 않은가 그렇게 말이다."

"붓다시여. 여자 보기를 독사 보듯이 하라던 분이 누구십니까?"

"내 말뜻을 이해하지 못하니 안타깝구나. 아직도 멀었다. 대승의 법을 펴도 소승으로만 받아들이려고 하니 말이다. 내가 열반한 후 많은 성인들이 나타나 그 법을 널리 펴리라. 그것이 금강승의 경지일 것이니라. 진실로 말하노니 부정하지 말라. 너희들이 깨달아 성인의 반열에 오를 수만 있다면 그까짓 여자의 자궁 속이 문제이겠느냐. 사랑이다. 사랑법을 배워야 한다. 지금 자신의 육체는 원수의 대상이나 언젠가 육체를 진실하게 사랑하게 될 때 사랑의 법이 너희들을 오도케 하리라."

소승심을 전환시켜 대승으로 건너오라는 붓다의 간곡한 외침이다.

라훌라는 비로소 그 말은 바로 자기를 확인하기 위해서는 자기를 일으켜 세워야 한다는 말이었구나 하고 생각했다.

아하, 그동안의 가르침이 결코 여자를 안으라는 말이 아니었구나.

그랬다. 그때 붓다는 그것을 가르치고 있었다. 그래야만 반야바라밀다궁으로 들어갈 수가 있다는 것을. 그래야만 이 우주와의 정사를 통해 사랑이 무엇인가를 알 수가 있고 또 지독한 자비로 무지한 중생들을 구할 수 있다는 것을. 그것이 우리 마음의 진실한 모습이요 풍경이었다. 그렇기에 육체와 정신이 자기 속에서 하나가 되어가는 과정, 남녀의 명합에서 오는 신비한 광경, 붓다는 그 과정을 얘기하고 있었다.

그 옛날 고행을 버렸을 때 그리하여 깨침을 얻었을 때 모든 것은 이루어졌다. 사랑하는 아내 야쇼다라를 안고 비밀처를 향해 보리심을 일으키고 있었다. 근기가 약하고 어리석은 사람들은 자신의 몸짓이 부정하다며 비웃고 있었겠지만 아니었다. 그들은 독각자들이었다. 여자를 멀리하는 부정론자들이었다. 말을 알아듣는 근기가 좋은 이들은 부정과 부정을 거쳐 대긍정에 이름을 안다. 그렇지 않고서야 어떻게 정적의 뿌리 끝마저 번갯불에 부서지고 천지가 터져 나가는 사자후를 터트릴 수 있겠는가. 그들은 성을 부정한다는 것은 자기를 죽이는 작업일 뿐이라고 생각하고 있었다.

진정한 구도자라면, 그리고 대장부라면 모든 걸 떨치고 자기 속에 미개발로 남아 사랑을 호소하고 있는 내부여신을 사랑해야 한다. 그게 바로 대승의 법이었다. 성 속에 있으면서도 성에 물들지 않는 작업, 그것이 대승의 법이었다. 금강승의 법이었다.

《금강봉누각 일체유가유지경 제이, 일체여래금강최승왕의리견고염

애왕심품(金剛峰樓閣 一切瑜伽瑜祇經 第二, 一切如來金剛最勝王義利堅固染愛王心品)》에 보면 이런 게송이 보인다.

　그때 붓다께서 마음장삼매에 들어가셨더라
　깊디깊은 골짜기에 정적은 가득하고
　가득한 정적 속으로 일어나는 한 줄기 불꽃
　뒤이어 무슨 소리인가. 저 분노의 소리, 사자의 포효, 우레소리,
하늘은 온통 번개 침과 북소리로 가득하다.
　가득한 정적 속으로 무엄한 뿌리근이 계곡 속으로 사납게 들어간
다.
　이 광경 보고 있던 금강수 금강지 보살이 찬탄하기를…
　오호, 내 아직 저런 광경 본 적이 없도다.
　우레와 북소리, 사자의 포효 골짜기에 가득하니
　어이한 진리의 말씀인가.
　원하옵건대 여래이시여 우리를 제도하소서.

　爾時世尊 復入馬陰藏三摩地 一切如來 幽隱玄深 寂靜熾燃光明
勇猛忿怒威峻 獅子吼音 震動電擊 天鼓自鳴 香象王聲 大金剛聲 大
商去聲 作如是等 時金剛持等菩薩 見如是相已 齊聲讚曰 諸佛甚奇
特 金剛振吼音 欲設何法敎 願如來數演

　여기에서의 마음장은 붓다가 가지고 있는 32가지의 특성 중 하나
를 이르는 말이다. 붓다의 생식기는 숫말의 음경처럼 숨겨져 있어 다
른 이가 볼 수 없다. 음경이라고 하니까 대단히 불경스러워 보이지만

그것이 우주의 지렛대요 기둥이다. 대승불교로 오면서 비밀주의 대상이 바뀌었다 할지라도 대승의 입장에서 보면 무엇 하나 바뀔 것이 없다. 말은 본시 성이 나지 않을 때는 장 속에 성기를 감추고 사는 동물이다. 성욕을 느꼈을 때만 그 거대한 모습을 밖으로 드러낸다. 느낌을 통해 자기를 깨달으려 할 때만 밖으로 그 모습을 나타낸다.

붓다도 마찬가지다. 붓다 역시 자신이 본래면목을 보기 위해서는 자기를 일으켜 세워야 최상의 언덕으로 들어갈 수 있다. 그래야만 이 우주와의 정사를 통해 사랑이 무엇인가를 지독한 자비로 무지한 중생들에게 보일 수 있다.

환언하면 사랑하는 아내, 그 비밀처를 향해 보리심을 일으키는 부처의 몸짓이 바로 붓다의 경지다 그런 말이다.

대단히 불경스럽게 느껴지지만 불교가 초기 불교를 거쳐 부파불교로 이어지고 대승불교에서 봉오리를 맺어 밀교에 이르러 꽃봉오리를 열었다는 주장이 설득력 있게 다가오는 대목이기도 하다.

이 기록대로라면 그동안 우리는 무언가 많이 오해하고 곡해하고 있었음이 분명하다. 붓다가 소승적 가르침과 대승적 가르침을 분리한 것은 바로 이로 인해서다. 그렇다. 이 경지는 결코 소승의 경지는 아니다. 육체가 더럽고 허망하다고 하니까 그런 줄만 알고 죽어라고 수행하는 것이 소승의 경지다. 이 경지는 대승의 경지를 이해한다고 해서 성취되는 경지가 아니다. 그것은 허망한 앎이다. 앎이 아닌 체험, 체험 없이는 성취할 수 없는 경지, 바로 선의 체험이다. 오로지 본래면목을 향한 선을 통해 우주를 진정으로 안고 돌 때 대승의 경지가 완성된다. 그 경지를 얻을 수만 있다면 여자인들 무섭겠는가. 싯다르타는 그 경지를 몰랐기에 여인을 안고 몸부림이나 치다가 출가해 진정으로 우주를 안는 법을 배웠다.

여자를 안아도 그들에게서 우주를 보지 못했다는 사실. 사랑하는 여인에게서 비밀처를 향해 보리심을 일으키지 못했다는 사실.

소승은 그것을 모르기에 대승의 법을 들먹이면 이해를 못하고 그대로 받아들이고 만다. 그러므로 대승은 부정(否定)을 통해 긍정(肯定)을 가르친다.

소승은 부정을 통해 긍정으로 넘어가지를 못한다. 붓다가 육체는 더럽고 허망하다고 하니까 그렇다고 생각한다.

○

개와 전의 합일

1

맛지마 니까야 《몸에 대한 새김의 경 Kāyagatāsatisutta(M119)》에 보면 몸에 대한 가르침이 상세하다. 붓다는 누구든지 깨닫기 위해 마음을 기울이면 몸에 대해 깨달을 수 있다고 말하고 있다. 그때마다 각각의 감각 영역 안에서 깨달음을 증험할 수 있는 능력을 얻을 수 있다고 말하고 있다. 그는 이 몸의 희열에 대해서, 신체적으로 행복을 느끼는 상태에 대해서 상세히 설명한다. 누구든지 몸에 대한 새김을 닦지 않고 익히지 않으면 안 된다고 충고한다. 닦지 않는다면 그때 악마가 기회를 얻는다고 충고한다. 악마가 대상을 얻는다는 것이다.

이제 우리는 그날의 아비와 아들의 수업으로 돌아가 보아야 한다. 붓다가 아들에게 줄 것이 무엇이겠는가. 그를 출가시킬 때의 바람은 단 하나, 다시는 세상에 태어나지 않기를, 그리하여 윤회의 세계에서 방황하지 않기를….

그 사실을 상윳다 니까야에서 붓다는 라훌라에게 이렇게 말하고 있다.

"mā lokaṃ punar āgami(다시는 세상에 태어나지 말아라)(Sn.59 {339})". 주석서에도 밝히고 있지만 아들이 윤회의 소용돌이에 빠지지 않기를 강조하고 있다.

앞서 말했듯이 이 과정의 기술 또한 어느 한 경에 제한하지 않고 전체를 조망한 재구임을 부언해 둔다. 소승적 판단으로 오해하지 말라는 의미에서다.

수행을 계속하던 어느 날 붓다는 아들에게 다음과 같이 일렀다.

"이제 감각접촉의 본래면목을 알 것 같다고 했느냐? 그렇다. 감각접촉으로부터 자유스러워지려면 언제나 선정 속에 있어야 한다. 먼저 상대를 찾았다는 생각을 지워 버려야 한다. 찾은 나도 잊어버려야 한다. 그 모두를 잊어버려야 한다. 그것은 선을 통해 참자아[眞我]를 보았으나 그것마저도 떨쳐 버리는 이치와 같다. 이제 그것을 알았다면 근본 자리가 바로 반야바라밀다궁임을 알았을 것이다. 그 속에는 좋고 나쁨이 있을 수 없다. 오직 법열만이 불타고 있다. 그때 너는 비로소 알게 되리라. 그곳이 곧 세계의 참모습이요, 너의 참모습이라는 것을…. 라훌라야, 너는 모름지기 이 법을 계속해서 닦아야 한다. 이 법을 완전히 깨친다면 너는 아비처럼 남의 아비가 되어 윤회의 세계에서 헤매지 않을 것이다."

아들인 라훌라는 깊이 고개를 숙였다. 아버지로서의 붓다의 마음을 깊이 이해할 수 있었기 때문이었다.

다시 보는 세상은 아름다웠다. 무엇을 했던가, 그동안. 이성이 수도를 망치는 존재라고 생각했었다. 그렇기에 이성만 보면 쩔쩔매었다. 그러니 부정해야만 진실로 대긍정에 다가갈 수 있다는 붓다의 저의를 알 리 없었다. 성 속에 있으면서도 성에 물들지 않는 대승의 경지를 알 수 없었다. 아버지가 아무리 대승을 말해도 근기가 미천하다 보니 보석같은 말이 보석이 될 리 없었다. 긍정을 위한 부정의 가르침을 모르니 스스로 생각해도 참으로 통탄할 일이었다

붓다는 잠시 숨을 가다듬은 다음 말을 이었다.

"마음은 본래 청정하여 깨끗한 거울과 같음을 깨쳤다면 거울이 제 기능을 잃고 어떤 물상도 바로 비치지 못함의 이치를 알게 되리라. 그것은 바로 망상이라는 때, 탐진치 삼독(三毒)의 때, 5욕의 때, 미망의 때, 그런 때가 거울을 흐려 놓아서다. 고로 내 마음의 거울을 닦고 닦아 본래의 청정으로 돌아가면 모든 시비는 사라지고 본래의 면목을 볼 수 있게 되리라. 무엇에 사로잡히지 말고 청정하게 비우도록 힘써라!"

라훌라는 고개를 주억거렸다. 본래본법성(本來本法性), 천연자성신(天然自性身)이란 말이었다. 탐진치에 둘러싸인 청정무구(淸淨無垢)한 본각(本覺)을 자각하여 선(禪)을 통해 열심히 닦아 미(迷)에서 벗어나 시각(始覺)하라는 말이었다.

그렇기에 라훌라는 붓다와 조금도 다름없는 무상도(無相道)를 실현하기 위해 결가부좌를 계속해서 틀었다.

아비는 그런 아들에게 부정의 상념을 닦는 법을 가르쳤다. 무상의 상념을 닦는 법을 가르쳤다.

"무상의 상념을 닦으면 탐욕이 없어지고 야만심이 없어진다. 그때 비로소 반야바라밀다궁에서 대략을 탄금할 수가 있으리라. 어떠한 뇌우와 풍우가 쳐도 끄떡하지 않는 금강승이 될 것이니라. 그렇다. 진정 이 세상에서 눈빛 좋은 사내로 살아 있으려면 머릿속에 꽉 차 있는 고착된 개념의 덩어리를 부수어 내고 부정으로부터가 아니라 긍정으로부터 너의 인식을 출발시켜야 한다."

2

아들은 그런 아비의 가르침 속에서 점차 깨쳐가고 있었다. 그는 붓다가 시키는 대로 마음을 진정시켜 숨을 들이쉬고 숨을 내쉬었다. 무상을 관하고 해탈을 관하고서 숨을 들이쉬고 숨을 내쉬도록 훈련했다. 이같이 들고 나는 숨을 염하고 되풀이하여 행하면 육신성불할 수 있다고 아비는 가르치고 있었다. 마지막의 호흡은 무의식 속이 아닌 의식 속에 사라져 없어지는 것이라고 그 아비는 가르치고 있었다. 이것이 곧 염식을 닦는 법이었다.

붓다는 계속해서 오온(五蘊)의 무상(無常)의 무상에 대해서 가르쳤다. 지금까지 해온 가르침을 강조해 주기도 하였다. 고(苦)와 무아를 가르쳤다. 육내입처(六內入處)로부터 시작하여 삶의 전반을 가르쳤다. 육내입처(六內入處), 육외입처(六外入處), 육식(六識), 육촉(六觸), 육수(六受), 육상(六想), 육사(六思), 육애(六愛), 육계(六界), 오온(五蘊) 그렇게 순서대로 가르쳤다.

그가 오온 대신 육입을 활용한 것은 라훌라의 특성 때문이었다. 이때의 가르침이 상윳따니까야《라훌라상윳따 rāhulasaṃyuttaṃ(SN18-)》

• 붓다 평전

에 전해지고 있어 그의 가르침이 어떠했는지 알 수 있다. 라훌라 상 웃따에는 라훌라와 관계된 22개의 경들이 제1장 〈첫 번째 품〉과 제 2장 〈두 번째 품〉의 두 개 품으로 나누어져 있고 〈첫 번째 품〉에는 10개의 경들이, 〈두 번째 품〉에는 12개의 경들이 담겨 있다.

3

붓다가 아들을 가르치는 사이 새벽이면 자주 안개가 끼었다. 붓다 는 사원을 빠져나가 인근 동산을 오르곤 하였다. 놀란 이슬들이 서 늘하게 몸에 감겨 오면 갈잎이 지지한 풀숲에 앉아 우주를 지키는 현상을 바라보곤 하였다. 그것을 지켜보는 머릿속으로 만남과 사랑 이란 말이 스쳐 가곤 하였다.

돌아오면 아들은 그대로 선정에 들어 있었다. 붓다는 지금까지의 가르침을 다음과 같은 말로 분질러 주었다.

"그래. 라훌라야. 부지런히 닦아라. 너와 나의 만남이란 무엇이겠 느냐. 그리고 진정한 사랑이란 무엇이겠느냐. 먼저 그것을 알아야 한 다. 바로 푸렘(Prem)이다. 사랑이다. 사랑이 존재의 정수요 그 핵심이 다. 모든 것은 나로 인하여 시작되는 것이며 너를 만남으로써 인연 지어지는 것이다. 그렇다면 종교란 사랑 이외의 그 무엇도 아니다. 진 정한 만남이 내가 너에게 가르치는 밀법의 정수이다. 오늘 우리의 만 남은 어떠한가. 그것을 깊이 생각해 보아야 한다. 성(性)은 성이 아니 라 적(的)이 되어 버린 지 오래고, 시기하고 저주하고 속이고 있질 않 느냐. 그것이 결국 가슴 없는 사랑 때문이라면 지금의 내가 나에게 확인해야 될 것이 무엇이겠느냐. 그래서 인간이라면 먼저 사랑하는 법을 배워와야 한다. 지금 네가 보고 있는 저 야산의 풀 한 포기, 사원의 추녀 끝에서 떨어지는 낙수 한 방울, 저자거리를 떠도는 외로운 이의 눈물까지도 이 사랑의 세계로 끌어와야 한다. 그것이 우주를 만나는 밀법의 사랑법이요, 존재의 정수 그 자체다. 그것이 곧 부정(否定)의 세계, 그 정수를 모아 긍정의 세계로 넘어가는 지름길이요, 그때 진정한 나의 모습을 볼 수 있을 것이다. 성이 없는 세계로 들어가 성의 육신을 버릴 수 있을 때, 그제야 비로소 너와 나라는 에고도 사라진다. 비로소 백정식(白淨識) 세계 속으로 들어갈 수 있을 터이니. 홀로 있어도 홀로 있음이 아니요, 둘이 있어도 둘이 있음이 아닌 세계가 바로 적(的)이 없는 세계요, 거기에서 사랑은 명상으로 전환되어 일어난다."

라훌라에게 그렇게 가르치노라면 안개는 걷히고 햇살이 축복처럼 내리비쳤다.

햇살 속에서 아들 라훌라는 이상스러운 환희를 가슴 가득 느끼곤 하였다.

붓다가 아들에게 그렇게 가르치는 사이 여전히 장로들은 의혹을 자아내고는 하였다. 붓다는 아랑곳하지 않았다. 그는 조용히 이렇게 말했을 뿐이었다.

"정신으로 깨치는 이도 있고 육신으로 깨치는 이도 있다. 나의 뜻인 명상 세계로 깨치는 이도 있고 나의 가르침인 말로 깨달아 깨치는 이도 있다. 귀결지는 매한가지다. 너희들은 마하카사파를 따라가거라. 그 길이 빠를 것이니라. 하지만 라훌라는 이 몸, 이 육신으로 깨치기가 빠를 것이므로 그런 것이니라."

"무엇 때문입니까?"

그들이 밀의의 근본을 모르고 보면 아비로서의 애끓는 정 또한 이해할 수 없었다.

그런 장로들에게 붓다는 라홀라가 태어날 때의 과정을 설해 주었다.

"너희들은 자연스럽게 남녀가 교합하여 태어난 생명들이지만 라홀라는 다르다. 그에게는 천성적으로 태어날 수밖에 없었는가에 대한 의문이 내재해 있다. 그의 이름을 보라. 장애라는 뜻이다. 내 앞길을 막을 것이란 뜻이다. 그는 평생 그 이름으로 살아왔고 살아갈 것이다. 그는 태어남에 대하여 생각해 왔고 왜 태어난 생명이 장애인가를 생각해 왔기에 이곳에 와서도 밀행 제일의 제자가 되었던 것이다."

피가 터지는 붓다의 말에 장로들은 입을 다물었다. 하지만 사실은 그게 아니었다. 신성인간 경지에도 오르지 못한 제자들을 어떻게 가르칠 것인가.

큰 그릇의 음식을 작은 그릇에 쏟아부을 수는 없다. 정신만을 강조하는 그들에게 신성의 경지를 가르칠 수 없다. 그것은 말도 알아듣지 못하는 핏덩이에게 어려운 말과 글을 들이미는 것이나 다름없었다.

다행스럽게도 그나마 아들은 그들보다 나았다. 대승의 경지는 이해하고 있다는 사실, 그게 고마웠다. 그에게서 아비로서의 희망을 볼 수 있었으니. 아비로서의 육신의 정, 다시는 윤회해서는 안 된다는 특별한 가르침이라도 펼 수 있었으니. 그게 고마웠다. 어차피 심으로 가나 육으로 가나 가기만 한다면 그 종착지는 하나였다.

"라홀라야 자세히 들어라. 내가 죽고 난 후 수백 년이 흐른 후에 지금 너에게 전한 법이 세상을 덮게 될 것이다. 그때 수많은 여래가 나와 《깨달음의 마음을 원인으로 하고 대비의 마음을 근본으로 하고 방편을 구경으로 한다》고 말하리라. 그럼 심법하는 이들이 불법에 타락한 폐종이 묘하게 나의 말을 흉내 내고 있다고 할 것이다…
그렇지 않다. 그들이 바로 나이기 때문이다. 그래도 못난 이들은 타
락한 자의 말이라고 해서 붓다의 말씀이 아니라고 하리라."

그렇게 말하고 붓다는 고개를 내저었다.

"여래의 직언만이 진리다. 내가 설한 법만이 진리다. 내 말을 올바
로 깨친 자의 말이 진리이다. 불교의 핵심이고 중심축이다. 여래(나)
의 직언이 아니라고 불설이 아니라고 한다면 그것이 잘못이다. 밀법
이 불멸 후 번성했으니 나의 법이 아니라고 한다면 그럼 나의 말이
거짓말이겠느냐. 누군가 후대에 거짓으로 꾸민 것이겠느냐? 나의 직
언이 아니라고 해서 불설이 아니라고 하는 것은 위험한 것이다. 물어
보자. 깨침이 무엇이겠느냐. 바로 붓다의 경지다. 과거·현재·미래가
한 선상에 있는 여여(如如)한 경지, 그 여여함으로 붓다는 존재해왔고
존재하고 있다. 그러므로 너 자신이 붓다임을 알아야 한다. 이 말은
누구에게나 붓다가 될 불성이 존재한다는 말이지 불성이 열렸다는
말이 아니다. 나는 불성이 열린 이에게만 찾아갈 것이다. 그것이 내
가 오신통을 닫고 지혜의 누진통은 열어 놓은 이유이다. 나는 과거
이며 현재이며 미래이다. 진실로 진리를 옳게 말하는 자, 그가 바로
나의 미래이며 바로 나이다."

라훌라는 가슴을 안았다. 언제나 중생 곁에 있을 것이라는 아버지
의 말이 가슴에 불을 놓은 것 같았다.

어느 날 한 장로가 밀의에 대해서 물었지만 붓다는 아무 대답도
하지 않았다. 근기가 약한데 설명한다고 이해될 성질의 법이 아니었
다. 설명한다고 해서 이해될 시기도 아니었다. 이 문제는 라훌라로부
터 전해져 나중 밀법의 시대가 왔을 때 이해될 비의라는 걸 그는 알

• 붓다 평전

고 있었다. 시기가 오면 그 시기에 이해되고 전해질 법이었다. 그러므로 이 법은 독생자를 통해 퍼져나갈 것이고, 마음과 감정에 의하여 견성하는 선법은 마하카사파로부터 전해질 것이었다.

붓다는 라홀라에게 마지막으로 일렀다.

"생각이 없는 곳에 진리가 있고 거기에 마음도 없다. 그것은 최후의 경지, 충만의 극이다. 정상에 올라서 샛별같이 빛나거라. 생각 없는 곳에 마음 없으니 순수하고 완전한 만남만이 남아 있다. 선악도 이것을 더럽힐 수 없다. 연꽃은 진흙 속에서 피었지만 진흙은 그 연꽃을 더럽힐 수 없다. 이제는 자유로워야 하리라. 모든 차별이 사라져야, 모든 속박이 사라져야 어둠 속에서 개명의 꽃이 피리라. 사념을 건너 만남이 만든 업을 벗어나 이제 자유의 집으로 왔으니 현상과 본질은 하나가 되었느니라. 그것은 시작도 끝도 없는 것, 오로지 그것은 무형의 에너지일 뿐이다. 그 흐름의 법칙에 동화하여라. 그 흐름의 법칙을 응시하여라. 분별은 이제 존재할 수 없으리라. 내가 보던 모든 것들은 모두 이 진공 속에서 비롯되었고 내가 느끼던 모든 것들은 모두 이 진공 속에서 각기 다른 것처럼 보일 뿐이다. 지식은 무용한 것이다. 진공의 지혜는 불빛이 어둠을 풀어내듯 마음 속 어둠을 지워 버리니 이제는 긍정할 것도 부정할 것도 없다. 집착할 것도 없다. 이것은 결코 말을 세울 수 없는 것이다. 오로지 반야로만 남는 것일 뿐, 변하지 않는 만남의 깊이를 경험한 자, 감각의 깊이를 경험한 자, 그런 자라면 비록 저자거리에 있으나 언제나 깨침은 너의 것이리니 기쁨의 꽃봉오리가 활짝 열리리라. 그곳에 영광의 잎들도 자란다. 결코 흔들리지 말고 그 자체로서 충만하라. 더한 축복은 없으리라. 진리의 문턱에 앉아 그 긴 방황을 되돌아 내가 누구에게 속박될 수 있는지 그것을 증명하여라. 이 법은 결코 변질될 수 없다. 그 누구도 거부할 수 없다. 조심할지어다. 이 법을 바로 받아들일 수 없는 자에겐 오히려 독이 되리니 그 독을 제거하는 자 오로지 신성을 건너는 자이니 그가 곧 반야바라밀다에 오른 자이다."

라훌라는 수행을 한시도 게을리하지 않았다.

어느 날 붓다는 아난다에게 대중을 부르라 이르고, 대중이 모이자 쇠망이 오지 않는 여섯 가지 가르침과 일곱 가지 가르침에 대해 설했다.

그 일곱 가지를 기록해 보면 이렇다. 바른 사념(思念)이라고 하는 깨침의 지분[念覺支], 참·거짓의 판별이라고 하는 깨침의 지분[擇法覺支], 기쁨이라고 하는 깨침의 지분[喜覺支], 마음의 평정이라고 하는 깨침의 지분[輕安覺支], 정신통일이라고 하는 깨침의 지분[安覺支]. 그것을 닦는 동안에는, 번영이 기대될 뿐 쇠망은 없다고 하는 가르침이었다.

붓다는 또 이렇게 가르쳤다.

"나는 지금까지 너에게 몸[身]의 여실한 관견(觀見)을 가르쳤다. 현에서 심의 관견법을 가르쳤고 밀에서 신의 관견법을 가르쳤다. 바로 심신일여를 가르쳤다. 심의 관견, 신의 관견이 함께 이루어지지 않는다면 깨침은 없다. 함께 이루어져야 한다. 신심이 지극히 조화로울 때 견성의 꽃이 피어나리라. 그 세계가 즉신성불(卽身成佛)이요, 즉심성불(卽心成佛)이다. 그 세계로 가려면 무상하다는 생각[無常想]을 닦으라. 모든 것은 무아라는 생각[無我想]을 닦으라. 모든 것은 부정하다는 생각[不淨想]을 닦으라. 모든 것은 괴롭고 근심스러운 것이라는 생각[苦廂]을 닦으라. 모든 것은 버리고 떠나야만 할 것이라는 생각[捨

離想]을 닦으라. 모든 탐욕은 떠나야만 할 것이라는 생각[離情想]을 닦으라. 모든 것은 멸해간다는 생각[滅想]을 닦으라. 그러면 그 동안에는, 번영이 기대될 뿐 쇠망은 없을 것이니라."

그렇게 가르침을 펴고 붓다는 생의 마지막 여로에 올랐다.

붓다가 떠난 후에도 라훌라는 정진하고 또 정진하였다. 어느 한순간 전신이 하나로 뭉쳐지는 열락의 세계가 왔다. 그 순간 안개같던 세상이 명료하게 밝아왔다.

무명(無明)에 의하여 행(行)은 일어나는 것이었다. 행에 의하여 식(識)은 일어나는 것이었고 식에 의하여 명색(名色)이 있는 것이었다. 명색에 의하여 육처(六處)가 있고 육에 의하여 촉(觸)이 있는 것이었다. 촉에 의하여 수(受)가 있었고, 수에 의해 애(愛)가 있었으며, 애에 의해 취(取)가 있고, 취에 의해 유(有)가 있는 것이었다. 그리하여 유에 의해 생(生)은 있었다. 그 생에 의해 노사(老死), 근심, 슬픔, 고뇌, 번민이 생겨나고 이 모든 것은 고(苦)의 덩어리였다. 그러므로 무명이 남김없이 멸(滅)하면 식이 없어지고 식이 멸하면 명색이 없어지고 명색이 없어지면 육처가 없어졌다. 육처가 멸하면 촉이 없어지고 촉이 멸하면 수가 없어졌다. 수가 멸하면 애가 없어지고 애가 멸하면 취가 없어졌다. 취가 멸하면 유가 없어지고 유가 멸하면 생이 없어졌다. 그 생이 멸하면 노사, 근심, 슬픔, 고뇌, 번민이 없어졌다. 이 전체의 고의 덩어리는 그리하여 멸하는 것이었다.

원래 모든 것은 평등하였다. 불변의 성(性)도 없고 특별한 상(相)도 없었다. 있는 그대로 본래 번뇌에 물들지 않는 청정한 것이므로 평등하였다.

라훌라는 서두르지 않고 보리심을 반야바라밀다궁으로 끌어올렸다. 보리심이 둥글게 휘어 돌기 시작하자 서서히 쟁투심(諍鬪心), 수면심(睡眠心), 조희심(調戱心), 의심(疑心)과 회심(悔心)이 없어졌다. 고요가 찾아들자 현상 차별에 의한 개개의 분별이 사라지고 전신적(全身的)인 편안함이 물결쳐 들어왔다. 현상과 실재가 몸 안에서 하나로 물결쳤다. 방편(方便)과 반야(般若)가 하나가 되어 공비무이의 바다가 되었다. 육체는 참다운 지혜를 스스로 가지고 있다는 사실을 그는 비로소 깨달았다. 억압이 없어진 육체는 스스로 진공상태 속에서 바람이 되어 흘렀다. 무엇에도 구애됨이 없는 흐름이었다. 일다원융(一多圓融)의 세계, 그 세계가 의식 속에서 꽃처럼 활짝 봉오리를 열었다.

비로소 오도송이 그의 입에서 흘러나왔다.

나 라훌라는
붓다의 아들로서
영광스럽게도
법안을 성취하였다.

번뇌가 소멸하였기에
다시는 태어나지 않으리라.
애욕을 벗어나 갈애의 뿌리를 제거하여
고요한 열반을 얻었다.

제7부

저기가
피안이다

○

즐거운 윤회

1

《테라가타(長老偈)》에 보면 라훌라의 오도송이 기록되어 있고 《법화경》에는 붓다가 라훌라에게 밀의를 전하고 이렇게 수기했다고 기록하고 있다.

"네가 증득하면 법회 회상에 태어나 도칠보화여래(蹈七寶華如來)가 되리라."

붓다는 라훌라에게만 그랬던 것이 아니라 일찍이 제자들에게 앞으로 성문을 벗어나 증득하면 여래가 되리라는 수기를 준 적이 있었다. 《법화경》 여러 곳에 그 기록이 보이는데 순서대로 따라가 보면 이렇다.

《법화경》의 〈비유품 제3〉에서 사리푸트라에게는 화광(華光) 여래가 될 것이라 수기하고 있다. 같은 경 〈수기품 제6〉에서 마하카사파에게는 광명(光明) 여래가 될 것이라 수기한다. 같은 경 같은 품에서 수부티에게는 명상(名相) 여래가 될 것이라 수기한다. 마하갓차나에게는 염부나제금광(閻浮那提金光) 여래가 될 것이라고 수기한다. 같은 경 같은 품에서 목갈라나에게는 다마라발전단향(多摩羅跋栴檀香) 여래가 될 것이라 수기하며, 〈오백제자수기품 제8〉에서는 푸루나에게 법명(法明) 여래가 될 것이라고 수기한다. 같은 품에서 아나룻다에게는 보명(普明) 여래가 될 것이라고 수기하고, 〈수학무학인기품 제9〉에서는 아난다에게 산해혜자재통왕(山海慧自在通王) 여래가 될 것이라고 수기한다. 《법화경》의 〈수학무학인기품 제9〉에 이르러 라훌라에게 도칠보화(蹈七寶華) 여래가 될 것이라고 수기하는데 도칠보화는 붓다가 탄생하면서 일곱 걸음을 걸었다는 것과 상통하는 뜻이라 그 의미가 깊다.

라훌라는 그 자리에 엎드려 합장하며 눈물을 흘렸다.

"나의 여래, 나의 아버지시여. 감사하나이다."

붓다의 나이 어느 사이에 79세.

그 사이에 그토록 아끼던 제자 사리푸트라와 목갈라나가 세상을 버렸다. 사리푸트라는 스승 앞에서 먼저 갈 수 없다 하여 고향으로 가 그 명을 다했고, 목갈라나는 동굴에서 수행하다가 외도의 시험에 빠져 암살당했다.

목갈라나를 다비하는 자리에서 붓다는 이상한 말을 중얼거렸다.

"즐겁게 다시 와 이 세상을 구하시게."

대중들이 서로의 얼굴을 쳐다보았다.

"무슨 소리야? 다시 오라니?"

"붓다가 되어 세상을 다시 구하러 오시라는 말이겠지."

대중들은 그때 모르고 있었다. 붓다가 그렇게 윤회를 설했어도 윤회의 참뜻을.

2

어떤 이가 필자에게 이렇게 물었다.

"목갈라나에게는 다마라발전단향여래가 될 것이라고 했다는데 그 여래가 사는 곳이 이곳이오?"

"여래가 어디인들 없겠습니까?"

필자의 대답에 그가 고개를 갸웃했다.

"그가 여기 온다고 해도 중생을 구하라는 말 같은데 그럼 뭐하오?"

"예?"

"부처님이 와도 우리가 이 모양 이 꼴인데…. 결론적으로 윤회를 하지 말라면 이 세상 없어져라 그 말 아니오? 그런 부처가 오면 뭐해."

맞는 말이었다. 붓다는 윤회하지 않는 길을 열심히 가르치고 있으니. 윤회하지 않는다면 세상이 끝나는 것은 상식이다.

"오햅니다."

서슴없는 대답에 그가 눈을 동그라니 떴다.

"오해라니? 뭐야? 장난하는 것도 아니고…."

"붓다가 중생들에게 장난할 사람은 아니지요."

"그럼 뭐요?"

"대답은 간단합니다."

"간단하다니?"

"오해가 아니라면 이 세상이 어떻게 되겠습니까?"

"어떻게 돼? 망하는 거지."

"그럼 붓다는 세상이 망하라고 가르침을 폈다는 말밖에 되지 않습니다."

"그러니까 하는 말 아니오."

"그럴리가요. 그렇지 않습니다. 붓다가 윤회를 인정하니까 윤회가 나쁜 것이라고 인식하지만 아닙니다."

"아니라니?"

"붓다는 한 번도 윤회를 부정한 적이 없습니다."

그가 어이없다는 표정을 지으며 멀거니 쳐다보았다.

"아니 입만 열면 그 소린데 아니라니 무슨 소리요?"

"붓다에게는 이 세상이 자아이지요. 하나같이 무아를 보지 못하고 있으니까요. 자아의 품속에서 무아를 외치지만 자아는 견고합니다. 그러므로 자아를 통해 무아를 가르칠 수밖에 없었어요. 중생은 그것을 진실로 받아들입니다. 어떤 분은 그것을 붓다의 한으로 표현하셨는데 큰 뜻은 더 높은 곳에 있다는 말입니다."

"더 높은 곳?"

"뒤바꿔 보라는 말이지요."

"뒤바꿔?"

"그의 가르침을 제대로 살펴보면 윤회를 벗어나자고 줄기차게 주장하고 있기는 하지만 뭔가 이상해서 말입니다."

"그러니까 붓다의 본뜻이 다른 데 있다 그 말인데?"

"중생이 괴로워하니까. 그래서 그 괴로움을 줄여주기 위해 수행하라고 가르침을 펴고 있지 않습니까."

"그 정도는 나도 알고 있소. 그게 뭐가 이상하다는 거요?"

"괴로움에서 벗어나면 어떻게 될까 해서 말입니다."

"응?"

"즐겁게 되지 않겠습니까. 그렇다면 우리가 뭘 잘못 알아듣고 있다는 말이 아닐까요?"

"그러니까 그의 가르침을 뒤집어 보라?"

"맞습니다. 가르침의 핵심이 숨어 있지요. 그렇지 않고는 그의 법은 이 세상의 법이 되지 못했을 겁니다. 분명히 붓다는 생 자체가 '고(苦)'라고 주장하고 있고 그것은 우리가 처절하게 겪고 있는 거 아닙니까. 그래서 붓다는 깨치면 우리의 영혼이 자유로워진다고 했고. 수행했지요. 깨치고 보니 세상 자체가 절대자유인 겁니다. 바로 절대 극락이지요. 그러니 어디를 가겠습니까. 절대 극락, 그거 기가 막히거든요. 그 속에 들어보니 윤회를 천만 번 하면 어떤가 싶거든요. 이 세상이 낙원인데 윤회면 어떻고 적멸이면 어떻겠습니까. 윤회하지 않겠다고 수행한다는 땡초의 말에 속으면 안 됩니다."

"결론은 깨쳐서 살자 그 말이다?"

"맞습니다. 깨쳐서 다시 와 즐겁게 살자 그 말이지요."

그가 고개를 끄덕이며 허허 웃었다. 꼭 자신을 향해 웃는 것 같았다. 비로소 무엇인가를 알 것 같다는 표정이었다.

"흐흠. 그래서 붓다는 침묵했다? 윤회니 지옥이니 하고선 정작 물으면 침묵했다? 그 침묵의 속살을 일찍이 눈치챘어야 했다? 그래서 그 거대한 드라마를 연출하셨다? 없는 악령을 있듯이 설하고 나라를 버리면서 자아의 실상을 보였다?"

잘됐다 싶어 속을 드러냈다.

"어떤 수행자가 이런 말을 하더군요. 붓다의 가르침을 자세히 살펴보면 영혼이 이원적으로 존재하는 것이 아니라 누구나 가지고 태어나는 마음의 본디 고향이라는 겁니다. 생명체의 원죄, 그 죄 속에 자아가 그려 놓은 마음의 무늬가 있다는 겁니다. 무아를 향한 발자국, 그것이 윤회라고 하는데 이해가 됩니까?"

이건 또 무슨 말이야 하는 표정으로 그가 눈을 더 크게 떴다.

"뭐? 그러니까 영혼이나 윤회는 생명체가 본디 가지고 태어나는 것이다? 그럼 처음부터 그렇게 가르치면 되지 왜 속뜻을 숨기고 있었다는 거요?"

"중생이 자아의 덩어리고 보면 그 품속에서 무아를 외쳐봐야 먹힐 리가 없었다는 것이지요. 그러니 그들과 하나가 되어 자아를 통해 무아를 가르칠 수밖에요."

"무섭군. 무아를 보지 못한 원죄라!"

그의 목소리가 떨렸다.

"바로 연기의 이법이라 하더군요. 양자물리학에서 말하는 아무런 힘도 발휘하지 못하는 제로 에너지(zero point energy). 영혼이 따로 있는 것이 아니라 본디 생명체 속에 과거·현재·미래 그 거대한 정보가 저장되어 있다는 것입니다. 그러므로 이것은 귀신도 아니며 혼령도 아니라는 것입니다. 기(氣)도 아니라고 해요. 기 역시 에너지처럼 변화하는 것이니까요. 양자물리학이니 뭐니 과학적 힘을 빌리지 않더라도 칼 융은 집단 무의식으로 이 사실을 이해하였고 누구나 가지고 태어나는 마음이라고 이해했다는 겁니다. 죽어도 죽지 않는 마음의 본디 성질, 이해가 되세요?"

○

열반을 향해

1
—

세월이란 무상한 것이었다. 어떤 누구도 자연의 법칙을 거역할 수는 없는 법이었다.

불전에서는 붓다의 열반 과정을 다루고 있는 경을 《열반경》이라고 한다. 아니 '경류'라고 한다.

열반(涅槃)이란 말은 산스크리트어 니르바나(nirvana)의 음역이다. '타오르는 번뇌의 불을 끄고 깨침의 지혜인 보리를 완성한 경지'를 말한다.

남전과 북전의 경전을 비교해 보면 다소 차이가 있다. 소승열반경은 《마하빠리닙바나 숫따 Mahāparinibbāna Sutta(D16)》이며, 대승불교의 한역 열반경은 《장아함경》에 《유행경》으로 엮어져 있다. 다소 차이가 있는데 그 외 서진(西晉)의 백법조(白法祖)가 한역한 《불반니원경(佛般泥洹經)》이 있고 역자 미상인 《반니원경(般泥洹經)》이 있다. 여러 곳에 나름대로 번역본이 보이는데 주요 경전은 소위 북본이라고 하는 북량 담무참의 《대반열반경(40권(421))》과 남본이라고 하는 《대반열반경(36권)》을 들 수 있다. 이는 남송(南宋) 때 혜관, 혜엄 등이 담무참의 번역을 법현의 것과 대조, 수정한 것으로 후세의 《열반경》에 대한 연구는 대개 이 본을 기초로 한 것이다.

여기서는 《마하빠리닙바나 숫따》와 북본이라고 하는 대반열반경, 남본을 기초로 한 《열반경》을 근거로 기술하려고 한다.

이들 주요 경전들에 대해 조금 더 자세히 들어가 보면 왜 크게 《소승열반경》과 《대승열반경》으로 나누었는지 알 수가 있다. 북본과 남본이 《대반열반경》으로 일어서고 있다는 사실이 예사롭지 않다. 지금까지 우리가 알고 있는 《소승열반경》은 후기 대승교학과는 관계 없이 엮어져 있다. 후기 대승교학과는 관계없이 붓다의 생애와 열반, 법과 율에 의지하여 수행하라는 당부와 함께 붓다가 걸었던 길을 사건 중심으로 다루고 있다. 사리 분배에 이르기까지의 상황이 사실적으로 자세하게 묘사되어 있는데 법과 율에 의지하라는 당부와, 게으르지 말고 자기 자신과 법을 등불로 삼으라는 아난다에 대한 충고가 주요 내용이다

. 반면 《대승열반경》은 철학적이고 종교적 의미가 짙다. 열반의 뜻, 그 특성, 중생에게는 불성이 있다는 교리적인 면을 중시한다. 사건들에 의미를 부여하기보다는 상락아정(常樂我淨)에 더 기울어진 감이 없지 않다. 불신이 상주불멸(常住不滅)한다는 설을 내세우고 있다.

그렇게 두 경전이 차이가 없는 것은 아닌데도 하나로 일어선다는 것은 무엇을 의미하고 있는 것일까?

《대승열반경》과 《소승열반경》이 《대반열반경》이 되어 비로소 일

어선다는 사실. 아무리 생각해도 그 깊이를 가늠할 수 없고 합장하지 않을 수 없다. 공히 무상이 아님을 강조하고 있음에랴. 열반의 경지에 이르러서야 경전 자체의 이름도 하나가 되어 나타난다는 사실. 그저 대승, 소승이 붙여져 구별하고 있을 뿐이라는 사실.

그러므로 이제부터는 소승열반경과 대승열반경을 구별하지 않고 두 경전이 가지는 의미를 함께 아울러 서술해 나가려고 한다. 붓다의 유행, 그리고 발병, 쭌다(Cunda, 純陀)의 공양, 최후의 유훈, 불멸후의 문제 등등…

2

소승과 대승을 구별하지 않고 기술하겠다고 했으나 사실 소승에서 대승으로 밀의(密意)로 이어지는 기록은 너무나 방대해 가늠하기조차 힘들다. 아무리 살펴보고 있어도 불법의 광휘가 어느 정도인지 가늠하기조차 힘들다.

많은 이들이 이것은 붓다의 법이고 이것은 누구의 법이라고 규정 짓는 이들이 있는데 그들도 모르고 있는 것이 아니다. 누구의 법이라고 규정 짓고 있지만 그 법 또한 불의 법에서 한치도 어긋날 수 없으니 말이다.

그렇기에 우리는 나중에 올 불(佛)의 세계를 그의 여정에서 짚어볼수도 있다.

라자그리하에서 시작되는 붓다의 마지막 여정은 참으로 장엄하다. 나란다, 빠딸리가마, 바이살리… 구시나라의 사라쌍수에 이르기까지….

그의 열반 여정을 암바라티카 동산으로부터 시작해 본다.

암바라티카 동산에 도착한 붓다는 일명 '왕의 집'이라고 하는 처소에 머물렀다. 왕의 집에 머물면서 계율[戒]에 대해, 정신통일[定]에 대해, 지혜에 대해, 번뇌로부터의 바른 해탈에 대해 가르친다.

붓다는 다시 여로의 길에 오른다. 나란다로 가기 위해서였다.

나란다에 도착한 붓다는 그곳의 파바리카 상인의 망고 숲에 머무르면서 마을 사람들을 제도한다.

3

어느 날 붓다는 많은 보살들이 가까이 다가오는 모습을 보았다. 붓다는 그들 속으로 들어갔다. 보현을 중심으로 많은 보살들과 비밀주를 우두머리로 한 금강역사(金剛力士)들이 그를 맞았다. 그들 속으로 들어간 붓다는 단정히 앉았다. 아들인 라훌라에게 비밀법을 전하겠다고 결심한 후로 나중 대일여래(大日如來)라는 명호로 세상에 나갈 보살과 한 몸이 되어 여러 차례 비밀주를 중심으로 비밀법을 설해 그쪽 세계를 구해 왔던 참이었다. 이미 그는 자신의 불법이 대승불교로 넘어가면서 불보살과 비밀주의 대상이 바뀌게 될 것이고 그렇다 하더라도 본질 면에서 무엇 하나 바뀐 것은 없다는 걸 알고 있었다. 그것이 소승을 넘어선 대승의 세계였다. 그 세월에 가면 세월 따라 수많은 불보살들이 그 세계를 이끌 것이었다.

그가 보리와 대비와 방편에 대해 설하던 중 비밀주가 물었다.

"보살은 얼마쯤의 무외(無畏)를 얻어야 하는지요?"

붓다는 이렇게 설하였다.

"범부가 선업을 닦고 불선의 업을 없이 한다면 선의 무외(無畏)를 얻게 될 것이다. 있는 그대로 나[我]를 안다면 몸의 무외를 얻을 것이며, 스스로 색상을 버리고 내 몸을 관하면 무아와 무외를 얻을 것이다. 환상은 눈을 현혹하는 모양을 나타내지만 그것은 떠다니는 것도 아니고 떠나는 것도 아니다. 진언의 환상을 보유하고 성취하여 만물을 낳는 것도 이와 같은 이치다. 아지랑이는 바로 공(空)이며 그것이 아지랑이의 성(性)이다. 망상이 없다면 이는 성립되지 않는다. 다음은 꿈이다. 꿈에서는 분명 상을 봤으나 깨어나면 아무것도 없는 것과 같이 진언의 행도 이와 같다. 거울에 제 모습이 비치듯 그림자의 비유에 의하여 진언이 성취되기도 하리라. 신기루에 의해 진언 성취의 궁(宮)을 깨닫고, 소리를 치면 메아리가 생긴다는 비유에 의해 진언의 소리를 깨닫고, 맑은 수면에 달그림자가 나타나듯이 그렇게 득도의 경지는 설할 수가 있을 것이다. 하늘에서 비가 내려 거품이 생기듯이 진언 성취의 변화도 그와 같다. 봄에 누가 공중에서 꽃을 만들지 않는데도 우리가 꽃의 모양을 보는 것은 바로 마음의 장난 때문이다. 갖가지 망견이 생기는 것도 이와 같은 이치이다. 공중에서 불을 돌리면 둥근 고리의 모양이 되듯이 대승의 근기도 이에 의하여 앎이 좋다. 그렇게 모든 것을 행하면 법의 제보를 갖춤은 물론 교묘하고 큰 지혜를 낳아서 전체 마음의 상을 골고루 알 수가 있는 것이다."

붓다의 설법이 끝나자 많은 불보살과 비밀주는 머리를 조아려 그를 향해 경배했다.

보현을 중심으로 한 많은 불보살과 비밀주를 중심으로 한 금강역사들 속을 떠나온 어느 날 붓다는 자신의 입멸을 예견하고 밧지족의 수도인 바이샬리로 나아갔다. 심한 장마철이었다. 더구나 천축 전역에 흉년이 들었으므로 여럿이 한데 모여 밥을 빌기가 곤란했다.

붓다는 제자들을 각각 흩어지게 한 다음 아난다만을 데리고 베르바 마을에서 지내다가 코티 마을로 갔다. 그곳에서 붓다는 새삼스럽게 사성제에 대해서 설하였다. 사람은 '네 가지 성스러운 진리[四聖諦]'의 의미를 잘 이해하여야 한다고 하였다. 고귀한 뜻을 품은 수행자만이 진리로 받아들여질 수 있다는 의미에서의 사성제를 이해하지 못하고 그 깊은 뜻에 도달하지 못하면, 미망의 나락에 영원히 떨어진다고 하였다. 이 세상에서 저 세상으로 한없이 미망된 존재로 생존을 반복하여 머물 곳이 없다고 하였다.

앞서 충분히 붓다의 핵심이라 할 수 있는 사성에 대하여 설명하지 못하였기에 코티 마을에서 설한 내용을 그대로 옮긴다.

"네 가지 성스러운 진리[四聖諦]란 무엇인가? 괴로움이라는 성스러운 진리가 고제(苦諦)이다. 괴로움의 원인이라는 성스러운 진리가 집제(集諦)이다. 괴로움의 원인의 멸진이라는 성스러운 진리가 멸제(滅諦)이다. 괴로움의 원인의 멸진으로 인도하는 성스러운 진리가 도제(道諦)이다. 비구들이여! 이 진리를 잘 이해해 깊은 뜻에 도달했다면 다시 미망된 태어남[生]을 받지 않느니라."

붓다는 코티 마을에서 그렇게 중생을 제도하고 나디카 마을로 거처를 옮겼다.

나디카 마을에 도착한 붓다는 그곳 '연와(煉瓦)의 집'에 머물렀다. 머무는 동안 마을 사람들이 와서 마을에서 죽어 나간 사람들에 대하여 물었다. 아난다가 그들을 대신하여 물었다. 죽어간 그들이 어떻게 되었느냐고. 붓다는 일일이 대답해 주었고 이렇게 말하였다.

"아난다야! 이 마을에서 요즘 들어 90명이 넘는 재가 신자들이 죽었구나."

아난다가 깜짝 놀랐다.

"저도 그렇게 들었습니다."

붓다는 침묵하였다. 죽은 뒤의 일에 대해 아는 것은, 붓다에게 있어서는 별로 불가사의한 일은 아니었다.

그렇기에 붓다는 아난다에게 이렇게 말하였다.

"아난다야. 단단히 들어라. 내 이제 '진리의 거울[法鏡]'이라는 가르침을 설하리라. 이 가르침을 잘 이해할 수 있다면, 틀림없이 바른 깨침으로 나아가는 이가 되리라. 그럼 '진리의 거울'이라는 가르침은 어떤 것인가? 바람이 불지 않으면 파도는 일지 않는다. 한마음이 일지 않으면 그것이 마음이랄 것도 없다. 본래의 마음이 적멸하니 자아가 어디 있겠는가. 무아마저도 사라져 버린 자리, 그 자리에 비로소 집착할 한 물건이 있을 리 없다[本來無一物]. 그 속에서 본디 마음[本來本法性]의 꽃이 피어난다. 그것이 법성의 바다[法性海] 밑에서 피어나는 오도화다. 무아마저도 사라져 버린 세계. 아난다야! 이 법의 가르침, 그대로의 실천이다. 오로지 그 길만이 경계의 다함을 이룰 수 있다. 성스러운 흐름에 든 이가 될 수 있다."

그렇게 설하고 붓다는 바이샬리로 떠났다.

바이샬리에 도착한 붓다는 마을 한편의 암바팔리 동산에 머물렀다.

붓다는 제자들을 보내고 벨루바에서 우기를 보냈다. 그러다 그만 중병(重病)에 걸리고 말았다. 심한 고통이 엄습했다.

붓다는 흔들리지 않았다. 마음이 번잡하지 않게 하여 고통을 참아내었다.

병이 점차로 나아지자 가사를 걸치고, 발우를 손에 들고 바이샬리 마을로 탁발하러 들어갔다.

3

탁발에서 돌아온 붓다는 아난다에게 좌구(坐具)를 챙겨 차팔라로 가자고 하였다.

차팔라에 도착한 붓다는 처음으로 죽음의 예감을 아난다에게 말하였다.

그러자 아난다가 애원하였다.

"붓다시여. 부디 1겁 동안 이 세상에 머무소서. 세상 사람들을 연민하시어 오래도록 머무소서."

붓다는 아난다가 악마에게 마음이 홀려 있다는 걸 알고 고개를 내저었다.

"아난다야! 수행이 진전하여 1겁이라는 지극히 긴 시간 동안 이 세상에 머물 수는 있느니라. 허나 나는 인간으로서 인간의 길을 택하겠다. 그리하여 열반에 이르는 길을 너희들에게 줄 것이다."

붓다가 그렇게 말해도 아난다는 참뜻을 진실로 알지 못하고 계속 눈물을 흘렸다.

아난다가 일을 하기 위해 잠시 자리를 비우자 곧 붓다는 보았다. 악의 상징, 누구의 마음속에나 숨 쉬고 있는 파피야스의 모습을. 그는 여전히 사람들 속에 들어앉아 악을 조장하고 있었다. 붓다가 바라보고 있자 파피야스는 겁에 질려 고개를 돌려 버렸다.

"파피야스, 이제 악행을 그만두어라."

파피야스가 고개를 돌려 보며 외눈을 치떴다.

"그대가 깨칠 때 불성이 모든 존재를 깨웠으나 인간은 미물이라 그 불성을 모르니 아직은 아닙니다."

"모르느냐. 그 불성으로 인하여 언젠가 모두 깨어나리라는 것을."

"깨어날 때까지 나는 여기 있을 것입니다. 붓다시여! 붓다의 유수행(생명을 연장하는 행위)을 끝낼 때가 되었으니 이제 가십시오."

"나의 유수행은 마지막으로 중생을 깨우치기 위함이었느니라."

"예전에 제가 붓다께 열반에 드시도록 간청했을 때가 생각나는군요."

"중생의 업장에 너는 외눈을 치뜨고 있으나 나의 행(梵行)이 나 홀로만의 것이 아니고, 온 세상의 것이다. 나는 가지만 가는 것이 아니다. 나는 중생의 마음속에 언제나 살아 있으리라."

드디어 붓다는 유수행을 끝냈다.

대지진이 일어났다. 하늘의 천고가 갈라져 울었다.

붓다는 그 현상과 소리를 들으며 기쁨의 노래를 불렀다.

상응(相應)함도 하지 않음도 없다.

태어나서 변해가는 그 행위를 성자는 버리리라.

나의 의지는 갑옷처럼 견고하다.

몸이 다시 태어남도 일찍이 파(破)하니

마음 즐겁고 적정하노라.

아난다가 돌아오자 제자들이 대지진이 있었고 하늘의 북이 갈라져 울었다고 하였다.

아난다가 이유를 묻자 지금으로부터 3개월 후, 악마에게 붓다는 열반에 들 것이라 했다고 하였다.

아난다가 당황하고 놀라 아뢰었다.

"붓다시여! 부디 입멸하시는 것을 그만두시옵소서."

"이제 되었다. 너는 여래의 깨달은 지혜를 믿지 않느냐?"

"아니옵니다. 그렇지 않사옵니다. 저는 붓다의 깨달으신 지혜를 깊이 믿고 있사옵니다.

"그런데 무슨 이유로 세 번이나 여래의 입멸을 그만두도록 하느냐? 너의 이러한 청은 잘못된 것이고, 순리에 거역하는 행위니라."

"붓다시여!"

"이제 마하바나[大林] 2층 건물 강당[重閣講堂]으로 가자."

2층 강당에 도착해 붓다는 아난다에게 말했다.

"아난다야! 바이샬리 주변에 있는 비구들을 모두 강당으로 모이도록 하여라."

대중이 모이자 붓다는 다음과 같이 일렀다.

"비구들이여! 내가 진리에 대해 깨닫고 설했던 안락한 진리란 어떤 것인가? 네 가지 바르게 사념하는 경지[四念處], 네 가지 올바른 노력[四正勤], 네 가지 초자연적인 능력[四神足], 다섯 가지 선한 과보의 뿌리[五根], 다섯 가지 힘[五力], 일곱 가지 깨침의 지분[七覺支], 여덟 가지의 성스러운 길[八聖道] 등이라 할 수 있다. 이것이 내가 진리에 대해 깨닫고 설했던 여러 가지 진리이다. 이제 너희들은 마음을 기울여 알려야만 하리라. 만들어진 것[有爲]은 결국 멸한다. 그러므로 게으름 피우지 말고 정진하여 수행을 완성하여라. 여래는 이제부터 3개월 후, 열반에 들 것이니라."

그렇게 말하고 다음과 같은 게송을 읊었다.

이 몸에도 늙음은 닥쳐오도다
생명의 불꽃 가냘파지니
자, 버려야 하지 않겠는가.
자신을 귀의처로 하여 게으름 피우지 말라
바르게 사념하라.
그리하여 선계(善戒)를 지키라.
사유를 다스리며 자신이 마음을 지키라.
여래가 설시한 법(法), 율(律)을 결코 게을리 하지 말라.
정진하면, 세세생생 윤회를 끝내고 괴로움의 끝은 다하리라.

○

지나온 날을 생각하다

1

사람이나 짐승이나 생명 있는 모든 것은 죽을 때가 되면 뒤를 돌아본다고 한다. 그것은 일체를 이룬 붓다도 마찬가지였다. 붓다가 말년에 들어 지난 세월을 되돌아보는 가운데 가르침을 잃지 않는 모습은 초기에 성립된 불전이나 대승불전이나 공이 사용하고 있는 《대열반경》에 자세히 기록되어 있다.

그의 나이 여든.

어느 날 붓다는 아난다에게 문득 말하였다. 아침 일찍 바이샬리 마을로 탁발을 나갔다 돌아와 마치 코끼리가 사물을 바라보듯 지그시 바이샬리 마을을 응시하다가 다시 못 볼 것처럼 말했다.

"아난다야! 바이샬리 마을을 보는 것도 이것이 마지막이다. 반다 마을로 가자."

반다 마을로 간 붓다는 그곳에 머물면서 비구들에게 말했다.

"사람들은 성스러운 계율[戒]을 깨닫지 못하고 통달하지 못했기 때문에, 오랜 세월 이 세상에서 저 세상으로 유전하면서, 끝없이 떠돌아다니는 것이다. 성스러운 정신통일[定], 성스러운 지혜[慧], 성스러운 해탈[解脫]을 깨달아야 한다. 그것을 깨달은 사람은, 생존에 대한 갈애를 단절하리라. 생존의 원인을 멸진함으로써 다시 태어남[生]을 받지 않느니라."

붓다는 네 가지 가르침을 설하고 이렇게 외쳤다.

"계(戒), 정(定), 혜(慧), 해탈(解脫), 이것이야말로 무상(無上)의 가르침이다."

반다 마을에서 그렇게 가르친 다음 붓다는 핫티 마을로 갔다. 많은 수의 비구들이 그를 따랐다. 붓다는 압바 마을, 잠부 마을 등 각 지역을 돌아보다가 나가라로 갔다.

○

붓다만의 공양

1
—

보가 나가라에 도착한 붓다는 아난 영지에 머물면서 '네 가지 큰
지표[四大敎法, Mahāpadesa]'를 비구들에게 가르쳤다.

첫째, 이것은 붓다로부터 친히 들었다. 둘째, 이것은 규정에 맞는
교단에서 들었다. 셋째, 이것은 많은 장로로부터 들었다. 넷째, 이것
은 한 사람의 유능한 장로로부터 들었다.

이 가르침은 나중 불교 경전이 성립될 때를 내다본 것이었다. 자신
의 가르침이 그대로 적용될 것이라는 것을 내다보았으므로 붓다는
불설과 비불설을 구분해 주고 있었다. 앞으로 장로들은 자신이 가르
친 지표를 잣대 삼아 분란 없이 경전을 성립할 수 있을 것이었다. 그
들이 불설(佛說, Buddhavacana)이라고 주장하려면 네 가지의 근거에
맞아야 한다고 했다. 언제나 그 진위 여부는 경(經)과 율(律)에 의거해
판단하라 명령했다.

그렇게 사대 지표를 설하고 붓다는 아난다에게 말하였다.

"아난다야. 나는 이제까지 모든 법을 다 가르쳤다. 나는 이제 곧 열반에 들리라."

이 말을 들은 제자들은 오체를 던져 슬퍼하였다. 사대 지표를 설할 때부터 어렴풋이 눈치를 채기는 했지만 충격이 아닐 수 없었다.

"붓다시여. 아직도 중생은 무명의 어둠 속에서 헤매고 있나이다. 어찌 우리를 버리려 하십니까? 원하건대 언제까지나 머물러 우리를 지도해 주옵소서."

붓다는 눈길을 들어 그들을 그윽이 바라보았다.

"선남자여, 들어라. 슬퍼하지 말라. 붓다란 본시 삼종의 몸으로 갖추어져 있다. 삼종의 불신이란 곧 화신과 응신 그리고 법신을 가리킴이다. 붓다가 멸도에 드는 것은 뱀이 허물을 벗는 것과 다를 바 없다. 너희들의 망집이 있는 곳에 언제나 나의 색신(色身)이 있다는 것을 잊어서는 안 된다."

그렇게 가르치고 붓다는 그곳을 떠났다.

"이제 파바 마을로 가자꾸나."

파바 마을에 이른 붓다는 대장장이 쭌다가 소유하고 있는 망고 동산에 머물렀다.

쭌다는 붓다가 망고 동산에 머물고 계신다는 말을 듣고 서둘러 붓다의 처소를 찾았다.

"붓다시여 어서 오십시오."

"그래 잘 있었느냐. 쭌다야"

"예 그러하옵니다."

그는 그렇게 인사드리고 한쪽에 앉았다. 그리고는 이렇게 아뢰었다.

"붓다시여. 내일 공양을 올리고자 하오니, 대중들과 함께 꼭 오시옵소서.

초대를 받은 붓다는 다음 날 아침, 대장장이 쭌다의 집으로 떠났다. 준비가 끝난 쭌다의 기별이 있었기 때문이었다.

쭌다는 갖가지 맛있는 음식을 준비하고 기다리고 있었다. 붓다는 도착하여 마련된 자리에 앉았다. 쭌다가 차려놓은 음식을 죽 둘러보던 붓다는 버섯으로 요리한 스카라 맛다바가 있는 것을 보고, 쭌다를 불렀다.

"쭌다야 이리 오너라."

쭌다가 달려왔다.

"쭌다야! 버섯으로 만든 스카라 맛다바는 모두 내 앞으로 가져오도록 하여라. 결코 다른 이에게 이 음식을 올려서는 안 된다."

"왜 그러십니까? 붓다시여."

"묻지 말고 내 말대로 하면 되리라."

"잘 알았습니다. 붓다시여."

쭌다는 준비한 스카라 맛다바 모두를 붓다께 드렸다.

공양을 끝낸 붓다가 다시 쭌다를 불렀다.

"이리 오너라. 쭌다여."

쭌다가 달려오자 붓다는 말했다.

"쭌다여! 남은 스카라 맛다바는 구덩이를 파 모두 묻어라."

"왜 그러십니까?"

"쭌다야! 이것을 먹더라도 완전하게 소화할 수 있는 사람은 아무도 없느니라. 천상천하에 존재하는 모든 이들은 물론이요 여래 이외에는 없기 때문이니라."

"붓다시여. 무슨 말씀이시온지 모르겠사오나 서둘러 그렇게 하겠습니다."

쭌다는 즉시 남은 스카라 맛다바를 구덩이에 파묻었다.

○

적멸 속으로

1
___

앞서 《소승열반경》과 《대승열반경》을 구별하지 않고 기술해 나가 겠다고 했으나 이 부분에 있어서만은 그 중요성을 감안해 환기하지 않을 수 없다.

문제는 그날 쭌다가 공양했다는 음식이다.

붓다의 마지막 공양은 열반과 직결되는 문제여서 대단히 중요하다.

《대승열반경》에서는 대부분 그때 쭌다가 공양한 것은 버섯 종류의 음식이거나 돼지고기였다고 기록하고 있다.

《소승열반경》에는 쭌다가 붓다에게 공양한 음식은 '수까라 맛다와' 라고 비교적 자세하게 기록하고 있다.

문제는 '수까라 맛다와'라는 음식이 어떤 음식인가 하는 것이다.

아쉽게도 아직까지 이 음식에 대해서 자세히 밝혀진 것이 없다. 그 래서 말들이 많고 《대승열반경》에서는 두리뭉실하게 넘어가고 있다.

일각에서는 처음부터 그런 음식은 없었다고 한다. 후대에 꾸며낸 창작이라는 것이다.

아무튼 붓다가 쭌다가 올린 공양으로 병을 얻었다는 것은 분명해 보인다.

문제는 알면서도 왜 그 음식을 먹었느냐 하는 것이다. 애초에 사람이 먹어서는 안 될 음식이었다면 모두 버리라 할 수 있었을 터인데… 그럼 이렇게 생각해 볼 수 있다. 공경 차원에서 붓다가 먼저 수저를 들었을 것이다. 그는 이상해 보이는 수까라 맛다와를 맛보았고 이내 이상함을 느끼고 음식을 걷어오라 했다. 그리고 묻으라 했다. 그러나 그는 이미 버섯독에 감염된 상태였다. 그렇다면 신통력을 얻었으면서도 오신통을 닫았다는 사실은 증명된다. 그는 오신통을 닫은 후에야 얻을 수 있는 지혜의 누진통만을 열어놓은 늙은 노사일 뿐이었던 것이다. 그가 범부였다면 일상 자체가 오신통이었을 것이다. 그것을 닫고 얻은 지혜의 누진통, 그래서 그가 붓다일 수밖에 없는 이유가 여기에 있다.

쭌다의 대접을 받은 후 붓다는 쿠시나가라로 떠났다. 많은 제자들이 걱정하며 그의 뒤를 따랐다.

쿠시나가라에 도착한 붓다는 아난다에게 말하였다.

"아난다야. 저기 저 사리수 나무 아래 가사를 네 겹으로 접어서 깔아다오. 몹시 피곤하구나. 이제 열반에 들어야겠다."

아난다가 흐느껴 울자 붓다는 부드럽게 말하였다.

"울어서는 안 된다. 한 번은 만나서 헤어지는 것이 이 세상의 인연이 아니더냐. 나의 법을 모두 주었으니 이제 여래에게 무엇을 바라서는 안 된다. 아난다야. 여래는 현교와 밀교를 구별하지 않고 그 진리를 가르쳤다. 모두 중생들을 위한 것이었다. 아난다야, 이제 여래는 늙었다. 낡은 마차가 끌려가듯이 끌려가고 있다. 열심히 정진하여 헤어짐에도 슬프지 않은 성인의 자리에 오르도록 하여라."

붓다는 말을 마치고 숨을 돌린 다음 말을 이었다.

"내가 멸한 후 마하카사파가 올 것이다. 그가 오면 그와 함께 법을 이끌어 불사를 크게 닦도록 하여라."

말을 마친 붓다는 마지막으로 라훌라를 찾았다. 라훌라가 슬픈 얼굴로 곁에 와 앉자 붓다는 부드럽게 입을 열었다.

"라훌라야, 슬퍼할 것 없다. 너는 아버지를 위하여 할 일을 다 했다. 나는 너에게 할 일을 다 했다. 라훌라야, 마음을 번거롭게 해서는 안 된다. 내가 전한 비밀법을 깨달아 성인의 자리에 올라야 한다. 나는 이제 멸도에 들어 적멸에 들리라. 너 또한 그 법을 깨치면 결코 다시는 남의 자식이 되지 않을 것이다. 나와 너는 다같이 난(難)을 일으키지 않을 것이고 또 노여워하지도 않을 것이다. 너에게 부탁건대 무상한 모든 법을 버리고 진법을 추구하지 않으면 안 된다. 이것이 곧 나의 가르침이다."

밤이 깊어 갔다.

허공에 박힌 붓다의 시선 속으로 지난날들이 스쳐 갔다.

그래, 과거의 상처들이 없었다면 어찌 오늘의 내가 있을 수 있었으랴.

붓다는 마지막으로 가르침을 폈다.

"…내가 설령 이 세상에 오래 머문다 할지라도 이제 더 이상 다른 일은 일어나지 않는다. 나는 이미 모두를 구할 가르침을 폈다. 아직도 구제되지 않은 자가 있다면 후세에 구제될 만큼의 인연을 지었다.

자등명 법등명(自燈明 法燈明)이다. 그 진리는 육신이 멸하여도 영원하리라. 나는 언제나 깨침의 길에 살아 있을 것이다. 모든 것은 덧없다. 부지런히 정진하여야 한다.”

“붓다시여. 우리가 붓다의 유해를 어떻게 모시면 좋겠습니까?”

곁에 있던 아난다가 물었다.

“아난다야! 출가자는 여래의 유해를 모시겠다는 따위의 생각은 하지 말아라.”

아난다는 슬픔을 참지 못하고 정사(精舍) 안에 몸을 숨기고 울었다.

붓다는 아난다가 곁에 없는 것을 알고 비구들에게 물었다.

“비구들아! 아난다가 보이지 않는데, 어딜 간 것이냐?”

“붓다시여. 아난다 존자는 붓다께서 입멸하실까 괴로움을 참지 못하여 정사에 들어가 울고 있습니다.”

“가서 내가 찾는다고 하여라.”

아난다가 눈물을 훔치고 오자 붓다는 다음과 같이 말했다.

“아난다! 다시 이르노니 너는 나의 입멸을 한탄하거나 슬퍼해서는 안 된다. 항상 말하지 않았더냐? 마침내는 달라지는 상태, 아무리 사랑한다 하더라도 별리(別離)의 상태, 변화의 상태가 찾아오는 것이라고. 다시 이르노니 무아를 보라. 그것만이 진제이다.”

불전에는 이때 붓다는 마하스다사나왕[大善見王] 이야기를 했다고 기록되어 있다. 아난다에게 그 이야기를 들려주었다고 하는데 살펴보면 이렇다.

옛날 마하스다사나라는 이름의 왕이 있었다. 혈통이 고상하고 법에 맞는 전륜성왕이었다. 그는 사방세계를 평정하여 전륜성왕을 증명하는 칠보(七寶)도 갖추고 있었다.

그가 다스리는 나라는 대단히 컸다. '쿠사바티라'라는 나라인데 동서의 길이가 12요자나이고, 남북의 넓이가 7요자나 되었다. 바로 붓다가 누워 있는 땅 쿠시나가라가 그 나라였다.

붓다는 슬퍼하고 있는 아난다에게 쿠시나가라 사람들과 고별해야겠으니 백성들에게 가서 알리라고 했다.

아난다가 그 나라의 도읍에 도착했을 때, 쿠시나가라 말라 족은 마을의 일로 회의장에 모여 있었다. 아난다는 스승이 곧 열반에 들 것이라 일렀다.

말라 족들이 슬피 울며 붓다의 처소를 찾았다.

그들 중에 스밧디라고 하는 편력행자(遍歷行者)가 있었다.

그는 여러 현자들을 만나 보았으나 고타마 현자는 뵙지 못했으므로 아난다에게 청하였다.

아난다는 거절했다.

"내 스승은 지금 매우 지쳐 있소."

그래도 그는 만나 뵐 것을 간청했다.

아난다는 역시 거절했다.

이미 붓다는 그들의 대화를 듣고 있었다. 아난다의 귀에 스밧디를 데리고 오라는 말이 들렸다.

아난다는 그제야 그를 붓다에게 들여보냈다.

스밧디는 붓다를 뵌 자리에서 이렇게 말했다.

"바른 깨침을 얻은 이께서 이 세상에 출현하셨다는 말을 들은 적이 있습니다. 나에게는 아직 해결하지 못한 문제가 있습니다. 나의 의문을 해결해 주실 수 있겠습니까?"

스밧디의 모든 것을 내다본 붓다는 그에게 이렇게 설했다.

"대답은 그대 속에 있다. 그 누구에게도 있지 않다. 나는 깨침의 길을 가르칠 뿐이다. 그대의 과녁은 그대 자신 속에 있다."

붓다의 말을 듣고 난 스밧디는 환희심을 일으켜 소리쳤다.

"고타마시여! 푸라나 캇사파, 막칼리 고살라, 아지타 케사캄바린, 파쿠다 캇차야나, 산자야 벨랏티풋타, 니간타 나타풋타 등을 만나 보았사오나 저의 의심을 잠재울만한 말씀을 들어본 적이 없습니다. 그들은 모두 나를 깨닫게 할 수 있다고 말하고 있습니다."

"바로 그것이다. 그 누구도 그대를 깨치게 할 수 없다. 오로지 그대 자신이 깨쳐야 한다. 그들이 그대를 깨치게 할 수 있다는 사실, 바로 그 사실이 그대의 의심을 잠재우지 못했다는 증거다. 진리는 그 위에 있다."

"붓다시여. 제가 귀의하려면 어떻게 해야 하겠습니까?"

붓다가 아난다를 불러 일렀다.

"아난다야! 시기가 오면 스밧디를 출가시켜 구족계를 주고 비구가 되게 하여라."

붓다는 그렇게 말하고 마지막 설법을 폈다.

"정진하라. 제대로 된 수행승이 되려면 방편으로 설한 나의 모든 가르침을 분명히 보라. 초자연적이고 절대정신인 불성의 본래 생명, 그 자체는 연기(緣起)이기 때문에 무아라는 사실을 분명히 보라."

그렇게 이르고 곧 입멸에 들기 위해 마음을 잡았다.

아주 잠깐 근기가 모자라 자신이 제도하지 못한 중생들의 모습이 눈앞을 스치고 지나갔다.

이제 눈을 감으면 모든 것이 적멸 속으로 들어가리라. 육신은 한 줌 재로 돌아가리라. 뜻있는 이들이 나의 가르침에서 무아의 세계를 알아채고 그들을 제도하리라. 그때 모든 것이 확실해질 것이다. 내 이제 가듯이 그들도 그렇게 살다 오리라. 혹자는 미물처럼, 혹자는 수행승이 되어… 그렇게들 살다 오리라. 연기의 법칙 속 인간의 원죄, 사랑이라는 이름하에 증오하고, 미워하고, 노하고, 기뻐하고… 그것이 원죄의 증명이며 윤회임을 알 때 지혜로운 생활인으로서 삶의 방법(生活禪)도 일어나리라. 그리하여 이 세상을 화해로운 곳으로 만들어 나가겠지. 더러 어떤 이들은 본래면목을 보기도 하고 불성의 세계를 보기도 하며 그것이 윤회의 멈춤이라는 것을 깨닫기도 하리라. 그리하여 다시 본디 성질로 돌아들 가리라. 다시 본디 성질로 돌아가리라. 흙이 되어 물이 되어 불이 되어 바람이 되어… 그렇게 또 다른 생명체의 재료가 되리라.

붓다는 정신을 통일하고 '최초의 선정[初禪]'에 들었다. '최초의 선정'을 지나 '제2의 선정[二禪]'에 들었다. '제2의 선정'을 지나 '제3의 선정[三禪]'에 들었다. '제3의 선정'을 지나 '제4의 선정[四禪]'에 들었다. '제4의 선정'을 지나 '허공의 가없는 곳[空無邊處]'으로 들었다. 정신통일의 경지를 지나 '의식의 가없는 곳[識無邊處]'으로 들었다. '의식의 가없는 곳'을 지나 '일체 가질 바 없는 곳[無所有處]'으로 들었다. '일체 가질 바 없는 곳'을 지나 '의식도 없고 의식하지 않는 것도 없는 곳[非想非非想處]'에 들었다. 그리하여 '의식도 없고 의식하지 않는 것도 없는 곳'으로 들었다. 다시 그곳을 지나 선정의 궁극적인 경지인 '의식도 감각도 모두 멸한 곳[想受滅]'으로 들었다.

그 선정의 경지에 들어서야 그는 움직이지 않았다.

눈이 먼 천안 제일 아누룻다에게 아난다가 말했다.

"아누룻다 대덕이시여! 붓다께서 열반에 드셨나이다."

아누룻다가 심안으로 붓다의 상태를 보고는 대답하였다.

"아니네, 오해하지 말게. 붓다께서는 지금은 '의식도 감각도 다 멸한 곳'이라는 정신통일의 경지에 들어 계시네."

그 말은 맞았다. 붓다는 '의식도 감각도 다 멸한 곳'이라는 정신통일의 경지에 잠시 머물고 있었다.

잠시 후 그는 그 선정을 지나 '의식도 없고 의식 아닌 것도 없는 곳'으로 들었다. 이제 그는 돌아오고 있었다. '의식도 없고 의식하지 않는 것도 없는 곳'의 경지를 지나 '일체 가질 바가 없는 곳'으로 들었다. 다시 '일체 가질 바가 없는 곳'을 지나, '의식의 가없는 곳'에 들었다. 다시 '의식의 가없는 곳'을 지나 '허공의 가없는 곳'에 들었다. 그는 그곳을 지나 '제4의 선정'에 들었다. 다시 '제4의 선정'을 지나 '제3의 선정'에 들고 '제3의 선정'을 지나 '제2의 선정'에 들었다. '제2의 선정'을 지나 '최초의 선정'으로 되돌아왔다.

그렇게 '최초의 선정'으로 되돌아온 그는 재차 그 선정을 지나 '제2의 선정'에 들었다. 그리고 '제2의 선정'을 지나 '제3의 선정', '제3의 선정'을 지나 '제4의 선정', '제4의 선정'을 지나 완전한 열반에 들었다.

지진이 일어나고 하늘의 북이 다시 울고 사바세계의 주인 범천이 노래했다.

이 세상에 태어나신 붓다께서
그 몸 다하는 정(定)에 드시었도다

스스로 증득한 진리 위해
영원한 열반에 드시도다

아누룻다가 노래했다.

고매한 이여
요동 없이
마음 고요히
무니(牟尼)께서 마지막 때를 갈무리하시니

미혹 떠난 마음으로
보내오이다.
참으면서 받는 괴로움도
이제는 없나이다
등불 사라져 가듯
열반으로 심해탈하시네.

아난다는 이렇게 노래했다.

만덕(萬德) 구족한 정각자의
몸이 열반하는 때
그때는 어쩐지 두려웠나이다.

붓다께서 열반에 드시니

여래의 유골은 전륜성왕의 장법(葬法)을 따라 치름이 좋으리라.

2

불이 타고 있었다. 천지를 태워 버릴 듯이 불이 타고 있었다.

불너울에 눈을 붙박은 채 눈물을 글썽거리는 라훌라의 등을 도반이 두드렸다. 라훌라는 그제야 눈을 감았다. 역시 붓다의 죽음답다는 생각이 들었다. 일말의 희한도 없이 가버린 사람. 완전한 여여의 경지에 들지 않았다면 인간으로서의 희한이 없을 리 없을 터인데 그대로 가버린 사람이었다. 카필라의 왕자로 태어나 오랜 세월 중생을 위해 거리에서 살았던 세월이었다. 이제 모든 것이 적멸 속으로 들어갈 것이었다. 그 사실을 알면서도 일체의 감회가 없었다. 생의 거대한 법성해(法性海), 그 가까이에 외도들이 주장하는 마야(환)사상과 아뢰아(alaya) 종자(bija)의 세계가 있었다. 불법이 일어나기 전 세상을 덮었던 세계였다. 영혼의 세계, 윤회의 세계, 바로 그 세계가 있었다. 죽어도 죽지 않는다는 세계를 원했다면 붓다는 분명히 그렇게 가지 않았을 것이었다. 무의식의 세계가 있고 그 아래 죽어도 죽지 않는다고 하는 세계가 있는데 왜 그렇게 가고 말았을까. 중생을 위해 모든 것을 주었기에 더 살 이유가 없다고 하지만 그도 인간이기에 생에 대한 욕구가 없지 않았을 것이었다. 아무리 여여의 경지에 들었다고 하나 그리고 영원을 모를까. 그러나 불법 이전의 외도 세계를 단호히 거부하고 적멸 속으로 들어 버렸다. 그것은 분명 6식을 통해 심의식(心意識)을 가리지 않았던 모습 그대로였다. 근기가 약한 중생들이 외도의 사상을 버리지 못함에 대한 통렬한 질타였다. 분리하지 말라는 가르침이었다. 영혼의 세계가 따로 있다고 생각하지 말라는 가르침이었다. 윤회의 세계가 따로 있다고 생각하지 말라는 가르침이었다.

3

《열반경》에 보면 전륜성왕의 장법이 자세히 나온다. 그때 당시 천축의 장법이다.

먼저 새로운 옷으로 유해를 감싼다. 그리고 새로운 무명베로 감싼다. 그 위를 새 옷으로 감싼다. 다시 새 무명베로 감싼다. 새 옷과 새무명베를 번갈아 5백 번씩 감싼다. 그런 다음 관에 봉안한다. 그리고 뚜껑을 씌운다. 그 위에 온갖 종류의 향나무를 쌓아 올리고 화장할 나무 위에 안치하여 다비(荼毘)한다. 다비가 끝난 다음에는 큰 길이 교차하는 사거리 중앙에 기념하는 탑을 건립한다.

붓다가 죽고 나자 고제들은 붓다의 육신을 장송했다.

아난다의 슬픔이 가장 컸다. 그는 붓다가 든 관을 잡고 통곡하였다.

마하카사파가 만행에서 돌아와 보니 아난다가 경망스럽게 눈물을 흘리며 통곡하고 있다. 마하카사파는 눈을 시퍼렇게 치뜨고 그를 노려보았다.

"이 경사스러운 날 눈물을 보이다니! 아난다, 부정하구나!"

마하카사파는 그렇게 호통쳤으나 그도 인간이었다. 아난다를 호통치기는 하였지만 스승의 모습이 보고 싶었다. 자신에게 법을 전한 스승이다.

그런데도 마하카사파는 속을 숨겼다. 아난다에게 울지 말고 관뚜껑을 열어 스승의 모습을 보여달라는 말을 하지 못하고 돌아서서 그는 눈을 감았다. 이미 관뚜껑은 그가 그렇게 명령한다고 하더라도 열 수 없는 일이었다. 봉해 버린 관뚜껑을 연다는 것은 보통 일이 아니라는 걸 누구보다도 그는 잘 알고 있었다. 마하카사파는 관 주위를 말없이 몇 바퀴 돌았다. 그제야 아난다는 알았다. 붓다를 향한 인간의 눈물이 바로 부정의 씨앗이 된다는 것을. 붓다는 오로지 기쁨도 슬픔도 초월한 존재였다.

붓다의 경지에 들지 못했기에 스승과 헤어지는 슬픔을 가라앉히지 못하고 눈물을 흘리던 부정을 저지르고 아난다는 정신이 번쩍 들었다. 마하카사파 사형이 붓다의 곁을 돌며 바로 못난 제자의 부정을 사죄하고 있었다. 마하카사파의 행동은 어쩌면 아난다가 아라한이 되지 못한 비구이기에 당해야 하는 수모일지도 몰랐다.

그런데 그때였다. 갑자기 천둥 치는 소리가 들리면서 붓다의 발이 관 밖으로 터져 나왔다. 관이 부서지면서 붓다가 발을 내민 것이다. 평생을 맨발로 전도했던 발이었다. 헤어지고 굳은살이 흉하게 박힌 발이었다. 그 발이 얼굴을 내민 것이다. 분명히 면포로 감싼 발이었다. 그 발이 그대로 드러날 리 없었다. 그런데 맨발이었다.

"스승님!"

그제야 마하카사파가 붓다의 발 앞으로 무너지며 눈물을 흘렸다.

바로 이것이 붓다가 마하카사파에게 전법을 보였다는 삼처전심의 마지막 곽시쌍부(槨示雙趺)의 전말이다. 이에 관한 기록이 《잠아함경4 유행경》에 자세히 나와 있다.

법통을 전했다는 증거로 맨발을 보인 붓다의 유해는 새로운 관에 옮겨졌다.

아난다는 마하카사파가 나무랐지만 비통에 젖어 식음을 전폐하다시피 했다. 모든 게 귀찮았고 서글프기만 했다.

나는 누구인가. 어디로 와 어디로 가는 것일까.

마지막까지 불법의 모습을 보인 스승. 그의 맨발이 뇌리에서 지워지지 않았다. 거칠고 굳은살이 박이고 흉터 투성이의 맨발, 그 맨발이 지워지지 않아 가슴 아팠다.

아난다는 주인 잃은 집짐승처럼 가슴을 움켜쥐고 울었다. 눈을 감으면 그 맨발과 인자하던 스승의 모습이 눈앞에 떠올라 미칠 지경이었다.

○

최초의 결집

1

불전에는 붓다에게서 나온 사리(舍利)는 무려 여덟 섬 네 말(8곡 4
두)이라고 기록하고 있다. 다비를 해 보니 그의 몸 전체가 사리가 되
어 있었다는 것이다. 그 바람에 문제가 생겼다. 말라족을 위시한 마
가다국, 차라파국, 비류제국 등 붓다를 믿고 따랐던 주위의 여러 나
라들 간에 사리 배분 문제로 전운(戰雲)이 감돌기 시작한 것이다.

즉각 장로들이 모여 사리 배분 문제를 협의한 결과 원만히 배분이
이루어져 각 나라에 모셔졌다. 여덟 명의 왕이 붓다의 분골을 봉안
했다고 해서 팔왕분골(八王分骨)이라고 하는데 마가다 국왕이 이끄는
아쟈타삿투는 라자그리하에, 바이샬리의 리차비족은 바이샬리에,
죽지 않고 살아남은 카필라바스투의 샤끼야족은 카필라바스투에,
알라카파의 부리족은 알라카파에, 라마 마을의 콜리야족은 라마 마
을에, 베타디파의 한 바라문은 베타디파에, 파바의 말라족은 파바

에, 쿠시나가라의 말라족은 쿠시나가라에, 도나 바라문은 붓다의 사리를 넣었던 항아리를 얻어 탑을 세웠고, 핍팔리바나의 모리야족은 붓다의 유해를 다비한 재를 얻어 핍팔리바나에 탑을 세워 공양을 올렸다.

그리하여 여덟 개의 사리탑이 세워졌고 아홉째의 항아리 탑이 세워졌으며, 열째의 재탑(灰塔)을 합해 모두 열 개의 탑이 세워졌다.

붓다의 사리를 나눠가진 나라는 모두가 여덟 나라였다. 그래서 사리팔분(舍利八分)이라고 한다. 이때 세워진 불탑이 근본팔탑(根本八塔)이다. 바로 이 탑이 불탑의 기원이다.

아마 그때의 인도인들에게는 사리의 개념이 없었을 것이다. 아니 없었다기보다는 희박했다. 그들의 의식대로 붓다를 다비했을 것이고 그 과정에서 수행의 결정체인 엄청난 사리와 맞닥뜨렸을 것이다. 그러니 그 놀라움이 얼마나 컸겠는가.

사실 본질적으로 생각할 때 사리같은 형상은 이미 진리와 상관이 없는 것일지도 모른다. 아니 없다. 어디 진리가 형상 있는 물건인가.

그런데 왜 붓다는 그 많은 사리를 남겼던 것일까.

깊이 생각해 보면 이 문제는 붓다가 성도하고 중생 속으로 돌아왔을까 하는 문제와 직결된다. 《대보적경(大寶積經, 제89권 마하가섭회)》에 보면 붓다는 제자들에게 장차 오는 세상에 자신의 형상을 조성하는 이들이 나올 것이라고 예언하고 있다. 그런 이들이 만든 조성물을 모셔놓고 기도하는 이들이 있다면 조성한 이나 받든 이나 지옥에 떨어진다고 예언하고 있다. 화상(畵像)이 있되 욕계에 속한 것도 아니고 무색계에 속한 것도 아닌 형상이 곧 붓다의 형상이요, 그 형상에 예배함이 마땅할진대 어찌 그런 형상을 하늘이나 용이나 야차나 건달바며 아수라, 가루라, 긴나라, 마후라가나 또는 사람이나 사람 아닌 것들이 조성할 수 있겠느냐는 것이다. 만약 붓다를 진실로 모르면서 붓다의 형상을 조성하고 어떤 바람으로 거기 예배하는 이가 있다면 지옥을 면치 못할 것이라고 붓다는 질타하고 있다.

그런데도 붓다는 사리를 남겼다.

해답은 여기에 있다. 탐진치에 물들어 있는 근기가 약한 중생은 보이는 형상에 신심을 일으키기 마련이다. 이는 간과할 수 없는 신앙의 대목이다.

우리가 붓다를 위대하다고 하는 이유가 여기에 있다. 그는 진리가 형상이 아님을 알고 있으면서도 오로지 중생을 위해 저자거리로 내려오듯이 그 형상을 보였다. 아니 보여야만 했다. 적멸에 들었어도 그는 중생을 위해 방편심을 잃지 않았던 것이다. 그렇게 그는 중생을 위해 보이고자 했다. 오늘도 근기가 약한 중생에게는 때로 시청각적인 증거물에 신심을 일으키기 때문에, 그리하여 불교를 알고 점차 형상에 매달리지 말라는 자신의 천금같은 말을 이해하게 될 것이므로. 바로 이것이 붓다의 자비사상의 최종적 모습이다.

2

붓다가 입멸하고 다비식까지 치르고 나자 제자들은 붓다의 말씀을 문자화할 필요성을 느끼게 되었다. 이제 중생을 위해 설법을 해줄 당사자가 없었으므로 그동안 붓다가 하시던 말씀을 집대성할 필요를 느꼈던 것이다. 아니 그 중요성을 감안해서라도 어차피 모아야 할 말씀이었다.

그들은 최초의 결집을 위해 모여들었다. 평소 붓다께서 무엇을 가르쳤는지 또 무엇을 가르치지 않았는지 그것을 확인하려는 자리였다. 결집에 참가할 499명이 선정되었다. 모두가 깨달음의 경지에 도달한 비구들이었다. 그런데 발표는 모두 500명이라고 났다. 한 명은 붓다의 시자 아난다였는데 이상하게 그가 빠져 있었다.

《근본설일체유부비나야잡사(제38권)》에 이때의 상황이 나온다.

아난다가 누군가. 붓다의 시자이다. 그가 붓다의 시자였다면 붓다가 살아 있을 때 그 분의 가르치심을 가장 많이 기억하고 있는 중대한 임무를 띤 사람이다. 그런 그가 빠져 있었다.

그때의 상황 속으로 들어가 보면 무엇 때문인지 알 수가 있다.

최초의 결집에 자신이 빠졌다는 사실을 안 아난다는 그제야 언젠가 붓다가 자신에게 하던 말을 떠올렸다.

"내가 입멸한 후 최초의 결집 있을 때 너의 입방이 허락되지 않는다면…."

그런 생각이 들자 아난다는 그제야 이유를 알 것 같았다. 그 이유는 간단했다. 아직도 깨닫지 못한 인간이기 때문이었다. 결집에 참가할 수 있는 자격은 아라한에서 벗어나 깨침을 얻은 자에 한해서였다. 문제는 바로 그것이었다. 가장 필요한 자리에 자신이 빠져 있다는 사실, 그것은 참으로 말이 안 되는 상황이면서 엄청난 모욕이요 고통이었다.

아난다는 그날 붓다가 시킨 대로 마하카사파에게 물었다.

"마하카사파 사형이여. 붓다가 법을 전하실 때 금란가사 외에 따로 무엇을 전했습니까?"

마하카사파가 질문의 저의를 알아채고 잠시 눈을 감았다 뜨고는 문밖을 가리켰다.

"찰간(刹竿)대에 붙었느니라."

찰간대란 정사 앞에 세우는 깃대로서 법요가 행하는 때를 표시하는 것이다.

아난다는 이상한 생각이 들어 눈을 크게 떴다.

"찰간대라니요?"

"거기에 있을 터이니 어서 가보아라."

아난다는 문밖으로 달려나갔다.

도대체 붓다가 무엇을 남겼기에 찰간대에 붙여 놓았다고 하는 것일까.

밖으로 달려나간 아난다는 찰간대를 살펴보았다. 바람 속에 선 찰간대에는 그 무엇도 붙어 있지 않았다. 찰간대의 그림자만이 드리워져 있었다.

더욱더 이상하다는 생각이 들었다. 빈 찰간대로 가보라던 마하카사파의 말속에는 심오한 뜻이 내포되어 있을 것 같은데 그것이 무엇인지 알 수가 없었다.

시간이 계속 흘렀다. 아난다의 가슴 속에는 언제나 빗장대 하나가 가로막혀 있었다. 그럴 때마다 아난다는 자탄하였다.

아아, 나란 인간이 이렇게도 모자란 인간이란 말이냐!

아난다는 제정신이 아니었다.

눈을 뜨나 눈을 감으나 그 생각에 사로잡혀 있었다. 그러던 어느 날 밤 꿈을 꾸었다. 붓다가 부르고 있었다.

"아난다야! 아난다야!"

아난다는 대답하며 달려나갔다.

붓다가 눈을 시퍼렇게 치뜨고 아난다를 쏘아보았다.

"붓다시여?"

아난다는 놀라 소리쳤다.

붓다가 눈을 감으며 차디차게 돌아앉았다.

"나는 너를 찾지 않았느니라."

"무슨 말씀입니까? 방금 저를 찾지 않으셨습니까?"

"나는 너를 찾은 적이 없다!"

순간 시퍼런 창날 끝이 뇌리 속을 헤집는 느낌이 들었다. 얼마 전에도 그렇게 찾으시더니 또 찾지 않았다고 말하고 있었다.

방으로 돌아오려는데 붓다가 다시 아난다를 불렀다.

"아난다야! 아난다야!"

아난다는 돌아서려다 말고 그대로 발걸음을 멈춰버렸다. 그제야 뭔가 알 것 같다는 생각이 들었다. 무위(無爲). 그래 무위. 유위(有爲)가 아닌 무위. 비로소 붓다의 침묵을 이해할 수 있을 것 같았다.

○

아난다의 득오

1

방으로 돌아온 아난다는 붓다의 가르침을 하나하나 기억해 보기 시작했다. 바로 붓다가 살아온 길이었다.

눈을 감고 잠이 들자 강가에서 소년이 웃고 있었다.

그가 불렀다.

이리 오라마. 이리 오라마.

형제를 죽이고 수천 년 쇠산지옥에서 고통받던 사내의 모습이 보였다. 그가 소년처럼 불렀다.

이리 오라마. 이리 오라마.

자신의 업보로 한 나라를 내어주고 하늘의 별이 된 그가 부르고 있었다.

이리 오라마. 이리 오라마…

그와 함께 갠지스 강줄기를 따라 흘렀다.

거기 세상의 마을이 있었다.

그가 말하였다.

"어떤 것에도 물들지 않는 세상 벽의 풍경(風磬)이 되자. 그저 바람 속에서 몸을 흔들어 모두가 깨어나기를 소망하는 풍경이 되자."

깨어보니 꿈이었다. 종일 꿈 생각이 떠나지 않았다.

해가 저물자 장로 한 사람이 찾아들었다. 바로 붓다의 독생자 라훌라 사형이었다. 라훌라 사형이 물었다.

"지금 무엇 하고 있는가?"

"붓다께서 살아오신 길을 생각하고 있습니다.

"결집의 의미가 그것이긴 하지. 상심하지 말게. 자네를 내놓고 어떻게 붓다의 가르침을 제대로 세울 수 있겠는가.

"아직도 저는 법이 모자란 모양입니다."

"결집에 대비해 붓다의 가르침과 그 길을 올바르게 생각해 보게."

"알겠습니다."

"스승님의 가르침을 그대로 그려낼 사람은 자네밖에 없을 것이니 그걸 명심하시게. 먼저 그대에게 있어 붓다의 의미부터 정의해 보시게. 도대체 붓다가 무엇이겠는가."

그가 그런 말을 남기고 돌아가 버리고 나자 아난다는 그의 말대로 붓다의 말부터 곱씹어 보았다.

'나에게 있어 붓다는 누구인가?'

얼른 대답이 나오지 않았다.

이러다가는 결집에 나아가기를 포기해야 할 것 같았다. 붓다가 돌아가시고 결집이 있을 것이라고 했을 때 얼마나 들떴던가. 그때를 대

• 붓다 평전

비해 써놓았던 글들.

다시 그 글을 꺼내 읽어보았다. 그러자 새삼스럽기도 하고 자신이 한심하다는 생각까지 들었다.

…사람들에게 상처 투성이의 붓다를 말하면 그들은 묻는다. 그는 한 나라의 왕자였다. 그런데 어떻게 그에게 상처가 있을 수 있느냐고.

더욱이 그는 과거의 선업으로 인해 성인이 될 상을 타고난 사람이었다. 상처 투성이의 붓다라니?

그러나 상처 없는 인생은 없다. 그 상처가 먼 과거의 인연에 의해 생성된 것이라 할지라도 상처를 치러낼 수밖에 없는 시간은 현재에 있다. 인간은 어떤 계기에 의해 발전하는 동물이다. 그런 면에서 붓다의 성도도 마음의 상처, 그 완전한 정복으로 이해되어야 한다. 그가 성도하고 난 후의 전 과정도 그렇다. 마음의 상처에 의해 고통받고 방황하는 인간들에게 상처를 정복할 수 있는 길을 제시하고 있기 때문이다. 그 완전한 정복, 이것이 해탈(解脫)이다.

나는 이제 붓다가 살아온 길을 반추함으로써 이를 밝혀나갈 것이다.

이 글을 쓸 때까지만 해도 신심이 하늘을 찌를 듯했었는데 때아닌 복병을 제대로 만난 셈이었다.

여전히 사형 장로들의 부름은 없었다. 행여 사형들이 부를까 했으나 여전히 감감무소식이었다. 무소식 정도가 아니었다. 그들은 이제 마하카사파 사형의 제안에 따라 라자가하로 떠나려 하고 있었다. 거기서 안거(安居)하면서 '법(法)'과 '율(律)'의 결집을 시행한다는 것이다.

그들의 소식을 기다리다 깜박 잠이 들었다. 붓다의 향실이 눈앞이었다. 향실로 든 아난다는 붓다에게 삼배를 올리고 물었다.

"붓다시여. 저는 오늘날까지 붓다를 한 번도 의심해 본 적이 없었습니다."

붓다가 눈을 치뜨고 아난다를 멀거니 쳐다보았다. 잠시 후 그의 입에서 말소리가 흘러나왔다.

"그래서?"

아난다는 물러나지 않았다.

"대중들은 붓다의 침묵이 침묵이라고 말하고 있습니다. 진리란 그 무엇으로도 표현할 수 없다는 것입니다. 제가 생각해 보아도 뭐라 말할 수 없다는 생각입니다."

붓다가 문득 알 수 없는 웃음을 지었다.

"나를 오해하고 있구나."

"붓다시여, 붓다께서 말씀하시기를 나중 너의 입방이 허락되지 않는다면 가섭 사형에게 물어보라고 하셨습니다. 붓다께서 남긴 금란가사 외에 무엇을 남기셨느냐고…"

"그래 그랬지. 그것이 나의 침묵과 무슨 상관이 있다는 것이냐? 보아 하니 너는 나의 침묵이 과거의 상처 때문이라고 생각하고 있는 것 같구나. 허허허 재미있도다."

"그렇사옵니다. 그렇게 생각하고 있는 것이 사실입니다. 그래서 더욱 헷갈립니다. 제가 붓다의 가르치심을 모두 기억하고 있사오나 모를 것이 바로 그것이옵니다. 유불여불이라 하여 붓다의 경지는 붓다만이 알고 있다고 저는 알고 있습니다. 그럼 이제 보여주시지요. 붓다의 경지를 말입니다. 붓다께서는 중생을 위해 그 근기에 맞게 대기설법을 해오셨으니 이제 저의 근기에 맞게 그 해답을 주십시오.”

아난다의 말에 붓다가 눈을 감았다. 당돌한 제자의 반격에 붓다는 한동안 말이 없다가 입을 열었다.

“나의 침묵은 그저 침묵일 뿐이다. 침묵 이상의 것도 아니고 이하의 것도 아니다. 그렇기에 마음으로도, 몸으로도, 문자로도 행할 수 없다.”

그렇게 말하고 붓다는 입을 다물어 버렸다. 더 할 말이 없었기 때문이었다.

붓다는 잠시 후에야 눈을 뜨고 아난다에게 물었다.

“너의 이름이 무엇이냐?”

“예?”

“아난다이지?”

“붓다시여?”

아난다가 어이없어 눈을 동그랗게 뜨자 갑자기 붓다가 그의 이름을 불렀다.

“아난다야.”

아난다가 붓다를 쳐다보았다.

“붓다시여?”

붓다가 그를 멀거니 쳐다보다가 고개를 내저었다.

“내가 너를 찾았더냐?”

“네?”

“찾지 않았다.”

순간 철벽처럼 막혀 있던 머릿속의 빗장대 하나가 와장창 부서져 나갔다. 몸의 밑동이 훌렁 빠지는 느낌이었다.

아난다는 벌떡 일어나 붓다를 향해 합장하며 아뢰었다.

"붓다시여. 용서하시옵소서. 붓다의 큰 뜻을 이제야 알겠나이다."

붓다는 말없이 일어나 방을 나갔다. 그의 손이 허공을 휘젓고 있었다. 거기 이런 글이 나타났다.

"멍청이가 제 본래 이름도 모르는구나."

눈을 뜨자 꿈이었다. 아난다는 후다닥 일어나 찰간대 앞으로 달려나갔다. 달려나가는 귓가에 그 개오성(開悟性) 부름 소리가 계속해서 들려왔다. 빈 찰간대가 바람 속에 서 있다가 아난다를 맞았다. 아난다는 달려들어 찰간대를 꺾어 버렸다. 순간 이번에는 철벽처럼 가로막혔던 마음 속의 빗장이 우드드 부러지는 느낌이 들었다.

아난다는 마하카사파의 방으로 내달렸다. 문 앞에서 큰소리로 그를 불렀다. 그러자 안에서 마하카사파의 음성이 들려왔다.

"네가 득오(得悟)했다면 잠글쇠 구멍으로 들어오너라.

아난다는 문을 부수고 들어섰다. 이상하게 문 전체가 잠글쇠 구멍으로 보였기 때문이었다. 안으로 들어서자 거기엔 교단의 장로들이 기다리고 있었다. 아난다는 그들 앞으로 나아갔다. 그리고 그들과 하나가 되었다. 꿈이 아니었다. 희망이었다.

희망이 있는 이상 붓다가 끝내 풀어 주지 않고 간 침묵에 대한 대답을 이제 할 수 있을 것 같았다.

분명히 그 대답은 붓다의 침묵 위에 있는 그 무엇이었다. 그렇다면 이 과정을 통해 침묵의 모가지를 쳐내고 붓다의 궁극적 이상을 그려내야만 할 것이었다.

2

아난다는 그들의 반열에 올라 라자가하 북문 서쪽 산중턱에 있는 사프타파르나(Saptaparna, 칠엽굴(七葉窟))에서 무려 수개월 동안 붓다의 말씀을 남겼다. 기나긴 여정이었다.

꿈에 찾아왔던 라훌라 사형이 가끔씩 그를 찾아 말동무가 되어 주곤 하였다.

"열심히 하게. 나는 내일 떠날 걸세."

"어디로요?"

"어디든. 중생이 있는 곳이면 어디든. 그대와 나는 가는 길이 다르지 않은가. 그러나 길은 단 하나이니 다를 게 무엇이 있겠는가. 언젠가 사형들도 그걸 알게 될 것이네."

그렇게 말하고 라훌라는 결집이 끝나기가 무섭게 훌쩍 그곳을 떠났다.

3

아난다와 헤어진 라훌라는 걸었다. 걷고 또 걸었다. 아버지 붓다로부터 받은 밀법을 소중히 간직하고 걸었다. 아난다에게 후사를 맡기고 떠나오긴 하였지만 라훌라는 알고 있었다. 이제 선법이 무너지고 자신이 펼 밀법이 일어나리라는 것을.

그의 예감은 그대로 맞아떨어졌다. 예감대로 천축에서 선법은 그렇게 영원하지 않았다. 마하카사파를 통해서 삼조인 아난다를 거쳐 퍼져 나가던 선법은 설 곳을 잃고 여러 나라로 조건에 맞게 퍼져 나갔다.

라훌라가 펴던 밀법은 라훌라를 거쳐 삼조인 쉬리끼리띠(srikirti), 사조인 사하라(sahara) 오조 용수보살인 나가르주나(nagarjuna)를 거치면서 점차 체계화되기 시작했다. 갠지스강을 중심으로 농경과 목축에 종사하던 사람들에게 물질의 풍요가 주어지자 그들은 물질적 향락에 빠져들기 시작했고 그에 따라 사람들은 자신의 근기에 맞는 종교 형태를 찾기 시작했다. 그것이 바로 라훌라가 펴고 있는 밀교였다.

그러나 소승계율은 엄밀히 존재하고 있었으므로 그때까지는 예불이나 간경에 주력하는 우도밀교(右道密敎) 정도였다.

자연스럽게 깨달음을 대표하는 하나의 우상을 가지기 시작했는데, 그것이 바로 만다라(曼荼羅)였다. 어떻게 생각해 보면 이 만다라의 출현은 지극히 당연한 것인지도 몰랐다. 근기가 약한 인간이란 본시 무엇을 봐야 믿고 따르기 때문이었다. 그 상대성을 형이상학적으로 통일하려는 노력, 그것이 곧 우도밀교였다.

반야공(般若空)을 여성적인 원리로, 방편(方便)을 남성적인 원리로 보아 그것을 형이상학적으로 조화하고 실천하려는 우도밀교는, 나중에 정신적인 것만이 아니라 육체적으로까지 발전하기 시작했다. 정신적으로만 깨달을 것이 아니라 육체적으로도 대상을 제 몸속으로 끌어들여 체험함으로써 완전한 금강승의 경지, 즉 육신성불할 수 있지 않겠느냐 하는 사상이 대두되기 시작한 것이다. 바로 이것이 좌도밀교(左道密敎)였다.

비로소 불교는 싯다르타라는 한 소년으로부터 시작하여 초기 불교, 소승불교, 대승불교, 밀교에 이르러 활짝 그 꽃을 피우게 되었다. 인간적 환희, 그 빛의 원천으로 향하는 종교적 오도의 문이 열린 것이다.

○

글을 닫으며

필자는 이 글을 시작하면서 침묵이 진리인가 하는 문제를 제기했었다. 이제 약속했던 그 대답을 할 때가 되었다. 이미 눈치 빠른 이들은 알아챘을 테지만 아직도 눈치채지 못한 이들을 위해 기술하려고 한다.

대답을 하려면 먼저 칼이 필요하다. 왜 칼이 필요한가.

진리란 깊고도 오묘한 것이어서 말로는 할 수가 없다. 그것은 상식이다. 그렇게 말길이 끊어졌으므로 말할 수도 없고 마음으로 미칠 것이 아니므로 생각을 일으킬 수도 없는 것이 진리다. 바로 불립문자(不立文字) 언어도단(言語道斷) 심행처멸(心行處滅) 그 자체다. 그렇기에 도가의 노자도 진리를 입 밖으로 내뱉는 순간 그건 이미 진리가 아니라고 못 박고 있다.

범인은 절대 평등의 진리를 묻고 동시에 의문(話頭)에 빠져 버리는 종자들이다.

대답을 하면 진리가 아니라는 것은 이제 자명해졌는데 대답을 하지 않으면 배(背)한다고 한다. 이를 어떡할 것인가. 그것은 한 개인에 대한 배반이 아니라 이 세상 천지만물에 대한 배반이라고 한다.

더욱이 그 대답을 붓다 스스로 하고 있는데도 그렇다고 한다.

침묵이 진리라면 붓다가 침묵의 모습을 보였을 리 없다.

왜 칼이 필요하다고 하는지 이제 이해가 될 것이다. 칼은 붓다의 심장에서 심검당 안으로 옮겨져 있다. 오늘도 많은 이들이 네가 옳으니 내가 옳으니 하면서 하나같이 그 칼로 침묵을 잡도리하여 진리를 성취하고 있다.

그 칼을 뽑아 이제 침묵을 칼질해 보자. 침묵을 칼질해 보면 침묵 위에 있는 대답이 보일 것이다.

이제 붓다가 깨친 후 왜 입을 열었는가 하는 질문같은 것은 통하지 않는다. 중생을 위해 입을 열었다거나 그러기에 대답해야 했다거나 하는 이유는 통하지도 않는다. 모든 것에 있어서 말이 없고 설함도 없으며, 가르치거나 인지(認知)하는 일도 없으며 모든 질문과 대답을 떠나는 것이 절대 평등의 경지에 드는 것이라는 입에 발린 대답 같은 것은 통하지도 않는다.

문제는 여기 있다. 이제 붓다라 할지라도 대답하지 않으면 안 된다는 사실, 대답하지 않는다면 스스로 폐인을 자인해야 한다는 사실이다.

바로 이것이 해답이다. 붓다라 하더라도 결코 피할 수 없다. 그래서 오늘의 현자들은 그 궁극을 비합리적이고 모순과 역설로 꽉 차 있는 몇 줄의 오도송으로 붓다의 침묵을 칼질한다.

…물고기 비늘로 허공 집을 짓누나
흰 구름 포말 속으로 나는 들어가리라…

그 게송들은 분명 언어로서 언어의 불완전성을 제거하고 자유와 독립을 얻기 위한 몸부림 그 자체임이 분명하다.

이것이 침묵의 처단인가. 이것이 곧 불법의 요지인가. 방편교설로 일관한 붓다의 전부인가.

선불교에 능통한 이가 그래도 이해가 되지 않는다며 필자에게 물었다.

"분명히 선문답을 하고 있는데 붓다의 법이 중국에 이르러 선법이 되었다는 사실을 인정하는 것인가요?"

"왜 선법만 묻습니까? 반쪽짜리 대답을 할 필요가 있을까요?"

보리수 아래서 심신일여(心身一如), 즉 금강심 금강신을 얻어낸 오도(悟道)가 그것의 증명이 아니냐는 말에 그는 역시 난감한 표정을 짓다가 다시 물었다.

"중국의 선법이 붓다의 법이란 말인가요?"

"불교가 중국의 선법이 된 것이 아니라 그 법은 이미 붓다에 의해 성취된 법입니다."

"그럼 이렇게 묻지요. 불법의 진리가 침묵의 처단 뒤에 있다면 그게 무엇인지? 만약 무아라고 한다면 무아는 어떻게 버리실 것인지?"

참으로 어이없는 질문이었다. 붓다가 아난다를 찾고는 찾지 않았다고 할 수밖에 없는 이유가 여기에 있다.

붓다가 찾은 것은 아난다의 본래 모습이다. 아난다, 너 자신이 붓다라고 말하고 있는 것이다. 바로 우리가 붓다라고 말하고 있는 것이다.

• 붓다 연대기

- 기원전 565년 ; 중인도 카필라성의 성주 숫도다나왕의 아들로 탄생, 출생 7일 만에 친모가 돌아가심. 스승들로부터 제왕학을 배움. 생사의 이치를 사색.
- 547년(19세) ; 구리성(拘利城)의 성주 안자나의 딸 야쇼다라를 맞아 결혼함. 고파와 마노다라를 비로 취함.
- 537년(29세) ; 라훌라 출생함. 2월 8일 출가하여 수도 생활을 시작함.
- 536~531년(30~35세) ; 현자를 찾아 구도 행각. 산림에서 5년간 고행.
- 531년(35세) ; 붓다가야의 보리수 밑에서 12월 8일 무상대도를 이룸.
- 530년(36세) ; 바라나시에서 다섯 비구에게 최초의 설법을 함(초전법륜). 바라나시의 장자의 아들 야사를 제도. 빔비사라왕 귀의. 칼란다카 장자로부터 죽림(竹林)을 희사 받아 죽림정사를 지음.

- 529년(37세) ; 왕사성에서 여름 안거. 마하카사파 32세의 나이로 출가.
- 528년(38세) ; 왕사성 영취산에서 여름 안거. 사위성으로 유행함.
- 527년(39세) ; 왕사성 영취산에서 여름 안거. 사리푸트라와 목갈라나가 제자들과 함께 귀의. 바이샬리성으로 가서 카필라와 코살라 양 도시민의 불화를 조정하고 화해시킴.
- 526년(40세) ; 바이샬리 대림정사에서 여름 안거. 수닷타 장자 기원정사를 세움. 카필라성으로 귀향. 독생자 라훌라 등이 출가. 바이샬리 대림정사에서 수행함.
- 520년(42세) ; 아나룻다, 아난다, 데바닷다, 난디카 등이 출가.
- 521년(43세) ; 부왕 숫도다나 97세로 입적.
- 522년(44세) ; 코삼비국에서 여름 안거. 승중이 분쟁하자 파리야사라 동산으로 감.
- 521년(45세) ; 사위성으로 돌아갔다가 다시 마가다국으로 감.
- 519년(47세) ; 마가다국의 한 거처에서 여름 안거. 사위성에서 라훌라를 위해 설법.
- 517년(49세) ; 사위성 기원정사에서 여름 안거. 라훌라 구족계를 받음.
- 516년(50세) ; 니구룻다 암라 동산에서 마하나마 왕을 위해 설법.
- 514년(52세) ; 왕사성 죽림정사에서 여름 안거.
- 513년(53세) ; 왕사성에서 여름 안거.
- 512년(54세) ; 자리산중에서 여름 안거.
- 511년(55세) ; 아난다가 부처님의 시자 됨. 이후 그의 시봉을 25년간 받음.

- 510년(56세) ; 자리산중에서 여름 안거. 흉적 앙굴리말라를 제도.
  504년(62세) ; 488년(78세)까지 매년 사위성에서 여름 안거.
- 487년(79세) ; 왕사성 영취산으로 유행함. 사리푸트라 입적. 목갈
  라나 순교. 양모 마하빠자빠띠고타미 입적.
- 486년(80세) ; 니르바나에 듦.

작.가.노.트.

1. 시작 무렵

1

붓다 평전을 쓰는 것을 알고 한 지인이 찾아와서 물었다.

"붓다라고 한다면 누구? 석가모니?"

"맞아."

그가 피식 웃었다.

"석가모니는 인도어 샤카무니(kyamuni)를 음역한 것이라고 하는데 먼저 그 의미부터 좀 설명해 주지 그래."

"몰라서 묻는 것 같지는 않은데?"

"좋다. 샤카는 인도의 여러 종족 중 붓다가 속한 종족의 이름이라고 하던가?"

그가 내 눈치를 흘끗 보며 중얼거렸다.

"맞아."

"그럼 무니는 '침묵하다'라는 뜻을 가졌다고 하던데 맞나?"

"후에 '성인'이란 뜻을 가지게 되었지."

"석가모니는 '석가족의 침묵하는 성인'이라는 뜻이 되겠군?"

"그렇지."

"이렇게 묻지. 붓다가 나기 전 붓다가 존재했는가?

나는 어이가 없었다.

이건 또 무슨 질문이야?

대답을 하지 않았다. 몰라서가 아니었다. 제목을 그렇게 붙인 이상 평전을 쓰려면 먼저 그것부터 정의하고 넘어가야 하겠다고 생각하고는 있었다. 하지만 겁이 덜컥 났다. 모르고 묻는 게 아닐 것이고 보면 더욱 그랬다.

내가 대답을 하지 않고 있자 그가 다시 물었다.

"만약 존재했다면 그 분들도 붓다요 붓다도 붓다인데 왜 붓다만 우리 곁에 있는지 모르겠네?"

붓다의 존재 이유가 극명하게 드러나는 순간이었다.

그날 나는 아마 이렇게 대답했지 싶다.

"그 문제를 열기 위해서는 먼저 인도의 문화에서 대답을 찾아야 할 걸세."

그가 너무 피상적인 대답이 아니냐는 듯 또 웃었다.

"불교에서 말하는 인연의 문제가 아니고? 전생과 금생, 래생의 문제 말이야."

불교에 문외한인 줄 알았더니 그도 예사내기가 아니었다. 그의 다음 질문에 나는 또 어이없었다.

"그럼 이제 이렇게 묻지. 진리가 침묵이라고 생각하나?"

나는 깜짝 놀랐다.

"뭐?"

"침묵이 진리인가?"

나는 멍하니 그를 쳐다보았다. 그가 날카롭게 진리의 함정을 꿰뚫고 있다는 생각이 들었다.

그 대답은 붓다도 비밀경처럼 숨겨온 질문이다. 아직도 그는 스스로 그 해답을 찾으라고 하고 있다. 여전히 침묵하고 있기 때문이다.

"극락이 있습니까?"

붓다는 침묵한다. 그렇게 극락과 지옥을 들먹여 놓고는 정작 물으면 침묵한다. 이 지독한 아이러니.

"지옥이 있습니까?"

역시 붓다는 침묵한다.

내뱉으면 어떻게 되는가. 그는 그렇게 묻고 있는 것 같다.

그런데 그는 지금 뭐라고 내게 질문하고 있는가.

바로 그 침묵을 칼질하고 있는 것이다.

그렇다면 그의 칼질은 침묵 위에 진리가 존재하고 있다는 말이다. 그 진리의 본체를 드러낼 자신이 있느냐는 말이다. 내뱉으면 이미 진리가 아니라는 걸 아는 작자가 진리의 본체를 써보겠다는 그런 말이다.

하기야 진리가 입 밖으로 맴돌 물건은 아니다. 진리란 깊고도 오묘한 것이어서 말로는 할 수가 없다는 건 상식이다. 그렇게 말길이 끊어졌으므로 말할 수도 없고 마음으로 미칠 것이 아니므로 생각을 일으킬 수도 없는 것이 진리다.

그런데 시원찮은 글쟁이가 그 임자를 그리겠다고 한다. 임자의 침묵 위에 존재하는 진리를 보려면 임자의 침묵을 칼질해 봐야 할 터인데 감히 범부가 그 임자를 그리겠다고 한다.

"그의 법을 알려면 그의 법을 뜯어보지 않고서 어떻게 나의 법이 될 수 있겠는가. 그를 그려보지 않는다면 언제나 그는 나의 밖에 있을 것이야."

내가 그렇게 말하자 그는 말이 안 된다는 듯이 고개를 내저었다. 그 성스러운 양반을 감히 범부가 그리겠다는 것이 말이 되느냐는 표정이었다.

나는 눈을 감았다.

2

잠을 이룰 수가 없었다. 범부와 성인. 그래서 성인에게 다가갈 수 없다? 그의 법이 무엇인지도 모른 채 가까이 다가갈 엄두도 내지 못한다?

그럼 그를 어떻게 아나? 그의 모든 것을 어떻게 아나? 그를 알아야 존경을 하든지 말든지 할 것이 아닌가.

그런데도 기가 질려 그저 고개 숙여 합장이나 하며 신앙하고만 있다.

뭐가 잘못된 것인가? 아니 누가 잘못된 것인가? 그들인가? 붓다인가? 누가 굴레를 만들었나? 붓다?

만약 붓다가 장본인이라면 우리보다 앞서 깨친 이가 아니다. 우리를 가르치는 스승이 아니다. 그냥 우러러봄으로써 우리를 지켜주는 신앙의 대상물일 뿐이다. 우리를 단죄하고 우리를 칭찬하고 우리의 골수를 다스리는 사이비 교주일 뿐이다.

그는 우리에게 굴레를 가르치지 않았다. 굴레를 벗으라고 가르쳤다. 너에의지하고 법에 의지하라 가르쳤다. 그것이 모든 구속에서 벗어나는 해탈이라고 가르쳤다. 배는 물을 건너는 데 필요한 것이다. 물을 건넜으면 배를 버리라고 가르쳤다.

굴레를 만들고 있는 것은 바로 우리이다. 그러므로 그의 법을 알려면 그의 법 가까이 다가가야 한다. 사랑하는 사람을 대하듯, 친구를 대하듯. 스승을 대하듯, 부모를 대하듯…. 그를 안아보고, 그를 밀쳐보고, 그를 살펴보고. 임을 사랑하듯 사랑해 보고, 친구를 대하듯 어깨동무도 해 보고 그렇게 가까워져야 하고 평가해 봐야 한다. 그래야 그의 본모습이 보일 것이다. 비로소 여래를 의심치 말라던 그의 경지를 알 수 있을 것이다.

그렇지 않고 어떻게 그의 법을 알 수 있고 그의 경지를 내 것으로 할 수가 있는가.

이번에는 내가 그를 찾아갔다. 그가 뜻밖이라는 표정을 지었다.

"궁금하군. 그리하여 내보일 그대의 대답이…"

지인의 말에 나는 다시 할 말을 잃었다.

그렇게 하여 그대가 얻은 붓다의 진리가 무엇이냐는 말이었다. 붓다가 준 법의 핵심, 그 대답이 궁금하다는 말이었다.

유감스럽다는 생각이 들었다.

어떻게 그 대답을 해 줄 수 있을 것인가.

대답은 분명 붓다가 비밀경처럼 숨긴 침묵, 그 침묵을 처단하고 난 뒤에 할 수 있는 무엇이다.

그게 무엇일까? 침묵의 모가지를 뎅겅 잘라 버리고 난 뒤에 볼 수 있을 그 대답?

2. 금고기(金魚)의 희망

보살(菩薩)이란 말이 있다. 자신이 지옥에 가더라도 중생을 구하겠다는 이가 보살이다. 그래서 보살은 이렇게 말한다.

상구보리하화중생(上求菩提下化衆生).

이 말은 대승불교의 이념을 그대로 나타낸 말이다. 위로는 깨달음, 즉 보리를 구하고 아래로는 근기가 낮은 중생을 교화한다.

말을 바꾸면 누구나 보살 수행을 통해 붓다가 될 수 있다는 말이다. 다시 말을 바꾸면 보살 수행의 핵심은 이타행(利他行), 즉 남을 위한 행위를 통한 중생구제에 있다는 말이다. 자리행(自利行). 바로 그것이 불자의 이상이란 그 말이다. 서원(誓願)과 회향(回向). 바로 그것이 보살의 핵심 사상이라면 말이다.

그렇다면 문제는 상구보리가 먼저냐, 하화중생이 먼저냐 하는 것에 지나지 않는다. 왜냐면 상구보리에 의문을 제기하는 이도 있고 하화중생이 먼저냐 하는 데 의문을 제기하는 이도 있기 때문이다. 그렇게 생각해 볼 때 지인의 질타는 붓다의 경지를 얻지 못한 자가 어떻게 붓다의 글을 쓸 수 있느냐 하는 소승적 발상에 지나지 않는다. 붓다는 남을 먼저 생각하지 않으면 진정한 보리심 즉 지혜를 구하는 마음이 생기지 않는다고 했다.

먼저 초발심을 회복하고 평상심을 되찾아야 하겠다고 생각했다. 진리는 평상심 속[平常心是道]에 있었다. 어려운 곳에 진리가 있는 것이 아니었다. 우리의 일상이 바로 진리였다. 아주 쉬운 문제도 지레 겁을 내다보니 문제가 어려워진다. 정신을 바짝 차리고 아무리 어려운 문제라도 쉬운 것부터 슬슬 풀어 나가다 보면 자연히 문제는 풀릴 것이다. 그러다 보면 본질에 가까이 다가설 수도 있을 것이다. 그것이 우리가 생각하는 진리의 모습이 아니겠는가. 또 바로 그것이 생활이란 놈이다. 껍질을 벗기지 않고 속 알맹이를 볼 수는 없다. 껍질을 벗기다 보면 피상적이라는 말을 듣기가 십상이지만 그렇게 보는 사람들일수록 터무니없는 환상에 사로잡혀 있다. 어려운 매듭을 어렵게 풀려는 자들이 바로 그들이다. 붓다나 보살이나 아라한도 구별 못 하는 인간들, 그들이야 말할 것도 없지만 고답적인 것을 즐기는 사람일수록 그런 면이 짙은 것을 수없이 보아왔다.

물론 붓다를 그리다 보면 여시아문(如是我聞)의 그 숭고한 이념이 무너질지도 모른다. 아니 무너뜨려야 한다. 붓다의 가르침은 그 본의를 잃고 내 주관에 의해 변질될 수도 있다. 그의 깊고 심오한 사상이 내 수준에 의해 재단되어 변질될 수도 있다.

그렇기에 지인들은 그걸 염려하고 있는 것이다. 감히 붓다를 그릴 수 없기에 여전히 소승적 발상에 젖어 고리타분하고 구태의연한 이들의 눈총을 두려워하고 있는 것이다.

하기야 미묘하고 심오한 붓다의 큰 세계를 제대로 그릴 수 없다면 낭패 중 낭패다. 그러나 그렇다고 손을 놓아버린다면 그게 바로 붓다 정신에 위배되는 것일 터였다. 평전의 속성상 주관을 배제하고 객관성을 유지하기가 그리 쉬운 것 같지 않지만 그것은 평전인 만큼 읽는 이의 몫으로 남겨둬야 할 것이었다.

3. 다시 시작하다

문청 시절. 문인이 되기 위해 제일 처음 쓴 소설이 200자 원고지 2,800장의 《십우도》라는 작품이었다. 그날의 십우도는 그 후 칼을 맞고 만신창이가 되어서야 제대로 제 얼굴을 찾았다. 쓰고 찢고 쓰고 찢고…. 그때마다 파지가 산처럼 쌓였다. 붓다를 위시한 여래들이 제 모습을 얻기 위해 칼을 맞고 시도 때도 없이 널브러졌다.

그때 나의 속셈은 붓다를 산중 절간에서 찾을 것이 아니라 우리의 삶 속에서 찾아 보자는 것이었다. 그것도 누구나 기피하는 칼잡이, 즉 소를 도살하는 백정의 생활에서 찾아보자는 것이었다. 살생과 구도. 수행자에게 있어 살생은 바로 파계다. 칼잡이에게 있어 살생은 생활이다. 이 지독한 디렘마, 그 디렘마를 극복하지 않고서는 구도는 없다고 생각했다.

그 대답이 생활선 속에 있었다. 승과 속의 삶을 하나로 보는 작업. 그들 각자가 있는 곳이 바로 수행처였다. 승은 산속에서 도를 찾고, 칼잡이는 시장바닥에서 살생을 통해 자신의 본래 면목을 본다.

바로 이것이 생활선이라고 생각했다. 왜 도를 조용한 산중에서 찾아야만 하는가. 이 시장바닥에서 보면 보는 대로 들으면 듣는 대로 앉고 서고 먹고 늙고 그런 일상 자체가 도라고 생각했다. 그렇기에 《십우도》에서 소를 잡는 백정을 주인공으로 삼았던 것이다.

붓다 평전도 그렇게 써야 한다고 생각했다. 우리와 멀리 떨어진 성현이 아니라 그냥 인간을 그리자고 생각했다. 인간 붓다. 고통에 찬 인간을 그리자는 생각이었다. 우리와 다름없는 인간. 여자를 사랑할 줄 알고 애욕에 갈등하는 인간. 바위에 발등이 깨어져 피 흘리는 인간, 어미가 그리워 울고, 사랑하는 사람을 제대로 챙기지 못해 우는 인간을 그리자는 생각이었다. 그리하여 완전한 인간으로 일어서는 사람을 그리자는 생각이었다.

그랬다. 그렇게 그려야 한다고 생각했다. 사람들은 그가 편 법이 어렵다고 생각하지만 법이란 멀리 있는 것이 아니라 우리 생활 자체가 그의 법이라는 사실을 써야 한다고 생각했다.

그렇지 않은가. 그가 온갖 신고 끝에 본 법이 그것이 아니던가. 우리의 일상 자체가 법이라는 사실을 그는 보았다. 우리의 잡다한 생활을 떼놓고 법을 따로 생각할 수 없다는 사실을 깨쳐 우리에게 주었기에 그는 붓다가 된 것이다. 우리의 평상심이 바로 도라는 것을 깨쳐 줬기에 붓다가 된 것이다. 말을 바꾸면 참된 도란 어려운 곳에 있는 것이 아님을 깨달았기에 붓다가 된 것이다.

4. 가상에 울고 진상에 울고

1

작업을 시작하면서 나는 먼저 붓다가 어떻게 해서 우리에게 올 수 있는지부터 살펴보기로 했다.

어느 날 기다린 듯이 이 나라 불교의 중추인 성철 스님의 글 〈불일법문〉을 뒤늦게 읽은 후학들이 찾아들었다. 그들의 푸념에 잔뜩 날이 서 있었다. 하기야 싶었다. 이나라 선승의 대표적 인물이 경전 속의 붓다 말이 직언이 아니라고 해 버렸으니 그 사실도 모르고 중생들에게 거짓을 가르쳐 왔다고 했으니.

"도저히 이해가 되지 않네요. 뒤늦게 조사해 보니 그렇더군요. 대승불전이 창작이다? 전 의견이 좀 다릅니다. 외도들이 뭐라고 해도 우리의 불교가 일이 년의 것이 아닙니다. 천수 백 년이나 되었지요. 초기 불전이 들어오면서 과거의 대승경전들이 위경이라니요?"

"문제는 붓다의 직설이냐 아니냐 그 말이지 뭐. 아니 그마저도 모르고 경전 그대로 붓다의 말씀이었다고 중생에게 가르친 그 업이 크다 뭐 그런 뜻이겠지."

나는 그럴 줄 알고 있었으므로 그렇게 말했다. 내가 그렇게 대꾸하자 말을 하던 후학이 무슨 말이냐는 듯이 눈을 치떴다.

"이 글을 보십시오."

…

부처님이 돌아가신 후 세월이 지나면서 제자들이 각지로 흩어져 살게 되면서 각자의 교리를 주장하게 되니 이 시대를 불교사적으로 부파불교시대(部派佛敎時代)라고 합니다. 이 시대에는 18 또는 20 부파불교가 있었다고 하는데 각 파가 각기 자기의 주장을 펴서 이것이 불교다 저것이 불교다 하여 논쟁을 많이 하였지만 모두 어느 한쪽에 집착한 변견이었으니 이것이 소승불교입니다.

… 대승불교가 부처님 돌아가신 후 몇백 년 뒤에 성립되었든지 간에 어떤 경전이든지 중도사상에 입각해서 설법되어져 있다면 그것은 부처님 법이고 그렇지 않다면 부처님 법이 아니라는 것입니다. 그러면 내가 앞에서 말

한 천태종이나 화엄종이나 선종 등이 중도를 근본으로 삼았으므로 부처님의 근본 사상을 그대로 이었다는 것이 증명되는 것입니다. 처음에는 학자들이 잘 몰라서 대승불교를 의심하고 소승불교만이 부처님 불교가 아닌가 하고 연구해 보았지만 부처님의 근본 불교가 중도사상에 있었다는 것이 판명된 뒤에는 대승비불설은 학계에서 사라져 버렸습니다.

여기까지 읽었는데 후학의 말소리가 들려왔다.

"그러니까 불교의 핵심은 중도이므로 자신은 늘 중도를 설해왔고 그러므로 중도가 아니면 붓다의 법이 아니다 그 말 아닙니까?"

나는 계속 다음 글을 읽어내려 갔다.

…하나 덧붙일 것은 시대적으로 보아서 불교를 원시불교, 부파불교, 대승불교로 나눕니다. 원시불교를 다시 부처님 당시와 직계 제자들이 있었던 불멸 후 30년까지를 대개 근본 불교라 하고 부처님께서 돌아가신 후 백 년까지를 협의의 원시불교라 합니다. 부파불교란 곧 소승불교로서 불멸 후 1세기부터 대승불교가 일어나기까지 4~5백 년 사이를 말하고 또 대승불교는 서기전 1세기 무렵부터 일어난 새로운 불교를 말합니다. 근본 불교인 원시불교와 부파불교인 소승불교는 근본적으로 틀립니다. 부파불교시대에 있어서는 유견 아니면 무견, 무견 아니면 유견의 변견으로 각기 자기 교설을 주장한 소승불교로서 중도사상이 없는 데 반하여, 근본 불교는 중도사상에 입각하여 모든 교설이 설하여져 있습니다. 그래서 소승불교는 부처님 사상을 오해한 변질된 불교이며 정통의 불교는 아니라는 것은, 요즈음 와서 학자들이 말하게 되었습니다.

글에서 시선을 떼는데 기다리고 있던 후학의 음성이 다시 들려왔다.

"대승경전이 친설은 아니나 내적 깨달음의 실체 법(Dharma)의 본성을 더 중요시하고 있으므로 하나로 안을 수 있어야 하고 그것이 정통이라고 솔직히 시인했다면 이해가 빨랐을 것입니다. 하나같이 기록된 붓다의 법을 놓고 이것은 부처님 법이고 저것은 부처님 법이 아니다? 한마디로 이것도 틀렸고 저것도 틀렸다는 말 아닙니까. 오로지 중도만이 붓다의 법이다 그 말 아닙니까. 불교의 핵심이 근본 불교 안에 있는데 소승불교를 인정하지 못하겠다 그 말 아닙니까. 그 이유가 무엇인고 하니 중도사상이 결여되었기 때문이라는 겁니다. 부파의 순결성과 중도 핑계를 대고 있지만 남전상좌부 빠알리나 산스크리트 경전은 부처님의 말씀이 아닌가요? 정통이 아니라니요? 우리가 소승불교라고 일컫는 남방상좌부나 설일체유부의 경전들이 정통이 아니라니요? 부처님의 원음을 그대로 모아 기록한 것이 그것입니다. 그렇기에 같은 시절의 소승에서도 법상과 법성을 다 인정했습니다. 그도 그 나물에 밥 비벼 먹고 대승이 되었습니다. 그런데 이제 와 아니라니요."

나는 난감하다는 생각을 하며 팔짱을 꼈다.

"앞글에는 무지로 인해 한국불교가 거짓말을 일삼았음을 통렬하게 비판하고 결국에는 중도니 무견이니 유견이니 하면서 대승불교가 정통 불교라고 못박아 버리는 이 사실을 어떻게 받아들여야 합니까? 아난다가 증명하고 있고 부처님의 말씀이 그대로 살아 있는데 이것은 진짜고 이것은 가짜고…"

"글쎄, 그렇게만 받아들일 문제는 아닐 것 같은데…"

더 물러설 곳이 없어 한마디 하자 그가 정색을 하고 쳐다보았다.

"전 무식해 놔서 잘 모르겠습니다. 하지만 우리에게 들어온 경전이 가짜다? 그 분이야 대덕이시니 가려가며 읽겠지만 그럼 무식한 우리는요? 결과적으로 대승불교를 그렇게 옹호하고 나설 수밖에 없는 노승의 궁색한 푸념, 그렇게 살아온 자로서의 자기 위안과 변명이라고 볼 수밖에 없다면 경전 하나 어디 마음대로 읽고 자기화할 수 있겠어요. 아난다가 여시아문이라고 해서 다 부처님이 설한 경전으로 믿어서는 안 된다고 하는데 그러면 어쩌란 말입니까?"

"그래서 중도에 초점을 맞추고 있지 않은가."

"좋습니다. 중도가 아니면 부처님의 법이 아니라고 하지요. 인정합니다. 그런데 중도가 아니면 가짜이므로 버려야 한다? 안아야 할 것이 아니라 버려야 한다? 원시 경전 속에 모든 것이 있다는 말씀 같은데 오시팔교설이 왜 나왔겠습니까. 물론 이해가 되지 않는 것은 아닙니다. 평생을 모르고 부처님 가르침을 경전대로 무지한 중생에게 가르쳐왔으니… 아무튼 선대 선지식들을 뒤엎어 버리는 그 말을 그렇게 당당하게 할 수 있습니까?"

나는 할 말을 잃고 눈을 감았다.

"어쨌건 대승불교의 우두머리가 할 말은 아닙니다. 어제 도반 하나를 만났더니 그러잖아도 이곳에 왔다 갔다고 하더군요. 어지간히 실망한 표정이더군요. 그 분이 선승이라고도 해도 그렇다는 겁니다. 이럴 수는 없다는 겁니다. 부처님이 어디 있습니까?"

무슨 말이라도 해야 될 것 같은데 말이 나오지 않았다. 만나는 자마다 어떻게 된 것이냐고 했을 테니…. 대승불교의 우두머리가 스스로 자신들의 경전이 소설이라고 자인했다는데 알고 있느냐고 해대었을 테니….

"그러더라고요. 나라고 불법이 진리임을 몰라 이러겠느냐고. 하지만 그러지 않느냐는 겁니다. 붓다의 직설이냐, 아니냐, 그 문제점이 중도에 있다고 하더라도 그렇다는 거지요. 그 분의 말대로 유견이니 무견이니…. 뭘 모르고 경전 그대로 붓다의 말씀이었다고 중생에게 가르친 그 업이 크다 뭐 그런 뜻이라고 하더라도 대승불교의 기초이념이 뭐냐는 겁니다. 불성을 개발하여 대오(大悟)하면 그게 붓다의 경지인데 그럼 대승에게는 대승의 길이 있을 터이고, 그 길에 앞장섰던 사람이 이제 와 학자들의 얄팍한 지식에 놀아나 대승의 이념을 망각하고 있다는 것이 말이 되느냐는 겁니다. 그 분이 진짜 대승이라면 당당하지 못할 것이 어디 있고 당당하면 어디가 덧나느냐는 겁니다. 저도 그렇게 생각합니다. 궁색해요. 정말 궁색합니다. 이게 오늘의 한국불교라면 이제 끝장났습니다. 이제 끝났어요."

그가 씩씩거리며 돌아가고 난 뒤 나는 오래도록 창가에 서 있었다.

선사의 말도 일리가 있고 그를 궁색하다고 하는 자들의 말도 일리가 없는 건 아니다. 하나같이 붓다의 참모습을 모르니 바로 봐야 한다는 말일 터인데 어쩌다 이렇게 되었을까 싶었다. 그들의 말대로 대승은 대승의 길이 있다. 설령 몰랐다 하더라도 그렇다. 모두가 모르고 붓다의 말씀인 줄 알고 그렇게 불법을 폈다 하더라도 앞서간 대승들은 대승의 길을 걸었다. 그랬다면 대승답게 당당해야 한다. 하여 깨친 도도 이론도 수행 체험을 통해서 얻은 증험한 산물이므로 추상적인 지식꾼들의 이론에 흔들릴 이유가 없다.

이것이 붓다와 선지식들의 차이인가?

그렇구나. 일각(一覺), 일각이구나. 붓다와 대승의 차이가 여기에 있었구나.

방향이라는 말이 떠올랐다. 누구도 모르고 있었다. 모르기에 우리는 이 언덕에 있고 이렇게 탄식하고 있는 것이다.

그렇다면 더 열심히 붓다의 참모습을 찾아 나서야 한다.

어제오늘 안 사실이 아니고 보면 방향은 잡혀 있었다. 나는 계속해서 나의 신심에 불을 당기면 되었다.

작업에 가속도가 붙었다. 소설불교와 신변잡기 불교에서 벗어나야겠다는 생각에는 변함이 없었다. 그렇지 않고는 불교 본모습의 곡해에서 벗어날 수 없을 것이었다.

붓다의 원음에 가깝다는 남방상좌부의 《니까야》를 계속 찾아다녔다. 암송으로 구전되던 원시불교의 경전이 상대 부파에 의해 오늘날 불교의 기초를 형성했다는 것은 역사가 증명한다.

빠알리어 경전 《맛지마 니까야》를 비롯하여 《디가 니까야》, 《상윳따 니까야》,《앙굿따라 니까야》 등 북방의 아함에 해당하는 이들 경전은 빠알리어 대장경 가운데 경장에 해당하는 경전이다. 처음 시작할 때는 몇 권 없었는데 세월이 그리되었는지 여러 권으로 나온 곳도 있고 9권을 단권으로 묶은 곳도 있다. 그동안에 사 모은다고 사 모았는데 성의 있게 만든 곳이 한두 곳이 아니다. 내게 필요한 자료들을 모으고 그래도 안 되겠다고 생각되면 빠알리어에 저명한 이들을 계속 찾아내어 자료를 구해 읽었다.

《4아함》은 동국역경원에서 나온 것을 마저 구했다. 오래전부터 그 중요성을 감안하여 한 권 한 권 사 모았는데 그래도 많이 모자랐다. 붓다의 생애와 사상에 초점이 맞추어져 있었으므로 필요한 자료를 중점적으로 모았다. 두 경전을 먼저 모아 놓은 자료와 쌓아 놓으니 참으로 엄청난 양이었다. 웬만한 신심을 가지고는 일독하기조차 쉽지 않은 방대한 양이었다. 거기에다 여기저기서 구한 자료들이 산처럼 쌓였다. 내게 필요한 자료들만 모은다고 해도 그랬다. 그래도 모자란다면 계속 컴퓨터를 최대한 이용하기로 했다. 웬만한 자료는 이미 전산화되어 있었으므로《대장경》은 물론 사진 자료, 불교의 단행본 자료 전문 낱글자까지 검색이 가능하다는 정도는 알고 있었다.

다시 천천히 두 경전을 비교해 가면서 읽어나갔다. 빠알리어는 표음문자이므로 언어구조가 대단히 분석적이고 구체적이다. 반면 북방의 표의문자는 직관적이고 추상적 언어구조를 가지고 있다. 그런 면에서 붓다의 원음 아함경으로 번역되면서 이미 분석적인 언어구조를 상실했다고 볼 수 있을 터이다.

그러나 뜻 있는 이들이 걱정했던 것은 한역화되면서 그 대의가 틀에 맞게 편집되었다는 것이 아닌가. 그렇다면 대승불교의 현란한 교리체계가 붓다의 원음 속에 있을 것이었다.

나는 붓다의 생애와 사상에 초점을 맞추고 그 부분을 계속해서 집중적으로 검토해 나갔다. 이 속에 붓다의 본모습이 있을 것이었다.

읽어도 읽어도 경전은 끝이 없었다. 내게 필요한 부분들만 살펴나가는 것도 힘에 부쳤다. 경전을 쳐다만 봐도 캄캄했다. 절망이 물밀 듯 밀려들었다.

막막하다가 겨우 조금씩 틀이 잡히기 시작하자 좀 숨통이 트였다. 소묶음으로 대 묶음을 만들고 그것을 지워 나갔다. 다시 되살리기도 했고 다시 점검 과정을 되풀이했다. 될 수 있으면 붓다의 원음은 살려 보자고 했고 한역화되면서 훼손된 부분들을 비교 검토해 나갔다. 오류는 어디에나 있었다. 같은 경전이라도 이곳저곳이 틀렸다. 그것은 남전 빠알리라고 해서 다를 것은 없었다. 그곳에도 오류가 여기저기 보였다. 중복되고 있다는 생각이 들어 비교해 보면 같은 경인데 그 내용에 차이가 있었다. 한역본은 말할 나위 없었고 빠알리어 경전도 18부나 되는 부파의 산물이었으니 그럴 수밖에 없었다. 더욱이 그것이 스리랑카로 넘어가 음사되기에 이르렀고 영국 니까야 협회에서 다시 음사되었으니….

그렇게 모순점들을 짚어 나가면서 붓다의 모습을 계속 찾아 나갔다. 앞서 간 이들의 수많은 연구와 저술들, 눈물겹게 고마웠다. 빠알리어 율장 소품과 대품 속에서 만날 수 있는 붓다의 생애. 연기법과 초전법륜, 승단 형성, 그렇게 율장과 경장이 연결되고 팔과 다리가 되고….

서로 제 몸인 듯 율장과 경장이 합해져야 원형에 가까운 부처님 생애가 복원되리라 생각되었다.

컴퓨터의 힘이 컸다. 확실히 세상은 변해 있었다. 문서에 마우스 커서만 갖다 대면 내가 필요로 하는 자료가 검색되었다. 사전의 경우 무려 수십 종 이상의 충실한 자료가 검색되기도 했다.

그러나 어디까지나 컴퓨터는 보조적 수단에 지나지 않았다. 내가 읽는 경전 속에 모든 것이 있었다. 붓다의 《전생담(자타카)》도 있었고 전생담을 모아 만든 《육도집경》도 그 속에 있었다. 붓다가 인간의 보를 받아 두통의 고통에 시달렸다는 기록도 그 속에 숨어 있었다.

붓다의 두통 원인을 계속해서 찾아 나갔다. 붓다의 근본, 불교의 핵심, 윤회… 그 적나라한 모습이 점차 드러나기 시작했다. 그는 비록 인간의 몸을 하고 있었으나 금강의 세계에 있는 사람이었다. 그의 두통, 성도 후 알 수 없는 웃음으로 뒤바뀌었다는 그의 두통. 그럼 그 두통을 유발했던 원인을 찾아내야 한다. 성도 후 알 수 없는 웃음을 유발하게 했던 그 원인.

그의 전 생애를 더 깊이 찬찬히 들여다볼 수밖에 없었다. 그래야 그의 본모습이 드러날 것이다. 그럴 것이다.

빠알리《담마빠다》를 계속 정독해 들어가자 모든 것이 확실해졌다. 더 확장시켜보니 그와 비슷한 기록들이 보였다.《본생경》에도 있고《증일아함경》에도 있다. 어느 경전의 기록이 그 중 자세한가 하고 찾아보았더니《근본설일체유부비나야잡사》다. 다른 상좌부 율장에서 전하지 않는 내용으로 가득하다. 여러 행법(行法)과 인연사(因緣事) 문제도 자세하다. 미세한 부분까지도 놓치지 않고 있다.

더욱 신심이 굳어졌다. 붓다의 모습을 제대로 찾아내면 된다는 신심이 더욱 굳어졌다.

그의 모습을 바로 세우지 않고는 그의 본모습을 볼 수 없고 원음도 만날 수 없다. 그의 본모습이 제대로 세워졌을 때 대승불교의 큰 사상도 점차로 만날 수 있으리라.

붓다의 근본을 알 수 있는 두통 사건을 계속해서 조명해 들어갔다. 무지해 몰랐을 뿐이지 경전마다 앞서 말한 무시무시한 석가족 몰살사건의 전모가 섬뜩할 정도로 과감하게 묘사되어 있었다. 역시 다른 상좌부 율장에서 전하지 않는《근본설일체유부비나야잡사》의 기록이 제일 자세하다. 한 사람도 아니고, 수 명도 아니고, 한 나라의 모든 생명이 몰살되는 장면이 그대로 기록되어 있다. 그런 살상도 모자라 오백의 여인이 팔과 다리를 잘려 고통받는 장면이 그대로 담겨 있다. 붓다의 선업과 악업이 선명하게 기록되고 있다.

《근본설일체유부비나야잡사》와 빠알리 《담마빠다》 등 여러 경전을 비교해 가면서 작업을 진행했다.

경전 속의 붓다는 그 사실을 떠올릴 때마다 두통을 느꼈다고 기록하고 있다. 그만큼 과거는 아픈 기억이었다고 기록하고 있다.

붓다가 성도 후 제자들에게 늘 일러 주었다는 게송. 그에게도 과거는 지울 수 없는 상처였으리라.

어느 날 몇몇 도반들이 찾아와 또다시 힐난을 멈추지 않았다. 그대로 밀고 나갔다. 문제는 내가 오늘 그 대답을 올바르게 하고 있느냐다. 오로지 그것만 생각했다.

글은 써나갈수록 힘들었다. 그동안 소설 작업을 계속해 왔으므로 자꾸 그쪽으로 글머리가 돌아간다. 평전으로의 전환이 결코 쉽지 않다.

소설을 쓰면서 느낀 것이지만 소설의 기술은 자유롭지만 막연한 것이었다. 장르상 출처를 일일이 밝혀가면서 쓸 수 있는 것이 아니었다. 그것이 소설이었다. 일러두기나 말미에 출처를 밝힐 수도 있겠지만 소설은 소설이었다. 굳이 그럴 필요성이 없고 보면 근거가 있는 삽화라도 내 머릿속에서 지어져 나온 것이 되어 버리고는 했었다.

평전의 속성은 달랐다. 평전은 상상의 세계가 아니다. 픽션이 아니라 팩트의 세계다. 더욱이 이런 종류의 글은 철저히 기록에 의존하지 않을 수 없다.

기록이란 것이 그렇다. 개인, 무리, 패거리, 국가 간의 소산이라고 하더라도 하나같이 사실이면서 받아들이는 자에게는 추상적이다. 성인의 시선으로 받아들이지 않으면 손도 댈 수 없는 영역이다. 그런 성질의 것이라고 해도 이 시대 무엇을 어쩌자는 것인가.

곧이곧대로 받아들이기에는 무리가 있는 기록들. 도저히 입증할 수 없는 추상적인 기록들… 남방상좌부의 기록은 살펴 나갈수록 솔직하고 꾸밈이 없어 보이지만 조금은 잡다해 보인다. 반면 대승불교의 영향을 받은 북방 계열의 기록은 어딘가 꾸민 것처럼 명료하지 못하고 복잡하고 어수선하다. 상좌부가 붓다의 가르침이 살아 있는 암송을 그대로 문자화함으로써 사실을 은폐하지 않고 그 자체를 수행의 요체로 삼으려 했다면 대승불교화 된 북방 계열의 기록들은 고난 자체를 수행의 요체로 삼기보다는 미화하여 신앙화 하려는 속성이 짙게 느껴진다.

비로소 가야산 대주 성철 스님의 충고가 섣부른 게 아님을 알겠다. 왜 그분이 그런 말씀을 하셨는지 대의를 알겠다. 혹여 대승으로서 흔들림이 있었나 생각했었는데 역시 하는 생각이 들었다. 가슴이 시렸다. 대승불교의 대주로서 평생을 의지해온 경전이 붓다의 친설이 아니라는 사실을 알았을 때 그 심정이 오죽했으랴. 그의 말처럼 붓다가 살아 있다면 물어라도 보고 싶었으리라. 그냥 대승의 길을 걸어갈 수도 있었다. 그러나 중생을 위해 대승의 참모습을 점검해야 하는 그 눈물겨움이 오죽했으랴. 그 솔직함이 대승이 아니고 무엇이랴. 족쇄, 우리 불교에 씌워진 족쇄가 얼마나 버거웠으랴.

엄밀히 붓다의 세계는 여타 인물들의 사상 체계와는 다르다. 그의 인생이나 세계관은 실증주의적 방법론을 택해 설명할 수 없다. 실증의 눈으로 세계의 겉모습을 그릴 수 있다고 하더라도 사실을 일으키는 근원적이고 본질적 문제를 바로 보지 못한다. 물론 어떤 대상도 과학적 방식으로 파악되어야 한다는 사고에는 변함이 없다. 하지만 과학 만능에 물들어져 있는 현대인에게 확실한 증거를 가지고 다가간다고 하더라도 설명할 수 없는 그 무엇이 있다. 그게 바로 붓다의 세계다. 물질이 아닌 정신세계이기에. 여기에 가르치는 자나 받아들이는 자의 고민이 있다. 그 사실을 인지하지 않고는 결코 붓다의 세계에 다가갈 수 없다. 붓다는 해탈로 가는 길을 제시하고 있지만 이론이나 철학으로 재단할 수 없는 이유가 여기에 있다. 이론은 이론

• 붓다 평전

일 뿐이다. 이론이 우리를 영성으로 이끌지 않는다. 그것은 철학도 마찬가지다. 이론이나 철학은 지성의 산물이지만 깨침은 지성의 산물이 아니다. 정신적인 체험, 그 산물이다. 그러므로 때로 비합리적으로 비쳐질 수 있다. 이론과 철학의 눈으로 보면 대단히 비합리적이다. 그 비합리적인 것을 꼬집는 이들은 대부분 자신의 지성에 갇혀 있다. 깨침은 체험의 실천이다. 형이상학적 사유와 논리, 비판적 사고로 이 뭉침을 풀 수는 없다. 그 자체가 뭉침이다. 뭉침은 의혹이다. 의혹은 체험의 과정을 거쳐 실천에 이른다. 대승은 의혹 앞에서 망설이지 않는다. 목에 칼이 들어와도 대승다움을 실천한다. 그것이 중생의 법이 되기 때문이다.

2

붓다가 아들 라훌라에게 밀의를 전하는 대목에 이르자 예사 문제가 아니라는 생각에 작업에 속도가 붙지 않았다. 어떻게 그 사실을 보여줄 것인가. 혹자들은 붓다의 성스러움에 누를 끼칠까 눈을 부라리고 있는 마당이다. 아무리 기록에 의존한다 하더라도 예사 문제가 아니었다. 입증할 수 없는 추상적인 기록들이고 보면 더욱 그랬다.

더욱 자세하고 신뢰할 수 있는 기록이 필요하다는 생각에 목이 말랐다. 중생의 열망에 부응하지 못하고 융통성 없는 전도로 제도의 모순성을 내보이는 소승불교. 그들의 작태를 보다 못해 일어선 불보살들에 의하여 일어선 대승불교. 그러면서도 진리의 말씀을 고스란히 지켜낸 그들의 신심이 큰 자비심의 결과였음을 글을 써나가면서 새삼 깨닫게 되는 것은 무엇 때문일까.

더욱이 근본 불교의 기록이 모두 옳다고도 할 수 없는 마당이다. 그들은 밀교가 대승불교의 산물이라고 고집하고 있지만 붓다의 삶 자체가 밀의에 의한 것이라는 사실을 놓쳐 버리고 있다. 무조건적인 부정, 이는 대승불교라고 해서 다를 것은 없다. 어느 쪽이나 성자에 대한 무조건의 신뢰와 존경에서 온 경외심의 발로라고 봐야 할 것 같았다. 붓다의 삶 자체가 심신 수행 그 자체라고 보는 견해가 나의 주장이라 하더라도 엄밀히 말해 우리의 불교를 살펴보면 그 증거가 뚜렷하다. 우리의 불교는 붓다의 현(顯)은 인정하는데 밀(密)은 인정하지 않고 있다. 밀을 믿지 않으면서도 사실은 그 속에 있다. 예불이나 간경, 진언 등이 바로 그것이다.

그런데도 밀 그러면 왜 머리를 흔드는 것일까.

좌도 밀교 때문이다. 이 몸을 가지고 성불할 수 있다는 좌도 밀교. 좌도 밀교의 주체는 몸이라고 생각하기에 입을 비쭉인다. 밀교 그러면 우선 사이비로 여기고 부정하게만 생각하니까 그렇다. 이게 바로 왜곡이란 놈이다. 무지에서 온 왜곡. 진정한 밀의는 이성의 정당한 사랑에 있을 터이다. 그 교감에 있을 것이다. 존재에 대한 지극함, 성과 성, 그 예의. 성(性)을 통해 심신을 잘 다스리라는 데 밀의의 본뜻이 있다면 그럼 붓다가 가르치고 싶어 했던 것은 성이 결코 적(的)이 되지 않는 경지였을 것이다.

그런데 근기가 약한 제자들을 보니 옛날 자신의 모습과 다를 바가 없다. 성은 성이 아니라 적으로 뭉쳐져 있으니 올바르게 가르칠 수가 없다. 설령 그런 인물이 있었다고 해도 즉물적으로 좌도화 되었다고 손가락질이나 했을 터이니. 몸을 사리지 않는다고 이 나라 불교가 좌도화 될 수도 없거니와 될 리도 없다. 그걸 알면서도 지금의 불교를 보면 어떠한가.

그가 아들 라훌라를 선택한 것은 육신을 줄 수밖에 없었던 아비로서의 지극함과 이 몸이 정신의 조화를 어떻게 가르칠 수 있을 것인가에 있었을 것이다. 정신과 육체를 동일시하지 않고는 결코 니르바나에 이를 수 없다는 사실, 그 사실을 가르치고 싶었을 것이다. 이는 이미 붓다 스스로 입증한 것이다. 그의 성장, 그의 상처, 그의 회의, 그의 사색, 그의 출가, 그의 구도, 그의 성취, 그의 전도…. 그걸 모르니 중생들은 자신의 몸만 탓한다. 정신만 깨달을 수 있다면 이 몸같은 것이야 어찌 되어도 좋다고 생각한다.

• 붓다 평전

그럼 어떻게 이 대목을 기술해야 할까? 몸이 주체고 정신이 차종이 아니라는 사실을 써야 할 터인데 어떻게 써나가야 할까? 개와 전의 합일, 그것이 좌도 밀교임이 분명하다. 그런데도 밀교 쪽에 관심이 있다는 지인조차 눈살부터 찌푸리는 마당이다. 제대로 된 밀의(密意)는 꿈도 못 꾸는 도반들이 주위에는 수두룩하다. 현교와 밀교가 모두 여래의 법인 줄 모르고 편 가르기만 하는 도반들, 잘못하다가 그들에게 치도곤을 맞기 십상일 터이다. 겨우 종이나 치고 예불이나 올리고 극락행 표나 팔며 사기나 쳐댈 줄 아는 저들, 그들은 진정한 밀의 뜻은 몰라도 된다고 생각한다. 그 자신이 밀의 속에 들어앉아 있으면서 그것이 밀교의 소산이라는 것조차 모른다. 호마의식을 하면서도 자신이 무엇을 하는지도 모르고 있다. 호마가 무엇인가. 바로 비법이 호마다. 부동존(不動尊) 앞에서 불을 피워 재앙과 악업을 불태워 없애는 의식이 호마다. 스님네들도 그것을 정확히 모르기에 하나같이 상좌를 두고 있다. 금강신을 얻지 못했으니 상좌를 두는 것이 그 증명이다. 머리만 깎고 승복을 입는다고 스님일까. 제 밥 제가 벌어먹어야 그게 스님이다. 바로 거지가 스님인 것이다. 그냥 거지가 아니다. 중생의 염원을 바리때에 실어 나르는 거지다.

밀법에 꽤 관심을 보이는 사람이라 믿었더랬다. 작업이 어떻게 되어 가느냐고 하기에 보일 필요가 없다고 생각하면서도 반응이 어떨까 싶어 그동안 작업해 놓은 것을 도반 앞에 내놓았다.

"불전의 의미가 모호하군. 원시불교? 대승불교?"

살펴보고 난 그가 뇌까리듯 물었다. 어쩐지 편 가르기식인 것 같아 불편하다는 어투였다.

원시불전과 대승불전을 갈라 지칭하는 말이 아니라는 걸 왜 모를까 싶었다. 소승경전과 대승경전을 나누어 표현한 것은 비교 분석상 필요조건이었지, 이것이 옳고 저것이 그르다는 이분법을 만들기 위한 작업이 아니었다.

나는 소승과 대승이라는 사상적 갈림 부분들이 회복되기를 바라는 신심의 결과라고 변명하고 싶었으나 그대로 두었다. 합치의 과정을 도출하기 위한 신심의 방편으로 비쳐지지 않는다면 섣부른 언쟁으로 해결될 문제가 아니었다.

그런데 그는 한 수 더 떴다.

"기가 막히네. 소승 대승도 모자라 뭐 붓다의 밀교화?"

알고는 있었지만 그가 나가도 너무 나갔다는 듯이 풀썩 웃음을 터트렸다. 붓다가 싯다르타의 시절도 아니고 정각을 이루었으니 좀 나아질 줄 알았는데 아직도냐는 표정이었다.

나는 침묵했다. 그렇다고 포기한 것은 아니었다. 그의 반응이 그렇다고 하더라도 현교만을 미화시킬 수는 없는 일이었다. 평전을 시작할 때부터 그럴 마음은 추호도 없었다. 현교와 밀교를 가리지 않고 사실적으로 쓰겠다고 약속한 이상 누가 뭐라고 해도 쓸 것이었다.

"아들에게 밀의를 전해야 되겠다고 생각한 붓다…. 이거 나가도 너무 나간 거 아닌가? 그의 심정이 절절하네. 아들에게 육신을 줄 수밖에 없었던 아비로서의 아픔?"

제정신이냐는 듯이 그가 나를 뜨악하게 쳐다보았다. 너무 하지 않느냐는 표정이 역력했다.

"엄밀히 말해 이것은 붓다의 정신적 외상 즉 마음의 상처에 의한 것이다? 정신적 외상이라니?"

어느 사이에 웃음기가 사라져 버린 그의 눈초리가 드디어 사나워졌다.

나는 상대가 되지 않을 것 같아 돌아서 버렸다.

"그래서 아들에게 기껏 가르친 것이… 잊었나? 뭐? 여자라니? 육신성불? 정말 잊은 거야? 붓다가 육신을 어떻게 정의하고 있다는 걸."

그는 전에 찾아와 하던 질타를 그대로 하고 있었다. 하기야 인간의 고정

• 붓다 평전

관념이라는 것이 그런 것이었다. 입만 열면 붓다는 이 몸에 대해서 뭐라고 했던가. 더욱이 이 나라의 불교는 현교가 장악하고 있는 마당이다. 글쟁이로 살아남으려면 두 눈 딱 감고 반쪽짜리 평전을 쓰면 된다. 그러면서 정신을 지탱하는 것은 무엇일까? 그 정도면 된다. 적당히 물러서고 타협하면서 허허거리며 자신의 위치를 지켜나가면 그만이다. 그도 그렇게 살고 있으니까. 그럴 수는 없는 일이다.

아는 게 병이라던가. 알려면 제대로 알고 제대로 실천해야 할 터인데 스스로 자신을 옭아매고 있지 않은가.

"역시 천박하다는 말이로다."

"왜 이렇게 성(性)에 집착하나?"

"성? 몰라서 묻는 건 아닌 것 같은데?"

"모르겠네."

그가 정색을 하고 대답했다.

"성적(性的)."

그가 입을 딱 벌렸다.

"성적? 지금 그걸 말이라고 하나?"

"자네는 성의 산물인가? 성적의 산물인가?"

그가 할 말을 잃고 쳐다만 보았다.

"대답하지 못하는 걸 보니까 알고는 있는가 보네. 우리 모두 그것의 산물인데 왜 그러나? 그놈의 고정관념. 지겹지도 않나? 붓다라고 다를 게 뭐가 있다고. 본시 성인의 상을 타고났다고 해서 성 없이 살 수 있다고 생각한다면 그게 오산이지. 성스럽게 타고난 성품답게 그 짓도 고상하게 했다는 말 같은데 이제 그만두지 그래. 뭐가 잘못되었다는 것이야?"

"아무리 그래도 그렇지. 싯다르타의 철없는 시절이야 그렇다고 하자. 뭐 아들에게 밀법을 가르쳐? 정말 천박하게 왜 이러나?"

"천박?"

"그렇지 않고서야 어떻게 이렇게 다룰 수 있나?"

"그럼 고상한 사람들은 그 짓도 고상하게 하나 보지?"

"뭐?"

"내가 왜 이 평전을 시작했는지 또 한 번 말해 줘? 바로 자네같은 사람들 때문이야. 여전히 나아진 게 없으니 부끄럽지도 않나? 읽어 보면 몰라서 그래? 이해를 안하려고 하잖아. 에이 구역질 나, 그놈의 고착된 고정고념."

"아니 이 사람이…"

"좋다. 그렇다 하자. 헌데 도가 자네가 수행하는 산에만 있나?"

"또 그놈의 생활선?"

"그래 세속을 멀리하고 산으로 들어가 법복을 입어보니 아랫목이 노골노골해? 그럼 이곳 세간 사람들이 무슨 죄가 있나. 도를 닦으려면야 이곳 저자 바닥이 더 낫지 뭘 그래. 악을 쓰고 울고 지랄하고…. 여자를 안고 즐기고 자식도 낳고 그게 도대체 뭐가 잘못되었다는 것이야. 그게 그대로 수행이요 도 아닌가."

"나참."

"그대는 어디에서 나왔나? 어미의 자궁에서 나오지 않았나? 그대의 부모가 사랑해요 사랑해요 지랄을 떨면서 낳은 인간이 아니고 뭐야. 맞지? 그럼 그게 도가 아니고 뭐야? 내 말은 너희들의 위선이 구역질 난다 그 말이야."

"뭐 구역질?"

"산에 들어가 눈 내리깔고 앉아 성을 지고 살아가는 중생들을 제도의 대상으로 보는 시선, 그 시선이 위선적이라 구역질 난다 그 말이야. 알려면 제대로 알아. 부끄럽지도 않아? 그건 엄밀히 무엄이야. 성적인 것을 본래 성으로 돌려놓으라고 붓다가 그대들을 먹여 살리는 거다. 그런데 뭐야? 하라는 짓은 하지 않고 중생들 죄인 취급이나 하고 성이 나쁜 거니까 청정하게 살라고 하고. 왜 성이 청정하지 않아서 자네는 어미의 자궁에서 나왔나? 붓다의 성은 성 그 이상의 것도 아니고 그 이하의 것도 아니야. 성 그 자체야. 그래서 성의 타파에 목적을 두었던 것이야. 성을 타파했다고 하니까 성을 지워 버린 것인 줄 아나 보지. 하긴 그렇더라. 다들 그렇게 알고 있긴 하더라. 어떻게 성을 타파하여 성인이 될 것인가. 그거야 어떻게 성을 제대로 내 것으로 할 것인가이지 버리라는 말이 아니야. 그러니 불법이 겉도는 거 아니야. 그렇게 가르치니 불교가 이 땅에 서겠어? 세간의 법이 되지 못하고 겉돌 뿐이지. 그래서 고통은 계속되고 윤회는 계속되고…. '윤회' 하니까 생각나네. 전번에도 어떤 인사가 찾아와 시비를 걸더니 하기야 네놈이라고 뭐가 다를까. 여전히 대가 끊어지는 것이라고 생각하고 있을 테니. 그럼 정말 세상이 망하게? 붓다가 윤회를 인정하니까 윤회가 나쁘다? 어림없는 소리. 알려면 똑바로 알아. 붓다는 한 번도 윤회를 부정한 적이 없어. 부정했다면 뒤바꿔 보라는 강조였을 것이야. 그는 즐거운 윤회를 주장하는 사람이었다고 나는 생각해. 즐거운 윤회가 어디 있냐고? 붓다는 생 자체가 고(苦)라고 했다고? 그래. 그랬어. 왜 그랬을까? 모르니까. 자신의 본성을 제대로 보지 못하니까. 그래서 괴롭다고 한 것이야. 그걸 깨면 윤회를 천만 번 해도 괴롭지 않다는 걸 그는 알고 한 소리다 그 말이야. 깨쳐 자유로운데 윤회면 어떻고 적멸이면 어떻다는 거야? 그렇게 살자 그 말이야. 내 그랬지? 싯다르타가 성적으로 고민할 때 너무 하는 것이 아니냐고 했을 때, 그게 불성(佛性)이라고. 그의 고민, 그것이 우리의 고민이고 그 고민이 익으면 불성이 터진다고. 그게 도라고."

지인은 언젠가처럼 입만 벌리고 있다가 가 버렸다. 그를 보내고 작업을 그대로 진행했다. 세상 도리에 어긋난다 하더라도 이것은 실상을 바로 보려는 나의 작업이다.

3

작업한 지 어느새 수년이 지났다. 나는 지쳐가고 있었다. 쓰고 찢고…. 쓰고 찢고…. 덮고 다시 시작하고…. 족쇄였다. 소설을 쓸 때처럼 상상의 나래를 펴가도 어느 한순간 나를 옭아맨 족쇄 때문에 돌아서야 했다. 앙굴리마라의 문제만 해도 그렇다. 붓다는 인(因)이 있으면 과(果)가 있다고 설파하던 사람이다. 앙굴리마라에게 죽은 사람들, 그들도 부모의 자식이었고 형제였고 아내였고 남편이었다. 그런데도 앙굴리마라가 곧바로 붓다의 제자가 된다는 게 계연성이 없다. 먼저 법의 심판을 받아야 함에도 말이다. 그럼 붓다의 위치가 법보다 위에 있거나 아니면 정부에서 붓다에게 그의 제도를 부탁했을지도 모른다. 요즘도 범법자의 정신 치료는 정신의들에게 맡겨놓지 않는가. 그렇다 하더라도 그렇다. 붓다의 위상을 높이기 위한 성의 없는 기록임이 분명하다. 이것은 개인적인 문제가 아니다. 사회적인 문제이기 때문이다. 사람을 그렇게 죽인 살인마를 별 갈등 없이 받아들여 수행자가 되게 한다?

기록이란 그런 것이라고 해도 그렇다. '…했더라'가 기록이 되면 이런 결과가 생긴다. 그렇다고 앙굴리마라의 기록이 헛되다는 말이 아니다. 적어도 이런 형식의 기록이라도 기록자의 성의가 문제라는 말이다. 주관이 개입된 기록은 객관성을 잃기 마련이다. 앙굴리마라의 기록을 읽고 그것이 불교라고 생각해 버리는 우를 범하는 이들이 있어 하는 말이다.

이 정도 되자 남방불교가 왜 붓다의 직언만 신봉하는지 이해가 될 것 같았다. 왜 아난다가 붓다의 말씀을 기록하면서 '나는 이렇게 들었나이다' 하고 자신의 사견을 배제해 버렸는지 이해가 되었다. 진리는 첨삭이 없는 것으로, 전하는 이의 사견이 붙으면 그것은 진실이 아니다. 진리가 될 수 없다.

이것이 기록의 본질이다.

• 붓다 평전

그런데 대승불전은 그렇지 않다. 이게 뭔가. 대승을 빌미 삼아 여시아문의 본의가 퇴색되고 있다. 아난다를 졸지에 거짓말쟁이로 만들어 버리고 있다.

　붓다의 직언도 세월을 따라 변질되는 마당이고 보면 가야산 호랑이 선사의 한탄이 새록새록 가슴에 와 닿았다.

　그렇게 뭐하나 자유로운 것이 없었다. 심지어 인명이나 지명, 기타의 문장 등에 범어와 힌디어, 빠알리어(巴利: Pail), 한어를 병행하지 않을 수 없었다. 혼용하여 쓸 수밖에 없는 것은 불교사의 맥락이 그러하였다. 우리가 국한문을 혼용해서 쓸 수밖에 없듯이 지극히 상식적인 기술도 혼란스러워하면서 글쓰기는 계속되었다. 비교하고 검토하고….

　무엇보다 힘들었던 것은 불교사상의 핵심인 윤회 문제였다. 그 문제를 풀지 않고는 자아라든지 무아라든지 인과의 문제라든지 그렇게 모든 의혹이 풀리지 않을 것을 알고 있기 때문이었다. 붓다의 '단멸론'과 '영속론' 그 사이에 내가 있었다.

　본문에서 양자물리학이 어떻고 저떻고 하였지만 오늘의 불교를 생각해 보면 붓다가 생존했던 2600년 전의 불교는 아니다. 이것은 결코 부정할 수 없는 사실이다.

　그래서일까? 밖으로 나가 보면 오늘도 논쟁이 그치지 않고 있다. 그 논쟁 하나하나가 예사롭지 않다.

　영속론자들의 주장을 들어보면 익숙해서인지 거의 거부감이 느껴지지 않는다.

[…그러므로 유식학은 우리에게 마음보기의 등식을 제시하고 있다. 우리의 의식 상태를 바다에 비유해 나타낸 것이 그것이다. 바다의 표층에 덮혀 있는 것이 안이비설신의 6식(識)이다. 그 아래 심해층에 심층의식인 말나식(末那識)이라고 하는 7식인 무의식이 있다. 그 아래 더 깊숙이 아뢰야식(阿賴

耶識, Alaya)이 있다. 6식 심식과 7식 말나식은 죽음에 의해 작동을 멈추지만 죽어도 살아남는 것이 이것이다. 이것이 업종자 영혼이다. 윤회의 주체인 중음신 즉 종자식이 이것이다.

그런데 단멸론자들은 영혼이 없다고 주장한다. 윤회가 없다고 주장한다. 그럼 부처님의 윤회는 어떻게 설명할 수 있을 것인가. 입만 열면 윤회를 설명하고 있지 않은가. 그래서 불교의 핵심이 윤회 아닌. 그리고 먼 옛날로부터 짐승의 보를 받고 사람의 보를 받고 태어나 부처님이 되고 조국 카필라 멸망의 원인이 여래의 전생 속에 있었다는 점차 성숙의 윤회는 어떻게 설명할 것인가.]

반면에 단멸론자들의 주장을 들어보면 그들 역시 만만치 않다.

[영속론자들은 아직도 영혼을 존재론적으로만 보고 있다. 붓다는 마음보기의 등식을 6식으로 나타내 심의식을 가리지 않았는데 힌두사상의 영향을 받은 대승논사들이 7식, 8식, 9식 등을 만들어 영혼을 이원론적으로 보고 있는 것이다. 생명이 끊어졌는데 무엇이 살아남는단 말인가. 2600년 전에 붓다는 힌두의 영향에 젖어 있는 중생들에게 연기의 무아설을 제대로 가르칠 수 없었다. 자아의 품속에서 아무리 무아를 가르쳐도 근기가 약해 알아듣지를 못했기 때문이다. 그는 그들의 근기에 맞게 가르침을 펼 수밖에 없었고 그래서 그의 모든 설법이 방편 교설로 이어졌던 것이다. 중생들은 그 방편 교설을 경전화했다. 그 경전은 진리가 되었고 오늘에 이르렀다. 그렇다. 이것이 정답이다. 붓다가 평생을 바쳐 윤회를 설하고 극락과 지옥을 설한 그 모든 것이 바로 이 방편 교설 속에 있다.]

두 주장이 이러한데 정답은 어디에 있는가?

나는 윤회의 본디심의 풍경을 제대로 보기 위해 변덕스러운 마음이 만들어낸 업장의 문제부터 본격적으로 풀어가지 않으면 안 된다고 생각했다. 그러므로 앞서 두 경전의 핵심을 기술해 둔 것이다. 조금만 자세히 읽었다면 그 경전들을 기억할 것이다. 본문에 맛지마 니까야《싸울우단인 큰경》과 디가 니까야《브라흐마잘라 경》이 그것이다. 분명 두 경의 내용은 같으면서도 상이한 기록이다. 상황에 따라 가르침의 형태가 달리 나타나는 경우이다. 붓다는 분명히 똑같은 내용을 두고 정반대의 경우로 설하고 있다.《싸울우다인 큰경》은 우다인에게 자신의 가르침에 의해 제자들이 어떻게 전생의 삶을 기억하고 있는지에 대해 설명하고 있고《브라흐마잘라 경》은 붓다가 영속론자들의 행태를 예로 들어 설하고 있다. 똑같은데 왜 붓다는 다르게 설하고 있는 것일까. 바로 자신의 가르침이 방편 교설이기 때문이다. 유치원생에게 미적분을 가르칠 수 없듯이 근기에 따라 자신의 가르침을 펼쳤던 것이다.

이 문제는 평전의 성격과 직결되는 문제다.

어느 날 글의 성질을 간파한 이가 이렇게 질타했다.

"난 붓다 평전을 쓴다길래…. 이거 붓다의 일생을 그대로 따라간 거 아니오?"

"붓다에 대한 글이니까요."

"지금이 어떤 세상인데…"

구태의연하게 이런 글이나 쓰고 있느냐 그 말이었다. 나는 더이상 아무 말도 하지 않았다. 그때의 붓다를 그대로 그리지 않고 붓다를 만날 수 있겠는가. 그래서 구태의연하다? 붓다의 모습을 이 시대의 모습에 맞추어 그린다면 어떻게 그의 본 모습을 볼 수 있겠는가. 왜 붓다의 원음을 찾으려고 방황했는가.

대답은 거기 있었다. 오늘의 잣대를 숨겨두고 철저히 그날로 돌아가 판단하고 기술할 수밖에 없었다. 마음의 여정 속 악과 선의 본질적 대립에 의해 일어나는 인과응보적 조건 발생(緣生)이 연기(緣起)이기 때문에 무아라는 그 지난한 여정, 그 속에서 점차 성숙의 과정이 어떻게 완성되는지 그 큰 대의를 그대로 그리지 않고는 붓다의 본모습에 다가갈 수 없었다. 변색된 붓다는 어디에나 있다. 한역 경전 속에도 있고 이제 양자물리학 속에도 있고 뇌과학 속에도 있다.

그러므로 붓다 그 가르침의 진수를 제대로 눈치채기 위해서는 그날의 붓다를 만나봐야 한다. 붓다의 대비심을 이해하지 못한 문수사리 보살이 헛소리로 중생을 제도하고 있는 붓다를 향해 칼을 겨눈 신심이 그래서 눈물겨운 것이다. 붓다의 교설이 방편교설이었음을 명쾌하게 보여주는 대답이 여기에 있다. 《디가 니까야(D-13-1)》에서 붓다는 이렇게 분명히 대답해주고 있다.

"너희가 범천을 본 적이 있느냐. 나는 본 적이 없다."

"아짜라와따 강이 까마귀가 마실 수 있을 만큼 넘실대고 있다고 하자. 그때 어떤 이가 저 언덕으로 건너가기 위해 '언덕이여 이리로 오라' 그러면 언덕이 오겠는가?"

"신의 존재는 만나본 적 없는 미녀의 이름과 같다…"

맛지마 니까야 《갈애의 부숨에 대한 큰 경 Mahātaṇhāsaṅkhayasutta(D38)》에 보면 '의식이 유전하여 윤회하는 것이지 다른 것이 아니다'라는 견해를 가진 어부의 아들 싸디에게 붓다는 어리석은 견해의 소유자라고 질타한다.

이것이 붓다의 본 가르침이다.

그렇다면 이제라도 붓다가 직접 설한 금구(金口)에 다가가야 한다. 참나, 불성, 영혼, 윤회, 아뢰야식, 공, 본래면목…. 우리가 다가가기조차 힘든 용어들이 어디에서 온 것인지 제대로 알지 않고는 섣부른 선지자의 터무니없는 관념에 물들었다고 할 수밖에 없다. 그러므로 똑바로 알아야 한다. 그들의 잘못된 알음알이에 갇혀 있지는 않았는지. 뭔가 잘못 오해하고 있는 것은 아닌지 다시 생각해 보아야 한다.

연기의 무아설은 분명 생명체가 가지는 마음의 본디 고향이다. 생명체는 지수화풍(地水火風)의 집합체다. 죽으면 지수화풍으로 돌아간다. 그리하여 지수화풍으로 돌아온다. 소멸과 생성의 반복. 자아의 발자국은 이로 인해 생겨난다. 이것이 연기이며 존재의 원죄이다. 연기의 법칙에 의한 만남. 미워하고 증오하고 사랑하고… 그렇게 원죄의 동굴 속에서 원죄의식의 존재가 생겨난다. 붓다가 마지막에 본 세계가 이 세계다. 이 세계는 그렇게 존재하는 세계다. 남녀의 만남. 그로 인해 존속되는 원죄의 세계가 생명세계다. 사랑이라는 이름하에 저질러지는 그 모든 것, 그것이 원죄이며 윤회다. 범부는 그 생명체가 원죄의 덩어리임을 사랑이란 이름으로 부른다. 그러므로 기를 아래로 쏟는다. 그리하여 원죄의 생명체를 만든다. 원죄의식의 당체인 윤회. 그러므로 생명을 주는 그 가문의 핏줄 속에 모든 정보가 있다. 무아를 향한 자아의 얼굴. 그 업장, 그것이 존재의 본성이며 그 본성 속에 마음의 령인 세파(shepa)가 존재한다. 세파의 유전과 소멸. 붓다는 연기법으로 대답하고 있다. 그 연기의 이법 속에 우리의 본래면목이 있다. 그 본래면목을 찾아가는 여정, 그것이 수행이다. 수행자는 아래로 쏟아지려는 본능적인 욕구를 다스려 윤회로부터 벗어난다. 이것이 개오다. 그들은 지혜로운 삶의 방법[生活禪]을 터득하며 살아간다. 이 세상을 화해로운 곳으로 만들어 사는 것이다. 또 어떤 이들은 그 기를 위로 올려 본래면목을 본다. 그것이 윤회의 멈춤이고 불성의 세계다.

이제 마음의 정체도 과학의 힘에 의해 밝혀지고 있다. 그 사실을 2600년 전에 미리 보아낸 붓다의 경지가 그저 경이로울 뿐이다.

하나의 원자가 두 개의 구멍을 통과하면 두 세계가 나란히 존재할 수밖에 없다는 병렬 우주(Parallel Universe) 이론이 제기되고 증명되어 가고 있는 세상. 양자 얽힘. 두 입자의 붕괴(死)와 생성(生), 거기 존재하는 또 하나의 나는 누구인가. 붓다의 말씀이 오늘도 나를 사로잡는다. 색즉시공 공즉시색…

5. 그대로의 정극(正劇)

1

그렇게 작업이 익어가고 있었다. 섣부른 붓다는 언제나 나의 무엄에 칼질 당해 날마다 널브러졌다. 본의 아니게 욕됨을 당해 쓰러지기도 하였고 결코 붓다가 아니기에 칼을 맞고 쓰러지기도 하였다.

그렇게 붓다를 그려 나갔다.

나는 내가 그려 놓은 가상의 붓다에게 속아 울고 아파하고 괴로워하고 그러다가 그것이 진상을 얻어내기 위한 아픔임을 깨닫고 눈물지었다.

꿈만은 접지 않았다. 시작한 이상 나는 붓다의 본모습을 보고 말 것이었다.

계속해서 경전을 뒤지고 신심을 다졌다.

고착된 관념에 물든 나를 버리자. 반쪽 붓다가 아닌 온전한 인간 붓다를 그리자, 편파를 놓아 버리고 한 인간을 사실대로 그려내자. 그러지 않고는 붓다의 모습에 다가갈 수 없으리라. 그 대답을 할 수 없으리라.

그렇게 다짐하고 또 다짐하며 붓다를 일으켜 세웠다.

2

올해로 작업을 시작한 지 몇 해가 되었는지 햇수조차 헤아릴 수 없다.

막판 나는 고민하기 시작했다. 붓다에게서 법을 이어받은 라훌라, 그의 법을 이은 나가르주나(龍樹)까지 다룰 것인가 말 것인가.

제대로 쓰려면 그것까지 다루어야 한다. 왜냐면 불교의 변천 과정에서 5세기경 굽타 왕조 치하의 바스반두[世親]. 그 두 사람에 의해 교리가 확립 조직되었기 때문이다.

나가르주나는 《반야경》의 가르침을 기본으로 공의 교리를 철학적으로 구명해서 《중론》을 저술한 사람이다. 그뿐만이 아니다. 《대지도론(大智度論)》에서 《반야경》을 주석하면서 대승의 교의를 정리한 사람이다.

그의 학설은 후세의 불교도들이 기본을 추구할 정도로 기초적이고 보편적이다. 그러므로 중국이나 한국에서 '8종(八宗)의 조사'로 추앙받고 있을 정도다.

고민에 고민을 거듭한 끝에 결단을 내렸다. 본고는 붓다의 모습을 찾자는 평전이다. 그럼 그에 대한 부분만 기술하면 된다.

아쉽지만 다음 기회를 보기로 하고 그대로 정리하기 시작했다. 비로소 본 모습을 얻어가던 4월, 정확히 4월 18일, 어이없는 일이 벌어졌다. 저녁 무렵 랜섬바이러스라는 분이 찾아오셨다. 글자 하나를 꼬불치면 문서 전체의 글자가 깨어져 버리는 바이러스.

사실 이 작가 노트는 애초에 쓸 생각은 하지 못했었다. 그런데 그 분이 찾아오고 난 뒤 그걸 쓰자 싶었다.

썼다.

써놓고 보니 이게 아니다 싶었다. 바이러스에 쓸모없어져 버린 파일들. 그 속에 살아남은 파일에 대한…

고민을 거듭하다가 그것을 삭제하기로 했다. 누구도 이해하지 못할 내용이어서가 아니었다. 그 불가사의함에 붓다를 욕보여서는 안 된다는 생각 때문이었다.

오늘도 나는 이해만큼 더러운 것이 어디 있겠느냐고 생각하면서 미망 속에 살아가고 있다. 미망의 찌꺼기가 아직도 가시지 않았기에 나를 고민케 했던 것이다. 아직도 수양이 모자라기에 조금만 이상해도 요동친다. 전도(顚倒)의 인간이기 때문이다. 우매한 인간이 뒤집어 보는 전도. 붓다가 가장 경계했던 진실의 전도.

내가 이해할 수 없는 불가사의함은 나의 혼침(昏沈)이다. 바로 오늘 내가 혼침 속에 살아가고 있어서다. 그러므로 혼침 속에 있으면서도 공부가 덜 익었기에 일어나는 현상임을 모른다. 나의 공부를 힘들게 하는 혼침 속에 내가 있음을 모른다.

붓다의 가르침이 무엇이었나. 바로 그런 세계에 빠지지 말라는 것이었다. 그렇다. 세상은 그대로다. 우리 또한 그대로다. 붓다의 법은 새벽이슬처럼 찬연히 빛나고 있다. 그 어떤 변화도 없다. 붓다의 법은 여전히 금강석처럼 빛난다. 이 현상 안에서 터럭만큼의 변화도 없다. 신비할 것도 기묘할 것도 없다. 그대로 눈부신 이동이 있을 뿐. 정극이다. 그대로의 정극이다.

어찌 무릎을 맞대야만 스승과 제자이겠는가. 오늘도 붓다는 내 안에 있고 그 전도된 어리석음을 그렇게 바로 잡고 있었다면 나는 그대로 빛난다.

6. 세상을 향해 헤엄쳐 가는 금고기를 보았다

어제 편집자로부터 연락이 왔다. 《붓다 평전》 출간 작업을 시작했다고.

꿈같다는 생각이 들었다.

"마하카사파야. 어떻게 생각하느냐. 장차 오는 세상에 나의 형상을 조성하는 이들이 나타나리라. 하늘이나, 용이나, 야차나, 건달바며, 아수라, 가루라, 간나라, 마후라가 또는 사람이나 사람 아닌 것들이 여래의 몸, 그 몸의 형상을 조성할 수 있겠느냐?"

마하카사파가 아뢰었다.

"조성하지 못합니다. 여래의 몸 형상은 불가사의하여 몸 형상이 없기 때문입니다. 그러므로 이들 모두는 조성할 수 없습니다."

…이같이 여래는 물질[色]로 표시할 것이 아니며 느낌, 생각, 지어감, 의식으로 표시할 것이 아니다. …여래는 모든 표시가 끊어져 물질 따위의 법과 융합함이 없다. 느낌, 생각, 지어감, 의식이 다했다고 해탈이 아니다. 여래는 색취온(色取蘊)과 융합하지 않으며 또한 느낌, 생각, 지어감, 의식의 모든 취온과 응하지 않는다. 모든 법의 근원을 끊은 자리에 희론은 없으며 거기에 여래가 있다.

《대보적경(大寶積經, 제4권, 제38권)》에 나오는 기록이다.
붓다, 즉 진리는 문자나 형상으로 표현할 수 없다는 건 이로써 증명된다. 그렇기에 허상, 그 허상을 세우지 말라는 것이다.

예전 한 행자가 단하선사를 찾아갔다. 마침 단하선사가 나무로 만든 부처님을 아궁이에 넣고 불을 떼고 있었다. 행자가 너무 놀라 물었다.
"스님, 뭐하십니까?"
"추워서 굼불을 넣고 있지 않느냐?"
"아니 그래도 그렇지 어떻게 부처님을…"
"살아 있는 사람도 너를 구하지 못하는데 이까짓 목불이 너를 구할 것 같으냐?"
상을 갖지 말라는 붓다의 말씀 그대로인데 가불은 가불일 뿐이다. 진불이 아니다. 가불을 통해 진불을 발견하라는 말인데 가불은 가불이기 때문에 집착할 이유가 없다. 그럼 진불에 집착해야 할까?
진불은 진불이기 때문에 집착할 이유가 없다. 그러므로 마음에 한 생각만 끼어도 우상이 된다. 붓다의 모양에도 빠지지 말고 붓다의 마음에도 빠지지 말아야 하는데 나는 왜 이러고 있는가?

만약에 색(色)으로서 나를 보려 하거나 음성(音聲)으로서 나를 구하면 이는 사도(邪道)를 행하는 사람이라. 능히 여래를 보지 못하리라.

그런데도 나는 지금껏 거역해 왔고 지금도 거역하고 있다. 삼계는 작위에 의해 생겨나는 것이므로 삼계가 허망한 것이라는 것을 알면서도.
붓다는 일찍이 그 사실을 천명했다. 상과 작의도 또한 진실함이 아님을, 상은 곧 물질의 집착이며 상과 작의의 본성이 다 공(空)임을.
그렇다고 해도 금어는 붓다의 모습을 그릴 수밖에 없다. 그래야 진리를 밝힐 수 있고 알릴 수 있다. 풍경에 매달려 세상 만물을 향해 헤엄치며 평생을 울어야 하는 것이 금어의 숙명이다.
그 숙명 안에 나의 고민이 있다.
어떻게 이름만 있는 붓다의 상, 그 형상세계, 그 세계를 무형세계(無色界)로 전환시킬 것인가. 어떻게 진리의 몸을 그려 내어 하늘 금고기가 될 것인가.
그래서 얻어낸 대답.
무방(無方).
무방이다.
모양 없는 세계, 그 세계로 어떻게 들어갈 것인가?
물질로 표시할 수 없는 세계, 나의 느낌, 나의 생각, 나의 지어감, 나의 의식 그 끝자락. 모든 표시가 끊어진 자리, 여래와 물질이 서로 융합하는 자리, 그리하여 완전히 자유로운 자리….
그때 나는 볼 수 있으리라. 세상을 향해 헤엄치고 있는 붓다의 진실한 모습을.
그때 나는 들을 수 있으리라. 어떤 것에도 물들지 않는 세상 벽의 풍경(風

• 붓다 평전

磬)소리를. 그저 바람 속에서 몸을 흔들어 모두가 깨어나기를 소망하는 풍경소리를.

오늘도 붓다의 오도송을 되새겨본다.

한량없는 생을 윤회하였노라.
나는 달려왔고 진리를 보지 못하였다.
집 짓는 자가 누구인지 알려고 찾아 헤매는
괴로운 생은 거듭되었다.

아!
집 짓는 자여.
나는 이제 너를 보았노라.
너는 다시 집을 짓지 못하리.
너의 모든 골재들은 무너졌고
서까래는 해체되었다.
나의 마음은 니르바나에 이르러 업형성(業形成)을 멈추었고
갈애는 부서져 버렸다.

붓다 평전

초판 1쇄 찍음   2020년 5월 20일
초판 1쇄 펴냄   2020년 5월 30일

지은이.   백금남
펴낸이.   이금석

디자인.   김민재
기획, 마케팅.   박지원

펴낸곳.   도서출판 무한
등록일.   1993년 4월 2일
등록번호.   제3-468호
주 소.   서울 마포구 잔다리로9길10
전 화.   02-322-6144
팩 스.   02-325-6143
홈페이지.   www.muhan-book.co.kr
이메일.   muhanbook7@naver.com
인스타그램.   Instagram.com/muhanbooks

값 27,000원

ISBN 978-89-5601-755-6 (03220)